BAR INTERNATIONAL SERIES 2913 | 2018

BRAZALETES DE PIEDRA NEOLÍTICOS EN LA PENÍNSULA IBÉRICA (VI–V MILENIO A.C.)

Tecnología, funcionalidad y circulación

FRANCISCO MARTÍNEZ-SEVILLA

BAR
PUBLISHING

Published in 2018 by
BAR Publishing, Oxford

BAR International Series 2913

Brazaletes de piedra neolíticos en la península ibérica (VI–V milenio a.C.)

ISBN 978 1 4073 1646 8

COVER IMAGE *Recreación de las actividades documentadas en el taller de la Cueva-Sima de la Serreta (Cieza, Murcia). Dibujo de M. Belilty Molinos.*

Printed in England

BAR
PUBLISHING

BAR titles are available from:

BAR Publishing
122 Banbury Rd, Oxford, OX2 7BP, UK
EMAIL info@barpublishing.com
PHONE +44 (0)1865 310431
FAX +44 (0)1865 316916
www.barpublishing.com

A mi Piluchi

AGRADECIMIENTOS

La elaboración de un trabajo de investigación lejos de ser una labor exclusivamente individual, se convierte en un proyecto que, por fortuna, implica a muchas personas del ámbito que te rodea. La investigación se realiza desde tu prisma particular y esa visión viene marcada por el devenir vital de cada uno y las personas que se cruzan en el camino. En las siguientes líneas intentaré agradecer a las personas que me han apoyado, ayudado o simplemente acompañado en mi vida y por ende en la elaboración de este estudio.

Especial deuda tengo con Javier Carrasco Rus director de tesis, del que he aprendido mucho en los últimos once años de arqueología, en especial que una teoría sin fundamento sobre otra y sobre otra, al final genera un tell que visto desde encima es inmenso y difícilmente desmontable (escrito en metáfora pues las palabras literales suenan de otra forma...). Pero, por encima de todo lo que he llegado a aprender de arqueología, que es mucho, debo destacar dos valores fundamentales como son la amistad y la lealtad. En palabras de Francisco Contreras Cortés mi relación con mi director de tesis se resume en "Dios los cría y ellos se juntan". Muchas gracias por confiar en mí, espero poder seguir debatiendo sobre arqueología y la vida muchos años más.

En segundo lugar, agradecer a Antonio Morgado Rodríguez, por enseñarme lo que sé sobre tecnología prehistórica, cómo enfrentarme con las piedras para que narren la información que guardan.

No hubiera sido posible realizar este trabajo, sin el conjunto de materiales que proceden de las colecciones museográficas. Así, tengo que agradecer sinceramente su trato a los diferentes conservadores de museos e investigadores que me han permitido estudiar los materiales arqueológicos custodiados bajo su responsabilidad. Comenzando por el principio, a Andrés Adroher Auroux, profesor del Departamento de Prehistoria y Arqueología de la Universidad de Granada y director del CEAB, por haberme permitido estudiar los materiales de dichos fondos. A Rafael Carmona Ávila, por su amabilidad y trato durante el estudio del material en el Museo Histórico de Priego de Córdoba. A José Nieto Sánchez, concejal de cultura del Ayuntamiento de Benalmádena y a las trabajadoras del Museo de Arte Precolombino Felipe Orlando de Benalmádena, Carmen Arana, Natividad Lara y Victoria Sabina, por tratarme tan amablemente y poner a mi disposición todas sus instalaciones. A Joaquín Salmerón Juan, director del Museo Mediana Siyasa de Cieza, por permitirme estudiar el material de la Cueva-Sima de la Serreta y brindarme todos los medios para mi cómoda estancia en Cieza. A Isidro Toro Moyano y a los miembros del Museo Arqueológico de Granada, por facilitar el estudio de los fondos con su máxima disponibilidad. A la conservadora del Museo de Almería Ana Dolores Navarro Ortega y en especial por su amabilidad y trato durante mi trabajo en esta institución a Manuel Ramos Lizana. A José Suarez Padilla, del Museo Arqueológico de Málaga por poner a mi disposición su tiempo y trabajo. A Helena Bonet Rosado, conservadora del Museo de Prehistoria de Valencia, a Josep LLuis Pascual Benito, por su agrado y compartir su experiencia sobre adornos en mi corta visita a su lugar de trabajo y a Pablo García Borja, por acompañarme en mi estancia en Valencia. A Jesús García Guardiola, conservador del Museo Arqueológico de Villena, por su trato y su disposición en mi fugaz visita a su magnífico museo. A Ignacio Montero Ruiz, por cederme la documentación de la excavación de Cerro Virtud, su trabajo y sus analíticas. A Juan Carlos Vera Rodríguez, por la información sobre los brazaletes de la Cueva de los Murciélagos de Zuheros y la magnífica visita a la Cueva de los Mármoles. Y finalmente, a Fernando Molina González y Juan Antonio Cámara Serrano por cederme la documentación de la excavación de Los Castillejos y el material para su estudio, mi más sincera gratitud por su disponibilidad y trato hacia mí como investigador. A todos ellos, por su disposición, agrado y trabajo, muchas gracias.

Thanks to Professor Bruce Bradley for welcoming me to the Department of Archaeology, University of Exeter and the pXRF analysis. Thanks to Professor Robin Skeates for welcoming me to the Department of Archaeology, Durham University and Professor Chris Scarre for his supervision during my postdoctoctoral stage and the constant discussions and advice.

Unas palabras agradecimiento especiales se merecen todo el equipo de la excavación e investigación de Cortijo Cevico sin el que no hubiera sido posible realizar los trabajos, mi gratitud a Mónica Castro Bugallo, Abel Berdejo Arceiz, José Bueno Herrera, Rafael Bermúdez Cano, Antonio López García, José Garzón Vicente, María Mesa Garrido, José Manuel Fernández. Especial mención debo hacer a Francisca Jiménez Cobos, por devolverme tanto con muy poco que yo le di, a Mario Gutiérrez Rodríguez, por su trabajo en el campo y en la elaboración de los mapas del yacimiento y de todo este estudio, y finalmente, al geólogo que mejor conoce las Cordilleras Béticas, mi amigo el Dr. José Antonio Lozano Rodríguez, por el estudio de tantas rocas que abren ventanas a los prehistoriadores, gracias.

Gracias a todos mis amigos y compañeros que de una forma u otra han colaborado en este estudio, a José Manuel Fernández, Gonzalo Pulido, Juan Ariza, Juan Antonio Díaz, Juan Francisco Palacios, Luca Doro, Jonathan Terán, Luca Queri, Juan Munuel Jiménez, Alberto Dorado, Jesús Gámiz, Purificación Marín, Miguel Ángel Ruiz, Rubén López y Sergio Carrasco. Con especial cariño a mi hermano elegido Carlos Maeso Taviro que ha sido compañero en toda la investigación sufriendo y colaborando como nadie.

Gracias a los colegas del Departamento de Arqueología de Durham: Dra. Blanca Ochoa, Dr. Jonathan Santana Cabrera y Dr. David González Álvarez, por sus comentarios, experiencia y vivencias. Special thanks to Dr Stephanie Piper for the edition of the English chapter of this study and for teaching the English politeness to a southern barbarian like me.

No puedo dejar de agradecer al deporte por la tranquilidad y las mejores ideas que me ha brindado, y a la competición, por inculcarme constancia, sacrificio, esfuerzo y afán de superación. Si resumiera en dos palabras mi vida estas serían Arqueología y Correr.

Para el final he dejado a aquellas personas que me han acompañado a lo largo de mi vida, siendo participes de mis éxitos y desilusiones. Mi familia ha sido en todo momento parte activa de mi trabajo apoyándome y comprendiéndome desde el principio, allá por los 15 años cuando observaba, recogía y rompía piedras con poco sentido para ellos, en aquel momento, hasta este instante en el que me comprenden y sufren mis malhumorados momentos de estrés. A mis abuelos Marcial y Manola, Francisco y Matilde, mis tíos Gloria y Marcos, Eugenio y Paqui, mi hermano Marcial y mis padres Adela y Marcial, muchas gracias por hacerme como soy.

A todos ellos, y en especial a mi madrina Pilar (Piluchi), por lo que me quería, por enseñarme a amar la vida como ella lo hacía y por sus últimas palabras dedico este trabajo. Espero no defraudarte, nos vemos en las Sierras.

Francisco Martínez-Sevilla

En El Cortijillo (Castril, Granada), julio de 2018

ÍNDICE

Lista de figuras ... xii

Lista de tablas ... xx

Foreword ... xxi

Resumen/ Abstract ... xxii

English Summary: Neolithic Stone Bracelets in the Iberian Peninsula (VI-V millennium BC): technology, functionality and circulation ... 1

Introducción ... 7

PARTE 1. MARCO GEOGRÁFICO Y CRONOCULTURAL. MATERIALES Y MÉTODOS

1.1. Marco geográfico y cronocultural ... 11
1.1.1. Marco geográfico y geológico del estudio ... 11
1.1.2. Marco cronocultural ... 13

1.2. El objeto de estudio ... 16
1.2.1. Historiografía de los elementos de adorno en el Neolítico de la península ibérica ... 16
1.2.2. Un adorno como objeto de estudio: los brazaletes de piedra ... 18

1.3. Marco teórico ... 20
1.3.1. Bases teóricas para el estudio de la tecnología prehistórica ... 20
1.3.1.1. La tecnología como ciencia de la actividad humana ... 20
1.3.1.2. La *Chaîne opératoire*. La globalidad del proceso técnico ... 20
1.3.1.3. La biografía del objeto. Más allá del proceso técnico ... 21
1.3.1.4. La experimentación como analogía. Una reflexión crítica ... 22

1.4. Materiales y métodos ... 23
1.4.1. Arqueología de campo ... 23
1.4.1.1. La prospección geoarqueológica ... 23
1.4.1.2. La prospección arqueológica ... 23
1.4.1.3. La excavación de los sondeos ... 24
1.4.2. Estudio del material arqueológico ... 25
1.4.2.1. Materiales estudiados y terminología ... 25
1.4.2.2. Corpus de materiales y análisis realizados ... 26
1.4.2.3. Cronología ... 27
1.4.3. Determinación de las materias primas ... 27
1.4.3.1. Estudio macroscópico. Determinaciones de rango mayor ... 28
1.4.3.2. Fluorescencia de rayos X ... 28
1.4.3.3. Difracción de rayos X ... 28
1.4.4. Análisis tecnológico: brazaletes en proceso y útiles ... 28
1.4.4.1. Protocolo general del estudio tecnológico ... 28
1.4.4.2. Preformas y análisis diacríticos ... 29
1.4.4.3. Experiencia previa y protocolo experimental ... 29
1.4.4.4. Clasificación tecnofuncional de útiles y definición ... 30
1.4.4.5. Descripción de las técnicas, sus huellas y representación gráfica ... 31
1.4.5. Análisis tipológico y funcional. Los brazaletes acabados ... 31
1.4.5.1. Definición terminológica. ¿Anillos, pulseras o brazaletes? ... 31
1.4.5.2. Clasificación tipológica ... 32
1.4.5.3. Análisis tipométrico y estadístico ... 34
1.4.5.4. Trazas de uso y funcionalidad ... 35
1.4.5.5. Análisis de la distribución ... 35

PARTE 2. CORPUS DE MATERIALES Y SUS CONTEXTOS ARQUEOLÓGICOS

2.1. Andalucía 42
2.1.1. Córdoba 42
2.1.1.1. Cueva de la Murcielaguina (Priego de Córdoba) 42
2.1.1.2. Cueva de los Mármoles (Priego de Córdoba) 42
2.1.1.3. Torreón del Esparragal (El Esparragal) 43
2.1.1.4. La Mesa (Fuente Tójar) 43
2.1.1.5. Las Piedras Viñaeras (Zuheros) 44
2.1.1.6. Cueva de los Murciélagos (Zuheros) 44
2.1.1.7. Castillo de Doña Mencía (Doña Mencía) 45
2.1.1.8. Los yacimientos de Guta, San Joaquín y Venegas III (Castro del Río) 46
2.1.2. Granada 46
2.1.2.1. Las Angosturas (Gor) 46
2.1.2.2. Cueva de los Tajos (Pinos Puente) 47
2.1.2.3. Las Catorce Fanegas (Chauchina) 49
2.1.2.4. Sima LJ-11 (Salar) 49
2.1.2.5. Cueva de Malalmuerzo (Moclín) 51
2.1.2.6. Las Majolicas (Alfacar) 52
2.1.2.7. Cueva de la Pastora (Caniles) 52
2.1.2.8. Cueva de la Carigüela (Piñar) 56
2.1.2.9. Cueva de las Ventanas (Piñar) 57
2.1.2.10. Cueva del Agua (Prado Negro) 59
2.1.2.11. El Peñón de Salobreña (Salobreña) 60
2.1.2.12. El Vínculo (Lobres) 61
2.1.2.13. Sima del Carburero y Sima del Conejo (Alhama de Granada) 62
2.1.2.14. Cueva de los Molinos (Alhama de Granada) 64
2.1.2.15. Cueva de la Mujer o del Agua (Alhama de Granada) 64
2.1.2.16. Los Castillejos (Montefrío) 65
2.1.2.17. La Molaina (Pinos Puente) 67
2.1.2.18. Cueva de las Campanas (Gualchos) 68
2.1.2.19. Cueva de los Murciélagos (Albuñol) 69
2.1.2.20. Rambla de Santa Elena (Padul) 70
2.1.2.21. Tajos de la Mora y Tajos de los Pollos (Cogollos Vega) 70
2.1.2.22. Cueva CV-3 (Cogollos Vega) 70
2.1.2.23. Cueva sepulcral del Cortijo del Canal (Albolote) 71
2.1.2.24. Cortijo Cevico (Ventorros de San José-Loja) 71
2.1.2.25. Cortijo Higuera Alta (Ventorros de San José-Loja) 71
2.1.2.26. El Marmotal (Salar) 72
2.1.2.27. Cerro de los Infantes (Pinos Puente) 72
2.1.3. Málaga 72
2.1.3.1. Cueva de los Botijos (Benalmádena) 72
2.1.3.2. Cueva de la Pulsera (Antequera) 77
2.1.3.3. Cueva del Calamorro (Benalmádena) 77
2.1.3.4. Hoyo de la Mina (La Cala del Moral) 77
2.1.3.5. Abrigo 6 del Complejo del Humo (La Araña) 78
2.1.3.6. Cueva de Nerja (Maro) 79
2.1.3.7. Cueva de la Solapilla (Mollina) 81
2.1.3.8. Cueva Tapada (Torremolinos) 82
2.1.3.9. Cueva Victoria (La Cala del Moral) 83
2.1.3.10. Cueva del Gato (Benaoján) 84
2.1.3.11. Los Abriguitos (Montecorto) 84
2.1.3.12. Acinipo (Ronda) 85
2.1.3.13. Cueva Hostal Guadalupe (Torremolinos) 85
2.1.3.14. Llano Espada (Teba) 85
2.1.3.15. Cueva de las Palomas (Teba) 87
2.1.3.16. Valle de Abdalajís (Valle de Abdalajís) 87
2.1.3.17. El Charcón (Alozaina) 87
2.1.3.18. Cueva del Higuerón (La Cala del Moral) 88

2.1.3.19. Cueva del Toro (Antequera) ... 89
2.1.3.20. Cerro de la Higuera (Teba) ... 90
2.1.3.21. Cueva del Algarrobo (Alozaina) ... 90
2.1.3.22. Cueva del Pecho Redondo (Marbella) ... 90
2.1.4. Almería ... 91
2.1.4.1. Cueva del Castillico (Cobdar) ... 91
2.1.4.2. Cerro Virtud (Cuevas de Almanzora) ... 92
2.1.4.3. Cabecicos Negros (Vera) ... 92
2.1.4.4. Cabezo de la Raja Ortega (Garrucha) ... 92
2.1.4.5. Cerro Almanzora (Cantoria) ... 92
2.1.4.6. El Garcel (Antas) ... 93
2.1.4.7. Cerro Cuartillas (Mojácar) ... 93
2.1.4.8. El Argar y La Gerundia (Antas) ... 93
2.1.4.9. Cerro del Cortijo de Gatas (Turre) ... 94
2.1.4.10. Cueva Ambrosio (Vélez Blanco) ... 94
2.1.4.11. Las Palas y La Era (Herrerías) ... 94
2.1.5. Jaén ... 95
2.1.5.1. Hornos de Segura (Hornos de Segura) ... 95
2.1.5.2. Cueva del Nacimiento (Santiago-Pontones) ... 95
2.1.6. Sevilla ... 95
2.1.6.1. El Cabezo de Lebrija (Lebrija) ... 95
2.1.6.2. Los Álamos (Carmona) ... 95
2.1.6.3. Loma Lombriz II (Carmona) ... 96
2.1.6.4. La Cueva Chica de Santiago (Cazalla de la Sierra) ... 96
2.1.7. Cádiz ... 96
2.1.7.1. Cueva de la Dehesilla (Jerez de la Frontera) ... 96
2.1.7.2. Simas de la Veredilla (Benaocaz) ... 96

2.2. Levante ... 97
2.2.1. Valencia ... 97
2.2.1.1. Freginal (Torre de les Massanes) ... 97
2.2.1.2. La Muela (Anna) ... 97
2.2.1.3. Mas Nou (Ares del Maestre) ... 97
2.2.1.4. Cova Fosca (Ares del Maestre) ... 97
2.2.1.5. Canyaret (Bocairet) ... 98
2.2.1.6. Cova de les Cendres (Teulada) ... 98
2.2.1.7. L´Arpella (Muro) ... 98
2.2.1.8. Cueva de la Torre del Mal Paso (Castellnovo) ... 98
2.2.1.9. Mas del Pla (Benifallin) ... 98
2.2.1.10. Cova de la Recambra (Real de Gandía) ... 98
2.2.1.11. Vinalopó 10 (Banyeres) ... 98
2.2.1.12. Molí Roig (Banyeres) ... 98
2.2.1.13. Cova del Barranc Fondo (Xátiva) ... 98
2.2.1.14. Cova de la Sarsa (Bocairent) ... 99
2.2.1.15. Cova de l´Or (Beniarrés) ... 100
2.2.1.16. La Bernarda (Rojales) ... 100
2.2.1.17. Ereta del Pedregal (Navarres) ... 102
2.2.1.18. Cova de les Bruixes (Rosell) ... 102
2.2.1.19. Cueva Negra (Montanejos) ... 102
2.2.1.20. La Macolla (Villena) ... 102
2.2.1.21. Casa de Lara (Villena) ... 103
2.2.1.22. Cova Ampla del Montgó (Xàbia) ... 103
2.2.1.23. Benàmer (Muro) ... 104
2.2.1.24. El Calvari (Muro) ... 104
2.2.1.25. Camí de Alfogàs (Bélgida) ... 104
2.2.1.26. Bancalico Moros (Redován) ... 104
2.2.1.27. Limoneros II-III (Elche) ... 104
2.2.1.28. Pla dels Dubots (Benifallim) ... 104
2.2.1.29. El Molí (Torre de les Massanes) ... 104

2.2.1.30. La Muntanya Assolada (Alzira) 104
2.2.1.31. El Cercat de Gaianes (Gaianes) 105
2.2.1.32. Mas de Pepelillo (Agullent) 105
2.2.2. Murcia 105
2.2.2.1. Cueva-Sima de la Serreta (Cieza) 105
2.2.2.2. Abrigos del Pozo (Calaspara) 105

2.3. Resto de la península ibérica 106
2.3.1. Cataluña 106
2.3.1.1. La Draga (Banyoles) 106
2.3.1.2. Cova del Vidre (Roquetes) 106
2.3.1.3. La Valldany (Oliana) 106
2.3.2. Castilla León 106
2.3.2.1. Cueva de la Vaquera (Torreiglesias) 106
2.3.2.2. La Lámpara y La Revilla del Campo (Ambrona) 107
2.3.2.3. El Portalón de Cueva Mayor (Atapuerca) 107
2.3.2.4. Arenero de Valdivia (Useres) 108
2.3.2.5. La Deseada (Rivas-Vaciamadrid) 108
2.3.3. Castilla La Mancha 108
2.3.3.1. La Motilla del Azuer (Daimiel) 108
2.3.4. Aragón 108
2.3.4.1. Abrigo de Valmayor XI (Mequinenza) 108
2.3.4.2. El Torrollón I (Usón) 108
2.3.5. Portugal 109
2.3.5.1. Algar do Bom Santo (Cabana de Torres) 109
2.3.5.2. Valada do Mato (Évora) 109
2.3.5.3. Salema (Salema) 109
2.3.5.4. Xarez 4 (Évora) 109

PARTE 3. DE LA CANTERA AL BRAZO

3.1. La materia prima, características físicas, mecánicas y los sistemas de abastecimiento 113

3.2. Los contextos de producción 116
3.2.1. Cantería y primera transformación 116
3.2.1.1. Cortijo Cevico (Ventorros de San José-Loja, Granada) 116
3.2.2. La producción en los asentamientos 158
3.2.2.1. Las Catorce Fanegas (Chauchina, Granada) 158
3.2.2.2. La Molaina (Pinos puente, Granada) 163
3.2.2.3. Cerro Virtud (Cuevas de Almanzora, Almería) 166
3.2.2.4. Cabecicos Negros (Vera, Almería) 172
3.2.3. Talleres estacionales 176
3.2.3.1. Cueva de los Mármoles (Priego de Córdoba) 176
3.2.3.2. Cueva-Sima de la Serreta (Cieza, Murcia) 183
3.2.4. Conclusiones sobre la tecnología y los contextos de producción 206

3.3. La tecnología de elaboración de los brazaletes de piedra: el método general y las técnicas 207
3.3.1. Los brazaletes estrechos 207
3.3.1.1. La materia prima 207
3.3.1.2. El método general de fabricación: las técnicas que componen el método 207
3.3.1.3. Conclusiones sobre la tecnología de los brazaletes estrechos 211
3.3.2. Los brazaletes Anchos 211
3.3.2.1. La materia prima 211
3.3.2.2. El método general de fabricación: las técnicas que componen el método 211
3.3.2.3. Conclusiones sobre la tecnología de los brazaletes anchos 213

3.4. Los brazaletes acabados 216
3.4.1. Distribución geográfica y contextual 216
3.4.1.1. Conclusiones sobre la distribución geográfica y contextual 219

3.4.2. Tipología: categorización y distribución geográfica por tipos y materias primas 220
3.4.2.1. Dimensiones 220
3.4.2.2. Definición de la tipología 220
3.4.2.3. Tipos establecidos 226
3.4.2.4. Distribución geográfica por tipos 229
3.4.2.5. Distribución geográfica de las materias primas 235
3.4.2.6. Conclusiones sobre la distribución de tipos y de las materias primas 237
3.4.3. La funcionalidad 238
3.4.3.1. Las huellas de uso 239
3.4.3.2. Los diámetros interiores: comparaciones antropométricas 242
3.4.3.3. Conclusiones sobre la funcionalidad 248
3.4.4. Reparaciones y reutilizaciones 249
3.4.4.1. Conclusiones sobre las reparaciones y reutilizaciones 251

PARTE 4. A MODO DE SÍNTESIS

4.1. La adscripción cronológica y cultural de los brazaletes y su artesanía 255

4.2. La circulación de los brazaletes 261

4.3. ¿Artesanía especializada o doméstica? 265

4.4. Hacia una explicación cultural y social a través de un adorno 266

4.5. Conclusiones generales 268

Bibliografía 271

Anexo I. Preliminary Geochemical Analysis and Provenance of Spanish Marble Sources and Neolithic Bracelets Using Portable X-Ray Fluorescence Spectrometry (Thomas J. Williams) 295
Anexo II. Recuento de brazaletes por yacimientos 303
Anexo III. Inventario de brazaletes acabados 309
Anexo IV. Medidas antropométricas de manos y codos 323
Anexo V. Contextos y dataciones absolutas asociadas 325

LISTA DE FIGURAS

Figura 1. Mapa general del área de estudio con la distribución de sitios con brazaletes de piedra y en línea discontinua, culturas del Neolítico Antiguo caracterizadas por cerámicas decoradas cardiales e impresas 8

Figura 2. Marco geográfico del estudio: 1. Marco geográfico general con la distribución de los brazaletes de piedra y contextos de producción y 2. Marco geográfico principal del estudio y geología de las Cordilleras Bética 12

Figura 3. Brazaletes del Cabezo de la Raja Ortega (Garrucha, Almería) 16

Figura 4. Esquema de carácter holístico de aplicación de la experimentación en arqueología 22

Figura 5. Esquema del planteamiento de los transectos para la prospección superficial en el yacimiento de Cortijo Cevico (Ventorros de San José, Granada) 23

Figura 6. Metodología de la prospección arqueológica: A. Planteamiento de los transectos; B. Sistema de recogida de materiales y C. Georreferenciación con GPS diferencial 24

Figura 7. Situación y orientación de los sondeos en Cortijo Cevico (Ventorros de San José, Granada) 24

Figura 8. Sistema de nomenclatura de las unidades de excavación en los sondeos 25

Figura 9. Ejemplos de características macroscópicas para la determinación de rango mayor. 1. Caliza micrítica; 2. Caliza oolítica; 3. Pizarra; 4 y 5. Cristalizaciones de mármol; y 6. Esquisto con granates 27

Figura 10. Criterios de medición en las preformas 29

Figura 11. Partes y nomenclatura usada en los útiles tecnológicos 30

Figura 12. Criterios de medición para los útiles tecnológicos 30

Figura 13. Estigmas técnicos en piezas en proceso. 1. Percusión directa; 2. Percusión indirecta; 3. Presión; 4. Piqueteado; 5. Abujardado; 6. Abrasión con orientación paralela; 7. Abrasión con orientación anárquica; y 8. Pulido... 33

Figura 14. Tramas y símbolos empleados en la representación gráfica 34

Figura 15. Tipología y morfología de brazaletes según la relación entre altura y el grosor 34

Figura 16. Criterios de medición en los brazaletes acabados 35

Figura 17. Distribución de los brazaletes de piedra en la península ibérica y áreas delimitadas para el estudio estadístico y tipométrico 36

Figura 18. Partes de los brazaletes y nomenclatura utilizada 36

Figura 19. Aros metálicos graduados cada 5 mm (1) usados para las medidas de los diámetros de manos (2) y codos (3) 37

Figura 20. Yacimientos estudiados en este trabajo 40

Figura 21. Entrada a la Cueva de la Murcielaguina (Priego de Córdoba) 42

Figura 22. Vista general desde el norte del asentamiento de Las Angosturas (Gor, Granada) 46

Figura 23. Brazaletes en proceso de elaboración de Las Angosturas (Gor, Granada) 47

Figura 24. Material cerámico y lítico de la Cueva de los Tajos o de la Media Luna (Pinos Puente, Granada) 48

Figura 25. Entrada a la Sima LJ-11 (Salar, Granada) 49

Figura 26. Selección de cerámicas LJ 11 (Salar, Granada) 50

Figura 27. Brazaletes de piedra y otros materiales de la Sima LJ-11 (Salar, Granada) 51

Figura 28. Vista del río Velillos y entrada de la Cueva de Malalmuerzo (Moclín, Granada) 52

Figura 29. Selección de cerámicas Cueva de Malalmuerzo (Moclín, Granada) 53

Figura 30. Brazalete estrecho decorado de la Cueva de Malalmuerzo (Moclín, Granada) 54

Figura 31.Vista de una de las cuevas puestas a la intemperie por procesos tectónicos y detalle de restos humanos y punzón de hueso en Las Majolicas (Alfacar, Granada) 54

Figura 32. Brazaletes en proceso de elaboración de la Cueva de la Pastora (Caniles, Granada) 55

Figura 33. Brazaletes acabados de la Cueva de la Pastora (Caniles, Granada) 56

Figura 34. Brazalete en proceso de elaboración y acabados de la Cueva de la Carigüela (Piñar, Granada) 58

Figura 35. Brazaletes estrechos de la Cueva de las Ventanas (Piñar, Granada) 59

Figura 36. Entrada principal a la Cueva del Agua (Prado Negro, Granada) 59

Figura 37. Colgante de cuentas y en forma de lagrima de concha de la Cueva del Agua (Prado Negro, Granada) 60

Figura 38. Conjunto de brazaletes estrechos recogidos en la Cueva del Agua (Prado Negro, Granada) 60

Figura 39. Brazaletes de piedra de la Cueva del Agua (Prado Negro, Granada) 61

Figura 40. 1. Vista desde el sur del Peñón de Salobreña (Imagen Google Earth); 2. Brazalete localizado en las excavaciones de urgencia en el Peñón y 3. Brazalete en proceso y restos de pulimentados de El Vínculo (Lobres, Granada) 62

Figura 41. Cerámicas con representaciones antropomorfas: 1. Sima del Conejo; 2. Sima del Carburero. Brazaletes: 3 y 5. Sima del Conejo y 4. Sima del Carburero (Alhama de Granada, Granada) 63

Figura 42. Vista de la Sierra de Parapanda desde el poblado de Los Castillejos (Montefrío, Granada) 65

Figura 43. Vista hacia el este del yacimiento de Los Castillejos (Montefrío, Granada) 66

Figura 44. Brazaletes en proceso y acabados de Los Castillejos (Montefrío, Granada) 68

Figura 45. Brazaletes de la Cueva de los Murciélagos (Albuñol, Granada) 69

Figura 46. Brazaletes del Tajo de la Mora (1 y 2) y Tajo de los Pollos (3) (Cogollos Vega, Granada) 70

Figura 47. 1. Vista general del yacimiento de Cortijo Higuera Alta (Ventorros de San José, Granada) y 2. Brazalete en proceso de elaboración 72

Figura 48. Brazalete del Cerro de los Infantes (Pinos Puente, Granada) 72

Figura 49. Cerámicas y colgante de la Cueva de los Botijos (Benalmádena, Málaga) Museo de Benalmádena 73

Figura 50. Brazaletes de la Cueva de los Botijos (Benalmádena, Málaga) del Museo de Benalmádena 74

Figura 51. Brazaletes de la Cueva de los Botijos (Benalmádena, Málaga) del Museo de Benalmádena (1, 2, 3, 6, 7 y 8) y Museo de Málaga (4, 5, 9 y 10) 75

Figura 52. Brazaletes de la Cueva de la Pulsera (Antequera, Málaga) 76

Figura 53. Brazaletes de la Cueva del Calamorro o Toro (Benalmádena, Málaga) 77

Figura 54. Brazaletes de la Cueva Hoyo de la Mina (La Araña, Málaga) 79

Figura 55. Brazaletes de la Cueva de Nerja (Maro, Málaga) 81

Figura 56. Brazaletes de la Cueva de la Solapilla (Mollina, Málaga) 82

Figura 57. Brazaletes de Cueva Tapada (Torremolinos, Málaga) 82

Figura 58. Brazaletes de la Cueva de la Victoria (La Cala del Moral, Málaga) 83

Figura 59. Vista general de la Cueva del Gato (Benaoján, Málaga) 84

Figura 60. Brazaletes de la Cueva del Gato (Benaoján, Málaga) 84

Figura 61. Brazalete de la Cueva Hostal Guadalupe (Torremolinos, Málaga) 85

Figura 62. Vista general del asentamiento Llano Espada (Teba, Málaga) 85

Figura 63. Brazalete en proceso de elaboración del Llano Espada (Teba, Málaga) 86

Figura 64. Brazaletes en proceso de elaboración del Valle de Abdalajís (Málaga) 88

Figura 65. Materiales de la Cueva del Castillico (Cobdar, Almería) 91

Figura 66. Brazaletes de la Cova de la Sarsa (Bocairent, Alicante) 99

Figura 67. Brazaletes de la Cova de l´Or (Beniarrés, Alicante) 101

Figura 68. Brazalete de Ereta del Pedregal (Navarres, Valencia) 102

Figura 69. Brazaletes de piedra: 1, 2 y 4 Casa de Lara (Villena, Alicante); 3. La Macolla (Villena, Alicante) 103

Figura 70. Yacimientos con brazaletes en proceso de elaboración y talleres estudiados en detalle: 1. Cueva- Sima de la Serreta (Cieza, Murcia); 2. Cerro Virtud (Cuevas de Almanzora, Almería); 3. Cabecicos Negros (Vera, Almería); 4. La Molaina (Pinos Puente, Granada); 5. Las Catorce Fanegas (Chauchina, Granada); 6. Cortijo Cevico (Ventorros de San José, Granada) y 7. Cueva de los Mármoles (Priego de Córdoba) (modificado a partir de Lozano 2018) 112

Figura 71. Relación entre la altura de los brazaletes y la litología, de derecha a izquierda: mármol, caliza y pizarra/esquisto 114

Figura 72. Porcentajes de las litologías en todos los brazaletes 114

Figura 73. Vista desde el este de la situación de Cortijo Cevico (Ventorros de San José, Granada) 117

Figura 74. Mapa geológico del área donde se localiza Cortijo Cevico (Ventorros de San José, Granada). A) Contexto geológico regional *Trías de Antequera* y materiales que los rodean, B) Contexto geológico y arqueológico local: a) Cantera de Cortijo Cevico; b) Cortijo Higuera Alta; c) Cortijo Cevico; d) Sierra Martilla; e) Cantera de ofitas Cortijo Martilla y f) Cerro del Moro 118

Figura 75. Corte en el camino en la parte norte del afloramiento de mármoles dolomíticos de Cortijo Cevico (Ventorros de San José, Granada) 119

Figura 76. Diferentes ejemplos de mármoles dolomíticos de Cortijo Cevico (Ventorros de San José, Granada) una vez pulidos 120

Figura 77. Situación de Cortijo Cevico (1) en relación a los yacimientos arqueológicos (2. Cortijo Higuera Alta; 3. Sierra Martilla; 4. Cortijo Cevico y 5. Cantera de ofitas para elementos pulimentados; 6. Cerro del Moro) y afloramientos geológicos destacados del entorno 121

Figura 78. Fotografía cenital de la superficie de Cortijo Cevico (Ventorros de San José, Granada) donde se observa los bloques y restos de talla 122

Figura 79. Distribución de los materiales arqueológicos documentados en la prospección arqueológica intensiva en Cortijo Cevico (Ventorros de San José, Granada) 123

Figura 80. Bloques de dolomía en su contexto geológico primario en la parte alta del afloramiento de Cortijo Cevico (Ventorros de San José, Granada) 124

Figura 81. Concentración de materiales arqueológicos y su relación con el cálculo de las pendientes en la cantera de Cortijo Cevico (Ventorros de San José, Granada) 124

Figura 82. Situación de los sondeos en el afloramiento de Cortijo Cevico (Ventorros de San José, Granada) y sección de la pendiente 125

Figura 83. Vista hacia el este del S-1 de Cortijo Cevico (Ventorros de San José, Granada) 125

Figura 84. Planta 1 del S-1 de Cortijo Cevico (Ventorros de San José, Granada) 126

Figura 85. Planta 2 del S-1 de Cortijo Cevico (Ventorros de San José, Granada) 126

Figura 86. Planta 3 del S-1 de Cortijo Cevico (Ventorros de San José, Granada) 127

Figura 87. Planta 4 del S-1 de Cortijo Cevico (Ventorros de San José, Granada) 127

Figura 88. Planta 5 del S-1 de Cortijo Cevico (Ventorros de San José, Granada) 127

Figura 89. Detalle de la orientación en 45º de las preformas en el S-1 de Cortijo Cevico (Ventorros de San José, Granada) 128

Figura 90. Secciones del S-1 de Cortijo Cevico (Ventorros de San José, Granada) 128

Figura 91. Vista hacia el este del S-2 de Cortijo Cevico (Ventorros de San José, Granada) 129

Figura 92. Planta 1 del S-2 de Cortijo Cevico (Ventorros de San José, Granada) 130

Figura 93. Fotografía cenital de la Capa 1 del S-2 de Cortijo Cevico (Ventorros de San José, Granada) 131

Figura 94. Planta 2 del S-2 de Cortijo Cevico (Ventorros de San José, Granada) 131

Figura 95. Vista hacia el noroeste del S-2 de Cortijo Cevico (Ventorros de San José, Granada) 132

Figura 96. Fotografía del perfil noroeste del S-2 de Cortijo Cevico (Ventorros de San José, Granada) 132

Figura 97. Planta 3 del S-2 de Cortijo Cevico (Ventorros de San José, Granada) 133

Figura 98. Fotografía cenital final del S-2 de Cortijo Cevico (Ventorros de San José, Granada) 133

Figura 99. Sección noroeste del S-2 de Cortijo Cevico (Ventorros de San José, Granada) 134

Figura 100. Sección suroeste del S-2 de Cortijo Cevico (Ventorros de San José, Granada) 134

Figura 101. Secciones sur y norte del S-2 de Cortijo Cevico (Ventorros de San José, Granada) 134

Figura 102. Preformas con fractura medial de Cortijo Cevico (Ventorros de San José, Granada) 136

Figura 103. Preformas con fractura longitudinal de Cortijo Cevico (Ventorros de San José, Granada) 137

Figura 104. Preformas con lascado sobrepasado de Cortijo Cevico (Ventorros de San José, Granada) 138

Figura 105. Preformas inviables abandonada de Cortijo Cevico (Ventorros de San José, Granada) 139

Figura 106. Litología de los percutores de Cortijo Cevico (Ventorros de San José, Granada) 140

Figura 107. Peso de los percutores de Cortijo Cevico (Ventorros de San José, Granada) 140

Figura 108. Percutores de diferentes tamaños de Cortijo Cevico (Ventorros de San José, Granada) 141

Figura 109. Percutores de diferentes tamaños de Cortijo Cevico (Ventorros de San José, Granada) 142

Figura 110. Percutores en forma de disco de Cortijo Cevico (Ventorros de San José, Granada) 143

Figura 111. Bloques tallados mediante percusión lanzada o directa en Cortijo Cevico (Ventorros de San José, Granada): A. Asociación de bloques a restos de talla; B. Talla mediante frente único; C y D. Talla centrípeta 144

Figura 112. Grandes lascas de Cortijo Cevico (Ventorros de San José, Granada) 145

Figura 113. Desechos de talla de Cortijo Cevico (Ventorros de San José, Granada): 1, 2, 3 y 4. Lascas de percusión directa; 5 y 6. Lascas de preforma 146

Figura 114. Otros materiales de Cortijo Cevico (Ventorros de San José, Granada): 1. Esbozo de hacha en mármol; 2. Bujarda; 3. Parte proximal de esbozo de hacha de ofita; 4. Núcleo carenado de laminitas tallado en mármol 147

Figura 115. Bloques con restos de extracción en Cortijo Cevico (Ventorros de San José, Granada). Las flechas marcan las zonas con restos de percusiones identificados 148

Figura 116. Origen de los soportes a partir de los cuales se tallan las preformas en Cortijo Cevico (Ventorros de San José, Granada) 149

Figura 117. Relación entre en largo y el ancho en las preformas y las grandes lascas de Cortijo Cevico (Ventorros de San José, Granada) 149

Figura 118. Preforma experimental donde se muestran los tipos de lascas definidas 149

Figura 119. Esquema diacrítico de una preforma tallada de Cortijo Cevico (Ventorros de San José, Granada) 150

Figura 120. Esquema diacrítico de una preforma tallada de Cortijo Cevico (Ventorros de San José, Granada) 150

Figura 121. Esquema diacrítico de una preforma tallada de Cortijo Cevico (Ventorros de San José, Granada) 151

Figura 122. Esquema diacrítico de una preforma tallada de Cortijo Cevico (Ventorros de San José, Granada) 151

Figura 123. Esquema diacrítico de una preforma tallada de Cortijo Cevico (Ventorros de San José, Granada) 152

Figura 124. Esquema diacrítico de una preforma tallada de Cortijo Cevico (Ventorros de San José, Granada) 152

Figura 125. Porcentajes de los tipos de fracturas o abandonos en la preformas de Cortijo Cevico (Ventorros de San José, Granada) 153

Figura 126. Superposición de los perfiles de las secciones y los contornos exteriores de las preformas de Cortijo Cevico (Ventorros de San José, Granada) 153

Figura 127. Relación entre el largo y el ancho en las preformas de Cortijo Cevico (Ventorros de San José, Granada). 154

Figura 128. Relación entre el largo y el grosor en las preformas de Cortijo Cevico (Ventorros de San José, Granada) 154

Figura 129. Frecuencia de los grosores de la preformas de Cortijo Cevico (Ventorros de San José, Granada) 155

Figura 130. Desechos de talla experimental realizados en una hora de trabajo 155

Figura 131. Comparación entre el largo y el ancho en las preformas de Cortijo Cevico (Ventorros de San José, Granada) y las provenientes del taller de brazaletes de la Cueva-Sima de la Serreta (Cieza, Murcia) 156

Figura 132. Comparación entre el largo y el grosor en las preformas de Cortijo Cevico (Ventorros de San José, Granada) y las provenientes del taller de brazaletes de la Cueva-Sima de la Serreta (Cieza, Murcia) 156

Figura 133. Recreación de actividades documentadas en la cantera de Cortijo Cevico (Ventorros de San José, Granada) 157

Figura 134. Cerámicas de las Catorce Fanegas (Chauchina, Granada) 159

Figura 135. Cerámicas de las Catorce Fanegas (Chauchina, Granada) 160

Figura 136. Brazaletes en proceso y acabado de las Catorce Fanegas (Chauchina, Granada) 161

Figura 137. Reconstrucción experimental de los gestos técnicos y referentes arqueológicos de las Catorce Fanegas (Chauchina, Granada) 162

Figura 138. Vista de La Molaina y su relación con la Vega de Granada desde la cima de Sierra Elvira 163

Figura 139. Brazaletes de La Molaina (Pinos Puente, Granada) 164

Figura 140. Esquemas técnicos y reconstrucción experimental de los gestos y sus referentes arqueológicos 165

Figura 141. Brazaletes de Cerro Virtud (Cuevas de Almanzora, Almería) 169

Figura 142. Brazaletes de Cerro Virtud (Cuevas de Almanzora, Almería) 170

Figura 143. Esquemas técnicos de brazaletes de Cerro Virtud (Cuevas de Almanzora, Almería) 171

Figura 144. Vista del asentamiento de Cabecicos Negros (Vera, Almería) desde el sur 172

Figura 145. Reconstrucción experimental de los gestos técnicos y referentes arqueológicos de Cabecicos Negros (Vera, Almería) 174

Figura 146. Reconstrucción experimental de los gestos técnicos y referentes arqueológicos de Cabecicos Negros (Vera, Almería) 175

Figura 147. Brazaletes en proceso de fabricación de la Cueva de los Mármoles (Priego de Córdoba) 179

Figura 148. Brazaletes en proceso de fabricación de la Cueva de los Mármoles (Priego de Córdoba) 180

Figura 149. Brazaletes en proceso de fabricación de la Cueva de los Mármoles (Priego de Córdoba) 181

Figura 150. Brazaletes en proceso de fabricación de la Cueva de los Mármoles (Priego de Córdoba) 182

Figura 151. Reconstrucción experimental de los gestos técnicos y referentes arqueológicos de la Cueva de los Mármoles (Priego de Córdoba) 184

Figura 152. Relación entre el diámetro exterior e interior y distribución en los brazaletes acabados de la Cueva de los Mármoles (Priego de Córdoba) 185

Figura 153. Localización geográfica de La Serreta y su contexto geológico. (1) yesos, areniscas y limonitas del Triásico y calizas del Cretácico Inferior (2) marga, (3) arenas y conglomerados del Cretácico Superior (4) dolomía estructuradas (5) dolomía estratificada, (6) dolomía sin estructuras, (7) caliza; (8) caliza del Eoceno, (9) conglomerados del Mioceno Medio, caliza y margas bioclásticas; (10) calizas del Mioceno superior; calizas y margas bioclásticas del Cuaternario (11) conglomerado, (12) Conos de deyección (a) contacto estratigráfico, (b) discordancia, (c) fallas menor, (d) fallas normales, (e) fallas inversas, (d) falla de desgarre; FS= Falla de Socovos 186

Figura 154. Cueva-Sima de la Serreta: 1. Planta y sección; 2. Vista desde el interior hacia el Cañón de los Almadenes; 3. Área de producción de brazaletes y pulidor in situ; 4. Pintura rupestre y restos de cantería en una de las paredes de la cavidad; 5. Detalle de la destrucción de la pintura por la extracción de caliza 187

Figura 155. Cerámicas decoradas pertenecientes a los niveles neolíticos de La Serreta: 1. Vasija de almacenamiento con decoraciones impresas en espiga y digitaciones; 2. Vasito con decoración impresa con matriz circular; 3. Vasija globular con decoraciones incisas en espiga, cordones con incisiones y ungulaciones; 4. Vasija globular con decoraciones impresas en espiga; 5. Cordones con incisiones; 6. Cordones con digitaciones 188

Figura 156. Preformas de brazaletes: 1 y 2. Talladas; 3 y 4. Talladas y regularizadas mediante abrasión de sus caras de La Serreta (Cieza, Murcia) 191

Figura 157. Útiles empleados en trabajos de percusión y perforación en de La Serreta (Cieza, Murcia): 1 y 2. Percutores de cuarcita; 3. Percutor de caliza; 4. Candil de ciervo 192

Figura 158. Preformas de brazaletes, huellas técnicas y reconstrucción del gesto técnico de La Serreta (Cieza, Murcia): 1, 2 y 3. Regularización exterior mediante abrasión 193

Figura 159. Preformas de brazaletes, huellas técnicas y reconstrucción del gesto técnico de La Serreta (Cieza, Murcia): 1 y 2. Creación de la concavidad y regularización exterior mediante abrasión 194

Figura 160. Reconstrucción del gesto técnico de perforación de La Serreta (Cieza, Murcia): 1. Preforma con perforación central; 2, 3, 4 y 5. Perforadores de sílex 195

Figura 161. Reconstrucción del gesto técnico de percusión indirecta y presión de La Serreta (Cieza, Murcia): 1. Preforma con orificio interior ensanchado por percusión directa; 2. Preforma con orificio interior ensanchada con presión 196

Figura 162. Reconstrucción de los gestos técnicos de abrasión interior de La Serreta (Cieza, Murcia): 1. Abrasión interior circular; 2. Abrasión interior paralela 197

Figura 163. Útiles empleados en trabajos de abrasión de La Serreta (Cieza, Murcia): 1. Pulidor de calcarenita con ranuras de abrasión; 2 y 3. Pulidores de arenisca 198

Figura 164. Reducción del volumen de las piezas en cada fase del proceso de elaboración de los brazaletes de piedra 199

Figura 165. Restos de brazaletes de piedra y su distribución según su fase de rotura o abandono de La Serreta (Cieza, Murcia) 200

Figura 166. Brazaletes acabados de La Serreta (Cieza, Murcia): 1. Brazalete de esquisto; 2. Brazalete de caliza micrítica reparado; 3. Brazalete ancho de mármol con perforación; 4. Fragmento de brazalete en proceso con dos perforaciones cónicas inacabadas 201

Figura 167. Relación entre el diámetro interior y exterior de los brazaletes de piedra y distribución de los brazaletes de La Serreta (Cieza, Murcia) 202

Figura 168. Reconstrucción del gesto técnico de abrasión interior circular y de la sujeción del abrasivo de La Serreta (Cieza, Murcia) 202

Figura 169. Recreación de las actividades documentadas en el taller de La Serreta (Cieza, Murcia) 203

Figura 170. Litología de brazaletes estrechos (Altura ≤ 10mm) 207

Figura 171. Esquema tecnológico general de la elaboración de los brazaletes estrechos a partir de las secciones de las diferentes fases 208

Figura 172. Útiles y desechos generados experimentalmente en el ensanchado interior con percusión indirecta 209

Figura 173. Accidente de talla experimental en la percusión indirecta y desecho generado 209

Figura 174. Estigmas técnicos de las diferentes fases de la elaboración de brazaletes estrechos. Muestras arqueológicas de la Cueva de la Pastora (A1, A3, A5 y A8), La Serreta (A7) y experimentales (A2, A4, y A6) 210

Figura 175. Litología de brazaletes anchos (>10 mm) 211

Figura 176. Esquema tecnológico general de la elaboración de los brazaletes anchos a partir de las secciones de las diferentes fases 212

Figura 177. Accidente experimental en el abujardado de una preforma de mármol 213

Figura 178. Estigmas técnicos de las líneas incisas y restos de ocre. Brazaletes de la Cueva de la Pulsera (Antequera, Málaga) 214

Figura 179. Estigmas técnicos de las diferentes fases de la elaboración de brazaletes anchos. Muestras arqueológicas de las Catorce Fanegas (A1), La Serreta (A2 y A3), Cueva de los Mármoles (A4) y experimentales (A5, A6, A7 y A8) 215

Figura 180. Distribución general de brazaletes en relación a los contextos de producción. Grupos y subgrupos definidos a partir de las concentraciones. Andalucía: 1. Zona interior y costa de Málaga; 2. Subbético Cordobés y entornos de la Depresión de Granada y 3. Depresión de Vera y Valle del Almanzora. Levante: 5. Murcia; 6. Zona sur de Valencia e interior de Alicante y 7. Cova Fosca de Ares del Maestre 216

Figura 181. Brazaletes acabados por las zonas delimitadas en el estudio ... 217

Figura 182. Distribución de los brazaletes acabados del Levante por yacimientos. En negrita sitios destacados por el número de piezas ... 218

Figura 183. Distribución de los brazaletes en función de la variable altura ... 221

Figura 184. Distribución de los brazaletes en función de la variable grosor ... 222

Figura 185. Distribución de los brazaletes en función de la variable diámetro interior ... 222

Figura 186. Tipos de brazaletes según la relación entre la altura y el grosor ... 223

Figura 187. Tipos de brazaletes en relación al diámetro interior y exterior. Pequeños, entre 40-60 mm de diámetro interior; Medianos, entre 60-85 mm; y Grandes, a partir de 85 y hasta 110 ... 224

Figura 188. Distribución de las materias primas en función de la altura y el grosor. En línea discontinua concentraciones del mármol y la pizarra/esquisto ... 224

Figura 189. Tipología de las secciones en función de las variables altura y grosor ... 225

Figura 190. Tipología idealizada de brazaletes según la atura y el grosor y su sección. 1. Brazaletes estrechos planos; 2. Estrechos cuadrados; 3. Estrechos planos decorados (solo se ha documentado una pieza); 4. Brazaletes medios rectangulares; 5. Medios cuadrados; 6. Medios planos; 7. Medios rectangulares decorados (Solo se han documentado 3 piezas); 8. Brazaletes anchos y 9. Anchos decorados ... 227

Figura 191. Brazaletes decorados con líneas en función a las variables altura y grosor y su relación con el resto de brazaletes. Obsérvese los diferentes tipos según su altura ... 228

Figura 192. Brazaletes decorados con líneas en función del diámetro interior y exterior y su relación con el resto de brazaletes ... 228

Figura 193. Porcentaje del número de líneas en los brazaletes decorados ... 229

Figura 194. Porcentaje de tipos de brazaletes según zonas ... 230

Figura 195. Distribución geográfica de brazaletes estrechos. Explicación en el texto ... 231

Figura 196. Distribución geográfica de brazaletes anchos. Explicación en el texto ... 232

Figura 197. Distribución geográfica de brazaletes medios. Explicación en el texto ... 233

Figura 198. Distribución de brazaletes según las variables altura y grosor por zonas. Obsérvese la concentración de brazaletes de tipo medio cuadrados y planos en el Levante ... 234

Figura 199. Distribución geográfica de brazaletes decorados y porcentaje de representación por zonas. Explicación en el texto ... 235

Figura 200. Brazaletes decorados en relación a las variables altura y grosor y según zonas. Obsérvese la distinción del brazalete de Cova Fosca de Ares con respecto al resto ... 235

Figura 201. Distribución de brazaletes de caliza en la península ibérica ... 236

Figura 202. Distribución de brazaletes de mármol en la península ibérica ... 237

Figura 203. Distribución de brazaletes de pizarra/esquisto en la península ibérica ... 238

Figura 204. Huellas de uso con distinto grado de intensidad en la parte interior de brazaletes. 1 Cueva del Agua de Prado Negro (Granada), 2. Cueva de la Pastora (Caniles, Granada) y 3. Cova de la Sarsa (Bocairent, Valencia)..... 240

Figura 205. Huellas de uso en diferentes partes de los brazaletes de la Cueva del Agua de Prado Negro (Granada) 241

Figura. 206. Tipos de brazaletes y su distribución según su diámetro interior.1. Brazaletes pequeños; 2. Medianos y 3. Grandes ... 242

Figura 207. Recuento de los diámetros de la mano actuales en función del género ... 243

Figura 208. Recuento de los diámetros del codo actuales en función del género ... 244

Figura 209. Distribución de los brazaletes en función del diámetro interior ... 245

Figura 210. Distribución de los porcentajes de diámetros de las manos actuales con los diámetros interiores de los brazaletes arqueológicos ... 246

Figura 211. Distribución de los porcentajes de diámetros de las manos actuales por género con los diámetros interiores de los brazaletes arqueológicos ... 246

Figura 212. Distribución de los porcentajes de diámetros de los codos actuales con los diámetros interiores de los brazaletes arqueológicos ... 247

Figura 213. Distribución de los porcentajes de diámetros de los codos actuales por género con los diámetros interiores de los brazaletes arqueológicos ... 247

Figura 214. Distribución de los porcentajes de diámetros de los codos actuales por género y rango de edad, con los diámetros interiores de los brazaletes arqueológicos ... 248

Figura 215. Comparación entre los diámetros interiores de brazaletes en la península ibérica (línea continua) y los de la cultura VSG/By en Francia (discontinua). Los círculos oscuros representan las coincidencias entre ambos contextos ... 249

Figura 216. Porcentaje de brazaletes reparados en relación a piezas acabadas por zonas ... 250

Figura 217. Reparaciones observadas en brazaletes estrechos. 1. Brazalete articulado y 2 y 3. Fragmentos reutilizados como colgantes ... 250

Figura 218. Reparaciones observadas en brazaletes anchos ... 251

Figura 219. Contextos con cerámica cardial y brazaletes de piedra ... 255

Figura 220. Sumas probabilísticas de dataciones procedentes de yacimientos arqueológicos de Andalucía con brazaletes asociados a unidades estratigráficas. En el Anexo V están recogidas las dataciones y sus contextos estratigráficos. En las muestras procedentes de conchas se han incluido la fecha con la corrección oceánica. Elaborado con el programa de calibración OxCal v4.3.2 ... 256

Figura 221. Sumas probabilísticas de dataciones procedentes de yacimientos arqueológicos del Levante de la península ibérica con brazaletes asociados a unidades estratigráficas. En el Anexo V están recogidas las dataciones y sus contextos estratigráficos. Elaborado con el programa de calibración OxCal v4.3.2 ... 257

Figura 222. Sumas probabilísticas de dataciones procedentes de yacimientos arqueológicos del resto de la península ibérica con brazaletes asociados a unidades estratigráficas. En el Anexo V están recogidas las dataciones y sus contextos estratigráficos. Elaborado con el programa de calibración OxCal v4.3.2 ... 257

Figura 223. Sumas probabilísticas de dataciones procedentes de yacimientos arqueológicos con brazaletes en proceso de elaboración asociados a unidades estratigráficas. En el Anexo V están recogidas las dataciones y sus contextos estratigráficos. En las muestras procedentes de conchas se han incluido la fecha con la corrección oceánica. Elaborado con el programa de calibración OxCal v4.3.2 ... 258

Figura 224. Sumas probabilísticas de dataciones procedentes de yacimientos arqueológicos de la península ibérica con brazaletes y asociados a unidades estratigráficas. En el Anexo V están recogidas las dataciones y sus contextos estratigráficos. Elaborado con el programa de calibración OxCal v4.3.2 ... 259

Figura 225. Vista de la cantera del Cero del Moro (Ventorros de San José, Granada) y detalle de su mármol ... 262

Figura 226. Distribución geográfica de brazaletes elaborados con abrasión circular interior y porcentaje por zonas ... 262

Figura 227. Tipología de los brazaletes elaborados en La Serreta (Cieza, Murcia) (2 y 3) en relación a los del Levante y 1. Brazalete ancho de mármol del Complejo Nevado-Filábride localizado en La Serreta ... 263

Figura 228. Mapa de general de la circulación de los brazaletes de piedra en la península ibérica. Las líneas continuas muestran la circulación de piezas demostrada y en línea discontinua las hipotéticas redes de circulación. Este mapa ha sido elaborado con la información de las analíticas de fluorescencia de rayos X (Anexo I) y otros trabajos sobre determinación de materias primas ... 264

Figura 229. Porcentaje de contextos de producción de brazaletes según su situación en cuevas o asentamientos ... 267

LISTA DE TABLAS

Tabla 1. Recuento de materiales estudiados y análisis realizados 26

Tabla 2. Recuento de brazaletes por fases y atribución cronológica en la secuencia de Los Castillejos 67

Tabla 3. Estadísticos descriptivos de las preformas de Cortijo Cevico (Ventorros de San José, Granada) 154

Tabla 4. Recuento de brazaletes por fases y niveles en la secuencia de Cerro Virtud (Cuevas de Almanzora, Almería) 167

Tabla 5. Análisis por difracción de rayos X realizado a 11 piezas del sondeo B3 en Cerro Virtud (Cuevas de Almanzora, Almería) 168

Tabla 6. Relación de brazaletes acabados de La Serreta (Cieza, Murcia) 203

Tabla 7. Piezas abandonadas o desechadas en diferentes fases del proceso de elaboración de La Serreta (Cieza, Murcia). Las fases tecnológicas son: I Preformas talladas; II Preformas con las caras regularizadas por abrasión; III Concavidad central por abrasión; IV Ensanchado del orificio central; V Regularización del orificio central por abrasión y VI Pulido final 205

Tabla 8. Variables métricas consideradas en el estudio tipométrico para el total de los brazaletes 220

Tabla 9. Porcentaje de la litología en función de la tipología 223

Tabla 10. Brazaletes catalogados y tipologados según zonas 229

Tabla 11. Recuento de tipos de brazaletes por zonas 230

Tabla 12. Representación de materias primas por zonas 236

Tabla 13. Valores máximos mínimos y media de los brazaletes arqueológicos 242

Tabla 14. Recuento de la población mensurada y porcentajes 243

Tabla 15. Medias de manos y codos según género y rango de edad 244

Tabla 16. Recuento de brazaletes por zonas y contextos arqueológicos 266

FOREWORD

Polished stone rings are one of the signature artefacts of the Early Neolithic across much of western Europe. They are found in northern Italy, the Rhineland, Belgium, France and Iberia, and are particularly numerous in northern France, and in Andalucia and Levantine Spain. They suggest a world of connected Neolithic communities with a shared ideology of status and symbols, ultimately derived from the *Spondylus* shell bracelets of the Aegean. The *Spondylus* itself travelled over long distances, as far as the Paris basin where *Spondylus* rings appear in graves of the Bandkeramik culture. In western Europe, however, shell gives place to polished stone as the main medium – schist in the north of France, limestone in the south, marble in southern Spain, and greenstone in northern Italy and the Alps. Around the shores of the western Mediterranean, polished stone bracelets are associated with Cardial and Epicardial groups. In northern Italy, they first appear inland, in the Vhò and Fiorano cultures of the Po plain. Across northern France and Belgium, they are associated particularly with the Villeneuve-Saint-Germain and Blicquy, successor groups to the Paris basin Bandkeramik (Fromont 2013).

These stone bracelets tell of connections: limestone examples from southern France appear in Bandkeramik sites in the Rhineland and the Paris basin, and highly polished rings of Alpine jadeitite travelled as far as Brittany, where they are associated with polished stone axes of the same material. The stone rings also tell us of identity markers and value systems: produced in settlements, often buried in graves, and perhaps even in some cases serving as a primitive form of money (Pétrequin *et al.* 2017).

Our knowledge of Neolithic stone bracelets has been greatly advanced in recent years by publication of a major study on those of northern France and Belgium (Fromont 2013), and more recently by the work of Pétrequin and his team on the greenstone rings of Alpine origin, within the scope of Projet JADE (Pétrequin *et al.* 2017). This new research by Francisco Martínez-Sevilla on the stone bracelets of southern Iberia is hence especially timely and extends detailed coverage to the western edge of Europe.

The idea may have been brought to Iberia by the first Neolithic farmers who established settlements on the coast around 5600 BC. The stone rings they produced were carefully worked to give a fine finish, and were clearly objects of status and value. Indeed, the finest of all were made of marble, sourced in Andalucia, and the special prestige of this material is demonstrated by the traffic in marble rings to Levantine Spain, the second focal area of polished stone rings within southern Iberia. As markers of social identity, the stone bracelets are particularly associated with funerary contexts, but as the author shows, study of wear patterns indicates they had been made to be worn in life, not just for burial. It is plausible indeed to believe that those who were buried with these arm-rings had worn them throughout their adult lives. The careful repair of broken rings also bears testimony to their value and significance.

One feature that sets the Iberian bracelets apart from those of other regions is their morphology. In France, Early Neolithic polished stone rings can be divided into different categories based on the width, from the inner edge of the perforation to the outer edge of the disk ("à couronne large", "à couronne étroite") whereas in Iberia the 'wide' bracelets expand in a different direction, along the length of the arm. It is interesting to learn that the 'narrow' bracelets of southern Iberia show traces of use wear indicating that they were worn stacked together on the upper arm, while many of the 'wide' rings are decorated with parallel grooves, as if to imitate the same effect.

The object-biographies of these important artefacts are here traced through every stage from quarrying to disposal and discard. Experimental archaeology allows calculation of the time invested in their production and underscores the value they must have held, as does their frequent deposition in burials. It is intriguing to note, nonetheless, that at Cueva de los Mármoles a burial cave was used as a temporary encampment by pastoralists who also made stone bracelets there; these were not full-time specialists.

In Iberia, the production of stone bracelets ended around 4800 BC, at the transition to the Late Neolithic, when new social norms supplanted those of the Early Neolithic communities. In northern France, too, stone rings ceased to circulate around the middle of the 5th millennium BC. The world of identities marked by stone bracelets was succeeded by one in which collective funerary monuments eventually came to dominate. Symbolic culture too subsequently took on new forms, most notably in the later 4th millennium BC with the emergence in southern Iberia of the 'eye-idols', marble figurines and engraved schist plaques of the Chalcolithic. Against that long-term perspective, the polished limestone and marble bracelets of the Early Neolithic stand out as personal and individual signifiers, intimately connected to the body itself and carried through life to the grave. The detailed analysis presented here allows us to grasp that in new detail, to understand how the rings were made and used, and to begin to explore their social significance. Synthesis, analysis, experimentation and excavation place them once again at the heart of the Early Neolithic societies for whom they held such importance.

Chris Scarre

Department of Archaeology, Durham University

RESUMEN

Este trabajo analiza los brazaletes de piedra del Neolítico Antiguo en la península ibérica. El estudio petrológico, tecnológico, tipológico y traceológico realizado a los brazaletes nos proporciona información sobre las comunidades del Neolítico Inicial en las diferentes áreas geográficas de la Península. Nuestro trabajo se ha establecido desde un enfoque holístico en lo referido a este objeto de adorno: las materias primas, la reconstrucción de las cadenas operativas de elaboración y objetos acabados y abandonados después de su utilización. El estudio se ha realizado sobre un total de 2565 objetos provenientes de 128 yacimientos, entre ellos: canteras, contextos de producción, asentamientos y lugares ritualizados.

El uso de los brazaletes de piedra es uno de los fenómenos arqueológicos más destacados asociado a las primeras sociedades neolíticas en gran parte del Occidente Mediterráneo. Estos adornos se relacionan con el Neolítico Antiguo, caracterizado por el horizonte de las cerámicas decoradas cardiales y otras impresiones y su evolución en diversas regiones geográficas. En el caso de Península, los brazaletes se distribuyen principalmente por las zonas de la costa, proyectándose hacia el interior, donde se produce la neolitización más temprana y un desarrollo cultural más destacado en los primeros momentos de la agricultura y la ganadería. La concentración de los brazaletes de piedra y sus contextos de producción sitúan el sur de Península como el foco originario de este fenómeno y el Levante como la segunda unidad geográfica en cuanto al uso de estos adornos. La identificación cultural a partir del uso y producción de los brazaletes nos permite definir dos grupos culturales con un desarrollo social diferente y paralelo. Estos dos grupos son los tradicionalmente denominados como el Neolítico andaluz y el Neolítico valenciano. Su distribución geográfica y cronológica los convierte en un definidor cultural de primer orden de las sociedades del Neolítico Antiguo en los diferentes ámbitos geográficos de la Península. Al igual que su artesanía, circulación y uso los convierten en un elemento destacable para determinar el devenir socioeconómico de estas primeras poblaciones neolíticas.

ABSTRACT

The main aim of this research is to study Neolithic stone bracelets in the Iberian Peninsula. The petrological, technological, typological, and use-wear study of bracelets provides us with information on Early Neolithic cultures in different geographical areas of the Iberian Peninsula. The study has applied an extensive approach that relates to all aspects of these ornaments, from raw materials and reconstruction of *chaînes opératoires*, to the finished objects after their use and abandonment. Analyses were carried out on 2565 objects from 128 different sites, comprising settlements, quarries and production contexts.

The use of stone bracelets is one of the most relevant archaeological phenomena associated with the first Neolithic societies throughout much of the Western Mediterranean. These ornaments are related to Early Neolithic cultures, which are characterized by pottery decorated with cardial and other impressions, and other cultural developments that are unique to different geographic regions. In the case of the Iberian Peninsula, the bracelets are located mainly along the coast and their projections into the interior, where the earliest Neolithic cultural developments are more pronounced. The largest concentration of stone bracelet production and distribution is Andalusia, located in the South of Iberia Peninsula, which is the origin of this archaeological phenomenon; the Levant is the second region in which these ornaments are used. Culturally distinctive traits associated with the use and production of bracelets in both areas enables us to define two different cultural groups with parallel social developments. These two groups are traditionally known as the Andalusian Neolithic and the Valencian Neolithic.

The geographic and chronological distribution of the stone bracelets is defined as a cultural marker for the Early Neolithic societies in the different regions of the Iberian Peninsula. Other cultural markers include the craft, circulation and use of these ornaments. In combination, these elements become an essential tool in determining the socio-economic evolution of these Early Neolithic populations.

FOREWORD

Polished stone rings are one of the signature artefacts of the Early Neolithic across much of western Europe. They are found in northern Italy, the Rhineland, Belgium, France and Iberia, and are particularly numerous in northern France, and in Andalucia and Levantine Spain. They suggest a world of connected Neolithic communities with a shared ideology of status and symbols, ultimately derived from the *Spondylus* shell bracelets of the Aegean. The *Spondylus* itself travelled over long distances, as far as the Paris basin where *Spondylus* rings appear in graves of the Bandkeramik culture. In western Europe, however, shell gives place to polished stone as the main medium – schist in the north of France, limestone in the south, marble in southern Spain, and greenstone in northern Italy and the Alps. Around the shores of the western Mediterranean, polished stone bracelets are associated with Cardial and Epicardial groups. In northern Italy, they first appear inland, in the Vhò and Fiorano cultures of the Po plain. Across northern France and Belgium, they are associated particularly with the Villeneuve-Saint-Germain and Blicquy, successor groups to the Paris basin Bandkeramik (Fromont 2013).

These stone bracelets tell of connections: limestone examples from southern France appear in Bandkeramik sites in the Rhineland and the Paris basin, and highly polished rings of Alpine jadeitite travelled as far as Brittany, where they are associated with polished stone axes of the same material. The stone rings also tell us of identity markers and value systems: produced in settlements, often buried in graves, and perhaps even in some cases serving as a primitive form of money (Pétrequin *et al*. 2017).

Our knowledge of Neolithic stone bracelets has been greatly advanced in recent years by publication of a major study on those of northern France and Belgium (Fromont 2013), and more recently by the work of Pétrequin and his team on the greenstone rings of Alpine origin, within the scope of Projet JADE (Pétrequin *et al*. 2017). This new research by Francisco Martínez-Sevilla on the stone bracelets of southern Iberia is hence especially timely and extends detailed coverage to the western edge of Europe.

The idea may have been brought to Iberia by the first Neolithic farmers who established settlements on the coast around 5600 BC. The stone rings they produced were carefully worked to give a fine finish, and were clearly objects of status and value. Indeed, the finest of all were made of marble, sourced in Andalucia, and the special prestige of this material is demonstrated by the traffic in marble rings to Levantine Spain, the second focal area of polished stone rings within southern Iberia. As markers of social identity, the stone bracelets are particularly associated with funerary contexts, but as the author shows, study of wear patterns indicates they had been made to be worn in life, not just for burial. It is plausible indeed to believe that those who were buried with these arm-rings had worn them throughout their adult lives. The careful repair of broken rings also bears testimony to their value and significance.

One feature that sets the Iberian bracelets apart from those of other regions is their morphology. In France, Early Neolithic polished stone rings can be divided into different categories based on the width, from the inner edge of the perforation to the outer edge of the disk ("à couronne large", "à couronne étroite") whereas in Iberia the 'wide' bracelets expand in a different direction, along the length of the arm. It is interesting to learn that the 'narrow' bracelets of southern Iberia show traces of use wear indicating that they were worn stacked together on the upper arm, while many of the 'wide' rings are decorated with parallel grooves, as if to imitate the same effect.

The object-biographies of these important artefacts are here traced through every stage from quarrying to disposal and discard. Experimental archaeology allows calculation of the time invested in their production and underscores the value they must have held, as does their frequent deposition in burials. It is intriguing to note, nonetheless, that at Cueva de los Mármoles a burial cave was used as a temporary encampment by pastoralists who also made stone bracelets there; these were not full-time specialists.

In Iberia, the production of stone bracelets ended around 4800 BC, at the transition to the Late Neolithic, when new social norms supplanted those of the Early Neolithic communities. In northern France, too, stone rings ceased to circulate around the middle of the 5th millennium BC. The world of identities marked by stone bracelets was succeeded by one in which collective funerary monuments eventually came to dominate. Symbolic culture too subsequently took on new forms, most notably in the later 4th millennium BC with the emergence in southern Iberia of the 'eye-idols', marble figurines and engraved schist plaques of the Chalcolithic. Against that long-term perspective, the polished limestone and marble bracelets of the Early Neolithic stand out as personal and individual signifiers, intimately connected to the body itself and carried through life to the grave. The detailed analysis presented here allows us to grasp that in new detail, to understand how the rings were made and used, and to begin to explore their social significance. Synthesis, analysis, experimentation and excavation place them once again at the heart of the Early Neolithic societies for whom they held such importance.

Chris Scarre

Department of Archaeology, Durham University

RESUMEN

Este trabajo analiza los brazaletes de piedra del Neolítico Antiguo en la península ibérica. El estudio petrológico, tecnológico, tipológico y traceológico realizado a los brazaletes nos proporciona información sobre las comunidades del Neolítico Inicial en las diferentes áreas geográficas de la Península. Nuestro trabajo se ha establecido desde un enfoque holístico en lo referido a este objeto de adorno: las materias primas, la reconstrucción de las cadenas operativas de elaboración y objetos acabados y abandonados después de su utilización. El estudio se ha realizado sobre un total de 2565 objetos provenientes de 128 yacimientos, entre ellos: canteras, contextos de producción, asentamientos y lugares ritualizados.

El uso de los brazaletes de piedra es uno de los fenómenos arqueológicos más destacados asociado a las primeras sociedades neolíticas en gran parte del Occidente Mediterráneo. Estos adornos se relacionan con el Neolítico Antiguo, caracterizado por el horizonte de las cerámicas decoradas cardiales y otras impresiones y su evolución en diversas regiones geográficas. En el caso de Península, los brazaletes se distribuyen principalmente por las zonas de la costa, proyectándose hacia el interior, donde se produce la neolitización más temprana y un desarrollo cultural más destacado en los primeros momentos de la agricultura y la ganadería. La concentración de los brazaletes de piedra y sus contextos de producción sitúan el sur de Península como el foco originario de este fenómeno y el Levante como la segunda unidad geográfica en cuanto al uso de estos adornos. La identificación cultural a partir del uso y producción de los brazaletes nos permite definir dos grupos culturales con un desarrollo social diferente y paralelo. Estos dos grupos son los tradicionalmente denominados como el Neolítico andaluz y el Neolítico valenciano. Su distribución geográfica y cronológica los convierte en un definidor cultural de primer orden de las sociedades del Neolítico Antiguo en los diferentes ámbitos geográficos de la Península. Al igual que su artesanía, circulación y uso los convierten en un elemento destacable para determinar el devenir socioeconómico de estas primeras poblaciones neolíticas.

ABSTRACT

The main aim of this research is to study Neolithic stone bracelets in the Iberian Peninsula. The petrological, technological, typological, and use-wear study of bracelets provides us with information on Early Neolithic cultures in different geographical areas of the Iberian Peninsula. The study has applied an extensive approach that relates to all aspects of these ornaments, from raw materials and reconstruction of *chaînes opératoires*, to the finished objects after their use and abandonment. Analyses were carried out on 2565 objects from 128 different sites, comprising settlements, quarries and production contexts.

The use of stone bracelets is one of the most relevant archaeological phenomena associated with the first Neolithic societies throughout much of the Western Mediterranean. These ornaments are related to Early Neolithic cultures, which are characterized by pottery decorated with cardial and other impressions, and other cultural developments that are unique to different geographic regions. In the case of the Iberian Peninsula, the bracelets are located mainly along the coast and their projections into the interior, where the earliest Neolithic cultural developments are more pronounced. The largest concentration of stone bracelet production and distribution is Andalusia, located in the South of Iberia Peninsula, which is the origin of this archaeological phenomenon; the Levant is the second region in which these ornaments are used. Culturally distinctive traits associated with the use and production of bracelets in both areas enables us to define two different cultural groups with parallel social developments. These two groups are traditionally known as the Andalusian Neolithic and the Valencian Neolithic.

The geographic and chronological distribution of the stone bracelets is defined as a cultural marker for the Early Neolithic societies in the different regions of the Iberian Peninsula. Other cultural markers include the craft, circulation and use of these ornaments. In combination, these elements become an essential tool in determining the socio-economic evolution of these Early Neolithic populations.

FOREWORD

Polished stone rings are one of the signature artefacts of the Early Neolithic across much of western Europe. They are found in northern Italy, the Rhineland, Belgium, France and Iberia, and are particularly numerous in northern France, and in Andalucia and Levantine Spain. They suggest a world of connected Neolithic communities with a shared ideology of status and symbols, ultimately derived from the *Spondylus* shell bracelets of the Aegean. The *Spondylus* itself travelled over long distances, as far as the Paris basin where *Spondylus* rings appear in graves of the Bandkeramik culture. In western Europe, however, shell gives place to polished stone as the main medium – schist in the north of France, limestone in the south, marble in southern Spain, and greenstone in northern Italy and the Alps. Around the shores of the western Mediterranean, polished stone bracelets are associated with Cardial and Epicardial groups. In northern Italy, they first appear inland, in the Vhò and Fiorano cultures of the Po plain. Across northern France and Belgium, they are associated particularly with the Villeneuve-Saint-Germain and Blicquy, successor groups to the Paris basin Bandkeramik (Fromont 2013).

These stone bracelets tell of connections: limestone examples from southern France appear in Bandkeramik sites in the Rhineland and the Paris basin, and highly polished rings of Alpine jadeitite travelled as far as Brittany, where they are associated with polished stone axes of the same material. The stone rings also tell us of identity markers and value systems: produced in settlements, often buried in graves, and perhaps even in some cases serving as a primitive form of money (Pétrequin *et al.* 2017).

Our knowledge of Neolithic stone bracelets has been greatly advanced in recent years by publication of a major study on those of northern France and Belgium (Fromont 2013), and more recently by the work of Pétrequin and his team on the greenstone rings of Alpine origin, within the scope of Projet JADE (Pétrequin *et al.* 2017). This new research by Francisco Martínez-Sevilla on the stone bracelets of southern Iberia is hence especially timely and extends detailed coverage to the western edge of Europe.

The idea may have been brought to Iberia by the first Neolithic farmers who established settlements on the coast around 5600 BC. The stone rings they produced were carefully worked to give a fine finish, and were clearly objects of status and value. Indeed, the finest of all were made of marble, sourced in Andalucia, and the special prestige of this material is demonstrated by the traffic in marble rings to Levantine Spain, the second focal area of polished stone rings within southern Iberia. As markers of social identity, the stone bracelets are particularly associated with funerary contexts, but as the author shows, study of wear patterns indicates they had been made to be worn in life, not just for burial. It is plausible indeed to believe that those who were buried with these arm-rings had worn them throughout their adult lives. The careful repair of broken rings also bears testimony to their value and significance.

One feature that sets the Iberian bracelets apart from those of other regions is their morphology. In France, Early Neolithic polished stone rings can be divided into different categories based on the width, from the inner edge of the perforation to the outer edge of the disk ("à couronne large", "à couronne étroite") whereas in Iberia the 'wide' bracelets expand in a different direction, along the length of the arm. It is interesting to learn that the 'narrow' bracelets of southern Iberia show traces of use wear indicating that they were worn stacked together on the upper arm, while many of the 'wide' rings are decorated with parallel grooves, as if to imitate the same effect.

The object-biographies of these important artefacts are here traced through every stage from quarrying to disposal and discard. Experimental archaeology allows calculation of the time invested in their production and underscores the value they must have held, as does their frequent deposition in burials. It is intriguing to note, nonetheless, that at Cueva de los Mármoles a burial cave was used as a temporary encampment by pastoralists who also made stone bracelets there; these were not full-time specialists.

In Iberia, the production of stone bracelets ended around 4800 BC, at the transition to the Late Neolithic, when new social norms supplanted those of the Early Neolithic communities. In northern France, too, stone rings ceased to circulate around the middle of the 5th millennium BC. The world of identities marked by stone bracelets was succeeded by one in which collective funerary monuments eventually came to dominate. Symbolic culture too subsequently took on new forms, most notably in the later 4th millennium BC with the emergence in southern Iberia of the 'eye-idols', marble figurines and engraved schist plaques of the Chalcolithic. Against that long-term perspective, the polished limestone and marble bracelets of the Early Neolithic stand out as personal and individual signifiers, intimately connected to the body itself and carried through life to the grave. The detailed analysis presented here allows us to grasp that in new detail, to understand how the rings were made and used, and to begin to explore their social significance. Synthesis, analysis, experimentation and excavation place them once again at the heart of the Early Neolithic societies for whom they held such importance.

Chris Scarre

Department of Archaeology, Durham University

RESUMEN

Este trabajo analiza los brazaletes de piedra del Neolítico Antiguo en la península ibérica. El estudio petrológico, tecnológico, tipológico y traceológico realizado a los brazaletes nos proporciona información sobre las comunidades del Neolítico Inicial en las diferentes áreas geográficas de la Península. Nuestro trabajo se ha establecido desde un enfoque holístico en lo referido a este objeto de adorno: las materias primas, la reconstrucción de las cadenas operativas de elaboración y objetos acabados y abandonados después de su utilización. El estudio se ha realizado sobre un total de 2565 objetos provenientes de 128 yacimientos, entre ellos: canteras, contextos de producción, asentamientos y lugares ritualizados.

El uso de los brazaletes de piedra es uno de los fenómenos arqueológicos más destacados asociado a las primeras sociedades neolíticas en gran parte del Occidente Mediterráneo. Estos adornos se relacionan con el Neolítico Antiguo, caracterizado por el horizonte de las cerámicas decoradas cardiales y otras impresiones y su evolución en diversas regiones geográficas. En el caso de Península, los brazaletes se distribuyen principalmente por las zonas de la costa, proyectándose hacia el interior, donde se produce la neolitización más temprana y un desarrollo cultural más destacado en los primeros momentos de la agricultura y la ganadería. La concentración de los brazaletes de piedra y sus contextos de producción sitúan el sur de Península como el foco originario de este fenómeno y el Levante como la segunda unidad geográfica en cuanto al uso de estos adornos. La identificación cultural a partir del uso y producción de los brazaletes nos permite definir dos grupos culturales con un desarrollo social diferente y paralelo. Estos dos grupos son los tradicionalmente denominados como el Neolítico andaluz y el Neolítico valenciano. Su distribución geográfica y cronológica los convierte en un definidor cultural de primer orden de las sociedades del Neolítico Antiguo en los diferentes ámbitos geográficos de la Península. Al igual que su artesanía, circulación y uso los convierten en un elemento destacable para determinar el devenir socioeconómico de estas primeras poblaciones neolíticas.

ABSTRACT

The main aim of this research is to study Neolithic stone bracelets in the Iberian Peninsula. The petrological, technological, typological, and use-wear study of bracelets provides us with information on Early Neolithic cultures in different geographical areas of the Iberian Peninsula. The study has applied an extensive approach that relates to all aspects of these ornaments, from raw materials and reconstruction of *chaînes opératoires*, to the finished objects after their use and abandonment. Analyses were carried out on 2565 objects from 128 different sites, comprising settlements, quarries and production contexts.

The use of stone bracelets is one of the most relevant archaeological phenomena associated with the first Neolithic societies throughout much of the Western Mediterranean. These ornaments are related to Early Neolithic cultures, which are characterized by pottery decorated with cardial and other impressions, and other cultural developments that are unique to different geographic regions. In the case of the Iberian Peninsula, the bracelets are located mainly along the coast and their projections into the interior, where the earliest Neolithic cultural developments are more pronounced. The largest concentration of stone bracelet production and distribution is Andalusia, located in the South of Iberia Peninsula, which is the origin of this archaeological phenomenon; the Levant is the second region in which these ornaments are used. Culturally distinctive traits associated with the use and production of bracelets in both areas enables us to define two different cultural groups with parallel social developments. These two groups are traditionally known as the Andalusian Neolithic and the Valencian Neolithic.

The geographic and chronological distribution of the stone bracelets is defined as a cultural marker for the Early Neolithic societies in the different regions of the Iberian Peninsula. Other cultural markers include the craft, circulation and use of these ornaments. In combination, these elements become an essential tool in determining the socio-economic evolution of these Early Neolithic populations.

NEOLITHIC STONE BRACELETS IN THE IBERIAN PENINSULA (VI-V millennium BC): technology, functionality and circulation

1. INTRODUCTION

With the introduction of a food production economy in the Western Mediterranean (c. 6000-5500 cal. BC), an increased frequency of personal ornaments appears in the archaeological record. Personal ornaments, along with clothing, can be considered as tokens or badges that allow people to join a social group (Castro 1990). In this sense, the ornaments play an essential role within the ethnic or cultural identification of human societies, as well as a means of acculturation (Bourdieu 1977). Personal ornaments are an element that have attracted the attention of researchers studying different prehistoric periods. The specificity of this object varies from those related to daily activities, which is why they hide other social connotations. During the Neolithic, the cultural complexity of ornaments increased in terms of quantity, technology, raw materials and aesthetics. For that reason, they become an element of vital importance for the study of socioeconomic relationships of the initial farming communities. The ornaments we know from the Neolithic populations in the Iberian Peninsula are predominantly pendants, drilled teeth, necklace beads, rings and bracelets made of different lithologies, and seashells. These ornaments are considered as chrono-sequential markers, indicators of exchange, and of socioeconomic differentiation (Rubio 1993; 2009; Pascual 1998; Noain 1996; Gavilán & Rafael 1999; Orozco-Köhler 2016).

Of these objects, stone bracelets are one of the most important elements associated with the first Neolithic societies in much of the western Mediterranean. The characteristics of the bracelets and the complexity of their production highlight the beginnings of craft specialization and the social organization underlying it, across different geographic areas of the Mediterranean, in the origins of the Neolithic societies and the rise of complex societies (Wright & Garrard 2003; Wright *et al.* 2008; Astruc *et al.* 2011; Baysal *et al.* 2015). The use of bracelets is associated with Early Neolithic cultures and their evolution towards the Middle Neolithic. These bracelets are distributed over different geographical areas of Italy, France, Portugal and Spain. Their abundance, complexity of manufacture, and raw materials have become a reference point for studying the socioeconomic relationships of the first productive societies. Previous studies of Western European bracelets have considered various aspects: typology, raw materials, functionality, and circulation. These studies explain how bracelets were used as cultural markers in Neolithic populations and their mechanism of circulation throughout the French territory (Pailler 2007; Fromont 2013; Pétrequin *et al.* 2015; 2017), and Northern Italy (Micheli 2012a; 2012b).

In this research context, the main aim of this study is to analyse the Neolithic stone bracelets in the Iberian Peninsula and contribute to these lines of research. The study has taken a wide-ranging approach that relates to all aspects of these ornaments, from raw materials and reconstruction of the *chaînes opératoires*, to the finished objects after their use and abandonment.

2. OBJECTIVES

The overall aim of this study is to contribute to understand socioeconomic relationships in the Early Neolithic of the Iberian Peninsula. This is achieved by reviewing the contexts where bracelets appear, and each aspect relating to the materiality of these ornaments. The bracelet is analysed from the concept of object "biography", which is defined by each of the technological decisions that categorise its production, use, recycling, and abandonment. Each of these decisions are governed by cultural and social patterns. Hence, the detailed study of production and abandonment contexts allow us to interpret the social evolution of the communities that use these ornaments. For this reason, one of the most important goals in this study is to determine the chronological framework of the production and use of stone bracelets, based on the stratigraphic contexts of these ornaments and associated radiocarbon dates.

In terms of studying the material, the approach of this work is twofold, and the bracelet as a finished object is a pivotal point in this regard. Firstly, the focus is upon activities related to the production technology of the stone bracelets. Second is the treatment of the finished bracelets, which were used, exchanged, reused, and finally abandoned. The objectives of this study can therefore be summarised in two parts, according to the type of activity:

Objectives regarding manufacturing technology:

- Define the *chaînes opératoires* of manufacture in the different workshops documented.

- Identify the work processes carried out in the production of stone bracelets.

- Employ an experimental approach to work systems as a reference for the overall explanation of the bracelet production process.

- Determine the characteristics of production in the different workshops to define the degree of domestic or specialized craftsmanship, and what this means in terms of social interaction relationships.

Objectives regarding finished bracelets:

- Identify each process relating to the life of bracelets, including their functionality, circulation, repair, and the geographical and contextual distribution in the archaeological sites.

- Define, through typometric study, the variability of bracelets and their geographical distribution by type.

3. MATERIAL AND METHODS

A total of 2565 bracelets from 128 archaeological sites were catalogued and studied (Tab.1). Two sources of information were used: pieces that were studied directly (1874), and information obtained through literature review (691 pieces). The full dataset was used in determining the geographical distribution, whilst the typology and use-wear were only analysed from the bracelets that were studied directly. The material was photographed using a Nikon D5000 camera with a NIKKOR AF-S DX 18-55 mm VR lens. The use-wear study was undertaken using a Leica EZ4 HD binocular microscope with a magnification of 8X to 50X. Magnified images were captured using a Canon EOS 1200D camera attachment with an EF 100mm f / 2.8 USM macro lens.

The identification of the raw material was mainly made through macroscopic observation. The lithological variety of the bracelets is both highly diverse and complex. As such, the nature of the rock formation was used to classify two broad lithological groups: metamorphic rocks with different grades of metamorphoses (shales, schists, and marbles), and sedimentary rocks without metamorphism (broad sense limestones). We selected a small case study for X-ray diffraction, which was carried out on 12 bracelets from the settlement of Cerro Virtud (Cuevas de Almanzora, Almería). Furthermore, X-ray fluorescence was used for the determination of raw material sources. This method was applied to 31 geological samples from five outcrops and 13 archaeological bracelets. These analyses were carried out by Thomas J. Williams at the Gault School of Archaeological Research in San Marcos (Texas, UUEE) (see Annex I).

Additionally, fieldwork was conducted at the Cortijo Cevico quarry (Loja, Granada). Field methods included intensive surface prospection (Fig. 6), and the excavation of two trenches that followed the natural slope of the outcrop. The first trench was situated at the lower part of the outcrop and measured 1x4 metres; the second measured 2x4 metres and targeted the top of the outcrop (Fig. 7). Further geological prospection was carried out n the Baetic Cordillera in order to identify the raw materials utilised in different workshops.

Until now, the technological study of stone bracelet adornment has been solely based upon interpretation of the archaeological record, without taking into consideration the specifics of the manufacturing process (Goñi *et al.* 1999; Goñi 1999b). In this study, we applied a new, experimental, protocol adapted to specifically address this problem. The application of the experimental protocol is used to contest the hypotheses raised by the archaeological record. Our work has therefore focused on the study of the archaeological record, which identifies the manufacture of stone bracelets, and directly compares this with an experimental reproduction of the process.

The experimental protocol developed can be summarized in the following steps:

- Identification of the reduction process in the archaeological record: determination of the raw material and analysis of technical use-wear in the archaeological material.

- Location of the raw material of the bracelets, and the reproduction of the tools related to the manufacture.

- Prior knowledge of the physical characteristics of the stone, and its behaviour, are required before different reduction techniques are applied to it. In addition, acquisition of technical skills and development of the different reduction techniques are important.

- Creation of a database about the experimentation detailing all of the possible variables in the experimental process.

- Development of the manufacturing process.

- Comparison of the results and products obtained through the experimental reproduction with the archaeological record. Analysis of the experimental pieces and the archaeological record equally to ascertain the similarity between both processes.

- Definition of the complete *chaîne opératoire* based on the archaeological and experimental data.

Within the archaeological record, the chronological range of these ornaments and their manufacture has been based upon the recovery of stone bracelets within well-dated stratigraphic contexts. In cases where the non-domestic samples (charcoal, shell or wild species) obtained an older age than domestic elements in the Iberian Peninsula (c. 5500 BC), these have not been considered. C14 dates were calibrated using the internationally agreed atmospheric curve, IntCal13 (Reimer et al. 2013), and analysed using OxCal v4.3 software (Bronk 2001; 2009).

4. GEOGRAPHICAL AND CHRONOCULTURAL FRAMEWORK

The study area covers most of the Iberian Peninsula. The bracelets are mainly distributed along coastal areas and their projection towards the interior (Fig. 1). It is in these areas, where the earliest evidence of neolithization arises, prominent cultural development takes place soon after the appearance of this new lifestyle. This occurs between c. 5600/5500 cal. BC, with the first evidence for domestication (Hopf 1966; Bernabeu *et al.* 2003; Blasco 2005; Oms *et al.* 2014; Aura *et al.* 2013). Broadly speaking, the human groups that inhabit these areas are archaeologically characterized by the use of decorated potteries. The decoration is produced through impressions with Cardium shells or other tools, incisions, and painting forming geometrical motifs. The Iberian Peninsula is a huge territory, and in different geographical areas it is possible to see highly regionalized developments and cultural evolution, as defined by a broad variety of decorative motifs and techniques on pottery. The south of the Iberian Peninsula is the main area of this study, as this region contains the largest concentration of stone bracelets and the contexts of their production. The Levant is the second geographical unit in terms of importance, if we take into account the number of stone bracelets and archaeological sites. Bracelets are more frequent in caves than in settlements. Most of these bracelets are associated with human remains in caves or were deposited as offerings. The bracelets are concentrated in a few caves in both Andalusia and the Levant areas. The caves where there is a larger concentration of bracelets correspond to contexts with burials, pottery with symbolic motifs and rock art. This study does not include shell bracelets, as the use of these artefacts extends into the Copper Age; therefore, they cannot be considered as strong chronocultural indicators of the Early Neolithic societies.

In this sense, one of the most difficult problems in estimating the chronological range of stone bracelets in the Iberian Peninsula stems from the scarcity of available absolute dating evidence in direct association with these ornaments. The set of 114 radiocarbon dates is compiled from 16 well-stratified archaeological sites, which allows us to determine the approximate range of stone bracelet phenomena. The production and use of stone bracelets extends between c. 5500-4800 cal. BC (Fig. 224). Thus, the chronology of stone bracelets in the Iberian Peninsula is comparable with other Neolithic cultural indicators in the Western Mediterranean. The bracelets appear during the Early Neolithic in different areas of Iberian Peninsula and disappear in the Late Neolithic with the appearance of the first megalithic monuments (Aranda *et al.* 2017).

The chronocultural period occupied by the bracelets has been defined as the Early Neolithic (c. 5500-4800 cal. BC) (Carrasco & Martínez-Sevilla 2014; Martín-Socas *et al.* 2018). This cultural and archaeological definition is based on pottery typology, radiocarbon dating, and other archaeological indicators, which supports the general chronological framework for the use and manufacture of these artefacts. It should be kept in mind however, that it is possible these objects had a long tradition in the archaeological record and can appear in more recent sites, by way of reuse and collection from older contexts.

5. STONE BRACELET TECHNOLOGY AND PRODUCTION CONTEXTS IN THE IBERIAN PENINSULA

The research carried out on the production waste from both archaeological contexts and the experiments has allowed us to identify two technological groups. These two groups essentially correspond to the two most common types of bracelets: narrow and wide. The technological distinction between the two types is due to the techniques employed in their manufacture, as well as the physical and mechanical characteristics of the rocks used.

5.1. Narrow bracelet technology

The general identified *chaîne opératoire* follows these steps (Fig. 171):

Stage I. Knapping of the raw material with direct percussion to configure the circular shape of the preform.

Stage II. Flatten both sides of the preform by abrasion and to reduce the thickness.

Stage III. Perforation of the preform in its central part by using a flint drill or by abrasion.

Stage IV. The central hole is widened through indirect percussion.

Stage V. Reduction of its interior and exterior part by abrasion.

Stage VI. Polishing is the last stage of the process, which finalizes the bracelet.

From the experimental reconstruction of the production process of the narrow bracelets, and their comparison with the archaeological record, the following general conclusions can be drawn:

1. The raw material, in the case of textured foliated rocks (shale and schist) or homogeneous rocks (limestones, dolomites and marbles), must be homogeneous and free of inclusions, other materials, or fracture planes. Thus, the lithological selection is crucial for the development of thin bracelets.

2. The preparation and selection of the tool (hammers, drills, chisels, etc.) is very important because it affects the development of the work and the time involved in the bracelet production.

3. The measure of time should be considered in any experimental work, but we cannot directly correlate our experience with the past. The artisan expertise and practice are influential factors in this variable. In our case, the first bracelet took 6h 30' to complete. In the second, it was

reduced to 4h 50'; in the following cases, the time taken oscillated between 3-4h.

4. Fractures. During the experimentation, the same ruptures as in archaeological examples occurred, showing similarities in both the technique and in the waste products generated during this process. The highest rate of fracture occurs during the widening of the central hole with indirect percussion, and in the external shaping by abrasion.

5. The technical use-wear traces show clearly the similarity between the archaeological and experimental cases (Fig. 174).

5.2. Wide bracelet technology

The general identified *chaîne opératoire* follows these steps (Fig. 176):

Stage I. Knapping the raw material with direct percussion to configure the circular shape of the preform.

Stage II. Removal of the irregularities of the flakes through pecking, as well as the creation of hollows in both sides.

Stage III. The preform is worked alternatively in its interior and exterior. The exterior is worked through parallel abrasion; while the interior is worked through circular abrasion.

Stage IV. The piece is perforated in its central part through indirect percussion and the resulting hole is widened with the same technique.

Stage V. Reduction of the interior and exterior areas. This consists of reduction of the exterior and interior parts of the whole piece by abrasion.

Stage VI. The last stage of the process, which finalizes the bracelet, is polishing. Where decorations with parallel lines and ochre filling are produced, these are done after this stage.

Experimentally reconstructing the production process of wide bracelets, and by comparing them with the archaeological record, the following general conclusions can be drawn:

1. The raw material is crucial; it must be homogeneous and free of impurities or imperfections. The lithology used in the manufacture of wide bracelets is marble or metamorphosed rocks such as dolomites. The regular crystalline structure of these rocks, as observed experimentally, favours the knapping, pecking and bright polish.

2. The tools involved in the whole process (hammers, chisels, abrasives, etc.) are essential and deserve special attention with regard to their selection and manufacture.
3. Fracture rates are high throughout the process. Through experimentation and study of the archaeological material we can say that the most problematic phases are the pecking and widening of the central hole by indirect percussion.

4. The average time calculated for making a bracelet 30-40 mm in width and 10.5 mm in thickness was c. 22 hours, accumulated over an extended period of time. These 22 hours were distributed as follows: 2h in knapping and pecking; 8h 30' in the formation and shaping of the central concavities; 1h 30' in drilling and widening the central hole through indirect percussion; 11h in reduction of the exterior and interior, and 1h in final polishing.

5. In technical use-wear traces, we can see a clear similarity between the archaeological and experimental cases (Fig. 179).

5.3. Narrow bracelet technology

The concentration of bracelet workshops in Andalusia emphasizes the importance of this type of ornament as a cultural identifier of Neolithic groups in this area, as well as defining exchange networks with other peninsular groups (Martínez-Sevilla 2014). The different *chaînes opératoires* reconstructed define the characteristics of the various workshops, and even some techniques can be used as indicators of origin (Fig. 226). The production of stone bracelets is mainly situated in places of stable settlement and, sometimes, in sporadic contexts related to other activities such as herding, hunting or collecting different resources. Most of the caves in this region were used as places of worship and/or burial, and not for stable habitation. This is affirmed by a major presence of workshops in the few open-air settlements known in the Early Neolithic in Andalusia. In all cases, the raw materials used in manufacturing are autochthonous; the sources are located near the workshops. The procurement sites can be divided into primary materials extracted in the geological contexts, or in the form of pebbles from secondary geological contexts. The discovery of the Cortijo Cevico quarry indicates that the source used to acquire the raw material does not need to be directly related to the workshop, and can be located at some distance from it. In the workshops, there is a frequent presence of bracelets made from foreign raw materials. These bracelets are always finished products and have been used.

The waste material from the bracelet production is common in the workshop where they were manufactured (Martínez-Sevilla 2010; Martínez-Sevilla & Salmerón 2014). However, the extraction quarries of raw materials are not easily recognizable. In the case of France, which has a long tradition in the study of prehistoric technology, only one quarry of this type has been documented (Fromont *et al.* 2006). It is an outcrop of schist, where the extraction and formation of preforms was carried out. The second example are the quarries of green stones (jade, serpentinite and amphibolite) located in the surroundings of Mount Viso in the Italian Alps (Pétrequin *et a*l. 2015; 2017). In this sense, the quarry of Cortijo Cevico is the only example of this type of site currently documented in the Iberian Peninsula (Martinez-Sevilla *et al.* 2016).

Cortijo Cevico is a dolomitic marble quarry where the extraction of the raw material and the knapping of preforms was conducted. The use of this site, which is devoted exclusively to the production of bracelets, highlights the importance of these ornaments during this period. The study of the material record of the quarry has allowed us, for the first time, to classify different kinds of waste relating to the early stages of bracelet production. The technological analysis of this waste has enabled identification of the knapping techniques and methods in a raw material never previously studied in Western Europe.

The extraction of marble blocks and the knapping of the circular performs was conducted at the Cortijo Cevico. The accumulation of tested blocks, preforms, and debitage related to the extraction sites, indicate that the production of the preforms is performed synchronously with the extraction process (Fig. 97 & Fig. 98). This is documented in other archaeological sites for the production of flint artefacts (Capote 2013; Castañeda 2014). The extraction of raw materials and primary processing by knapping is performed in the same context. Similarly, multiple overlying layers of sediment, containing the extraction remains and knapping waste, indicate different times of use at the site.

The knapping techniques and methods are highly consistent throughout the entirety of the studied preforms. The set of materials bearing knapping traces indicate that the artisans are highly skilled in the execution of the knapping process. The sequence of removals, the percussion points, and the size of the flakes show the knappers' skill (Hovers 2009; Adouze & Cattin 2011; Brooke 2012; Castañeda 2014; Nonaka *et al.* 2010). However, in some cases careless execution is noted. This can be attributed to the abundance of raw materials and the ease of access.

The use of the quarry could have been sporadic and possibly used over a prolonged timespan. It would have been frequented by human groups in the immediate surroundings. This can be inferred from the absence of other different materials to the quarry waste. Likewise, the absence of remains from other phases of the manufacturing process in the quarry must also be related to occasional use. The other processing steps are documented in settlements (Martínez-Sevilla 2010; Carrasco *et al.* 2011). We do not consider the case of Cortijo Cevico as an example of intensive exploitation for the mass production of preforms, but rather a place frequented at certain times to produce preforms, which were subsequently transformed into bracelets in the settlements. This outcrop must have been one of several sites used for this purpose around this area.

6. THE FINISHED BRACELETS

6.1. Types and raw material

The typological classification for stone bracelets in the historiography of the Neolithic of the Iberian Peninsula is either narrow or wide, and the latter with or without incised parallel decorations (Teruel 1986). This generic classification allows a rough grouping of the bracelets, but the true morphology, and therefore typology, is in reality much more complex and varied. The shape of the bracelets change dependent on the relationship between height and thickness, which are directly correlated (Fig. 189). Together, the typometric study, raw materials, cross-sections, and decorations, allows us to establish four types of bracelets: narrow (≤10 mm), medium (10-20 mm), wide (>20 mm), and those which are decorated with parallel lines. Within each of these types, three further sub-groups can be defined, as per the size of their inner diameter: small (40-60 mm), medium (60-85 mm) and large (85-110 mm) (Fig. 187). It is a general classification but it allows us to group an extensive variety of stone bracelets.

The dominant lithology represented is marble, followed by limestone as the second most frequent. Slate/schist are present in a much lower percentage (Fig. 170). Narrow bracelets are manufactured in marble, limestone and slate/schist, while medium and wide types are only made with marble or limestone. In the wide bracelets, there is a clear predominance of marble, and in the case of the wide bracelets with decorations all those catalogued are made of marble.

6.2. Functionality

The use of ornaments like bracelets is evident by the use-wear traces on the inner portion of the bracelets, and replicated in the anthropometric comparisons that were carried out. The bracelets are in contact with the skin for enough time to form traces of use on the inside. The traces are more visible in narrow types than in medium and wide bracelets; as well as in limestone and shale, than in marble (Fig. 204). The wear traces on the top and bottom edges of the bracelets indicate that the narrow ones with flat sections were worn stacked, combining two or more pieces (Fig. 205:4). The presence of ochre on the inside of bracelets found in some domestic contexts indicates that these ornaments were used daily, since this powder comes from contact with the skin and is not intentionally applied to the bracelets. The sizes of the inner diameters of the bracelets allow us to attribute their use for both, children and adults of different sexes (Fig. 214).

6.3. Geographical distributiony

The analysis of the distribution of the different categories of bracelets and the selected raw materials allows us to draw some general conclusions about the two key areas with major concentrations of bracelets, Andalusia and the Levant.

In terms of the type of bracelets, narrow bracelets display a more uniform geographical distribution between Andalusia and the Levant (Fig. 195). In Andalusia, although they appear across the whole area, they are mainly concentrated in the Almanzora Valley and in the Sierra Harana in Granada. Likewise, the medium bracelets, have a homogeneous distribution in the two geographical areas, but are especially characteristic of the Levant. Specifically, the squared and flat section bracelets appear exclusively in this area. The wide bracelets are characteristic of Andalusia, while in the Levant they are poorly represented (Fig. 196). In Andalusia, this type is concentrated in Malaga, in the surrounding area of the Subbetic Cordovan, and in the Depression of Granada. Where further differentiation between areas is observed, this is in bracelets decorated with incised lines. The decorated bracelets are characteristic of Andalusia, and in this area their maximum concentration is in the interior and the coast of Malaga province (Fig. 199).

The highest percentage of raw material used is marble, and its distribution is the greatest in terms of dispersion from the primary geological sources (Fig. 202). In the region of Andalusia, it is the most frequently used rock type, and its highest concentration is in regions near geological contexts such as in Malaguide Complex and Alpujáride, both in Malaga. The distribution of limestone bracelets appears mainly related to the external areas of the Baetic Cordillera, where it is the dominant lithology (Fig. 201). Spatially, they are more prevalent in the Levant than in Andalusia. The slates and schists are not well represented in general (Fig. 203). In the Levant, they are more common than in Andalusia, where they only appear in the Almanzora Valley. From the detailed study of the dispersion of the lithologies and regional geological context of the sites, two broad conclusions can be drawn: the bracelets are mainly produced in local materials and the lithology of most value, as evidenced by its distribution, is marble.

6.4. Repair and reuse

Evidence of repair is not well represented in the bracelets studied. The narrow types are repaired as articulated bracelets, and the fragments are reused as horizontal or vertical pendants (Fig. 217). In the wide type, the repairs are made by perforation with use wear indicating the pieces were tied together (Fig. 218). Traces of further repairs show that the bracelets were used for a long time after their initial repairment, as evident in the marks made by cordage, or even double reparation. The bracelets with repairs are more commonly represented in the Levant area than in Andalusia (Fig. 216), and the frequency of reparation of specific types of bracelets is greater in the areas where this type is less common.

7. CONCLUSIONS

More than 2,565 pieces of stone from 128 archaeological sites have been studied through personal observation and following existing bibliographical references; this has allowed us to identify the phenomenon of stone bracelet use in Early Neolithic societies in the Iberian Peninsula. The absolute dating and stratigraphic sequences studied place stone bracelet use between c. 5500-4800 cal. BC. This temporal delimitation corresponds to a cultural shift in the Neolithic populations in the south of the Iberian Peninsula. The bracelets appear with the emergence of the Neolithic and endure throughout this period. These ornaments disappear in the Late Neolithic at a time of sharp cultural change and the construction of the first megalithic monuments.

The spatial distribution of the bracelet workshops in the region of Andalusia, and the appearance of exogenous bracelets in the contexts of production, indicate that the manufacture of the bracelets is a predominantly domestic activity. Various communities settled in different geographic regions and crafted bracelets using local raw materials, but also used ornaments obtained from other groups that were made with exotic raw materials and with an exceptional finish. Overall, it is a domestic craft, but one in which existed specialized craftsmen who produced bracelets with exceptional quality and greater social value.

The geographical and quantitative distribution of both the finished bracelets and the workshops has allowed us to determine that this is a phenomenon associated with the first Neolithic communities of Andalusia. By analysing bracelets and other archaeological data, we have been able to define two cultural groups which independently evolved in Andalusia and in the Levant of the Iberian Peninsula. In both regions, most of the caves are associated with places of burial and worship of these Early Neolithic societies.

The typometric and raw material study has allowed us to establish four types of bracelets: narrow, medium, wide, and decorated with parallel lines. Within each type, it is possible to define three sub-groups according to the size of the internal diameter: small, medium and large. These ornaments are essentially worn as bracelets given these diameters, and the use-wear to the inner part of them.

The most frequently used raw material is marble, which is distributed over the greatest area in relation to its primary geological sources. The slates and schists are not well represented overall. In general, the bracelets are mainly produced in local materials, although the lithology most valued by physical qualities and based on its distribution is marble.

In short, stone bracelets can be considered as a chronocultural indicator of the first Neolithic communities of the Iberian Peninsula. The study of the biography of these ornaments has allowed us to interpret the social and economic life of these early farming communities.

INTRODUCCIÓN

El uso de brazaletes de piedra es un fenómeno característico de las primeras sociedades neolíticas en el Mediterráneo occidental. Son bien conocidos en el norte de Italia (Micheli 2012a; 2012b; Pétrequin *et al.* 2015; 2017), en el interior de Francia y Bélgica (Fromont 2013) y la costa atlántica francesa (Pailler 2007). El uso de los brazaletes como adornos se relaciona con las culturas del Neolítico Antiguo en estas áreas geográficas, caracterizadas por las cerámicas cardiales e impresas, así como su evolución hacia el Neolítico Medio en las diversas regiones.

La demarcación geográfica de este estudio ocupa la distribución de los brazaletes de piedra en la mayor parte de la península ibérica. Estos adornos se distribuyen principalmente por las zonas costeras y su proyección hacia el interior. Estas áreas coinciden con los lugares donde se produce la neolitización más temprana y un desarrollo cultural más destacado en los primeros momentos de la aparición de la agricultura y la ganadería (Fig. 1). En cronologías absolutas calibradas el origen de la domesticación en la península ibérica se sitúa entre el *c.* 5600/5500 cal. a. C. A grandes rasgos, los grupos humanos que ocupan estos espacios se caracterizan arqueológicamente, en el Neolítico Inicial, por el uso de cerámicas decoradas con diversas técnicas: impresiones, cardiales u otros tipos de impresión, incisiones, decoraciones plásticas, pintadas de ocre, etc. En los diferentes ámbitos geográficos se aprecia un desarrollo y una evolución cultural muy regionalizada y definida por una rica variedad de motivos y técnicas decorativas en las cerámicas. La mayor concentración de los brazaletes de piedra y los contextos de producción en Andalucía, sitúan al sur de la península ibérica como la zona principal de estudio y al Levante como la segunda unidad geográfica en importancia.

Los estudios específicos sobre brazaletes de piedra en la península ibérica no han sido muy frecuentes, a pesar que este objeto es referenciado en múltiples trabajos como uno de los definidores culturales del Neolítico Antiguo del sur y Levante peninsular. En este trabajo no se incluyen los brazaletes de concha, ya que tienen una perduración mayor hasta la Edad del Cobre y no se pueden considerar como un buen definidor cronocultural de las sociedades del Neolítico.

En lo que respecta a los objetivos de este estudio, podemos definir un objetivo general, que es la contribución a la comprensión e interpretación de las sociedades del Neolítico Antiguo de la península ibérica, a través del análisis exhaustivo de un elemento tan particular del registro material de estas sociedades. Así, se hace una revisión de los contextos donde aparecen los brazaletes y todo lo referido a la materialidad que rodea este adorno. El brazalete se analiza desde el concepto de la "biografía" del objeto, entendiendo la biografía como todas las decisiones que implican su producción, uso social, reciclado y abandono. Todas estas actividades están regladas por patrones culturales y sociales, de ahí que el estudio detallado de los contextos de producción y abandono nos permitan aportar datos objetivos para interpretar el devenir social de las primeras comunidades productoras. De tal forma, la delimitación cronológica del uso y artesanía de los brazaletes de piedra es uno de los objetivos centrales de este trabajo, y esta se lleva a cabo mediante el análisis de los contextos donde aparecen brazaletes asociados a dataciones absolutas.

Los objetivos particulares tienen una dicotomía en cuanto a los materiales estudiados: por un lado, se analiza todo lo referido a la tecnología de producción de los brazaletes de piedra, y por otro, se estudian los brazaletes completamente acabados que fueron usados, intercambiados, reutilizados y finalmente abandonados. Así, los objetivos particulares se pueden sintetizar en dos grupos según el tipo de materiales.

Objetivos de la tecnología de elaboración:

- Definir las cadenas operativas de elaboración en los diferentes talleres documentados.

- Identificar los procesos de trabajo llevados a cabo en la producción de los brazaletes de piedra.

- Aproximación experimental a los sistemas de trabajo para la explicación global del procedimiento de elaboración de los brazaletes.

- Determinar las características de producción en los diferentes talleres y definir el grado de producción doméstica o especializada y todo lo que ello significa en cuanto a relaciones de interacción social.

Objetivos sobre los brazaletes acabados:

- Identificar todos los procesos relacionados con la vida útil de los brazaletes, su funcionalidad, circulación, reparaciones y la distribución geográfica y contextual en los yacimientos.

- Definir, a través del estudio tipométrico, la variabilidad de los brazaletes y su distribución geográfica por tipos.

El conjunto de materiales arqueológicos analizado está constituido por 2565 piezas procedentes de 128 yacimientos. El estudio se ha realizado sobre los materiales procedentes de diversas intervenciones arqueológicas depositados en diferentes instituciones museográficas. Igualmente se ha realizado una excavación arqueológica, la primera en la península ibérica, sobre un contexto geológico primario dedicado a la extracción y elaboración de preformas para brazaletes. El conjunto de yacimientos arqueológicos analizados tiene una funcionalidad muy variada: canteras de extracción, asentamientos, talleres, y contextos funerarios o ritualizados en cuevas.

Este trabajo se estructura en torno a cuatro partes fundamentales:

La primera, engloba los aspectos físicos y metodológicos del estudio. Esta parte se organiza en cuatro subapartados: el marco geográfico y cronocultural, donde se hace referencia a la delimitación espacial, cronológica y cultural del trabajo; el objeto de estudio, en el que se plantea la problemáticas que envuelven un adorno como objeto de análisis; el marco teórico, que constituye las bases teóricas y conceptuales desde las que se plantea este trabajo; y finalmente, los materiales y métodos, en los que se expresan los diferentes procedimientos y metodologías empleadas en cada parcela analítica del estudio.

La segunda parte, está compuesta por el corpus de materiales y yacimientos estudiados. Este apartado se estructura en tres zonas geográficas: Andalucía, dividida a su vez por provincias; el Levante de la Península, separado entre la Comunidad Valenciana y la Región de Murcia; y el resto de la península ibérica, que agrupa las comunidades autónomas de Cataluña, Castilla León, Aragón, Castilla la Mancha y finalmente el sur de Portugal. En esta parte, se hace referencia a los contextos geográficos, arqueológicos y cronológicos a los que se asocian los brazaletes en cada yacimiento.

La tercera parte constituye el núcleo central del trabajo, en la cual se detalla la "biografía" de los brazaletes. La consideración del objeto como un elemento vivo organiza este apartado en cuatro capítulos. El primero es la materia prima, donde se definen las características físicas y mecánicas de las litologías empleadas en la elaboración de los brazaletes y los sistemas de abastecimiento de estas. El segundo está dedicado a los contextos de producción, en el que se estudian de forma detallada los lugares de producción definidos: cantería, asentamientos estables y estacionales. El tercero está centrado en realizar una síntesis sobre la tecnología de elaboración. Y el último capítulo, se dedica al objeto acabado donde se expone todo lo referente a la tipología, distribución geográfica y la funcionalidad de los brazaletes.

Finalmente, la cuarta y última parte, constituye una síntesis sobre los diferentes aspectos tratados en este estudio: la delimitación cronológica de este adorno, la circulación y sus redes de intercambio, la determinación del tipo de artesanía (especializada o doméstica), los aspectos culturales reconocidos a partir del estudio de los brazaletes y, finalmente, las conclusiones generales. En las diferentes partes del estudio en la que se han obtenido conclusiones parciales se hace referencia a ellas. De esta forma, cada uno de los apartados se puede consultar de manera independiente.

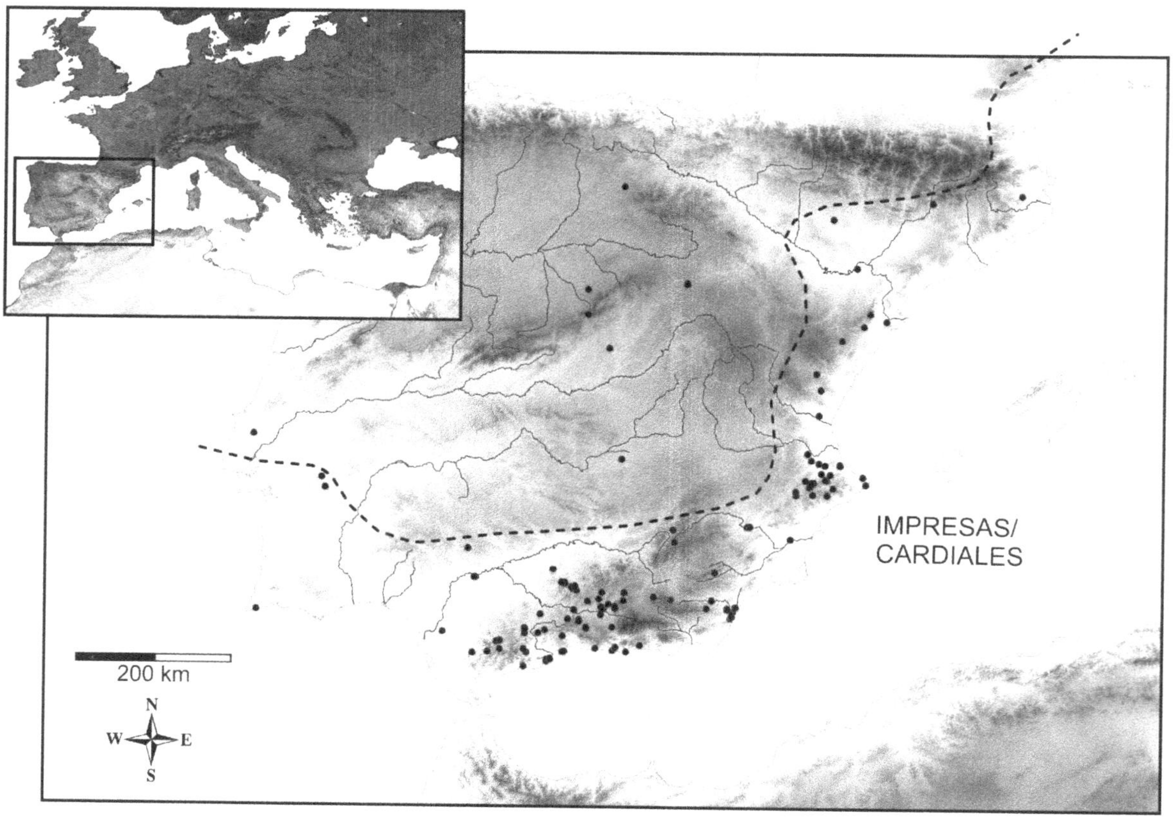

Figura 1. Mapa general del área de estudio con la distribución de sitios con brazaletes de piedra y en línea discontinua, culturas del Neolítico Antiguo caracterizadas por cerámicas decoradas cardiales e impresas

PARTE 1
MARCO GEOGRÁFICO Y CRONOCULTURAL
MATERIALES Y MÉTODOS

1.1. MARCO GEOGRÁFICO Y CRONOCULTURAL

1.1.1. Marco geográfico y geológico del estudio

El marco general del estudio se corresponde con la distribución de los brazaletes de piedra en la península ibérica (Fig. 2:1). Los brazaletes se concentran mayoritariamente en la vertiente sur y este de la Península, por lo que el estudio directo de materiales se ha realizado principalmente en estas regiones. Estas zonas se sitúan en las demarcaciones territoriales de Andalucía, Murcia y Valencia. La mayor concentración de brazaletes acabados y los lugares donde se elaboraron coinciden con la unidad geológica de las Cordilleras Béticas. Concretamente entre el río Guadalquivir al oeste y el Segura al este. Según esta distribución y el análisis realizado al conjunto de materiales, podemos dividir el análisis en dos áreas: un contexto general, en el que se incluye la mayoría de península ibérica, sur de Portugal, centro, norte y noreste de España; y el núcleo principal, que abarca la gran parte de las Cordilleras Béticas, Andalucía y Murcia.

Para el Neolítico Antiguo, las áreas donde se concentran los brazaletes de piedra, son las zonas donde se implanta la agricultura y la ganadería de forma más temprana, según las investigaciones actuales (Blasco 2005; Aura *et al.* 2013; Oms *et al.* 2014; Martín-Socas *et al.* 2018). Esta delimitación del sur y Levante de la península ibérica se corresponde con la distribución cultural del denominado horizonte de cerámicas decoradas que ocupa gran parte de la costa mediterránea: España, sur de Francia, Italia y la costa continental del mar Adriático. Dentro de este Neolítico Antiguo de la costa mediterránea ibérica, se han definido dos grupos principales: por un lado, el Neolítico valenciano, con un desarrollo más profuso de las decoraciones cardiales y una perduración mayor en el tiempo de estas. Y, por otro lado, el Neolítico andaluz, donde existe un horizonte de decoraciones cardiales, pero en el que rápidamente predominan otras técnicas decorativas como impresiones, incisiones y cerámicas a la almagra. La cultura material de ambas zonas ha permitido estudiarlas como dos grandes grupos culturales que, a tenor de las dataciones actuales, la aparición de la agricultura y la ganadería es sincrónica en ambas regiones, pero con un desarrollo sociocultural distinguible.

Desde el punto de vista geográfico el área a la que debemos prestar atención es la Cordillera Bética ya que es el foco principal donde se concentran las evidencias de los brazaletes en toda la península ibérica, sus contextos de elaboración y las litologías asociadas a ellos. La Cordillera Bética constituye la parte más occidental del denominado Orógeno alpino perimediterráneo, y se extiende por todo el sur y sureste de España durante unos 600 km de longitud en dirección este-oeste y aproximadamente 200 km de norte a sur. Abarca desde la ciudad de Cádiz hasta la ciudad de Cullera en Valencia. Hacia el norte, limita en la parte noroccidental con la Cuenca del Guadalquivir, que constituye la cuenca de antepaís de la cadena, mientras que en la parte nororiental entra en contacto con la Cordillera Ibérica, en las provincias de Albacete, Alicante y Valencia. Por el sur, limita con el Mar de Alborán, y por el este se prolonga por debajo del Mar Mediterráneo hasta la isla de Mallorca, donde nuevamente aflora.

El sistema montañoso de la Cordillera Béticas posee unas características morfológicas que lo diferencian de otras cordilleras alpinas que lo convierten en montaña mediterránea. La Cordillera Bética no está constituida por una barrera continua, sino por una serie de macizos montañosos separados por pasillos y cuencas de rellenos sedimentarios. Los pasillos conectan las zonas costeras con el interior, estos corredores son el de Granada-Motril, entre la Sierra de Almijara y Sierra Nevada; el de Guadix-Almería, por el valle del río Andarax entre la Sierra de Baza y Sierra de los Filabres; y finalmente, el pasillo de Baza-Huéscar-Almería, por el Valle del Almanzora entre la Sierra de las Estancias y la Sierra de los Filabres. Estos corredores conectan con otras de las unidades geográficas más características de esta cordillera, las cuencas intramontañosas que la jalonan de oeste a este, la Depresión de Ronda, Antequera, Granada y las hoyas de Guadix, Baza y Huéscar. Los pasillos de conexión de estas cuencas y los que conectan el interior con la costa, debieron servir como líneas de comunicación entre comunidades asentadas en los diferentes nichos ecológicos que constituyen el variado relieve de este sistema montañoso.

Desde el punto de vista geológico, está constituida por dos dominios principales que se distinguen por presentar distintas características litológicas, estratigráficas y estructurales: las Zonas Externas y las Zonas Internas (Fig. 2:2). Esta división es análoga a la usada para las demás Cadenas Alpinas Mediterráneas. Además de estos dos dominios, completan la división los materiales del Campo de Gibraltar, que junto con las Unidades Frontales de las Zonas Internas están situados entre las Zonas Externas y las Zonas Internas, y las cuencas neógenas (Vera 2004).

Las Zonas Externas están constituidas por los materiales que se depositaron durante el Mesozoico y gran parte del Cenozoico en el margen sur y sureste del Macizo Hercínico, denominado Margen Sudibérico (margen continental del sur de la península ibérica). Comprende materiales desde el Triásico hasta el Mioceno inferior. Fundamentalmente son materiales sedimentarios con ausencia de metamorfismo, que presentan facies generalmente marinas, desde pelágicas hasta costeras. Estos materiales se han dividido en dos grandes dominios: Dominio Subbético, para los materiales más alejados del Macizo Ibérico, y Dominio Prebético, constituido por los depósitos más cercanos al Macizo ibérico.

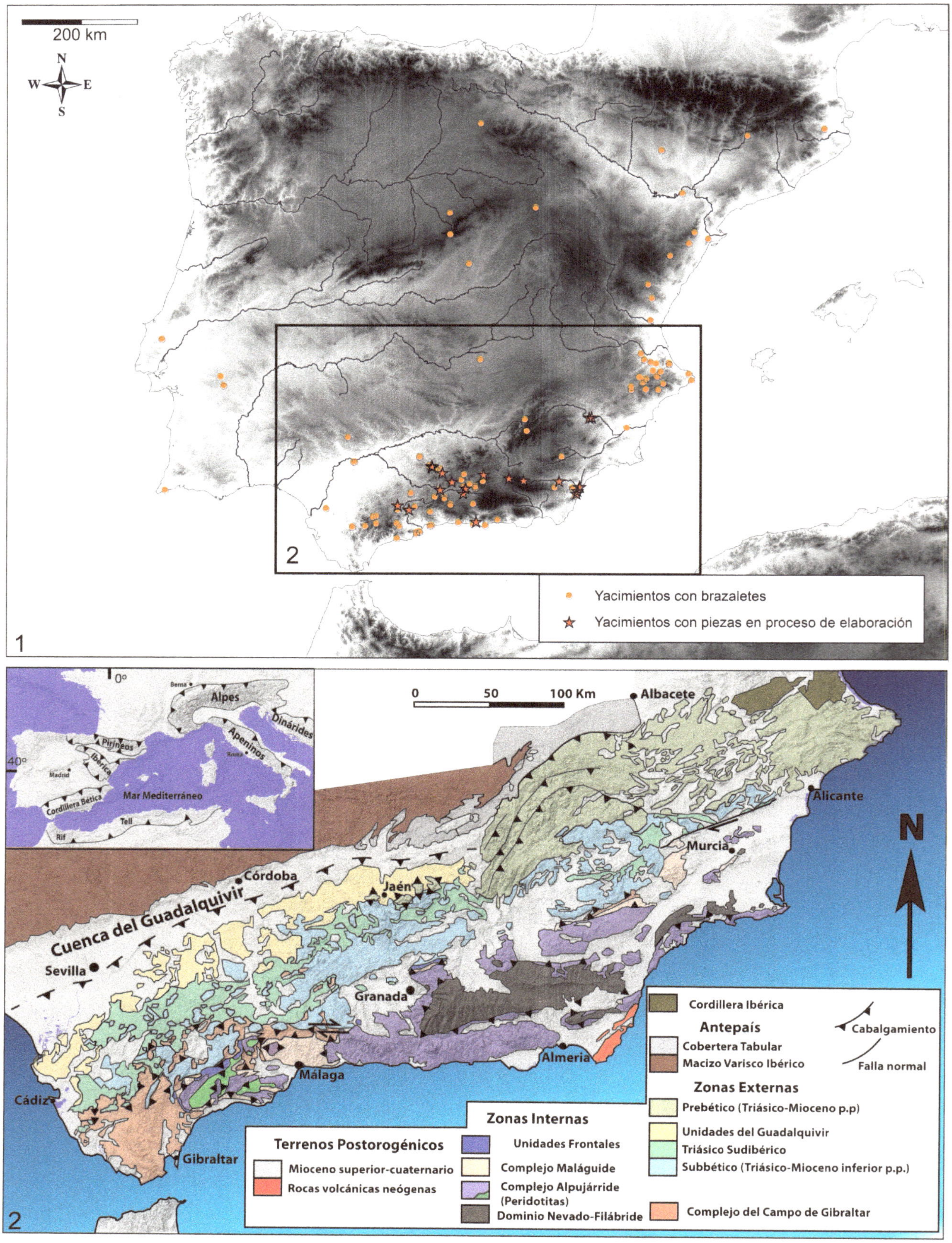

Figura 2. Marco geográfico del estudio: 1. Marco geográfico general con la distribución de los brazaletes de piedra y contextos de producción y 2. Marco geográfico principal del estudio y geología de las Cordilleras Bética (modificado de Lozano 2018)

El Dominio Prebético corresponde a los materiales depositados inmediatamente al sur del Macizo Ibérico. Se ha dividido, a su vez, en Prebético Externo y Prebético Interno, en función de la proximidad al Macizo Ibérico. El Prebético Externo está constituido por muy poco espesor de materiales, puesto que se sitúa en la parte más interna del Margen Sudibérico. Su serie estratigráfica se caracteriza por la presencia de gran cantidad de lagunas estratigráficas. El Triásico está representado por materiales detríticos rojos, casi exclusivamente continentales, que intercalan algunos niveles carbonatados poco potentes. El Jurásico está constituido por dolomías, calizas nodulosas, margas y margocalizas, mientras que el Cretácico Inferior está representado por facies detríticas. En el Cretácico Superior abundan las calizas y las dolomías. Por otra parte, el Prebético Interno presenta una sucesión más completa de materiales que comprenden desde el Triásico hasta el Mioceno Inferior, constituido por facies parecidas a las del Prebético Externo, aunque con características más pelágicas para los materiales del Cretácico Superior.

El Subbético, por su parte, corresponde al dominio sedimentario más externo del Paleomargen Sudibérico. El Subbético se ha dividido tradicionalmente en tres subdominios, que desde posiciones septentrionales a meridionales son: Subbético Externo, Subbético Medio y Subbético Interno. Esta división es clara para el sector central de la cordillera, particularmente en la transversal de Jaén-Granada, mientras que para los sectores occidental y oriental resulta confusa debido al alto grado de deformación que existe. La diferencia fundamental entre los tres dominios del Subbético se debe a la evolución de los materiales del Jurásico tras la ruptura de la plataforma carbonatada del Lías Superior. El Subbético Externo y el Subbético Interno se comportaron durante gran parte del Jurásico como áreas de umbral pelágico, con desarrollo de calizas nodulosas, mientras que el Subbético Medio era una zona más subsidente situada entre ambos dominios, y donde se produjo gran actividad volcánica submarina de edad principalmente Jurásica.

Las Zonas Internas resultan, si cabe, más complejas por su estructura y litología. Están constituidas por materiales sedimentarios del zócalo prealpino que son levantados por el plegamiento alpino. Además, estos materiales han sufrido metamorfismo y aparecen materiales de origen volcánico asociados a ellos. Desde el punto de vista tectónico, el empuje de sur a norte producido por el plegamiento alpino ha generado que las estructuras no solo se plieguen, sino que también se desplacen en forma de mantos de corrimiento. Dada la complejidad geológica y tectónica de estas zonas, sus dominios paleogeográficos no se denominan dominios sino complejos. Estos complejos, se constituyeron en áreas diferentes pero las deformaciones los han situado unas sobre otras formando estos mantos. Desde el oeste al este en un corte transversal encontramos los siguientes complejos geológicos dentro de las Zonas Internas:

- **Complejo Maláguide**: este se sitúa en la parte superior de la zona interna ocupando las formaciones de los Montes de Málaga y las estribaciones de las sierras costeras occidentales de la provincia de Málaga.

- **Complejo Alpujárride**: situado en la zona intermedia y que se localiza en las masas centrales de las sierras costeras occidentales malagueñas y con una continuidad hacia las Sierra de Tejeda y Almijara.

- **Complejo Nevado-Filábride:** constituida por la parte más profunda y formada casi en exclusividad por Sierra Nevada y la Sierra de los Filabres.

- **Unidades Frontales:** se localizan en los bordes externos de la zona interna y cuyo mayor exponente es la Sierra de las Nieves.

Esta disposición nos permite entender que los materiales del Complejo Maláguide son los menos metamorfizados, ya que se encuentran en la zona superior y menos afectada por las altas temperaturas y presiones, los mármoles de este complejo provienen de la baja metamorfización de sedimentos calizos. En el caso del Complejo Alpujárride los afloramientos de mármol son mucho más comunes en Sierra de Mijas o Sierra Blanca en Marbella. El Complejo Nevado-Filábride, por su parte, deriva de una posición inferior en la Zona Interna, de ahí que existan potentes estratos de rocas con alto grado de metamorfismo como mármoles, pizarras, esquistos e intercalaciones de anfíboles provenientes de magmas cercanos al momento de deposición de los materiales luego metamorfizados. La distinción de estos complejos no es neta, por las fuertes deformaciones, e incluso en los bordes se sitúa las Unidades frontales formadas por estructuras tectónicas complejas y constituidas fundamentalmente por rocas calcáreas sin metamorfismo.

El ámbito geográfico y geológico que ocupa este trabajo, como ha quedado manifestado muy someramente, es muy extenso y complejo. Por lo tanto, en el estudio haremos referencia al contexto geológico y arqueológico inmediato de cada uno de los lugares de producción y los yacimientos en los que aparecen brazaletes, de cara a una comprensión local y regional de los mismos.

1.1.2. Marco cronocultural

El ámbito cronocultural del estudio se sitúa en el Neolítico Antiguo con el inicio de las primeras comunidades productoras. El comienzo de la agricultura y la ganadería en la península Ibérica es uno de los debates científicos que más controversia despierta entre los prehistoriadores tanto a nivel nacional como europeo. El conocimiento que poseemos sobre el proceso en sí es muy heterogéneo e inconexo, sin embargo, los registros materiales y los yacimientos son numerosos. La mayoría de esos datos arqueológicos se corresponden con un momento ya consolidado de la economía neolítica, es decir, poblaciones totalmente agricultoras y ganaderas. Este debate sobrepasa los objetivos de este trabajo, pero es conveniente demarcar cronológicamente y conceptualmente los periodos culturales en los que se sitúa el análisis.

La cronología de las primeras prácticas agrícolas y ganaderas en la península ibérica es uno de los debates científicos más fervientes, pues determinar el punto más antiguo del fenómeno puede permitir explicar cómo se difunde y desde donde. Esto tiene sus limitaciones y dificultades: la península ibérica es un territorio enorme con orografías y nichos ecológicos de lo más variado; la densidad de población mesolítica no debió de ser homogénea y las desviaciones típicas de las dataciones se pueden solapar resultando aún más complicado determinar de manera exacta la cronología del proceso. En la actualidad se ha consensuado, de manera no formal, entre los investigadores del Neolítico la utilización de dataciones de elementos de vida corta y de especies domesticas como cereales u ovicápridos. De esta forma, se reducen las desviaciones de las dataciones a no más de cien años y al tratarse de elementos domésticos se asegura su asociación a un momento cultural neolítico o con especies domésticas.

Los datos actuales sobre especies domésticas muestran que están presentes en diferentes zonas de la península en torno al *c.* 5600/5500 cal. a.C. En Cataluña con cereales en Can Sadurní (Blasco 2005) u *Ovis arie*s en Les Guixeres (Oms *et al.* 2014). En la costa levantina según las dataciones de cereales de la Cova de l´Or (Hopf 1966) y el asentamiento de Mas d´Is (Bernabeu *et al.* 2003). Y en Andalucía, con el resto más antiguo de especie doméstica del sur de la Península en la Cueva de Nerja, un *Ovis aries* fechado entre el 5620-5460 cal. a. C. (Aura *et al.* 2013), aunque son varios los yacimientos en los que se han datado cereales con fechas entre el *c.* 5500-5300 cal. a. C. como en Los Castillejos (Martínez *et al.* 2010a).

En otras zonas del interior de la Península se comienza a disponer de dataciones de cereales antiguas como los restos de polen de cereales en la Cueva de Chaves en el Pirineo en fechas del 5300-4850 cal. a. C. (López y López 2000), así como animales domésticos (Castaños 2004). En la Meseta también existen fechas antiguas de agricultura como las proporcionadas por La Lámpara y La Revilla (Rojo *et al.* 2006; 2008) o la Cueva de la Vaquera de donde proceden dos fechas de bellotas comprendidas entre el 5480-5320 y 5220-4790 cal. a. C. (Estremera 2003).

Estas cronologías nos indican, por el momento, que la aparición de las especies domésticas en la Península y por ende el Neolítico, se ubican entre el *c.* 5600/5500 cal. a. C. en la zona mediterránea, mientras que en el interior aparecen con posterioridad. Estas dataciones muestran especies domésticas y junto con ella todos los elementos de la cultura material asociados a las comunidades neolíticas, lo que se ha denominado "paquete neolítico", por tanto, es de presuponer un desarrollo más antiguo de este fenómeno y así lo demuestran algunas dataciones que no se tienen en cuenta por su naturaleza o la fiabilidad de sus contextos, pero que puestas en perspectiva son del todo asumibles como se ha indicado (Carrasco y Martínez-Sevilla 2014).

En el caso concreto del sur de la Península, zona central de este trabajo, estas primeras sociedades productoras poseen una cierta unidad cultural que desde el punto de vista arqueológico y cronológico se diluye a finales del V milenio a. C. Este momento se ha denominado como el Neolítico Reciente (Cámara *et al.* 2005; 2016) y supone el fin del sistema cultural y social de las primeras comunidades neolíticas. La denominación conceptual de Neolítico Reciente, viene siendo usada para definir las comunidades neolíticas en asentamientos estables y que erigen las primeras construcciones megalíticas. Esta demarcación cultural hace necesarias algunas apreciaciones sobre qué significa este cambio arqueológico en las comunidades del Neolítico Antiguo. El mejor ejemplo para observar este cambio es el asentamiento de Los Castillejos (Montefrío, Granada), ya que ha sido objeto de innumerables estudios referidos a las diferentes fases de ocupación y es objeto de análisis en este trabajo. Este sitio posee una secuencia estratigráfica formada 32 fases incluyendo subdivisiones. La amplia secuencia, unida al gran número de dataciones realizadas, tanto las más de 24 dataciones de C14 por AMS (Martínez *et al.* 2010a; Cámara *et al.* 2005; Cámara *et al.* 2016), como las 10 por termoluminiscencia (Molina *et al.* 2015), han permitido definir diez grandes periodos culturales compuestos por diferentes fases estratigráficas y un hiato cronológico de 500 años en la secuencia entre las fases 11c y 12; que se corresponde culturalmente con el final del Neolítico Antiguo y el inicio del denominado Neolítico Reciente y dentro de él Tardío y Final (Cámara *et al.* 2016). Esta desocupación del asentamiento, durante medio milenio, ha sido recientemente objeto de estudio poniendo de manifiesto los cambios económicos y arqueológicos que se producen entre un momento cultural y el inmediatamente después del hiato (Molina *et al.* 2015).

Los cambios arqueológicos identificados en Los Castillejos se extienden a varias esferas de la cultura material. En la cerámica, aunque siguen predominando las formas globulares tan comunes en el Neolítico Antiguo, se produce un incremento en los motivos decorativos de triángulos y semicírculos, pero en general un descenso drástico de las cerámicas decoradas. Las técnicas de manufactura alfareras cambian observándose mayor cantidad de añadidos a los barros. Finalmente, la calidad de las almagras cambia pasando de los acabados homogéneos y cuidados del momento anterior a una de menor calidad, lo que se ha denominado aguadas o almagras degradadas. La tecnología lítica se elabora casi en exclusividad mediante presión y está formada por laminitas, de igual forma, aparece generalizado el tratamiento térmico de los núcleos (Martínez *et al.* 2010a). Desde el punto de vista económico, se producen una serie de cambios que nos hablan de realidades subsistenciales diferentes. Así, se produce un incremento en el ganado vacuno y porcino en detrimento de los ovicápridos. De igual forma, se observa una disminución en el sacrificio de animales jóvenes, esto ha sido interpretado como el uso del ganado vacuno para los trabajos agrícolas, de ahí que su sacrificio sea a edades adultas una vez aprovechado como fuerza de trabajo (Molina *et al.* 2015). Los cambios en el registro cerámico también se observan en otros yacimientos estudiados en detalle como La Loma (Íllora, Granada) (Aranda *et al.* 2012), en este caso podemos considerarlo un asentamiento del Neolítico Reciente y con una secuencia de ocupación menos prolongada en el tiempo que la de Los Castillejos. En el registro cerámico de La Loma se observa el predominio de las formas globulares, la inexistencia de decoraciones incisas o impresas y el dominio de las cerámicas sin decoraciones a excepción de las almagras de baja calidad y algunas pintadas.

El hiato y posterior cambio cultural en la secuencia de Los Castillejos podría ser una excepción dentro de ese asentamiento en concreto, pero si observamos el resto de las dataciones absolutas neolíticas de Andalucía, mientras que existen un gran número de dataciones entre el *c.* 5500-4800 cal. a. C. hay un vacío de fechas entre el *c.* 4800-4200 cal. a. C. Sólo se han obtenido dataciones de ese momento cronológico en doce yacimientos en toda Andalucía, incluido Los Castillejos. Entre estos sitios se encuentra: Cerro Virtud (Cuevas de Almanzora, Almería) (Ruiz y Montero 1999), Cueva de los Murciélagos (Zuheros, Córdoba) (Peña-Chocarro *et al.* 2013), Cueva de Nerja (Maro, Málaga) (Jordá y Aura 2008), Cueva de los Murciélagos (Albuñol, Granada) (Chacho *et al.* 1996), Cueva de la Carigüela (Piñar, Granada) (Fernández *et al.* 2007), Cueva de las Ventanas (Piñar, Granada) (Álvarez 2004, 33), Cueva del Toro (Antequera, Málaga) (Martín *et al.* 2004), La Loma (íllora, Granada) (Aranda *et al.* 2012), El Campo de Hockey (San Fernando, Cádiz) (Vijande 2009), El Palenque (Priego de Córdoba) (Morgado *et al.* 2015) y El Dolmen de Alberite (Villamartín, Cádiz) (Ramos *et al.* 1997). Las dataciones provienen de contextos funerarios, en el caso de Cerro Virtud de una fosa de enterramiento; El Campo de Hockey de una necrópolis al igual que el dolmen de Alberite y si tenemos en cuenta que la mayoría de las cuevas han sido usadas con fines funerarios, tan solo tres de los yacimientos se pueden considerar como asentamientos: Los Castillejos, La Loma y El Palenque.

En este periodo debió ocurrir algún tipo de crisis (ecológica, demográfica, epidemiológica o de tipo social), por el cual se produce esta ausencia de dataciones. Sea como fuere, existe un cambio sustancial a nivel cultural que lleva aparejado la aparición de los monumentos megalíticos (Aranda *et al.* 2017), como expresión de la identificación social sobre el territorio, junto al surgimiento de grandes poblados caracterizados, en gran medida por recintos de fosos y estructuras excavadas como principal elemento de referencia arqueológica de estas comunidades (Márquez y Jiménez 2010). Desde el objeto de estudio de este trabajo, la elaboración y el uso generalizado de los brazaletes de piedra desaparecen en ese momento, que se puede denominar como Neolítico Medio, y no aparecen en ningún monumento megalítico, se produce un cambio de elementos culturales del Neolítico Antiguo y el final de un sistema cultural que dará paso al Neolítico Reciente.

En síntesis, el marco temporal general de este estudio se sitúa entre mediados del VI y finales del V milenio a. C. En este sentido, vamos a seguir la clasificación cronocultural propuesta por varios investigadores para el Neolítico de Andalucía, basada en las dataciones absolutas y las secuencias estratigráficas (Carrasco y Martínez-Sevilla 2014; Martín-Socas *et al.* 2018).

1.2. EL OBJETO DE ESTUDIO

1.2.1. Historiografía de los elementos de adorno en el Neolítico de la península ibérica

Las referencias sobre objetos de adorno van unidas a los primeros trabajos sobre la Prehistoria de la península ibérica. En los originarios trabajos de M. Góngora de la Cueva de los Murciélagos de Albuñol aparecen varios objetos considerados de adorno como cuentas de collar, conchas, defensas de jabalí perforadas y fragmentos de brazaletes de piedra denominados como anillos de piedra (Góngora 1868). Esta será la primera publicación en la que se citen ornamentos en un yacimiento neolítico de la Península, de igual forma, en otras publicaciones de la época aparecerán referenciados objetos considerados de adorno por diferentes autores (Mac Pherson 1870; Bergamin 1874; Navarro 1884). Estas aportaciones, que se pueden considerar como catálogos de materiales, generadas desde una perspectiva de anticuario propia de la época, ya denotan la relevancia que los ornamentos despiertan en los pioneros estudiosos de la Prehistoria. Las investigaciones de los hermanos Siret en el siglo XIX sobre la Prehistoria del sureste van a marcar un punto partida en la disciplina arqueológica. Su obra *Las primeras edades de los metales en el sudeste de España* (Siret y Siret 1890) va a convertirse en un referente hasta la actualidad, tanto por la colección de materiales recopilada de yacimientos, como por las fasificaciones y conclusiones sobre el registro material de las comunidades prehistóricas de esta área. En el caso concreto de los adornos, igualmente, debemos hacer referencia a sus investigaciones, además de la relevancia dada a la infinidad de adornos presentes en los diferentes yacimientos que estudian, es el primer trabajo en el que se hace una descripción detallada del proceso de elaboración de varios objetos de adorno. El descubrimiento de una vasija en la Cueva de los Toyos (Mazarrón, Murcia), con un "verdadero ajuar de un fabricante de perlas" con todos los restos de la elaboración de cuentas de collar de concha y caliza les permiten definir las diferentes fases de elaboración de estos adornos; desde la materia prima, las herramientas y las piezas finales. Otro de los hallazgos destacados, son los restos de brazaletes finalizados y uno de ellos en proceso, localizados en el Cabezo de la Raja Ortega (Garrucha, Almería) (Fig. 3). Esta pieza, fracturada en el proceso de elaboración, les llevará a explicar el proceso productivo de este adorno. En palabras de estos investigadores: "una preciosa enseñanza puede sacarse de uno de estos ejemplares: Hallase el mismo formado por un pedazo de caliza blanca, labrado en forma de arco de círculo, cuyo borde externo tiene de diez á quince milímetros de espesor, mientras que el interior se termina casi en forma de corte. Se ve bien que es un anillo sin concluir y acaso desechado como malo. Ha sido extraído de una piedra más o menos plana, sobre cada una de cuyas caras se ha practicado una depresión, por medio, según todas las probabilidades, de otra piedra dura, especie de majadero, auxiliado además el trabajo con la interposición de alguna arena. No siendo ni la caliza ni la pizarra muy duras, esta operación no ofrecía dificultad ninguna, y las dos depresiones acaban bien pronto de unirse, formando un agujero: el corte delgado que su encuentro producía fácilmente á golpes, y de esta suerte se ensancha el agujero; á este punto del trabajo es al que el objeto en cuestión había llegado." (Siret y Siret 1890, 49).

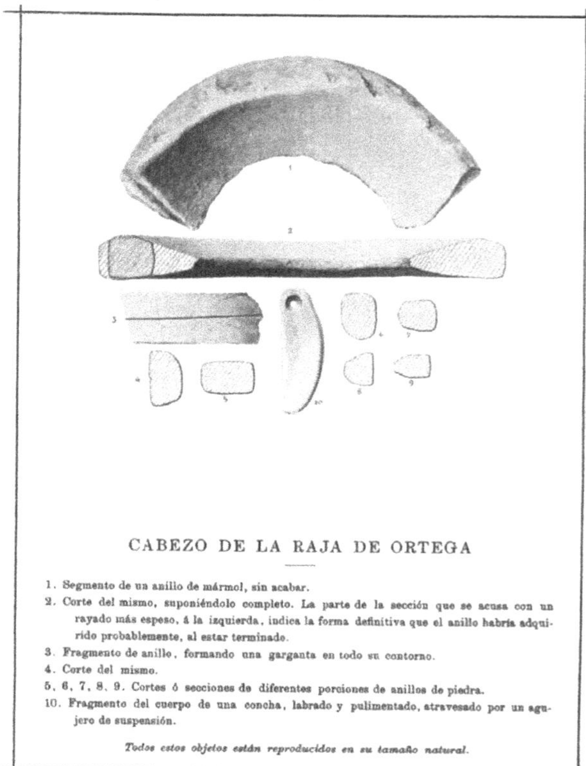

Figura 3. Brazaletes del Cabezo de la Raja Ortega (Garrucha, Almería) (Siret y Siret 1890, 49)

Estos dos ejemplos, la elaboración de cuentas de collar y la descripción del proceso de fabricación de los brazaletes, son la primera explicación sobre el proceso de manufactura de adornos, se puede decir que el primer análisis tecnotipológico aplicado a ornamentos. El detalle y el acierto de estas descripciones solo se entienden por la profesión de los hermanos L. y E. Siret, ambos ingenieros de minas, permitiéndoles aplicar sus conocimientos petrológicos y la lógica de la observación técnica para la deducción de un proceso fosilizado en el tiempo. Habrá que esperar casi cien años para que vuelva a hacerse descripciones de tipo tecnológico sobre adornos, y aún más, hasta que la tecnología se emplee como una herramienta para la comprensión de las relaciones socioeconómicas de las sociedades prehistóricas.

Durante el siglo XX se van a publicar los primeros trabajos dedicados en exclusividad a objetos de adorno, como es el caso de los estudios sobre brazaletes de pectúnculo y cuentas de collar (Pericot 1928; 1935), diversos tipos de colgantes (Nieto 1959; Petit, 1975; Ten 1979), los anillos neolíticos de la vertiente mediterránea (Pascual 1996a) y el primer trabajo dedicado a los brazaletes de piedra blanca de la península ibérica (Jiménez 1979). Estos son algunos de los trabajos destinados a un adorno en concreto, pero son muchos más los trabajos reseñables, e igualmente, variados los adornos de diferentes periodos de la Prehistoria. En estos primeros estudios se intenta atribuir cronoculturalmente determinados adornos como "fósiles directores" y se hace especial énfasis en la búsqueda de paralelos para establecer mapas de distribución.

Paralelamente a estos trabajos iniciales, se comienzan a realizar clasificaciones tipológicas y comparativas aplicadas a ámbitos geográficos concretos. En este grupo se encuentran trabajos dedicados al denominado Eneolítico valenciano (Bernabeu 1979a; 1979b), a la Prehistoria de Navarra (Enríquez 1982), a los adornos neolíticos de Andalucía Oriental (Teruel 1986), al País Vasco (Alday 1987), así como, los más recientes dedicados al Neolítico valenciano (Pascual 1996b; 1998a; 1998b). Estos trabajos van a ocuparse de la clasificación tipológica de los adornos utilizando diferentes criterios para ello: dependiendo de la materia prima, el grado de transformación del objeto o el sistema de fijación o suspensión, para finalmente, realizar una descripción formal y analítica de los adornos atribuidos a un momento cronológico determinado.

De las investigaciones citadas merece especial mención el trabajo realizado por Mª Salud Teruel Berbel en Andalucía Oriental y los estudios de J. Ll. Pascual Benito para el Levante peninsular. Para la zona sur de la Península y en concreto para el Neolítico de Andalucía Oriental Mª Salud Teruel Berbell (1986) llevará a cabo una síntesis tipológica sobre los diferentes adornos de esta área, tipología que sin muchas variaciones se mantiene hasta la actualidad. Su estudio consistió en un exhaustivo y detallado análisis de un importante número de yacimientos y materiales. Un trabajo de carácter descriptivo pero que incluirá la descripción de algunas piezas en proceso de elaboración. Como aportación destacada reconocerá algunos de estos objetos tecnológicos que habían pasado desapercibidos, como los restos de brazaletes en proceso de elaboración de las Catorce Fanegas (Chauchina, Granada) interpretados en el momento de su publicación con otra funcionalidad (Carrasco *et al.* 1987).

En el caso del Levante peninsular, el amplio trabajo de J. Ll. Pascual Benito sobre los adornos del Neolítico del País valenciano (Pascual 1996b; 1998a) supone una de las síntesis más completas sobre adornos de la Península. En él se estudia un conjunto de 1477 objetos de veinte yacimientos de la Comunidad Valenciana, entre los yacimientos estudiados se encuentran algunos tan clásicos como la Cova de l´Or, Sarsa, Cendres o Cova Fosca. Es un trabajo completo en el que hace referencia a la variedad de materias primas, la distribución espacial y cronológica de los objetos, además de incluir un novedoso apartado sobre la tecnología de los diferentes objetos de adorno. Este capítulo sobre la tecnología se basa en el estudio de un conjunto de adornos completamente acabados y amortizados en su uso, por lo que no aporta importantes novedades sobre los procesos productivos, pero sí marca el camino a seguir para investigaciones posteriores, en lo que a la tecnología prehistórica de los adornos se refiere. En la misma década de los noventa se llevan a cabo diferentes trabajos sobre el valor simbólico, el uso social y económico de los adornos (Castro 1990; Rubio 1993; Noain 1996).

Será a finales de los años noventa cuando el enfoque integrado de la cultura material, la concepción dinámica y no estática del registro arqueológico motivaran los análisis tecnológicos de elaboración de los objetos, como elemento fundamental que permite extraer una valiosa información sobre la tecnoeconomía, los modos de vida y las relaciones sociales de las comunidades prehistóricas. Desde esta nueva perspectiva de describir y explicar el proceso técnico, con sus cadenas operativas, se ha aportado algunos estudios sobre los objetos de adorno, gracias a la identificación de restos materiales de sus sistemas de elaboración. Uno de los primeros trabajos que se realiza para Andalucía es elaborado a raíz de la excavación del yacimiento de Cabecicos Negros (Vera, Almería) donde se identificó un taller de brazaletes de piedra y cuentas de collar. El estudio realizado por A. Goñi Quintero (1999b) se basó en el registro material recuperado en dichas excavaciones para reconstruir la cadena operativa de elaboración de los brazaletes estrechos y cuentas, pero la falta de restos de determinadas fases del proceso y la ausencia de referentes experimentales, indujeron algunos desaciertos sobre el sistema de producción. En estas fechas el análisis tecnológico sobre la elaboración de adornos no será muy prolífico, aunque se comienzan a aplicar a diferentes adornos y en diversas regiones de la Península (Noain 1999; Goñi *et al.* 1999).

También en esta década, comenzarán a realizarse análisis arqueométricos destinados a la determinación de las materias primas y la atribución de sus fuentes de procedencia. En este sentido, hay que destacar los estudios realizados sobre la calaíta, asociados al descubrimiento de las minas de Can Tintorer (Gavà, Barcelona) (Villalba *et al.* 1986). Los análisis de cuentas de variscita permitirán determinar la circulación de estos adornos por toda Cataluña y el Alto Aragón en un momento avanzado del Neolítico (Edo *et al.* 1995). Los análisis sobre la variscita se llevarán a cabo en otras regiones con similares resultados, como en la zona portuguesa, donde se documenta la distribución de las cuentas por el Valle del Duero (Edo *et al.* 1997) y el reciente descubrimiento de otras minas como son las de Pico Centeno (Encinasola, Hueva) y la distribución que se genera a partir de este foco productivo por el suroeste de Andalucía (Odriozola *et al.* 2010a). Los estudios arqueométricos se aplicarán a otros adornos como las cuentas de caliza y los brazaletes de la Cueva de los Murciélagos (Zuheros, Córdoba) (Gavilán y Rafael 1999).

Entrado el siglo XXI las investigaciones sobre los adornos van a ocupar un papel importante en la interpretación de las sociedades neolíticas. Los análisis se van centrar en un espectro amplio relacionado con los ornamentos. Los enfoques de estos estudios son de lo más variados, pudiendo enumerar varios: la materia prima usada en la elaboración como elemento distintivo (Estrada y Bosch 2008); la relevancia de las interpretaciones que se realizan sobre los adornos (Rubio 2009); la importancia de estos objetos como bienes de intercambio (Harrison y Orozco 2001; Vera y Martínez 2012; Oliva 2012; Martínez-Sevilla 2014); los análisis arqueométricos, para determinar la procedencia (Odriozola *et al.* 2010a; 2010b; 2010c) y el estudio de la tecnología de elaboración de diferentes adornos (Yravedra *et al.* 2006; Martínez-Sevilla y Maeso 2009; 2011; Martínez- Sevilla 2013).

El amplio número de trabajos dedicados a los adornos, desde los inicios del estudio de la Prehistoria, resaltan la importancia de los adornos en diferentes momentos del desarrollo de la disciplina arqueológica en nuestro país. En este transcurso las interpretaciones y la metodología desde donde se enfocan los estudios han variado. Desde los primeros estudios tipológicos y descriptivos, en los que se buscaban paralelos para afirmar la distribución de un objeto concreto; los análisis tecnológicos, para interpretar las sociedades que los producen; y hasta los recientes estudios arqueométricos destinados a la determinación de las materias primas y sus fuentes de procedencia para inferir su distribución y circulación.

1.2.2. Un adorno como objeto de estudio: los brazaletes de piedra

Durante el Neolítico y paralelo a la introducción de la economía productora de alimentos, se origina un incremento notable de los objetos decorativos. Estos adornos suscitan, como hemos expresado, interés por parte de los investigadores de la Prehistoria. Esta relevancia viene dada por el carácter no subsistencial que poseen estos objetos. Se trata de elementos que no están relacionados con las actividades propiamente substanciales, por lo que se esconden en ellos otros significados alejados de las necesidades vitales de los seres humanos. Esta es una afirmación generada desde el presente, entendiendo a las sociedades prehistóricas como poblaciones en una lucha constante por la supervivencia en una naturaleza hostil. Sin embargo, la producción, uso y distribución de los adornos nos hablan de grupos humanos complejos y con un dominio de su entorno que les permite relacionarse socialmente.

Atendiendo a la realidad material que conocemos para el Neolítico de la península ibérica, podemos describir todo un elenco de adornos como son, colgantes elaborados en hueso, separadores de cuentas de collar, colmillos perforados, cuentas de collar en piedra, hueso, concha y brazaletes fabricados sobre distintas litologías y concha (Teruel 1986). Las cuentas de collar elaboradas en piedra son de los más comunes. Suelen ser discoidales, de sección aplanada, elaboradas sobre caliza, aunque existen otras morfologías, como las de tonelete, realizadas en diferentes tipos de piedra. También son frecuentes las de tipología oblonga y de otros tipos. Completan los adornos en materiales pétreos, los guijarros y piedras de diferentes morfologías perforadas, que se usan igualmente para ser suspendidas. De todos estos objetos de exorno, que conforman la cultura material en el Neolítico en la Península, destacan en cantidad y calidad, los brazaletes elaborados en piedra, objeto principal de este estudio.

Estudiar un objeto de adorno, de forma exclusiva, hace necesario una reflexión sobre las interpretaciones que sobre él se pueden realizar, así como los límites de esas interpretaciones. El tipo de interrogantes generados es similar a cualquier otro tipo de materialidad arqueológica con algunas excepciones, dado el determinado uso de los adornos. Las cuestiones a las que debemos hacer frente son tales como: ¿Qué información se puede extraer de un objeto de adorno? ¿Pueden ofrecer datos para el conocimiento de la sociedad que los usó? ¿Son un elemento de referencia para la interpretación de grupos culturales? ¿Estos objetos se diferencian de otros por su carácter decorativo y no funcional?

Un objeto de adorno, o en nuestro caso los brazaletes de piedra, ofrecen un amplio abanico de información. El estudio detallado de diferentes perspectivas de análisis sobre el objeto nos puede permitir extraer diversas conclusiones sobre la sociedad a la que perteneció. De manera general, la información que podemos obtener se puede sintetizar en su tecnología, marcador cultural, trazador de circulación y, finalmente, reconocer sus significados sociales.

Desde el punto de vista tecnológico, el estudio de las técnicas, métodos, utensilios y materias primas usadas nos ofrece información socioeconómica de la sociedad que los elaboró. El análisis detallado del proceso tecnológico nos permitirá identificar artesanías regionales, artesanos, destrezas particulares y las cadenas operativas empleadas. En última instancia, estas interpretaciones nos ayudan a entender artesanías domésticas y/o especializadas sobre los iniciales grupos de agricultores y ganaderos, situados en los primeros momentos de la complejidad social, entendida como la disminución de las dependencias con la naturaleza y el aumento de las relaciones sociales entre comunidades asentadas en un territorio.

Los adornos personales, junto con la vestimenta y otros atavíos, se pueden considerar como insignias o distintivos que permiten a las personas integrarse en un grupo social (Castro 1990). En este sentido, los adornos constituyeron probablemente una parte esencial dentro de la identificación étnica o cultural de las sociedades humanas, además de ser un medio de aculturación (Bourdieu 1977). Desde el prisma arqueológico, el reconocimiento empírico de esas características socioeconómicas es complejo y requiere de un aparato teórico y metodológico exhaustivo sobre el objeto de estudio. Así, para que uno de estos objetos se eleve al estatus de identificador cultural es necesario que exista una estandarización en su elaboración y que aparezca de forma repetitiva en una misma cronología y área geográfica determinada. En el caso de las primeras sociedades neolíticas de la península ibérica existe, como hemos expresado, una amplia variedad de adornos que se presentan por extensas zonas geográficas, y uno de ellos son los brazaletes de piedra, que como veremos, se distribuyen en un área concreta y en un momento cronológico determinado. De ahí, que se puedan elevar a la categoría de identificador cultural.

La representación geográfica de estos adornos como marcadores culturales lleva aparejado un valor social que los convierte en un bien de intercambio entre comunidades (Appadurai 1986). Esta circulación de objetos entre talleres y lugares de consumo, aporta valiosa información sobre las relaciones intergrupales, de intercambio y, en definitiva, sobre la socioeconomía de las poblaciones que los usaron y produjeron.

Finalmente, otra de las aportaciones que puede ofrecer el estudio de un adorno, desde el punto de vista arqueológico, son los códigos de significado que las sociedades les confirieron. La cultura material está rodeada de connotaciones socioeconómicas. Desde nuestra sociedad contemporánea y neoliberal, por todos es bien sabido que ciertos bienes u objetos esconden códigos de significado consensuados social y culturalmente. Desde un punto de vista económico, el barrio residencial, la casa donde vivimos, el coche o la vestimenta que usamos presuponen un estatus económico determinado; desde la óptica social existen signos determinables como la posición del anillo en la mano izquierda y el dedo anular símbolo de compromiso o en la mano derecha una vez efectuado el matrimonio. Son ejemplos de los que se podrían enumerar una multitud y todos ellos cambiantes según el continente, país, grupo social, religión, cultura, etc. La identificación de estos códigos dentro de nuestra sociedad requiere un esfuerzo por nuestra parte, pues a veces resultan complicados de reconocer. En las sociedades del pasado esas significaciones existieron y son la expresión de identidades sociales tales como la edad, género o estatus social, y los adornos, son reflejos ello (Barnes y Eicher 1992; Meskell 2011).

En este sentido, los estudios sobre brazaletes han intentado extraer conclusiones del tipo anterior, aunque desde diferentes perspectivas de análisis. El primer estudio exclusivo sobre brazaletes de piedra de en la península ibérica se realizó en los años setenta del pasado siglo XX (Jiménez 1979). Este análisis fue descriptivo y centrado en los brazaletes elaborados en "piedras blancas", englobando mármoles, calizas y dolomías, para vincularlos con momentos cronológicos determinados y sus posibles "relaciones comerciales" a través de la distribución territorial. Las conclusiones obtenidas no fueron notables, en parte por regirse por fasificaciones antiguas en cuanto al Neolítico Hispano y excluir del estudio otras materias primas líticas como pizarras o esquistos. Los siguientes estudios se ocuparon de la clasificación tipológica (Teruel 1986) o análisis petrográficos para determinar la procedencia (Gavilán y Rafael 1999).

La tecnología de elaboración no ha sido un tema muy extendido. Será a partir de la aparición de un taller en el yacimiento almeriense de Cabecicos Negros (Vera, Almería) cuando se lleve a cabo los primeros intentos de sistematización del proceso productivo (Goñi 1999a; Goñi *et al.* 1999). Estos trabajos se basaron en la ordenación y clasificación tipológica de los desechos de la producción de los brazaletes estrechos en ese yacimiento. Sobre tecnología de brazaletes hay que referenciar el trabajo de J. Ll. Pascual en la zona levantina que, aunque se basó en brazaletes completamente acabados y amortizados, aportará importantes novedades sobre el enfoque tecnológico a seguir (Pascual 1996b; 1998a).

Por nuestra parte, las investigaciones que venimos realizando se han centrado en el reconocimiento de la tecnología de los brazaletes. Tomando como elemento principal de análisis el registro arqueológico y su analogía experimental del proceso de elaboración, se ha identificado las técnicas que componen los métodos de manufactura de los brazaletes, tanto estrechos (Martínez-Sevilla y Maeso 2011), como anchos (Martínez-Sevilla 2013). De igual forma, se han reconocido y analizado varios talleres donde se llevaba a cabo esta artesanía (Martínez-Sevilla 2010; Martínez-Sevilla y Salmerón 2014) y hemos redundado en la distribución de los talleres en la zona sur de la península ibérica y las implicaciones socioeconómicas de este fenómeno (Martínez-Sevilla 2014).

Como hemos puesto de manifiesto, son muchos y variados los aspectos desde los que se puede estudiar un adorno como los brazaletes líticos e igualmente valiosas y variadas las interpretaciones que se esconden en ellos sobre las sociedades que los elaboraron, usaron y depositaron o abandonaron. En el presente estudio se abordarán las diferentes vertientes de los análisis planteadas sobre los brazaletes, para intentar dilucidar algunas de las problemáticas generadas desde el conocimiento actual de las primeras sociedades neolíticas de la Península. La globalidad del estudio se basa en la aplicación de dos conceptos de análisis que se complementan. Por un lado, su chaîne opératoire entendida como la base para explicar los procesos tecnológicos, y por otro, la biografía del objeto, a partir de la cual interpretar las connotaciones sociales como si de un elemento vivo se tratase.

1.3. MARCO TEÓRICO

1.3.1. Bases teóricas para el estudio de la tecnología prehistórica

1.3.1.1. La tecnología como ciencia de la actividad humana

La tecnología como ciencia de la actividad humana y, en particular, la tecnología prehistórica, es el conjunto de conocimientos, técnicas y procedimientos usados para la fabricación de objetos (Hadricourt 1964; Leroi-Gourham 1964; Lemonnier 1992; Inizan *et al.* 1999; Miller 2007). Por tanto, es una de las ramas más amplias desde la que se puede enfocar el análisis del registro arqueológico. Desde la observación del registro material podemos interpretar cuáles fueron los procesos técnicos empleados en la fabricación de los objetos que aparecen representados en la cultura material. El compendio de técnicas, métodos, procedimientos, materias primas, etc. son lo que componen su tecnología.

El enfoque tecnológico puede parecer complejo, y la reconstrucción de los procesos productivos en Prehistoria sin duda lo son, pero igualmente puede llevarnos a la simplificación de las interpretaciones y no producir conocimientos sobre las sociedades que realizaron las actividades. En otras palabras, podemos reducir la investigación al mero aspecto descriptivo y no generar conocimiento sobre las comunidades humanas. Esta es una de las críticas que se ha hecho desde la Antropología a los estudios tecnológicos en Arqueología, ya que se han centrado en lo objetivo y lo explícito de la tecnología, dejando de lado la subjetividad de las técnicas propia de sociedades no occidentales (Ingold 1993). Esta simplificación explicativa se deriva de la oposición de los conceptos de naturaleza y tecnología en la cultura occidental, según la cual el ser humano ejerce un control sobre la naturaleza en beneficio de la sociedad (Ingold 1990).

En este sentido, tenemos que tener en cuenta que las prácticas tecnológicas no son solamente actividades y acciones físicas para la producción y el uso de artefactos, sino que son un despliegue de sentidos, significados y vínculos con la materialidad que hacen a los individuos y al colectivo comprender y actuar en el mundo que ellos mismos crean (Dobres 2000). En palabras de M.A. Dobres (2000) "las tecnologías son un medio para expresar, reafirmar y contestar cosmovisiones y valores sociales". Desde esta perspectiva se entiende que los procesos tecnológicos esconden una significación social ya que todo está consensuado de forma social a través de códigos de cultura. Así, ¿de qué nos sirve saber cómo se elaboró un útil, si nos restringimos a la mera descripción del proceso? El conocimiento de las sociedades del pasado que generamos es escaso. De tal forma, debemos de tomar los estudios tecnológicos sobre procesos productivos como el primer peldaño de la escalera hacia el conocimiento del contexto social en el que se realizaron. Los estudios tecnológicos se deben enfocar como un "proceso social, pues la creación de todo producto está mediado socialmente. Desde el más simple hasta el más grande: una hebilla o un palacio" (González 2003, 29). La tecnología muestra y trasmite significaciones sociales, identidades culturales, una visión del mundo determinada y la pertenencia a una comunidad.

La concepción objetivista de la tecnología puede llevarnos a una mera descripción de un proceso, como hemos expresado, pero excedernos en las interpretaciones puede desembocar en conclusiones erróneas tanto de tipo tecnológico como social. Los estudios o enfoques tecnológicos demandan de un aparato conceptual y metodológico adecuado para la correcta interpretación de las realidades arqueológicas y en definitiva de los agentes humanos que participaron en ellas. Los planteamientos conceptuales a partir de los que se elaboran los capítulos tecnológicos de este trabajo son, por un lado, el concepto de la escuela francesa *Chaîne opératoire*, punto de partida para la explicación de la globalidad del proceso productivo; y, por otro lado, el concepto de Biografía del objeto, por el cual se entiende que todas las cosas tienen un valor social, se producen, intercambian, reutilizan y poseen un significado cultural. Estos conceptos serán abordados en detalle en apartados posteriores.

En cuanto a la metodología, para la deducción de los procesos técnicos y las significaciones sociales, nos hemos basado en el registro arqueológico como elemento principal de análisis, pero complementado con perspectivas de análisis particular: traceología, etnoarqueología y/o experimentación. En este sentido, la experimentación se ha utilizado como ayuda para la comprensión de las técnicas empleadas en el pasado y analogía en aspectos gestuales y traceológicos de esas técnicas. El análisis tecnológico se mantiene en este trabajo como elemento de referencia para generar explicaciones tecnoeconómicas e interpretaciones socioculturales a partir del registro material.

1.3.1.2. La Chaîne opératoire. *La globalidad del proceso técnico*

El concepto de *Chaîne opératoire* fue acuñado por la escuela francófona y en castellano se utiliza, bien el termino francés, o la castellanización cadena operativa. La introducción del concepto de cadena operativa en Arqueología ha sido uno de los avances más destacados en los estudios tecnológicos en las últimas tres décadas. En su origen las cadenas operativas fueron aplicadas a estudios sobre los sistemas gestuales etnográficos (Mauss 1923; Lemonnier 1976; 1986; 1992; Balfet 1991). Finalmente, el concepto fue trasladado al estudio del registro arqueológico para explicar los diferentes esquemas productivos de talla (Karlin *et al.* 1991). La aplicación de la conceptualización teórica de la cadena operativa se utilizó en las diferentes dinámicas de objetos tallados (Pelegrin 1985, 1986; Pelegrin *et al.* 1988, Edmonds 1990; Karlin *et al.* 1991 entre otros).

La cadena operativa se define como un conjunto de pasos encadenados que se dan en la producción de útiles, desde la recogida de la materia prima hasta su abandono, pasando por las diferentes fases de fabricación, utilización, reparación y reutilización (Leroi-Gourhan 1964). Su estudio permite establecer diferentes estrategias de comportamiento técnico y cultural.

Las posibilidades de aplicación teórica a diferentes materialidades del registro arqueológico han convertido el concepto de cadena operativa en uno de los más empleados a la hora de explicar procesos tecnológicos. Así, la comprensión de la globalidad estructural del proceso técnico se establece bajo la conceptuación teórica de cadena operativa y se aplica a materiales tan diversos como la cerámica, metales, textiles, etc.

En la definición o explicación sobre los procesos productivos o cadenas operativas se usan dos términos: técnicas y métodos, estos pueden llevarnos a confusiones ya que no son sinónimos. El método hace referencia a la organización de las técnicas y estas designan las diferentes modalidades de ejecución de un trabajo concreto (percusión directa, presión, raspado, pulimento, etc.). Esta distinción entre técnica y método fue establecida por J. Tixier (1967, 807) y aplicada a la piedra tallada, pero en esencia estos conceptos pueden ser extrapolados a otros sistemas de trabajo asimilables. A partir de la secuencia operativa del proceso de trabajo de elaboración de los brazaletes, explicaremos dicha tecnología con técnicas, métodos y útiles empleados en la elaboración.

El concepto de cadena operativa, al igual que la tecnología, muestra comportamientos sociales. En este sentido, fue P. Lemonnier quien comenzó a prestar atención a todas las secuencias operacionales de la tecnología de los objetos y no solo al producto final. Pues, desde el punto de vista antropológico, las diferentes secuencias de la producción implican decisiones tecnológicas y estas son las que forman la variabilidad, el cambio y tradiciones en la cultura material (Lemonnier 1986). Con estas premisas, trabajos recientes han explorado el concepto de cadena operativa, no solo desde la parte descriptiva tecnológica, sino también como determinados gestos artesanales que son el resultado de un aprendizaje social y pueden mostrar identidades de grupo (Dobres 2000).

En nuestro objeto de estudio, el sistema de elaboración de los brazaletes de piedra es complejo, ya que demanda el empleo de un variado número de técnicas, útiles y un conocimiento profundo de las materias primas. De tal forma, la aplicación del concepto de cadena operativa como unidad de análisis del proceso tecnológico nos va a permitir expresar de forma clara y ordenada las diferentes cadenas operativas llevadas a cabo en los diversos talleres. Estos sistemas de trabajo o artesanías determinadas forman parte de maneras de hacer particulares de un grupo social y nos van a permitir explorar diferencias tecnológicas y culturales.

1.3.1.3. La biografía del objeto. Más allá del proceso técnico

Como hemos descrito, el concepto de cadena operativa nos permite estudiar los procesos tecnológicos de elaboración de un objeto, desde el punto de vista técnico, explicando elección de materiales o procedimientos. Esas elecciones son subjetivas por parte de la persona que realiza la artesanía, pero son observables de manera objetiva por nosotros desde el presente. Este conjunto de elecciones y procedimientos son los que podemos explicar u ordenar desde la conceptualización de la cadena operativa. En otra vertiente, aunque no excluyente, el concepto de Biografía del objeto viene a completar la visión técnica y aséptica del proceso tecnológico.

Al igual que el concepto de cadena operativa, el enfoque biográfico de la cultura material es una trasmisión desde la Antropología y la Etnografía (Kopytoff 1986). Desde la vertiente antropológica, se entiende que todas las cosas del mundo palpable de los seres humanos tienen una vida social; se elaboran, usan, intercambian, reutilizan y se desechan y todas ellas poseen un significado cultural (Appadurai 1986). En este sentido, los estudios arqueológicos frecuentemente se restringen a solo dos fases de la vida de los objetos: la elaboración y el uso, quedando relegados al olvido el resto de la biografía de los objetos y las relaciones sociales escrita en ellos.

La aplicación del concepto de biografía del objeto se basa en entender el objeto como una parte viva de la sociedad e intentar dilucidar a partir de este análisis diferentes comportamientos sociales. Cada una de las etapas de la vida de un artefacto (nacimiento-creación, vida-uso y muerte-abandono) están imbuidas de significaciones culturales, valores sociales y cosmovisiones determinadas. El estudio en detalle de los contextos de elaboración, uso, y abandono; así como, la circulación, reutilización de un objeto nos van a permitir identificar pautas de comportamiento que son el reflejo de acciones consensuadas cultural y socialmente.

En este trabajo, el enfoque biográfico de los brazaletes no es una parte tangible dentro del discurso de este estudio, sino una forma de ver, observar y analizar el registro arqueológico como una prolongación viva de los grupos humanos del pasado. Intentaremos hacer justicia a los diferentes aspectos de la vida de los brazaletes, siendo conscientes de los límites interpretativos que la fragmentada realidad arqueológica nos ofrece.

1.3.1.4. La experimentación como analogía. Una reflexión crítica

En el apartado sobre la tecnología nos hemos referido a la experimentación como uno de los métodos auxiliares que hemos utilizado para la interpretación y la reconstrucción de los procesos tecnológicos. La aplicación de la experimentación en las Ciencias Humanas no es tan común como en las denominadas Ciencias Experimentales, sin embargo, no significa que no se pueda aplicar la experimentación a cierto tipo de procesos, especialmente los tecnológicos. Aunque la experimentación está muy extendida en la disciplina arqueológica hemos visto necesario hacer una pequeña aclaración sobre qué es la experimentación en Arqueología y como la hemos aplicado en nuestro caso concreto de estudio.

La experimentación en Arqueología se ha convertido en un referente de gran importancia para resolver problemas concretos sobre el registro arqueológico. Toda interpretación arqueológica se ha basado en la observación del registro material. De manera tradicional, la validación de las hipótesis se ha sustentado en exclusiva en dicho registro. Por otro lado, la práctica experimental aplicada a la Arqueología, ha recorrido un largo camino durante todo el siglo XX hasta llegar a una formulación explícita como una nueva vía de aproximación metodológica para validar las propuestas hipotéticas. Si el registro arqueológico implica una observación pasiva, la experimentación supone una observación activa de la realidad, puesto que permite crear las condiciones materiales del fenómeno objeto de observación. Sin embargo, la experimentación arqueológica explícitamente formulada tiene un desarrollo relativamente reciente. En el caso de España, los inicios de las investigaciones arqueológico experimentales tenemos que situarlas en la última década del siglo XX (Garrido *et al.* 1995; Pou *et al.* 1995; Baena 1998; Ramos y Fuentes 1998). Mientras que en otros países se trata ya de una práctica madura y bastante extendida, cuyo desarrollo hay que asociarlo a los años sesenta en el seno de la Nueva Arqueología anglosajona (Coles 1979). Mucho se ha escrito y discutido desde entonces sobre la validación de los experimentos aplicados en arqueología, la elaboración de proyectos integrales y las limitaciones de estos trabajos (Kerterborn 1987; López y Nieto 1985; Schiffer 1976).

A pesar de las voces críticas, la Arqueología Experimental debe definirse como una materia o herramienta auxiliar más de la Ciencia Arqueológica, que pretende a través de la experimentación y la contrastación empírica responder a las diferentes hipótesis que se puedan plantear acerca del comportamiento humano en el pasado. Como cualquier materia auxiliar, la Arqueología Experimental tiene su metodología y unas bases procedimentales. Se parte de un problema concreto sobre el registro arqueológico, el cual se pretende solucionar con la experimentación. De este modo durante la experimentación deben tenerse en cuenta una serie de requisitos a los que hay que prestar la máxima atención posible. Tiene que haber coherencia entre las materias primas usadas en la experimentación con las del pasado, hay que poseer un conocimiento previo sobre la tecnología del grupo humano de nuestro estudio ajustándonos a los utensilios que poseían y en el contexto sociocultural en el que se producían (Fernández 2000).

Desde nuestra perspectiva, la experimentación permite la contrastación de ciertas hipótesis, aplicando un protocolo experimental adaptado al planteamiento del problema arqueológico. Teniendo muy presente que la interpretación arqueológica del registro debe desarrollarse en un primer nivel de análisis, la experimentación arqueológica se utiliza para resolver los problemas derivados de la explicación del registro, bien sea este su contexto arqueológico o cultural (Schiffer 1976). Una vez definido el problema arqueológico, es imprescindible crear un protocolo experimental que tome en consideración los objetivos, la metodología y el control de las variables para el desarrollo del experimento (Fig. 4). La comparación entre proceso de trabajo del pasado y la experiencia del presente, plasmada en la experimentación, se basa en la aplicación arqueológica del análisis inferencial (Moreno *et al.* 2007). Considerando que la inferencia analógica "consiste en la transposición selectiva de información desde la fuente hacia el sujeto que (...) especifica cuan similares, diferentes o de naturaleza desconocida son los términos comparados (...) esta dimensión de la comparación establece los componentes positivos, negativos o neutros de una analogía" (Wylie 1985, 93-94). Todo el cómputo de datos, tanto arqueológicos como experimentales, es lo que debemos utilizar para solucionar el problema desgajado del registro arqueológico.

Figura 4. Esquema de carácter holístico de aplicación de la experimentación en arqueología

La experimentación, como hemos expresado, se ha utilizado como método de inferencia analítica, para solucionar problemas derivados del registro arqueológico, siempre teniendo en cuenta el aplicar un protocolo experimental adecuado a las hipótesis que se quieran responder. En el discurso tecnológico haremos referencia al registro arqueológico y al componente experimental para apoyar las conclusiones derivadas del análisis directo de la realidad arqueológica.

1.4. MATERIALES Y MÉTODOS

La perspectiva integral de este trabajo nos obliga a dividir el apartado metodológico en dos vertientes: por un lado, el trabajo arqueológico de campo; y por otro, el estudio del material arqueológico.

En el apartado destinado a la arqueología de campo se recoge la metodología empleada para la documentación y excavación del yacimiento de Cortijo Cevico (Ventorros de San José-Loja, Granada). Durante la realización de los trabajos de campo que se han realizado en este sitio arqueológico, que está destinado a la extracción de materia prima y su primera transformación para la elaboración de brazaletes, se aplicó una metodología acorde con esta fenomenología arqueológica. En este apartado también hay que incluir las prospecciones de tipo geoarqueológico para la localización de las áreas y las fuentes de captación de la materia prima.

El estudio del registro arqueológico comprende el material relacionado con la vida social de los brazaletes de piedra. Este está constituido por piezas desechadas o abandonadas en el proceso productivo, los útiles empleados en la producción y finalmente las piezas acabadas usadas o depositadas. En el apartado terminológico se definirán cada uno de estos grupos y sus metodologías concretas de análisis. Los materiales estudiados se encuentran custodiados en instituciones museográficas y centros de investigación. La procedencia de los materiales analizados es diversa: fuentes bibliográficas, excavaciones arqueológicas y prospecciones superficiales.

1.4.1. Arqueología de campo

Los trabajos de campo efectuados los podemos dividir en dos grupos: la documentación de materiales en superficie (prospección) y la extracción de materiales en la matriz sedimentaria (excavación). A excepción de las prospecciones de tipo geológico, el trabajo de campo se ha restringido a la documentación y excavación del yacimiento de Cortijo Cevico (Ventorros de San José, Granada).

1.4.1.1. La prospección geoarqueológica

Estos trabajos han estado destinados a la localización de las fuentes de materia prima en relación con los lugares de producción de brazaletes. El estudio de los contextos de producción de brazaletes analizados en detalle ha estado precedido de una contextualización geológica de los emplazamientos utilizando mapas geológicos. Una vez determinadas las materias primas empleadas en la elaboración, se identificaron las posibles áreas fuentes de materia prima o áreas madre de procedencia (Carrión *et al.* 2006), y se realizaron prospecciones sobre el terreno para identificar esas áreas y la recolección de muestras que serían posteriormente usadas en las experimentaciones.

1.4.1.2. La prospección arqueológica

El yacimiento arqueológico de Cortijo Cevico es un lugar de aprovisionamiento y extracción de materia prima. La fenomenología arqueológica del sitio está constituida por infinidad de desechos de talla, percutores y otros restos en superficie. Por este motivo, la prospección arqueológica ha sido uno de los trabajos más minuciosos.

Tras una determinación aproximada del afloramiento de roca, el primer trabajo que se efectuó fue un levantamiento topográfico en detalle de toda la superficie con un GPS diferencial que posee un margen subcentimétrico sobre el posicionamiento global.

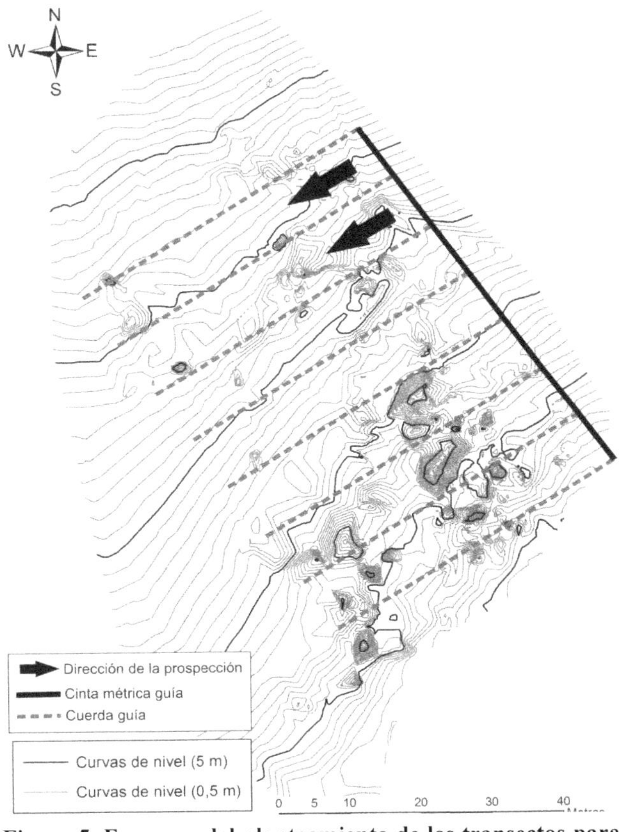

Figura 5. Esquema del planteamiento de los transectos para la prospección superficial en el yacimiento de Cortijo Cevico (Ventorros de San José, Granada)

En base al plano topográfico elaborado se planteó la prospección superficial intensiva sobre toda la superficie del yacimiento. Para este fin, se realizaron transectos de un 1 m de ancho por 50 m de largo cubriendo la totalidad yacimiento (Fig. 5). Los transectos se crearon físicamente con la ayuda de una cinta métrica colocada perpendicular a la pendiente del terreno y orientada noroeste-sureste, sobre esta cinta métrica se colocó una cuerda guía en paralelo a la pendiente orientada noreste-suroeste (Fig. 6:A). Esta cuerda se fue desplazando un metro hacia abajo generando dos transectos en paralelo sobre toda la superficie del afloramiento. La prospección realizó con dos personas que recorrían la superficie del transecto de noreste a suroeste y una vez alcanzado el final de la línea de prospección se cambiaban al transecto recorrido por el otro prospector para revisarlo en dirección suroeste-noroeste. Así, cada porción de terreno, era recorrida por dos personas diferentes y en dos ocasiones. De esta forma se prospectó toda la superficie del afloramiento. El material arqueológico se colocó en una bolsa de plástico adjuntando una marca reflectante para una mejor localización en el proceso de recogida (Fig. 6:B). El último paso de la prospección consistió en la georreferenciación de todos los elementos con el GPS diferencial (Fig. 6:C). La toma de puntos se realizó paralela a la recogida del material, de tal forma que a cada objeto se le asignaba una etiqueta con su número de referencia correspondiente.

Figura 6. Metodología de la prospección arqueológica: A. Planteamiento de los transectos; B. Sistema de recogida de materiales y C. Georreferenciación con GPS diferencial

Esta metodología nos ha permitido prospectar de forma intensiva toda la superficie del yacimiento. Una vez analizados los materiales en el laboratorio se han clasificado según su naturaleza. La base de datos elaborada ha sido tratada con el software Arcgis con el que se han creado mapas de distribución y concentración de los materiales por la superficie del yacimiento.

1.4.1.3. La excavación de los sondeos

Los objetivos de la excavación han sido la delimitación del yacimiento, definir la secuencia estratigráfica y determinar los sistemas de extracción de la materia prima y su transformación. En base a estos objetivos se planteó la realización de dos sondeos arqueológicos: uno en la parte inferior de la pendiente, que se corresponde con la mayor concentración de materiales arqueológicos; y otro en la parte superior, coincidiendo con el afloramiento de bloques de materia prima. Los sondeos se delimitaron siguiendo la pendiente propia del yacimiento que es noroeste-suroeste (Fig. 7).

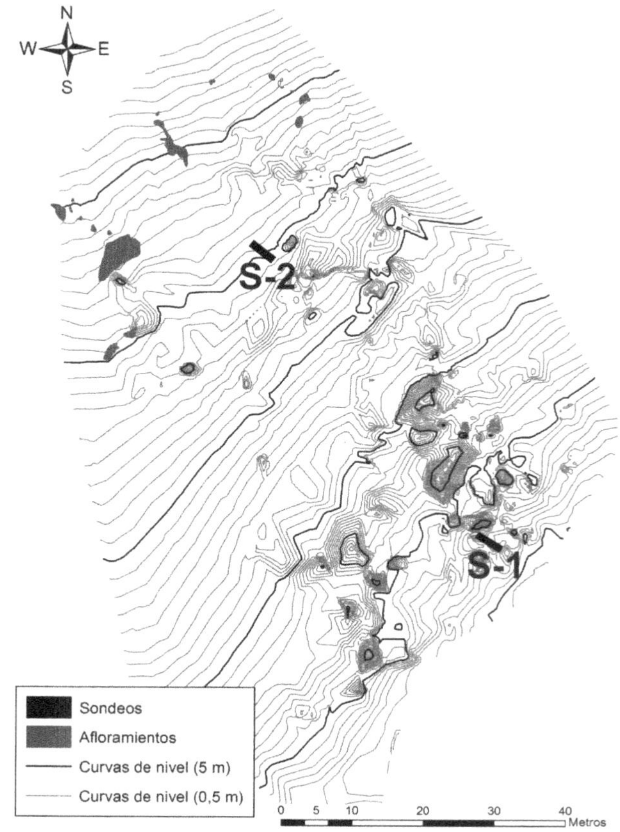

Figura 7. Situación y orientación de los sondeos en Cortijo Cevico (Ventorros de San José, Granada)

Los sondeos se plantearon con un ancho máximo de 2 m y un largo de 4 m. En el caso del sondeo 1 su anchura se redujo a un metro manteniéndose los 4 m del largo. La división interior, creada de cara a la excavación, ha sido una retícula cuadrangular de 1 m^2 y estas divisiones nombradas con letras en orden alfabético desde la esquina superior izquierda. A su vez, cada una de estas unidades elementales de excavación se ha dividido en 4 subcuadrantes de 50 x 50 cm, definidos con números arábigos desde la esquina superior izquierda (Fig. 8). Además de estas subdivisiones creadas de cara a la excavación, los artefactos y ecofactos recuperados han recibido un tratamiento individualizado con un número de registro y posición tridimensional espacial (X, Y, Z).

La excavación se ha desarrollado en estratos naturales siempre que ha sido posible. En aquellos casos en los que los estratos poseían una potencia superior a los 5 cm se han realizado capas artificiales de 10 ó 5 cm. El sedimento ha sido cribado por completo en seco, utilizando una criba con una luz de malla de 2 mm.

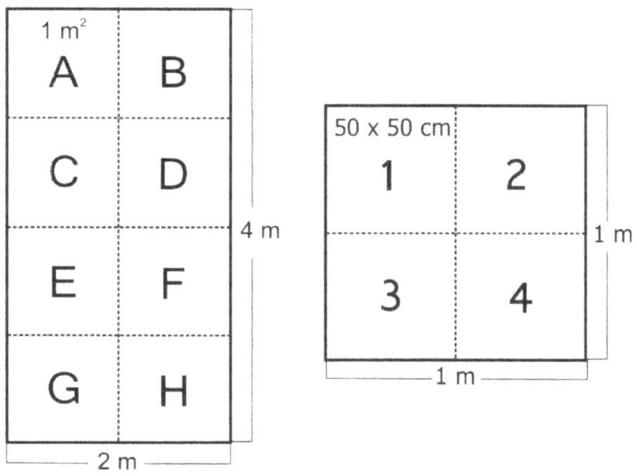

Figura 8. Sistema de nomenclatura de las unidades de excavación en los sondeos

1.4.2. Estudio del material arqueológico

1.4.2.1. Materiales estudiados y terminología

Los brazaletes de piedra aparecen mayoritariamente acabados, bien en contextos funerarios o rituales en cuevas naturales en algunos casos completos, o fragmentos en asentamientos fruto del uso cotidiano. Los restos relacionados con la elaboración son más escasos, aunque en los yacimientos en los que se realiza esta actividad aparecen cuantiosas piezas y útiles empleados en la transformación.

Este estudio se centra en la biografía de los brazaletes de piedra. Como ya hemos explicado, el concepto de biografía hace referencia a todos los aspectos del objeto de estudio desde su elaboración, uso, hasta su paso del contexto sistémico al arqueológico (Schiffer 1972). Esta globalidad hace necesaria de una metodología específica para cada uno de los aspectos que estemos tratando del objeto de estudio, al igual que es necesario describir la terminología usada para analizar cada uno de los materiales en relación con cada realidad. De forma general, podemos hacer una división en dos grupos metodológicos: por un lado, el estudio de la tecnología de elaboración y por otro, el análisis de los brazaletes acabados

Desde el punto de vista tecnológico, la producción de los brazaletes de piedra es compleja y conlleva en su proceso un importante número de accidentes. Dichos accidentes se deben a su propia morfología, la materia prima empleada y la dificultad de su configuración final. Los productos de esta actividad no son residuos, como en el caso de la talla del sílex, sino brazaletes que se fracturaron o abandonaron en el proceso de manufactura y que describen de forma dinámica un conjunto de mecanismos de trabajo. El estudio en detalle de estos desechos nos permite reconstruir las técnicas, métodos y cadenas operativas empleadas en la elaboración.

La otra vertiente del estudio se ha centrado en el análisis de un objeto con su morfología y características finales constituidas. Los brazaletes acabados son piezas que fueron utilizadas y finalmente abandonadas, bien por su rotura o de forma deliberada como ajuares u ofrendas de otro tipo. En este caso los análisis se han centrado en el estudio tipométrico, tipológico, funcional y de los contextos donde aparecen estos adornos.

Cada una de estos enfoques analíticos conlleva el uso de una serie de conceptos o términos que se emplean para nombrar o describir los materiales del registro arqueológico. De cara a una mejor comprensión de los materiales estudiados y la terminología usada en este trabajo, vamos a describir cada uno de ellos, dividiéndolos en cinco grupos:

- *Soportes*: materia prima en bruto, como es el caso de placas, bloques o grandes lascas de roca. A partir de estos soportes se elaboran las preformas, primer estadio de la elaboración de los brazaletes.

- *Piezas en proceso de elaboración*: la producción de los brazaletes de piedra es compleja y demanda de un importante número de técnicas hasta la configuración final de la pieza. El abandono de productos no deseados o la fractura de la pieza en el proceso, es lo que nos permite la reconstrucción de las cadenas operativas, estas piezas presentan fosilizado tanto el gesto técnico como las huellas del trabajo realizado sobre ellas. Dentro de este conjunto se incluyen las piezas técnicas que presentan cualquier fase del proceso de elaboración. De manera general este tipo de materiales los vamos a denominar piezas técnicas, esbozos, o simplemente piezas en proceso de elaboración. Especial mención merece el concepto de preforma, ya que con este término vamos a designar piezas circulares en forma de "disco" generalmente talladas, aunque puede haberse realizado sobre ellas trabajos de regularización mediante otras técnicas.

- *Desechos de producción:* son todos aquellos materiales que no son brazaletes en proceso de elaboración, sino desechos del trabajo. En este conjunto hay que incluir lascas, esquirlas y debris producto de la talla.

- *Útiles tecnológicos:* las diversas técnicas que implica la producción de brazaletes hace necesaria la utilización de diversos útiles. El reconocimiento de estos objetos es complejo y en muchos casos es complicado relacionar un artefacto determinado con una actividad concreta como la producción de brazaletes. El estudio de contextos concretos destinados casi exclusivamente a la elaboración de brazaletes nos ha permitido identificar estas piezas. En este conjunto de materiales se encuentran todos los elementos que intervienen en la producción como, por ejemplo, los percutores.

- *Brazaletes acabados:* este es el otro gran grupo de materiales que se estudia en este trabajo. Con piezas acabadas nos referimos a brazaletes que están totalmente elaborados y que han podido ser usados o no y que han

	Estudio directo	Bibliografía	Análisis estadístico	Análisis tipométrico	Análisis tecnológico	Total piezas
Piezas acabadas	380	590	970	414	380	970
Piezas en proceso	608	101	442	442	608	709
Útiles tecnológicos	35	0	23	23	35	35
Desechos, lascas y otros	851	0	0	0	851	851
Total	1874	691	1435	879	1874	2565

Tabla 1. Recuento de materiales estudiados y análisis realizados

sido abandonados o depositados de forma intencionada. Estas piezas acabadas nos aportan información de tipo tipológica, funcional y de distribución.

1.4.2.2. Corpus de materiales y análisis realizados

Hemos utilizado fundamentalmente dos fuentes de información, la revisión bibliográfica y el estudio directo de materiales, y de cada una de ellas hemos obtenido un tipo de información (Tab.1). La revisión bibliográfica y el estudio de materiales directamente nos han permitido inventariar 128 yacimientos con brazaletes de piedra y catalogar 1679 piezas entre brazaletes acabados y piezas en proceso.

Los materiales estudiados directamente se encuentran depositados en instituciones museográficas y de investigación, los centros visitados han sido: Centro de Estudios de Arqueología Bastetana (CEAB) (Baza, Granada), Laboratorio de Antropología Física de la Universidad de Granada, Dpto. Prehistoria y Arqueología de la Universidad de Granada, Museo Arqueológico de Villena (Alicante), Museo Arqueológico de Almería, Museo de Arte Precolombino Felipe Orlando de Benalmádena (Málaga), Museo Arqueológico de Cieza (Murcia), Museo Arqueológico de Granada, Museo Arqueológico de Málaga, Museo Histórico Municipal de Priego de Córdoba y El Museo de Prehistoria de Valencia. Los objetos estudiados directamente ascienden a 1874 entre los cuales se incluyen piezas acabadas, en proceso, útiles y desechos. La revisión bibliográfica nos ha permitido documentar 691 objetos entre los que se incluyen 590 brazaletes acabados y 101 en proceso. En los yacimientos en los que no se ha publicado el número de brazaletes, para la estadística, se han considerado como si de una sola pieza se tratase.

El análisis estadístico de los brazaletes acabados se ha efectuado al conjunto general documentado directamente y por referencias bibliográficas. El estudio tipométrico y estadístico, de cara a minimizar los errores y unificar mediciones solo se realizado a los materiales analizados directamente, con la única excepción de 33 brazaletes estudiados por J. LL. Pascual (Pascual 1998) y una pieza perteneciente a la Cueva del Montgó (Soler 2007). Se han incluido estas 34 piezas ya que las mediciones realizadas se ajustan a la metodología de este estudio. Así, se han catalogado y mensurado directamente 380 piezas y se ha realizado el análisis estadístico y tipométrico sobre un total de 414 brazaletes acabados. De las piezas en proceso de elaboración y útiles, se han estudiado estadísticamente y tipométricamente las pertenecientes a Cortijo Cevico, un total de 442 preformas y 23 percutores.

El estudio tecnológico se ha llevado a cabo solo en los objetos analizados de forma directa (1874). Este grupo está formado por 608 brazaletes en proceso, 380 piezas acabadas, 35 útiles tecnológicos y 851 desechos. En este conjunto se incluyen todos los objetos que de una u otra forma han aportado información de tipo tecnológica.

Para la distribución de los brazaletes, se han tenido en cuenta todos los yacimientos en los que aparecen brazaletes, y estos se han catalogado tanto de forma directa como con la revisión bibliográfica.

Los análisis petrográficos se han restringido a la Fluorescencia de rayos X (XRF) en 13 piezas arqueológicas y 31 muestras geológicas pertenecientes a 5 afloramientos diferentes y la Difracción de rayos X (XRD) de 12 brazaletes del yacimiento de Cerro Virtud (Cuevas de Almanzora, Almería).

1.4.2.3. Cronología

La demarcación temporal de los materiales estudiados es compleja por la diversidad de yacimientos y la procedencia de los materiales. De manera general, los brazaletes se sitúan entre los inicios de las primeras comunidades productoras y el comienzo de las primeras construcciones megalíticas, como hemos indicado en el marco cronocultural de este estudio. La atribución cronológica del material se ha realizado teniendo en cuenta su contexto, superficial o estratigráfico. En el caso de los materiales superficiales, la cronología se ha determinado de forma indirecta por el registro material al que está asociado, aunque en ocasiones, estos conjuntos de materiales están acompañados de dataciones absolutas que se corresponden con el Neolítico Antiguo en diferentes zonas.

Se ha elaborado una base de datos con los yacimientos con brazaletes de piedra, donde aparece recogido a qué tipo de contexto se asocian y las dataciones absolutas de ese contexto (Anexo V). En este cómputo se han incluido igualmente dataciones que se han usado para explicar determinadas secuencias estratigráficas. La selección de las dataciones, para su inclusión, ha sido diferente según el yacimiento. En los casos con numerosas dataciones se han seleccionado especies domésticas y restos humanos con una variación estadística inferior a ±100 años. En estos casos se presenta una muestra representativa de las datas, por fases cronológicas y no la totalidad de las datas conocidas. En los contextos con pocas dataciones se han recogido sin distinción de tipo de material o la desviación estadística. En las dataciones sobre carbón o especies salvajes que sobrepasan los límites más antiguos para especies domesticas conocidas en su área no se han considerado.

Las sumas probabilísticas y la determinación cronológica de los brazaletes y su artesanía, se han realizado solamente con las dataciones procedentes de yacimientos arqueológicos en los que estos adornos se asocian a unidades estratigráficas. Las dataciones de C14 han sido calibradas utilizando la curva atmosférica acordada internacionalmente IntCal13 (Reimer *et al.* 2013), y para realizar los gráficos se ha utilizado el programa OxCal v4.3 (Bronk Ramsey 2001, 2009). En la discusión de las fechas en este trabajo se han usado siempre las fechas calibradas a 2σ (95% de probabilidad).

1.4.3. Determinación de las materias primas

El aprovechamiento y explotación de los recursos abióticos, con la correspondiente determinación litológica implica al campo disciplinario de la Geoarqueología. En consecuencia, la identificación litológica sistemática de las materias primas de los brazaletes neolíticos supone la aplicación de métodos y técnicas desarrolladas por la Geología. Esta aproximación sobrepasa los objetivos centrales de este estudio. Sin embargo, las conclusiones de este trabajo dejan abierta esta línea de investigación futura para el análisis y localización sistemática de las áreas fuentes de materias primas y áreas madre de procedencia (Carrión *et al.* 2006). Los imperativos materiales y económicos han redundado en este sentido, imposibilitado una sistematización analítica mediante la aplicación de análisis petrográficos sobre láminas delgadas y técnicas de determinación mineralógica mediante geoquímica.

La determinación de las materias primas ha sido uno de los grandes problemas a los que hemos tenido que enfrentarnos en este trabajo, como hemos mencionado por la falta de medios técnicos y por otro por la diversidad de

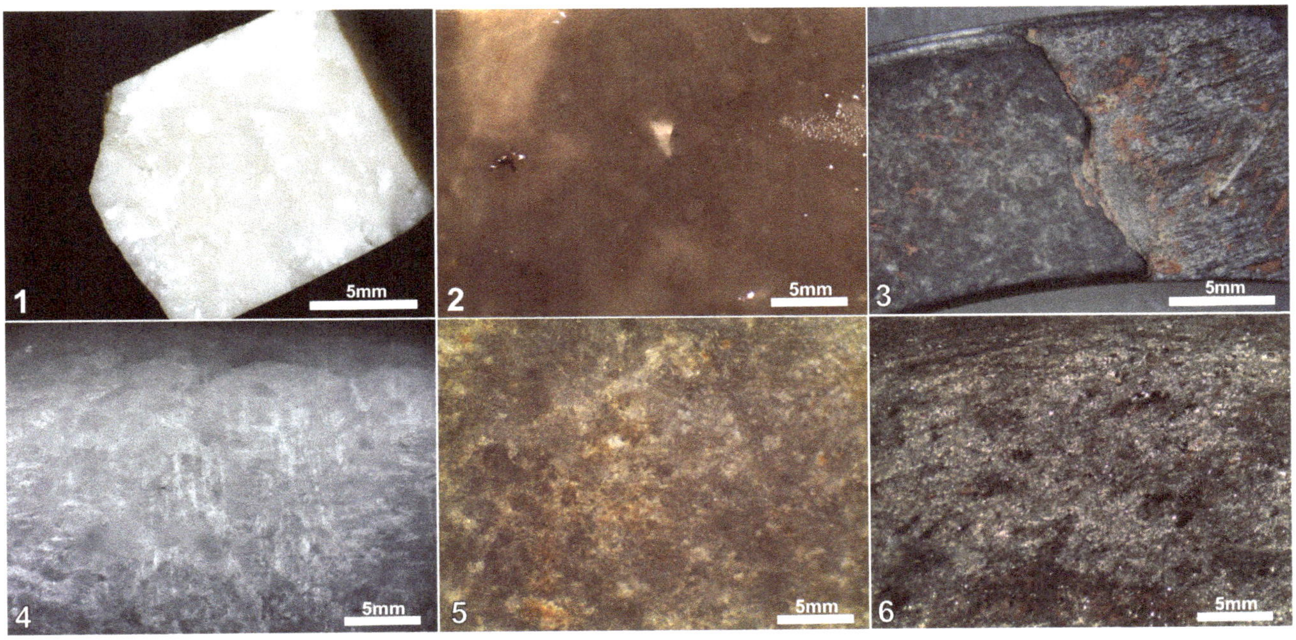

Figura 9. Ejemplos de características macroscópicas para la determinación de rango mayor. 1. Caliza micrítica; 2. Caliza oolítica; 3. Pizarra; 4 y 5. Cristalizaciones de mármol; y 6. Esquisto con granates

litologías en las que se elaboran los brazaletes y que es el reflejo de la complejidad geológica del sur de la Península. La determinación mayoritaria de las piezas se ha realizado con el estudio macroscópico. Aunque se han analizado un conjunto de materiales mediante Fluorescencia de rayos X y otro mediante Difracción de Rayos X.

1.4.3.1. Estudio macroscópico. Determinaciones de rango mayor

La propia naturaleza lítica de los objetos de análisis ha permitido establecer una caracterización de rango mayor, fácil de establecer aplicando técnicas de determinación macroscópica mediante reconocimiento con lupa binocular sobre la naturaleza genética de la roca objeto de trabajo, estableciendo grupos litológicos de rango mayor (rocas metamórficas con alto grado de metamorfismo, mármol y rocas sedimentarias calcáreas). Para ello se ha utilizado una lupa binocular (Leica EZ4 HD), reconociendo aquellas características de cada uno de los materiales como cristalizaciones, presencia de fósiles, laminaciones, etc. (Fig. 9). Esta metodología debe de tomarse con precaución, pues en ocasiones no es posible discernir las rocas, siendo necesario realizar análisis geoquímicos.

1.4.3.2. Fluorescencia de rayos X (XRF)

Estos análisis han sido realizados por Thomas J. Williams en el Gault School of Archaeological Research en San Marcos (Texas, EEUU). La fluorescencia de rayos X se ha empleado para la determinación de las fuentes de materia prima. La muestra estudiada ha estado compuesta por 31 muestras geológicas de 5 afloramientos y 13 brazaletes arqueológicos. La metodología y conclusiones se incluyen en el Anexo I, aunque las conclusiones obtenidas se incluirán también en el discurso sobre la distribución de materiales y las interpretaciones socioeconómicas.

1.4.3.3. Difracción de rayos X (DRX)

La difracción de rayos X solo se ha llevado a cabo en 12 brazaletes procedentes del asentamiento de Cerro Virtud (Cuevas de Almanzora, Almería). Estos análisis fueron realizados por J. V. Navarro (CSIC) y cedidos por I. Montero Ruiz (Dpto. de Prehistoria. Centro de Estudios Históricos del CSIC) para su estudio e inclusión en este trabajo.

Las técnicas analíticas utilizadas han sido la identificación de fases cristalinas mediante Difracción de rayos X. Se ha empleado un difractómetro Siemens D5000 dotado con monocromador de grafito y programa de identificación automática de fases apoyado en un subfichero Mineral JCPDS con 5760 patrones de referencia.

En todos los casos los difractogramas se han realizado sobre micromuestras (5-10 mgr), molturadas manualmente, utilizando como soporte un portamuestras de monocristal de silicio con objeto de minimizar el "ruido de fondo". Las condiciones de radiación han sido similares en todos los casos (KαCu, 40 KV, 30 mA) en el intervalo 2Θ 2-62°, variando los intervalos de paso desde 0,02°/s en las muestras más heterogéneas a 0,03°/s en las más homogéneas

La caracterización textural de las muestras se ha completado, en alguno de los casos, con un examen mediante microscopía electrónica de barrido. El equipo empleado ha sido un JEOL JSM 5800 acoplado con un sistema de microanálisis mediante espectrometría de dispersión de energías de rayos X Oxford Link Pentafet.

1.4.4. Análisis tecnológico: brazaletes en proceso y útiles

Para los brazaletes que se fracturaron en el proceso de manufactura hemos desarrollado una metodología concreta. Son piezas que se encuentran en una determinada fase del proceso de elaboración, por lo que podemos observar los estigmas técnicos del trabajo y su dinámica. Por ello, se ha hecho necesario un protocolo experimental como metodología de referencia para el reconocimiento de las distintas fases y huellas técnicas de este trabajo artesanal. En sentido contrario, podríamos haber optado por describir el proceso solo atendiendo a los referentes arqueológicos y los estigmas de las diferentes técnicas (tallado, abujardado, pulido etc.), pero la ausencia analógica experimental implica que cualquier afirmación sobre dichas técnicas estén basadas en un principio de autoridad observacional propia, y no de una contrastación empírica de las técnicas. Por esta razón hemos desarrollado y empleado una metodología específica que es extensible a los útiles empleados en la manufactura.

1.4.4.1. Protocolo general del estudio tecnológico

Para la reconstrucción de los sistemas de trabajo se ha seguido el siguiente protocolo, presentado de forma jerárquica como sigue:

1. Identificación de la materia prima con el objetivo de evaluar el/las áreas fuentes de materias primas relacionada con el yacimiento arqueológico donde se localiza el objeto.

2. Análisis de las evidencias arqueológicas de los productos que presenten estigmas técnicos de elaboración. Este análisis ha sido realizado utilizando técnicas macroscópicas, tanto análisis de visu como con la ayuda de una lupa binocular, para evidenciar las trazas dejadas por los diferentes utensilios de fabricación y gestos técnicos de trabajo conservados sobre los objetos.

3. Validación experimental de las hipótesis enunciadas sobre la elaboración artesanal de estos productos. A partir de la descripción de las trazas técnicas reconocidas sobre los materiales arqueológicos, se han testado experimentalmente el proceso de trabajo atendiendo a todas las variables posibles. El objetivo es establecer

analogías traceológicas de las huellas técnicas entre el material arqueológico y el experimental.

4. Comparación entre las experimentaciones y el registro arqueológico. Esta se ha realizado en dos niveles:

1. La observación análoga y contrastación de los estigmas técnicos entre los ejemplos experimentales y los arqueológicos. Las piezas se han analizado con una lupa binocular y se han documentado gráficamente las trazas técnicas en ambos casos.

2. La comparación de la volumetría de las diferentes fases del proceso de elaboración, experimental y arqueológico, se ha llevado a cabo mediante dos métodos: en los casos experimentales, se mensuró el volumen en cm3 de las diferentes fases sumergiendo la pieza en un recipiente y midiendo la cantidad de agua que se desalojaba con una probeta; en las piezas arqueológicas, al tratarse de segmentos de formas cilíndricas se realizó un modelo en 3D por revolución con el programa AutoCAD que nos permitió calcular en volumen aproximado de las diversas fases de fabricación. De esta forma hemos podido comparar la cantidad de materia que se eliminaba en cada una de las fases de elaboración, con un margen de error asumible. Esta metodología de comparación solo se ha podido llevar a cabo en el caso del taller de la Cueva-Sima de la Serreta (Cieza, Murcia) por la excepcionalidad de su registro arqueológico.

5. Elaboración de una propuesta explicativa sobre la dinámica del proceso artesanal de elaboración de los brazaletes a partir de los dos puntos anteriores.

1.4.4.2. Preformas y análisis diacríticos

Las preformas son la primera fase de elaboración de los brazaletes, la prospección y excavación de la cantera de Cortijo Cevico nos ha permitido estudiar un gran conjunto de este tipo de piezas. La singularidad del este conjunto, implica la aplicación de metodologías analíticas concretas. Para el estudio morfométrico se han realizado tres mediciones: el ancho, el largo y el grosor (Fig. 10). El largo y el ancho coinciden con el diámetro exterior de la preforma, pero de cara a la comparación métrica se han tomado dos mediciones: el largo coincidiendo con la mayor longitud y el ancho con la menor. En aquellos casos en los que alguna medida se encuentra alterada por una fractura no se ha considerado.

Al tratarse de elementos tallados, las preformas permiten la reconstrucción de los métodos de talla, a través del análisis de esquemas diacríticos. El análisis mediante la lectura diacrítica se basa en la aplicación de criterios morfológicos y tecno-mecánicos a un útil, para reconocer la ordenación y jerarquización de los levantamientos o extracciones de talla y deducir el esquema de talla. Este tipo de lectura se plasma en un esquema diacrítico, entendido como una "representación gráfica simple de carácter espaciotemporal del conformado de un objeto lítico prehistórico, es decir, una expresión visual de la información esencial de sus estigmas, permitiendo fijar la cronología de los gestos técnicos" (Dauvois 1976, 195). Con la ordenación de los levantamientos podemos establecer de manera cronosecuencial el proceso de manufactura llevado a cabo en la elaboración del objeto (Inizan et al. 1999). De esta forma, identificar los criterios que permiten orientar las extracciones y sus superposiciones nos ayudan a reconstruir de manera objetiva las series de talla y a partir de ellas, discernir los patrones o pautas conductuales (Baena y Cuartero 2006).

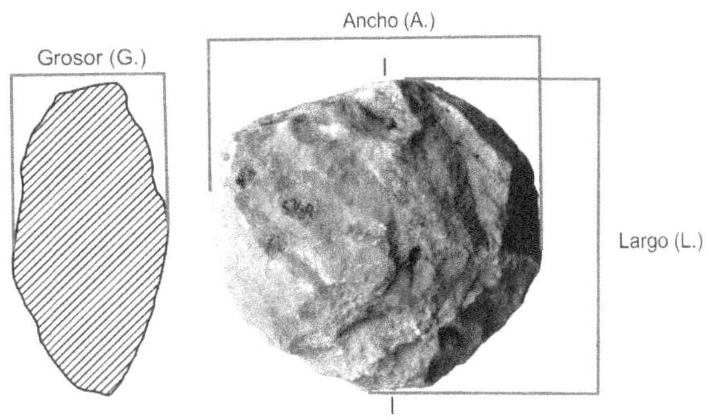

Figura 10. Criterios de medición en las preformas

1.4.4.3. Experiencia previa y protocolo experimental

La cadena operativa de elaboración de los brazaletes está compuesta por varios tipos de técnicas y cada una de ellas conlleva el uso de útiles determinados. Antes de realizar el experimento hay que tener en cuenta cuáles son esos artefactos, que pueden estar o no presentes en el registro y reproducirlos, y aunque pueda parecer sencillo, cada uno de estos elementos lleva implícito, en muchos casos, su propia tecnología de producción (con lo que hay que prestar especial atención a este aspecto). En nuestro caso hemos reproducido y seleccionado varios tipos de útiles: bloques de roca abrasiva, cantos rodados, lascas y perforadores.

Una vez reproducidos y seleccionados estos materiales, es necesario tener una experiencia previa a la experimentación propiamente dicha, es decir, un acercamiento empírico al problema (Callahan 1995; Reynolds 1999) cuyo carácter es menos controlado que el verdadero experimento. Podríamos definirlo como aprendizaje o toma de contacto con las diferentes técnicas que nos permitirán realizar la reproducción experimental del trabajo de forma controlada y con más destreza.

Una vez adquirida cierta destreza se debe plantear un protocolo experimental de cara a la recopilación de todas las variables que debemos reconocer. En el caso de la tecnología de elaboración de los brazaletes el protocolo ha sido el siguiente:

1. Planteamiento del problema arqueológico concreto.

2. Identificación en el registro arqueológico, determinando las diferentes técnicas y materiales empleados en base a esos restos.

3. Localización de la materia prima en la que se elaboran los brazaletes y reproducción de los útiles de trabajo relacionados con la fabricación.

4. Realizar una experiencia previa para conocer las características físicas de la roca y su comportamiento ante las diferentes técnicas que se van a realizar en ella, así como adquirir destreza y dominar esas técnicas.

5. Creación del sistema de registro sobre la experimentación con todas las variables que vamos a recoger en el transcurso de la misma.

6. Desarrollo de la experimentación propiamente dicha.

7. Comparar los resultados y productos obtenidos en la experimentación con el registro arqueológico. Analizando las piezas experimentales de igual forma que las arqueológicas para definir la similitud de ambos procesos.

1.4.4.4. Clasificación tecnofuncional de útiles y definición

La descripción de los utensilios en la historiografía se realiza, fundamentalmente, por analogía simple denominando a un útil a partir de la comparación formal con una herramienta actual. La utilización de una metodología de trabajo adecuada, nos puede permitir determinar qué actividad o actividades se realizaron con un útil concreto y nominarlo a partir de este procedimiento. La metodología se sustenta en la contrastación de las huellas de uso de la supuesta actividad que las produjo. La base argumental de este principio se fundamenta en los ejemplos etnográficos y experimentales, que nos permiten comparar por analogía procesos de trabajo actuales y del pasado. De esta forma, hemos relacionado determinados estigmas de trabajo a actividades concretas. Así, la analogía se ha efectuado mediante la recreación directa de los procesos de trabajo y con la ayuda de otros estudios experimentales con similitudes en cuanto al tipo de artefactos y materias primas (Risch 2002; Dubreuil 2004; Delgado 2008; Hamon 2008). Las variables aplicadas para el análisis del material han sido:

1. La descripción analítica de las características morfométricas y morfotécnicas de los artefactos.

2. La observación de las huellas tecnológicas y de uso sobre las superficies activas de los útiles mediante lupa binocular.

Los criterios de orientación para los útiles han sido: proximal, distal, medial, superior, inferior y cara A y B (Fig. 11). Se han tomado en consideración los criterios de medición: largo, ancho y grosor (Fig. 12). Las piezas de morfología esferoide y oblonga que no permite la aplicación de esta división las mediciones se han realizado exclusivamente para su descripción.

Los útiles relacionados con la producción de los brazaletes han sido los siguientes:

- *Percutores*: artefactos de forma diversa desde alargada a esférica que presentan huellas de trabajo por percusión. La materia prima varía desde rocas masivas a otras más blandas, en función del trabajo a realizar.

- *Bujardas*: útil destinado al trabajo de la piedra cuya materia prima es, fundamentalmente, sílex y su forma es de tendencia esferoide, según el grado de amortización. Sirven para regularizar las aristas que se producen en la talla (Morgado y Martínez-Sevilla 2013).

- *Abrasivos pasivos*: artefactos de grandes o medianas dimensiones, elaborados básicamente en materiales abrasivos, con una o dos caras activas sobre las que se observan huellas de uso. Pueden presentar ranuras longitudinales de abrasión con diferentes profundidades y dimensiones, dependiendo del tipo de actividad que han desarrollado.

- *Abrasivos activos*: útiles de pequeño y mediano tamaño de materiales abrasivos asidos con la mano.

- *Perforadores*: brocas usadas para la perforación generalmente sílex. Son de forma apuntada y una parte distal activa y una proximal por donde se unen al astil que realiza la rotación.

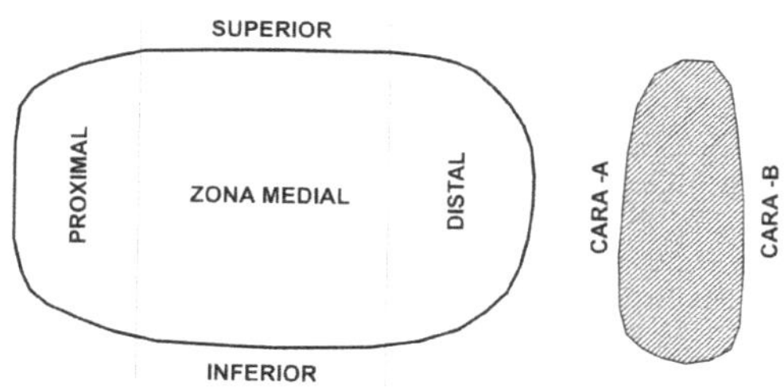

Figura 11. Partes y nomenclatura usada en los útiles tecnológicos

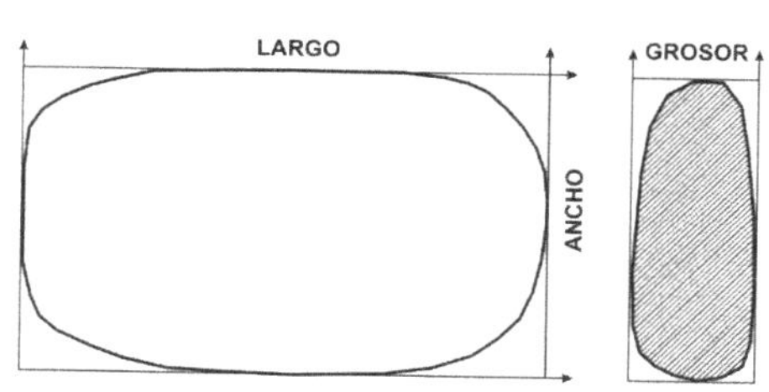

Figura 12. Criterios de medición para los útiles tecnológicos

1.4.4.5. Descripción de las técnicas, sus huellas y representación gráfica

El reconocimiento de las técnicas empleadas para la realización de una actividad concreta lleva unido la identificación de las trazas que genera sobre la materia prima en la que se ejecuta dicho trabajo. El análisis de los brazaletes en proceso, los desechos, los útiles empleados y los brazaletes acabados nos han permitido definir las diferentes técnicas utilizadas. Como hemos explicado, esta identificación se basa en el estudio del registro arqueológico y la contrastación experimental, por lo que no vamos a hacer de nuevo hincapié en ello. A continuación, describimos cada una de las técnicas identificadas en la producción de los brazaletes de piedra, haciendo mención a los útiles con las que se realizan y las trazas o huellas que nos permiten reconocerlas en el material arqueológico:

- *Percusión lanzada:* técnica en la que se emplea un percutor de grandes dimensiones, este es lanzado sobre un bloque de materia prima para la obtención se grandes lascas. Esta técnica solo se utiliza para la obtención de grandes lascas. Este tipo de percusión violenta y, a veces, vertical al plano de percusión genera con frecuencia accidentes de talla del tipo fractura Siret. Los estigmas técnicos de este trabajo se han identificado sobre una roca concreta: el mármol dolomítico. En estas lascas los bulbos son marcados y desarrollados, cuando la percusión es oblicua; en los que es perpendicular, el bulbo no es perceptible debido a la percusión vertical.

- *Percusión directa:* con un percutor asido con la mano se efectúa este tipo de percusión, destinada a la configuración de las preformas mediante la talla. Esta percusión se puede llevar a cabo con percutores de diferentes materiales: piedra dura o blanda y percutores orgánicos de madera o asta. La ejecución de esta técnica sobre la superficie de los percutores genera trazas de fracturaciones y rugosidades sobre la superficie activa. En el caso de las preformas o los brazaletes en proceso las huellas están formadas por levantamientos o extracciones de material (Fig. 13:1).

- *Percusión indirecta*: en esta percusión se usa un intermediario entre la materia prima y el percutor que ejecuta la fuerza. El intermediario es un candil de ciervo enmangado en un astil de pequeño tamaño y un percutor blando de piedra u orgánico. La percusión indirecta produce pequeños levantamientos en la roca que, generalmente, son más anchos que largos (Fig. 13:2).

- *Abujardado*: en esencia es una técnica parecida al piqueteado, pero que se realiza de forma más controlada y suave, está destinada a conferir una forma determinada a la pieza. Se lleva a cabo con una bujarda. Las trazas de esta actividad es una superficie rugosa, homogénea y con presencia de fracturas internas en los materiales que son más cristalinos (Fig. 13:5).

- *Abrasión*: hemos considerado como abrasión la eliminación de roca mediante la fricción con otro material. La abrasión se puede realizar con un elemento pasivo o activo, dependiendo la actitud que adopte el útil ante la realización del trabajo. Según el grano del abrasivo las huellas de la abrasión serán más o menos marcadas. Las trazas sobre el material están formadas por surcos o estrías en las superficies. Estas marcas describen la dirección de la abrasión y la ejecución de las misma, así podemos encontrar estrías paralelas (Fig. 13:6), circulares o anárquicas si se entrecruzan las direcciones del trabajo (Fig. 13:7).

- *Pulido*: el tipo de actividad es semejante a la abrasión, la única diferencia es el grosor del grano del abrasivo. Esta técnica se lleva a cabo con diferentes materiales para conferir un aspecto regular. La superficie presenta una apariencia homogénea y regular que puede llegar a brillar en ciertas rocas como el mármol (Fig. 13:8). En los casos en los que el pulido es muy intenso podemos hablar de un pulido al cristal por su apariencia.

La representación gráfica de los estigmas que genera cada una de estas técnicas se indican en la Figura 14. Dentro del conjunto de símbolos usados se han incluido los estigmas técnicos de la talla, la presencia de talón con bulbo, la presencia de un levantamiento y la dirección del mismo, así como las fracturas tanto de tipo Siret como en *split*. Para la representación de los esquemas técnicos y las superficies activas se han usado diversas tramas, entre ellas el piqueteado, abujardado, abrasión, superficie destinada a la percusión y la rubefacción. En la presentación de los materiales arqueológicos, se han utilizado tramas para la sección, el perfil o contorno, la presencia de residuos y la línea discontinua para la reconstrucción ideal de parte de una pieza incompleta.

1.4.5. Análisis tipológico y funcional. Los brazaletes acabados

1.4.5.1. Definición terminológica. ¿Anillos, pulseras o brazaletes?

Puede parecer sencilla la definición terminológica de un objeto, pero no debemos de olvidar que "cuando en presencia de un objeto prehistórico nos planteamos la pregunta ¿cuál era la función?, buscamos a menudo resolverla con una sola palabra, el nombre de un útil o de un arma moderna. Es un error proceder así porque la identidad de nombre hace suponer la identidad de uso" (Vayson de Pradenne 1919, 397). De esta forma, el término brazalete designa una función determinada que no es fácilmente demostrable, si no poseemos adecuados contextos arqueológicos.

En la historiografía arqueológica, española y portuguesa, las piezas en forma de aro de diferentes materiales que aparecen en el Neolítico, su funcionalidad se ha considerado en función de su diámetro interno. Los de pequeñas dimensionas se han definido como anillos y a partir de una dimensión superior a la que permitiría su uso en un dedo, se han denominado como brazaletes o pulseras. En el ámbito francés, con más tradición en el estudio de este tipo de adornos, se usa el término genérico de *anneaux* en los estudios en los que se incluyen objetos en forma de aro (Pailler 2007; Fromont 2013).

Si tenemos en cuenta la posición que ocuparía el adorno, según esta se debería nombrar como: anillo, si se usa en los dedos; pulsera, si ocupa la muñeca o parte del antebrazo o brazalete, si se sitúa en la parte superior del brazo. En este sentido hay que hacer una aclaración, ya que en la bibliografía arqueológica de península ibérica se atribuye el uso de estos objetos como tobillera. Se trata de un error interpretativo, arrastrado desde los trabajos de excavación en la Cueva de la Mujer (Alhama de Granada), por parte de M. Pellicer entre los años 1957-58. En estas excava- ciones se recuperaron varios objetos de adorno, entre los que se documentaron algunos fragmentos de brazaletes del tipo ancho, decorados con líneas incisas paralelas. Se correspondían, junto a vasijas cerámicas y otros útiles, a algunos de los ajuares funerarios de las inhumaciones de esta cavidad. En aquellos momentos, sin prueba empírica alguna, se interpretaron algunos de los brazaletes como tobilleras al aparecer estos pequeños fragmentos asociados al relleno junto a los miembros inferiores de uno de los individuos (Pellicer 1964b). Pero, si tomamos en consideración las medidas interiores máximas de los brazaletes, comprobamos que en ningún caso podrían introducirse por el pie de una persona adulta y su fragilidad desecha la hipótesis de una colocación en la pierna durante la infancia, para ser mantenida a lo largo de la vida de la persona. De igual manera, no se han localizado en la Península ni en otros contextos de Europa este tipo de objetos introducidos en los miembros inferiores de enterramientos, y por el contrario sí que han aparecido asociados a los brazos (Fromont 2013).

La nomenclatura de un objeto del registro arqueológico es un acto generalmente no consensuado, pero que permite a la comunidad investigadora reconocerlo y situarlo cronológica y culturalmente. Por este motivo, en este estudio, hemos utilizado el término brazalete siendo conscientes de las presuposiciones funcionales que conlleva. Se analizan piezas que puedan ser introducidas por el brazo de una persona en edad adulta o infantil y que estén elaboradas en piedra. Así, no se han incluido piezas anulares o brazaletes de concha, hueso o marfil.

1.4.5.2. Clasificación tipológica

La tipología es la categorización y clasificación según las características morfológicas y métricas de un objeto. En el caso de los brazaletes de piedra en la península ibérica, el primer estudio tipológico fue el realizado por Mª De la Cruz Jiménez (1979) y en este trabajo solo se incluyeron los brazaletes elaborados en "piedras blancas". Esta distinción según el color venía a referirse a los brazaletes que se han denominado como anchos, con o sin decoraciones de líneas paralelas y característicos de Andalucía. Su clasificación tipológica se basó en geometría; cada pieza se reduce a una forma geométrica según su perfil y sección. Dentro de cada uno de estos tipos se definían subvariantes, dependiendo si la pieza estaba decorada o no, y si poseía o no perforaciones. Esta clasificación no responde a la verdadera realidad arqueológica, ni permite la clasificación de los brazaletes neolíticos de la Península, por varias carencias: la limitación a piedras blancas, ya que aparecen brazaletes de todas las tipologías elaborados en piedras blancas; la no inclusión de brazaletes estrechos, cuantitativamente más numerosos; y finalmente, por considerar las perforaciones como elementos decorativos propios de la pieza y no como reparaciones.

El siguiente trabajo sobre tipológica de brazaletes fue realizado por Mª S. Teruel (1986), en este trabajo se presenta una clasificación tipológica para diversos elementos de adorno del Neolítico de Andalucía Oriental. En este caso, la clasificación de los brazaletes se basa en las dimensiones de las anchuras (en este trabajo, la variable altura). Así, se establecen dos grandes tipos de brazaletes:

- Tipo 1. Brazaletes finos, de sección plana, todos lisos sin decoraciones.

- Tipo 2. Brazaletes anchos, de sección plano-convexa, dentro de este se establecieron tres subdivisiones según sus medidas: Tipo 2a. Con una anchura entre 10 y 20 mm sin decoraciones; Tipo 2b. Entre los 20 y 30 mm y con una división en Tipo 2b1 con decoración de estrías o Tipo 2b2 sin decoraciones; y finalmente, el Tipo 2c. Aquellos con anchuras superiores a 30 mm e igualmente divididos en decorados y sin decoración.

Esta es la clasificación que se ha utilizado en la península ibérica para la definición de los brazaletes de piedra neolíticos: estrechos y anchos y estos últimos con o sin decoraciones. La forma de aro de los brazaletes hace que su morfología cambie según la relación entre dos variables principalmente: la altura y el grosor. La relación entre estas dos variables hace que la tipología de la pieza varíe y su aspecto sea sensiblemente diferente (Fig. 15). En nuestro caso, la tipología empleada, para la distribución y la descripción de las piezas ha sido la empleada usualmente: brazaletes estrechos y anchos, a la que hemos incluido un grupo de medios, gran parte de este grupo, según su grosor, se aproximan a la morfología de los anchos. Esta categorización se basa en la variable altura de las piezas, puede parecer simplista, pero permite una clasificación de las piezas por sus dimensiones y su morfología. Las dimensiones consideradas han sido:

- Brazaletes estrechos: su altura debe ser ≤10 mm.

- Brazaletes medios: su altura comprende >10-20 mm.

- Brazaletes anchos: altura >20 mm.

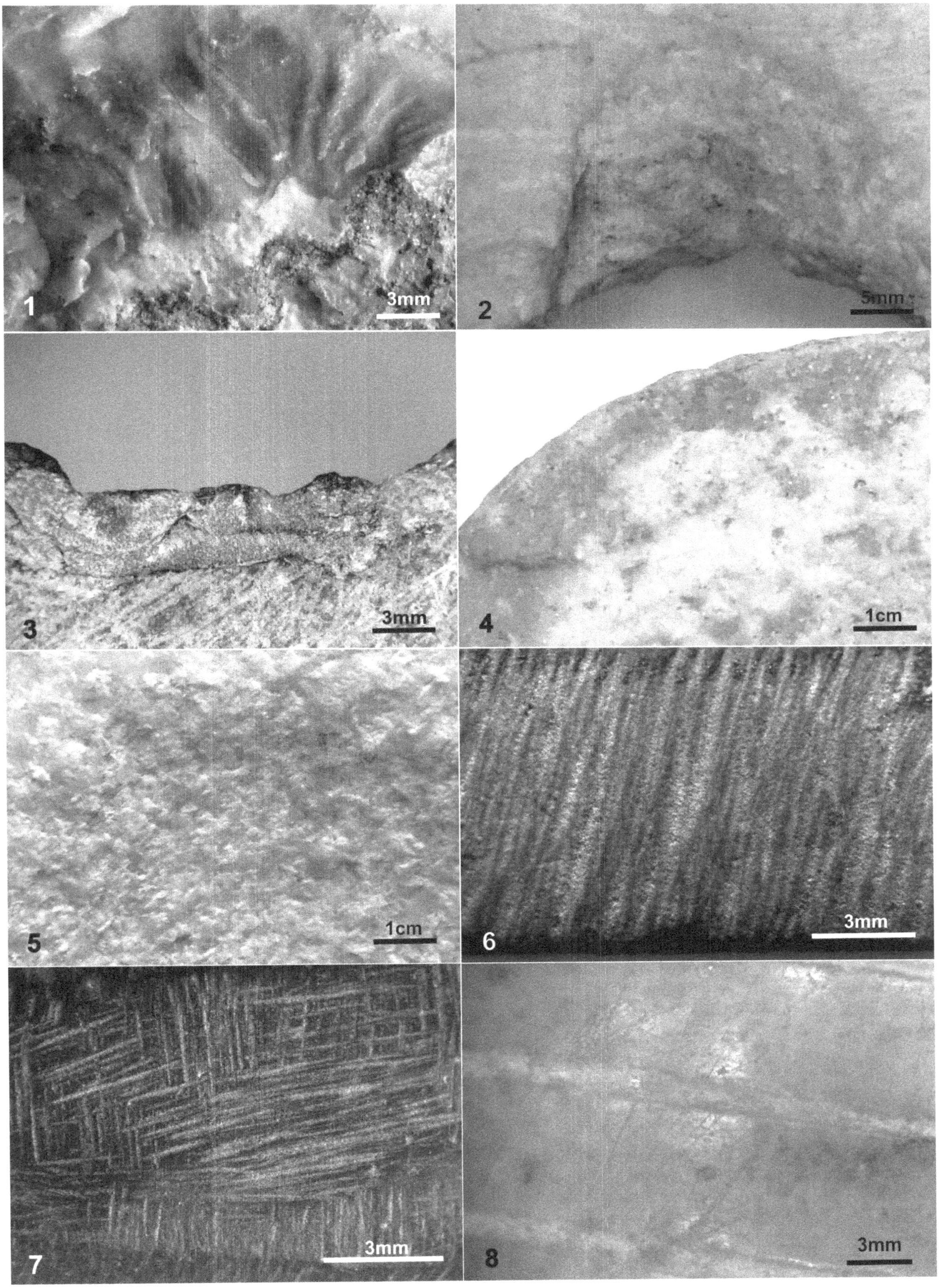

Figura 13. Estigmas técnicos en piezas en proceso. 1. Percusión directa; 2. Percusión indirecta; 3. Presión; 4. Piqueteado; 5. Abujardado; 6. Abrasión con orientación paralela; 7. Abrasión con orientación anárquica; y 8. Pulido

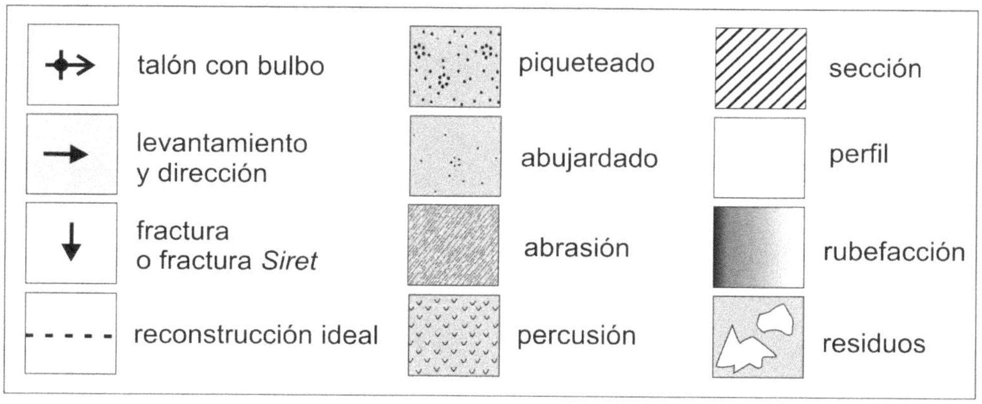

Figura 14. Tramas y símbolos empleados en la representación gráfica

El resto de características asociadas a cada brazalete, como decoraciones, reparaciones y litología, se han caracterizado particularmente. De esta forma, no hemos adaptado la tipología a una realidad muy diversa. En los brazaletes decorados con líneas al tratarse de un elemento tan característico se han considerado como un tipo, aunque según su morfología son mayoritariamente del tipo ancho. La clasificación tipológica se ha empleado como elemento de categorización de una realidad morfológica muy variada, de cara a valorar su distribución y representatividad espacial.

1.4.5.3. Análisis tipométrico y estadístico

En el caso de los brazaletes finalizados se ha realizado un estudio tipométrico y estadístico, atendiendo a una serie de variables cuantitativas y cualitativas. Las cuantitativas comprenden las características métricas de las piezas y el número de líneas paralelas con el que están decoradas. Las mediciones se han realizado con un calibre y un margen de error de 0,05 mm. Se han considerado las siguientes variables: la altura, el grosor y el diámetro interno y externo (Fig. 16). En el caso de los fragmentos de brazaletes, que constituyen la inmensa mayoría de las piezas estudiadas, los diámetros se han reconstruido con cálculos trigonométricos, a partir del segmento de círculo conservado. Este cálculo permite la obtención del radio de la circunferencia en la que se inscribe el brazalete, teniendo en cuenta que son prácticamente circulares. En ocasiones los brazaletes no describen una circunferencia perfecta, por lo que el diámetro puede variar uno o dos milímetros dependiendo de la dirección de la medición, el margen de error que provoca este método es asumible en un tipo de manufactura manual como la de los brazaletes.

Las variables cualitativas consideradas han sido la materia prima, la presencia de ocre en la superficie o en las líneas paralelas y si el brazalete está reparado o reutilizado. Se ha incluido una variable tecnológica en este grupo y es la presencia de marcas circulares por abrasión en el interior de la pieza. Esta técnica es muy concreta y particular, de ahí esta distinción, que será aclarada en el apartado tecnológico.

Estas variables se han recopilado en un catálogo de materiales individualizado por piezas, donde se incluye el yacimiento al que pertenece, la institución en la que se encuentra depositada o la referencia a partir de la que se han extraído los datos (Anexo III). El análisis estadístico se ha llevado a cabo con el programa SPSS (Statistical Package for Social Sciences).

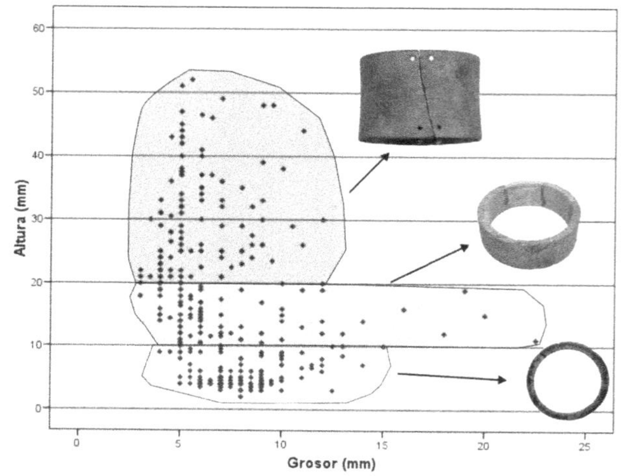

Figura 15. Tipología y morfología de brazaletes según la relación entre altura y el grosor

La distribución general de los brazaletes de piedra en la Península, nos han permitido determinar dos áreas geográficas bien definidas según las concentraciones de piezas (Fig. 17). Estas zonas son: por un lado, desde el río Guadalquivir en el oeste y hasta el río Segura en el este, grupo que coincide casi en la totalidad con la delimitación de la Comunidad Autónoma de Andalucía y así lo hemos denominado; y, por otro lado, desde el río Segura en el sur y hasta el río Ebro en el norte, esta área ocupa lo que genéricamente se considera el Levante español ocupando la Región de Murcia y la Comunidad Valenciana. En el análisis estadístico y tipométrico se han considerado y comparado los brazaletes de estas áreas: Andalucía, Levante y el resto de la Península para englobar el conjunto que no pertenecen a estas grandes zonas de concentración.

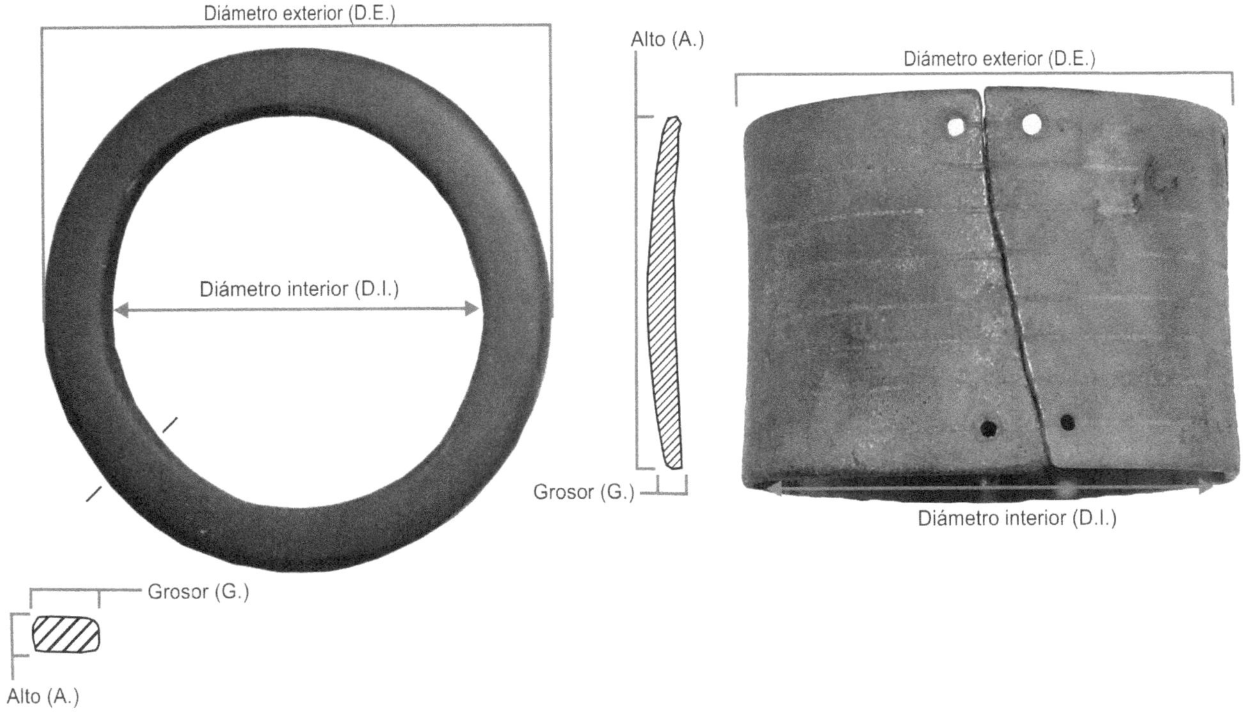

Figura 16. Criterios de medición en los brazaletes acabados

1.4.5.4. Trazas de uso y funcionalidad

Los brazaletes acabados son adornos que se usaron y en algunos se pueden reconocer huellas de su utilización. La observación y análisis de los estigmas de la utilización se ha llevado a cabo tanto con un análisis de visu como con la lupa binocular.

Las trazas de uso pueden aparecer en diferentes partes de los brazaletes, y la nomenclatura usada para la descripción y la localización de estas trazas se muestra en la Figura 18. Se han nombrado las mismas partes en todos los tipos: cara interior, exterior y dos bordes. En el caso de los brazaletes anchos, estos pueden poseer decoraciones a base de líneas incisas paralelas. Las reparaciones son igualmente comunes, y generalmente se trata de perforaciones destinadas a la unión de una pieza fracturada, pero también puede ser la reutilización de un fragmento como colgante, que a nivel descriptivo se trataría como una reparación o una reutilización.

Uno de los temas que suscita más interés es poder determinar si los diámetros internos de los brazaletes se pueden relacionar a una franja de edad, sexo o una posición determinada en el antebrazo o brazo. La ausencia de enterramientos con brazaletes de piedra asociados en la península ibérica nos ha llevado a realizar una encuesta estadística en población actual. Las mediciones se han realizado con aros metálicos fijos con diámetros que oscilan entre los 40 y los 110 mm y graduados cada 5 mm (Fig. 19:1). Se han considerado dos mediciones en el brazo, el diámetro de la mano y el diámetro del codo, es decir, el aro de menor diámetro que puede pasar la mano (Fig. 19:2) y el codo (Fig. 19:3). La población mensurada se ha dividido según el sexo y para edad se han considerado dos grupos: infantiles y adultos. Los infantiles desde los 3 años hasta los 13 y los adultos a partir de esa edad, ya que es cuando se produce un cambio más drástico en el físico hacia la edad adulta.

1.4.5.5. Análisis de la distribución

La distribución de las piezas acabadas y la localización de los talleres permiten situar espacialmente el objeto de estudio y reconocer concentraciones y áreas de expansión del mismo. Para la distribución de los brazaletes se ha creado una base de datos en la que se han incluido los materiales estudiados de forma directa y los documentados en bibliografía (Anexo II). La unidad mínima de análisis ha sido el yacimiento. Las variables catalogadas son: número de brazaletes acabados y en proceso. Dentro de estas variables, se han considerado de cara al análisis de la distribución las siguientes características del material: número de brazaletes anchos, estrechos y medios; la materia prima; la presencia de líneas paralelas; las reparaciones o reutilizaciones; la presencia de marcas circulares de abrasión en la cara interior y finalmente, la existencia de cerámica cardial. Estos datos han sido tratados con el software Arcgis de Sistemas de Información Geográfica (GIS), el cual nos ha permitido la realización de análisis sobre distribución, concentración y áreas de expansión de los brazaletes de piedra en la península ibérica.

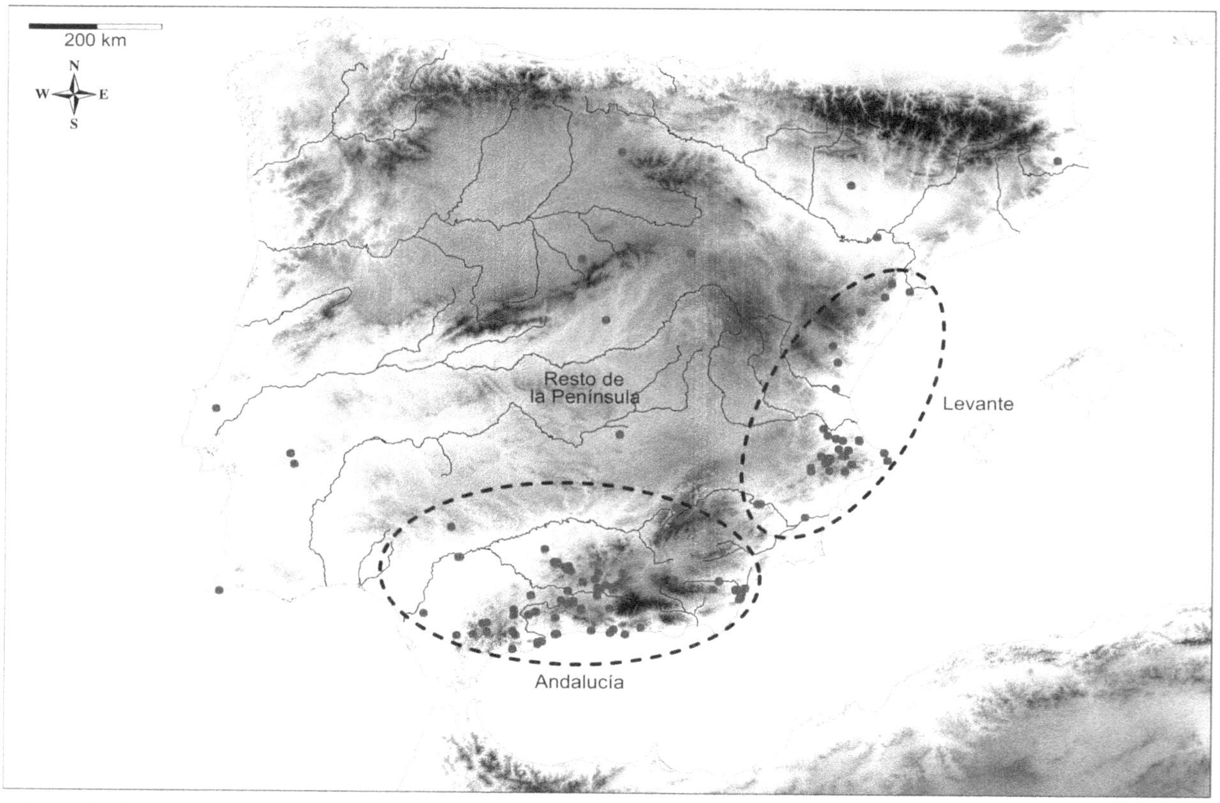

Figura 17. Distribución de los brazaletes de piedra en la península ibérica y áreas delimitadas para el estudio estadístico y tipométrico

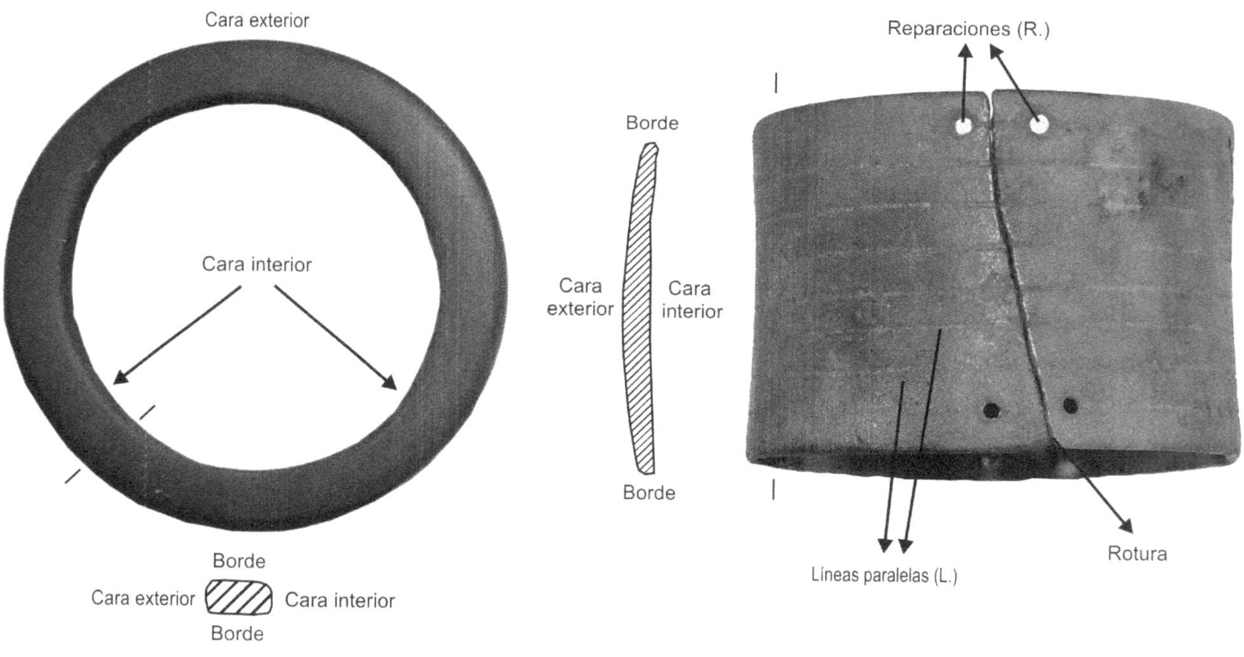

Figura 18. Partes de los brazaletes y nomenclatura utilizada

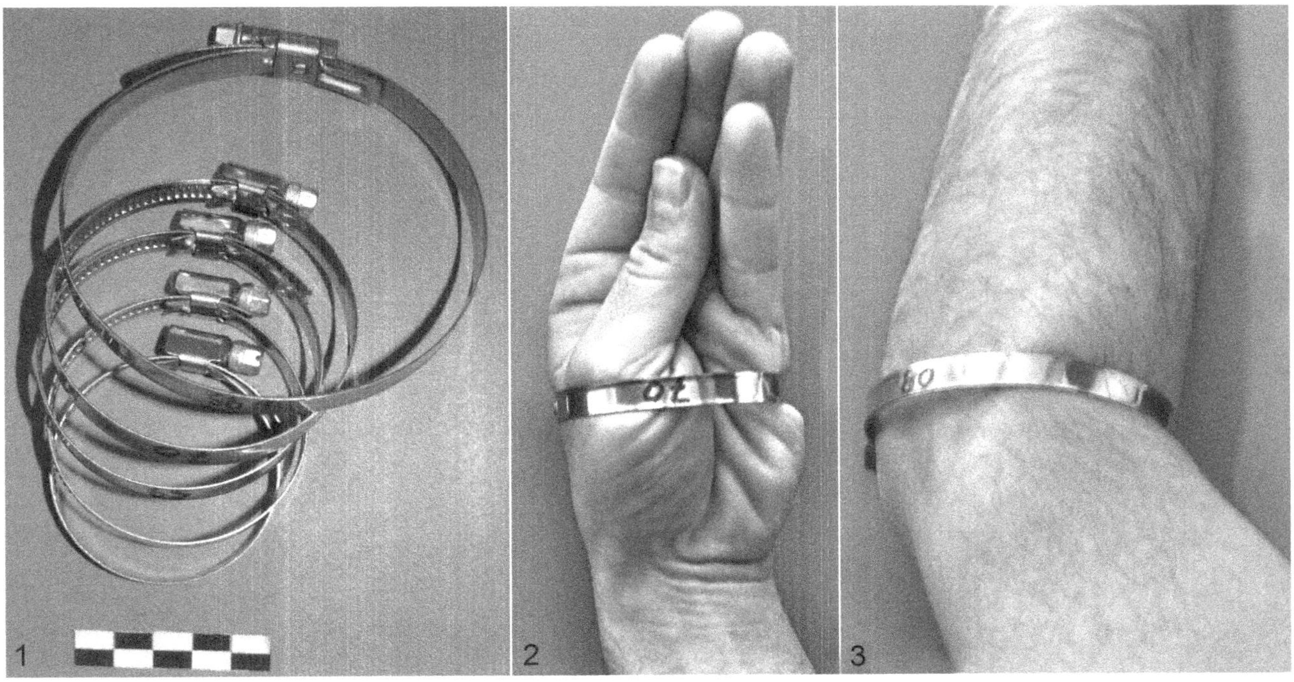

Figura 19. Aros metálicos graduados cada 5 mm (1) usados para las medidas de los diámetros de manos (2) y codos (3)

PARTE 2
CORPUS DE MATERIALES Y SUS CONTEXTOS ARQUEOLÓGICOS

"El posmodernismo es un síntoma, y no una solución fresca... En vez de pasar al estudio empírico de las redes que da sentido al trabajo de purificación que denuncia, rechaza todo trabajo empírico como ilusorio y engañoso" (Latour 2007, 76).

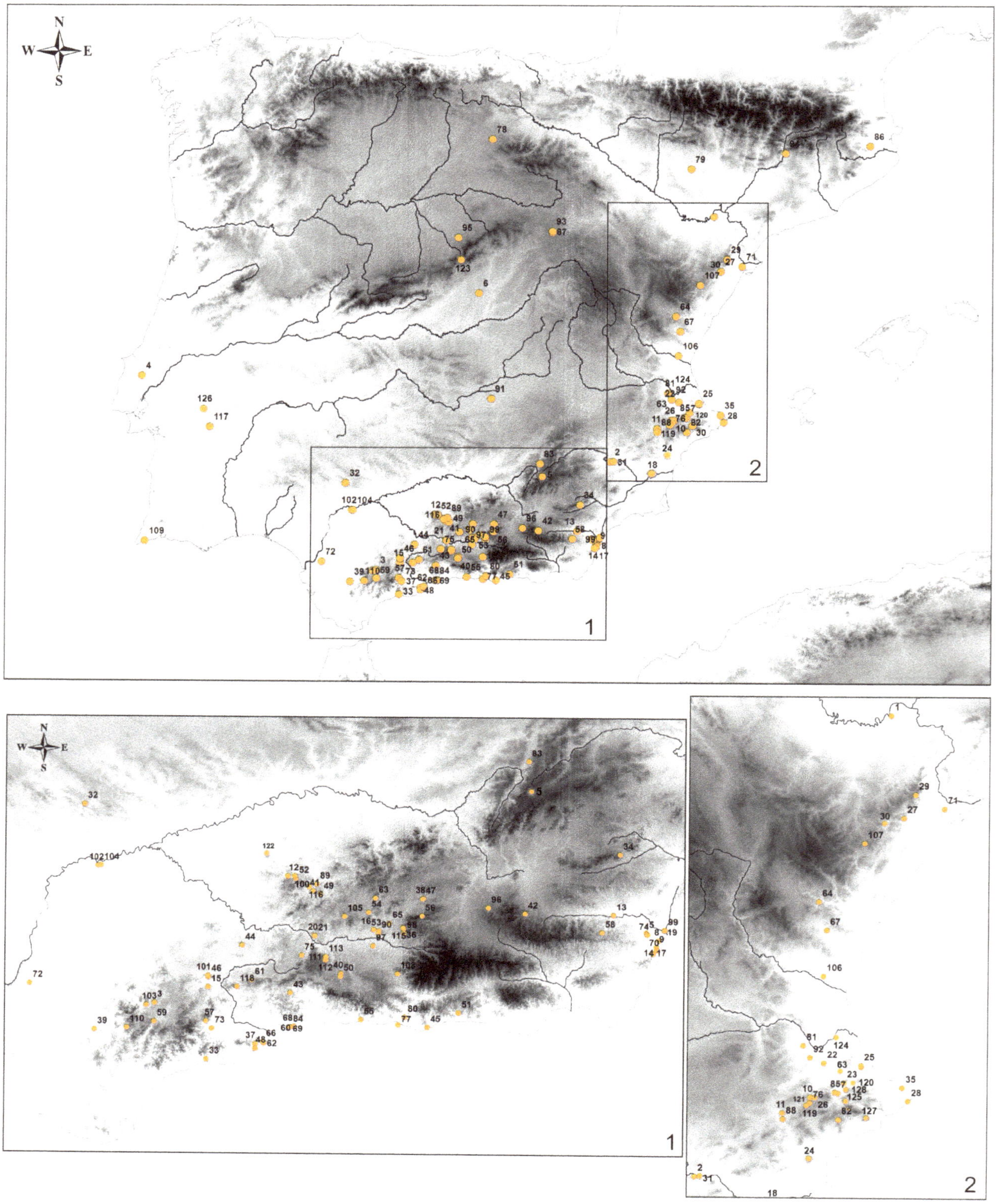

Figura 20. Yacimientos estudiados en este trabajo

1. Abrigo de Valmayor XI (Mequinenza); 2. Abrigos del Pozo (Calasparra); 3. Acinipo (Ronda); 4. Algar do Bom Santo (Portugal); 5. Cueva del Nacimiento (Santiago-Pontones); 6. Arenero de Valdivia (Useres); 7. Benàmer (Muro); 8. Cabecicos Negros (Vera); 9. Cabezo de la Raja Ortega (Garrucha); 10. Canyaret (Bocairent); 11. Casa de Lara (Villena); 12. Castillo de Doña Mencía (Doña Mencía); 13. Cerro Almanzora (Cantoria); 14. Cerro Cuartillas (Mojacar); 15. Cerro de la Higuera (Teba); 16. Cerro de los Infantes (Pinos Puente); 17. Cerro del Cortijo de Gatas (Turre); 18. Bancalico Moros (Redován); 19. Cerro Virtud (Cuevas de Almanzora); 20. Cortijo Cevico (Ventorros de San José); 21. Cortijo Higuera Alta (Ventorros de San José); 22. Cova del Brarranc Fondo (Xátiva); 23. Cova d l´Or (Beniarrés); 24. La Bernarda (Rojales); 25. Cova de la Recambra (Real de Gandía); 26. Cova de la Sarsa (Bocairent); 27. Cova de les Bruixes (Rosell); 28. Cova de les Cendres (Teulada); 29. Cova del Vidre (Roquetes); 30. Cova Fosca (Ares); 31. Cueva-Sima de la Serreta (Cieza); 32. Cueva Chica de Santiago (Cazalla de la Sierra); 33. Cueva del Pecho Redondo (Marbella); 34. Cueva Ambrosio (Vélez Blanco); 35. Cova Ampla del Montgó (Xábia); 36. Cueva CV-3 (Cogollos Vega); 37. Cueva del Calamorro o Toro (Benalmádena); 38. Cueva de la Carigüela (Piñar); 39. Cueva de la Dehesilla (Jerez de la Frontera); 40. Cueva de la Mujer (Alhama de Granada); 41. Cueva de la Murcielaguina (Priego de Córdoba); 42. Cueva de la Pastora (Caniles); 43. Cueva de la Pulsera (Antequera); 44. Cueva de la Solapilla (Mollina); 45. Cueva de las Campanas (Gualchos); 46. Cueva de las Palomas (Teba); 47. Cueva de las Ventanas (Piñar); 48. Cueva de los Botijos (Benalmádena); 49. Cueva de los Mármoles (Priego de Córdoba); 50. Cueva de los Molinos (Alhama de Granada); 51. Cueva de Los Murcielagos (Albuñol); 52. Cueva de Los Murcielagos (Zuheros); 53. Cueva de los Tajos (Pinos Puente); 54. Cueva de Malarmuerzo (Moclín); 55. Cueva de Nerja (Maro); 56. Cueva del Agua (Prado Negro); 57. Cueva del Algarrobo (Alozaina); 58. Cueva del Castillico (Cobdar); 59. Cueva del Gato (Benaojan); 60. Cueva del Higuerón (La Cala del Moral); 61. Cueva del Toro (Antequera); 62. Cueva Hostal Guadalupe (Torremolinos); 63. Camí de Alfogàs (Bélgida); 64. Cova Negra (Montanejos); 65. Cueva Sepulcral del Cortijo del Canal (Albolote); 66. Cueva Tapada (Torremolinos); 67. Cueva Torre del Mal Paso (Castellnovo); 68. Cueva Victoria (La Cala del Moral); 69. El Abrigo 6 del complejo del Humo (La Araña); 70. El Argar y La Gerundia (Antas); 71. El Calvari (Muro); 72. El Cabezo de Lebrija (Lebrija); 73. El Charcón (Alozaina); 74. El Garcel (Antas); 75. El Marmotal (Fuente Camacho); 76. El Molí (Torre de Massanes); 77. El Peñón de Salobreña (Salobreña); 78. El Portalón de Cueva Mayor (Atapuerca); 79. El Torrollón I (Usón); 80. El Vínculo (Lobres); 81. Ereta del Pedregral (Navarres); 82. Freginal (La Torre de les Massanes); 83. Hornos de Segura; 84. Hoyo de la Mina (La Cala del Moral); 85. L´Arpella (Muro); 86. La Draga (Banyoles); 87. La Lampara (Ambrona); 88. La Macolla (Villena); 89. La Mesa (Fuente Tojar); 90. La Molaina (Pinos puente); 91. La Motilla del Azuer (Daimiel); 92. La Muela (Anna); 93. La Revilla del Campo (Ambrona); 94. La Valldany (Oliana); 95. Cueva de la Vaquera (Torreiglesias); 96. Las Angosturas (Gor); 97. Las Catorce Fanegas (Chauchina); 98. Las Majolicas (Alfacar); 99. Las Palas y la Era (Herrerías); 100. Las Piedras Viñaeras (Zuheros); 101. Llano Espada (Teba); 102. Loma Lombríz II (Rio Corbones); 103. Los Abriguitos (Montecorto); 104. Los Álamos (Río Corbones); 105. Los Castillejos (Montefrío); 106. Mas del Pla (Mas del Pla); 107. Mas Nou (Ares del Maestre); 108. Rambla de Santa Elena (Padul); 109. Salema (Portugal); 110. Simas de la Veredilla (Benaocaz); 111. Sima del Carburero (Alhama de Granada); 112. Sima del Conejo (Alhama de Granada); 113. Sima LJ-11 (Salar de Loja); 114. Tajo de los Pollos (Cogollos Vega); 115. Tajos de la Mora (Cogollos Vega); 116. Torreón del Esparragal (Esparragal); 117. Valada do Mato (Évora); 118. Valle de Abdalajis; 119. Vinalopó 10 (Banyeres); 120. Cercat de Gaianes (Gaianes); 121. El Molí Roig (Banyeres de Mariola); 122. El yacimiento de Guta, San Joaquín y Venegas III (Castro del Río); 123. La Deseada (Rivas-Vaciamadrid); 124. La Muntanya Assolada (Alzira); 125. Pla dels Dubots (Benifallim); 126. Xarez 4 (Évora); 127. Limoneros II-III (Elche) y 128. Mas de Pepelillo (Agullent).

2.1. ANDALUCÍA

2.1.1. Córdoba

2.1.1.1. Cueva de la Murcielaguina (Priego de Córdoba)

La Cueva de la Murcielaguina se localiza en el término municipal de Priego de Córdoba, su entrada se abre en la ladera oeste del Barranco de las Angosturas a unos 500 m sobre el río Salado. La entrada de la cavidad es de forma trapezoidal de unos 4 m de altura por 3 m de anchura y se halla orientada al noroeste (Fig. 21). El acceso da paso a un vestíbulo de unos 10 m de largo por 6 de ancho cubierto por bloques, a continuación, se accede al "Gran Salón" cuyo suelo aparece cubierto por grandes bloques desprendidos del techo y revestidos de murcielaguina. A partir de aquí el trazado de la cueva se vuelve laberíntico, en general, descendiente de manera helicoidal hasta casi la capa freática (Gavilán 1983). La cavidad hoy se encuentra en un proceso de progresiva degeneración morfológica, por la propia descalcificación y por diversos agentes externos como las voladuras efectuadas para la apertura de la carretera N-321; las continuas visitas; y la acción de los excavadores clandestinos, que han llegado incluso a modificar salas completas. Por todos estos factores, la comprensión de su forma real resulta complicada por la enorme cantidad de bloques caídos y los movimientos de sedimento.

Figura 21. Entrada a la Cueva de la Murcielaguina (Priego de Córdoba)

Las primeras referencias sobre la Cueva de la Murcielaguina se centraron en su arte esquemático (Bernier 1962; 1964; Bernier y Fortea 1963; 1968-1969). El mayor número de los trabajos sobre la cavidad se llevaron a cabo en la década de los ochenta por parte de B. Gavilán (1983-1984; 1984; 1985; 1986; 1987a; 1987b; 1989a; 1989b). Los materiales estudiados en su totalidad proceden de recogidas superficiales y no poseen contexto estratigráfico alguno, en mayoría están constituídos por registros de clara atribución neolítica salvo intrusiones de tipo romano y medieval.

La mayoría de los materiales recogidos de este yacimiento se encuentran custodiados en el Museo Municipal de Priego de Córdoba. Se ha podido estudiar un conjunto de 21 brazaletes de piedra acabados. Todos están elaborados en mármol con diferentes coloraciones, 17 son de tipología media, 3 estrechos y tan solo 1 del tipo ancho. Dentro del conjunto destacan los restos de ocre en 9 de las piezas y una de ellas con decoración de líneas paralelas.

La funcionalidad de esta cavidad a tenor de las numerosas representaciones pictóricas y su inhabitabilidad, hay que relacionarla con un uso fundamentalmente funerario y ritual. El uso por las comunidades neolíticas de la cavidad se relaciona con objetos entregados como ajuares a las inhumaciones que allí debieron realizarse, entre estos objetos se encuentran separadores de hileras de cuentas de collar (Carrasco *et al.* 2010c) y cerámicas con representaciones simbólicas y profusamente decoradas. La sacralización de la cueva posiblemente se mantuvo hasta momentos posteriores, ya que se ha interpretado como un santuario de época Ibérica por los exvotos localizados en su interior (Vaquerizo 1985). Los brazaletes de piedra depositados en la cavidad deben de relacionarse como acompañamiento a las personas allí inhumadas o como elementos aportados de forma ritual a la cavidad. Dadas las circunstancias de los hallazgos de los materiales no se pueden extraer más conclusiones sobre el uso o la función que desempeñaron los brazaletes en este contexto en particular, y la interpretación reseñada se realiza por la observación de las diferentes evidencias de la cavidad que nos permiten hablar de un lugar sacralizado.

2.1.1.2. Cueva de los Mármoles (Priego de Córdoba)

Esta cueva se encuentra al sudeste de la Sierra de los Judíos, en las proximidades de la aldea de La Concepción (Priego de Córdoba). La Sierra de los Judíos forma parte de las zonas externas de las Cordilleras Béticas con una morfología tabular de escasa altitud no superior a 991 m.s.n.m. y formada por una litología dolomítica donde se desarrollan los típicos fenómenos Kársticos de la Subbética Cordobesa.

Se han podido catalogar 82 brazaletes, 43 de los cuales se encuentran en el Museo Arqueológico de Priego de Córdoba y que han sido analizados en detalle (Martínez-Sevilla 2010), el resto se conocen por referencias bibliográficas (Gavilán 1989b). El conjunto estudiado en este estudio está constituido por 15 piezas en proceso y 28 brazaletes acabados. El contexto cultural, cronológico y tecnológico de este yacimiento se trata de forma detallada en el apartado sobre los contextos de producción (epígrafe 3.2.3.1).

2.1.1.3. Torreón del Esparragal (El Esparragal)

Este asentamiento se localiza cerca de la aldea de El Esparragal (Priego de Córdoba), en un cerro abrupto y aislado de fácil defensa, al pie de él discurre el río Zagrilla. La parte superior es más o menos llana pero no llega a ser una meseta. Las mayores concentraciones de materiales arqueológicos aparecen en la vertiente norte del cerro. Entre el material recogido se han hallado cerámicas, sílex, adornos y piedra pulimentada. La piedra pulimentada está compuesta por un cincel y otros fragmentos de útiles pulimentados. Uno de estos fragmentos es de forma semicircular aplanado y de calcita, por lo que se ha mencionado la posibilidad de que se trate de un "disco" para la elaboración de un brazalete (Gavilán 1988). Teniendo en cuenta la morfología de esta pieza y la cronología relativa del yacimiento no se trata de un desecho de fabricación de brazaletes si no de otro tipo de elemento destinado posiblemente a la abrasión. La cerámica es toda sin decorar a excepción de dos fragmentos. Los bordes son redondeados y semiplanos y solo se ha documentado un borde engrosado, cuya reconstrucción es típica de un plato del Calcolítico. Los sistemas de aprehensión están constituidos por un mamelón redondeado macizo y un asa de cinta vertical. Los dos fragmentos decorados son uno con incisiones en el borde y otro con engobe beige.

Todos estos materiales proceden de prospecciones superficiales por lo que la cronología es relativa. Se ha atribuido una datación del tránsito del Neolítico Reciente al Calcolítico Inicial con perduración en el Cobre y Bronce, basada en los materiales como fuentes carenadas, brazaletes de caliza, cerámica incisa y a la almagra (Neolítico Reciente-Calcolítico Inicial), bordes engrosados (Cobre) y algunos fragmentos atípicos de cerámicas bruñidas y alguna carena (Bronce) (Murillo 1990). El conjunto de restos localizados indica la existencia de un asentamiento con un prolongado uso, sin que se pueda afirmar una ininterrumpida ocupación del mismo. La atribución cronológica del asentamiento con el Neolítico Final mediante los brazaletes de caliza documentados en este yacimiento no es del todo acertada (Murillo 1990).

Las piezas estudiadas las componen dos brazaletes custodiados en el Museo de Priego de Córdoba. Los brazaletes están realizados en caliza y son del tipo ancho y sin ninguna decoración. El grosor y acabado es muy tosco si lo comparamos con otros brazaletes de este tipo. La presencia de brazaletes en un contexto como este puede ser debido a varias circunstancias: que el yacimiento posea una fase más antigua y que no se haya documentado a través de los restos cerámicos, o que se trate de la perduración de estos adornos hasta un momento más reciente.

2.1.1.4. La Mesa (Fuente Tójar)

El asentamiento se ubica en un cerro amesetado a 600 m de altitud con una longitud de 1 km aproximadamente y situado al noroeste de Fuente Tójar. Se trata de un cerro con defensas naturales por todos sus lados con un acceso por el sureste y domina dos cursos de ríos visualmente: el Caicena y el Salado. Los materiales fueron recuperados en prospecciones superficiales y publicados en diversos trabajos (Vaquerizo 1986; 1987; 1990; Leiva 1994; Delgado 1995; 1997; Gavilan y Vera 1997) se distribuyen por toda la meseta con una mayor concentración en los lados sur y suroeste. Los restos arqueológicos documentados están constituidos por industria lítica tallada, pulimentada, cerámicas, metal y brazaletes de piedra. La industria lítica tallada la forman láminas retocadas, raspadores, puntas de flecha, restos de talla, perforadores, etc. Los elementos pulimentados son igualmente variados: hachas, azuelas, cinceles, molinos y mano de molino. Los artefactos de metal son dos piezas, un fragmento de punzón y una punta de Palmela. Las cerámicas son en la mayoría sin decorar y tan solo el 5% del conjunto analizado son cerámicas decoradas. Las decoraciones mejor representadas son almagras de baja calidad, seguidas por las decoraciones plásticas como cordones y también aparecen fragmentos con impresiones o incisiones. Las formas son muy variadas: globulares, cuencos y fuentes con diversos tipos de carenas (Delgado 1997).

De este yacimiento tenemos constancia de la existencia de 23 brazaletes (Delgado 1997, 37). La materia prima es caliza en 22 piezas y pizarra en solo un caso. Se trata de brazaletes del tipo ancho, todos lisos a excepción de dos piezas decoradas con líneas paralelas. En nuestro caso hemos estudiado 5 fragmentos depositados en el Museo de Priego de Córdoba. Los brazaletes de piedra son los únicos elementos de adorno identificados. Solo dos piezas están decoradas con líneas paralelas y el resto tienen un acabado muy tosco, que han llevado a afirmar que "podrían clasificarse como en estado de fabricación por su pulimento muy defectuoso y el grosor sensiblemente más ancho que los demás" (Delgado 1997, 37). En nuestro caso no hemos tenido acceso a todo el conjunto, solo hemos analizado 5 piezas y coinciden con esta afirmación, su acabado es grosero, pero por el momento no podemos afirmar la existencia de un taller en este yacimiento.

Los restos arqueológicos localizados en este yacimiento nos permiten afirmar la existencia de un asentamiento con una amplia ocupación, que pudo ser continua o intermitente. Las cerámicas decoradas con incisiones e impresiones indican una ocupación del Neolítico Antiguo, las cerámicas almagras de baja calidad y las formas cerámicas de fuentes carenadas deben relacionarse con un horizonte del Neolítico Reciente. Finalmente, las formas de cuencos abiertos y bordes engrosados junto a la punta de Palmela, un punzón de cobre y un ídolo de arcilla (Leiva 1997) se adscriben a la Edad del Cobre. Los brazaletes de piedra hay que atribuirlos a la primera fase de ocupación del asentamiento, aunque el acabado tosco de los ejemplares puede referirse a un momento evolucionado del Neolítico Antiguo o incluso una perduración de este objeto en momentos más recientes.

2.1.1.5. Las Piedras Viñaeras (Zuheros)

Se ha mencionado la existencia de unas 80 piezas de brazaletes de caliza fracturados en el proceso de elaboración, así como diversos útiles empleados en esta labor. No nos ha sido posible tener acceso a este material ya que permanece aún es estudio por parte de los investigadores que realizaron su descubrimiento. Los materiales parcialmente publicados de este yacimiento proceden de prospecciones superficiales y actualmente también siguen en posesión de los investigadores que los dieron a conocer. Las primeras noticias sobre este taller de brazaletes se dieron en un libro sobre la Historia local de Zuheros en la parte referida a la Prehistoria (Vera *et al.* 1999, 18-19). La segunda referencia se llevó a cabo con una presentación oral en el III Congreso del Neolítico quedando reflejada solamente en las preactas del Congreso (Vera *et al.* 2003, 73-74).

El yacimiento se sitúa a unos 2 km al norte del municipio de Zuheros, en las estribaciones del Macizo de Cabra, en la transición con las margas de la alta campiña y las zonas calizas. Una de las características destacadas de este sitio es la relación que debió tener con la cercana Cueva de los Murciélagos, ambos se encuentran en al mismo sistema montañoso a escasa distancia y con un estrecho contacto visual entre los dos. Se ha afirmado que "se trata de un lugar especializado en la producción intensiva de brazaletes" (Vera *et al.* 1999,18) por la masiva presencia de restos de esta artesanía.

Los materiales recogidos en superficie están formados unas 80 piezas de desechos de producción de brazaletes, utillaje pulimentado especializado (martillos y lo que han denominado "abrasionadores"), pequeñas cantidades de otros pulimentos, industria lítica tallada y colorantes (hematites). La ausencia de cerámicas u otros indicadores de actividades domésticas se ha utilizado para referirse a este asentamiento como un lugar especializado en la producción de brazaletes (Vera y Martínez 2012).

La inexistencia de cerámicas o restos óseos en este asentamiento se puede justificar por factores postdeposicionales tales como la acidez de los suelos o simples procesos erosivos que hacen desaparecer cerámicas realizadas mediante cocciones a bajas temperaturas. Desde nuestra opinión, comparando este taller con otros estudiados, se debió tratar de un asentamiento situado en una zona cercana a tierras de cultivo y cursos continuos de agua, con una clara relación con la cercana Cueva de los Murciélagos. La relación de este asentamiento y la cueva habría que interpretarla como un lugar de hábitat al aire libre y una cueva destinada al uso ritual, ya que son numerosos los datos que poseemos para afirmar el uso de esta cavidad como lugar ritualizado y serán expuestos en adelante.

Resumiendo, nos encontramos ante un posible asentamiento situado en una zona fértil que debió ser relativamente estable en el cual se realizan brazaletes de piedra con caliza local junto con otro tipo de actividades de la vida cotidiana. La exacerbada cantidad de desechos de la producción no es extraña ya que esta artesanía conlleva un alto porcentaje de roturas y desechos durante el proceso productivo.

2.1.1.6. Cueva de los Murciélagos (Zuheros)

La cueva se ubica en el Macizo de Cabra en la vertiente norte dentro de las Sierras Subbéticas cordobesas y cercana al pueblo de Zuheros. La cavidad consta de dos grandes salas: la Cueva Grande y Cueva Chica, ambas unidas por un corredor. Las zonas de interés arqueológico son el Vestíbulo de la Cueva Grande y el Pasillo o Paso del Jubilado.

La cueva debió ser conocida desde siempre por los habitantes de la zona, sin embargo, la primera noticia desde el punto de vista arqueológico se la debemos a M. de Góngora y Martínez (1868). Tras esta primera referencia, la exploración por parte de oficiales del ejército en 1938 llevará a dar a conocer, pocos años después, el vaso de cerámica a la almagra con incisiones que se ha convertido en un referente de la cueva y del Neolítico andaluz en general, así como numerosos restos humanos. A partir de este momento, la cueva será frecuentada por clandestinos que destrozarán parte del yacimiento y motivará en lo sucesivo la realización de diversas campañas de excavación y protección en la cueva. Entre los años 1962 y 1969 se realizaron campañas de excavación que proporcionarán las primeras dataciones absolutas por C14 para el Neolítico de Córdoba y Andalucía Occidental. Estas fechas supondrán un punto de inflexión en las investigaciones sobre el neolítico en la Península, ya que fechaban un contexto neolítico con cereales domésticos en cronologías del V milenio a. C., mil años más antiguo de lo que se suponía el Neolítico en Andalucía.

En las exploraciones del Grupo de Espeleología de Córdoba, a principios de los años sesenta se descubrirán las pinturas esquemáticas y será publicado un estudio completo por J. Bernier y J. Fortea (1968). En 1969 se llevó a cabo el acondicionamiento para la apertura al público de la cavidad. Estos trabajos se realizaron sin ningún tipo de supervisión arqueológica, lo que provocó que se desplazaran multitud de sedimentos y se transformara en gran medida el aspecto originario del yacimiento. Estas obras y el intenso expolio llevaron a la destrucción de la inmensa mayoría de los restos arqueológicos de la cueva. Finalmente, en 1990 se realizarán los últimos trabajos de acondicionamiento de la cueva cuya excavación y supervisión arqueológica realizaron B. Gavilan y J. C. Vera, siendo estos trabajos los que proporcionen la mayoría de la información que conocemos de las ocupaciones de la cavidad, pues han generado númeras publicaciones y dataciones absolutas de las fases neolíticas (Gavilán 1991a; Gavilán y Vera 1992; Gavilán *et al.* 1994 entre otros).

Del registro cerámico neolítico destaca la abundancia de cerámica decorada, entre la que sobresalen las almagras asociadas a motivos impresos e incisos. El conjunto de decoraciones la completan incisiones, impresiones, añadidos plásticos y asas de diferentes tipos: verticales de cinta, de asa-pitorro, etc. Entre los motivos cerámicos destacan aquellos con representaciones consideradas simbólicas como oculados o soliformes (Gavilán y Vera 1993). La industria lítica se compone de láminas y laminitas en sílex, cuya funcionalidad principal era la siega de cereal (Carvalho *et al.* 2012). Los útiles en hueso son principalmente apuntados, elaborados sobre metápodos de ovicápridos. Uno de los conjuntos más destacados del registro material de la cavidad por su variedad y calidad son los ornamentos, entre los que se encuentran diferentes tipos de colgantes, cuentas de collar y brazaletes de piedra y concha.

La datación del uso neolítico de la cavidad está bien acotada, ya que es uno de los yacimientos con más dataciones absolutas de Andalucía junto con la Cueva de Nerja. De ella, en un primer momento se obtuvieron dataciones por C14 convencional, sobre carbón y semillas, con altas desviaciones tipo. Posteriormente, se realizaron nuevas dataciones sobre muestras de carbón, coincidentes con la serie anteriormente obtenida, también con altas desviaciones tipo. Los últimos análisis sobre cereales han proporcionado datas absolutas más precisas, pero de similar entidad cronológica que las series anteriores. Del registro arqueológico conocido y por la homogeneidad de sus dataciones, la ocupación neolítica se asocia a la segunda mitad del VI y hasta finales del V milenio a. C.

Los brazaletes de piedra de esta cueva se han documentado en las diversas prospecciones y excavaciones, por lo que ha sido complicado su localización y estudio directo. Según un trabajo reciente, en la cueva se han localizado 63 brazaletes de piedra de los cuales 60 son piezas acabadas y tres en proceso de elaboración de caliza (Vera y Martínez 2012). Tipológicamente, existen piezas anchas, medias y estrechas, entre las anchas existen con decoraciones a base de líneas paralelas. Las materias primas son mármoles, calizas y dolomías y han sido objeto de análisis de caracterización petrológica (Gavilán y Rafael 1999; Gavilán *et al.* 1999). Estas analíticas muestran que hay litologías de origen local y otras alóctonas, según su composición mineralógica. De esta cueva procede el único brazalete asociado a un enterramiento masculino primario, datado en el 5296-5076 cal. a.C. (Valdiosera *et al.* 2018). El brazalete apareció asociado al antebrazo del esqueleto de este individuo (De los Santos 1950, 29).

La funcionalidad de la cavidad es un debate abierto en la investigación. En este sentido, son muchos y muy variados los datos que poseemos para relacionar este contexto con un lugar ritualizado y usado como lugar de enterramiento por las poblaciones neolíticas. El mundo funerario está representado desde las primeras exploraciones realizadas durante la Guerra Civil y en las primeras publicaciones científicas de la cavidad, en las que se insiste en la presencia de restos óseos humanos y enterramientos en la cavidad. En cuanto al carácter sacralizado de esta cavidad debemos mencionar las representaciones pictóricas esquemáticas, las cerámicas profusamente decoradas y con motivos simbólicos, así como el consumo de *Papaver somniferum* (adormidera) posiblemente relacionado con algún tipo de ritual donde se incluirían el consumo de alucinógenos (Gavilán y Escacena 2009). El carácter sacralizado de la cueva ha sido propuesto en varios trabajos sobre la cavidad, pero siempre manteniendo su función de hábitat estable (Gavilán y Martí 2006). Se ha considerado que los asentamientos al aire libre de los entornos de Murciélagos son de tipo estacional, destinados a la explotación de ciertas materias primas como es el caso de las Piedras Viñaeras para la producción de brazaletes (Gavilán y Escacena 2009, 326). Desde nuestro punto de vista, todos estos asentamientos son los lugares de hábitat relativamente estables mientras que la cueva desempeña una función sacralizada, ritual y como necrópolis. Sin que sea óbice para que en determinados momentos se usara la cavidad con una función de resguardo esporádico y más en este tipo de sociedades donde lo sagrado y lo profano no se encuentra dividido de forma taxativa. La presencia de brazaletes en proceso de elaboración en la cavidad, con solo tres piezas, no parece que responda a un taller, nos decantamos por que se trate de piezas aportadas desde otros contextos como Las Piedras Viñaeras y que podían formar parte de ajuares funerarios o piezas para ser acabadas en la cavidad. En síntesis, nos encontramos ante un contexto que debió tener una importante carga ritual y en el que aparecen brazaletes de litologías autóctonas y alóctonas. La demarcación cronológica sitúa estas piezas en la segunda mitad del VI y hasta finales del V milenio a. C.

2.1.1.7. Castillo de Doña Mencía (Doña Mencía)

Los trabajos de excavación en este castillo se han llevado a cabo desde 1997 hasta 2010 con la puesta en valor de este bien patrimonial. La fase neolítica de este emplazamiento se pudo documentar en las últimas intervenciones del año 2007. El hallazgo se realizó en un sondeo de apenas $1m^2$, se trata de un sedimento oscuro (con mucha materia orgánica) que cubría el nivel geológico de roca caliza irregular. Los materiales recuperados están compuestos por útiles de sílex, elementos pulimentados, industria ósea, adornos y fauna. Este estrato de color oscuro se observó en diferentes puntos del recinto excavado por lo que se cree que pudo ocupar la totalidad del emplazamiento sobre la roca madre bajo las fases posteriores (Muñiz *et al.* 2010). Los trabajos de excavación realizados en 2012 permitieron ampliar el sondeo de las intervenciones anteriores y documentar las características estratigráficas de la fase neolítica. Las dataciones realizadas confirman una secuencia de ocupación del primer tercio del V milenio cal. a.C. situando la fase neolítica entre el *c.* 5000 al 4700 cal. a.C. (Martínez y Vera 2017).

Aunque la extensión excavada en las distintas intervenciones es reducida, contrasta con la cantidad y variedad de materiales arqueológicos. La industria lítica está compuesta por productos de talla, lascas y láminas, así como productos de acondicionamiento y residuos de talla. De las cerámicas analizadas se ha destacado la gran fracturación y el alto grado de rodamiento previo a su deposición final. Las decoraciones son bastante comunes en el conjunto cerámico. Las técnicas decorativas son almagras, impresa a peine o con ungulaciones, incisas y cordones. Los restos faunísticos están formados por especies domesticas como ovicápridos y bóvidos y el ciervo como especie salvaje (Martínez y Vera 2017).

Los adornos documentados en este contexto son brazaletes de piedra y concha, cuentas, colgantes, conchas y discos cónicos. El conjunto de brazaletes de piedra está formado por nueve fragmentos de tipo ancho elaborados en caliza oolítica blanca. Se ha referido que cuatro de estas piezas se fracturaron en las fases de abrasión y pulimento final (Martínez 2017). Desde el punto de vista tipológico estas piezas pueden corresponderse con piezas acabadas o en sus estadios finales, pero no hemos tenido acceso directo al material para contrastar esta información. La ausencia de restos de producción de fases iniciales no permite afirmar la existencia de un taller en el yacimiento, pero tampoco podemos descartarlo.

El conjunto de datos extraídos de los últimos trabajos en el yacimiento ha permitido estudiar un asentamiento situado en la parte alta del cerro que ocupa el castillo. Los restos de talla y útiles empleados en actividades domésticas, así como la fauna consumida permiten afirmar la existencia de un asentamiento, que a tenor de las dataciones y la estratigrafía sitúan una ocupación neolítica del primer tercio del V milenio cal. a. C.

2.1.1.8. Los yacimientos de Guta, San Joaquín y Venegas III (Castro del Río)

Estos yacimientos se localizan en los entornos de Castro del Rio en tres pequeñas colinas sobre el valle del río Guadajoz. Los materiales documentados provienen de prospecciones superficiales. El yacimiento de Guta se localiza en una colina a unos 4 km de Castro del Río en dirección a Doña Mencía, entre los materiales adscritos al Neolítico se documentaron laminitas e industrias de sílex, hachas y azuelas pulimentadas y tres fragmentos de brazaletes de caliza. San Joaquín se sitúa en una colina sobre el río Guadajoz cerca de una salina actual. Los materiales recogidos en este sitio son fragmentos cerámicos con decoración a la almagra, impresiones, incisas, acanaladuras y asas de cinta. La industria lítica son núcleos para lascas, laminitas, hachas pulimentadas y un brazalete de piedra. El último yacimiento es el denominado Venegas III, situado igualmente cerca del valle del rio Guadajoz y donde se recogieron algunos fragmentos de cerámica incisas y un fragmento de brazalete de caliza. A estos asentamientos se les han atribuido fases de ocupación del Neolítico Medio y en el caso de Guta, que posee varias fases de ocupación, hasta la Edad del cobre (Carrilero y Martínez 1985).

Son pocos los datos que poseemos de estos yacimientos, pero lo más relevante es su situación en plena Campiña Cordobesa y en clara relación con las Sierras Subbéticas. Se trata de asentamientos al aire libre que se pueden atribuir según su materialidad al Neolítico del V e inicios del IV milenio a. C.

2.1.2. Granada

2.1.2.1. Las Angosturas (Gor)

El asentamiento se encuentra situado en la margen izquierda del río de Gor, aguas abajo del pueblo y cerca de su anejo Cejo de la Estación de Gorafe y la Estación de Gor, hoy día bajo el puente de la autovía A-92 Granada-Murcia. Sobre un pequeño cerro inaccesible en la mayor parte de su contorno (Fig. 22).

Figura 22. Vista general desde el norte del asentamiento de Las Angosturas (Gor, Granada)

El yacimiento fue excavado a lo largo de cuatro campañas durante los veranos de 1980 a 1983, por el Servicio de Investigaciones Arqueológicas de la Diputación Provincial de Granada (antiguo Patronato de la Cueva del Agua), estando al frente de las mismas el antropólogo M. C. Botella López y C. Martínez Padilla. A pesar de haber excavado aproximadamente el 70% del yacimiento, tan sólo se conocen dos publicaciones del yacimiento y ambas de tipo divulgativo (Botella 1980; Fernández-Figares 1981).

Lo poco que conocemos es que los niveles más antiguos de este poblado, asentados sobre la base del cerro, han sido atribuidos al Neolítico Reciente, pero teniendo en cuenta la presencia de algunos motivos cerámicos decorados, hay que pensar en una ocupación más temprana del yacimiento. La ocupación mejor documentada son los niveles correspondientes a la Edad del Cobre, fechados por C14 entre el 2350 y 1910 cal. a. C. (Botella 1980) para los niveles superiores. El poblado estaba rodeado en los lugares accesibles por una muralla de piedra de más de dos metros de espesor y dentro del recinto cimientos de casas circulares. A este periodo pertenece la imponente necrópolis megalítica con más de 190 sepulcros de tipo dolménico situada en sus alrededores.

Hay también signos de ocupación de época argárica, pero muy escasos ya que sus niveles de ocupación aparecieron muy erosionados. De este momento se documentó un enterramiento doble: los restos de un hombre y una mujer enterrados en posición fetal uno frente al otro, con material típico del horizonte argárico. La ocupación ibérica y romana son igualmente importantes, con casas de planta rectangular y restos de cerámica griega del siglo IV a. C. De este asentamiento se han estudiado 6 brazaletes, todos del tipo estrecho. Cuatro de ellos se encuentran en proceso de elaboración (Fig. 23) y dos totalmente acabados. Los materiales de este yacimiento se encuentran depositados en el Museo Arqueológico y Etnológico de Granada, aunque algunos materiales, entre ellos los aquí recogidos, se encuentran en el Laboratorio de Antropología Física de La Universidad de Granada.

Los restos de producción están formados por cuatro piezas: la pieza 1 (Fig. 23) presenta estigmas de percusión indirecta en la parte exterior, regularización de ambas caras mediante abrasión y el orificio central ha sido ensanchado igualmente con abrasiones paralelas. El fragmento 2 (Fig. 23) ha sido tallado de forma tosca con percusión directa en el exterior y se ha perforado y ensanchado la parte interior sin regularizar las caras de la preforma ni la zona exterior. La pieza 3 (Fig. 23) se halla en una fase más avanzada que las dos anteriores, sobre ella se han realizado trabajos de abrasión y raspado tanto en la parte interior y exterior como en ambas caras. La última pieza se encuentra en una fase del proceso similar al fragmento número 3.

La materia prima usada en los seis brazaletes estudiados es variada en cuanto a su litología, pero su origen es local. Son calizas, dolomías y mármoles abundantes en las proximidades del yacimiento, así como erosionadas y arrastradas por el río Gor desde los complejos geológicos del Alpujárride y Nevado-Filábride situados a sus espaldas. En las prospecciones realizadas en el curso del río Gor para la recolección de materia prima para la experimentación se detectó esta amplia variedad litológica, a la vez que se localizaron preformas elaboradas en estos materiales en sus márgenes, que discurren a los pies del asentamiento.

2.1.2.2. Cueva de los Tajos (Pinos Puente)

Entre las covachas y pequeños abrigos, próximos al asentamiento de La Molaina, casi todos ellos con vestigios arqueológicos, destaca la Cueva de los Tajos o La media Luna (S.G.E.G 2006, 97), a unos 1500 m en la vertiente norte de Sierra Elvira. Posiblemente constituya la cavidad de mayor entidad con la que se pueda relacionar con el asentamiento de La Molaina. Se trata de una gran oquedad formada a partir de una diaclasa con unos 25 m de desnivel y un desarrollo total de unos sesenta metros, entre la boca superior e inferior, por las que se pueden acceder a su interior. Es de configuración más alta que ancha, con pocas posibilidades para haber sido utilizada como hábitat. Sin embargo, sí que debió tener una utilización de tipo funerario o ritual, posiblemente por las poblaciones

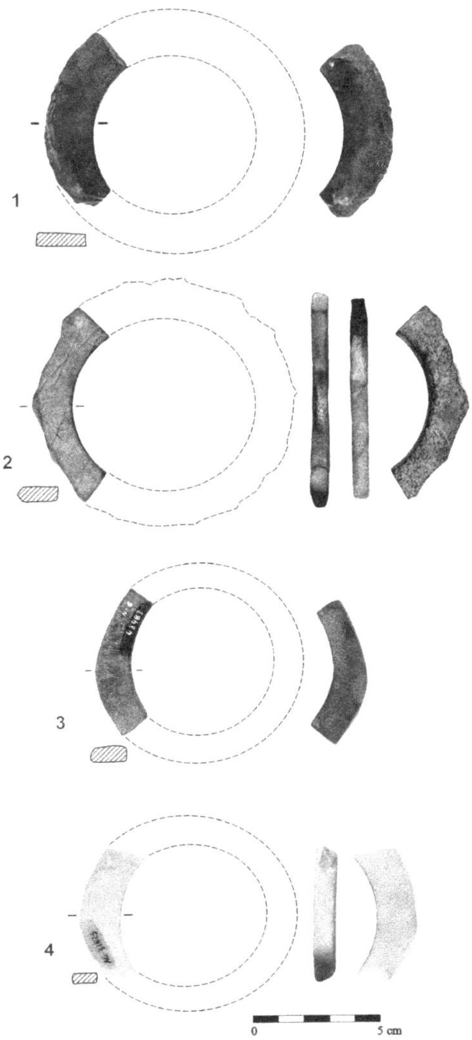

Figura 23. Brazaletes en proceso de elaboración de Las Angosturas (Gor, Granada)

asentadas en los entornos de Sierra Elvira. Este uso debió ser dilatado en el tiempo, pues los registros arqueológicos documentados en ella, de los que presentamos una pequeña muestra, reflejan un arco cronológico amplio. Los vestigios más arcaicos son del Neolítico Antiguo atestiguado por la presencia de cerámicas impresas, almagras, digitaciones sobre cordones en relieve, motivos incisos y asas de cinta (Fig. 24:1, 2, 3, 4, 5 y 6). Con la Edad del Cobre se puede relacionar un fragmento campaniforme con decoración puntillada (Fig. 24:7) y con la Edad del Bronce un fragmento de tulipa argárica (Fig. 24:8). Sin duda es un referente muy sesgado de los registros arqueológicos que debió contener esta cavidad y que han debido desaparecer en el devenir de los tiempos. Hemos podido documentar un fragmento de brazalete. Se trata de una pieza del tipo ancho elaborado en mármol blanco, con vetas ligeramente más oscuras de sección rectangular, con una incisión circular rellena de ocre (Fig. 24:9). En el interior se observan las huellas de abrasiones paralelas, destacadas en los bordes exteriores ya que en la parte interior se desdibujan por la forma convexa, el uso del brazalete y el contacto con la piel.

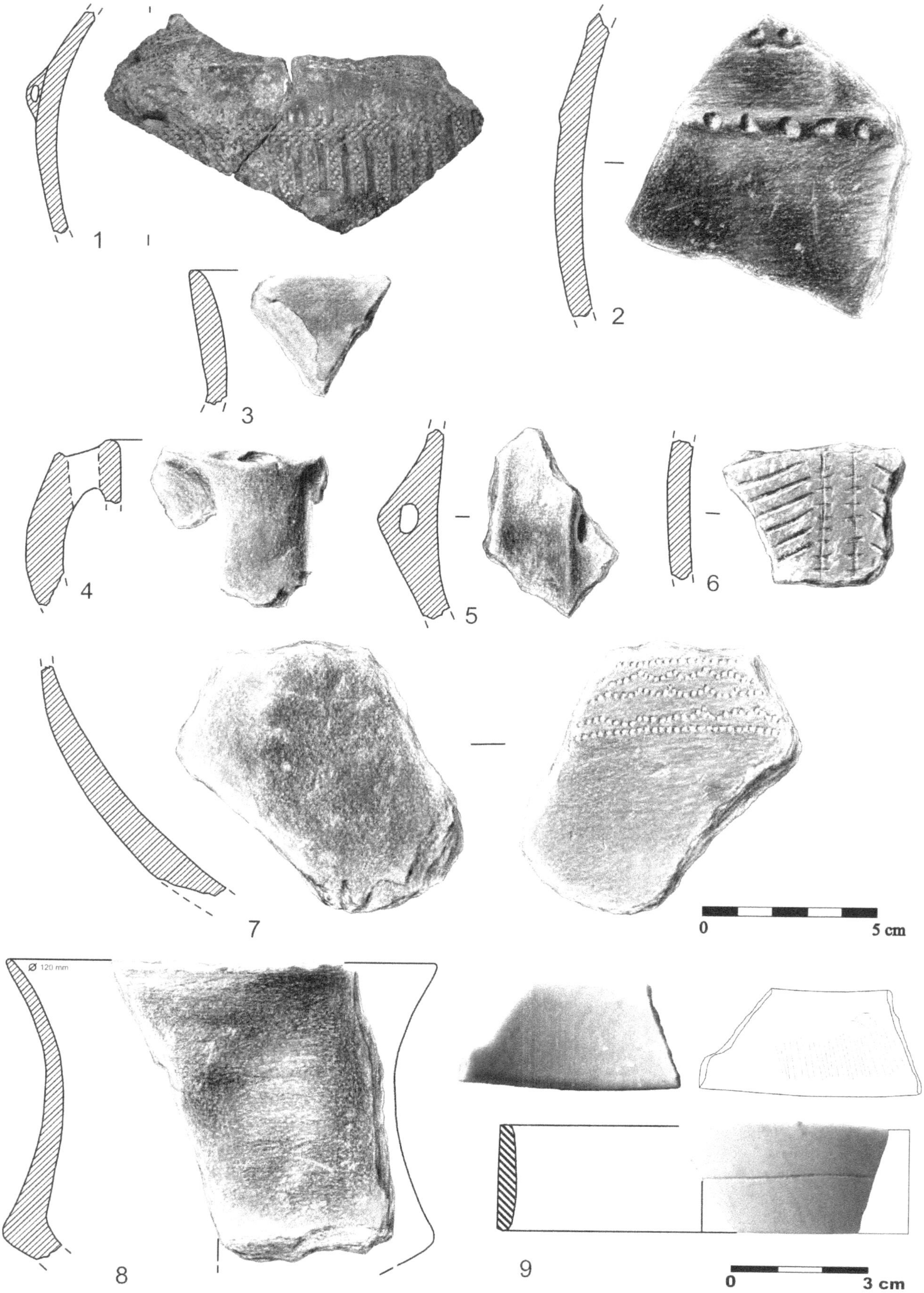

Figura 24. Material cerámico y lítico de la Cueva de los Tajos o de la Media Luna (Pinos Puente, Granada) (Carrasco *et al.* 2011b)

2.1.2.3. Las Catorce Fanegas (Chauchina)

El asentamiento de Las Catorce Fanegas se localiza en el mismo corazón de la Vega de Granada, sobre exuberantes tierras de labor, muy llanas y con abundante agua, cerca del aeropuerto de Granada a unos 800 m al sur del paraje de las Viñas, entre el Barranco de las Cañas y el de Cuesta Blanca en el término de Chauchina (Carrasco *et al.* 1987). Los brazaletes catalogados en este asentamiento están compuestos por dos piezas en proceso de fabricación y un brazalete estrecho. El contexto cultural, cronológico y tecnológico de este asentamiento se tratará de forma detallada en el apartado sobre los contextos de producción (epígrafe 3.2.2.1).

2.1.2.4. Sima LJ-11 (Salar)

La Sima LJ-11, también conocida como de La Maquila, es una cavidad vertical ubicada en Sierra Gorda en Loja al suroeste de Granada. Situada en un relieve kárstico definido como "desierto de piedra" (González 2009). Se emplaza en el lugar denominado Loma del Cuerno al sur de la Umbría de los Navazos sobre una cota de 1165 m.s.n.m. La entrada a la cavidad, desarrollada a favor de una diaclasa de dirección noreste-suroeste, se realiza por una boca de pequeñas dimensiones (Fig. 25) que, tras unos resaltes, da paso a un rellano de unos 12 m de profundidad conformando una pequeña sala tapizada de bloques. En su fondo se abre un pozo de unos 17 m de profundidad, que desemboca en el centro de una amplia sala de unos 34 m de longitud máxima por 2 m de anchura media.

Figura 25. Entrada a la Sima LJ-11 (Salar, Granada)

La sima fue descubierta en los años setenta del siglo pasado por el Servicio de Investigaciones del Patronato de Estudios Arqueológicos Cueva del Agua de Granada (Mengíbar *et al.* 1981; González 1981), aunque es posible que ya lo hubiese sido desde época altomedieval, pues dos grandes trozos de madera datados por AMS han proporcionado esta cronología (Carrasco *et al.* 2014). El descubrimiento oficial de la LJ11 se realiza en los años setenta presentando in situ un variado e importante registro arqueológico de tipología neolítica (Mengíbar *et al.* 1981). Las noticias de la época y otras posteriores, narradas por miembros del grupo espeleológico que la descubrió, señalaban la presencia en la superficie de la sala más profunda de vasos cerámicos y otros materiales. Se señalaron vasijas de pequeño tamaño conteniendo ocre, otras de medianas dimensiones, pequeños molinos barquiformes con restos de oligisto para la obtención de ocre, brazaletes de mármol, punzones en hueso y algunas láminas de sílex. Todo el material recuperado en la cavidad ha sido documentado y estudiado en profundidad (Carrasco *et al.* 2014).

La muestra cerámica presenta mayoritariamente motivos decorativos incisos, realzados en parte con pintura roja. Son frecuentes los cordones en relieve y mamelones con incisiones y digitaciones, de igual forma que superficies con almagra. Las denominadas impresas con instrumento y concha apenas tienen representación, o son porcentualmente muy escasas. Más frecuentes son las decoraciones acanaladas e incisas, realzadas con pintura (Fig. 26). Del conjunto de decoraciones hay que destacar los motivos zoomorfos y antropomorfos reconocidos en algunos fragmentos (Fig. 26: 5 y 6). La existencia o no de ciertas técnicas decorativas en estas cerámicas pueden responder no sólo al momento cronológico de su realización, sino al sesgado conocimiento que se tiene del cómputo real en este enclave. Desde el punto de vista morfológico, el conjunto cerámico está constituido por formas globulares con bocas abiertas y en algunos casos cuellos marcados. Entre los tipos cerámicos hay que destacar aquellos que se han definido como elementos funerarios propiamente dichos. En este grupo se incluyen los denominados vasos geminados, que son el resultado de la unión de dos vasitos similares y las asa-pitorro recipientes que aparecen mayoritariamente en contextos funerarios y que debieron desempeñar funciones rituales de desconocemos.

Los elementos de sílex, piedra pulimentada o hueso están escasamente representados. En sílex solamente se ha documentado una laminita que, por tecnología o tipología, no permite extraer conclusiones cronoculturales, pues entraría dentro de un amplio intervalo temporal de la Prehistoria Reciente (Fig. 27:5). Los elementos pulimentados de filo cortante lo componen varias hachas y azuelas de pequeño tamaño. Los materiales óseos están constituidos por útiles apuntados sobre metápodos de ovicápridos (Fig. 27:3 y 4).

El contexto cronológico del yacimiento se sitúa en el último tercio del VI milenio a. C. Se han obtenido dataciones de C14 por AMS pertenecientes a tres individuos inhumados en la sima. Las datas obtenidas son: 5208-4958; 5207-4909 y 5290-5030 cal. a. C. (Carrasco y Martinez-Sevilla 2014). Las tres dataciones son muy homogéneas y fecharían el uso de la cueva como lugar de enterramiento. Dada la aleatoriedad de estos restos humanos y, según el registro cerámico de la cavidad, su uso pudo ser más antiguo.

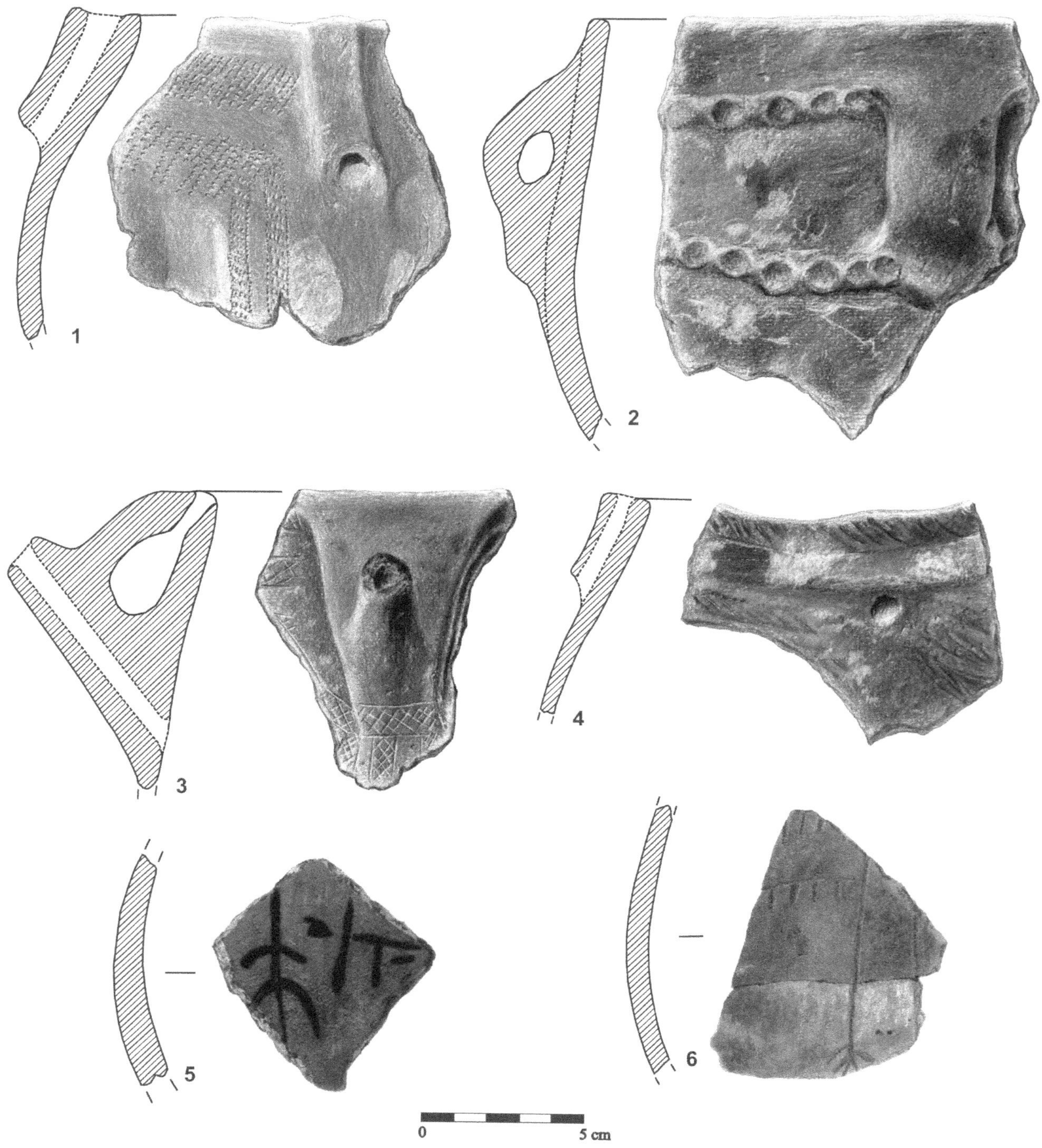

Figura 26. Selección de cerámicas LJ 11 (Salar, Granada) (Carrasco *et al.* 2014)

Se han estudiado dos brazaletes de piedra del tipo ancho pertenecientes a este yacimiento. Se trata de dos piezas elaboradas en mármol y con acabados muy cuidados. Una no posee decoración y la otra está decorada con ocho líneas paralelas rellenas de ocre (Fig. 27:1 y 2).

La morfología de esta sima, sin posibilidades de habitabilidad, los restos óseos humanos documentados y la riqueza del registro material, nos permiten afirmar que se trata de un lugar destinado casi con exclusividad al enterramiento u otro tipo de rituales. Los conjuntos cerámicos profusamente decorados, en ocasiones con motivos simbólicos, los vasos poco frecuentes como los geminados o las asas-pitorro son indicadores del uso que debió desempeñar esta cavidad. Los brazaletes documentados en este contexto responden a elementos aportados bien como ajuares asociados a las personas allí inhumadas o bien como ofrendas.

2.1.2.5. Cueva de Malalmuerzo (Moclín)

Se localiza al sur del Barranco de Lizán, en la cara este del Peñón de Malalmuerzo, a 820 m.s.n.m., y muy cerca del cauce del río Velillos (Fig. 28). Fue descubierta por grupos espeleológicos en los años setenta y en ella se realizaron trabajos de limpieza y excavación por parte del Departamento de Prehistoria y Arqueología de la Universidad de Granada, obteniéndose una secuencia de materiales desde el Neolítico hasta la Edad del Cobre (Carrión y Contreras 1979; 1981; 1983). Ha sido objeto de estudios parciales, especialmente de su industria lítica paleolítica, manifestaciones pictóricas rupestres de su interior, arte mueble, cerámica, etc., aunque no existe un estudio definitivo, más que nada por no haber proporcionado ningún tipo de secuencia estratigráfica. En ella se han señalado restos del Paleolítico Superior, principalmente solutrenses y magdalenienses, en relación con industrias en hueso y sílex, así como con manifestaciones rupestres (Cantalejo 1983) y de arte mueble (Carrasco *et al.* 2006). El Neolítico está documentado prácticamente en toda su secuencia, desde sus horizontes antiguos con cardial hasta los más modernos con fuentes de carena baja. Por lo que conocemos del registro material, los últimos restos se corresponderían al Cobre más que al Bronce, especialmente de sus momentos antiguos, no documentándose restos de cerámica tipo campaniforme.

Del conjunto de cerámicas neolíticas destacan como técnicas decorativas las impresiones cardiales y con instrumento, incisiones, almagras y diversos añadidos plásticos como asas de cinta o mamelones perforados. Los motivos son geométricos y se han documentado algunas figuraciones soliformes y zoomorfas (Fig. 29).

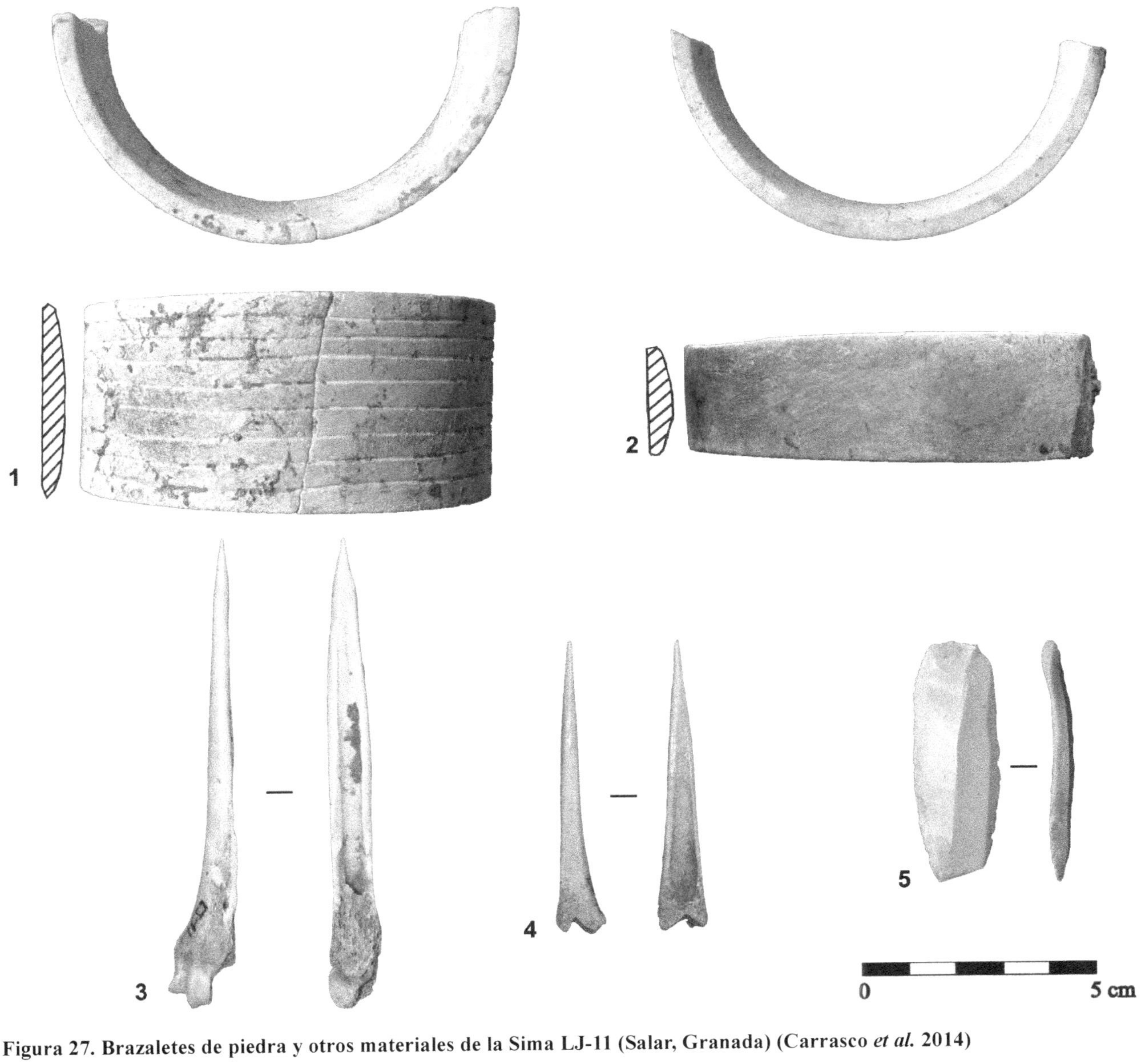

Figura 27. Brazaletes de piedra y otros materiales de la Sima LJ-11 (Salar, Granada) (Carrasco *et al.* 2014)

Figura 28. Vista del río Velillos y entrada de la Cueva de Malalmuerzo (Moclín, Granada)

Aparte de la adscripción cultural por su registro material, se han obtenido dataciones absolutas por AMS sobre dos muestras extraídas al azar de restos óseos humanos pertenecientes a un individuo infantil y otro adulto, exhumados en las excavaciones antes mencionadas. Las datas son 5374-5080 y 4221-3964 cal. a. C. fechas que aluden a una fase del Neolítico Antiguo y del Neolítico Reciente (Carrasco y Martínez-Sevilla 2014).

De este enclave solo se ha documentado un brazalete acabado perteneciente a las excavaciones realizadas en la cavidad (Fig. 30). Se trata de una pieza de tipo estrecho elaborada en pizarra de color gris. La particularidad de esta pieza es la decoración que posee en la parte exterior a base de líneas paralelas perpendiculares al eje funcional del brazalete. Es la única pieza de este tipo documentada, hasta el momento, en toda la península ibérica.

A tenor de los datos que poseemos, el uso de esta cavidad hay que relacionarlo como lugar de enterramiento o un espacio ritualizado, funcionalidad que debió dilatarse en el tiempo, tanto por la presencia de pinturas de atribución paleolítica como enterramientos neolíticos y cerámicas con motivos simbólicos. En este contexto el brazalete pudo ser aportado como ajuar acompañando a algún individuo allí inhumado o como elemento aportado con otros fines rituales.

2.1.2.6. Las Majolicas (Alfacar)

Las Majolicas se encuentran en el casco urbano de Alfacar a una altura de 1010 m.s.n.m. El yacimiento se conoce por materiales de superficie entre ellos gran cantidad de huesos humanos; cerámicas con decoraciones cardiales, incisas, impresas a peine y almagras; así como objetos de adorno cuentas de collar y brazaletes (Molina 1970). Ha sido considerado como un yacimiento al aire libre con cerámica cardial, pero en realidad se trata de un grupo de pequeñas cuevas en el travertino, que por procesos tectónicos se desplomaron dejando en superficie materiales procedentes de los enterramientos que se realizaron en su interior (Fig. 31). Este conjunto de cuevas se halla en íntima relación al asentamiento al aire libre conocido como Llano de las Canteras (Pellicer 1964b), situado en la planicie superior donde se ubican las cavidades. El Llano de las Canteras ha sido recientemente objeto de intervenciones de urgencia, que han permitido constatar la presencia de una fase bien definida del Neolítico Reciente (Navas *et al.* 2008; 2009) Los brazaletes documentados para este enclave ascienden a diez, cinco del tipo ancho y otros cinco del tipo estrecho. La materia prima es el mármol en el caso de los anchos y la caliza negra en los estrechos. Del conjunto sobresalen cuatro piezas decoradas con líneas incisas y restos de ocre y dos piezas reparadas, una con lañado y otra convertida en un colgante para ser suspendida.

Los materiales documentados en este yacimiento nos permiten interpretar dos contextos diferenciados; por un lado, el asentamiento del Llano de las Canteras con una fase del Neolítico Reciente y posiblemente con su inicio en el Neolítico Antiguo y, por otra parte, el conjunto de cuevas que se utilizaron para la inhumación en el Neolítico Antiguo con cerámica cardial que se enmarcan cronológicamente en inicios del VI milenio a. C.

2.1.2.7. Cueva de la Pastora (Caniles)

La Cueva de la Pastora está situada en la vertiente oriental de la Sierra de Baza (Granada), en las proximidades de la localidad de Caniles. Su entrada se abre en la cima del cerro del mismo nombre a 1025 m.s.n.m. Este yacimiento es conocido por múltiples prospecciones superficiales

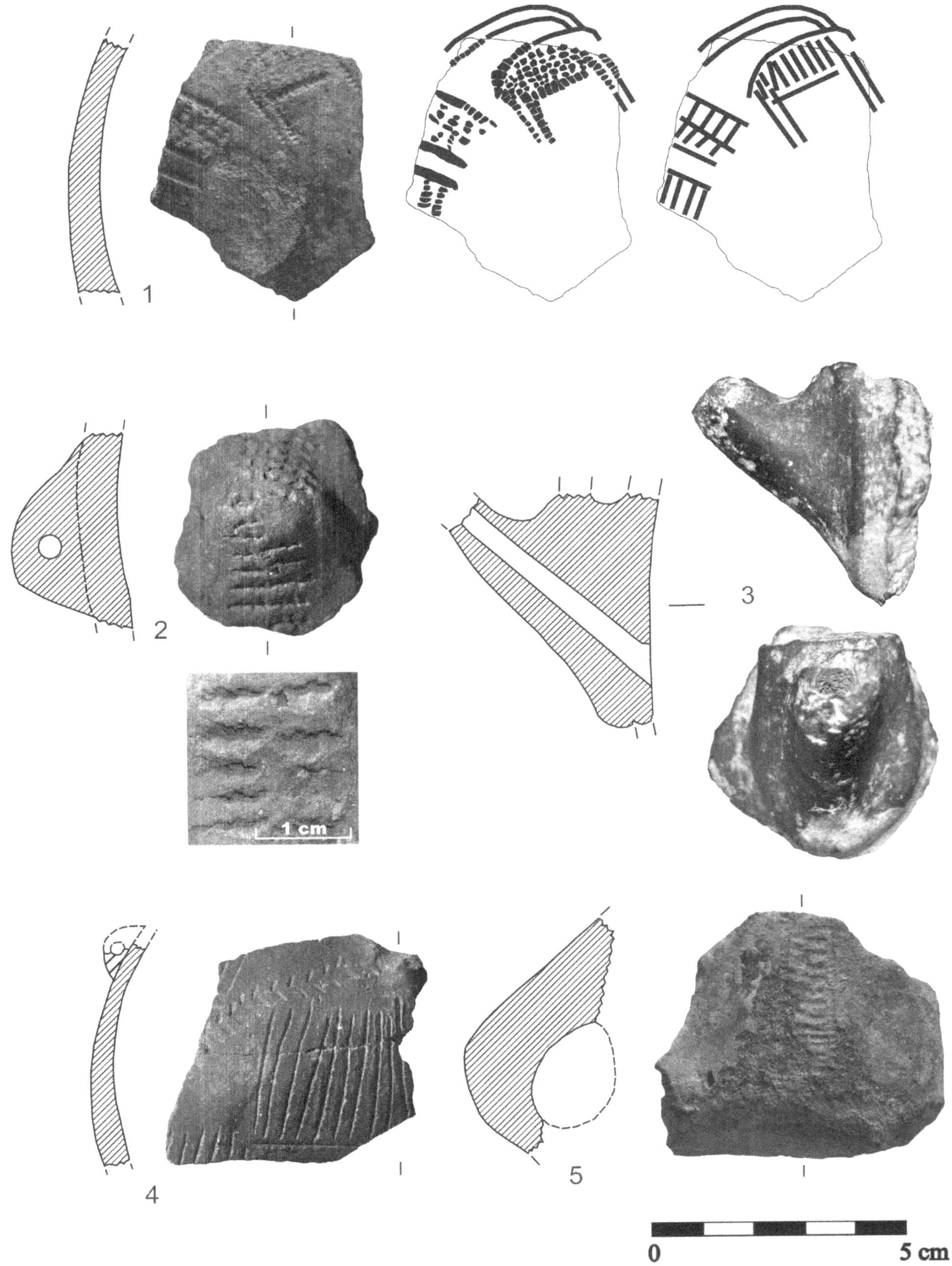

Figura 29. Selección de cerámicas Cueva de Malalmuerzo (Moclín, Granada) (Carrasco *et al.* 2011c)

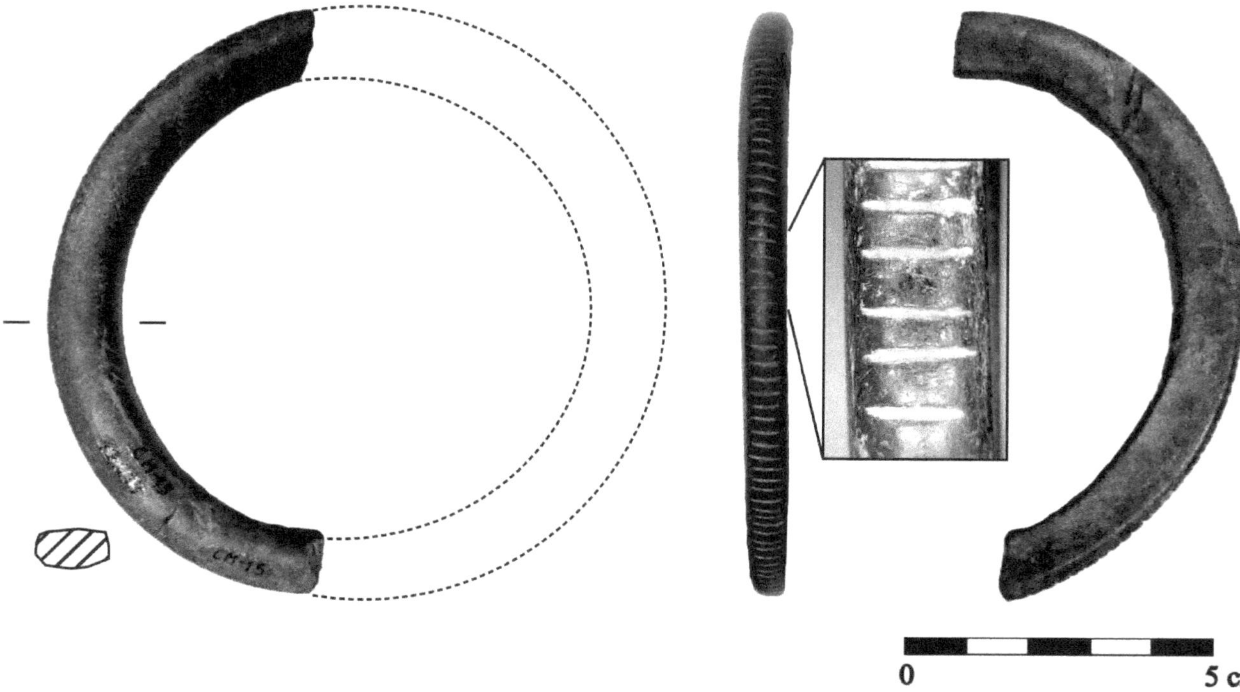

Figura 30. Brazalete estrecho decorado de la Cueva de Malalmuerzo (Moclín, Granada)

Figura 31. Vista de una de las cuevas puestas a la intemperie por procesos tectónicos y detalle de restos humanos y punzón de hueso en Las Majolicas (Alfacar, Granada)

al menos desde los años sesenta del siglo XX. La cueva ha sufrido procesos tectónicos que han transformado su configuración geológica inicial. El material arqueológico que se ha podido documentar está formado por cerámicas decoradas impresas no cardiales, incisas, con cordones, almagras, impresiones rellenas de pasta roja o blanca, abundantes elementos de prehensión, asas-pitorro, cerámicas lisas, industrias líticas a base de hojas de tamaño variable con o sin retoque, piedra pulimentada sobre diferentes soportes y una industria ósea representada por punzones, agujas, espátulas y algunos colgantes de hueso. Especial mención merece la gran cantidad de molinos de micaesquistos y los brazaletes de piedra y concha (Sánchez 1989; 1990; 1991; 1993; Sánchez *et al.* 1996).

Las cinco dataciones de C14 por AMS realizadas sitúan el uso de la cueva en dos fases: una en la segunda mitad del VI milenio a.C. un hiato de aproximadamente 500 años y otra fase en el IV milenio a.C. Esta cronología se correlaciona con el registro cerámico y lítico de la cavidad. La dicotomía que muestran estas dataciones es semejante a otros contextos andaluces, donde se observa un hiato en las dataciones tras lo que se ha denominado el Neolítico Antiguo (Carrasco y Martínez-Sevilla 2014; Martín *et al.* 2018).

Los brazaletes estudiados ascienden a un total de 19 fragmentos, 15 de ellos elaborados en diferentes litologías y totalmente acabados, y cuatro son restos de producción.

Las piezas que se fracturaron en el proceso de manufactura están constituidas por un fragmento de preforma elaborado con percusión directa en la parte exterior y el orificio central ensanchado mediante percusión indirecta (Fig. 32:1). El segundo fragmento es circular conformado de igual manera con percusión directa en el exterior y la parte central ha sido horadada mediante abrasión paralela, para conformar dos espacios cóncavos opuestos (Fig. 32:2). En la tercera pieza se reconoce la misma técnica de configuración de la parte exterior y la horadación paralela hacia el interior, pero en este caso posee el orificio central ensanchado con percusión indirecta (Fig. 32.:3). El último resto del conjunto describe el mismo proceso técnico que el anterior (Fig. 32:4). La materia prima empleada en estas piezas es la caliza micrítica de color negro. Las características texturales de este tipo de caliza permiten la aplicación de diferentes técnicas de abrasión y pulimento. De la misma forma, su granulometría de pequeño tamaño y homogénea le confiere una fractura casi concoidea que favorece la talla mediante percusión directa e indirecta.

El conjunto de piezas acabadas lo forman principalmente brazaletes estrechos representados con 10 piezas y dentro de este grupo destacan los de sección plana con cinco ejemplares frente a los de sección cuadrada con solo tres ejemplares. Los brazaletes medios están constituidos por dos piezas: una de sección rectangular y otra cuadrada. Completa el conjunto tres brazaletes del tipo ancho (Fig. 33). La materia prima empleada con mayor frecuencia es

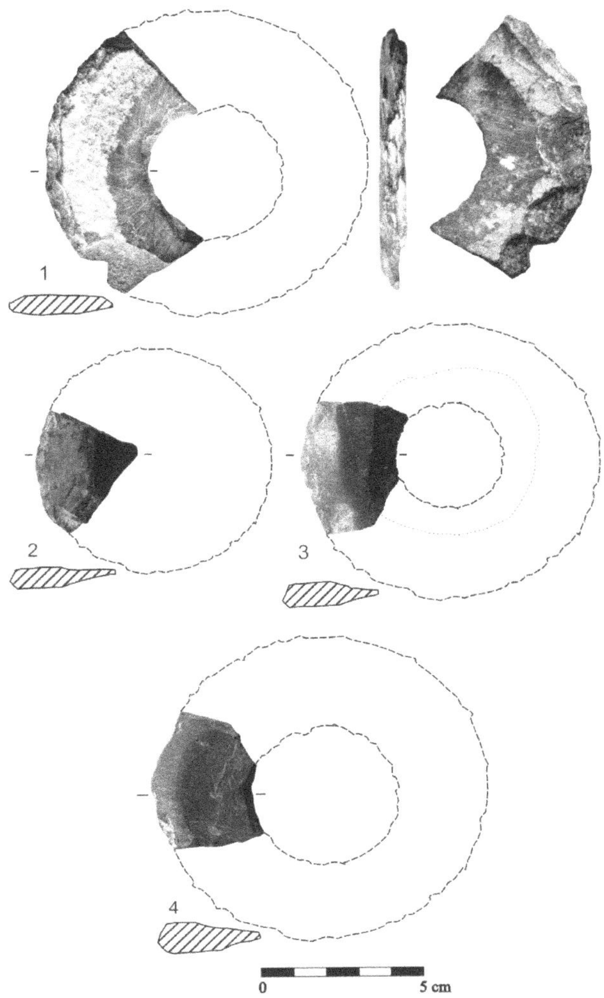

Figura 32. Brazaletes en proceso de elaboración de la Cueva de la Pastora (Caniles, Granada)

la caliza con nueve brazaletes de colores negros, grises y blancos. Las otras litologías son las rocas metamórficas: las de textura esquistosas (pizarra y esquisto) y el mármol, ambas representadas con tres piezas cada una.

La situación geológica de La Pastora entre dos grandes complejos: el Alpujárride calizo dolomítico y el Nevado-Filábride metamórfico, permite determinar el origen de las litologías empleadas en los brazaletes del entorno más inmediato del yacimiento sin menoscabo de la existencia de elementos de origen alóctono.

Los restos arqueológicos recuperados de La Pastora indican un uso como lugar de habitación posiblemente en dos fases: una en el Neolítico Antiguo y otra en el Neolítico Reciente con un hiato sin ocupación entre ambas. Los numerosos restos de fauna consumida, cerámicas, útiles líticos, la ausencia de restos humanos y la existencia de actividades productivas dentro de esta cueva, sustentan esta funcionalidad y cronología. La presencia de brazaletes acabados y usados junto con los restos de la artesanía de su manufactura indica que esta comunidad elaboraba y usaba estos adornos.

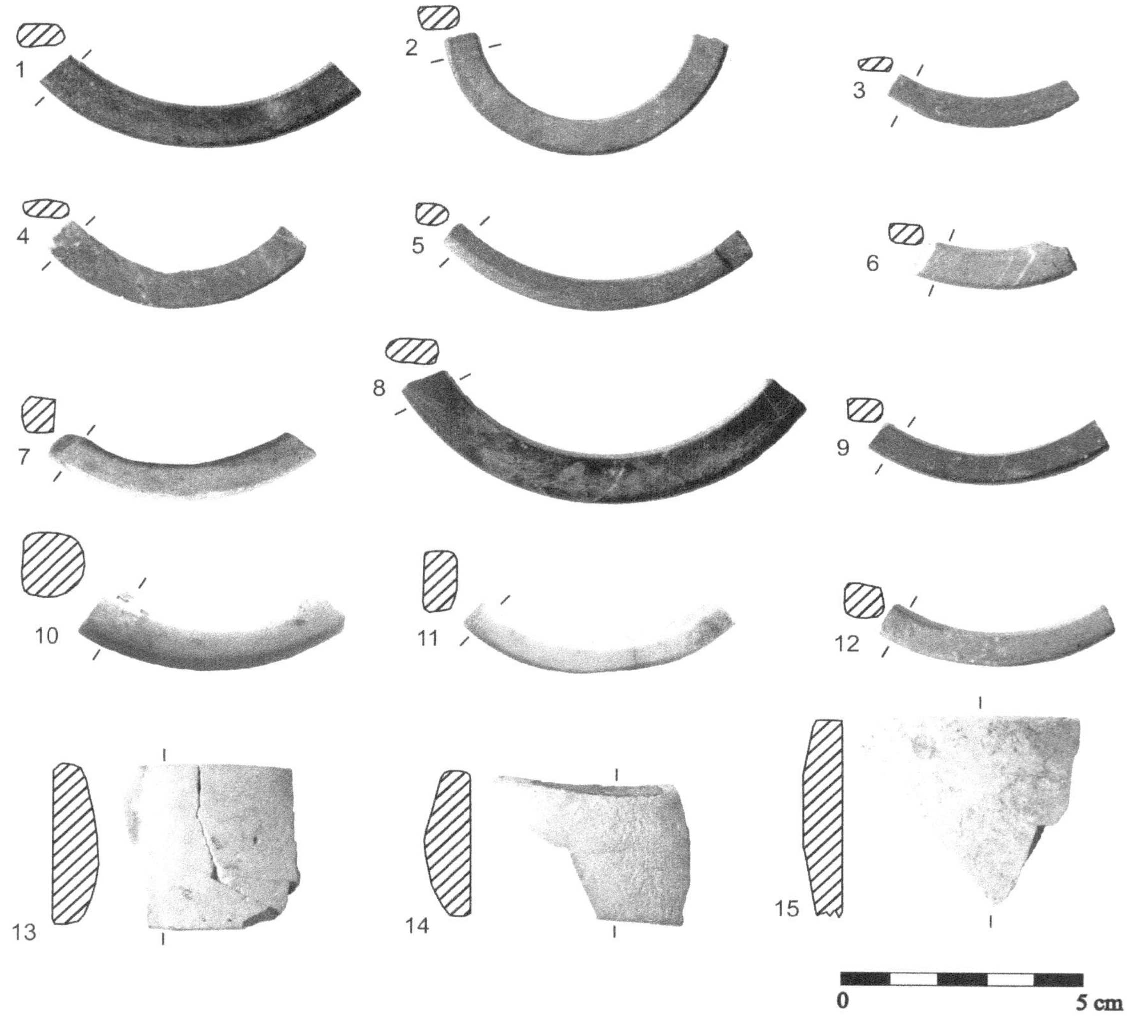

Figura 33. Brazaletes acabados de la Cueva de la Pastora (Caniles, Granada)

2.1.2.8. Cueva de la Carigüela (Piñar)

La cueva se sitúa en los farallones rocosos septentrionales de Sierra Harana a pocos kilómetros del casco urbano de Piñar. El sistema cavernícola de Carigüela está formado por varias cavidades unidas entre ellas: Cueva de la Zarza, Cueva de la Zorra, Cueva Pintá, Sima de Carigüela y la propia Cueva de la Carigüela. El complejo se desarrolla a partir de las principales líneas de fractura y consiste en un pasillo de unos 200 metros de recorrido.

Las excavaciones realizadas en la Cueva de la Carigüela se han llevado a cabo en la sala de la entrada principal al complejo, una diaclasa estrecha y alargada rellenada en profundidad por sedimentos arqueológicos. Los primeros trabajos de excavación los realizó el antropólogo suizo J.C. Spanhi (1955; 1957) su trabajo se centró tanto en la Cueva de la Carigüela como en la cercana Cueva de las Ventanas, aunque prestando atención solamente a las ocupaciones musterienses. Las siguientes intervenciones efectuadas entre 1969 y 1971 por un equipo hispano-norteamericano no tuvieron continuidad ni fueron objeto de publicación. El profesor G. Vega Toscano de la Universidad Complutense de Madrid realizó trabajos de excavación entre 1980 y 1995, cuyo resultado ha sido la definición pormenorizada de una secuencia cronoestratigráfica y paleoambiental desde el Pleistoceno Superior (Fernández *et al.* 2007).

Para el momento cronológico que nos ocupa las excavaciones principales van a ser las llevadas a cabo por M. Pellicer (1964a) quien excavó en la Carigüela una secuencia de la Prehistoria Reciente que, aun con sus problemas estratigráficos y metodológicos, se convirtió en la base fundamental para las siguientes propuestas clásicas sobre el Neolítico Antiguo en el sur peninsular. Los materiales y excavaciones realizadas por Pellicer han sido objeto de estudio en numerosas ocasiones, pero quizás la revisión y publicación más completa sea la realizada por M.ª S. Navarrete (1976).

En los trabajos de Pellicer se describe una gran secuencia de habitación. Las subdivisiones se hicieron obviando la gran cantidad de restos óseos humanos exhumados en toda su estratigrafía y en base a tipologías erróneas de la época, siguiendo modelos alóctonos. Esta secuencia, basada en la ficticia e irregular evolución de sus registros arqueológicos, fue considerada la secuencia de habitación más paradigmática del Neolítico andaluz, por no extendernos a toda la península ibérica. Por su parte, Navarrete, aunque siguió las teorías expuestas por Pellicer realizó un estudio más preciso y técnico de sus tipologías cerámicas, en las que se corregían y adecuaban muchas de las alteraciones observadas en el registro arqueológico obtenido por Pellicer. Los tipos cerámicos definidos en esta cavidad servirán a la autora, como paralelos referenciables y fiables para sus estudios del resto de los registros cerámicos neolíticos procedentes de un variado número de cuevas andaluzas. De esta forma, la secuencia tipológica de Carigüela, construida artificialmente, se hizo cada vez más determinante, marcando las pautas secuenciales del Neolítico en Andalucía y constituyendo el modelo a seguir. Especialmente, por no cuestionarse nunca el tipo de utilización y funcionalidad de esta cueva que, como hemos expresado recientemente, se trata de un contexto eminentemente sepulcral y ritual para las fases de Prehistoria Reciente (Carrasco *et al.* 2010b).

El registro material de las fases neolíticas de la cavidad destaca por su riqueza y variabilidad tipológica. De los conjuntos cerámicos resalta la abundancia y calidad de las decoraciones cardiales, así como el barroquismo de los diseños. Las decoraciones con otro tipo de técnicas son igualmente abundantes, impresiones con peine o elementos dentados, incisiones, cordones y las almagras. Los motivos decorativos aparecen en muchas ocasiones rellenos con pastas blancas o rojas. Al amplio repertorio cerámico le acompañan gran número de objetos de adorno, como brazaletes de piedra, cuentas de collar de diferentes materias, objetos en metales preciosos, así como ídolos de diversos tipos. El registro material lo completan artefactos de sílex, núcleos, láminas, lascas, restos de talla, molinos de mano, artefactos de hueso y asta, además de importantes cantidades de fauna consumida.

El conjunto de brazaletes que hemos podido documentar de este yacimiento asciende a 41 piezas acabadas y dos restos de producción; de estas tan solo hemos podido tener acceso directo a 8 de ellas. Los materiales de las excavaciones se encuentran depositados en el Museo Arqueológico y Etnográfico de Granada, y aunque muy probablemente el total de estos brazaletes se encuentre en los fondos del citado museo, la gran cantidad de cajas de excavaciones y las numerosas campañas han impedido la localización y el estudio global del conjunto. El recuento ha sido posible gracias a la publicación de M.ª S. Navarrete (1976) en la cual se recoge una importante cantidad de materiales de la cueva, y entre ellos el total de los brazaletes de piedra.

La mayoría de los brazaletes son del tipo medio y estrecho y solo cuatro piezas se pueden considerar del tipo ancho. La materia prima más usada es el mármol seguido del esquisto. Solo dos piezas están decoradas con líneas paralelas (Fig. 34). Dentro del conjunto destacan dos piezas en proceso de elaboración, documentadas en las excavaciones de Pellicer y atribuidas erróneamente al Bronce I (Pellicer 1964a). De estas piezas hemos tenido acceso a una de ellas (Fig. 34:1). Consiste en un brazalete de caliza micrítica blanca, el cual se ha configurado la parte exterior mediante un abujardado de toda la superficie, y la zona interior se encuentra prácticamente terminada mediante abrasiones paralelas al eje funcional.

En la Cueva de la Carigüela, como hemos expresado, existe un rico registro arqueológico del Neolítico Antiguo llegando hasta el Final, con intrusiones funerarias de la Edad de los Metales en la parte alta de la estratigrafía. La calidad y variedad de sus registros, junto con la gran cantidad de huesos humanos, nos permiten relacionar esta cavidad con un uso eminentemente funerario y ritual, de ahí el gran número de brazaletes asociados posiblemente a esos enterramientos. Esto no es impedimento para que en momentos puntuales se lleven a cabo otro tipo de actividades domésticas u ocupaciones esporádicas por las comunidades que habitaran los entornos cercanos a la cavidad. Estos usos se suponen a partir de los restos de talla o los brazaletes en proceso de elaboración.

2.1.2.9. Cueva de las Ventanas (Piñar)

Es una de las cuevas de mayor extensión del complejo kárstico de Piñar. Se sitúa a 900 m de la población de Piñar y a 300 m al este de la Cueva de la Carigüela, en las estribaciones de Sierra Harana. La cueva se ubica a una altura media de 1015 m.s.n.m. Su nombre le viene dado por tres bocas de acceso de la parte superior elevadas varios metros sobre el actual nivel del suelo, aunque también es conocida como Cueva de la Ventanilla o Cueva de la Campana. El recorrido interior es de unos 1200 m de longitud, de los cuales solo la mitad ha sido objeto de trabajos arqueológicos. Está formada por varias galerías en diferentes niveles, con predominio de galerías horizontales en dirección norte-sur.

La entrada principal da acceso a una gran sala con un suelo muy irregular con numerosos hoyos y grietas. A los 40 m de la entrada se bifurca en dos galerías, una discurre en dirección sur, estrechándose hasta llegar a una zona conocida como el Pasillo, a partir de la cual desaparece la luz natural. La otra galería discurre en dirección oeste, por ella se accede a otras salas como la Gruyere o la Londres y finalmente da acceso a una sima de 20 m de profundidad que dificulta el recorrido.

La Cueva de las Ventanas es conocida desde siempre por los habitantes de la zona y existen referencias a ella desde el siglo XV apareciendo menciones en guías por parte de viajeros de ámbito regional y nacional. La entrada de la cueva en el mundo de la investigación arqueológica se produce por uno de los grandes prehistoriadores europeos: H. Obermaier (Obermaier 1934). Este deja constancia de

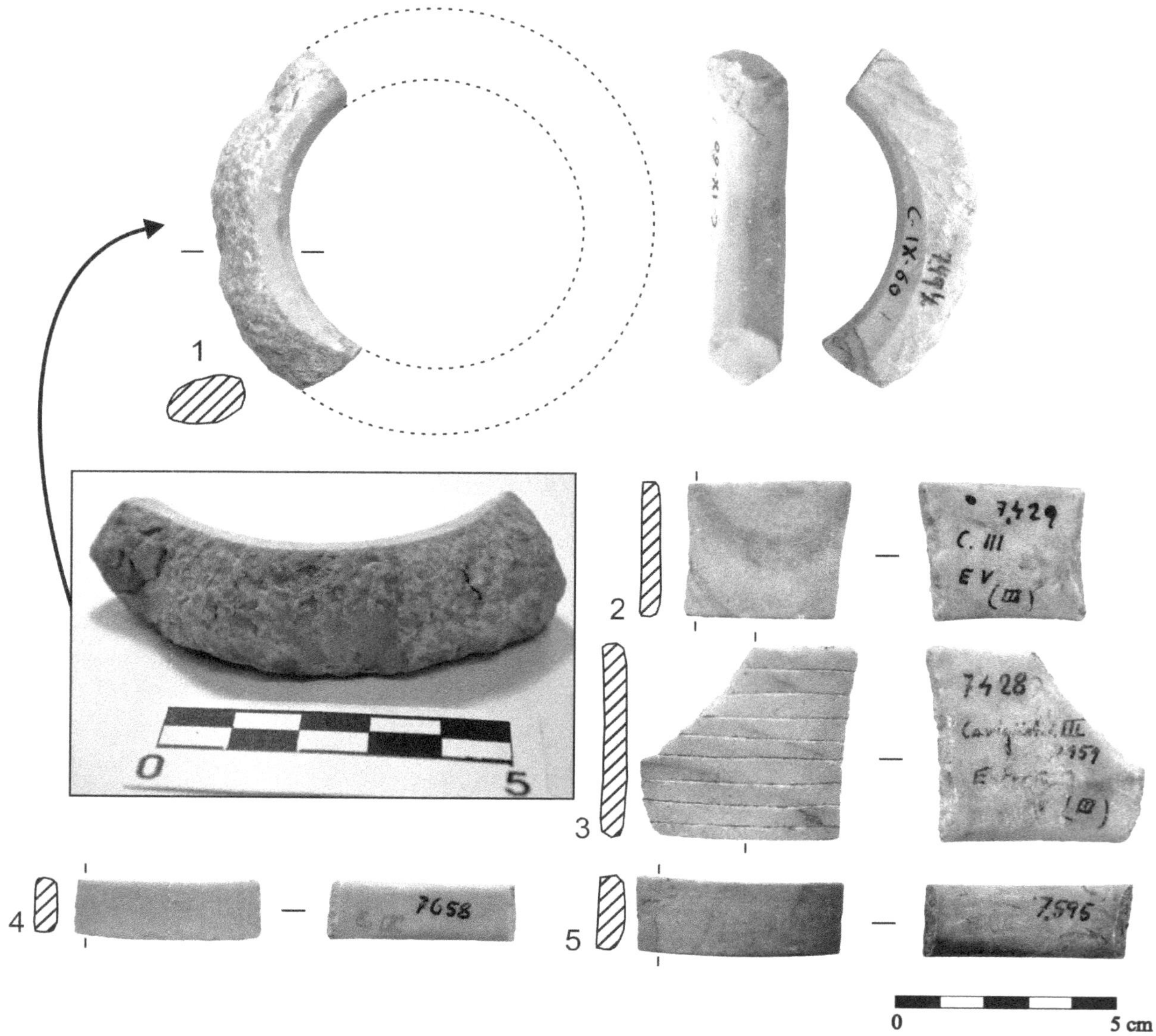

Figura 34. Brazalete en proceso de elaboración y acabados de la Cueva de la Carigüela (Piñar, Granada)

la gran cantidad de restos en la cavidad que atribuye a un uso como hábitat y recinto funerario durante el Neolítico. El siguiente en realizar intervenciones en el yacimiento será J.C. Spahni (1955), su actuación la realizó en la gran sala de la entrada, pero desistió al no documentar restos paleolíticos que sí logro localizar en la Cueva de la Carigüela. Los estudios venideros se centrarán en esta cueva relegando el protagonismo de la Cueva de las Ventanas.

Los siguientes trabajos sobre la cavidad se ocuparán del estudio de materiales procedentes de la misma, como cerámicos (Navarrete *et al.* 1991), restos óseos humanos (García 1960) o útiles sobre huesos animales (Salvatierra 1982). Durante este periodo se llevaron a cabo en la cueva continuas visitas por clandestinos que terminaron por destrozar el yacimiento. Esto motivó que en 1996 se llevaran a cabo trabajos de acondicionamiento para facilitar la visita turística y proteger los posibles niveles inalterados. Los trabajos dirigidos por J.A Riquelme ofrecieron una recopilación de la historia de la cavidad y los restos arqueológicos en ella localizados (Riquelme 2002). Se pudo constatar la presencia humana desde el Paleolítico Superior (Sánchez 2002) hasta la Prehistoria Reciente. La ocupación más constante fue su uso como osera y cubil de hienas (Riquelme 1988) en diversos momentos del Pleistoceno.

El registro arqueológico obtenido de Ventanas podríamos decir que es similar al de Carigüela, incluso complementario para ciertos momentos culturales. Parece que no fue habitada durante el Musteriense como sí ocurrió en Carigüela. Las condiciones internas caracterizadas por la presencia de agua, debió motivar que no se ocupara de forma permanente. En el registro arqueológico que conocemos se intuye la presencia de poblaciones del Paleolítico Superior por algunas piezas líticas típicas, como serían las hojas de laurel solutrenses, que no han sido constatadas en Carigüela.

El registro arqueológico neolítico está presente desde sus fases más antiguas cardiales, con todo tipo de motivos impresos, incisos, plásticos, lisos, etc. (Álvarez 2004).

La secuencia neolítica, sería similar a la de Carigüela, en el caso de Las Ventanas se ha obtenido una fecha radiocarbónica procedente de restos óseos humanos, que fecharía este uso funerario en el 4451-4047 cal. a.C. en el Neolítico Medio (Álvarez 2004, 33).

Los materiales recuperados de este yacimiento se encuentran depositados en el Museo Arqueológico y Etnográfico de Granada. Somos conscientes de lo sesgado de este registro, que sería enormemente superior, teniendo en cuenta la cantidad de expolio sufrido en esta cavidad. Los brazaletes recuperados se encuentran muy alterados por procesos de disolución, provocados por la humedad del yacimiento y su material calizo. El conjunto está muy fragmentado, por lo que hemos tenido que estimar el número mínimo de piezas a partir de los grosores y diámetros (Fig. 35:1). Finalmente hemos catalogado un total de 22 brazaletes estrechos (Fig. 35:2) y uno del tipo ancho sin decoración. Son todos ellos de caliza de color gris a excepción del ancho elaborado en mármol.

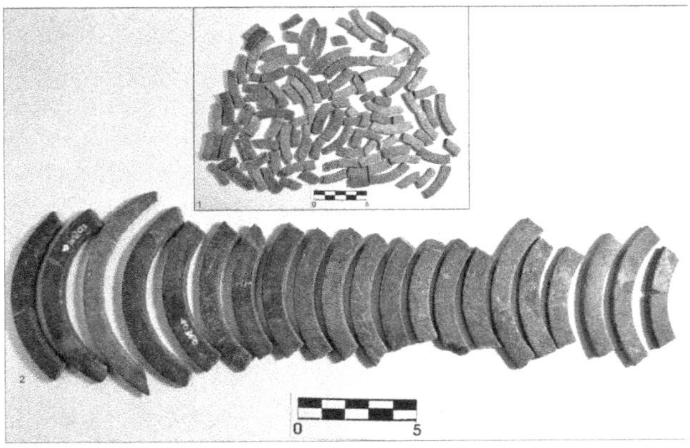

Figura 35. Brazaletes estrechos de la Cueva de las Ventanas (Piñar, Granada)

La funcionalidad de esta cavidad, al igual que Carigüela, debió ser eminentemente funeraria y ritual durante la Prehistoria Reciente (Carrasco *et al.* 2010b). En este caso, más acentuada por las características de humedad e irregularidad de su superficie. Esto no es inconveniente para que en momentos esporádicos se haya usado con otros fines. El uso de esta cueva es dilatado en el tiempo, desde el Paleolítico Superior al Neolítico, y diferentes fases de la Edad de los Metales (Carrilero 1992; Díez y Pecete 2000). En la Prehistoria Reciente destacan la multitud de enterramientos y con este uso hay que relacionar los brazaletes que aparecen en la cavidad, bien como ajuares u objetos depositados de una forma ritual.

2.1.2.10. Cueva del Agua (Prado Negro)

Esta cueva se abre en las cumbres de Sierra Harana, en el tajo Grande del Jinestral, a una altitud de 1800 m.s.n.m. Se encuentra en la zona sur del término municipal de Iznalloz, en la línea divisoria con el término municipal de Huétor Santillán. Es una cueva bastante profunda con un recorrido lineal de unos 1000 m, está formada por salas comunicadas por estrechos pasillos y con dos aberturas hacia el exterior, una de mayor tamaño que ha servido de aprisco para ganado (Fig. 36) y otra de menores dimensiones. Las exploraciones de la cueva se llevaron a cabo a partir de 1969 por componentes del Grupo de Espeleología Granadino y también fue objeto de prospecciones por parte de miembros del Departamento de Prehistoria y Arqueología de la Universidad de Granada en el año 1970. Aunque su descubrimiento y exploración se remonten tiempo atrás, pues en su interior se han llevado a cabo trabajos mineros para la obtención de falsa ágata.

Figura 36. Entrada principal a la Cueva del Agua (Prado Negro, Granada)

Esta cavidad ha aportado un importantísimo registro arqueológico neolítico, proveniente de recogidas superficiales de las cuales se publicaron gran parte de los materiales (Navarrete y Capel 1977; 1979). En el registro material dado a conocer destaca el conjunto cerámico, que está formado por recipientes globulares con cuellos marcados y sistemas de aprehensión, destacan la presencia de asas-pitorro y el barroquismo de los motivos decorativos. En las decoraciones hay un predominio de las impresiones, con peine u otros elementos dentados, además de las incisiones, en muchos casos los motivos decorativos están rellenos de pasta de ocre. Los motivos decorativos son generalmente geométricos aunando series paralelas y verticales, pero sin duda los más destacados son las representaciones simbólicas constituidas por antropomorfos y zoomorfos. La otra parte más relevante del conjunto material es la amplia variedad de objetos de adorno compuesto por conchas perforadas (*Cypraea*), colgantes a partir de labios de conchas, cuentas de concha y caliza, que han permitido reconstruir un colgante completo (Fig. 37) y brazaletes de piedra de diferentes tipologías. El registro lo completan laminitas de sílex, una pequeña azuela elaborada en silimanita y apuntados sobre diferentes soportes óseos animales.

La mayoría de estos materiales fueron depositados en el Museo Arqueológico y Etnográfico de Granada y hemos tenido acceso a su estudio. Se han catalogado 70 brazaletes de los cuales 63 son del tipo estrecho y solo se ha conservado pequeños segmentos de circulo (Fig. 38), por lo que el número de piezas se ha determinado a partir de los grosores, anchuras y diámetros. En contraposición a la mala conservación de esta parte del conjunto, se documentan varias piezas completas o prácticamente completas, tanto del tipo estrecho como mediano (Fig. 39:1, 2, 3, 4 y 5). Los brazaletes anchos son los más escasos numéricamente, ya que solo existen cuatro piezas, dos decoradas con líneas paralelas. La materia prima más usada es la caliza de color negro con 60 piezas mientras que el mármol (9) y el esquisto (1) están escasamente representados.

Hemos tenido la oportunidad de tener una entrevista con el espeleólogo que recogió y entregó este conjunto de materiales al museo, según sus descripciones la mayoría de estos brazaletes se hallaron en una sala más o menos circular de unos 10 m de diámetro situada a unos 30 m de la entrada alejada de toda luz natural. Los brazaletes se situaban distribuidos por los bloques de piedra, muchos de ellos movidos por procesos clásticos, pero otros se ubicaban sobre repisas naturales en las coladas estalagmíticas. No sabemos si esta distribución fue intencionada o fruto de procesos postdeposicionales, lo que si podemos afirmar es que no estaban asociados a restos humanos inexistentes en esa sala.

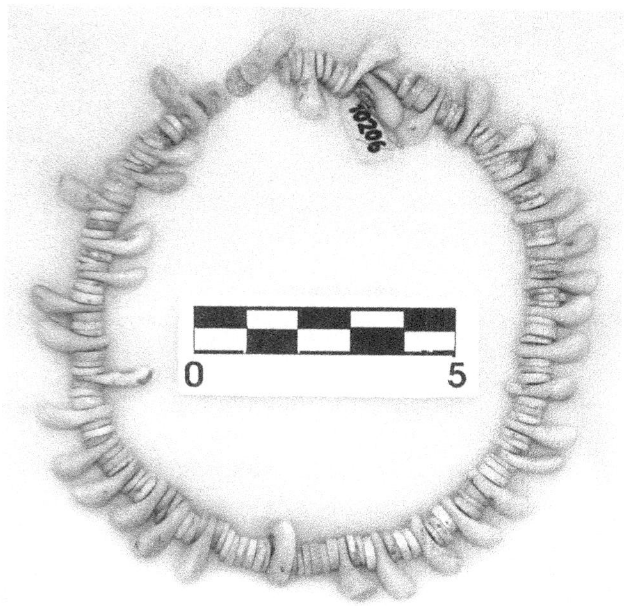

Figura 37. Colgante de cuentas y en forma de lagrima de concha de la Cueva del Agua (Prado Negro, Granada)

La cronología de utilización de esta cueva se puede fechar en el Neolítico Antiguo, si consideramos que el grueso de las tipologías cerámicas y de adorno responden a patrones de este horizonte más que de otros períodos posteriores.

La cavidad con unas condiciones internas de intensa humedad, cercanas al 100%, y externas muy limitadas, por un medio físico poco propicio para el laboreo agrícola, con pastos de ciclo breve en espacios muy restringidos por el relieve calizo de tipo lapiaz, no tuvo precisamente una

Figura 38. Conjunto de brazaletes estrechos recogidos en la Cueva del Agua (Prado Negro, Granada)

función de hábitat. La buena conservación y características de su registro arqueológico también confirman esta funcionalidad funeraria o ritual, destacando en este aspecto los abundantes objetos de adorno personal y el carácter simbólico de algunas de las cerámicas que conformarían su registro. La falta de restos óseos humanos, puede ser fruto del propio devenir histórico de la cavidad. Recordemos que se han llevado a cabo trabajos mineros, además de la caída de grandes bloques del techo. También cabe la posibilidad de que las inhumaciones no fuesen tan frecuentes como en otras cavidades, teniendo una función más ritual que de necrópolis.

2.1.2.11. El Peñón de Salobreña (Salobreña)

El Peñón de Salobreña geológicamente es un islote que estuvo apartado de la costa por varios cientos de metros (Fig. 40:1). Los procesos de erosión y sedimentación, acelerados por las deforestaciones antrópicas, han convertido este islote en una península. Según los datos históricos, El Peñón acaba de unirse por aluviones del rio Guadalfeo hacia el año 1787, así lo pone de manifiesto M. de Moñino que describe la conexión definitiva del Peñón de Salobreña con tierra firme debido al aluviamiento del río (Moñino 1788).

La presencia de restos arqueológicos en este enclave es conocida desde muy antiguo. Las visitas por parte de expoliadores hicieron necesaria una intervención de urgencia, para valorar la secuencia de ocupación del sitio y rescatar la máxima información histórica posible. Las excavaciones se llevaron a cabo en el verano de 1992 dirigidas por O. Arteaga. Durante la excavación se hallaron entre los recovecos de la roca fragmentos cerámicos neolíticos. Estos materiales se encuentran depositados en el Museo Arqueológico y Etnográfico de Granada. Del exiguo conjunto, en la cerámica destaca un fragmento del borde de una olla, con un mamelón aplanado cerca del labio, del cual arrancan cordones aplicados decorados mediante impresiones digitales. El resto de las cerámicas son amorfos y algún otro fragmento con decoraciones plásticas e incisa. La única pieza lítica lo constituye un fragmento de brazalete de mármol.

La pieza es de tipo medio, elaborada en mármol marrón veteado, destacando el pulido muy fino casi cristal de la superficie exterior (Fig. 40:2).

Este yacimiento hay que relacionarlo con la captación de recursos marinos en una época en la que el peñón era una isla. Los restos documentados no nos permiten afirmar que se trate de un asentamiento permanente, sino más bien un lugar de aprovisionamiento esporádico, utilizado por las comunidades neolíticas que habitaban los rebordes montañosos de la costa.

2.1.2.12. El Vínculo (Lobres)

En el Museo de la villa de Salobreña se conserva un conjunto de elementos pulimentados y junto a ellos se halla un brazalete en proceso de elaboración con un diámetro exterior de unos 12 cm. Los materiales no pertenecen a un yacimiento concreto sino a una zona denominada El Vínculo, en la pedanía de Lobres. Se trata de una zona ubicada a unos 5 km al noreste de Salobreña, en el margen derecho del río Guadalfeo. El posible yacimiento se sitúa cerca de la Cueva del Capitán (Navarrete 1976). En esta cavidad se llevaron a cabo excavaciones en la que se documentó una fase neolítica con cerámica cardial. También en las proximidades, pero al norte, se ha localizado y publicado recientemente la existencia de un asentamiento neolítico en el Tajo de los Vados (Martín 2014). No tenemos suficientes datos como para sacar otro tipo de conclusiones sobre el emplazamiento a excepción de la presencia de ese fragmento de brazalete en proceso (Fig. 40:3).

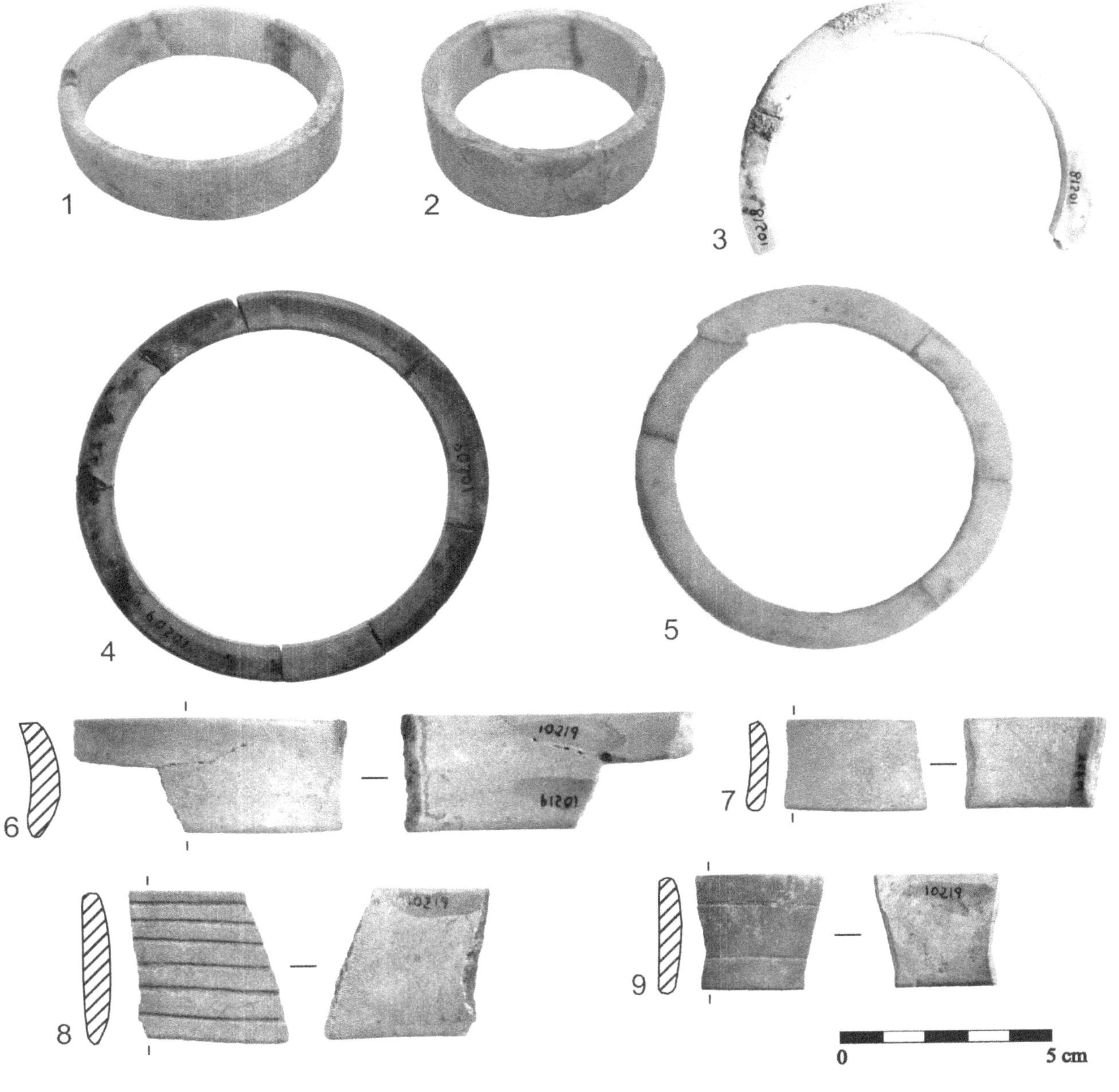

Figura 39. Brazaletes de piedra de la Cueva del Agua (Prado Negro, Granada)

Figura 40. 1. Vista desde el sur del Peñón de Salobreña (Imagen Google Earth); 2. Brazalete localizado en las excavaciones de urgencia en el Peñón y 3. Brazalete en proceso y restos de pulimentados de El Vínculo (Lobres, Granada)

2.1.2.13. Sima del Carburero y Sima del Conejo (Alhama de Granada)

Estos dos yacimientos junto con Sima Rica y la LJ-11 fueron objeto de prospecciones en el año 1976 por el Servicio de Investigaciones del Patronato de Estudios Arqueológicos Cueva del Agua. Las Simas Carburero y Conejo se ubican en Sierra Gorda, en el extremo occidental de la provincia de Granada. Esta sierra es una mole caliza pobre en vegetación, agua y suelos, probablemente por procesos de deforestación. Las cavidades se encuentran en el sector oriental del complejo Kárstico por encima de los 1000 m.s.n.m. Las simas se escalonan en altura en el valle, que se abre entre Sierra de la Blanquilla y el Cerro de la Palomera. La situada a más baja cota es la Sima del Conejo seguida del Carburero y finalmente Sima Rica.

Solo vamos a hacer referencia a las Simas de Conejo y Carburero por haberse documentado brazaletes en ellas, pero los registros materiales de las tres cavidades son muy similares y seguramente es circunstancial que no se hayan localizado brazaletes en el caso de los materiales recogidos en Sima Rica (Botella *et al.* 1981; 1983).

La Sima del Carburero se encuentra a unos 20 m a la izquierda de la pista Alhama-Zafarraya. La entrada había sido bloqueada por los pastores para evitar la caída del ganado, y fue desobstruida en 1980 por parte del Grupo espeleológico Ilíberis de Granada. El acceso se encuentra en el fondo de una dolina y se trata de una boca estrecha que inmediatamente da acceso a un pozo de forma acampanada de 14 m que termina en una amplia sala. Hacia el oeste se baja por una rampa de bloques inestables hasta un gran caos de bloques que impiden la progresión. La sala hacia el este también termina en otro caos de bloques, este sí salvable dando acceso a un pozo de 12 m. La rampa inferior a este pozo se encuentra acondicionada por muretes de piedra seca a manera de escalones a intervalos regulares. Es muy probable que fueran construidos por un famoso buscador de tesoros de Alhama de Granda que recorrió todas estas cavidades a principios de siglo buscando oro (Menjibar *et al.* 1981).

La Sima del Conejo se localiza a unos 300 m dirección este de la Sima del Carburero. Es conocida como yacimiento desde 1969 por lo que ha sufrido continuos destrozos y hoy día apenas existen restos arqueológicos en ella. La sima está formada a partir de una diaclasa en dirección noroeste-suroeste. Posee dos entradas, la más accesible es la norte, a través de ella se baja un pozo de 8 m que da paso a una galería descendente de unos 6 m de ancho. Esta galería está ligeramente iluminada por la luz exterior y al final de ella se acede a otro pozo tras el cual después de varias rampas se alcanza la máxima profundidad de la cavidad (Menjibar *et al.* 1981).

Los materiales de estas cavidades han sido recogidos en superficie y se encuentra en parte depositados en el Museo Arqueológico y Etnográfico de Granada. Los conjuntos cerámicos están compuestos por vasijas globulares, ovoides y de paredes rectas. Destacan las decoraciones que, en mayoría, consisten en incisiones e impresiones con instrumentos dentados y en ocasiones rellenos de pasta roja. Los cordones lisos o decorados también son frecuentes. Los motivos decorativos son geométricos y se han documentado dos fragmentos con figuras antropomorfas (Fig. 41). De estos motivos, destaca el de la Sima del Conejo (Fig. 41:1), situado en un fragmento de una vasija de paredes rectas que representa un incompleto antropomorfo con parte del cuerpo relleno de múltiples impresiones y brazos en alto, configurados por impresiones paralelas de *Cardium*, que se cierran sobre la cabeza sujetando un sol (Carrasco *et al.* 2010a; 2015).

El resto de materiales localizados en estos yacimientos lo componen tres brazaletes de mármol. De la Sima del Conejo se ha estudiado un brazalete de mármol del tipo ancho decorado con cuatro líneas incisas y con restos de ocre (Fig. 41:4). Y en la Sima del Conejo dos brazaletes de tipo medio también elaborados en mármol, uno blanco (Fig. 41:5) y otro ligeramente veteado blanco y gris (Fig. 41:3).

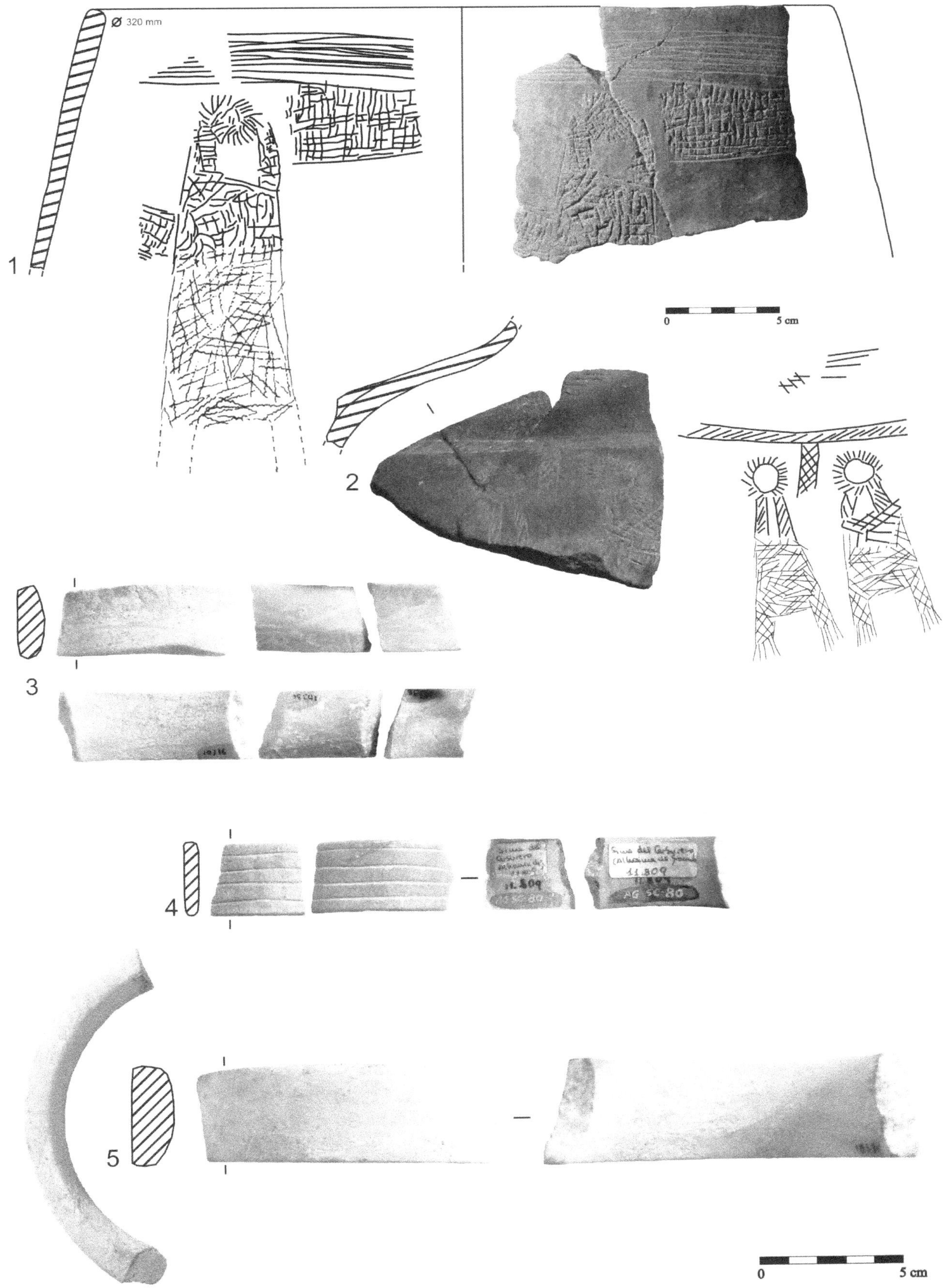

Figura 41. Cerámicas con representaciones antropomorfas: 1. Sima del Conejo; 2. Sima del Carburero. Brazaletes: 3 y 5. Sima del Conejo y 4. Sima del Carburero (Alhama de Granada, Granada)

Las características de estos yacimientos situados en cavidades angostas de difícil acceso y con ningunas condiciones de habitabilidad, unido a las cerámicas profusamente decoradas y algunas con motivos simbólicos, nos permiten relacionar estos lugares con actividades de tipo ritual o funerario. En este contexto los brazaletes formarían parte en los rituales allí realizados o como elementos aportados junto a las posibles inhumaciones. El marco cronológico que ofrecen estos materiales se puede correlacionar con las dataciones obtenidas para la cercana Sima LJ-11 o Cueva de la Mujer situándolos en el último tercio del VI milenio a. C.

2.1.2.14. Cueva de los Molinos (Alhama de Granada)

La cueva se encuentra situada junto al núcleo urbano de Alhama de Granada, en una de las pendientes que descienden desde el pueblo al cauce del río Alhama en la zona denominada como El Cañón, frente a la antigua fábrica de harinas, de ahí el nombre de Cueva de los Molinos. El descubrimiento de los primeros restos tuvo lugar en 1968 en el transcurso de unas obras para la construcción de un camino de acceso al pueblo. En ese primer momento se recogieron los primeros materiales. La gran visera de la cueva de unos 12 m se utilizó como frente de cantera lo que provocó que una voladura pusiera a la intemperie un enterramiento en una grieta. El enterramiento poseía como ajuar cuatro hachas pulimentadas de basalto, alguna de ellas de más de 27 cm y dos grandes hojas de sílex con una longitud de 20 cm. A partir de este momento en la cueva se van a realizar diferentes prospecciones por parte de estudiosos de Granada y del municipio. De toda la cantidad de materiales que se tiene constancia solo se han publicado algunos de ellos, que fueron donados tanto al Departamento de Prehistoria de la Universidad de Granada como algunos restos humanos al Laboratorio de Antropología Física (Navarrete *et al.* 1985).

La mayor parte del conjunto material está formado por cerámicas, tanto lisas como decoradas. Las formas más destacadas son las globulares, con cuellos entrantes, marcados y bordes rectos o entrantes. Los recipientes son de tamaño medio y algún vaso de tamaño pequeño. Los añadidos plásticos están constituidos por asas de diferentes tipos (cinta, tubulares, asas-pitorro, etc.), mamelones y cordones con ungulaciones e incisiones. Las decoraciones son principalmente incisas formando motivos geométricos, aunque existen impresiones con elementos apuntados. Los útiles de hueso están constituidos por un punzón y una pieza tubular. El resto de los materiales lo completan un núcleo de láminas de sílex y seis brazaletes de piedra.

Los brazaletes están constituidos por seis fragmentos, cinco de brazaletes anchos y uno del tipo medio. De este conjunto de brazaletes hemos tenido acceso a una de las piezas, realizada en mármol y muy probablemente todo el conjunto esté elaborado en esta litología, aunque en la publicación original se determinan como calcita (Navarrete *et al.* 1985,56). Las piezas destacan por su acabado exterior pulido y la delgadez de sus paredes, mientras que cuatro de las piezas están decoradas con líneas paralelas y rellenas con pasta roja.

El contexto de esta cueva es semejante a otros de la zona que hemos descrito como la Sima del Conejo, Sima del Carburero, Sima Rica, Sima de LJ-11 o la cercana Cueva de la Mujer, por lo que nos encontramos ante un sitio eminentemente destinado a enterramientos u otras actividades de tipo ritual. Los numerosos restos humanos localizados en esta cavidad, en algún caso con suntuosos ajuares asociados directamente, y la calidad y variedad del registro nos permite esta definición contextual. La cronología de este emplazamiento a tenor de su registro material debió ser dilatada en el tiempo. El uso se situaría desde el Neolítico Antiguo representado por las cerámicas decoradas, formas globulares y brazaletes de piedra, hasta la Edad del Cobre como indicaría el enterramiento y la presencia de grandes láminas de sílex indicativas de este momento cultural (Morgado *et al.* 2009).

2.1.2.15. Cueva de la Mujer o del Agua (Alhama de Granada)

La Cueva de la Mujer o del Agua está constituida por un complejo con dos entradas unidas por una gatera. Los nombres de Agua y Mujer corresponden a las denominaciones otorgadas a las dos entradas, en origen por los investigadores que realizaron trabajos en ellas. El complejo de la Mujer/Agua está a 830 m.s.n.m. se localiza en la parte baja de un afloramiento calizo a 200 m de los baños termales, al norte del casco urbano de Alhama de Granada, en la orilla izquierda del río Alhama. Existen otras bocas de entrada menos conocidas, especialmente hacia el sector oeste. Aunque la principal es la de la Cueva del Agua que da paso a un conjunto de galerías que corren paralelas a la base del escarpe donde se ubica con un desarrollo espacial horizontal de unos 120 m de longitud.

Es uno de los yacimientos con más tradición en las investigaciones arqueológicas del sur peninsular. Los primeros trabajos de excavación fueron realizados por G. McPherson en la Cueva de la Mujer y, posteriormente, por M. Pellicer en Cueva del Agua. De las excavaciones realizadas en este complejo el mayor historial bibliográfico corresponde a la boca de entrada de la Mujer. Los trabajos realizados por McPherson, de algo más de mediados del siglo XIX (McPherson 1870), resultaron novedosos para la época, cuando todavía no se tenía un amplio conocimiento sobre yacimientos de esta cronología. La entrada del Agua es conocida por trabajos más modernos, realizados por M. Pellicer y M. García Sánchez (Pellicer 1964b), y ha tenido menos trascendencia bibliográfica ya que la publicación de M. Pellicer formaba parte de una de sus muchas actividades realizadas en la provincia de Granada.

El material arqueológico recuperado en las diferentes intervenciones se encuentra repartido entre los Museos Arqueológicos de Madrid, Granada y Sevilla, aunque

también existen restos en el Museo Británico y en la antigua Institución Libre de Enseñanza. Las referencias sobre la Cueva de la Mujer son múltiples, con citas entre otros por parte de A. del Castillo (1928), P. Bosch Gimpera (1932), L. Pericot (1934), J. Eguaras (1947), J. San Valero (1948a; 1948b), P. Laviosa Zambotti (1955), M. Pellicer (1964b), etc.; siendo el trabajo más completo de síntesis el realizado por M.ª S. Navarrete (1976).

En la entrada del Agua, M. García Sánchez y M. Pellicer en septiembre de 1957 y 1958 (Pellicer 1964b) abrieron dos sondeos, obteniendo una estratigrafía en la que se describen seis estratos, de los cuales tres son revueltos y uno estéril. El estrato IV y V es donde aparecen la mayoría de los restos arqueológicos: en el primero de ellos (IV) se describen restos humanos sin especificar y, en el segundo y más profundo (V), la presencia de dos enterramientos individuales completos y otros destrozados. Los restos humanos de estos enterramientos se encuentran depositados en el Laboratorio de Antropología Física de la Universidad de Granada, hemos tenido acceso a ellos y obtenido dos dataciones por AMS correspondientes a los dos enterramientos completos. Las dataciones han ofrecido fechas de 5301-5060 y 5204-4850 cal. a. C. situando estos enterramientos en el final del VI milenio a. C. (Carrasco y Martínez-Sevilla 2014).

El registro material de las diferentes intervenciones está compuesto por cerámicas tanto lisas como decoradas. Los tipos decorativos se corresponden de una manera sistemática a motivos plásticos en relieve, cordones lisos o con digitalizaciones, incisos con temáticas muy variadas, puntillados, decoraciones a la almagra, etc. No existiendo cerámicas impresas, aunque M. Pellicer indica un fragmento de la Cueva del Agua con motivos impresos (Pellicer 1964b). Los útiles de hueso están compuestos por algunos punzones, colgantes con perforación central y dientes perforados. Existen conchas perforadas para collares y en piedra algunas hojitas y lascas de sílex, así como algún objeto en piedra pulimentada. M.ª S. Navarrete, tras el estudio del registro arqueológico de esta cueva, depositado en el Museo Arqueológico de Granada, describe "huesos animales y humanos en gran cantidad" (Navarrete 1976, 292).

Los brazaletes referidos en este yacimiento son los dados a conocer en los trabajos dirigidos por M. Pellicer (1964b). Se recuperaron varios objetos de adorno, entre los que se documentaron algunos fragmentos de brazaletes del tipo ancho, decorados con líneas incisas paralelas. En aquellos momentos, sin prueba empírica alguna, a excepción de que un fragmento de brazalete apareció en el relleno de la fosa cerca de los miembros inferiores de uno de los enterramientos, se interpretaron como tobilleras, error que hasta la actualidad se ha mantenido en múltiples referencias. Lo que sí es seguro es que estos fragmentos aparecieron en el relleno sedimentario de las fosas de los enterramientos, por lo que las fechas de estos permiten situarlos de forma sincrónica o anterior a las inhumaciones.

El complejo de la Mujer/Agua es similar a los contextos que venimos describiendo en la zona de Alhama de Granada, la cercana Cueva de los Molinos u otras más alejadas como la Sima del Carburero, Sima Rica o la Sima del Conejo son cuevas que se destinaron, casi con exclusividad, al enterramiento o a funciones rituales que desconocemos, y así se ha puesto de manifiesto y analizado en detalle (Carrasco *et al.* 2010a). Los brazaletes formarían parte de los ajuares u ofrendas depositadas en estos yacimientos.

2.1.2.16. Los Castillejos (Montefrío)

El asentamiento de Los Castillejos está situado en el paraje conocido como Las Peñas de los Gitanos, en el término municipal de Montefrío. Este enclave forma parte de las Cordilleras Béticas y está formado por materiales calizos que constituyen las partes altas y margas en las bajas. El paisaje Kárstico lo componen pasillos y mesetas situadas a diferentes niveles (Fig. 42). El conjunto arqueológico lo conforman básicamente dos entidades: la necrópolis megalítica y el asentamiento prehistórico de Los Castillejos. El poblado está ubicado en una meseta a 1050 m.s.n.m. orientado al suroeste y controlando el valle (Fig. 43). Lo agreste y aislado de esta zona ha permitido que se mantenga prácticamente al margen de las actividades humanas a excepción de las zonas bajas y llanas de Las Peñas que sí se han cultivado ocasionalmente.

Figura 42. Vista de la Sierra de Parapanda desde el poblado de Los Castillejos (Montefrío, Granada)

Las primeras noticias científicas sobre Las Peñas de los Gitanos son proporcionadas por M. de Góngora y Martínez (1868). Estas iniciales investigaciones se centraron en los sepulcros megalíticos. Las mismas serán objeto de excavaciones a principios del siglo XX por C. Mergelina (1941), e incluidas en el catálogo de megalitismo del sur de la península ibérica del matrimonio Leisner (Leisner y Leisner 1943). La importancia de esta necrópolis reside en la asociación directa con el asentamiento de Los Castillejos. Las primeras intervenciones en este asentamiento fueron realizadas por C. Mergelina, pero solo se excavaron niveles romanos (Mergelina 1945-1946), fue M. Tarradell el que en 1946 realizó las primeras excavaciones en profundidad, aunque no fueron publicadas. La secuencia del yacimiento fue completada en las intervenciones del Departamento de Prehistoria y Arqueología de la Universidad de Granada entre los años 1971 y 1974 (Arribas y Molina 1979) y además entre 1991 y 1994. Los siguientes trabajos se han centrado en la consolidación, conservación y puesta en valor del enclave arqueológico.

Figura 43. Vista hacia el este del yacimiento de Los Castillejos (Montefrío, Granada)

El asentamiento prehistórico de Los Castillejos ha sido objeto de innumerables estudios referidos a las diferentes fases de ocupación del mismo. La secuencia estratigráfica que se ha dado a conocer está formada 32 fases estratigráficas incluyendo subdivisiones. Las más de 24 dataciones de C14 por AMS han permitido definir una secuencia con 10 grandes periodos culturales compuestos por diferentes fases estratigráficas (Cámara *et al.* 2016). La secuencia es bastante completa a excepción de un hiato de ocupación en el V milenio (Molina *et al.* 2012; 2015; Cámara *et al.* 2016, 10).

De los periodos mencionados aparecen brazaletes en varios de ellos, pero vamos a hacer mención a aquellos que se corresponden culturalmente y donde aparecen más representados (Tab. 2). Estos periodos se corresponderían con los momentos culturales definidos como el Neolítico Antiguo, Medio y Reciente.

Periodo I (5400-5000 cal. a. C.). La ocupación del sitio se inicia con el acondicionamiento de un caos de bloques y la construcción de las primeras estructuras de combustión. Estas estructuras son anillos de piedra y barro, en las cuales se han localizado los únicos fragmentos de cerámica cardial del yacimiento. La cultura material está constituida por cerámicas con decoración cardial y otros tipos de impresiones a peine. En estos primeros niveles las cerámicas a la almagra son muy abundantes y en la industria lítica aparecen hojitas y muy escasos geométricos.

Periodo II (5000-4900 cal. a. C.). La ocupación continúa con hogares y hornos y se documentan abundantes semillas quemadas y sílex alterados térmicamente. El material cerámico está compuesto por decoraciones con incisiones e impresiones a punzón, siendo el tipo más frecuente los vasos ovoides de tamaño considerable. También son frecuentes los cordones lisos y decorados.

Periodo III (4200-3600 cal. a. C.). Está formado por los niveles situados encima de un hiato que afecta a gran parte del V milenio a. C. En esta fase comienzan a aparecer las primeras grandes fosas, y se han podido identificar tres fases constructivas en este periodo. En el material cerámico perviven las formas de botella y globulares, pero ahora se hacen más frecuentes las cazuelas de inflexión marcada. En los útiles de sílex las hojas de cresta marcan un cambio fundamental en el método de talla para la extracción de los soportes. Esta nueva tecnología se ha resaltado que va unida a otros cambios sociales, como la consolidación agropecuaria, la identificación comunal y la erección de las primeras sepulturas (Cámara *et al.* 2016, 16).

Los materiales de las excavaciones del asentamiento de Los Castillejos se encuentran distribuidos entre el Museo Arqueológico de Granada y el Departamento de Prehistoria y Arqueología de la Universidad de Granada. La base de datos del material de las excavaciones realizadas en la década de los noventa por el Departamento de Prehistoria ha sido cedida por J. Cámara y F. Molina. De igual forma hemos tenido acceso a parte del material directamente.

Se han documentado un total de 93 fragmentos de brazaletes de piedra de los cuales 87 poseen contexto estratigráfico y 6 no (Tab. 2). De este conjunto, se han estudiado de forma directa 24 piezas de las cuales 17 son piezas acabadas y 7 son desechos de producción.

Las piezas en proceso están constituidas por fases muy avanzadas de la cadena operativa, es posible que no se hayan reconocido en la excavación o hayan pasado por instrumental macrolítico, los primeros estadios del proceso. La materia prima empleada es el mármol y la caliza y la tipología de los productos son anchos y estrechos (Fig. 44:1, 2, 3, 4, 5 y 6), destaca la tosquedad de los acabados al igual que en las piezas finalizadas.

En el caso de los brazaletes acabados la materia prima más usual es la caliza, con 13 piezas seguida de la pizarra con 4. Tipológicamente destacan los brazaletes estrechos (Fig. 44:8, 9 y 10) y los anchos poseen un grosor muy basto (Fig. 44:7). La decoración está presente en solo una pieza del tipo ancho a base de líneas paralelas localizado en la fase 10b. Se ha podido identificar tres piezas con reparaciones o reutilizaciones, dos con perforaciones para elaborar posiblemente colgantes (Fig. 44:6 y 10) y una con el extremo redondeado probablemente para elaborar igualmente un colgante (Fig. 44:9).

El conjunto de materiales de este asentamiento no destaca por su calidad de acabados en los brazaletes, sin embargo, la amplia secuencia estratigráfica nos permite definir cronológicamente la distribución de los brazaletes

Fase cultual	Periodo	Cronología (cal. a. C.)	Fase estratigráfica	Nº Brazaletes
Neolítico Antiguo	I	(5400-5000 a. C.)	1, 2, 3, 4a, 4b, 5, 6	29
Neolítico Medio	II	(5000-4900 a. C.)	7, 8, 9, 10a, 10b, 11a, 11b	39 (1 decorado)
Neolítico Reciente Tardío	III	(4200-3600 a. C.)	12, 13, 14	17
Neolítico Reciente Final	IV	(3600-3300 a. C.)	15, 16a	1
Cobre Antiguo	V	(3300-3000 a. C.)	16b, 17	2
Cobre Pleno	VI	(3000-2600 a. C.)	18, 19	0
Cobre Reciente Tardío	VII	(2600-2400 a. C.)	20, 21, 22	0
Cobre Reciente Final	VIII	(2400-2000 a. C.)	23a, 23b, 23c	0
Bronce Antiguo	IX	(2000-1800 a. C.)	24	0
Sin contexto				6
			Total	93

Tabla 2. Recuento de brazaletes por fases y atribución cronológica en la secuencia de Los Castillejos (elaborado a partir de Cámara *et al.* 2016, 12)

de piedra desde su origen hasta la su desaparición. Los brazaletes aparecen en el asentamiento desde los primeros momentos en el periodo que se ha denominado como Neolítico Antiguo (5400-5000 cal. a. C.) con 29 piezas. La fase que más fragmentos contiene es la correspondiente al Neolítico Medio (5000-4900 cal. a. C.) con 39 brazaletes. El siguiente periodo es el Neolítico Reciente (4200-3600 cal. a. C.), este momento, se sitúa inmediatamente después de un periodo de desocupación del asentamiento de entre 300-500 años (Molina *et al.* 2012; 2015). Los brazaletes que aparecen después de esta fase son 20 piezas: 17 en el Neolítico Tardío, una en el Neolítico Reciente y dos el Cobre Antiguo. Si tenemos en cuenta la suma de los brazaletes de las fases que se corresponderían con el Neolítico Antiguo, estos suman 67 piezas, un 77% de los brazaletes en contexto estratigráfico, mientras que el resto constituirían solo un 22% del total. Esta bajada en el porcentaje de brazaletes, justo después de un periodo de abandono del asentamiento, hay que relacionarlo con procesos de remoción de tierra que se originan el Neolítico Tardío y la aparición de las primeras fosas, se trata pues de materiales pertenecientes a las fases anteriores. La pérdida de significado y uso social de estos adornos queda patente en la ausencia de estos elementos en las tumbas megalíticas de la necrópolis de Los Castillejos.

En este asentamiento se llevaron a cabo procesos productivos como así indican los restos de piezas fracturadas. Los fragmentos de piezas acabadas y usadas ponen de manifiesto el uso cotidiano de los brazaletes, de igual forma, que la reutilización de fragmentos de piezas rotas fortuitamente denota la relevancia de asignar otros usos a estos adornos. Las materias primas son mayoritariamente autóctonas, aunque algunas piezas se elaboran en rocas metamórficas propias de otros ambientes geológicos.

La distribución estratigráfica y cronológica sitúan la aparición de los brazaletes en el Neolítico Antiguo en un lapsus temporal desde el *c.* 5400 hasta el 4900 cal. a. C. aunque es probable que haya reutilizaciones en el Neolítico Reciente de piezas aportadas de momentos anteriores.

2.1.2.17. La Molaina (Pinos Puente)

Está asentado en la suave pendiente del piedemonte de Sierra Elvira en su vertiente sureste. Se trata de un emplazamiento resguardado por una curva natural que forma Sierra Elvira, ligeramente solevado y muy cerca de la llanura de la fértil Vega de Granada. El yacimiento se dio a conocer a raíz de la construcción de un polígono industrial en la zona que ocupaba, por lo que en la actualidad se encuentra totalmente destruido (Sáez y Martínez 1981). Los brazaletes hallados son del tipo ancho, dos de ellos en proceso de elaboración y otro totalmente acabado. El contexto cultural, cronológico y tecnológico de este asentamiento se tratará de forma detallada en el apartado sobre los contextos de producción (epígrafe 3.2.2.2).

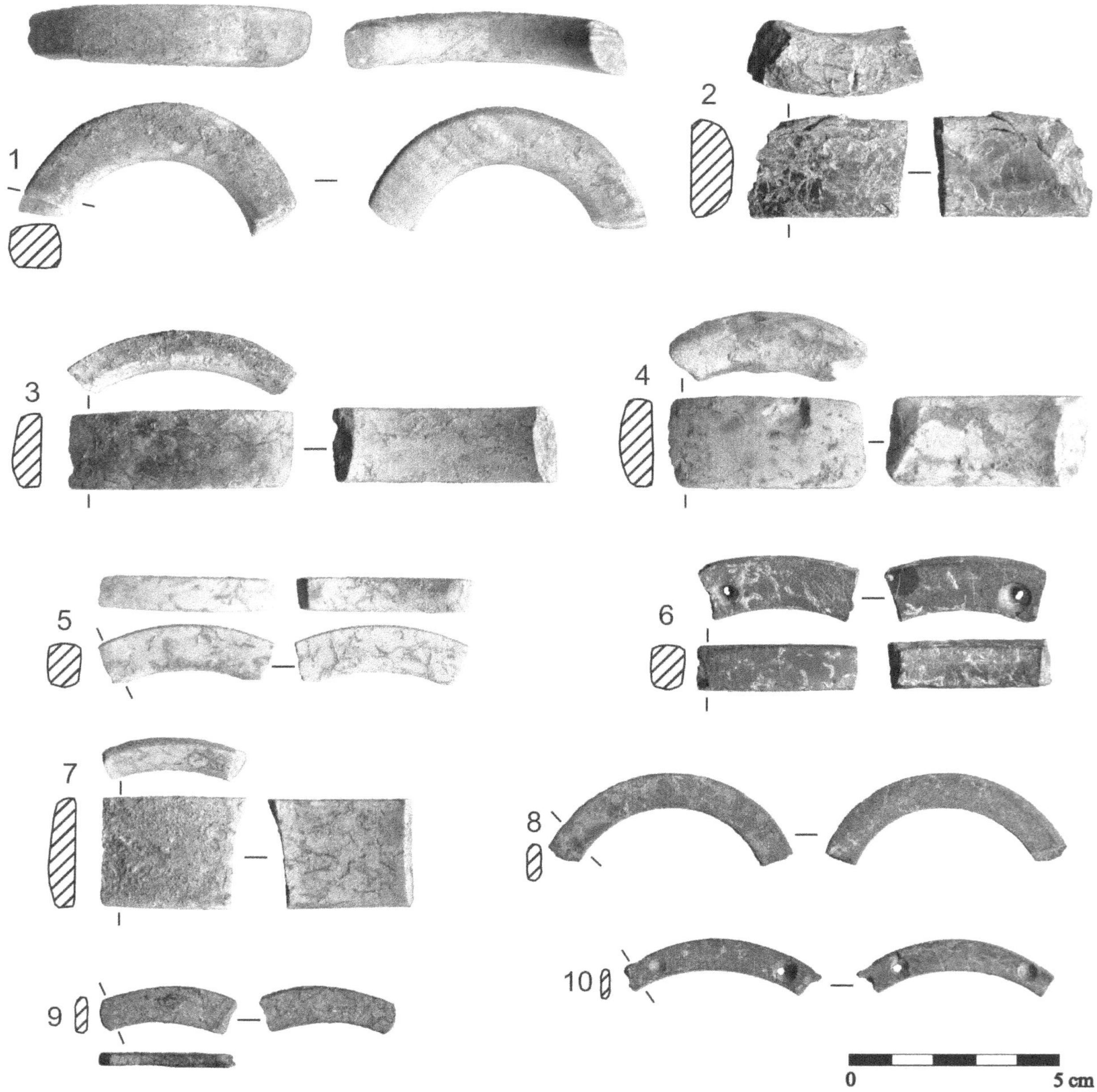

Figura 44. Brazaletes en proceso y acabados de Los Castillejos (Montefrío, Granada)

2.1.2.18. Cueva de las Campanas (Gualchos)

Se localiza en el término municipal de Gualchos y su entrada se orienta al norte en la ladera suroeste del Pico del Águila (555 m.s.n.m.) a unos dos kilómetros en línea recta de la costa. La cavidad tiene un recorrido de 1056 m y un desnivel de 89 m. Se desarrolla a favor de una gran diaclasa de dirección norte-sur. Su morfología se ha constituido finalmente por procesos tectónicos y la caída de bloques.

Sobre la cavidad se han realizado trabajos de diversa temática: climatológica, espeleológica y biológica. Pero desde el punto de vista arqueológico solo existe una publicación, los materiales neolíticos fueron recogidos en diversas prospecciones desde 1975 a 1983 y publicados junto con un somero estudio de otras cavidades de la costa de Granada (Menjibar *et al.* 1983). Los materiales que se han podido documentar son fundamentalmente cerámicos, una lámina de sílex y un fragmento de brazalete del tipo estrecho de mármol. Los vasos cerámicos son generalmente globulares, ovoides y de paredes abiertas. En las decoraciones destacan los cordones con incisiones y las incisiones formando motivos geométricos, también existe un fragmento impreso a peine con decoración pivotante y asas de diferentes tipos.

Esta cueva es profunda, de difícil acceso, con escasas posibilidades para desarrollar en su área de influencia inmediata una mínima economía doméstica de sustento.

Con estas dificultades, ofrece en su interior una surgencia de agua, que justificaría visitas continuadas, al margen de las propias para inhumar. En un reciente trabajo se ha obtenido una datación absoluta por AMS sobre una muestra de resto óseo humano, perteneciente al Neolítico Reciente (Carrasco y Martínez-Sevilla 2014). Por el registro arqueológico que hemos descrito, la cronología tendría que elevarse al Neolítico Antiguo y la funcionalidad debió ser como lugar de enterramiento, como así lo atestiguan los numerosos restos humano localizados en su interior.

2.1.2.19. Cueva de los Murciélagos (Albuñol)

La Cueva de los Murciélagos de Albuñol es uno de los enclaves arqueológicos con más transcendencia de la Prehistoria andaluza y constituye un hito en la historia de las investigaciones prehistóricas de la península ibérica. La cueva es dada a conocer en 1868 por M. Góngora y ha sido objeto de múltiples y controvertidas referencias a lo largo del tiempo. Se han realizado numerosas críticas, desde las vertidas por Gómez Moreno al trabajo de Góngora (Gómez 1933) y otro tipo de objeciones de orden cronocultural más recientes en el tiempo. Sin género de duda, la mayor información de este yacimiento proviene de las labores de recuperación física y oral realizadas por Góngora entre los saqueadores de la época, vecinos de los municipios de Albuñol, Gualchos, Lújar y Albondón. Después de los trabajos del Decano de la Facultad de Filosofía y Letras de la Universidad de Granada, D. Manuel de Góngora Martínez (Góngora 1868), pasaría más de un siglo, hasta que se elaborase un estudio sobre los materiales de esta cueva, aludiendo a la cestería por un lado (Alfaro 1980; 1984) y a la cerámica, industria ósea y lítica por otro (López 1980). En la década de los noventa se realizó un análisis de los esquemas decorativos pintados que presentan ciertos cestillos orgánicos y varias dataciones sobre ellos (Cacho *et al.* 1996). Siguiendo con la historiografía de las investigaciones, recientemente se ha analizado de forma pormenorizada el registro arqueológico de esta cavidad y su relación con las cerámicas peinadas y pintadas de Andalucía (Carrasco y Pachón 2010), así como la relación de los motivos pintados con los soportes esquemáticos del mismo contexto geográfico (Carrasco y Pachón 2009), remarcando la funcionalidad funeraria de la cavidad.

Los materiales más destacados de la cueva son los objetos elaborados en materia orgánica, conservados por un ambiente de sequedad extrema unido a la gran cantidad de guano de murciélago. Estos materiales son de esparto, cestos, sandalias, restos de vestimentas y en madera; un cucharón, un peine, una cajita y astiles de caña para flechas. Destacan las decoraciones que presentan estos objetos hecha a partir de pintura roja y verde formando líneas paralelas, zigzags, triángulos, rombos, esquemas radiales y ajedrezados (Cacho *et al.* 1996).

Los fragmentos cerámicos recuperados deben ser una ínfima muestra de la que debió contener el yacimiento, muestran formas globulares y decoraciones incisas e impresas y asas-pitorro. El conjunto de materiales lo completan algunas piezas de sílex, cuarzo, hachas pulimentadas, punzones de hueso, así como un variado número de objetos de adorno: cuentas de collar, conchas perforadas, defensas de jabalí y brazaletes de piedra y concha, de los ornamentos resalta una diadema de oro creada a partir de una pepita de oro martilleada. Todos los restos se encuentran distribuidos entre el Museo Arqueológico de Granada y el Nacional de Madrid.

En lo que a los brazaletes se refiere, según las referencias bibliográficas existen tres brazaletes de piedra de esta cavidad. En la publicación original de 1868 se hace referencia a dos fragmentos de anillos de piedra y aparecen dibujados (Góngora 1868, 46), aunque no hemos tenido acceso a este material directamente, sí lo hemos podido fotografiar en las vitrinas del Museo Arqueológico Nacional en Madrid (Fig. 45). Sin embargo, en la publicación de los materiales cerámicos, óseos y líticos de P. López (1980) solo se referencia un brazalete de mármol completo y no los dos localizados por Góngora, posiblemente se trate de un material recogido en prospecciones posteriores (López 1980, 172). Los brazaletes son de mármol de tipo estrecho y destacan sus secciones con las esquinas redondeadas.

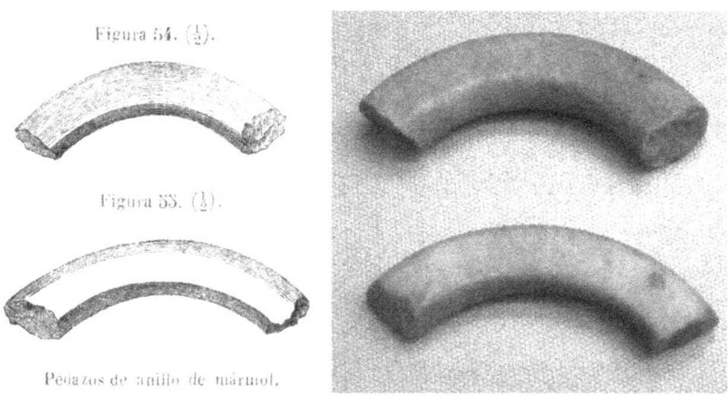

Figura 45. Brazaletes de la Cueva de los Murciélagos (Albuñol, Granada) (dibujos según Góngora, 1868)

El registro material de esta cueva está asociado a un conjunto de enterramientos descritos en detalle por Góngora. La funcionalidad de esta cueva es funeraria y los objetos formarían parte de los ajuares asociados a las personas allí inhumadas, la presencia de adormidera y cabellos humanos en algunos de los cestillos indican la existencia de rituales funerarios que debieron ser complejos (Guerra 2005; 2006).

La atribución cronocultural de este yacimiento ha sido muy debatida, sobre todo por la presencia de la diadema de oro, que ha llevado a algunos autores a rebajar la cronología del conjunto (López 1980). Sin embargo, las dataciones obtenidas sobre los elementos de esparto y madera datan entre finales del VI y principios del V milenio a. C., tan solo una de las datas, sobre madera, se sale de la norma ofreciendo una fecha de mediados del VII milenio a. C., datación esta, muy controvertida al tratarse de un resto de madera que pudo o no pertenecer al momento de uso de la cavidad.

2.1.2.20. Rambla de Santa Elena (Padul)

Los datos que poseemos de este yacimiento son escasos, se restringen a la publicación de M. Duarte en un libro sobre historia local de El Padul (Carrasco 1998). En esta publicación se hace referencia a unos materiales recogidos por Braulio Grajera Rejón en la Rambla de Santa Elena, y se afirma que no salieron de ningún yacimiento, sino que estaban descontextualizados. Esos restos los constituían fragmentos de una olla globular, sin decoración y un fragmento de brazalete de caliza de 8 mm de ancho, 5 de grosor y un diámetro interior estimado de 73 mm. Estos restos son atribuidos al Neolítico por parte del autor de manera acertada. Pocas conclusiones podemos extraer de estos materiales, a parte de su existencia, la olla globular es de clara adscripción neolítica al igual que el brazalete, posiblemente se trate de un asentamiento cercano a un curso de agua.

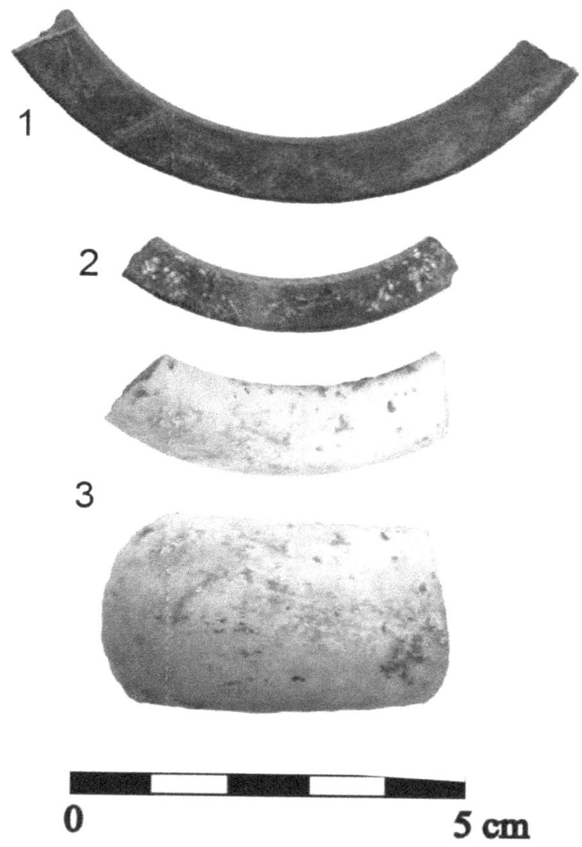

Figura 46. Brazaletes del Tajo de la Mora (1 y 2) y Tajo de los Pollos (3) (Cogollos Vega, Granada)

2.1.2.21. Tajos de la Mora y Tajos de los Pollos (Cogollos Vega)

Los materiales se encuentran depositados en el Museo de Cogollos y provienen de recogidas superficiales por personas del pueblo. Por un lado, los Tajos de la Mora se localizan en la Sierra de Cogollos en la zona sur de la Solana de la Mora, justo encima del núcleo urbano. Los restos arqueológicos localizados en este emplazamiento son dos brazaletes de piedra del tipo estrecho (Fig. 46:1 y 2), algunas cuentas de collar y restos de industria lítica. Por otro lado, los Tajos de los Pollos, se ubican en la vertiente contraria en la misma zona donde se localiza la cueva CV-3 y muy probablemente el brazalete de piedra recogido en superficie provenga de este contexto. Se trata de una pieza del tipo ancho y con una sección cóncava al exterior (Fig. 46:3). Según los datos que poseemos, no podemos realizar ningún tipo de conclusiones sobre estos dos hallazgos aislados, y el único dato es su representación a nivel de distribución de estos adornos.

2.1.2.22. Cueva CV-3 (Cogollos Vega)

La cueva se localiza a unos 500 m al sudeste del núcleo urbano de Cogollos Vega y en la ladera sur del Barranco Bermejo en el paraje conocido como Los Diablillos. Su emplazamiento geológico está formado por depósitos de material de travertino, el cual ha sufrido importantes variaciones por procesos tectónicos. La entrada a la cavidad se encuentra al pie de un escarpe y entre el caos de bloques que forman un embudo. Tras la entrada se abre una sala de unos 8 m de ancho por 4 m de profundidad que da acceso a otras salas y pasadizos de difícil tránsito debido a la gran cantidad de bloques desplazados. La totalidad del material que se conoce de este yacimiento es fruto de prospecciones superficiales por parte de espeleólogos (Navarrete *et al.* 1983; 1987-1988).

El grueso de los materiales recopilados está formado por cerámicas de las cuales aproximadamente la mitad es decorada, pero este dato no hay que tenerlo en consideración ya que se trata de materiales recogidos de superficie y probablemente seleccionados. Las técnicas decorativas las constituyen impresiones, incisiones, relieves, pinturas a la almagra y un fragmento esgrafiado. Las formas son ollas, vasos, cuencos, orzas, platos y fuentes y una cuchara. Los útiles elaborados en hueso y asta también son abundantes, lo forman punzones, espátulas, agujas o alfileres, colgantes y una luchadera de cuerna de ciervo con la roseta cortada y alisada en todo su perímetro. Los elementos en piedra son los menos numerosos del conjunto, se documentaron dos azuelas de pequeño tamaño, cuentas de collar elípticas, una hoja de sílex y dos fragmentos de brazaletes de piedra. Los brazaletes son del tipo ancho, uno de 33 mm de anchura de mármol grisáceo decorado con cinco líneas paralelas, con un diámetro de 80 mm y otro, sin decoración, de mármol gris veteado de 80 mm de diámetro y 34 mm de anchura.

La morfología de la cavidad, profunda y sin posibilidades de ser habitada, junto con el amplio repertorio material asociado a restos humanos, indican el uso como lugar de enterramiento o culto. Aunque solo se han documentado restos de tres individuos (García y Jiménez 1983), serán probablemente una mínima parte de las personas allí inhumadas.

La cronología de uso de la cavidad, a falta de dataciones absolutas, viene dada por la tipología del conjunto, y en la publicación del yacimiento se atribuyó una cronología del Neolítico Medio (IV milenio a. C.) como momento principal de ocupación junto con una fase del Neolítico Reciente incluso del Cobre (Navarrete *et al.* 1983, 64). En la actualidad con la gran cantidad de dataciones absolutas con las que contamos y asociadas a materiales como los que aparecen en esta cavidad habría que situar el primer uso del yacimiento en el Neolítico Antiguo (VI milenio a. C.) a esta fase se asociarían los brazaletes, probablemente relacionados a ajuares funerarios.

2.1.2.23. Cueva sepulcral del Cortijo del Canal (Albolote)

La entrada se abre en un farallón de travertino que se extiende entre los llamados Llanos del Canal y el margen derecho del río Cubillas, a escasos metros de la carretera N-323 (Bailén-Motril), a 670 m.s.n.m. La cavidad está constituida por una diaclasa de dirección sur-norte a la que se accede por una estrecha gatera desde la entrada situada de este a oeste. Esta galería principal es de unos 15 metros de largo por unos 2 m de ancho. La estructura geológica, la abundancia de restos humanos y las características tecnotipológicas de los materiales recuperados le confirieron desde su publicación el acertado estatus de cueva sepulcral (Navarrete *et al.* 1999-2000). El yacimiento fue dado a conocer una vez había sido destruido por parte de aficionados, el material publicado por tanto es presumiblemente seleccionado y no muestra la verdadera realidad arqueológica de la cavidad, aunque es lo suficientemente numeroso y variado para extraer conclusiones sobre la cronología de uso y la funcionalidad del yacimiento.

La cerámica, como en otros muchos casos, es el material más representado. En este caso hay un predominio general de las cerámicas lisas frente a las decoradas, y de estas las almagras sobresalen sobre otras técnicas decorativas como las incisiones o las impresiones. Las formas están compuestas por ollas en mayor porcentaje, escasa presencia de cuencos y platos y destaca la ausencia de fuentes. Otros elementos destacados serian una copa de pie macizo y un cuenco de adscripción Campaniforme.

El resto de los materiales lo forman un gran número de útiles apuntados de hueso de diferentes tipologías: punzones, agujas, espátulas, etc. Los elementos pulimentados son variados en tipos como hachas, azuelas y otros más raros como cinceles y gubias. Otros elementos en piedra son un vaso de alabastro con decoraciones incisas formando rombos y dos ídolos placa, de igual forma, uno de ellos decorado con líneas incisas.

Los objetos de adorno son otra de las categorías mejor representadas tanto en variedad como en cantidad. Este grupo está formado por pulseras de metal con decoraciones incisas, placas perforadas de hueso decoradas con líneas incisas formando rombos, huesos perforados, cuentas de collar de tonelete, colgantes y brazaletes sobre concha y un brazalete de caliza negra.

El brazalete es del tipo estrecho con una anchura de entre 3 y 4 mm y un grosor de 5 mm, el diámetro interior es de 40 mm lo que cuestionó su funcionalidad como brazalete (Navarrete *et al.* 1999, 45)

La mayor parte del material que se ha presentado sitúan la utilización de la cueva sepulcral del Cortijo del Canal a lo largo de una etapa que pudo iniciarse en el Neolítico Reciente (IV milenio a. C.), para prolongarse su aprovechamiento como lugar de enterramiento, aunque no de forma continuada, hasta el Bronce Final con una fase de la Edad del Cobre y un abandono hasta la etapa final del Bronce (Navarrete *et al.* 1999, 57). La contextualización cronológica hecha en el momento de su publicación es acertada, pero observando ciertos tipos cerámicos decorados podría retrotraerse la cronología a un momento del Neolítico Antiguo avanzado y justificaría la presencia del brazalete de piedra, otra posibilidad, es que se trate de un adorno que haya perdurado en un momento cronológico del Neolítico Reciente.

2.1.2.24. Cortijo Cevico (Ventorros de San José-Loja)

Este yacimiento se ubica en el Poniente de Granada a unos cuatro kilómetros al oeste de la pedanía de Ventorros de San José, en la vertiente derecha del río Genil, pero en la parte más elevada de la cuenca. Desde el punto de vista geológico se sitúa en el *Trías de Antequera*.

Se trata de un afloramiento de dolomía metamorfizada que fue usado como lugar de cantera para la producción de preformas para la elaboración de brazaletes de piedra. La prospección y excavación llevados a cabo nos han permitido catalogar y estudiar un conjunto de 442 preformas, 23 percutores y 851 piezas técnicas (lascas, bloques tallados, desechos, etc.). Este yacimiento será objeto de análisis exhaustivo en el apartado sobre los contextos de producción (epígrafe 3.2.1.1).

2.1.2.25. Cortijo Higuera Alta (Ventorros de San José-Loja)

El yacimiento está situado a unos 600 m al este de la cantera de Cortijo Cevico, cruzando el arroyo Hondo en una pequeña vaguada entre un cerro de 820 m.s.n.m. y la parte más alta de la zona de 895 m.s.n.m. es la zona donde se sitúa el carril de acceso al Cortijo de Higuera Baja situado 700 metros al sur. Se trata de una zona más o menos llana con la pendiente hacia el sur y dominando visualmente el arroyo Hondo y el cauce del rio Genil.

El descubrimiento de este yacimiento se debe a las prospecciones realizadas en el marco del proyecto de intervención en la cantera de Cortijo Cevico. La prospección realizada en la zona no ha sido intensiva, pero ha permitido reconocer una concentración de materiales en la ladera sur de este emplazamiento en un área de unos 400 m^2 (Fig. 47:1). Los materiales recogidos son un conjunto de elementos de sílex: lascas, láminas y restos de talla, así como un fragmento de brazalete (Fig. 47), no se han localizado materiales cerámicos ni de otro tipo. El brazalete es estrecho elaborado en mármol dolomítico y dadas las características de su acabado está en proceso de elaboración.

Los datos que poseemos son escasos, pero la situación cercana a fuentes de agua, su orientación sur y resguardada, los restos de talla y el brazalete en proceso de elaboración, nos permiten afirmar la presencia de un asentamiento. La poca cantidad de restos arqueológicos pueden indicar la estacionalidad del sitio o una ocupación poco prolongada en el tiempo. La cronología es difícil de concretar, los elementos de sílex no son determinantes, aunque son mayoritariamente soportes sobre laminitas que indicarían tecnocomplejos neolíticos, el brazalete, sin embargo, es el elemento que nos permite determinar la ocupación en el Neolítico Antiguo sin poder llegar a otro tipo de apreciaciones.

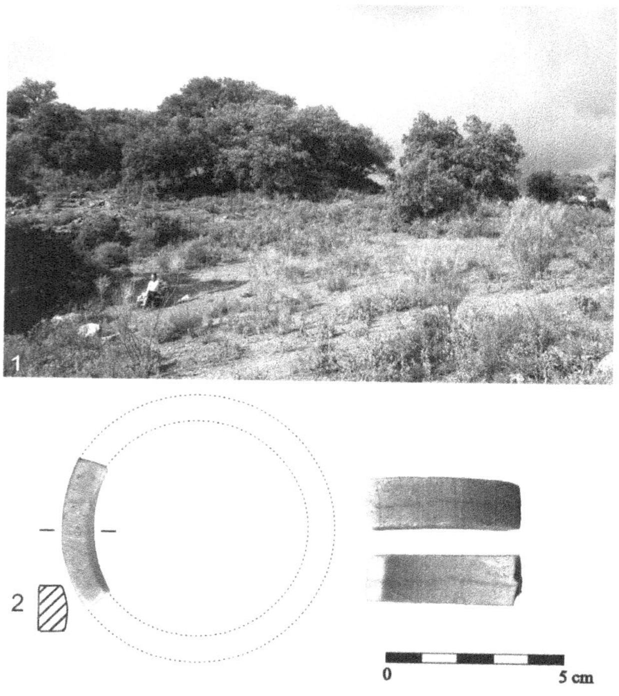

Figura 47. 1. Vista general del yacimiento de Cortijo Higuera Alta (Ventorros de San José, Granada) y 2. Brazalete en proceso de elaboración

2.1.2.26. El Marmotal (Salar)

De este paraje conocido como El Marmotal, localizado en la vertiente oeste de Sierra Gorda en Loja, se localizó en prospecciones superficiales un fragmento de brazalete de mármol de tipo ancho (Gámiz 1996).

2.1.2.27. Cerro de los Infantes (Pinos Puente)

El yacimiento se emplaza en la margen derecha del río Velillos a unos tres kilómetros del casco urbano de Pinos Puente, está formado por tres afloramientos rocosos, presentando el más elevado de ellos una meseta de unos 100 m de longitud. Su situación le permite controlar el acceso a la Vega de Granada.

En las primeras excavaciones llevadas a cabo en 1971 y 1976 dirigidas por M. Manuel de Sotomayor y Á. Mendoza, se determinó una secuencia del Bronce Pleno, bajo influencia de la cultura de El Argar, como la fase constructiva primigenia, apareciendo también materiales asociados al Calcolítico, época ibérico-romana y medieval. Cuatro años más tarde en 1980 se realizarán las siguientes intervenciones en las que se constata y completará la secuencia de campañas anteriores (Mendoza *et al.* 1981; Molina *et al.* 1983). Los últimos trabajos sobre el yacimiento se han ocupado de las cerámicas del Bronce final (Dorado 2012; 2013), en el transcurso de estas investigaciones se localizó un fragmento de brazalete que nos fue cedido para incluirlo en esta investigación por A. Dorado Alejos. Se trata de un brazalete estrecho de mármol blanco (Fig. 48). No podemos extraer otro tipo de conclusiones de este fragmento aparte de sus dimensiones a nivel tipológico, y su situación ya que se trata de un elemento descontextualizado.

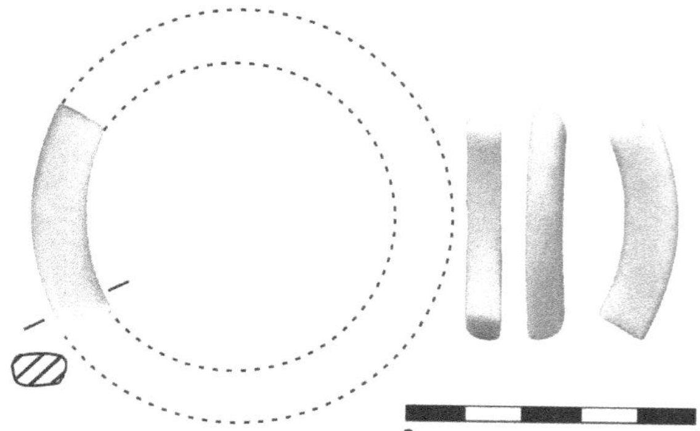

Figura 48. Brazalete del Cerro de los Infantes (Pinos Puente, Granada)

2.1.3. Málaga

2.1.3.1. Cueva de los Botijos (Benalmádena)

La Cueva de los Botijos y la Zorrera fueron descubiertas entre los años 1965 y 1967 respectivamente, por varios miembros del grupo G.E.M.A (Grupo Espeleológico de Málaga). La Cueva de los Botijos se encuentra muy cerca del pueblo de Benalmádena, concretamente en la urbanización Tío Charles, y la entrada se abre en la zona noroeste de la Sierrezuela, muy cerca de la cumbre. La cavidad sigue como desarrollo una diaclasa vertical casi totalmente cegada por el desprendimiento de varios bloques y cubierta de abundante vegetación de palmito. La entrada la constituye una pequeña sima de unos 3 m de profundidad, en cuyo fondo se bifurcan dos galerías, una de las cuales se halla obstruida por grandes amontonamientos de piedras desprendidas; la segunda galería continua a través de una estrecha abertura hacia el interior de la cueva, formada por una intrincada red de grietas de peligroso tránsito debido a la intensa erosión que sufre aun actualmente la cavidad. A unos 200 m de la entrada y tras haber descendido nuevamente por una segunda sima de 8 m de profundidad, se franquea un estrecho pasadizo de unos 5 m de longitud, hasta desembocar en una sala de 6 m de largo por unos 30 m de altura, llamada por sus descubridores Sala de las Pulseras. Este lugar contenía gran cantidad de rocas desprendidas de la bóveda, el material arqueológico se hallaba esparcido por la superficie, numerosos fragmentos de cerámica estaban aplastados por las rocas caídas, la mayor parte de este material fue recogido apresuradamente perdiéndose hallazgos tan interesantes como el de un hogar intacto que aún conservaba sobre él una vasija. De la misma forma, los huesos humanos se encontraban esparcidos por todos los rincones de la cueva y se presentaban muy fragmentados. Lamentablemente de estos son pocos los testimonios que conocemos, puesto que no fueron recogidos en su mayoría. El desarrollo de la cavidad sigue hacia las denominadas Galerías Altas por estrechos corredores todos jalonados de fragmentos cerámicos (Olaria 1977).

Los materiales recogidos en este yacimiento se encuentran repartidos entre el Museo Arqueológico Provincial de Málaga y el Museo de Arte Precolombino y Arqueológico Felipe Orlando de Benalmádena. El registro material está constituido por varios vasos cerámicos, casi completos, y adornos entre ellos brazaletes de piedra y un colgante elaborado en caliza blanca (Fig. 49:7). Las formas cerámicas son globulares, de diferentes tamaños, destacan del conjunto varias asas-pitorro (Fig. 49:3 y 4). Las técnicas decorativas empleadas son las incisiones y las impresiones, combinadas formando motivos geométricos, tanto verticales como horizontales y en un caso guirnaldas (Fig. 49:2). De los motivos decorativos hay que resaltar la presencia de un soliforme realizado a base de incisiones e impresiones (Fig. 49:6).

El conjunto de brazaletes está constituido por 14 piezas: 10 en el Museo de Benalmádena y 4 depositadas en el Museo de Málaga. Es uno de los conjuntos mejor conservados, ya que cuatro de las piezas están completas o prácticamente completas (Fig. 50). La materia prima empleada es el mármol en 13 de los brazaletes y tan solo uno es de pizarra (Fig. 51:10). Tipológicamente hablando, son fundamentalmente del tipo ancho con 12 piezas, una del tipo medio (Fig. 50:3) y una estrecha (Fig. 51:10). La decoración mediante líneas paralelas está presente en nueve brazaletes y seis de ellas contienen restos de ocre en su interior, el número de líneas oscila desde las dos hasta las nueve. Uno de los aspectos que hay que destacar son las reparaciones, ya que tres piezas poseen reparaciones a base de perforaciones enfrentadas, que permitirían la reutilización de las piezas fracturadas. Los acabados exteriores de la mayoría de las piezas son muy cuidados al igual que los grosores, tan solo una de las piezas destaca por su grosor y acabado más tosco (Fig. 51:4).

La Cueva de los Botijos junto con la de La Zorrera, muy próxima, debieron ser usadas como necrópolis por parte de poblaciones que se asentaban en la zona costera malagueña, así lo pone de manifiesto el conjunto material recuperado, formado por la colección de brazaletes de piedra que hemos presentado, con algunas de las piezas completas, un gran número de vasijas cerámicas igualmente completas y los numerosos restos humanos esparcidos por toda la cavidad. Los diferentes procesos postdeposicionales han desdibujado el carácter funerario de la cavidad y fragmentado el registro material. Las formas cerámicas y los diversos motivos decorativos a base de incisiones e impresiones enmarcan el uso de la cavidad en un momento entre el VI y el IV milenio a. C.

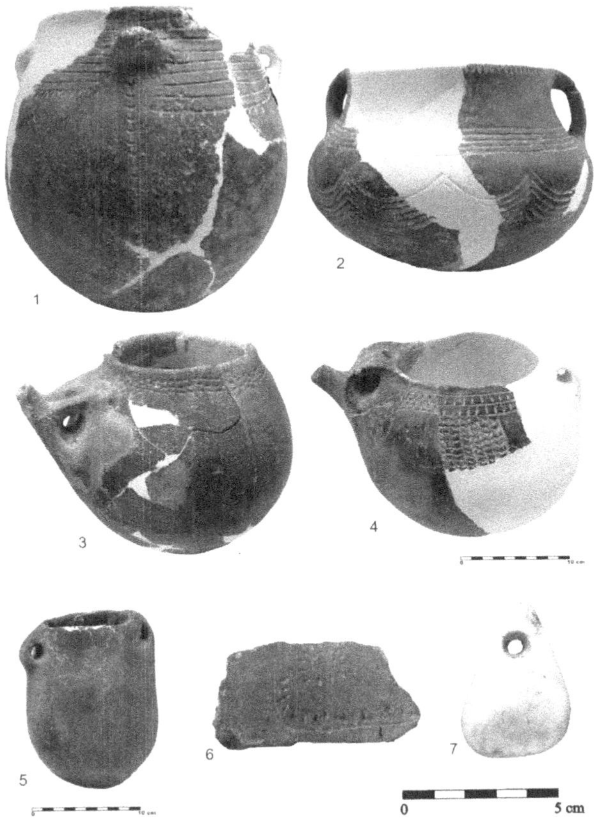

Figura 49. Cerámicas y colgante de la Cueva de los Botijos (Benalmádena, Málaga) Museo de Benalmádena

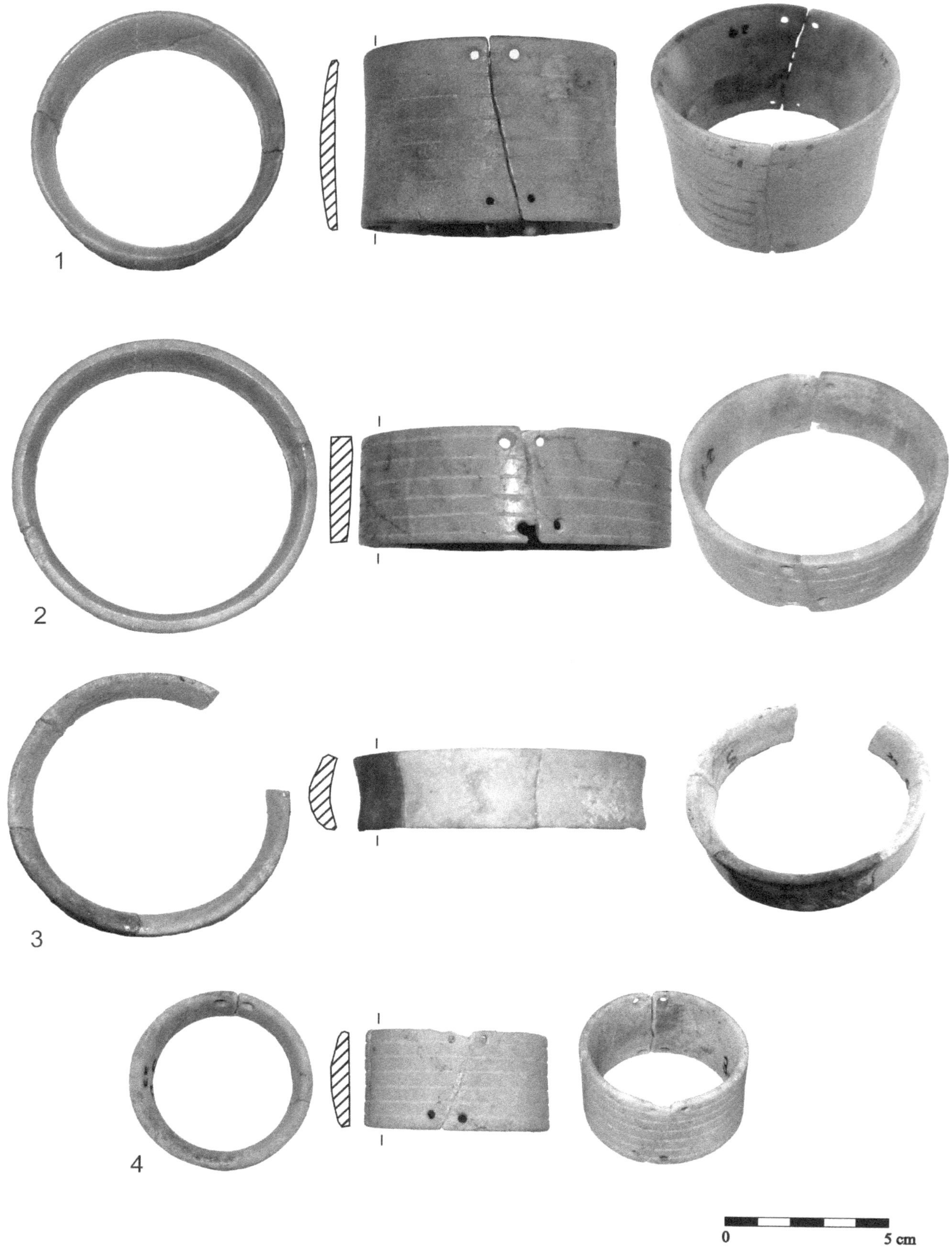

Figura 50. Brazaletes de la Cueva de los Botijos (Benalmádena, Málaga) del Museo de Benalmádena

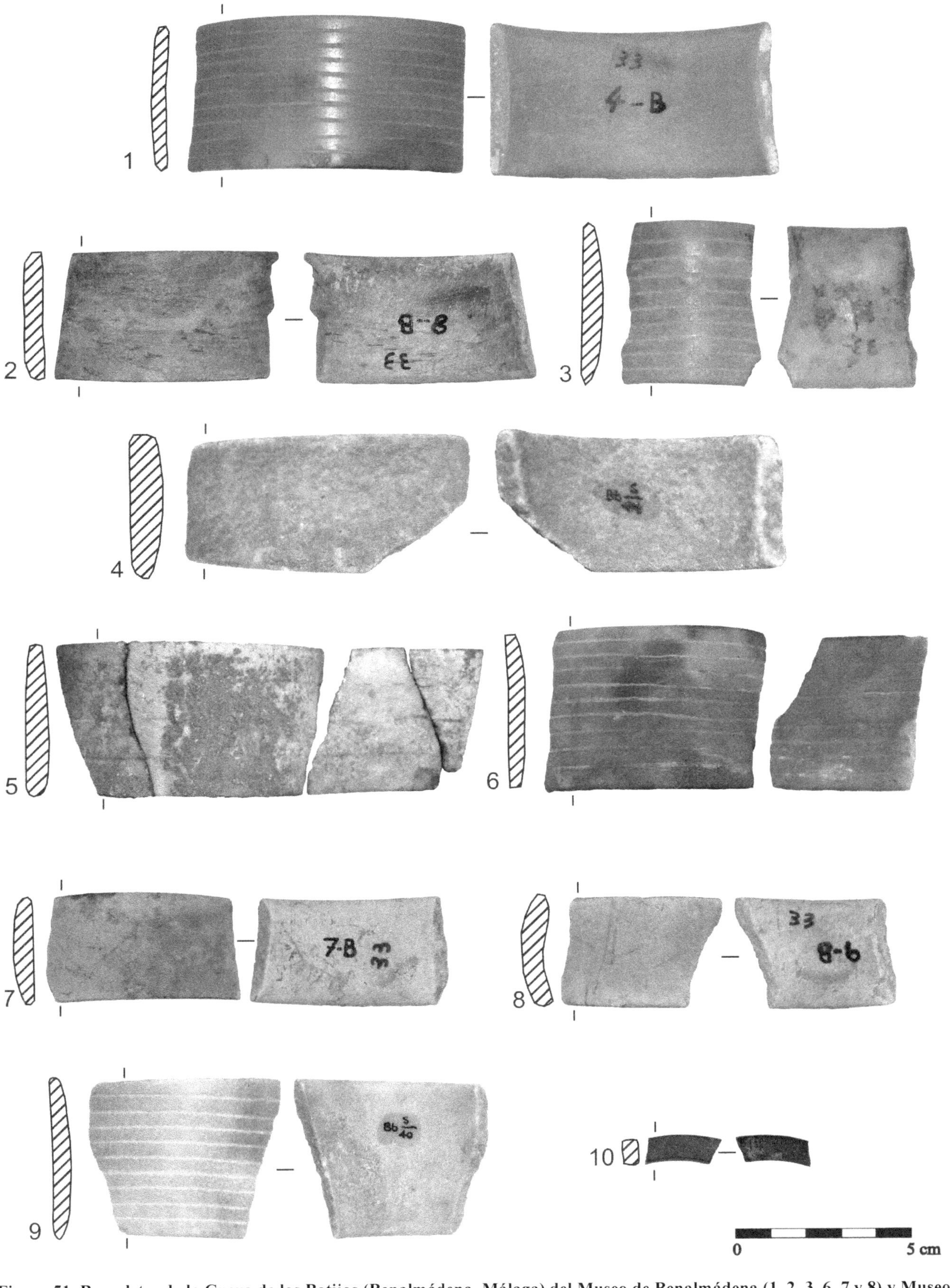

Figura 51. Brazaletes de la Cueva de los Botijos (Benalmádena, Málaga) del Museo de Benalmádena (1, 2, 3, 6, 7 y 8) y Museo de Málaga (4, 5, 9 y 10)

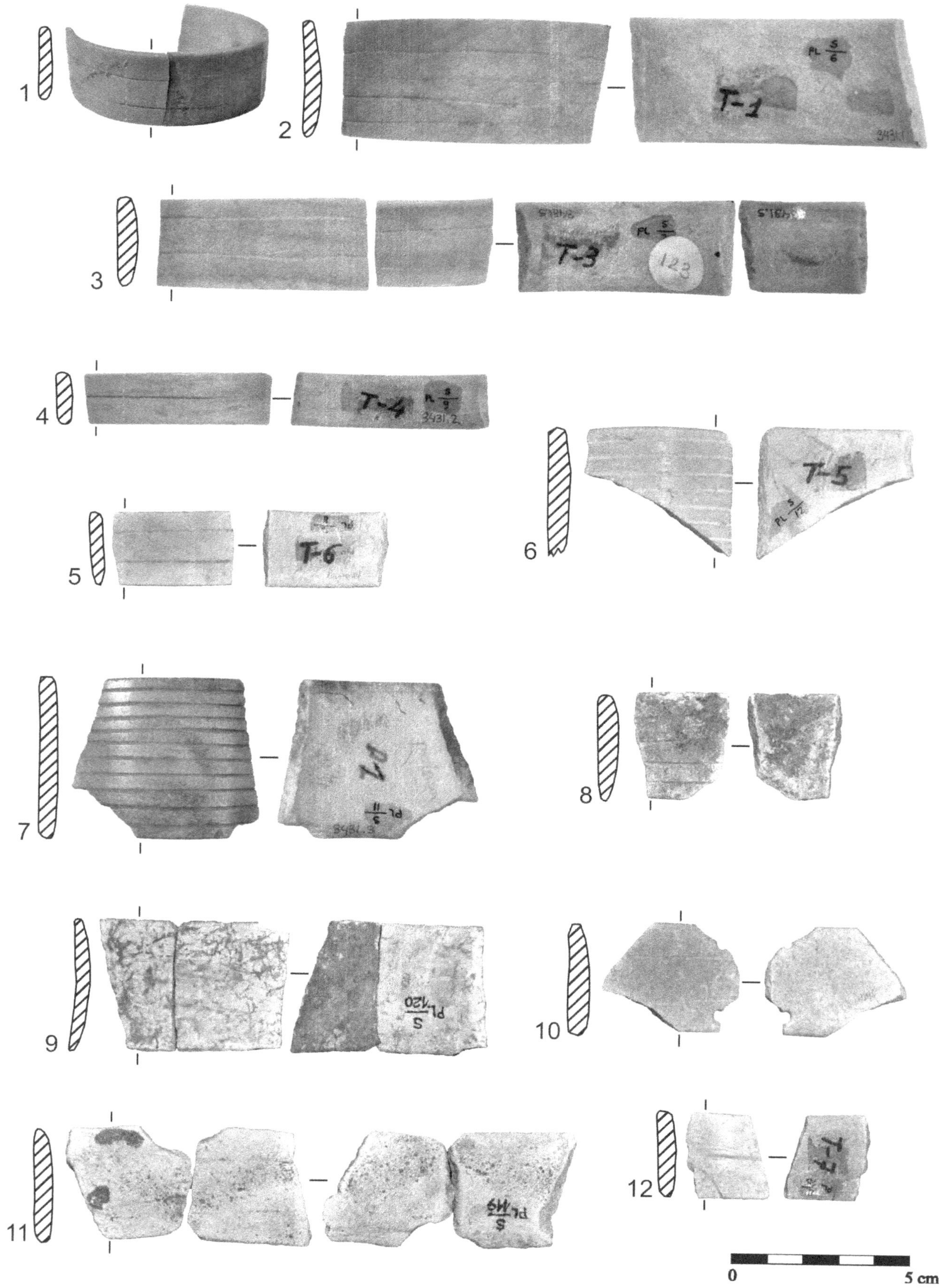

Figura 52. Brazaletes de la Cueva de la Pulsera (Antequera, Málaga)

2.1.3.2. Cueva de la Pulsera (Antequera)

La cueva se encuentra en el Cerro de la Cruz, un macizo calizo orientado a la cuenca del río Guadalmedina a 7 km de la población de Colmenar.

El descubrimiento y la recolección de los materiales se realizó por el grupo espeleológico malagueño, llegando casi a la destrucción total del yacimiento. El material se halla depositado en el Museo de Málaga y ha sido objeto de estudio por varios investigadores. El registro cerámico está formado por fragmentos que han permitido la reconstrucción de las formas en mayor o menor medida. Las formas más comunes son cuencos, de diferentes tipologías y con añadidos variados en forma de asas o mamelones, vasos y ollas globulares. Las decoraciones del conjunto son incisiones, creando motivos paralelos o semicirculares; impresiones, mediante puntilleado; aplicaciones plásticas en forma de cordones lisos o decorados y cerámicas a la almagra. El resto de los materiales son punzones de hueso, cuentas de collar, láminas de sílex, un hacha pulimentada y brazaletes de piedra (Navarrete 1976, 386; Leiva y Ruiz 1977).

Hemos podido catalogar 12 brazaletes de forma directa, se trata de un conjunto formado por 11 piezas del tipo ancho y una pieza considerada de tipo medio (Fig. 52). Todos están elaborados en mármol. El grado de conservación es desigual, en unas piezas se observa una fuerte erosión por disolución (Fig. 52:8, 9 y 11) mientras que otras no están afectadas, esto nos podría indicar que las piezas provienen de un contexto diferente dentro de la misma cavidad. Las decoraciones, a base de líneas paralelas está presente en 11 casos y muy probablemente la pieza que no presenta se deba a su perdida por procesos de erosión. El número de líneas varía desde una hasta 10 en uno de los casos y destaca la presencia de ocre en el interior de las líneas incisas en cinco de las piezas.

La cronología del registro material se sitúa en el Neolítico Antiguo y se atisba la presencia de tipos cerámicos que pueden entroncar con momentos más recientes. La funcionalidad de la cavidad si tenemos en cuenta las descripciones de la misma, esta no posee características de habitabilidad, ya que es de pequeño tamaño. Aun así, los investigadores que la estudiaron afirman que debió ser utilizada como hábitat durante el primer momento de ocupación y como lugar de enterramiento en el Eneolítico (Leiva y Ruiz 1977, 550). Estas conclusiones son propias de la época y aun describiendo la cueva como inhabitable, el modelo interpretativo preestablecido se encajaba en la verdadera realidad.

2.1.3.3. Cueva del Calamorro (Benalmádena)

Se localiza en un farallón rocoso en la ladera del monte Calamorro a espaldas de la localidad de Benalmádena a una altura de 500 m.s.n.m. A la cueva se accede por una gatera que da acceso a la denominada Sala Pequeña y que comunica con el espacio principal de la cavidad llamado la Sala Grande. Esta sala es de unos 25 m de largo, 12 m^2 de superficie y 13 m de alto.

La primera referencia de la Cueva del Toro la hace S. Giménez Reyna (Giménez 1946) en la que indica que la Sociedad Malagueña de Ciencias posee piezas de dicha cueva. En 1971 el investigador J. Fortea y M. Giménez realizan la planimetría de la cavidad y los calcos de las pinturas rupestres de la Sala Grande (Fortea y Giménez 1972). Las pinturas atribuidas al Paleolítico Superior han ocupado las pocas referencias de la cavidad, por lo que el registro material recogido en las diversas prospecciones no se conoce en detalle.

En nuestro caso hemos tenido acceso a un brazalete custodiado en el Museo Arqueológico de Málaga. Se trata de un brazalete del tipo medio elaborado en mármol blanco veteado, destaca la conservación de la pieza, totalmente completa y su sección cóncava en el exterior (Fig. 53).

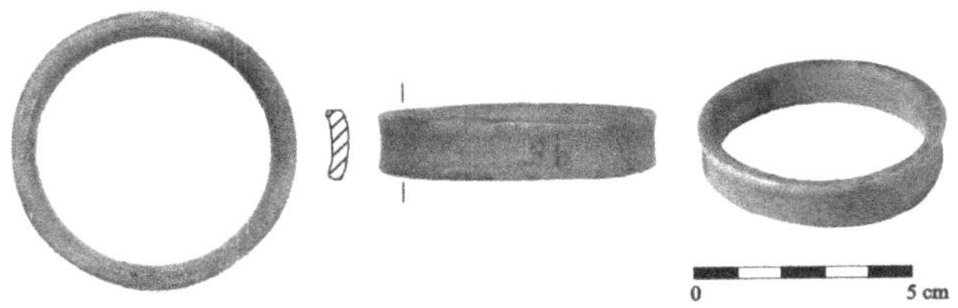

Figura 53. Brazaletes de la Cueva del Calamorro o Toro (Benalmádena, Málaga)

La información que poseemos de la cavidad no nos permite extraer datos sobre la cronología del contexto. Sin embargo, su morfología estrecha y profunda y la presencia de pinturas rupestres, nos permite interpretar esta cavidad como un lugar ritualizado, con una pervivencia de este carácter desde el Paleolítico hasta el Neolítico.

2.1.3.4. Hoyo de la Mina (La Cala del Moral)

La cueva se encuentra ubicada en las calizas jurásicas del este de la Bahía de Málaga, en el límite entre el término municipal de la ciudad de Málaga y La Cala del Moral en la barriada de La Araña. Las primeras descripciones de la cavidad, conocida en origen como La Cueva del Tío Leal, son las hechas por el geólogo sevillano G. Puig en su obra *Cavernas y simas de España* aparte de la descripción geológica y espeleológica de la cavidad explica que "En alguna de las cámaras que se hallan en esta cueva se han encontrado huesos humanos y restos de cerámica, decía Madoz (que a su vez toma la noticia del informe dado a las autoridades en 1833), que en una de las paredes se ve embutido el esqueleto de un hombre: suponemos que habrá alguna brecha estalagmítica que empastará huesos..." (Puig 1896, 215). Como ya apunta este geólogo la cueva fue explorada en 1833 por orden gubernamental para determinar en qué consistían los restos arqueológicos aparecidos en ella. En el año 1917 será cuando la cueva es puesta en conocimiento de la comunidad científica por las excavaciones realizadas por M. Such (1920).

La cueva se encontraba situada en terrenos privados que después ocuparía la fábrica de cementos, en el año 1990 aún se conservaban algunos tramos de galerías con buena parte del yacimiento (Ramos 2004), pero hoy día está definitivamente perdida bajo los viales de la cantera alta.

La cavidad constaba de una galería de entrada que se dividía en dos para desembocar en la Sala Principal, lugar donde se situaba el yacimiento arqueológico. Desde esta sala partían tres galerías de medianas dimensiones sin restos arqueológicos. El desarrollo longitudinal de la cavidad era de 90 metros.

Las excavaciones llevadas a cabo por M. Such le permitieron definir dos niveles bien diferenciados en la cavidad: un nivel superior, que se correspondía según Such por un Neolítico Reciente o Eneolítico, en el que el uso de la cavidad era funerario, en este nivel documentó restos de cráneos y molares de varios individuos que habían sido depositados en las pequeñas galerías laterales; y otro nivel inferior, formado por una sucesión de hogares y concheros que se intercalaba entre los niveles neolíticos y paleolíticos. Estos estratos fueron denominados como Tardenoisienses y Capsienses por Such y finalmente definidos por J. Fortea como Epigravetiense, complejo laminar y complejo geométrico con puntas de dorso rebajado (Fortea 1973).

A finales de los años noventa, el Área de Prehistoria de la Universidad de Málaga realiza varias excavaciones en las partes que aún se conservaban en ese momento de la cueva (Ramos 2004; Ferrer y Baldomero 2005). Los trabajos realizados permitieron la recuperación de todos los restos materiales de la cavidad y la revisión de la secuencia de Such. En la nueva secuencia se han delimitado varios periodos neolíticos y se ha añadido un nivel como solutrense en la parte inferior de la estratigrafía del yacimiento.

La cerámica documentada está constituida por formas variadas, como vasos globulares de cuello marcado y cuencos ovoides con asas-pitorro. La decoración de los recipientes son cordones, incisiones, impresiones digitales, ungulaciones, etc. En muchos casos las decoraciones aparecen rellenas de pasta roja. Los artefactos de piedra asociados a la fase neolítica son azuelas, hachas, varios elementos de abrasión y brazaletes de piedra. En hueso se documentaron varios elementos apuntados y una falange decorada.

Los materiales recogidos en las excavaciones de Such se encuentran depositados en el Museo Arqueológico de Málaga, hemos tenido acceso a un conjunto de 36 brazaletes de piedra pertenecientes a esta colección. La materia prima es el mármol en todas las piezas a excepción de una elaborada en pizarra. La tipología del conjunto es igualmente bastante homogénea, destacando los brazaletes anchos con 27 ejemplares, seguidos de los medios con 6 y el único de tipo estrecho, la pieza de pizarra. Las decoraciones son también numerosas, ya que 10 brazaletes están decorados con líneas incisas paralelas conservando tres de ellas restos de ocre en su interior. El número de líneas oscila entre seis en uno de los casos con mayor altura y mejor conservado (Fig. 54:1) y una en un brazalete de tan solo 18 mm de altura (Fig. 54:6). La conservación general del conjunto es muy fragmentada, aunque una pieza está completa y otras dos casi en su totalidad. Las reparaciones solo se han identificado en una pieza y está formada por una sola perforación en la parte inferior, aunque la rotura de la esquina superior podría haber poseído otro orificio (Fig. 54:5).

De esta cueva se ha obtenido una datación absoluta por AMS sobre muestra de carbón de 5291-4859 cal. a. C. (Baldomero *et al.* 2005), esta data se relaciona con el Neolítico Antiguo, pero atendiendo a los registros cerámicos podemos considerar que la datación no expresa la mayor antigüedad de este enclave.

Sobre la funcionalidad de Hoyo de la Mina se debe de suponer como una cueva de enterramiento similar a otras que se encuentra en la misma área. Los restos humanos localizados en superficie y en las excavaciones ponen de manifiesto esta funcionalidad durante el Neolítico, que ya fue expresada desde las primeras noticias del yacimiento. No vamos a entrar en debates sobre la funcionalidad de la cueva en los niveles de ocupación inferiores, que se escapan del ámbito cronológico de este trabajo. Tanto el variado registro cerámico con recipientes profusamente decorados, asas-pitorro y los brazaletes de piedra responde a un registro propiamente funerario.

2.1.3.5. Abrigo 6 del Complejo del Humo (La Araña)

El abrigo se sitúa en el Complejo del Humo, este está formado por un macizo calizo localizado en el límite entre los términos municipales de Málaga y Rincón de la Victoria. En esta área se conocen diversos yacimientos arqueológicos con cronologías que van desde el Pleistoceno Superior al Holoceno. El Abrigo 6 se sitúa en el centro del farallón rocoso orientado hacia el arroyo de Totalán y a unos 10 m.s.n.m. (Ramos *et al.* 2003).

Las excavaciones arqueológicas realizadas en el abrigo, en diversas campañas, han permitido reconocer una secuencia estratigráfica que abarca desde el Solutrense hasta el Calcolítico (Ramos 2004). La secuencia estratigráfica está constituida por siete estratos de los cuales tres de ellos se han atribuido a la ocupación neolítica del abrigo. La fase neolítica ha sido dividida metodológicamente por los investigadores en Neolítico Antiguo y Medio. El registro material documentado está formado por cerámicas profusamente decoradas con impresiones cardiales y con instrumentos e incisiones, las formas son generalmente globulares y con cuellos marcados. Los patrones decorativos son bastante homogéneos formados por series de bandas verticales y horizontales, así como guirnaldas. Uno de los tipos cerámicos destacable es un vaso geminado decorado con incisiones, estas formas están asociadas generalmente a contextos funerarios

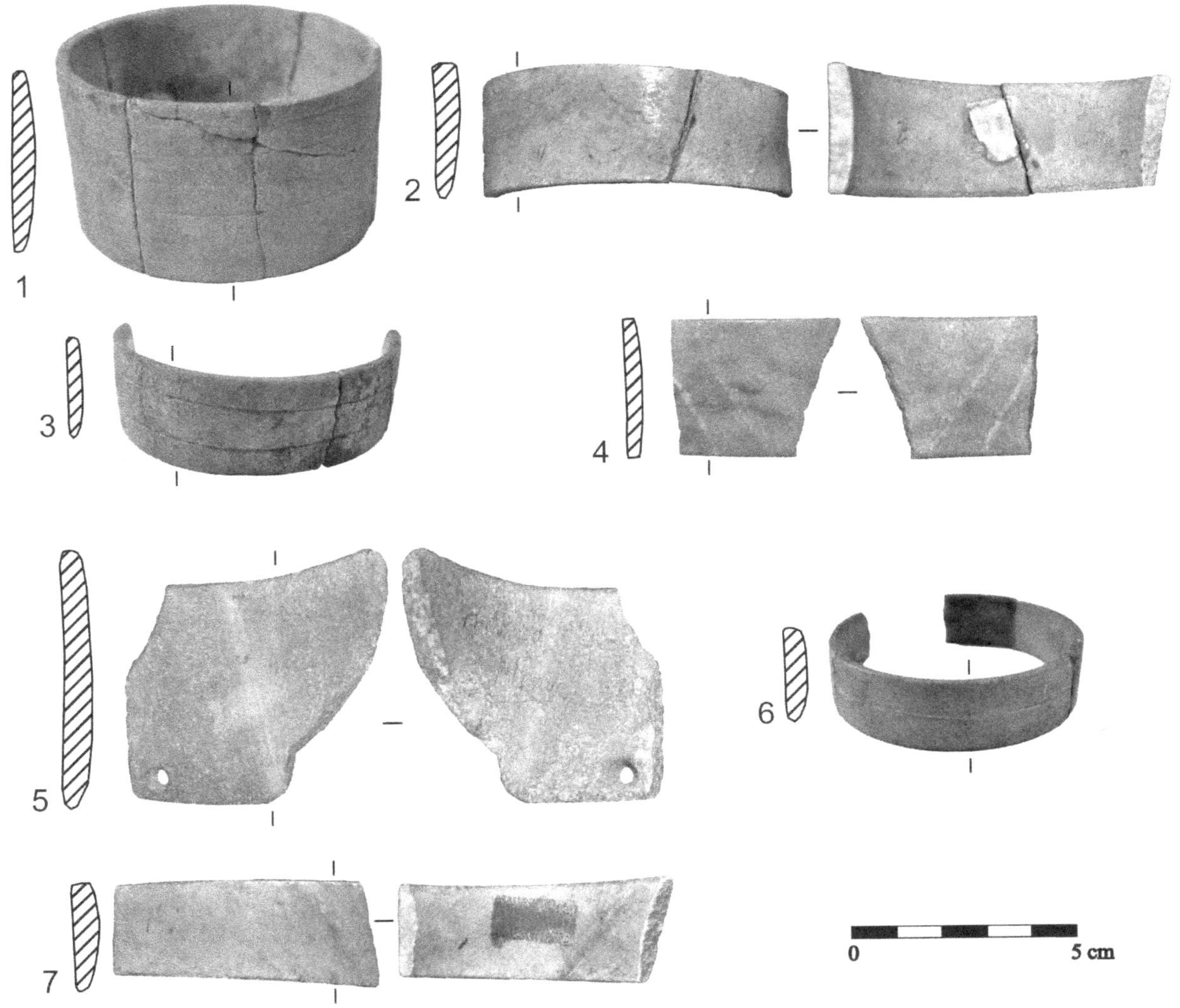

Figura 54. Brazaletes de la Cueva Hoyo de la Mina (La Araña, Málaga)

(Carrasco *et al.* 2014). El registro material lo completan elementos de sílex, cantos rodados cubiertos de ocre o con huellas de percusiones o pulimento en sus superficies, elementos abrasivos y un conjunto abundante de adornos. De los cantos rodados destaca uno en especial, ya que está decorado con un motivo esquemático con una representación antropomorfa grabada en una de sus caras (Ramos y Aguilera 2006).

Los restos faunísticos están constituidos por especies salvajes como ciervo, carnívoros, aves y lagomorfos, mientras que, las domésticas son bóvidos y suidos. Destacan también las especies de origen marino: moluscos y restos de peces.

Los elementos de adorno son mayoritariamente de origen marino. Conchas de diferentes especies y transformadas en mayor o menor medida para elaborar colgantes, un anillo de hueso y tres brazaletes de piedra. Los brazaletes son dos fragmentos del tipo estrecho, uno de ellos con una perforación, y otro ancho completo con dos líneas incisas paralelas como decoración.

Los restos humanos documentados en la cavidad junto con el registro material del abrigo permiten afirmar que se trata de un contexto funerario y ritual. Los recipientes profusamente decorados, el vaso geminado, la gran cantidad de adornos y otros elementos como los cantos rodados recubiertos de ocre y grabados, reafirman la funcionalidad que debió tener este emplazamiento. De igual forma, el conjunto material nos permite situar cronológicamente este uso a mediados del VI milenio a. C.

2.1.3.6. Cueva de Nerja (Maro)

La cueva está situada en la parte más occidental de la provincia de Málaga, en el término municipal de Nerja, cerca del núcleo urbano de Maro. Se enclava a 150 m.s.n.m. y tiene un desarrollo prácticamente horizontal, con unos 750 m de longitud y más de 4500 m de recorrido sumando todas sus galerías. Posee tres entradas, dos torcas subcirculares y la entrada habilitada después del descubrimiento para el acceso de las visitas. Las galerías externas contienen una importante secuencia arqueológica, y están compuestas por las salas de la Torca, la Mina y el Vestíbulo con una secuencia de ocupación que abarca desde el Pleistoceno Superior a gran parte del Holoceno.

Las primeras intervenciones arqueológicas se realizaron en los años 1959 y 1960 por M. Pellicer, que estableció la primera secuencia de la cavidad con fases del Epipaleolítico, Neolítico y Calcolítico (Pellicer 1963). Dos años más tarde, entre 1962 y 1963 A. M. de la Cuadra Salcedo llevará a cabo un sondeo en la Sala del Vestíbulo, donde documentó una secuencia cultural más amplia con niveles Solutrenses, desafortunadamente los datos de estas excavaciones nunca vieron la luz. En 1965 F. Jordá continuará con las excavaciones ayudado de A. Arribas en algunas campañas. Estos trabajos serán publicados años después y de manera muy somera (Navarrete 1976; Jordá 1986). El grueso de las intervenciones serán las realizadas a partir del año 1979 bajo la dirección de Jordá y Pellicer. En estas campañas se constata la presencia de fases del Paleolítico Superior Inicial, así como, ocupaciones Magdalenienses en las salas de la Torca y la Mina (Jordá 1986; Pellicer y Morales 1995; Pellicer y Acosta 1997). El gran número actuaciones realizadas en la cavidad, su amplia secuencia de ocupación y su rico registro arqueológico han generado ingentes cantidades de trabajos desde su descubrimiento.

La existencia en la cavidad de ocupaciones epipaleolíticas y neolíticas, la han convertido en uno de los yacimientos más referidos para el estudio de la transición entre cazadores-recolectores y productores (Aura *et al.* 2009; 2010), aun con la presencia de un hiato cronológico de 500 años entre las fases mesolíticas y la aparición de los primeros restos de especies domesticas (Aura *et al.* 2013). El registro material neolítico es muy numeroso y semejante a la inmensa mayoría de los yacimientos neolíticos de Andalucía de la misma cronología. De manera general, el conjunto cerámico está compuesto por formas globulares con cuellos abiertos, entrantes o de botella. Las decoraciones están formadas por incisiones, impresiones de *Cardium* y otros elementos dentados, almagras y cordones incisos e impresos. Los elementos de sustentación son comunes entre ellos destacar la presencia de asas-pitorro (García *et al.* 2010; 2011a; 2014).

La industria lítica es de base laminar obtenida mediante presión y tratamiento térmico. Los núcleos son de morfología carenada destinados a la obtención de laminitas. Sobre estos soportes aparecen los útiles neolíticos característicos como taladros, láminas con retoques marginales e irregulares y láminas con lustre de cereal. En lo que a los restos óseos se refiere, los útiles sobre hueso más característicos son los punzones sobre metápodos de ovicápridos, otros elementos documentados son dos alisadores, un bruñidor sobre un húmero humano, una cuchara de mango corto, varios tubos, una gradina de ocho dientes y un anzuelo curvo. Los objetos de adorno están constituidos por una gran diversidad de tipos y materias primas. Los elementos de origen animal están formados por moluscos especialmente la *Columbella rustica* y los colgantes sobre canino de jabalí. Los adornos más frecuentes son las cuentas discoidales de piedra y concha. El resto lo componen anillos, colgantes de diferentes morfologías y un gran número de brazaletes de piedra y en menor proporción de concha (Aura *et al.* 2013).

La contextualización cronológica de las fases neolíticas de la cavidad está bien acotada, ya que es uno de los enclaves arqueológicos andaluces con mayor número de dataciones absolutas en su secuencia (Jordá y Aura 2008). Los problemas estratigráficos de esta cueva al igual que otras muchas es evidente, como ya hemos expresado en un trabajo en el que presentamos dos muestras óseas de perros procedentes de niveles de excavación, considerados del Neolítico Antiguo, cuya datación han proporcionado fechas históricas (Carrasco y Martínez-Sevilla 2014). Desde este punto de vista, al margen de otras consideraciones, en esta cueva solamente sería reseñable la datación absoluta sobre restos óseos humanos y especies domésticas. En este trabajo hemos recopilado las dataciones atribuidas a estratos en los que aparecen brazaletes de piedra (NM5, NM 6, NM 7, NM 8, NM 9, NM 10, NM 12, NT 11K, NT 13 y NV 3) (Aura *et al.* 2013). Sin duda una de las datas de mayor interés es un resto de *Ovis aries* que fecharía, por el momento, uno de los restos domésticos más antiguos del sur de la península ibérica entre el 5616-5481 cal. a. C. (Aura *et al.* 2013). La secuencia de dataciones de la cavidad para la Prehistoria Reciente es amplia desde los primeros momentos neolíticos hasta inicios del Calcolítico.

Los brazaletes de piedra en esta cavidad son uno de los ornamentos más numerosos en el conjunto de adornos neolíticos. Las diferentes campañas de excavación y diversos equipos de investigación, que han intervenido en la cavidad, han hecho complicada una recopilación detallada de todas las piezas documentadas en la cavidad. De esta forma, hemos incluido en la cuantificación, las referidas por M. Pellicer en la monografía de sus excavaciones (Pellicer 1997) y los presentados gráficamente en un trabajo reciente (Aura *et al.* 2013) ya que no aparece el número de piezas exacto. Directamente hemos tenido acceso a las piezas del Museo de Málaga. Somos conscientes de que existen un número mayor de piezas, pero hemos preferido restringirlo a estos tres conjuntos para evitar duplicar piezas que pueden estar referidas en varios trabajos. Se han contabilizado un total de 26 brazaletes, 20 de referencias bibliográficas y 6 piezas a las que hemos tenido acceso directo (Fig. 55). Desde el punto de vista tipológico, se trata de un conjunto formado por 12 del tipo ancho, 13 estrechos y tan solo una del tipo medio. Las decoraciones están presentes en cinco ejemplares oscilando el número de líneas paralelas desde las 3 hasta las 8, habiéndose conservado en ellas restos de ocre. Solo se ha documentado una pieza con una reparación.

La interpretación de la funcionalidad de la cavidad es muy controvertida. En este sentido, existen infinidad de datos que indican el uso de Nerja como necrópolis, al menos

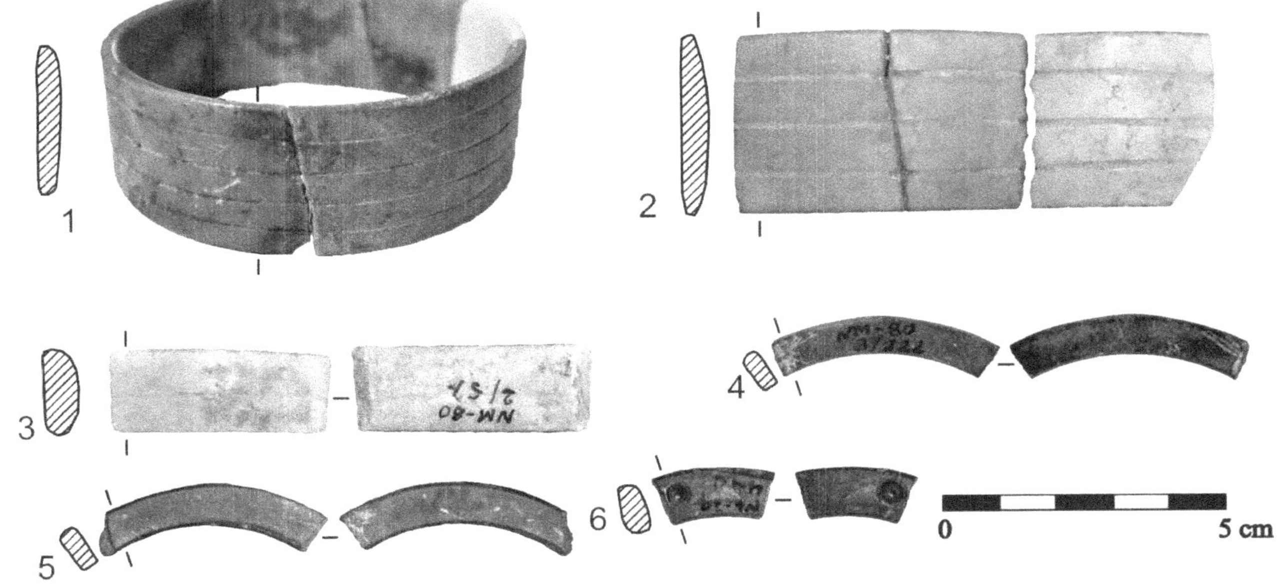

Figura 55. Brazaletes de la Cueva de Nerja (Maro, Málaga)

desde el Neolítico Antiguo hasta la Edad del Bronce, sin que se deba descartar, algún tipo de ocupación coyuntural. Así ha quedado expresado en diferentes trabajos sobre la contextualización cronológica y cultural del uso de poblaciones neolíticas de la cueva (Carrasco y Pachón 2009; Carrasco *et al.* 2016). Los rituales funerarios realizados en la cavidad debieron ser complejos en las fases de la Prehistoria Reciente y aunque sus características no son muy conocidas la presencia de múltiples enterramientos ponen de manifiesto esta funcionalidad de la cavidad (Pellicer 1963; Pellicer y Acosta 1986; Jordá *et al.* 1983; Pellicer 1987; González-Tablas 1990; Simón 2003; Simón *et al.* 2005).

Desde nuestro objeto de estudio, los adornos y concretamente los brazaletes de piedra, la abundancia de este tipo de materiales en un contexto puede aportar luz sobre la funcionalidad principal que desempeñó la cavidad. La cantidad de adornos presentes, así como su variedad y calidad, nos permiten relacionar este enclave con un lugar destinado a las inhumaciones o a rituales de deposiciones que desconocemos, pero que debieron ser recurrentes en las poblaciones neolíticas, a tenor del registro arqueológico que poseemos en cavidades con pocas o nulas posibilidades de ocupación. En los asentamientos las cantidades de adornos suelen ser menores a excepción de los talleres donde se elaboran. Desde el punto de vista cronológico, los brazaletes asociados a estratos arqueológicos y dataciones absolutas sitúan su uso en esta cavidad en el Neolítico Antiguo entre el *c.* 5500-4800 cal. a. C.

2.1.3.7. Cueva de la Solapilla (Mollina)

La cavidad se sitúa en la Sierra de la Camorra en el término municipal de Mollina en el norte de la provincia de Málaga. Existen pocas referencias a esta cueva, y es una de las cavidades que posee este cerro calizo, entre las que se encuentran yacimientos más conocidos como la Cueva de las Goteras (Navarrete 1976). Las Goteras de la cual solo se conocen unos pocos fragmentos cerámicos es conocida y referenciada por poseer cuatro fragmentos con decoración cardial.

El poco material que se conoce de La Solapilla está situado en el Museo de Málaga. El conjunto material lo constituyen varias piezas de industria lítica y dos brazaletes de piedra. Del variado repertorio lítico destacan dos raspadores elaborados sobre láminas de clara atribución paleolítica y dos geométricos de tres centímetros de largo, realizados en láminas, y que se asignan cronoculturalmente al Neolítico Reciente.

Los brazaletes catalogados son dos piezas anchas elaboradas en mármol blanco sin decoraciones. Desde el punto de vista morfológico la pieza mejor conservada presenta una disimetría en la altura (Fig. 56:1). El otro brazalete es tipológicamente similar, aunque presenta alteraciones por procesos de disolución (Fig. 56:2)

Los datos de los que disponemos no nos permiten realizar interpretaciones fidedignas sobre la funcionalidad y la cronología de la cavidad. A tenor del registro material que conocemos podemos intuir que existen fases desde el

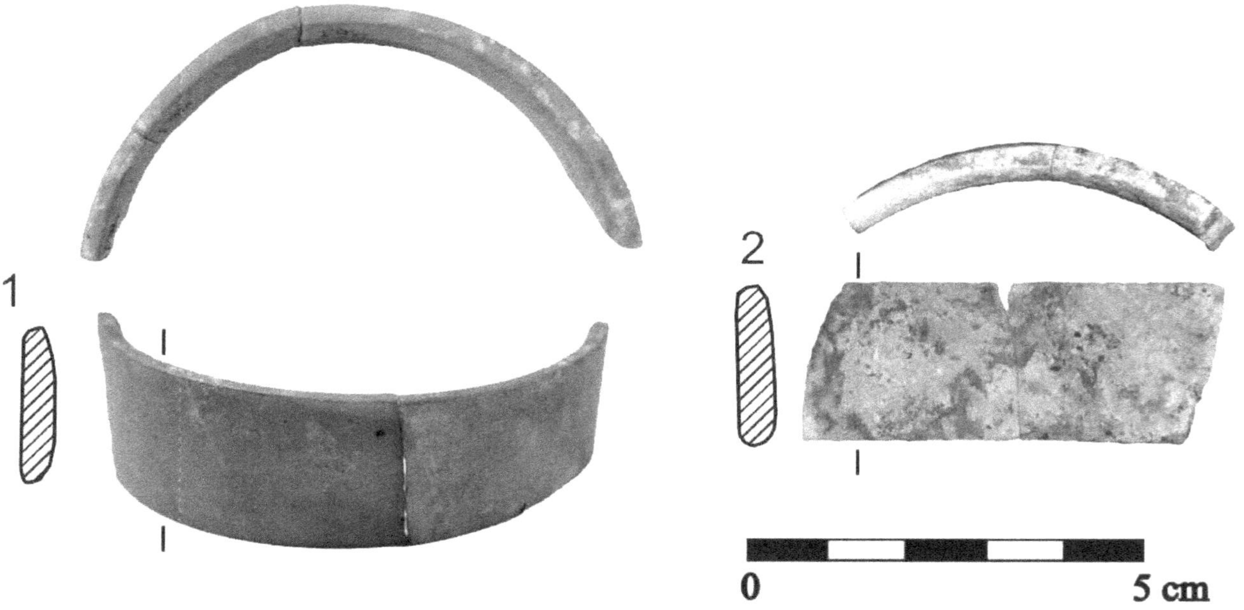

Figura 56. Brazaletes de la Cueva de la Solapilla (Mollina, Málaga)

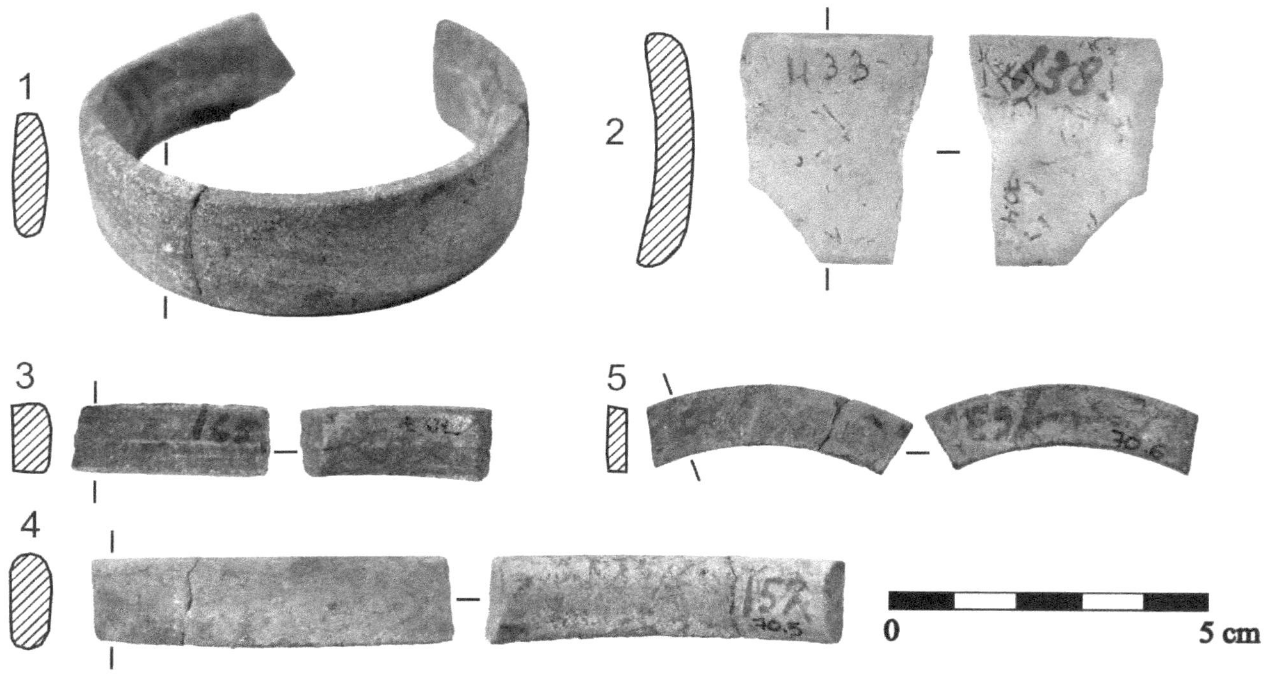

Figura 57. Brazaletes de Cueva Tapada (Torremolinos, Málaga)

Paleolítico hasta el Neolítico Reciente. La funcionalidad es igualmente compleja de definir, pero si tenemos en cuenta la funcionalidad de la gran mayoría de las cuevas con restos neolíticos del sur de la península ibérica y la presencia de restos humanos en esta en concreto es muy probable que fuese usada como lugar de enterramiento (Jiménez 2009).

2.1.3.8. Cueva Tapada (Torremolinos)

La cueva fue descubierta y excavada por M. Such en el año 1915 y se encontraba ubicada en el promontorio rocoso de la población de Torremolinos (Málaga). Estos trabajos nunca fueron publicados y las referencias más antiguas que se conocen del yacimiento son de S. Giménez Reyna (1946).

A excepción de un fragmento de azagaya monobiselada estudiada por Fortea (1973) y atribuida con reservas al Magdaleniense, los materiales que se conocen fueron estudiados por M.ª S. Navarrete (1976). Los materiales documentados lo forman varias vasijas globulares de fondo redondeado y cuellos cilíndricos y marcados. La principal característica del conjunto son los añadidos plásticos, como asas, de diferentes tipos verticales, sencillas, dobles y los cordones con digitaciones. El resto de materiales que se conocen lo componen cuentas de concha, brazaletes de piedra, láminas de sílex y hachas pulimentadas (Navarrete 1976, 374).

El conjunto estudiado está compuesto por cinco brazaletes, cuatro de ellos de mármol y uno de pizarra. Desde el punto de vista tipológico, el grupo de piezas es variado: dos brazaletes anchos, uno conservado casi por completo (Fig. 57:1) y otro fragmento cóncavo en la cara exterior (Fig. 57:2); dos del tipo medio (Fig. 57:3 y 4) y un brazalete estrecho con sección rectangular (Fig. 57:5). Sobre la funcionalidad de este contexto no podemos hacer ninguna precisión dado el sesgo de los datos que poseemos.

2.1.3.9. Cueva Victoria (La Cala del Moral)

La cueva se sitúa en un acantilado de roca caliza, entre los municipios de La Cala del Moral y El Rincón de la Victoria, a unos 11 km al este de Málaga.

Es una cavidad de pequeño tamaño con unos 70 m longitudinales formada por varias salas conectadas. Desde la entrada hacia el interior, las salas son denominadas como la Sala Desconocido, Sala Dosel, Sala Mayor y en la parte más interior la Sala del Murciélago y de las Conchas. El yacimiento fue descubierto en 1939 y excavado por S. Giménez Reyna y J. Rein, pero de estos trabajos solo se publicó una nota (Jiménez 1940). Finalmente, el material fue dado a conocer por S. Giménez Reyna (1946). Los siguientes trabajos de excavación en la cueva será un sondeo hecho por Fortea (1973) en el que documentará fases del Magdaleniense Superior y Epipaleolítico. Las últimas referencias al registro neolítico de la cavidad fue el estudio hecho por M.ª S. Navarrete (1976).

La primera excavación se llevó a cabo en la Sala del Dosel y permitió identificar una estratigrafía con tres capas: una superior de 30-50 cm a la que se asignaba la mayor parte del material; por debajo una capa estéril de cenizas de unos 20 cm; y en la parte inferior, un relleno de 70 cm con abundantes restos de hogares, láminas de sílex, cantos rodados y gran cantidad de moluscos.

En la cerámica documentada predominan los fragmentos decorados, las formas son globulares con cuellos estrechos y cilíndricos. Las asas son muy numerosas y de diferentes tipos: de cinta, verticales y horizontales, dobles y asas-pitorro. La técnica decorativa más abundante es la incisión formando motivos verticales y horizontales a veces rellenas de pasta roja o blanca. Las otras técnicas son las digitaciones y las superficies recubiertas de almagra. El resto de los materiales documentados lo componen varias hachas pulimentadas de diversos tamaños, láminas de sílex y microlitos. Los adornos clasificados son conchas perforadas, un colmillo de jabalí y un brazalete de piedra (Navarrete 1976, 343).

Figura 58. Brazaletes de la Cueva de la Victoria (La Cala del Moral, Málaga)

Los brazaletes catalogados son una pieza completa del tipo ancho con tres líneas paralelas, referida en la publicación del material (Giménez 1946) y dos fragmentos estudiados directamente, igualmente del tipo ancho y con decoraciones de líneas incisas (Fig. 58). El número de líneas oscila de las dos a las cinco. Las piezas han sido afectadas por procesos de disolución dificultando en unos de los casos reconocer las decoraciones (Fig. 58:2).

Según los trabajos arqueológicos realizados en la cavidad, esta debió estar ocupada en momentos del Paleolítico y quizás en el Epipaleolítico. Sin embargo, el grueso de las ocupaciones hay que asociarlo al Neolítico Antiguo, como ponen de manifiesto los materiales cerámicos y las técnicas decorativas. Las apreciaciones de los excavadores, como el registro material, nos permiten relacionar este contexto con una funcionalidad de enterramiento o ritual. La existencia de pinturas en la Sala del Dosel viene a reafirmar la funcionalidad ritual de esta cueva en momentos del Holoceno.

2.1.3.10. Cueva del Gato (Benaoján)

Esta cueva se encuentra en el borde de la Sierra de Grazalema, es conocido como el complejo kártico Hundidero-Gato, el cual está formado por una red de galerías de unos cinco kilómetros longitudinales y horizontales que atraviesan el macizo calizo situado cerca de la pedanía de Benaoján (Montejaque). La Cueva del Gato es el nombre que recibe el acceso inferior del sistema cavernario y donde se sitúa la surgencia de agua (Fig. 59). La cavidad está formada por la galería principal donde discurre el curso continuo de agua y un laberinto de galerías perpendiculares a esta.

Figura 59. Vista general de la Cueva del Gato (Benaoján, Málaga)

Las primeras noticias arqueológicas de la cavidad son el descubrimiento de las manifestaciones rupestres postpaleolíticas por H. Breuil (1929), una figura esquemática de color rojo situada en las galerías secas de la Cueva del Gato. En estas mismas galerías se realizaron las únicas excavaciones de la cueva por parte de L. de Mora Figueroa y R. Cabrero García en 1976 (Mora-Figueroa 1976; 1979; Cabrero 1976).

De estas excavaciones realizadas en la galería del Caballo, situada en la entrada, se documentaron restos óseos al menos de tres individuos adultos, asociados a un rico registro funerario, destacando entre otros tipos cerámicos, asas-pitorro y decoraciones impresas e incisas. El conjunto de materiales recuperado lo completaban hachas pulimentadas, láminas de sílex, un ídolo cruciforme, cuentas de collar y brazaletes de piedra.

Hemos catalogado un total de once brazaletes de piedra, nueve de ellos publicados (Mora-Figueroa 1976, 36) y dos a los que hemos tenido acceso directo (Fig. 60). El conjunto lo forman 6 piezas del tipo estrecho 3 brazaletes medios y 2 del tipo ancho. Destaca el número de piezas reparadas, tres brazaletes estrechos con perforaciones en uno o dos extremos y una pieza ancha con dos orificios paralelos (Fig. 60:1). Solo una de las piezas está decorada con una línea incisa.

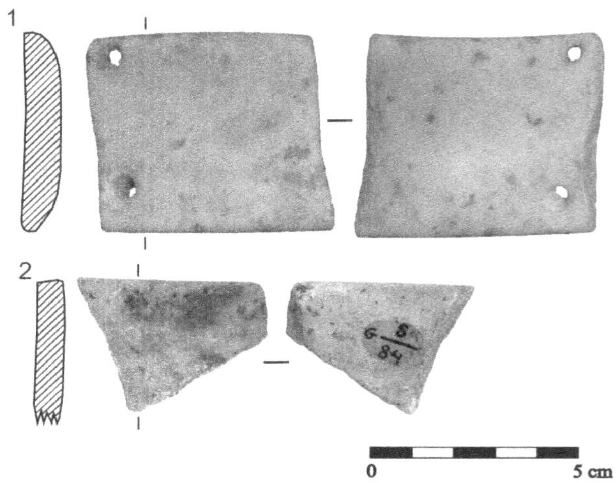

Figura 60. Brazaletes de la Cueva del Gato (Benaoján, Málaga)

Las dataciones absolutas por AMS realizadas a dos de los individuaos exhumados en la cavidad han ofrecido dataciones de entre 5356-5069 y 5047-4848 cal. a. C., datas cronoculturalmente del Neolítico Antiguo, aunque las cronologías de este enclave pueden retrotraerse a momentos anteriores, sí tenemos en cuenta su registro arqueológico (Carrasco y Martínez-Sevilla 2014). La funcionalidad se relaciona con el uso funerario y ritual, como ponen de manifiesto los restos óseos documentados y las manifestaciones rupestres, así como la imposibilidad de su utilización como hábitat por las propias características de la cavidad.

2.1.3.11. Los Abriguitos (Montecorto)

Este emplazamiento se ubica a las espaldas de la población de Montecorto con orientación hacia el este, en el pie del cerro que domina la población. Son pocos los datos que poseemos de este yacimiento, su localización se debe a las numerosas prospecciones realizadas en la Serranía de Ronda (Aguayo *et al.* 1989). Los materiales localizados en superficie están formados por fragmentos cerámicos, industria lítica y pulimentada, estos han permitido atribuirle una cronología del Neolítico sin más precisiones (González 2008; 2009). Tenemos constancia de la presencia de un brazalete de piedra por la comunicación personal de P. Aguayo de Hoyos, sin que podamos sacar otro tipo de conclusiones o precisiones, a excepción de su existencia. El yacimiento se encuentra en relación con un afloramiento de sílex y muy probablemente se tratase de un asentamiento situado en una zona llana y fértil.

2.1.3.12. Acinipo (Ronda)

Se sitúa a 20 km de la ciudad de Ronda enclavado en una elevación caliza de 999 m.s.n.m. de origen terciario con una clara posición estratégica y con tierras fértiles.

El momento de mayor ocupación del sitio se da en época romana a finales del siglo I d.C. la segunda fase mejor representada, es la Edad del Bronce como han puesto de manifiesto las cabañas circulares localizadas en las últimas excavaciones (Del Pino *et al.* 1986). Sin embargo, existen materiales arqueológicos que permiten reseñar una ocupación de la meseta desde el Neolítico a la Edad del Cobre (Aguayo *et al.* 1985).

Según comunicación personal de P. Aguayo, los restos neolíticos documentados se restringen a fragmentos cerámicos decorados y de brazaletes de piedra, estos materiales no se hallan en posición primaria, sino que son fruto de remociones prehistóricas que han incorporado estos materiales a fases más recientes. Lo efímero de los datos no nos permite atisbar otro tipo de conclusiones a excepción de la existencia de una fase neolítica en el sitio y la presencia de brazaletes de piedra.

2.1.3.13. Cueva Hostal Guadalupe (Torremolinos)

Esta cueva fue descubierta por trabajos de construcción en un farallón de travertinos de la costa, inicialmente se denominó como Bajondillo, pero en las referencias actuales se designa como Cueva Hostal Guadalupe. Las actuaciones llevadas a cabo en el yacimiento se restringen a la recogida de materiales. A pesar de las continuas analíticas y referencias actuales a la cavidad no se ha dado a conocer los sus materiales arqueológicos de forma exhaustiva.

El registro cerámico está constituido por decoraciones de cordones, incisiones e impresiones. El resto de materiales conocido lo componen, restos de sílex, cuentas de collar, ocre, un fragmento de brazalete de piedra y gran cantidad de cereales carbonizados.

El brazalete catalogado pertenece a la tipología de los anchos, está elaborado en mármol gris veteado, destaca la presencia de dos perforaciones y su amplio grosor en relación a su altura (Fig. 61).

Los análisis realizados a los restos de cereales de la cavidad han permitido documentar la presencia de trigo (*Triticum sp*) y cebada (*Hordeum vulgare y sp*) (Cortés *et al.* 2010). De igual forma, se han realizado dataciones por AMS de restos óseos humanos, *Ovis aries* y cereales, que han posibilitado la inclusión de este yacimiento en los modelos de neolitización de la costa malagueña, así como el contexto general del sur de la Península (Cortés *et al.* 2012). Las dataciones sitúan el registro material de la cavidad en la primera mitad del VI milenio a. C.

Figura 61. Brazalete de la Cueva Hostal Guadalupe (Torremolinos, Málaga)

La funcionalidad del yacimiento es difícil de precisar, por un lado, la presencia de restos humanos, la relacionan con un uso funerario, y por otro, los restos de cereal en grandes cantidades se pueden corresponder con un lugar de almacenamiento. Esperamos que en el futuro los estudios que se están llevando a cabo sobre el material arqueológico nos permitan extraer conclusiones fehacientes sobre la función de este contexto.

2.1.3.14. Llano Espada (Teba)

El yacimiento se encuentra a 400 m.s.n.m. cerca del denominado Tajo del Molino a unos 5 km al este del municipio de Teba. El topónimo que designa al yacimiento es genérico de la finca donde se ubica, Llano Espada (popularmente apodado como Llano Espá).

Figura 62. Vista general del asentamiento Llano Espada (Teba, Málaga)

Los restos arqueológicos hasta ahora identificados, que permiten afirmar la existencia allí de un yacimiento, pudieron ser reconocidos cuando se sustituyó el tradicional cultivo de cereal de la finca por una plantación de olivos que se mantiene hasta la actualidad, aunque previamente se tenía constancia de algún fragmento cerámico. Durante los trabajos de plantación una máquina excavadora realizó múltiples agujeros para los plantones, cuya profundidad era variable, aunque por término medio no sobrepasó el metro. En un área muy delimitada se comprobó que entre la tierra extraída de los agujeros se encontraban fragmentos cerámicos decorados junto a escasos artefactos líticos tallados. El lugar de dispersión de los materiales es relativamente reducido, circunscribiéndose aproximadamente 600 m^2. Todos los restos localizados parecen corresponder con un asentamiento situado sobre las tierras limosas de la vega del río de la Venta, afluente del Guadalteba, en su confluencia con el actual arroyo del Cañuelo, en tierras aluviales a las faldas de una pequeña loma (Fig. 62).

La cerámica es el elemento más común en el conjunto recuperado, se encuentra muy fragmentada, pero sin trazas de rodamiento, presentando fracturas recientes. Los fragmentos con decoración en la pasta o plástica o con elementos de sustentación alcanzan el medio centenar, excluyendo los amorfos. La técnica decorativa más usada es la incisión mostrando una cierta diversidad: simples y profundas, acanaladuras e incisiones sobre cordones en relieve. Los elementos de sustentación o asas y la decoración en relieve y mamelones constituyen el segundo grupo en importancia. Las impresiones bien de punzón romo o de matriz dentada también están presentes en el conjunto. Por último, en menor medida aparecen las cerámicas decoradas con almagra. El registro material lo completa un pequeño lote de artefactos líticos tallados, algún elemento pulimentado, un brazalete estrecho de esquisto y un gran molino de mano (Morgado y Martínez 2005).

De este yacimiento solo han sido documentados dos brazaletes uno del tipo estrecho y una pieza en proceso de elaboración. Se trata de una pieza realizada en mármol blanco sobre la cual se han realizado dos concavidades

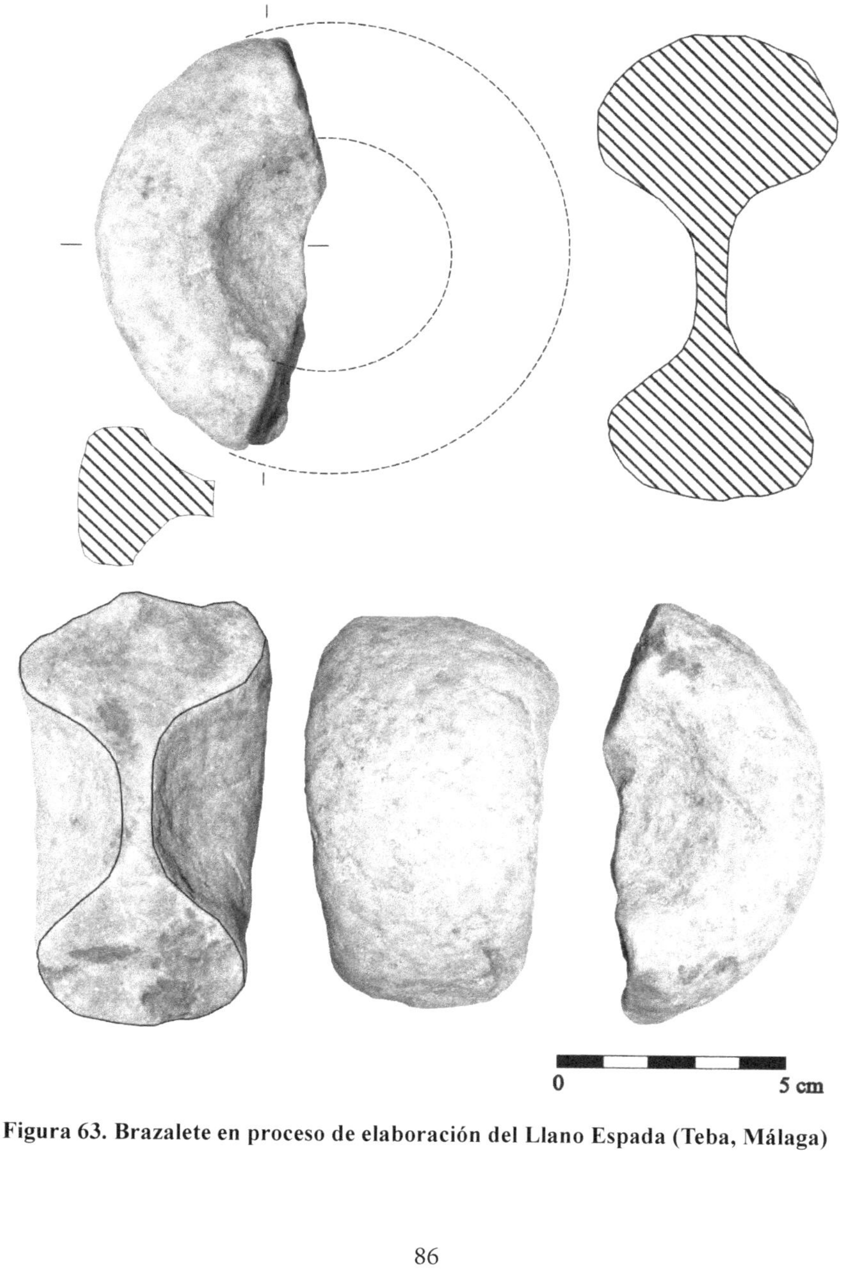

Figura 63. Brazalete en proceso de elaboración del Llano Espada (Teba, Málaga)

de cara a perforar la pieza y fabricar el brazalete (Fig. 63). La importancia de esta pieza radica en su anchura de 45 mm, pues nos indica que se trata de una preforma para la elaboración de un brazalete del tipo ancho. La materia prima empleada es mármol blanco procedente del Complejo Maláguide situado tan sólo a 12 km en dirección sureste. Esperamos que en el futuro se documenten más restos de la elaboración de los brazaletes en este taller en particular, ya que es el único de este tipo que existente en la provincia de Málaga y la pieza de mayor altura en proceso de fabricación documentada en la península ibérica.

Las características formales de los restos materiales del yacimiento, así como las propuestas de carácter general sobre la naturaleza de este tipo de asentamiento, son coincidentes con las que presentan el resto de lugares adscritos al Neolítico Antiguo regional. En esencia se encuadra entre mediados del VI y V milenio a. C. El emplazamiento del yacimiento cercano a cursos continuos de agua y tierras nos permiten interpretarlo como un asentamiento. También hay que destacar la proximidad de la Cueva de las Palomas y pinturas rupestres en el Tajo del Molinillo y que estarían relacionadas con la cosmología y los lugares de enterramiento de estas primeras comunidades agrícolas.

2.1.3.15. Cueva de las Palomas (Teba)

Esta cueva se sitúa en la Sierra de Peñarrubia en la parte central del Tajo del Molino a escasos 3 km del municipio de Teba. La cueva se abre en la parte superior del farallón rocoso en la vertiente izquierda del río de la Venta. La planta es de forma alargada con una longitud máxima de 25 m y una anchura de 18 m, la entrada se localiza en una sima en la parte superior y posee una abertura de grandes dimensiones al cañón del río. La galería principal está compuesta por dos grandes salas y múltiples recovecos, mientras que la superficie está jalonada de bloques calizos producto del derrumbe de la misma.

La cueva se conoce a nivel científico desde el año 1974 cuando comienza a ser estudiada por el Departamento de Prehistoria de la Universidad de Málaga (Ferrer y Marqués 1978). En ella se han realizado prospecciones y excavaciones en las que se han documentado gran cantidad de materiales de la Prehistoria Reciente. Los materiales cerámicos documentados en la cavidad responden a un uso dilatado en el tiempo. La cerámica decorada es numerosa, destacando los motivos formados por incisiones e impresiones. Las decoraciones plásticas están formadas por asas de diferentes tipos, cordones decorados y mamelones de diferentes tipologías. Las morfologías cerámicas son variadas desde las formas globulares, pasando por cuencos, platos de borde engrosado y elementos carenados (Aguado y Baldomero 1979). El resto del material lo componen elementos de piedra pulimentada, punzones, espátulas y un botón de hueso de perforación en V, así como, brazaletes de concha y la única pieza de brazalete de piedra documentada del tipo estrecho. La industria lítica tallada es abundante y muestra al igual que la cerámica un amplio hiato de ocupación de la cavidad (Ferrer 1986).
La estratigrafía del yacimiento es compleja, según el registro material existen fases de uso del Neolítico Antiguo, Edad del Cobre y del Bronce. Su ocupación debió estar en relación con el asentamiento de Llano Espada. Se tiene constancia de una datación absoluta de amplia desviación tipo obtenida por C14 convencional sobre muestra de carbón (4437- 3974 cal. a. C.) (Castro *et al.* 1996), sólo indica un momento de la amplia ocupación que debió tener. Del registro arqueológico conocido, tanto de la cueva como del asentamiento mencionado, podríamos concluir para estos enclaves una cronología del Neolítico Antiguo, al margen de otras ocupaciones anteriores y posteriores que son evidentes según el registro lítico y cerámico.

2.1.3.16. Valle de Abdalajís (Valle de Abdalajís)

El Valle de Abdalajís es un municipio del norte de la provincia de Málaga situado al sur de la Comarca de Antequera y al norte del Valle del Guadalhorce. El paisaje está formado por suaves lomas y ondulaciones y destaca la Sierra de Abdalajis, a espaldas del municipio formado por calizas de origen Jurásico.

De este entorno geográfico, sin procedencia exacta, hemos podido catalogar gracias a Fernando Medero García dos brazaletes en proceso de elaboración depositados en el Museo Municipal pertenecientes a la colección particular del antiguo párroco del pueblo.

Las piezas las constituyen un pequeño fragmento estrecho en esquisto fracturado en la fase de abrasión paralela interior, técnica que debido a la tensión que se ejerce entre el abrasivo, la mano y el brazalete provoca la rotura por fuerzas convergentes. (Fig. 64:2) y la otra pieza, es un brazalete completo en proceso de elaboración, desechado en la fase de regularización de las superficies mediante abrasión. La pieza no presenta huellas de uso en la parte interior tan solo trazas generadas por el proceso tecnológico de elaboración. El abandono de la pieza sin concluir puede deberse a las irregularidades que presentan las caras inferior y superior, que requerirían un esfuerzo excesivo para su regularización y conformado final o simplemente un producto que no se concluyó (Fig. 64). Los ejemplos de este tipo de piezas completas no son frecuentes, aunque se han localizado en algunos yacimientos, aunque fragmentadas, es el caso de la Cueva de los Mármoles (Priego de Córdoba) o Cerro virtud (Cuevas de Almanzora, Almería).

2.1.3.17. El Charcón (Alozaina)

El yacimiento se sitúa en el Cerro de Ardite, este se ubica en el valle del río Grande en la confluencia de los términos municipales de Guaro, Coín, Alozaina y Tolox. Este cerro es conocido por sus vestigios arqueológicos de diferentes épocas y por estar relacionado con el afloramiento de sílex de El Garrotal. El yacimiento de El Charcón lo constituye

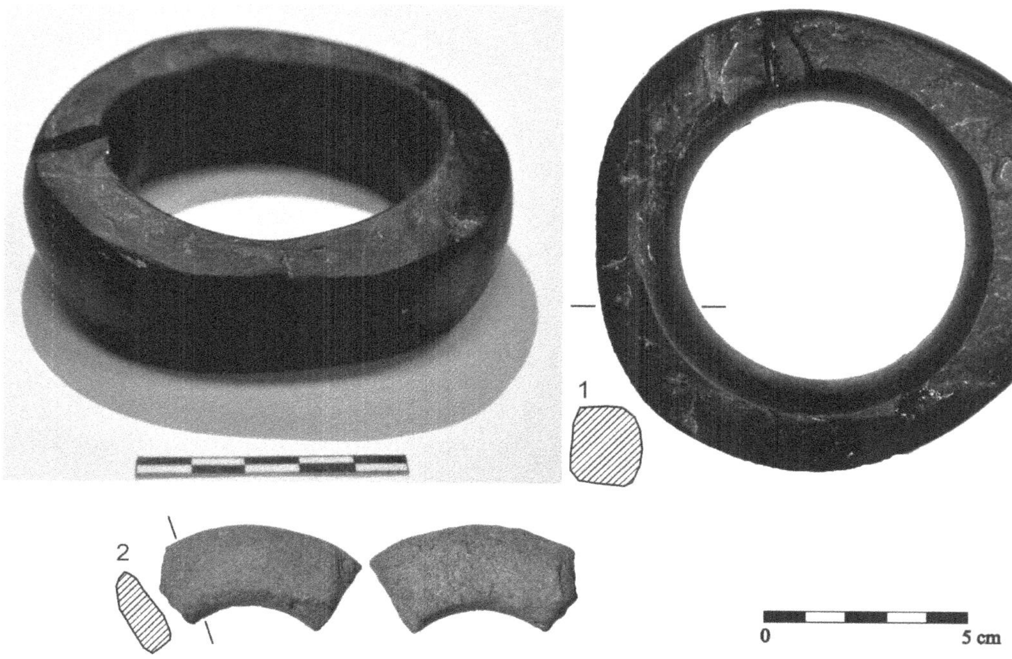

Figura 64. Brazaletes en proceso de elaboración del Valle de Abdalajís (Málaga)

una zona de unos 3000 m^2 ocupada en la actualidad por una plantación de olivo, constituyéndose como una plataforma llana cerca del arroyo de El Charcón, de ahí su nombre. Existe una concentración de materiales de distinta cronología además del sepulcro de Los Almendrillos a escasos 400 m (Fernández *et al.* 2005).

Los restos atribuibles al Neolítico los forman cerámicas decoradas con gran variedad de técnicas y motivos: cordones con incisiones e impresiones, mamelones y cerámicas incisas e impresas con puntos y cardial (Jiménez y Conejo 2006). La industria lítica tallada, pulimentada y los objetos de adorno como cuentas y conchas perforadas completan los materiales atribuibles a la fase de ocupación neolítica del sitio. Aunque no poseemos el número total de brazaletes documentados en el yacimiento, las piezas publicadas son de varios tipos (tanto estrechos como anchos) y de diferentes litologías: caliza, mármol y pizarra. Solo uno de ellos está decorado con siete líneas paralelas. Se afirma la existencia de piezas en proceso de elaboración, pero no se precisa si se trata de elementos pertenecientes a brazaletes de concha o de piedra por lo que no las vamos a tener en consideración (Fernández y Márquez 1999, 22).

La funcionalidad del sitio resulta más difícil de precisar que la presencia de la fase del Neolítico Antiguo. Como hemos mencionado los restos aparecen distribuidos por la superficie del llano de El Charcón, pero la ausencia de cualquier tipo de estructura y la existencia de la Cueva del Moro en la parte superior del cerro, han planteado la posibilidad que se trate de materiales secundarios producto de la destrucción de la cavidad (Fernández *et al.* 2005). Quizás sea la explicación más plausible, si tenemos en cuenta la cantidad de objetos de adorno que posee el yacimiento y la proximidad del sepulcro de los Almendrillos, que marcaría la continuidad en el tiempo de un lugar sacralizado y ritualizado.

2.1.3.18. Cueva del Higuerón (La Cala del Moral)

La cueva se sitúa a unos 500 m del Torreón de La Cala del Moral. En la bibliografía puede aparecer referida también como La Cueva del Suizo, de La Cala o del Tesoro. Fue explorada y prospectada de forma superficial por H. Breuil el cual descubrió un conjunto parietal de difícil adscripción cronocultural.

La cueva fue excavada por S. Giménez Reyna y Laza Palacios en 1956, estos efectuaron los trabajos en la entrada que no había sido explorada por H. Breuil (Giménez y Laza 1964). Los materiales se encuentran repartidos entre diferentes instituciones museográficas. La mayor parte del material que se conoce fue dado a conocer por la publicación de M.ª S. Navarrete (1976), aunque años después se publicará otro conjunto de materiales (López y Cacho 1979).

El material cerámico está compuesto por formas ovoides y globulares con cuellos indicados, los elementos añadidos más comunes son las asas, de cinta, verticales, asas-pitorro, perforadas y los cordones decorados o no. En el plano decorativo aparecen impresiones con matrices dentadas, incisiones y pinturas a la almagra. La industria lítica la componen un elemento abrasivo, azuelas y brazaletes de piedra. El sílex lo forman materiales como núcleos, raederas, hojas de diferentes tamaños, buriles y una punta de flecha con pedúnculo. La gran mayoría de la industria lítica se asocia a diversas fases del Paleolítico Superior (López y Cacho 1979).

De los brazaletes de piedra tenemos constancia de la existencia de brazaletes de caliza, pero no del número exacto, ya que se hace alusión a que se recogieron lisos y anchos decorados con líneas paralelas, así como piezas reparadas (Navarrete 1976, 348). Por nuestra parte hemos tenido acceso a una pieza depositada en el Museo de Málaga, un brazalete del tipo medio cuya única característica destacable es que está fuertemente alterado por procesos de disolución. En el último estudio del material realizado se catalogan cuatro piezas una completa y tres fragmentos de los cuales uno de ellos es del tipo ancho y decorado con ocho líneas paralelas (López y Cacho 1979, 70). En este sentido hemos tenido en consideración esta publicación y hemos contabilizado cuatro brazaletes para esta cavidad, siendo conscientes que el número debe ser mayor.

La Cueva del Higuerón debió ser usada como refugio en momentos del Paleolítico Superior, como atestiguan las abundantes industrias líticas. El uso que debió tener la cueva durante el Neolítico estuvo relacionado con el enterramiento u otro tipo de rituales, como así queda de manifiesto por los numerosos restos humanos recogidos en la cavidad (Giménez y Laza 1964, 67). Según los registros cerámicos y los paralelos con otros yacimientos secuenciados y datados podemos atribuir una cronología del Neolítico Antiguo de mediados del VI mil. a. C.

2.1.3.19. Cueva del Toro (Antequera)

Se sitúa en la Sierra del Torcal de Antequera, la entrada se abre en un caos de bloques calizos orientada al suroeste a 1190 m.s.n.m. La cavidad en origen era de mayores dimensiones, pero los procesos tectónicos han trasformado su morfología. En la actualidad la Sala Loreto es la sala principal y única que existe, a la cual se accede por un pasillo de unos 15 m. Tras ella, una galería estrecha conecta con las partes internas y una sima de 32 m de profundidad.

La cueva es conocida desde antiguo por los habitantes de la zona, pero será en 1972 cuando el grupo de espeleólogos de Málaga localicen varios fragmentos cerámicos y una punta de Palmela valorándose el potencial arqueológico del yacimiento. Los trabajos de excavación serán realizados por la Universidad de la Laguna en cinco campañas desde 1977 hasta 1988 con resultados publicados a principios del siglo XXI (Martí *et al.* 2004).

Estos trabajos permitieron definir cuatro fases de ocupación:

> **Fase IV.** Asentada sobre la base de la cavidad y formada por gran cantidad de losas de derrumbe. Esta fase se sitúa cronológicamente según las dataciones de C14 entre mediados del VI y la primera mitad del V milenio a. C.
>
> **Fase III.** Se diferencia de la anterior fase por un nivel de tierra arcillosa rojiza, introducida del exterior para la regularización de la superficie de ocupación. Esta fase a su vez es dividida en dos subfases IIIA y IIIB según las interpretaciones del uso de la cavidad. Esta fase se relaciona con la ocupación de la cavidad entre mediados del V e inicios del IV milenio a. C.
>
> **Fase II.** Se inicia tras un hiato de abandono (en torno a medio milenio) de la cavidad reflejado por una unidad sedimentaria de carácter natural arcillosa. Esta fase se divide igualmente en dos subfases IIA y IIB. Cronológicamente esta ocupación se sitúa entre el final de III y primera mitad del II milenio a. C.
>
> **Fase I.** Esta fase se atestigua por dataciones de C14 con datas de finales del II milenio a. C.

Desde un punto de vista cronocultural estas fases se corresponden con el Neolítico Antiguo, Neolítico Reciente, Edad del Cobre y una fase atribuible al Bronce Antiguo. El registro arqueológico documentado en el yacimiento es numeroso. De manera general el conjunto cerámico, que se asocia a las primeras ocupaciones de la cavidad, está constituido por recipientes de formas globulares de tendencia ovoide y con cuellos indicados en muchas ocasiones. Las decoraciones son características de este momento cultural, formadas por impresiones con diferentes instrumentos, desde cardial, aunque en muy bajo porcentaje, hasta matrices dentadas o puntilladas, igualmente comunes son las incisiones que en ocasiones se combinan con las impresiones. Las almagras son abundantes en el conjunto y está presente en recipientes decorados con otras técnicas. Las asas son de diversos tipos, verticales, de lengüeta, dobles y destaca la presencia de varios fragmentos de asa-pitorro. La industria lítica es fundamentalmente laminar y la industria pulimentada la componen hachas, azuelas, martillos y elementos de molturación. Los útiles en hueso son fundamentalmente elementos apuntados y espátulas o cinceles (Martín *et al.* 2004).

Los elementos de adorno personal aparecen representados por 103 piezas distribuidas según la propuesta secuencial de la cavidad. Casi la mitad de estos objetos se atribuyen a la fase antigua del yacimiento, en la cual se documenta una amplia variabilidad de tipos (Goñi 2004). Los adornos se componen de cuentas de collar de concha o caliza, colgantes, conchas perforadas y abundantes brazaletes de concha y piedra.

En la publicación del material no aparece el número de piezas según los tipos, por lo que hemos contabilizado los brazaletes de piedra que aparecen representados gráficamente, siendo posible que el número de piezas sea mayor. Los brazaletes catalogados ascienden a 19 de los que 15 son del tipo ancho, dos medios y dos estrechos. Dentro de este conjunto destaca la gran cantidad de tipos anchos decorados con líneas paralelas, ya que 12 de las piezas están decoradas con un número variable, desde cuatro hasta siete líneas incisas. Las reparaciones solo están presentes en dos piezas, una del tipo ancho y un fragmento de brazalete estrecho probablemente convertido en colgante.

La funcionalidad de esta cavidad al igual que otras muchas del sur peninsular está aún por dilucidar. Según sus excavadores las primeras fases de ocupación se relacionan con el procesado de carne y su ahumado, esta afirmación se basa en el estudio traceológico de la industria lítica y la abundante presencia de cenizas producidas supuestamente por esa actividad (Martín *et al.* 2004, 43). En un trabajo reciente sobre la micromorfología de los suelos del yacimiento, se apunta una baja densidad de la ocupación en la fase inicial, así como un uso de la cavidad como lugar de encierro de ovicápridos y área domestica sin abandono entre ambas actividades. Las evidencias de la actividad doméstica se limitan a la presencia de áreas de combustión (Égüez *et al.* 2014). No obstante, estos datos no son lo suficientemente concluyentes como para afirmar la ocupación como lugar de hábitat permanente en el Neolítico Antiguo. Si tenemos en cuenta la situación de la cueva en un entorno calizo por encima de los mil metros de altitud, las características internas de la cavidad y su registro arqueológico, en el que abundan los objetos de adorno y los restos humanos deberíamos de relacionar este yacimiento, al menos en sus fases iniciales, como un lugar con una alta carga ritual. Sin que esta conclusión sea óbice para otro tipo de actividades como la estabulación del ganado o la realización de actividades cotidianas en periodos estacionales dentro de la cueva, recordemos que en sociedades preindustriales la división entre lo sacro y lo profano no son tan visibles como en sociedades más complejas. En estas sociedades todo lo cotidiano esta imbuido de la cosmología y las creencias. Desde nuestro objeto de estudio, en este yacimiento los brazaletes estudiados se sitúan cronológicamente en mediados del VI milenio a. C., marcando un punto en la distribución de estos adornos en la zona interior de la provincia de Málaga.

2.1.3.20. Cerro de la Higuera (Teba)

El yacimiento se emplaza en un cerro situado entre los ríos Guadalteba al norte y Turón al sur. Se trata de un emplazamiento con amplia visibilidad sobre el territorio que lo circunda. La construcción de un parque eólico motivó la realización de trabajos arqueológicos en los cuales se localizó este yacimiento.

Los materiales recogidos en superficie tras los trabajos de construcción de la planta eólica están formados por casi trescientos objetos. El registro arqueológico se encuentra muy fragmentado y lo forman cerámicas lisas y decoradas, industria lítica tallada, elementos macrolíticos, una concha, dos bolitas de arcilla y un brazalete de piedra del tipo ancho. Las formas cerámicas son vasos de paredes rectas, cuencos semiesféricos y ollas globulares. Las decoraciones plásticas son a base de mamelones, asas de cinta y asas tubulares, también existen algunos restos de almagras. Los restos carpológicos son el elemento más destacado del yacimiento. En la construcción de una zanja se documentó un nivel con abundantes restos de cereales y leguminosas carbonizados. Las especies recogidas son la cebada desnuda, guisantes y habas (Espejo *et al.* 2013). Sobre estos restos se ha realizado una datación absoluta que ha aportado una fecha del 5007-4721 cal. a. C.

La cronología del yacimiento, si tenemos en cuenta su registro material, se sitúa en el Neolítico, pero en una fase avanzada del mismo entre finales del VI e inicios del V milenio a. C. La datación absoluta lo situaría casi en el Neolítico Reciente y marcaría probablemente la fecha final de utilización del asentamiento. El emplazamiento en una zona fértil y con visibilidad, así como el amplio registro carpológico remarcan las características de este asentamiento como lugar de hábitat.

2.1.3.21. Cueva del Algarrobo (Alozaina)

La cueva se encuentra situada en el término municipal de Alozaina al sur de la provincia de Málaga. Los materiales que se conocen de esta cavidad proceden de una recogida superficial y fueron publicados por M.ª S. Navarrete (1976).

El material está formado principalmente por fragmentos cerámicos, lisos y decorados. La técnica de decoración más común es la incisión y también destaca la presencia de almagras en muchos casos asociadas a las incisiones. Las asas son muy frecuentes y variadas: de perforación vertical de cinta o asas-pitorro. Las formas cerámicas son cuencos, formas globulares, de cuellos abiertos o marcados y en solo un caso una carena. El grupo de materiales lo completan cinco láminas de sílex, dos fragmentos de punzón de hueso, dos conchas cipreas perforadas y tres fragmentos de brazaletes. Estos son del tipo ancho elaborados en mármol y uno de ellos está decorado con dos líneas paralelas (Navarrete 1976, 375). El material documentado en esta cavidad nos sitúa un uso de la misma en el Neolítico Antiguo, sin que podamos interpretar la funcionalidad que debió desempañar la cueva.

2.1.3.22. Cueva del Pecho Redondo (Marbella)

La cueva es de pequeñas dimensiones y se encuentra en la ladera sur de Sierra Blanca a unos 6 km al norte del municipio de Marbella. La cavidad se compone de dos salas, la primera de 10 m de diámetro y 2 m de altura y la más profunda es de unos 6 de largo por 10 m de ancho. Los materiales arqueológicos que se conocen de la cavidad fueron recogidos por un grupo de espeleólogos, según sus testimonios los hallazgos se hicieron en superficie ya que la cueva no posee apenas sedimentación en su interior (Posac 1973). Los materiales recogidos los componen fragmentos cerámicos y tres vasijas casi completas. Las formas son globulares de cuellos abiertos. Las decoraciones plásticas son mamelones. El conjunto de decoraciones lo completan impresiones e incisiones formando líneas paralelas en la parte superior de los recipientes.

Los adornos son la parte más destacada del conjunto material con 21 cuentas ovaladas en forma de lágrima, 60 discoidales y tres brazaletes de piedra. Los brazaletes, dos están completos y otro fue roto al extraerlo de la colada

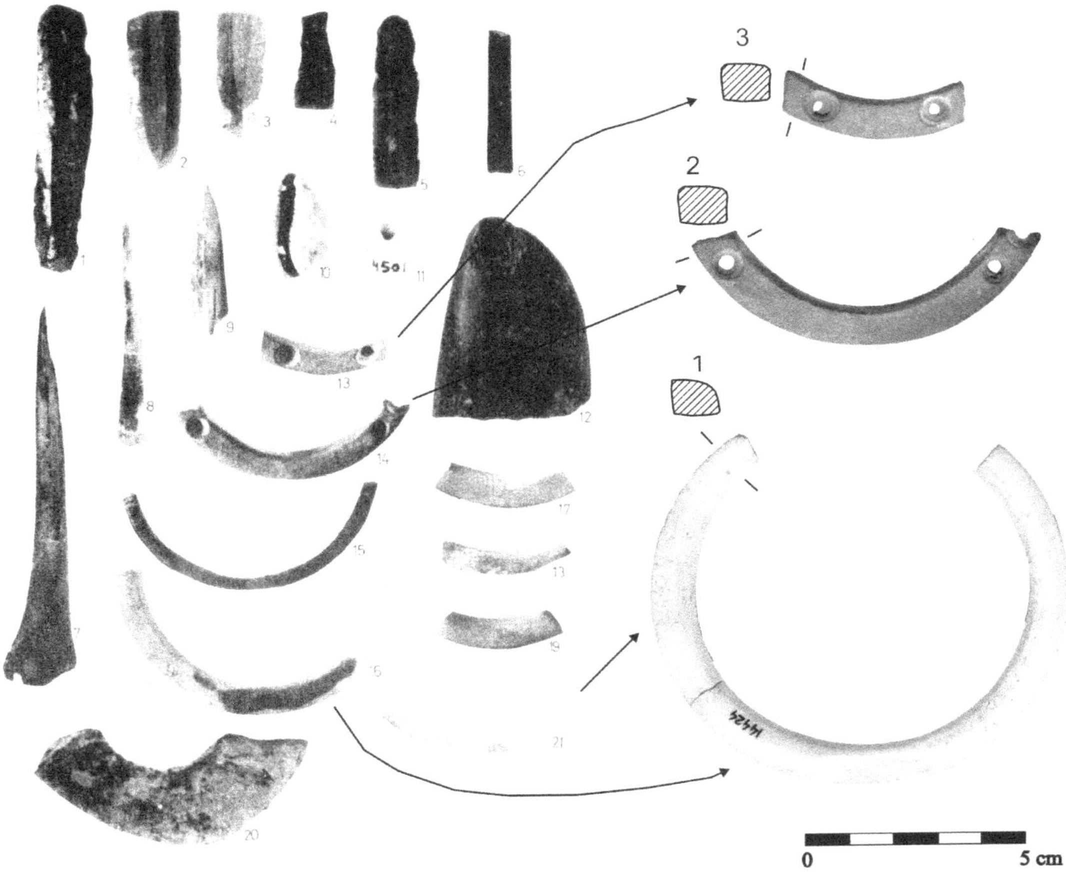

Figura 65. Materiales de la Cueva del Castillico (Cobdar, Almería) (modificado de Navarrete 1976, 395)

estalagmítica en la que se encontraba incrustado (Posac 1973, 172). De estas piezas dos son del tipo ancho y una del tipo medio, destacan sus secciones en forma convexa en el exterior y cóncava en el interior.

La funcionalidad de la cavidad según los restos humanos localizados en su interior, la abundancia de adornos y la presencia de pinturas en la sala principal, habría que relacionarla con un uso principalmente funerario o ritual. El registro cerámico nos permite situar cronoculturalmente la ocupación de la cavidad en el Neolítico Antiguo.

2.1.4. Almería

2.1.4.1. Cueva del Castillico (Cobdar)

La cavidad está situada en la parte norte de la Sierra de los Filabres en el lugar conocido como El Peñón, muy cerca de la entrada al pueblo de Cobdar. La cueva está formada por una diaclasa en la cual se abren varias galerías unas sobre otras. El yacimiento fue descubierto por unos vecinos del pueblo en los años sesenta y posteriormente se realizó una exploración por el Museo Arqueológico Provincial de Almería. En estos trabajos se recogieron los pocos materiales que se conocen del sitio, que según los testimonios orales son una ínfima parte del registro arqueológico que contenía la cavidad y que ha desaparecido por los continuos expolios.

El registro cerámico lo constituyen formas de cuencos esféricos y semiesféricos y vasijas de tendencia globular en algunos casos con cuellos marcados. Los elementos de sustentación son frecuentes en el conjunto, asas verticales de perforación simple o doble y mamelones de diferentes tipologías. Las cerámicas decoradas las constituyen solo cinco fragmentos con motivos verticales incisos e impresos con un punzón romo, en algunos fragmentos las incisiones están rellenas de ocre. El resto de los materiales documentados lo forman un hacha pulimentada, una cuenta de collar cilíndrica, una cocha de Ciprea perforada y ocho fragmentos de brazalete de piedra y un disco perforado (Navarrete 1976, 395).

Hemos tenido acceso a parte del material depositado en el Museo de Almería, entre ellos tres fragmentos de brazaletes (Fig. 65). Hemos comprobado que los ocho fragmentos publicados se corresponden a siete brazaletes del tipo estrecho elaborados en caliza y pizarra. Dos de las piezas pertenecen a un solo brazalete (Fig. 65:1) y otras dos que aparecen perforados son fragmentos reparados de otro brazalete. Del conjunto de brazaletes destaca la presencia de la técnica de abrasión circular en el interior de las dos piezas que aparecen reparadas mediante dos perforaciones en sus extremos (Fig. 65:2 y 3).

El registro material documentado en la cavidad nos

permite situar de forma aproximada cronológicamente el yacimiento en mediados del VI milenio a. C. La funcionalidad del sitio si tenemos en cuenta las características angostas de la cavidad y la imposibilidad de ser usada como hábitat hay que relacionarla con un lugar de enterramientos o el desarrollo de otro tipo de rituales.

2.1.4.2. Cerro Virtud (Cuevas de Almanzora)

El yacimiento se sitúa en la cima del Cabezo de Herrerías cerca de la población de Cuevas de Almanzora. Se trata de un asentamiento asociado desde su fundación a una necrópolis en fosas en el interior del mismo poblado. Su mayor conocimiento y comprensión lo debemos a las excavaciones de urgencia realizadas en 1994 por I. Montero y A. Ruiz Taboada, que pusieron al descubierto fases inéditas de una ocupación neolítica al aire libre (Ruiz y Montero 1999). Las dataciones de C14 permiten atribuir una secuencia ocupacional, contrastada por el registro arqueológico estudiado, entre el Neolítico Antiguo muy evolucionado con pervivencias hasta el Neolítico Reciente y Edad del Cobre.

Los materiales de las distintas campañas de excavación se encuentran depositados en el Museo Arqueológico de Almería y el Museo Arqueológico Nacional de Madrid. La documentación de los brazaletes y su contexto ha sido cedida por I. Montero para su inclusión en este estudio. Hemos catalogado solo las piezas correspondientes al corte B3 para su estudio. Los brazaletes son 48 piezas acabadas y 7 en proceso. De las cuales hemos tenido acceso directo a 21 piezas acabadas y a 5 en proceso. El contexto cultural, cronológico y tecnológico de este asentamiento se tratará de forma detallada en el apartado sobre los contextos de producción (epígrafe 3.2.2.3.).

2.1.4.3. Cabecicos Negros (Vera)

Se encuentra a unos 2 km de la desembocadura del río Antas. Los estudios de la línea de costa lo situarían a orillas del mar en el momento de su ocupación (Arteaga *et al.* 1987) Se emplaza en la vertiente izquierda del cauce del río a una altitud de 20 m.s.n.m. El yacimiento es conocido desde las prospecciones de los hermanos Siret (1907,382) bajo la denominación de Cabezo del Pajarraco, pero será en los años noventa cuando se practiquen varias campañas de excavación de urgencia que permitirán conocer las ocupaciones del sitio y su registro material (Goñi 1999a). El registro arqueológico y las últimas dataciones de C14 permiten situar el asentamiento en la segunda mitad del VI milenio a. C. cronoculturalmente en el Neolítico Antiguo (Cámalich y Martín 2013).

La mayor parte de los materiales catalogados en este asentamiento están relacionados con la producción de adornos, cuentas de collar y brazaletes de piedra, lo que permite afirmar la existencia de un taller. Los brazaletes que hemos catalogado según las excavaciones realizadas ascienden a 104 piezas acabadas y 28 fragmentos de producción (Goñi 1999b). En nuestro caso solo hemos tenido acceso a la parte del material que se encuentra depositada en el Museo Arqueológico de Almería. Probablemente el conjunto de piezas acabadas sea menor y se trate de piezas fracturadas en las últimas fases del proceso de elaboración, pero como no hemos tenido acceso directo a todo el material hemos considerado la cantidad referida en la publicación. El contexto cultural, cronológico y tecnológico de este asentamiento se tratará de forma detallada en el apartado sobre los contextos de producción (epígrafe 3.2.2.4.).

2.1.4.4. Cabezo de la Raja Ortega (Garrucha)

Este yacimiento se sitúa en uno de los cerros cercanos a la población de Garrucha y a unos 500 m de la Atalaya de Garrucha. Los primeros datos que tenemos de este emplazamiento son gracias a las prospecciones de los hermanos Siret. Entre los hallazgos que realizaron destacan los restos de brazaletes finalizados y uno de ellos en proceso de elaboración (Fig. 3). Esta pieza les llevará a interpretar el proceso productivo de este adorno por primera vez en la península ibérica (Siret y Siret 1890, 49).

Los materiales de este yacimiento se encuentran repartidos entre diversas instituciones museográficas. Los publicados por los Siret se hallan en el Museo Arqueológico de Bruselas (Deramaix 1992) y también se documentaron materiales en los trabajos de prospección realizados en los años ochenta en la zona (Fernández-Miranda *et al.* 1993). Los materiales descritos por los Siret se componían de núcleos de sílex de pequeño tamaño y láminas, cerámicas, percutores, hachas pulimentadas y conchas perforadas (Siret y Siret 1890, 50).

En lo que a los brazaletes de piedra se refiere, la cuantificación del conjunto ha sido complicada. La distinción entre piezas acabadas y en proceso de elaboración es difícil según las publicaciones. No hemos cuantificado el número de piezas para evitar duplicidades y errores interpretativos sobre el material. Según los materiales publicados se aprecia la existencia de un taller de brazaletes estrechos e igualmente brazaletes acabados y en algunos casos reparados con perforaciones.

No tenemos suficientes datos para afirmar de forma contundente la cronología o la funcionalidad del sitio. Sí tenemos en cuenta su emplazamiento y el poco registro material que conocemos, se debió de tratar de un asentamiento que hunde sus raíces en el Neolítico Antiguo muy evolucionado y que perdura hasta la Edad del Cobre.

2.1.4.5. Cerro Almanzora (Cantoria)

El yacimiento se sitúa en un meandro de la cuenca del río Almanzora a una altitud de 500 m.s.n.m. en un cerro destacado con ricas vegas de cultivo a su alrededor. Los materiales documentados los forman fragmentos cerámicos, algunos de ellos decorados, elementos de sílex, industrias macrolíticas y fragmentos de brazaletes de pizarra y caliza, de los cuales dos piezas se han interpretado como en proceso de elaboración (Martínez *et al.* 2000). Los datos que poseemos de este emplazamiento son muy sesgados, por lo que no podemos determinar su cronología exacta, su funcionalidad habría que relacionarla con un asentamiento dado su emplazamiento en la confluencia de varios ríos y en una zona fértil apta para el cultivo.

2.1.4.6. El Garcel (Antas)

El sitio arqueológico de El Garcel también ha sido conocido como Aljoroque o Algarcel. Este se localiza en un cerro sobre el cauce del río Antas, próximo a los yacimientos de El Argar y la Gerundia. El cerro ha sido afectado por procesos de erosión fluvial y su aspecto original está muy desdibujado. El yacimiento se conoce desde los trabajos de los hermanos Siret (1890), pero serán las excavaciones del año 1973 las que aporten los datos más importantes de este asentamiento.

En el transcurso de las intervenciones se documentaron cabañas con hoyos de poste, hogares circulares, silos y abundante escoria fruto de las actividades metalúrgicas. Los materiales más abundantes son los restos líticos en la mayoría láminas, microburiles, núcleos de laminitas, perforadores y geométricos de gran tamaño. Las cerámicas son muy escasas. Las piezas pulimentadas están constituidas por morteros para ocre y brazaletes de piedra. En cuanto a elementos metálicos se recuperó un punzón de cobre y restos de escoria (Acosta 1976).

En las diferentes publicaciones del yacimiento aparecen brazaletes de piedra, por lo que no hemos contabilizado el número de piezas. En la publicación de los Siret aparecen fragmentos de brazaletes acabados y en proceso (Siret y Siret 1890, 24), al igual que en la revisión del material hecha años después (Gossé 1941). Estos materiales se encuentran divididos en diferentes instituciones museográficas entre ellas el Museo Arqueológico de Bruselas (Deramaix 1992). Según estos datos se puede afirmar posiblemente la existencia de un taller de brazaletes, así como piezas acabadas.

Según las excavaciones realizadas la fase de mayor ocupación del asentamiento se dio en la Edad del Cobre, aunque si tenemos en cuenta algunos de los fragmentos de cerámicas decoradas e industrias líticas podríamos atribuir una ocupación más temprana en el Neolítico para este asentamiento.

2.1.4.7. Cerro Cuartillas (Mojácar)

El yacimiento se sitúa en un cerro cercano al río Aguas y próximo al actual núcleo urbano de Mojácar. El yacimiento es conocido desde antiguo por las excavaciones realizadas por los Siret (1890). En los años ochenta la apertura de una cantera motivó la realización de un sondeo en la parte superior del cerro ofreciendo datos más completos sobre el yacimiento (Fernández-Miranda *et al.* 1989a; 1989b). La excavación puso de manifiesto el escaso relleno arqueológico del asentamiento con varias fosas o silos en su base, que ofrecieron un registro con abundantes cerámicas decoradas con motivos incisos, así como fuentes carenadas de paredes rectas. Dentro del conjunto de cerámicas decoradas destaca un cuenco pintado con una aguada y motivos de ondas (Carrasco *et al.* 2012).

Los brazaletes documentados en este asentamiento aparecen referidos en la publicación de Siret (1890, 21), si tenemos en cuenta la sección y las caras de estas piezas dibujadas, debe de tratarse de piezas en proceso de elaboración. De igual forma, en las últimas excavaciones se hace referencia a la presencia de brazaletes de caliza y pizarra de diferentes anchuras y secciones (Fernández-Miranda *et al.* 1993, 67) al no aparecer la cuantificación total no hemos incluido el número de piezas.

El poblado de Cuartillas debió ser un asentamiento con una dilatada ocupación en el tiempo. Según las cerámicas decoradas con motivos incisos, la primera ocupación se inicia en Neolítico Antiguo muy avanzado, con una fase más representada del Neolítico Reciente y una pervivencia hasta la Edad del Cobre. Esta demarcación cronocultural debe ser tomada con precauciones dada la amalgama de materiales documentados y la falta de definición estratigráfica del yacimiento.

2.1.4.8. El Argar y La Gerundia (Antas)

Estos dos yacimientos se sitúan en dos cerros amesetados en la margen izquierda del río Antas, están separados por una vaguada utilizada para el cultivo en la actualidad. Su proximidad y su posible ocupación en fases consecutivas hacen que se consideren como un mismo complejo arqueológico.

El Argar es el asentamiento epónimo de la cultura arqueológica de la Edad del Bronce del sureste de la península ibérica, fue excavado casi en su totalidad en el siglo XIX por los Siret y publicado el ingente volumen de materiales proporcionado en su mayoría por las estructuras funerarias (Siret y Siret 1890).

La Gerundia también fue excavada por los Siret, pero el constante laboreo agrícola no permitió la localización de estructuras. Sin embargo, si se documentó gran cantidad de materiales especialmente de industria lítica.

El análisis de la cultura material ha permitido fechar, de manera relativa, el asentamiento de la Gerundia con su inicio en el Neolítico y una pervivencia en la Edad del Cobre, mientras que en el caso de El Argar su ocupación se ha restringido a la Edad del Bronce.

Según la publicación de los Siret los brazaletes de piedra aparecen en ambos yacimientos tanto en una lámina de materiales pertenecientes a El Argar como en los materiales publicados de La Gerundia y depositados en el Museo Arqueológico de Bruselas (Deramaix 1992, 105). Si tenemos en cuentas las secciones y los dibujos, estos brazaletes se corresponden en la mayoría de los casos a piezas en proceso de elaboración.

El conjunto de materiales documentado en La Gerundia permite afirmar la existencia de un asentamiento con una larga perduración desde el Neolítico en la que se llevó a cabo la elaboración de brazaletes. En el caso de las piezas de El Argar habría que relacionarla, bien con una recogida por parte de las poblaciones de la ocupación del Bronce, o que exista una primera fase de uso de este emplazamiento más temprana.

2.1.4.9. Cerro del Cortijo de Gatas (Turre)

El yacimiento está ubicado a los pies de las estribaciones de Sierra Cabrera sobre el cortijo que le da nombre y cuyos aterrazamientos han provocado la alteración de gran parte del sitio. Se localiza aguas abajo de la Rambla de Añaflíx en una zona fértil de la sierra de Turre. El material cerámico es escaso y se atribuye a la Edad del Cobre a la que se asocia también el poblado fortificado de la parte alta del cerro. En la ladera sureste se han localizado fragmentos de cerámica atribuida al Neolítico Pleno (Cámalich *et al.* 1999; 2004). La presencia de brazaletes en este yacimiento la conocemos de manera indirecta, así se afirma la existencia de restos de la elaboración de brazaletes de piedra anchos (Goñi *et al.* 2003, 74).

2.1.4.10. Cueva Ambrosio (Vélez Blanco)

El yacimiento es un gran abrigo situado en la base de una pared de caliza de más de 100 m de altura sobre el arroyo del Moral. La entrada tiene una achura de 39 m y la sala principal una profundidad de 17 m con una altura de 18 m. Destaca su ubicación geográfica en una zona intermedia entre el Levante y Andalucía en una encrucijada de vías de comunicación y pasos naturales. Las primeras excavaciones fueron realizadas por el H. Breuil (1912) y F. de Motos (1918). Además de estas intervenciones se han realizado actuaciones puntuales por parte de E. Ripoll (1961) y E. Jiménez (1962) entre otros. Los trabajos se han mantenido en la cavidad de forma esporádica destacando la localización de un conjunto de pinturas y grabados parietales atribuidos al Paleolítico Superior en los años noventa. Cueva Ambrosio es considerada como uno de los enclaves más importantes para el estudio del Paleolítico Superior en la península ibérica y existen infinidad de referencias a este periodo. Su secuencia cultural presenta fases de ocupación desde el Paleolítico, Epipaleolítico y Neolítico.

Los datos sobre la fase neolítica de la cavidad no son tan numerosos, la mayor cantidad del material fue publicado por E. Jiménez y analizado en detalle por M.ª S. Navarrete (1976, 397). Las cerámicas son abundantes tanto lisas como decoradas. De los añadidos plásticos destacan los cordones decorados con impresiones y digitaciones, así como, las asas de diversos tipos, de cinta, verticales, simples, dobles, de túnel, etc. El grupo de técnicas decorativas lo completan incisiones e impresiones puntilladas y con matriz dentada. La industria lítica es abundante en lascas y láminas, hachas pulimentadas, elementos de molturación. La industria ósea es escasa y se restringe a elementos apuntados y trozos de hueso perforados. Los brazaletes de piedra documentados en la cavidad solo son dos piezas, uno de tipo estrecho y otro ancho con tres líneas paralelas incisas rellenas de ocre.

Los datos que poseemos de la cavidad son escasos para determinar la cronología exacta. Según el registro cerámico, habría que señalar una ocupación neolítica temprana de la cueva cuya funcionalidad es controvertida, ya que la presencia de restos humanos podría indicar su uso ritual y funerario.

2.1.4.11. Las Palas y La Era (Herrerías)

Se trata de un yacimiento situado en cerca de la desembocadura del río Almanzora y próximo a la localidad de Herrerías. Este sitio fue dado a conocer por los Siret (1907) el cual lo denominan con varios nombres como La Encantada o Llano de Almizaraque. El yacimiento se ubicaba sobre unas pequeñas elevaciones de margas y conglomerados a una altura del nivel actual del mar de 26 m, actualmente no quedan restos materiales ni de estructuras en el emplazamiento por las fuertes labores agrícolas.

Los materiales arqueológicos recogidos por los Siret se encuentran depositados en el Museo Arqueológico de Madrid y han sido objeto de una revisión a la cual debemos el conocimiento actual de este yacimiento (Ramos y Maicas 2002). El asentamiento lo componen dos conjuntos de hoyos o fosas. En Las Palas se documentaron 29 estructuras negativas entre las cuales se encontraba un enterramiento y en La Era, 8 estructuras. Los materiales que se han podido catalogar pertenecen a estas estructuras y lo forman cerámicas, industria lítica, ósea, metales, restos de ocre y fauna.

La cerámica está compuesta por formas abiertas, decoradas con incisiones e impresiones, además de lengüetas, asas de diferentes tipos y cordones lisos y decorados. La industria lítica está constituida por laminitas, perforadores y segmentos y trapecios de gran formato. Los útiles pulimentados son escasos: un hacha, dos azuelas, alisadores y martillos. Los brazaletes son el material más frecuente entre los elementos pulimentados, ya que se han catalogado 24 piezas asignadas a 13 estructuras. De este conjunto 19 de las piezas son acabadas y 5 piezas consideradas en proceso de elaboración (Ramos y Maicas 2002, 67).

Los materiales y la fenomenología arqueológica del yacimiento nos permiten afirmar que se trata de un asentamiento del Neolítico Antiguo, cronológicamente a finales del VI milenio a. C y con pervivencias en fases posteriores del Neolítico Reciente y la Edad del Cobre.

2.1.5. Jaén

2.1.5.1. Hornos de Segura (Hornos de Segura)

En el centro urbano de esta población jienense, situada en la Sierra de Cazorla, al proceder a la cimentación de una vivienda se descubrió una necrópolis de la Edad del Bronce. La profundización en la secuencia posibilitó reconocer la presencia de materiales campaniformes. La mayoría de los restos cerámicos se atribuyen a la Edad del Cobre, pero algunas de las decoraciones se corresponden con técnicas y motivos neolíticos, caso de algunas incisiones y cordones lisos y decorados con digitaciones. Los brazaletes que aparecen en este contexto son de pizarra y de sección cuadrada según J. Maluquer "distintos de los delgados brazaletes moldurados y finos tan característicos del neolítico andaluz" (Maluquer 1974, 58).

La secuencia excavada pone de manifiesto la presencia de varias fases de ocupación y posiblemente una secuencia alterada y mezclada, probablemente por la necrópolis o poblado argárico que se corresponde con la última fase del yacimiento. Algunas de las cerámicas y los brazaletes de piedra hay que relacionarlos con una ocupación neolítica. Los brazaletes son semejantes a los que aparecen en el resto de los yacimientos estudiados y su asociación a la Edad del Cobre, por no estar decorados, son propias de la época en la que se realiza el estudio del material, al igual que no atribuir ciertos tipos cerámicos a una fase neolítica.

2.1.5.2. Cueva del Nacimiento (Santiago-Pontones)

El yacimiento se ubica en las proximidades del nacimiento del río Segura, en el término municipal de Pontones y a 4 km de la población. Se trata de un gran abrigo con amplia cornisa calcárea situado en la margen derecha del río y a 1600 m.s.n.m.

El abrigo ha sido objeto de varias campañas de excavación desde su descubrimiento como sitio arqueológico en los años sesenta del siglo pasado. Los trabajos de los que se tienen mayor número de datos son los realizados a finales de los años setenta (Asquerino y López 1981). Estas excavaciones han proporcionado cinco fechas absolutas por C14 convencional, con desviaciones tipo muy altas, que encuadrarían una secuencia estratigráfica incompleta entre finales del Paleolítico Superior y la Edad del Cobre.

La industria lítica es de base laminar y destaca la presencia de geométricos asignados a una fase del Epipaleolítico muy tardío con geométricos. El registro cerámico de la fase considerada como Neolítico Antiguo está constituido por decoraciones impresas, incisas y cordones. Los objetos de adorno los forman dos cuentas de collar (una de caliza y otra de concha) un colgante de concha y un fragmento de brazalete de pizarra muy deteriorado (Asquerino y López 1981, 117). La datación de la fase neolítica se atribuye a una sola fecha cuya media entre 5728-5235 cal. a. C., esta se puede corresponder a un horizonte del Neolítico Antiguo sin cardial, o al menos, en la muestra conocida aún no ha sido determinada. La media de esta fecha hay que considerarla alta, pero si tenemos en cuenta la horquilla la fecha más reciente entraría dentro de las dataciones más antiguas para elementos domésticos en la península ibérica. La problemática de este yacimiento y su secuencia ya ha sido tratada en otros trabajos (Carrasco y Martínez-Sevilla 2014), por lo que no vamos a profundizar en este debate que no forma parte del eje central del presente trabajo.

2.1.6. Sevilla

2.1.6.1. El Cabezo de Lebrija (Lebrija)

El yacimiento se sitúa en pleno casco urbano antiguo de Lebrija, en el lugar denominado El Cabezo, se trata de un gran tell de casi ocho metros de potencia localizado en la ladera sureste del Cerro del Castillo. La prospección y excavación realizadas en 1986 permitieron identificar una secuencia de ocupación muy amplia. Se diferenciaron un total de 37 niveles englobados en doce estratos. La secuencia de ocupación del sitio abarca desde la Edad Media hasta la Edad del Bronce, en ese momento se produce un hiato de desocupación del sitio y tras él una fase neolítica y una anterior atribuida al Epipaleolítico (Caro *et al.* 1986).

En los estratos correspondientes a este Neolítico aparecen materiales cerámicos, industria lítica y abundantes restos de fauna. La cerámica está representada por formas globulares. Del conjunto de decoraciones destaca la presencia de cerámica cardial, que convive con otro tipo de impresiones, incisiones, almagras y decoraciones plásticas como cordones lisos o decorados. Los brazaletes están representados por una pieza del tipo medio cuya sección es ligeramente convexa al interior (Caro *et al.* 1994).

Este emplazamiento debe de considerarse como un asentamiento dada la larga secuencia de ocupación del mismo. La cronología de las fases neolíticas viene marcada por el registro cerámico, así podemos atribuir una cronología del Neolítico Antiguo probablemente a mediados del VI milenio a. C.

2.1.6.2. Los Álamos (Carmona)

Este yacimiento es conocido por prospecciones superficiales. Se sitúa en el curso medio del río Corbones dentro del conjunto de los Cerros de San Pedro. Este emplazamiento ha ofrecido materiales clasificables como neolíticos, de la Edad del Cobre y del Bronce. La cerámica atribuible al Neolítico está formada por decoraciones a la almagra, acanaladas, incisas e impresas. Los adornos documentados son un caracol con una perforación y un brazalete de piedra (Fernández y Gavilán 1995, 41).

Los datos que poseemos de este yacimiento son muy exiguos por lo que no se pueden extraer conclusiones, aparte de la situación, que indica un uso como lugar de asentamiento y las cerámicas relacionadas con una ocupación durante el Neolítico Pleno en el sitio.

2.1.6.3. Loma Lombriz II (Carmona)

Este yacimiento es conocido por prospecciones superficiales y se sitúa en el curso medio del río Corbones, el único material documentado en el sito es un brazalete de piedra (Fernández y Gavilán 1995, 26). El único dato destacable es la presencia del objeto en sí mismo.

2.1.6.4. La Cueva Chica de Santiago (Cazalla de la Sierra)

La cueva se sitúa en la sierra norte de Sevilla cerca de la población de Cazalla de la Sierra. El yacimiento fue excavado en el año 1976 y ha sido objeto numerosas publicaciones (Acosta 1986; Pellicer y Acosta 1982; Acosta 1995), aunque no específicas de la cueva. Es uno de los yacimientos que ha causado más controversias junto a la Cueva de la Dehesilla por ofrecer dataciones muy altas para su ocupación neolítica. Durante mucho tiempo estas dataciones no se han tenido en cuenta por su amplia desviación típica y las presuposiciones cronológicas de la época. Si exceptuamos una fecha del VII milenio a. C., las otras dataciones son coherentes con el momento cronocultural que describe su registro arqueológico estas datas se sitúan entre 5619-5005 y 5322-4842 cal. a. C.

El registro material esta constituído por cerámicas con gran variedad de asas y motivos decorativos a base de incisiones, impresiones y cordones lisos o decorados. El conjunto lo completan algunos elementos pulimentados y molederas de ocre, así como brazaletes de piedra. La publicación del material no nos ha permitido cuantificar el número de brazaletes que aparecen de la cavidad.

2.1.7. Cádiz

2.1.7.1. Cueva de la Dehesilla (Jerez de la Frontera)

La cueva se encuentra en el término municipal de Jerez de la Frontera, a unos 2 km del pueblo de Algar, en un macizo calizo a 250 m.s.n.m. Tiene una orientación sur hacia una cañada por la que discurre el arroyo de D. Benito Morena. La cueva es de grandes dimensiones con una profundidad de unos 55 m y una anchura máxima de 28 m y consta de cuatro grandes salas. La primera es de planta trapezoidal y de mayor tamaño, su superficie está cubierta de abundantes bloques, el resto de salas son de menores dimensiones y todas buzan hacia el interior. En todas las salas se han documentado materiales arqueológicos. Las excavaciones que se realizaron fueron dos cortes estratigráficos en la primera sala en dos campañas en 1977 y 1981 (Acosta y Pellicer 1990).

Los materiales documentados en la cavidad son muy numerosos y los forman industria lítica, elementos macrolíticos como hachas y molinos, así como un abundante registro cerámico. Los objetos de adorno son cuentas tubulares de hueso, un fragmento concha y brazaletes de piedra. Las decoraciones cerámicas son variadas destacando la cardial, incisas, impresas con instrumentos, puntillados, acanaladas. Los añadidos plásticos son asas de diversos tipos, mamelones y cordones lisos y decorados.

Los brazaletes catalogados ascienden a 10 piezas, 8 de tipo medio y dos estrechos. Las materias primas según el estudio realizado en la cavidad son mármol, pizarras y caliza negra (Acosta y Pellicer 1990, 35).

La funcionalidad de la cueva no está precisada, pero las numerosas y no bien especificadas inhumaciones en su interior indicarían un uso como lugar de enterramiento. El registro cerámico alude a un Neolítico Antiguo con cardial y las dataciones absolutas obtenidas en ella, aunque en parte y con problemas dada la alta desviación típica, así lo testifican. Algunas de las dataciones obtenidas sobre carbón han ofrecido datas del VII milenio a. C. por lo que se han considerado como muy elevadas para marcar el inicio de las economías productoras, en nuestro caso hemos considerado dos de las fechas entre 5469-4994 y 5205-4498 cal. a. C. estas fechas marcan un momento concreto de la cavidad durante el Neolítico Antiguo (Acosta y Pellicer 1990).

2.1.7.2. Simas de la Veredilla (Benaocaz)

Los trabajos de prospección superficial entre los años 1977 y 1984, de los grupos espeleológicos de Sevilla y Jerez de la Frontera, permitieron la exploración y contabilización de 40 cuevas de las cuales 12 han proporcionado materiales arqueológicos. Este conjunto de cavidades se conoce como Simas de la Veredilla y se localiza en un pequeño macizo rocoso cerca de la población de Benaocaz.

Este complejo cavernario ha suministrado 1600 fragmentos de cerámica, cuarenta vasos completos, doce útiles líticos, dos azuelas y un elemento de hueso apuntado. Igualmente, se ha constatado la presencia de hogares e infinidad de restos óseos humanos. Las formas cerámicas más comunes son las globulares de diferentes tamaños y con en algunos casos con cuellos marcados. Las decoraciones son a base de impresiones, incisiones, almagras y elementos plásticos como mamelones cordones y asas de diferentes tipos.

Los brazaletes de piedra son 5 fragmentos de tipo ancho 4 de ellos con decoraciones a base de líneas paralelas y uno del tipo estrecho (Guerrero 1985; 1992).

Este conjunto de cuevas se puede enmarcar cronoculturalmente en el Neolítico Antiguo y la funcionalidad del sitio como lugar de enterramientos o ritual, viene marcada por las características morfológicas de estas profundas y angostas cavidades y la presencia de restos humanos repartidos por la superficie del complejo.

2.2. LEVANTE

2.2.1. Valencia

2.2.1.1. Freginal (Torre de les Massanes)

De este yacimiento tenemos referencias de la existencia de dos brazaletes de caliza de tipo ancho (Pascual 1998) y que ya habían sido documentados con anterioridad (Bernabeu 1979a).

2.2.1.2. La Muela (Anna)

De este yacimiento tenemos referencias de la existencia de un brazalete de caliza de tipo estrecho (Pascual 1998) y que ya habían sido recogidos con anterioridad (Aparicio y San Valero 1977).

2.2.1.3. Mas Nou (Ares del Maestre)

Se ubica en la comarca de l´Alt Maestrant en el extremo sur de la Serra d´en Seller en la zona superior de un farallón rocoso. El Cincle del Mas Nou se encuentra a 400 m en línea recta de la Cova Fosca. El yacimiento fue descubierto en las primeras campañas de excavación de Cova Fosca en 1975, las cuales llevaron aparejadas una prospección exhaustiva de los entornos donde se localizó el asentamiento. En 1986 se realizaron las primeras excavaciones en el yacimiento (Olària *et al.* 1987). Se identificaron dos fases de ocupación: la Fase I, correspondiente al Neolítico Antiguo y la Fase II perteneciente a un Mesolítico Final con geométricos. El nivel Neolítico se caracteriza por cerámicas lisas y cardiales. No se han documentado estructuras de habitación, pero sí una fosa de enterramiento con varios individuos. Las dataciones realizadas sobre los enterramientos sitúan el uso de esta necrópolis en la primera mitad del VI milenio a. C (Olària 2000; Olària *et al.* 2005). Según las dataciones y la cultura material del sitio se pueden explicar como un yacimiento al aire libre donde el límite entre los niveles no es nítido y los materiales neolíticos y mesolíticos se perciben en su cultura material y no se pueden asociar a las dataciones de forma taxativa. Las datas de la necrópolis se atribuyen a los momentos de ocupación mesolíticos.

De este contexto y asociados a la fase neolítica se tiene constancia de dos brazaletes de piedra (Olària *et al.* 1987). Estos fueron catalogados y estudiados por J. Pascual (1998), y se trata de dos brazaletes de caliza uno del tipo estrecho y otro medio. No hemos considerado la asociación de las dataciones absolutas sobre restos óseos humanos del sitio, ya que exceden el límite de las datas más antiguas para elementos domésticos en la península ibérica, tan solo una de las fechas sobre carbón se podría situar en una fase Neolítica. La datación es 5461-5224 cal. a. C., aunque posee una alta desviación tipo esta fecha se podría asociar a la ocupación neolítica.

La población de este asentamiento debió estar relacionada con la ocupación de la cercana Cova Fosca y esperamos que investigaciones en el futuro relacionen ambos yacimientos y funcionalidades específicas de cada uno de ellos.

2.2.1.4. Cova Fosca (Ares del Maestre)

La cueva se ubica en la comarca de l´Alt Maestrat en el extremo sur de la Serra d´en Seller en la zona superior de un farallón rocoso a unos 400 m de El Cincle del Mas Nou. La cueva está formada por una gran sala de unos 26 m de largo por 10 m de ancho aproximadamente. Ha sido utilizada como redil de ganado, actividad que afectó considerablemente al aspecto originario de la cavidad, al igual que los múltiples saqueos que motivaron la realización de las excavaciones y la protección del yacimiento. Los trabajos arqueológicos se han realizado en diversas campañas desde el año 1975 hasta el 2000 (Aparicio y San Valero 1977; Olària 1988; 1999).

Las fases definidas a partir de estos trabajos y las dataciones han sido: Fosca III, asociada al Mesolítico con industria lítica de denticulados, raspadores, laminitas de dorso abrupto, buriles y microlitos geométricos; y Fosca II y I, asociados a cerámicas y al Neolítico Antiguo.

La fauna de este momento la componen animales salvajes y domésticos como ovejas, cabras y cerdos. La cultura material se caracteriza por cerámica decorada con impresiones, incisiones y puntillados. Industria ósea generalmente de apuntados y útiles de sílex como raspadores, denticulados y puntas. Los adornos más destacados son los brazaletes de piedra y de concha. Las dataciones absolutas, aunque realizadas sobre carbón, sitúan la ocupación neolítica entre la segunda mitad del VI y la primera del V milenio a. C. (Olària 2000).

De esta cueva y de las fases neolíticas se tiene constancia de la existencia de 12 brazaletes de piedra estudiados y catalogados en detalle por J. Pascual (1998), pero en nuestro caso no hemos tenido acceso directo a estos materiales. Según el estudio reseñado, cuatro son del tipo estrecho, dos medios y tres anchos. Las decoraciones solo están presentes en una de las piezas de tipo ancho de sección plano convexa que presenta una línea incisa. Tan solo dos de las piezas presentan perforaciones.

La cultura material de esta cueva y las dataciones absolutas, nos permite situar los brazaletes en contexto cronológico entre la segunda mitad del VI y la primera del V milenio a. C. La funcionalidad de la cueva probablemente haya que entenderla conjunta al asentamiento de Mas Nou, y la relación de ambos con las manifestaciones rupestres levantinas de Racó Molero, Gasulla y Remigia. Todas estas manifestaciones arqueológicas son el resultado del contexto social de una misma población y cada uno de estos yacimientos cumpliría unas funciones preestablecidas culturalmente.

2.2.1.5. Canyaret (Bocairet)

De este yacimiento tenemos referencias de la existencia de un brazalete de caliza de tipo medio (Pascual 1998).

2.2.1.6. Cova de les Cendres (Teulada)

La cueva se sitúa en la Punta de Moraira en un emplazamiento calizo que se corresponde con los acantilados marinos que se forma entre el Cap de la Nau y el Puntal de Moraira. El yacimiento es conocido desde antiguo, lo que ha motivado continuas rebuscas y cuyos materiales destacaban la importancia de este yacimiento. Dada la importancia del sitio, para el estudio del Neolítico en el área, se han realizado diversas campañas de forma sistemática en la cavidad desde 1974 y se tiene un detallado conocimiento de su registro arqueológico y la secuencia neolítica.

La Cova de les Cendres posee una secuencia que abarca desde el Neolítico Antiguo hasta los inicios de la Edad del Bronce. La secuencia muestra la alternancia de rellenos y niveles de fuegos habiéndose diferenciado un total de 21 niveles. La parte inferior de la secuencia que se corresponde con la fase del Neolítico Antiguo se ha definido a partir de las dataciones en unos 500/600 años de ocupación, situándose entre el *c.* 5500-5000/4900 cal. a. C. Para esta fase se ha interpretado la cueva como un asentamiento multifuncional con actividades agropecuarias y el aprovechamiento de los recursos marinos (Bernabeu y Molina 2009). El registro cerámico lo forman decoraciones cardiales, impresiones, incisiones y cordones. En las fases iniciales de la secuencia destacan los porcentajes de la cerámica cardial que llega a suponer el 50% del total del conjunto decorado (Bernabeu y Molina 2011). De este yacimiento se han recuperado cuatro brazaletes asociados a las fases neolíticas de la cavidad. Se trata de dos piezas del tipo estrecho de esquisto adscritas al Neolítico IA y IB y dos del tipo medio elaboradas en caliza y asociadas al Neolítico IC (Pascual 2009).

2.2.1.7. L´Arpella (Muro)

De este yacimiento, fruto de prospecciones superficiales, hay referencias de la existencia de un brazalete de caliza de tipo medio (Pascual 1998).

2.2.1.8. Cueva de la Torre del Mal Paso (Castellnovo)

La cueva se sitúa en la ladera oeste del cerro del La Torreta a 400 m.s.n.m. y a pocos metros del poblado ibérico del mismo nombre. Las excavaciones realizadas en los años cuarenta relacionaron la cavidad con una funcionalidad funeraria desde la Edad del Cobre hasta el Bronce, dentro del repertorio cerámico algunas de las decoraciones se podrían relacionar con una fase neolítica (Jordá 1958). De igual forma, la cueva siguió usándose como lugar ritualizado en época ibérica, romana, medieval y moderna.

De este yacimiento hemos tenido acceso a un brazalete depositado en el Museo de Prehistoria de Valencia. Esta pieza ya había sido estudiada por J. Pascual (1998), se trata de un brazalete de caliza de tipo medio bastante tosco en su elaboración y con una sección plana en la cara exterior y convexa en el interior.

2.2.1.9. Mas del Pla (Benifallin)

Se trata de un yacimiento neolítico al aire libre situado en la localidad de Benifallin. Se tiene constancia de dos brazaletes de caliza del tipo estrecho estudiados y catalogados por J. Pascual (1998).

2.2.1.10. Cova de la Recambra (Real de Gandía)

De esta cueva con un registro material que abarca desde el Neolítico Antiguo hasta el Cobre Antiguo, se han documentado dos brazaletes de piedra estudiados y catalogados por J. Pascual (1998). Uno es de tipo estrecho elaborado en caliza y el otro ancho de mármol y decorado con nueve líneas incisas paralelas.

2.2.1.11. Vinalopó 10 (Banyeres)

De este yacimiento al aire libre situado en el valle del río Vinalopó se tiene constancia de un brazalete estrecho de caliza estudiado y catalogado por J. Pascual (1998, 161).

2.2.1.12. Molí Roig (Banyeres)

Las excavaciones urgencia realizadas en los años noventa permitieron identificar un extenso yacimiento de fosos con una cronología atribuida del III milenio a. C. (Pascual y Ribera 2004). De este yacimiento neolítico al aire libre se tiene constancia de dos brazaletes de tipo medio de caliza estudiados y catalogados por J. Pascual (1998).

2.2.1.13. Cova del Barranc Fondo (Xátiva)

El yacimiento se ubica la vertiente norte de la Serra Vernissa, próximo a la población de Novetlè en el término municipal de Xàtiva. La sierra donde se sitúa forma parte de un corredor natural entre la costa valenciana y la meseta y a su vez, con la zona granadina y el alto valle del Guadalquivir. La cavidad es conocida desde principios del siglo XX y ha sido objeto de múltiples remociones y recogidas superficiales por aficionados e historiadores locales. Por suerte, gran parte de estos materiales se depositaron en los fondos del Museo de Prehistoria de Valencia y han sido objeto de una revisión (García *et al.* 2015).

Según este último trabajo, el registro cerámico lo constituyen cerámicas impresas cardiales y con instrumento, así como incisiones en algunos casos combinados con impresiones.

Las formas son principalmente semiesféricas con bocas abiertas y en algunos casos cuellos indicados. La industria ósea la constituyen elementos apuntados, un alisador y una azagaya. Los adornos son escasos y están constituidos por un colgante sobre canino de *Sus scrofa*, un botón alargado de perforación central, una *Columbella rustica* perforada, tres fragmentos de brazaletes de piedra y uno de concha. Los brazaletes son del tipo estrecho, uno sobre mármol gris y dos sobre caliza blanca.

El registro material recuperado en la cavidad permite adscribir una ocupación del Neolítico Antiguo con una posible perduración en momentos más recientes. Esperamos que futuras investigaciones permitan dilucidar la funcionalidad de la cavidad que, según el registro faunístico, habría que relacionar con un hábitat, pero de igual forma la presencia de restos humanos podría indicar un uso funerario y ritualizado para la cavidad.

2.2.1.14. Cova de la Sarsa (Bocairent)

La cueva se sitúa en la Sierra de Mariola a unos 5 km de la población de Bocairent y a 850 m.s.n.m. Se trata de una gran cueva con un recorrido sinuoso formada por muchas galerías. La boca es de forma trapezoidal y se abre a mitad de la ladera norte. Es uno de los yacimientos neolíticos más conocidos de la península ibérica y ha sido objeto de excavaciones desde los años veinte del siglo pasado. Los trabajos de excavación más destacados son los de M.ª D. Asquerino entre los años 70 y 80 del siglo XX (Asquerino 1978; Asquerino *et al.* 1998). Las ingentes cantidades de materiales documentadas en las diferentes actuaciones han motivado numerosos trabajos de diversa índole. El registro más abundante y conocido de la cavidad son los restos cerámicos, entre los que destaca la presencia mayoritaria de decoraciones cardiales y con motivos simbólicos (antropomorfos, soliformes, ramificados, etc.) (Pérez 2001). La existencia de pinturas rupestres esquemáticas en las paredes de la cavidad ha llevado al estudio comparativo de los soportes cerámicos y los motivos pintados (García y López 2011). Otra de las características más destacadas del yacimiento, es la existencia de restos humanos documentados en las diferentes excavaciones (De Miguel 2008). La contextualización cronológica de la fase neolítica se ha realizado con la datación de restos humanos en contacto directo con cerámicas cardiales (García *et al.* 2011b), así como elementos domésticos, que permiten relacionar la fase neolítica de la cavidad en la segunda mitad del VI milenio a. C. (García *et al.* 2012).

De esta cueva se han catalogado 19 brazaletes de piedra (Pascual 1998), de los cuales hemos tenido acceso directo a un conjunto de 16 piezas depositadas en el Museo de Prehistoria de Valencia. Desde el punto de vista tipológico,

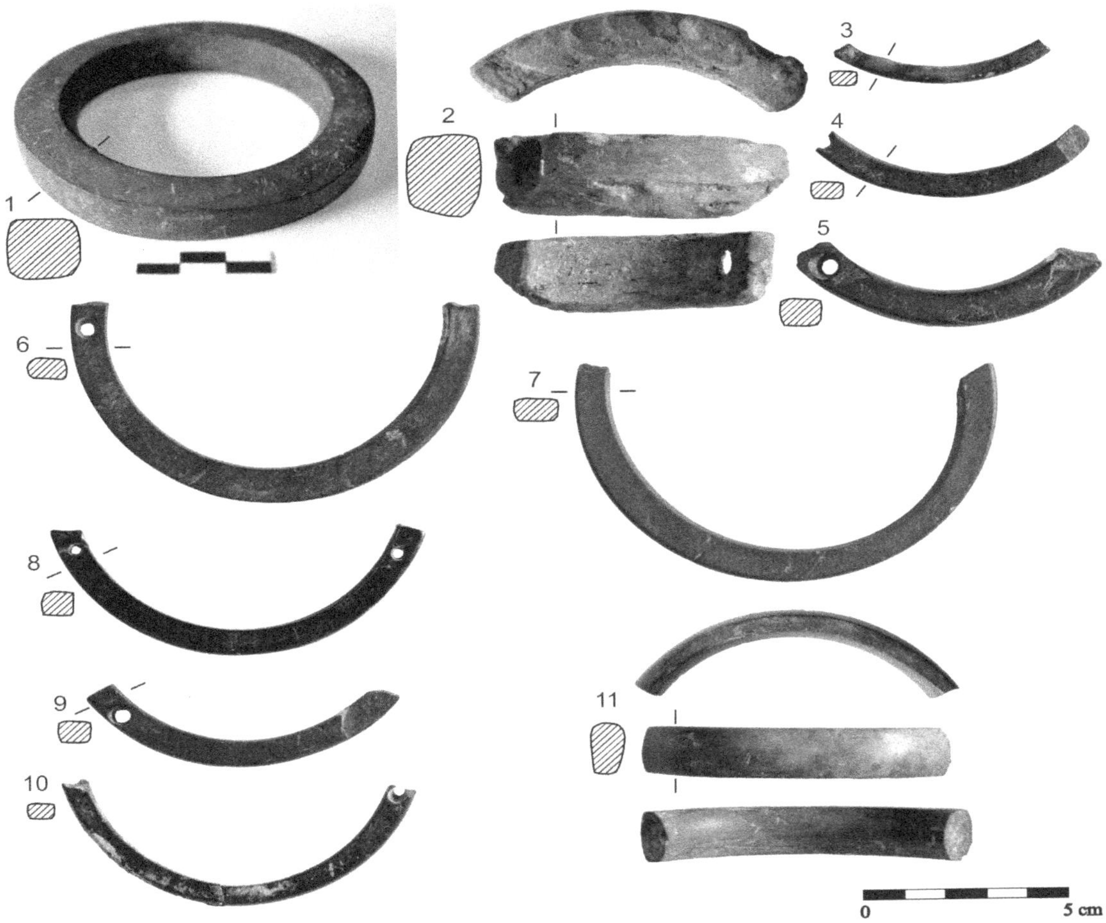

Figura 66. Brazaletes de la Cova de la Sarsa (Bocairent, Alicante)

destacan los brazaletes estrechos con 13 piezas, mientras que los de tipo medio son solo 3 (Fig. 66:1, 2 y 11) y los anchos inexistentes. La materia prima más usada en el conjunto son las rocas esquistosas con 11 piezas y el resto de caliza (4). Del conjunto se ha determinado la materia prima en 18 de ellos, se trata de esquistos cuya procedencia se ha situado en la zona interna de las Cordilleras Béticas (Orozco-Köhler 2000). Una de las características que llama la atención es el número de reparaciones, que asciende a 8 brazaletes, de igual forma todo el conjunto presenta una fuerte pátina por el uso, en especial las piezas reparadas (Fig. 66). Desde la vertiente tecnológica hay que resaltar la existencia de marcas circulares de abrasión en 10 de los brazaletes, que contrasta con la ausencia casi general de esta técnica de manufactura en otras zonas.

El registro material de la cavidad y las dataciones nos permiten asociar los brazaletes a una fase del Neolítico Antiguo situada cronológicamente en la segunda mitad del VI milenio a. C. Si tenemos en cuenta los numerosos restos humanos de la cavidad, el amplio registro cerámico con motivos simbólicos y la presencia de pinturas rupestres, este contexto hay que relacionarlo con una funcionalidad eminentemente ritual.

2.2.1.15. Cova de l´Or (Beniarrés)

La cueva se sitúa en la vertiente sur de la Sierra de Benicadell a una altitud de 650 m.s.n.m. en el término municipal de Beniarrés. El yacimiento domina visualmente el valle del río Serpis. La cueva está formada por una gran sala alargada de unos 24 m de largo por 8 m de ancho, la superficie se inclina ligeramente hacia el interior y está cubierta de grandes bloques y coladas estalagmíticas.

La Cova de l´Or es uno de los yacimientos neolíticos más conocidos de la península ibérica. Las primeras noticias arqueológicas son de los años treinta del siglo pasado cuando se llevaron a cabo algunos sondeos. Desde este momento la cueva será objeto de múltiples trabajos, siendo los más destacados los realizados entre 1975 y 1985 por el Servicio de Investigaciones Prehistóricas de la Diputación de Valencia, gran parte bajo la dirección de B. Martí (1977; 1980; 2000). El yacimiento se incorporó al debate sobre el Neolítico en la península ibérica desde las primeras campañas de excavación, en gran medida después del estudio de los cereales carbonizados y sus altas dataciones por C14 para el Neolítico (Hopf 1966).

La secuencia de ocupación de la cueva se inicia en el Neolítico Antiguo que se ha dividido tradicionalmente en dos fases. La más antigua caracterizada por el alto porcentaje de decoraciones cardiales; y una segunda fase, denominada Epicardial, en la que desciende el porcentaje de cardial y se produce un aumento de otras técnicas decorativas como incisiones, impresiones con instrumentos, etc. Entre los motivos cerámicos destacan los antropomorfos que se relacionan con el arte macroesquemático y esquemático (Martí 2011). La industria de sílex es principalmente de tipo laminar con láminas y laminitas, perforadores, elementos geométricos y de hoz. Los materiales de hueso son muy abundantes: entre ellos elementos apuntados, cucharas, espátulas dentadas y tubos, estos últimos interpretados como instrumentos musicales (Martí *et al.* 2001). Los adornos son numerosos en el conjunto de materiales: conchas marinas perforadas, cuentas de collar, colgantes y brazaletes de piedra. La presencia de ocre es una constante en gran parte de los restos de la cavidad y se ha conservado polvo de ocre en el interior de algunas vasijas (García *et al.* 2004). Los restos humanos son abundantes y en algunos casos se han datado en las fases del Neolítico Antiguo (García *et al.* 2011b). Las dataciones sobre especies domésticas como *Ovis aries* y cereales (*Triticum dicocum* y *Triticum monococum*, entre otros) han arrojado fechas que sitúan el uso de la cavidad en la segunda mitad del VI milenio a. C. aunque la ocupación se dilata de forma esporádica en el tiempo hasta la Edad del Cobre.

En cuanto a los brazaletes de piedra hemos catalogado un total de 29 piezas que se encuentran depositadas en el Museo de Prehistoria de Valencia. Se trata de un conjunto bastante heterogéneo (Fig. 67), aunque predominan las piezas del tipo estrecho con 18, seguidas de los medios con 6 ejemplares y 5 anchos. Las materias primas son igualmente variadas, predomina el esquisto con 14 piezas, 10 de caliza y tan solo 5 de mármol. Al igual que en la Cova de la Sarsa, en l´Or el número de piezas reparadas es muy destacado, en este caso con siete piezas. Las reparaciones llegan a ser dobles en el caso de uno de los brazaletes anchos, es decir, la pieza se ha fracturado, se ha reparado, mediante perforaciones y tras la rotura de estas, se ha vuelto a reparar. El conjunto en general, esté o no reparado, presenta una fuerte pátina por el uso en las caras interiores y exteriores. Desde el punto de vista tecnológico es de reseñar la presencia de marcas circulares de abrasión en el interior de 10 de los brazaletes.

El registro material de la cavidad y las dataciones permiten asociar los brazaletes a la fase del Neolítico Antiguo en la segunda mitad del VI milenio a. C. La funcionalidad de la cavidad es uno de los debates que se mantiene en la actualidad, llegándose a definir como una "cueva singular". Al igual que sucede en la Cova de la Sarsa, el registro material de l´Or da pie a interpretarla como contexto ritualizado, son muchos y variados los datos que lo indican: como la presencia de enterramientos, las ingentes cantidades de cerámicas profusamente decoradas en algunos casos con motivos simbólicos y la abundancia de adornos, que contrasta con la baja representación de estos en los asentamientos.

2.2.1.16. La Bernarda (Rojales)

Se trata de un yacimiento al aire libre situado en la parte baja del margen del río Segura. Su conocimiento se debe a unos trabajos de abancalamiento que pusieron

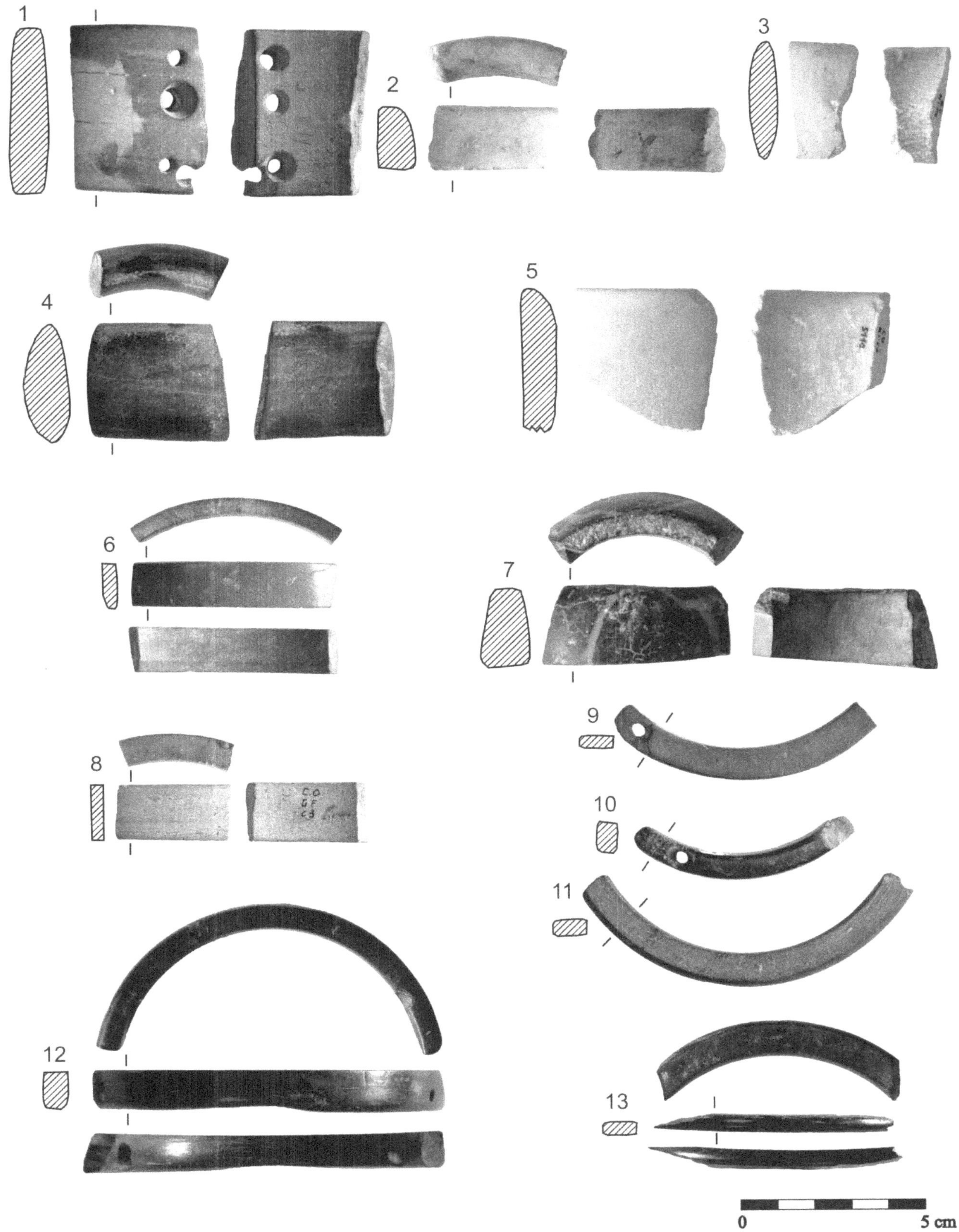

Figura 67. Brazaletes de la Cova de l´Or (Beniarrés, Alicante)

al descubierto una potente estratigrafía con bolsadas de ceniza y materiales. El registro material lo formaban abundantes restos de fauna, fragmentos de cerámica a mano (tres con decoraciones incisas), láminas de sílex y dos brazaletes de piedra. Este conjunto se ha atribuido al Neolítico (Pascual 1998, 17).

2.2.1.17. Ereta del Pedregal (Navarres)

El yacimiento se sitúa en el término municipal de Navarrés es uno de los asentamientos al aire libre más importantes del Levante por su secuencia y las estructuras de habitación documentadas. El sitio ha sido objeto de excavaciones desde los años cuarenta hasta los ochenta del siglo pasado. La secuencia de ocupación abarcaría cuatro fases desde el Cobre Antiguo (*c.* 2800-2500 cal. a. C.) hasta la Edad del Bronce (Pascual 1998,15). De este contexto hemos podido estudiar un brazalete de piedra depositado en el Museo de Prehistoria de Valencia. Se trata de una pieza de tipo medio con una sección rectangular y elaborada en caliza (Fig. 68). Es el único brazalete de piedra entre los más de doscientos adornos documentados en el sitio y si unimos su estado de conservación muy deteriorado, probablemente se trate de un elemento aportado de otro contexto más antiguo.

Figura 68. Brazalete de Ereta del Pedregal (Navarres, Valencia)

2.2.1.18. Cova de les Bruixes (Rosell)

La cueva se sitúa en una escarpada ladera del Solar de Coma Negra a una altitud de 800 m.s.n.m. abierta en un escarpe calizo casi vertical. La cavidad la constituye una galería con cuatro tramos diferenciados.

La cueva ha sido objeto de varias recogidas superficiales y excavaciones. En el año 1985 se llevaron a cabo los últimos trabajos en la cavidad que motivaron la publicación detallada del yacimiento. El registro material más abundante es la cerámica decorada con incisiones, impresiones, ungulaciones y elementos plásticos como cordones decorados o asas de diversos tipos. La industria lítica es escasa y de tipo laminar. Los objetos de hueso se reducena algunos elementos apuntados. El conjunto de adornos lo forman algunas conchas perforadas y un brazalete de caliza del tipo estrecho (Mesado 2005). La contextualización cronológica de la primera fase de la cavidad se ha realizado con la datación de un carbón en contacto con la terra rossa de base de la estratigrafía cuya fecha es 5217-4962 cal. a. C. (Mesado 2006). Se trata de una fecha con una amplia desviación estadística, pero de forma general se asocia al registro material que fecha.

La funcionalidad de la cavidad según su situación en un lugar escarpado e inaccesible y la presencia de restos humanos (Czarnetzki y Risch 2005), hay que relacionarla con un contexto de enterramientos que debió tener un hiato de ocupación prolongado desde el Neolítico Antiguo hasta la Edad del Cobre.

2.2.1.19. Cueva Negra (Montanejos)

Esta cueva se localiza en la margen derecha del río Millares en la localidad de Montanejos a una altura de 966 m.s.n.m. Se trata de una cueva formada por una gran sala de más de 60 metros de diámetro. El registro material proviene de recogidas superficiales. Este está compuesto por varios fragmentos de cerámica decorada con incisiones, impresiones y ungulaciones. Entre el material se documentó un brazalete de caliza de color negro-grisáceo (Mesado 2015, 58). El conjunto cerámico permite situar el contexto en el Neolítico Antiguo sin que podamos extraer otro tipo de conclusiones dados los exiguos datos que poseemos.

2.2.1.20. La Macolla (Villena)

Yacimiento al aire libre situado a unos 5 km al este de la población de Villena en la margen derecha del río Vinalopó. Los materiales que se conocen de este emplazamiento fueron recogidos en superficie por J. Soler (1981) y según las descripciones provenían de la excavación de una acequia que cortaba el yacimiento. Según la distribución de los restos se le calculó una superficie de una hectárea aproximadamente.

El registro cerámico es fundamentalmente liso, las cerámicas decoradas son con impresiones formando motivos triangulares. Las formas son mayoritariamente hemisféricas y abiertas. La industria lítica son láminas grandes y pequeñas, raspadores, raederas y puntas de flecha de diversa tipología. Los elementos pulimentados los constituyen hachas y azuelas, así como fragmentos de areniscas y molinos. Los adornos documentados son algunos fragmentos de concha y un brazalete de piedra.

El brazalete de piedra se encuentra depositado en el Museo Arqueológico de Villena, y se trata de una pieza del tipo estrecho elaborada en caliza y de sección rectangular (Fig. 69:3).

El registro cerámico se ha atribuido a una fase del Neolítico Reciente (Guitar 1989). De igual forma, la industria lítica indica esta cronología para el asentamiento. Al tratarse de un contexto de superficie y un solo ejemplar de brazalete, es complicado extraer algún tipo de conclusiones sobre la asociación del adorno al contexto cronocultural del asentamiento.

2.2.1.21. Casa de Lara (Villena)

El yacimiento se sitúa al noroeste de la población de Villena en una zona totalmente llana aprovechada para labores agrícolas. La ubicación de este emplazamiento está ligada a espacios lacustres de origen endorreico, ecosistemas de alta biodiversidad que han jugado un papel primordial en el establecimiento de las poblaciones de esta área. El registro material que se conoce procede de recogidas superficiales de los años 50 y 60 por J. Soler (Soler 1955; 1961). Los materiales se distribuyen por varias hectáreas cultivadas de viñas en aquel momento. La presencia de cerámica cardial supuso la introducción del yacimiento en los debates sobre la neolitización, ya que fue uno de los primeros asentamientos al aire libre donde se documentó cerámica cardial. El registro material que presenta el yacimiento es muy variado y abarca desde una fase mesolítica, ampliamente representada por industria lítica de geométricos (Fernández 1999), una fase del Neolítico Antiguo, con cerámicas cardiales y otras técnicas decorativas, y finalmente una fase del Neolítico Reciente (Guitart 1989). Al tratarse de materiales recogidos en una extensa zona es difícil establecer una continuidad en las ocupaciones, posiblemente se situasen en lugares determinados y sin continuidad entre ellas.

De este yacimiento hemos tenido acceso directo a tres brazaletes de piedra depositados en el Museo Arqueológico de Villena. Se trata de dos piezas acabadas de caliza blanca y una en proceso. Las acabadas son una de tipo estrecho (Fig. 69:2) y otra de sección cuadrada (Fig. 69:4). La pieza en proceso de elaboración se encuentra en las últimas fases del ensanchado del orificio central mediante abrasión circular (Fig. 69:1). La pieza presenta sus extremos rebajados mediante abrasión. Es complicado dilucidar la funcionalidad que pudo desempeñar este fragmento, pero por la pátina de toda su superficie debió emplearse para alguna actividad. La revisión de todo el conjunto de materiales recogidos en el yacimiento no ha permitido relacionar el sitio con un taller de producción, por lo que debe tratarse de un fragmento aportado desde otro contexto. Los brazaletes de piedra deben de adscribirse a las ocupaciones del Neolítico Antiguo del asentamiento, si los relacionamos con el contexto general que venimos reseñando para estos adornos. Casa de Lara se puede interpretar como un asentamiento relacionado con una zona de alta biodiversidad que favoreció el establecimiento de estas poblaciones a las orillas de los lagos de la zona.

2.2.1.22. Cova Ampla del Montgó (Xàbia)

La cueva se localiza a unos 3 km al noroeste de la población de Xàbia. El abrigo de entrada a la cavidad se abre a 429 m.s.n.m. al pie del acantilado que recorre la vertiente sur de la sierra. Este acantilado es de más de 100 m de altura y de pendientes casi verticales. La cueva es de grandes dimensiones, 76 m de ancha por 60 de alta y 64 de profundidad, su boca se orienta al sur dominando un amplio paisaje del mar Mediterráneo y la bahía de Xàbia.

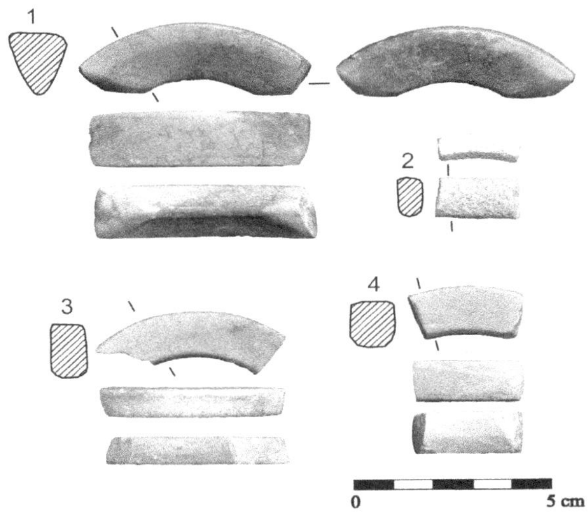

Figura 69. Brazaletes de piedra: 1, 2 y 4 Casa de Lara (Villena, Alicante); 3. La Macolla (Villena, Alicante)

El yacimiento es conocido desde los años treinta del siglo pasado, ha sido objeto de numerosas excavaciones clandestinas y recogidas por parte de diversos investigadores, siendo los trabajos más destacados los de J. Belda (1943). Los materiales expuestos en el Museo de Alicante suscitarán numerosas referencias en diversas obras sobre la prehistoria alicantina y finalmente se publicará una síntesis con los materiales documentados en la cavidad, así como una revisión historiográfica de la misma (Soler 2007).

El registro cerámico de la cavidad es muy numeroso y abarca desde vasos con decoraciones cardiales e incisas del Neolítico Antiguo, hasta fragmentos de campaniforme de la Edad del Cobre. De las cerámicas identificadas como antiguas destacan el barroquismo de sus motivos geométricos y algunos soliformes. La industria lítica es igualmente variada: grandes láminas, laminitas y puntas de flecha bifaciales. Las hachas y las azuelas son muy destacadas cuantitativamente. La industria ósea está compuesta fundamentalmente por elementos apuntados. Entre los objetos de adorno se encuentran conchas perforadas de diversas especies, cuentas de collar y colgantes.

Se tiene constancia de la existencia de dos brazaletes de piedra en el yacimiento catalogados por J. Pascual (1998) uno de esquisto y otro de mármol. La pieza más destacada es un fragmento de brazalete ancho de mármol decorado con 7 líneas paralelas incisas (Soler 2007, 114).

La situación de la cavidad en un escarpado acantilado, así como la existencia de numerosos restos humanos (De Miguel 2007) indican un uso fundamentalmente funerario o ritualizado de esta cavidad. Los brazaletes de piedra habría que asociarlos a las fases del Neolítico Antiguo si tenemos en cuenta el registro general con el que se asocian estos adornos.

2.2.1.23. Benàmer (Muro)

El yacimiento se ubica en una terraza fluvial en la margen izquierda del río Serpis, cerca de la confluencia con el río Agres y próximo a la población de Muro D´Alcoi.

Las excavaciones se llevaron a cabo por la construcción de la autovía del Mediterráneo en los años 2008 y 2009, aunque el yacimiento ya era conocido por prospecciones superficiales. Las excavaciones se realizaron en dos sectores y en diferentes áreas dentro de ellos. La fenomenología arqueológica del yacimiento está formada por estructuras excavadas o negativas rellenas de clastos y materiales arqueológicos. Se han definido un total de cuatro fases de ocupación prehistórica del asentamiento, contrastadas con dataciones absolutas. Las fases definidas han sido; Benàmer I, Mesolítico Reciente (6800- 6000 cal. a. C.); Benàmer II, Neolítico Cardial (5500-5200 cal. a. C.); Benàmer III, Neolítico Postcardial IC (4600-4300 cal. a. C.); y Benàmer IV, Neolítico Postcardial IC-IIA (4300-3800 cal. a. C.) (Torregrosa *et al*. 2011).

En este contexto y atribuidos a la fase de Benámer III, se documentaron dos brazaletes. Uno estrecho de esquisto asociado a la UE 2006 cuya datación con agregados de polen se sitúan en el 4712-4346 cal. a. C. La presencia de fracturas antiguas en los brazaletes y en otros materiales ha llevado interpretar los materiales de esta unidad como de desecho y a relacionarla con una fase más antigua documentadas en el sector 1 (Torregrosa y Jover 2011). El otro brazalete es de tipo ancho elaborado en caliza y asociado a la UE 2075. Esta última, sin una datación absoluta pero atribuida a las Fases III-IV del yacimiento.

El yacimiento de Benàmer es un asentamiento situado en una zona fértil y cercana a un curso de agua, su situación es estratégica en una vía de comunicación natural. Su ubicación es central con respecto a otros yacimientos destacados del Neolítico Antiguo de la zona como el poblado de Mas d´Is aguas arriba del Serpis o la propia Cova de l´Or en la cercana Sierra de Benicadell. Los brazaletes se han asocian a la mitad del V milenio a. C, pero según las descripciones hechas por los excavadores puede que se trate de piezas desechadas que formasen parte de un contexto más antiguo.

2.2.1.24. El Calvari (Muro)

De este yacimiento, fruto de prospecciones superficiales, hay referencias de la existencia de un brazalete de caliza (Pascual 1998).

2.2.1.25. Camí de Alfogàs (Bélgida)

De este yacimiento al aire libre se recogieron algunos materiales de superficie, fragmentos de cerámica campaniforme, hachas de piedra pulimentada, varias conchas, molinos de mano y un fragmento de brazalete de mármol (Jornet 1929, 6). Los datos y los materiales son demasiado escasos para realizar cualquier tipo de atribución cronológica o de otro tipo.

2.2.1.26. Bancalico Moros (Redován)

De este yacimiento al aire libre con varias fases de ocupación desde campaniformes hasta de Bronce Argárico, se tiene constancia de un brazalete de piedra (Ros 1980). Esta pieza fue catalogada por J. Pascual (1998). Al tratarse de materiales de superficie resulta difícil su asociación y atribución cronocultural.

2.2.1.27. Limoneros II-III (Elche)

El yacimiento se encuentra en los llanos de inundación del río Vinalopó al sur de la población de Elche. La excavación se llevó a cabo por los trabajos de construcción de la carretera de Ronda Sur. Los niveles arqueológicos se descubrieron a raíz de la excavación de una zanja para la instalación de un colector. Se diferenciaron dos fases de ocupación, una de la Edad del Bronce y otra neolítica, ambas separadas por un nivel de depósitos aluviales (Barciela *et al.* 2014). El registro cerámico del nivel neolítico está constituido fundamentalmente por cerámicas decoradas. La técnica predominante es la incisión combinada con impresiones formando motivos en forma de espiga (Martínez 2017). De este contexto arqueológico, y asociado a la fase neolítica, se ha referido la existencia de fragmentos de brazaletes de caliza. Las diferentes estructuras negativas documentadas han permitido determinar una cronología relativa en el Neolítico postcardial (Barciela *et al.* 2014).

2.2.1.28. Pla dels Dubots (Benifallim)

Se trata de un yacimiento neolítico al aire libre, situado en la localidad de Benifallin, y localizado en prospecciones superficiales. Se tiene constancia de un brazalete de caliza catalogado por J. Pascual (1998).

2.2.1.29. El Molí (Torre de les Massanes)

De este yacimiento situado en el municipio de La Torre de les Massanes se tiene constancia de la existencia de un brazalete de piedra referenciado por J. Belda (1943) y catalogado por J. Pascual (1998).

2.2.1.30. La Muntanya Assolada (Alzira)

El yacimiento se sitúa al sur del río Xúquer y cerca de la población de Alzira. La Muntanya Assolada es un espolón septentrional que domina la llanura del Xúquer.

El yacimiento se ubica en la cumbre amesetada a una altura de 227 m.s.n.m. Se trata de un poblado de la Edad del Bronce donde destaca su muralla perimetral y sus estructuras de habitación. Dentro del registro material propiamente del Bronce valenciano destaca la presencia de cerámicas decoradas, pero su representación es muy pequeña y en palabras de B. Martí "la explicación de tal particularidad estaría en relación con la presencia de otros materiales que, como el trapecio asimétrico, las puntas de flecha de sílex de retoque bifacial, los dos fragmentos de brazaletes de piedra y otros, apuntan hacia una tradición anterior; y en las semejanzas que pueden postularse para algunos de los motivos decorativos con respecto a los vasos campaniformes incisos" (Martí 1983, 64). Estos brazaletes de piedra son los primeros que aparecieron asociados a yacimientos del Bronce valenciano.

2.2.1.31. El Cercat de Gaianes (Gaianes)

Este yacimiento junto con el anterior de La Muntanya Assolada, son los dos únicos ejemplos de brazaletes de piedra en contextos de la Edad del Bronce en la zona valenciana (Rubio 1987), referenciados por J. Pascual (1998, 161) para atribuir la perduración de estos adornos hasta estos momentos cronoculturales.

2.2.1.32. Mas de Pepelillo (Agullent)

El yacimiento se localiza en el Valle de Albaida al poniente del término de Agullent y muy próximo al límite con Ontinyent. Se trata de una extensa área ocupada por estructuras negativas. La mayoría de los registros arqueológicos indican una ocupación a partir del III milenio a.C. con presencia de cerámicas campaniformes. Entre los materiales recogidos en superficie se han documentado dos brazaletes estrechos se sección oblonga y rectangular en un avanzado estado de erosión (Pascual Benyto *et al.* 2016).

2.2.2. Murcia

2.2.2.1. Cueva-Sima de la Serreta (Cieza)

La Serreta se localiza en el denominado Cañón de los Almadenes, ubicado entre los términos municipales de Calasparra y Cieza. El yacimiento se encuentra en la margen izquierda del río Segura y se trata de una cueva colgada formada por una diaclasa. La secuencia estratigráfica señala una ocupación prolongada que se iniciaría durante el Neolítico, con fases de la Edad del Cobre y Bronce difícil de definir a excepción de dos elementos metálicos: una punta tipo Palmela y un puñal, así como ciertas formas cerámicas abiertas. Las fases históricas de la cavidad se inician con una vivienda de época romana del siglo III d.C., y finalmente una ocupación medieval islámica de los siglos X al XII.

El conjunto de brazaletes estudiado está compuesto por 93 piezas en proceso de elaboración y 15 piezas acabadas. También se han estudiado los útiles empleados en la elaboración, ya que es uno de los talleres mejor conservados de los analizados (Martínez-Sevilla y Salmerón 2014). Los registros materiales permiten situar la ocupación neolítica de La Serreta, según su materialidad, en un Neolítico Antiguo que cronológicamente, a falta de dataciones absolutas, podría situarse entre el mediados VI y V milenio a. C. El contexto cultural, cronológico y tecnológico de este asentamiento se tratará de forma detallada en el apartado sobre los contextos de producción (epígrafe 3.2.3.2).

2.2.2.2. Abrigos del Pozo (Calaspara)

Este yacimiento se sitúa en el mismo Cañón de los Almadenes a 4 km de La Serreta aguas arriba, pero en el término municipal de Calasparra. En él se han realizado varias intervenciones arqueológicas y sus niveles neolíticos han sido datados por C14. Los Abrigos del Pozo poseen una secuencia cultural que arrancaría desde el Paleolítico Superior pasando por fases neolíticas, calcolíticas, de la Edad del Bronce, romana y medieval. La fase neolítica fue definida como los niveles V y VI, de este último, se obtuvo una datación sobre carbón vegetal de un hogar que se sitúa en el 5476-4941 cal. a. C. En un trabajo reciente sobre un seísmo en el abrigo también se han obtenido dataciones absolutas, pero para un momento avanzado del Neolítico (Sánchez-Gómez *et al.* 2011).

El material neolítico está formado por cerámica, elementos de sílex y cuarcita. Los recipientes cerámicos son de tendencia globular, mayoritariamente sin decorar y aquellas que presentan decoraciones son incisas, acanaladas e impresiones con instrumento y ungulaciones. Los adornos los constituyen brazaletes de caliza y de concha (Martínez Sánchez 1994).

No hemos tenido acceso directo a los brazaletes de piedra que aparecen referidos en las publicaciones del yacimiento, pero hemos catalogado tres piezas recogidas en la red de patrimonio de la Región de Murcia. Se trata de tres brazaletes estrechos de caliza micrítica blanca en uno de los casos con alteraciones térmicas. Según estas imágenes y la descripción hecha por C. Martínez Sánchez de sus secciones, parece tratarse de piezas en proceso de elaboración, si tenemos en cuenta su grosor y su superficie con planos de abrasión aun por pulimentar. La materia prima y las técnicas empleadas en su elaboración podrían corresponderse con piezas procedentes de la cercana Cueva-Sima de la Serreta.

Los abrigos del Pozo debieron de constituir un asentamiento esporádico relacionado con el aprovechamiento de recursos naturales concretos. Su proximidad al rio Segura y la morfología de los abrigos permitirían este tipo de habitabilidad. La presencia de pinturas rupestres esquemáticas en los abrigos (San Nicolás 1985) viene a remarcar la unión de las representaciones simbólicas y la vida cotidiana de las poblaciones neolíticas al igual que sucede en el caso de La Serreta. Los registros materiales y la datación absoluta sitúan la ocupación neolítica del yacimiento en el Neolítico Antiguo, entre finales VI y V milenio a. C.

2.3. RESTO DE LA PENÍNSULA IBÉRICA

2.3.1. Cataluña

2.3.1.1. La Draga (Banyoles)

Es el único yacimiento lacustre de la península ibérica se localiza en el lago de Bañolas y posee una parte seca y otra que se encuentra sumergida. Fue descubierto en los años noventa y desde entonces ha sido objeto de actividades sistemáticas tanto en la parte subacuática como terrestre. La peculiaridad del asentamiento es la conservación de materiales orgánicos entre los que se encuentran restos de las cabañas y útiles de madera (Bosch *et al.* 2006).

Las formas cerámicas son de escasa variedad hemiesféricas o globulares de cuellos abiertos o marcados. La decoración mejor representada en el conjunto es la cardial, pero hay otros tipos de impresiones, así como incisiones, ungulaciones y cordones lisos. La industria lítica está formada por laminitas y entre la industria pulimentada aparecen hachas y azuelas (Bosch *et al.* 2000).

Los adornos de este poblado son conchas perforadas, cuentas de piedra, hueso y concha, anillos de hueso, colgantes y brazaletes concha y piedra. Los brazaletes de piedra no son uno de los elementos más comunes en el poblado y se han catalogado cuatro piezas elaboradas en mármol, tres de tipo estrecho y una de tipo medio (Bosch *et al.* 2000).

El conjunto seleccionado de 29 dataciones absolutas sobre materia orgánica del poblado, permiten situar los intervalos de ocupación del mismo. El más antiguo entre el 5430 y 5407 cal. a. C. y el más reciente entre el 5010 y el 4730 cal. a. C. Las muestras proceden de diferentes sectores y niveles del yacimiento y son ampliamente contemporáneas. El conjunto de dataciones absolutas sobre materia orgánica del poblado ha permitido definir una ocupación ininterrumpida de entre 5361 y 5223 cal. a.C. y 5000 y 4796 a.C. (Bogdanovic y Tarrús 2018). De manera general el uso del poblado se da a finales del VI milenio y en un espacio de tiempo de entre 250-400 años (Bosch *et al.* 2011).

2.3.1.2. Cova del Vidre (Roquetes)

Se localiza en el término municipal de Roquetes en la vertiente sureste de la Serra del Caro de los Ports de Beseit. La cueva se orienta al este, en el margen derecho del barranco de Lloret. La Cova del Vidre es conocida como yacimiento desde 1890 y ha sido objeto de varias intervenciones a lo largo del tiempo. La mayor parte del material se atribuyó al Neolítico Antiguo con cardial, aunque aparecen otro tipo de impresiones y decoraciones. Las excavaciones de los años noventa relacionaron los estratos inferiores con una ocupación Epipaleolítica y ofrecieron una datación absoluta sobre carbón de la fase Neolítica del 5326-4851 cal. a. C (Bosch 1993). De esta cavidad se ha referido la presencia de brazaletes de piedra sin que poseamos más datos que su existencia (Oliva 2012).

2.3.1.3. La Valldany (Oliana)

Del entorno de la aldea de Valldany en el término municipal de Oliana, situado en la zona pirenaica, se tiene constancia de la recogida superficial de varios fragmentos de cerámica y dos brazaletes de piedra. Los fragmentos cerámicos son tres, un borde con impresiones, un asa horizontal y pared con decoración cardial y otra asa vertical también con decoración cardial. Las características de los brazaletes, según su publicación son:

A) Brazalete de caliza blanca fina, parecida al mármol, fragmentado en tres partes y reconstruido íntegramente. Presenta una sección elipsoidal con un grosor máximo de 14 mm, su diámetro exterior es de 108 mm y su anchura (altura en este trabajo) 60 mm. B) Brazalete de idéntico material que el anterior, fragmentado en cuatro partes, evidentemente no todas pertenecían originariamente al mismo. El brazalete actual restaurado posee las siguientes medidas: un diámetro máximo de 90 mm, una anchura variable según los fragmentos de 41 a 37 mm y su sección, al igual que el anterior, es de forma elipsoidal aplanada con un grosor de 12 mm (Cura *et al.* 1979, 373).

Según esta descripción la reconstrucción llevada a cabo no se corresponde con las piezas, probablemente se trate de más de dos brazaletes. De estas piezas llama la atención su situación tan al interior en una zona montañosa del Pirineo. La atribución cronocultural habría que relacionarlos con el Neolítico Antiguo según la presencia de las cerámicas con decoración cardial.

2.3.2. Castilla León

2.3.2.1. Cueva de la Vaquera (Torreiglesias)

El yacimiento se ubica en el término municipal de Torreiglesias, entre la cuenca del Duero y el Sistema Central. Es uno de los yacimientos neolíticos más destacados del interior de la península ibérica por su abundante registro y las excavaciones realizas en él. La entrada a la cavidad se abre en mitad de una ladera en la confluencia entre los ríos Pirón y Viejo.

La sala principal posee un paquete sedimentario de unos 5 m de potencia, abarcando su secuencia desde el Neolítico hasta la Edad Media. Los estratos más destacados son las fases de ocupación prehistórica del Neolítico, Edad del Cobre y Bronce Antiguo. Según las excavaciones realizadas, el estudio de los materiales y la amplia serie de dataciones se han establecido tres fases pertenecientes a la ocupación neolítica de la cavidad (Estremera 2003): la Fase I, adscrita al Neolítico Antiguo, se sitúa cronológicamente entre la segunda mitad del VI y el primer tercio del V milenio a. C.; la Fase II, el Neolítico Reciente, desde mediados del V a la primera mitad del IV milenio a. C., ofrece diferencias a la anterior en cuanto a formas cerámicas y una disminución de las decoraciones y los elementos plásticos añadidos; y finalmente, la Fase III, que representa el final del Neolítico y la transición a la Edad de los Metales situada a mediados-finales del IV milenio a. C.

La Fase I, donde aparecen los brazaletes de piedra, se caracteriza por un registro cerámico de formas ovoides y globulares con fondos cónicos, y asociados a ellas, motivos decorativos incisos e impresos, así como almagras. La piedra tallada se caracteriza por la presencia mayoritaria de láminas, soporte a partir del cual se elaboran perforadores, raspadores y microlitos geométricos. Los análisis traceológicos realizados, sobre algunos tipos líticos, han permitido vincular su funcionalidad a actividades agrícolas (Gibaja *et al.* 2012). La industria ósea la constituyen elementos apuntados. Los adornos son brazaletes de piedra, cuentas de collar y anillos de hueso. En este primer horizonte de ocupación se documenta la presencia de varios tipos de cereales domésticos y ovicápridos.

Los brazaletes documentados en la Cueva de la Vaquera ascienden a 8 piezas de las cuales 2 se encuentran en contexto estratigráfico y el resto fueron recuperadas de las tierras que colmataban el antiguo sondeo. El grupo tipológico más numeroso son los brazaletes estrechos de secciones cuadradas estando los anchos solo representados por una pieza (Estremera 2003, 395). Desde el punto de vista tecnológico, la descripción hecha del material nos permite reconocer la técnica de abrasión interior paralela en el conjunto de brazaletes. De igual forma, se describe la presencia de ocre en la parte interior de las piezas que se relaciona posiblemente con el contacto de la piel del portador del adorno (Estremera 2003, 161-163). Este hecho ha sido documentado en otros yacimientos por nosotros y atribuido del mismo modo a una coloración accidental o indirecta, por ejemplo, en el caso de la Cueva-Sima de la Serreta (Cieza, Murcia).

Las dataciones y el contexto estratigráfico de La Vaquera permiten situar los brazaletes de piedra entre la segunda mitad del VI y el primer tercio del V milenio a. C. Esta cronología es semejante a los contextos del sur de la península ibérica y se encuadra en el mismo ámbito cronocultural.

2.3.2.2. La Lámpara y La Revilla del Campo (Ambrona)

Estos yacimientos se ubican en el Valle de Ambrona, tratándose de amplios yacimientos formados por hoyos o estructuras negativas. Estas estructuras han proporcionado materiales cerámicos lisos y decorados, industria lítica tallada y pulida, así como restos paleobotánicos y faunísticos, que han permitido interpretarlos como sitios de habitación neolíticos con agricultura y ganadería consolidadas. Las excavaciones y el estudio del material han llevado a interpretarlos como áreas de habitación frecuentadas estacionalmente a lo largo de un milenio. En estas ocupaciones se excavaban hoyos y otros se rellenaban con materiales más antiguos, todos estos fenómenos se reflejan en la amplia serie de dataciones efectuadas en las diferentes estructuras (Rojo-Guerra *et al.* 2006).

La Revilla, entre las diferentes estructuras documentadas, en la Estructura 12, se localizó un brazalete de piedra del tipo estrecho. Es un hoyo de gran tamaño con unos 190 cm de diámetro y unos 70 de profundidad. Es registro material de esta estructura es muy abundante y lo componen cerámicas decoradas con incisiones e impresiones y elementos plásticos añadidos. Las formas son cuencos, ollas de paredes entrantes y una gran botella. La industria lítica son raspadores, un perforador, laminitas y denticulados. Los restos de fauna son igualmente numerosos de ovicápridos, bóvidos, conejos y restos de ciervo y jabalí. Las dataciones realizadas sobre especies domesticas han arrojado fechas del último tercio del VI milenio a. C. (Rojo-Guerra *et al.* 2006, 74).

En La Lámpara, un yacimiento de similares características al anterior, se ha reseñado la presencia de brazaletes de piedra (Rojo *et al.* 2008, 49). La ocupación de este asentamiento se ha establecido en la segunda mitad del VI milenio a. C., aunque existen dataciones de carbón que indicarían una asociación a la primera mitad del VI milenio a. C. Para nuestro trabajo se ha considerado la fecha más reciente, ya que en el conjunto de dataciones para el Neolítico en la península ibérica estas sobrepasan los límites marcados por los contextos más antiguos de agricultura y ganadería (Rojo- Guerra *et al.* 2006, 60).

Las excavaciones y las dataciones absolutas permiten asociar los brazaletes de piedra a partir del último tercio del VI milenio a. C. Estos asentamientos debieron estar destinados al aprovechamiento agrícola de las tierras fértiles y con una recurrencia a lo largo del tiempo. Quizás se trate de asentamientos más estables de lo que se ha propuesto y las diferentes estructuras haya que relacionarlas con el propio devenir histórico de la ocupación.

2.3.2.3. El Portalón de Cueva Mayor (Atapuerca)

La cueva se sitúa en la Sierra de Atapuerca a unos 15 km de la ciudad de Burgos. Los yacimientos más conocidos de esta sierra son los del Pleistoceno, pero igualmente, existen registros muy variados de la Prehistoria Reciente. Entre estos sitios destaca la Cueva Mayor en cuya entrada se localiza el Portalón, con una secuencia de la Prehistoria Reciente muy completa. Las referencias sobre este yacimiento son de principios del siglo XX siendo los trabajos más recientes los realizados entre el 2000 y 2006. En estos trabajos se delimitaron las excavaciones antiguas y se detectó la presencia de una actuación desconocida, que se identificó como un pozo minero de más de 9 m de profundidad. El vaciado de los sedimentos de este pozo y el estudio de la estratigrafía de los perfiles ha permitido definir y datar la secuencia de uso de la cavidad. El estudio del registro material y las dataciones absolutas han llevado a definir una secuencia con trece niveles dentro del yacimiento, con cronologías desde el Paleolítico hasta época romana. El Nivel 9 se ha considerado como neolítico por las dataciones que abarcan desde el último tercio del VI hasta el IV milenio a. C. aunque en la base se ha datado una muestra que debe asociarse a un momento mesolítico (Ortega *et al.* 2006).

Los registros materiales no poseen una asignación estratigráfica ya que proceden del vaciado del pozo minero. El registro material, considerado neolítico, está formado por cerámicas decoradas con incisiones e impresiones, así como boquique. La industria lítica es de base laminar y se han identificado microlitos geométricos. Solo se ha recuperado un elemento en hueso, un apuntado sobre metápodo de cérvido. Los adornos están constituidos por un anillo de hueso y dos brazaletes de piedra. Los brazaletes son de mármol, uno de tipo ancho decorado con tres líneas paralelas y otro estrecho de sección cuadrada.

Los materiales y las dataciones ponen de manifiesto un importante nivel de ocupación neolítico de la cavidad. Al tratarse de materiales de un contexto secundario, en este caso, el registro material es el que debe dar coherencia a la seriación estratigráfica. Los brazaletes a tenor de las dataciones de otros contextos hay que asociarlos a la cronología asignada para la ocupación neolítica, sin que podamos precisar o tomar como referencia este yacimiento para su atribución cronológica.

2.3.2.4. Arenero de Valdivia (Useres)

Este yacimiento se sitúa en la margen derecha del río Manzanares al borde de la terraza inferior, y es uno de los grandes poblados de Protocogotas que llegan hasta la Edad del Bronce, pero localizados sobre pequeños asentamientos neolíticos. Los materiales de estos yacimientos provienen de prospecciones antiguas que han sido reestudiados (Rubio 1999-2000). La fenomenología arqueológica de las fases neolíticas de estos sitios, son estructuras negativas rellenas con materiales arqueológicos. En el Arenero de Valdivia, en una fosa, se documentó una inhumación con un ajuar formado por una vasija globular con cuello marcado decorada con líneas incisas paralelas y dos asas de cinta, así como un brazalete de pizarra de sección cuadrada (Antona 1986). El registro cerámico general del yacimiento lo constituyen cerámicas con decoraciones incisas, impresas y almagras. De este contexto no se tienen dataciones absolutas por C14, pero se ha realizado una datación por termoluminiscencia a un fragmento cerámico con decoraciones cuya cronología es 4327±480 a. C. (Rubio 2001). La asociación de esta fecha no se corresponde directamente con el brazalete, a tenor del registro cerámico y su comparación con yacimientos neolíticos del interior como la Cueva de la Vaquera, la cronología del asentamiento podría situarse en el último tercio del VI principios del V milenio a. C.

2.3.2.5. La Deseada (Rivas-Vaciamadrid)

El yacimiento se ubica en una suave pendiente en el valle del Jarama en la confluencia con la vega del Manzanares, a una altitud de 550 m.s.n.m. Las estructuras documentadas son excavadas en el sustrato geológico e interpretadas en unos casos como cabañas y en otras como fosas (Díaz del Rio y Consuegra 1999). El registro cerámico está formado por vasos de formas globulares con cuellos marcados y decoraciones a base de incisiones impresiones y cordones lisos y decorados. El único adorno documentado en el yacimiento es un pequeño fragmento de brazalete de tipo estrecho elaborado en caliza.

Según el registro cerámico y su comparación con los yacimientos del interior de la península como la Cueva de la Vaquera, la cronología de este asentamiento podría situarse en el último tercio del VI principios del V milenio a. C.

2.3.3. Castilla La Mancha

2.3.3.1. La Motilla del Azuer (Daimiel)

De este yacimiento del Bronce de La Mancha tenemos constancia de un brazalete de piedra por comunicación personal de F. Molina González. Según su descripción, la pieza apareció en un contexto de sedimentación erosiva y debía de provenir de algún yacimiento neolítico cercano.

2.3.4. Aragón

2.3.4.1. Abrigo de Valmayor XI (Mequinenza)

El yacimiento se ubica en la margen derecha del Barranco de Valmayor en un afloramiento de arenisca. El abrigo tiene forma alargada con una profundidad de unos 3-4 m y 50 m de boca. El yacimiento se localizó por la bajada de las aguas del embalse del Ebro y la propia erosión del agua ha permitido recuperar un importante conjunto de materiales clasificados dentro del Neolítico Antiguo. Entre las cerámicas, destacan las decoradas con incisiones e impresiones y una olla de fondo cónico casi completa. La industria lítica es de talla laminar y aparecen cantos utilizados como pulidores y algunos fragmentos de molinos de mano. Los adornos recuperados son dos brazaletes uno de concha y otro de piedra de tipo ancho. Los restos faunísticos son abundantes y se ha determinado la presencia de ovicápridos (Rojo 2012, 47).

2.3.4.2. El Torrollón I (Usón)

Yacimiento al aire libre localizado en la llanura de Usón, el conocimiento que se tiene de este enclave es a partir de prospecciones superficiales (Rey 1987). Los materiales documentados los forman restos cerámicos decorados con impresiones e incisiones. Los adornos recogidos son varias cuentas de collar, colgantes de piedra y dos brazaletes de piedra del tipo estrecho. Este asentamiento ha sido adscrito de forma general al Neolítico Antiguo del norte de la Península (Rey y Ramón 1992).

2.3.5. Portugal

2.3.5.1. Algar do Bom Santo (Cabana de Torres)

La cueva se sitúa en la vertiente oriental de la montaña de Montejunto frente al valle del Tajo a 350 m.s.n.m. y al norte de Lisboa. Se trata de una cueva de enterramiento en la que se han catalogado unos 30 individuos, la cultura material y las dataciones relacionan el uso de la cavidad con el Neolítico Reciente. En este contexto se ha referenciado la existencia de brazaletes de piedra y de concha (Calvalho 2007, 187). Las dataciones se adscriben al tercer cuarto del IV milenio a. C. Sin embargo, la presencia de cerámicas decoradas típicas del Neolítico Antiguo, podrían indicar la existencia de fases de ocupación del V milenio a. C. (Calvalho 2007, 191).

2.3.5.2. Valada do Mato (Évora)

Asentamiento al aire libre del Neolítico Antiguo localizado en el interior de la parte sur de Portugal. Las excavaciones realizadas han permitido documentar estructuras de habitación asociadas a una única datación sobre carbón (5053-4793 cal. a.C.) en el final del VI milenio a. C. (Diniz 2001). Este contexto, con cerámica cardial, se ha adscrito al Neolítico Inicial de la zona sur de Portugal (Diniz 2007). El único brazalete de piedra documentado es de tipo estrecho (Diniz 2007, 116) y se ha considerado como un elemento destacado a la hora de interpretar líneas de intercambio (Diniz 2012).

2.3.5.3. Salema (Salema)

Este yacimiento se sitúa en la localidad de Salema en el sur de Portugal, junto al mar. Se le ha asignado una cronología del Neolítico Evolucionado. De este contexto se tiene constancia de un brazalete de tipo ancho (Silva y Soares 1981, 97).

2.3.5.4. Xarez 4 (Évora)

Se trata de un yacimiento al aire libre en el que se han documentado mayoritariamente industria lítica en sílex y cuarzo, así como algunos fragmentos de cerámica decorada. En este contexto adscrito al Neolítico Antiguo, se ha reseñado la presencia de un brazalete de piedra (Gonçalves 2002, 175).

PARTE 3
DE LA CANTERA AL BRAZO

"La estética del vestido y del adorno, pese a su carácter puramente artificial, resulta uno de los rasgos de la especie humana más atados al mundo zoológico" (Leroi-Gourhan 1971, 339)

En este apartado se organiza biográficamente la tecnología de elaboración de los brazaletes de piedra. En primer lugar, se hace referencia a las características de las rocas en los que se elaboran y cómo estas influyen en aspectos tecnológicos y morfológicos. En segundo lugar, se presentan los contextos de producción analizados, ordenados jerárquicamente según lugares de extracción y primera transformación y los dos tipos de talleres definidos: en asentamientos o en lugares estacionales (Fig. 70). Se ha estudiado de forma detallada la cantera de Cortijo Cevico (Ventorros de San José, Granada) como lugar de extracción y primera trasformación; los asentamientos de Las Catorce Fanegas (Chauchina, Granada), La Molaina (Pinos Puente, Granada), Cerro Virtud (Cuevas de Almanzora, Almería) y Cabecicos Negros (Vera, Almería); y los talleres estacionales de la Cueva de los Mármoles (Priego de Córdoba) y la Cueva-Sima de la Serreta (Cieza, Murcia). Finalmente, teniendo en cuenta los datos arqueológicos de estos contextos y las experimentaciones realizadas, se presenta la tecnología de elaboración de los dos grupos tecnológicos definidos: brazaletes estrechos y anchos.

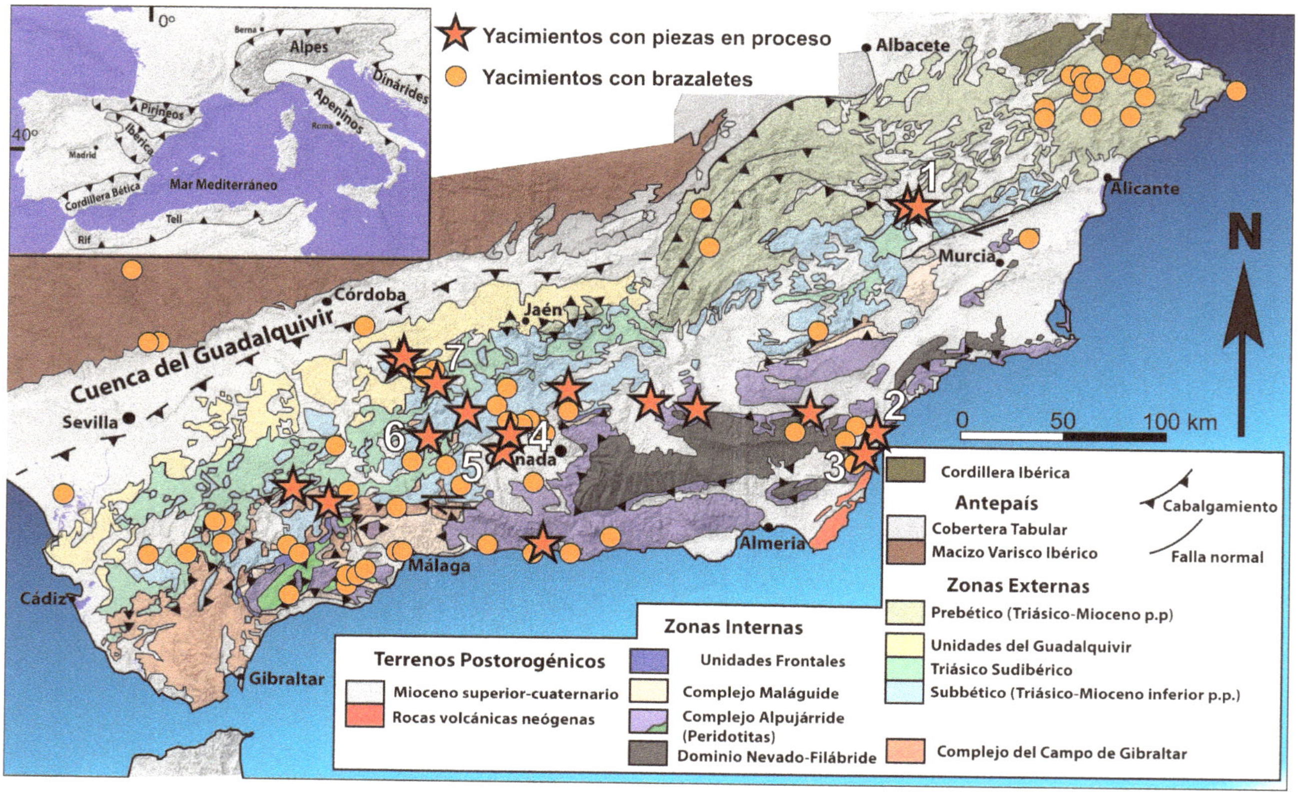

Figura 70. Yacimientos con brazaletes en proceso de elaboración y talleres estudiados en detalle: 1. Cueva- Sima de la Serreta (Cieza, Murcia); 2. Cerro Virtud (Cuevas de Almanzora, Almería); 3. Cabecicos Negros (Vera, Almería); 4. La Molaina (Pinos Puente, Granada); 5. Las Catorce Fanegas (Chauchina, Granada); 6. Cortijo Cevico (Ventorros de San José, Granada) y 7. Cueva de los Mármoles (Priego de Córdoba) (modificado a partir de Lozano 2018)

3.1. LA MATERIA PRIMA, CARACTERÍSTICAS FÍSICAS, MECÁNICAS Y LOS SISTEMAS DE ABASTECIMIENTO

En términos biográficos, la selección y la obtención de la materia prima son los primeros pasos en la elaboración de un objeto. En este trabajo se han estudiado en exclusividad los brazaletes de piedra, quedando fuera del análisis los realizados en otros materiales. El estudio y análisis de las litologías puede ofrecer información desde dos vertientes fundamentalmente, por un lado, las características físicas y mecánicas de la roca, y por otro, las fuentes de abastecimiento, así como los sistemas de trabajo empleados en su recolección o extracción.

La variedad litológica en la que se elaboran los brazaletes es muy amplia y compleja, pues pueden aparecer como soporte una gran variedad de rocas. La elección de la materia prima es de gran importancia, porque está íntimamente relacionada con la proximidad y accesibilidad del contexto geológico en donde se producen los brazaletes de piedra. De esta forma, y como ha quedado expresado en el apartado metodológico, la determinación general de la litología viene determinada en primer lugar por la naturaleza genética de la roca, considerando este hecho como un rango de orden mayor. Por tanto, se ha podido establecer en este trabajo grupos litológicos de rango mayor: rocas metamórficas con diferente grado metamórfico (pizarras, esquistos, micaesquistos y mármoles) y rocas sedimentarias sin metamorfismo (calizas sentido amplio). La categorización dentro de estas tres litologías viene claramente marcada desde el punto de vista tecnológico, ya que las características físicas y mecánicas de la roca determinan qué tipo de trabajo soportan y, por ende, qué tipología se puede producir. Las características físicas y mecánicas de la roca, a la hora de trabajar los soportes, para la obtención de brazaletes viene a su vez condicionada por la textura de la roca (foliación, orientación de minerales, tamaño de los porfidoblastos, grado de cementación, etc.).

La caliza es una roca de origen sedimentario compuesta mayoritariamente por carbonato cálcico ($CaCO_3$), aunque con frecuencia presenta trazas de magnesita ($MgCO_3$) y otros carbonatos. Los colores de esta roca pueden variar desde el blanco, más común, hasta rojos, grises o negros, y estos se modifican según las cantidades que contenga de otros minerales como arcilla, hematites, cuarzo o magnetita. En ocasiones, de forma subsidiaria, aparece cuarzo que rellena algunas venas ofreciendo un aspecto veteado irregular. Su textura es granular, de fina a gruesa, constituida por granos minerales que se entrelazan. Las calizas que se seleccionan para la elaboración de los brazaletes son generalmente micríticas con características isotrópicas que permiten mejor la ejecución de las diferentes técnicas como el tallado o la abrasión.

El mármol es una roca cristalina formada a partir de rocas calizas o dolomías que sufren un proceso de metamorfismo por presión y temperatura. De esta forma el componente básico de los mármoles son el carbonato cálcico ($CaCO_3$) mientras que las demás impurezas como mica, silicatos magnésicos, u óxidos de hierro son los que dan la gran variedad de colores blancos, grises, verdes, etc. Normalmente, no presentan una textura foliácea debido a la ausencia de minerales planares. En cambio, la textura es fibrosa, masiva o granular. Y al igual que la caliza suelen ser más homogéneas que otras rocas y tener propiedades isotrópicas que permiten se trabajen fácilmente.

Las pizarras y esquistos son rocas foliadas como consecuencia de la orientación de minerales laminares o aciculares. Esta es la razón principal por la cual se fracturan con facilidad, ya que esta orientación interna condiciona su anisotropía. Las pizarras, suelen ser de grano muy fino o fino, formadas a partir de bajo grado de metamorfismo de rocas procedentes de lutitas y pelitas. Su color varía según el tipo de minerales accesorios, y por norma general suelen ser de tonos grises a negros. Los esquistos son de grano medio a grueso, y entre los minerales que los componen predominan los planares (como pueden ser micas, bitoitas, plagioclasas sódicas, cloritas, granates, etc.). Las características físicas de anisotropía de estas rocas hacen que no se pueden emplear determinado tipo de técnicas, convirtiéndolas, por lo tanto, en rocas muy específicas para trabajarlas, no permitiendo elaborar cierto tipo de brazaletes.

Como hemos visto, estas características mineralógicas y texturales condicionadas por la evolución petrológica en cada roca determina una gran diferencia en las propiedades físicas y mecánicas de las mismas, influyendo y condicionando la tipología que van a adquirir los brazaletes. Las pizarras y esquistos, -de textura foliada-, solo permiten la producción de brazaletes con una altura determinada. Por ello, en la muestra estudiada no aparecen piezas que superen los 10 mm de altura, y esto es debido a que la laminación interna de la roca no permite la elaboración de brazaletes que superen esta dimensión. Sin embargo, en el caso de la caliza y el mármol sí se pueden elaboran piezas con alturas variables desde los 4 a los 48 mm. En las rocas metamórficas carbonatadas –mármoles-, aparece otra distinción de importancia relacionada con la compactación y homogeneidad mineralógica. Esto es así porque, a diferencia de las rocas calizas, estas permiten la elaboración de todo tipo de piezas, mientras que en el caso de las calizas se restringen en la componente altura (Fig. 71). En esta distinción entre brazaletes producidos en mármol y caliza, aparte de las características texturales de la roca, debió de influir otro tipo de factores, como pueden ser la selección del mármol por criterios puramente mineralógicos como pudo ser el aspecto cristalino y brillante, frente al aspecto opaco de la mayoría de las calizas para los brazaletes de mayores alturas.

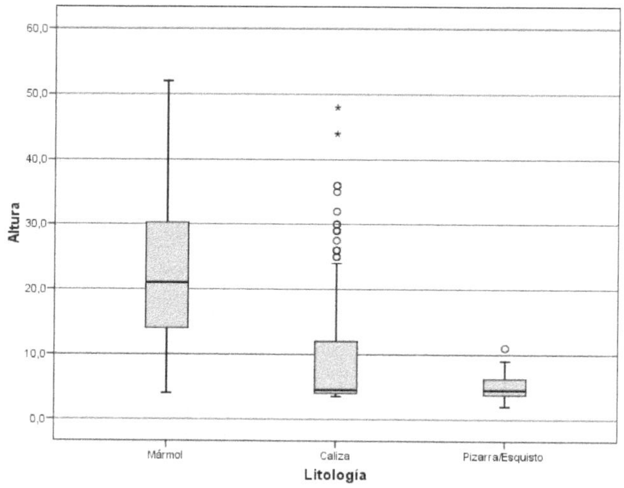

Figura 71. Relación entre la altura de los brazaletes y la litología, de derecha a izquierda: mármol, caliza y pizarra/ esquisto

Teniendo en cuenta estas características físicas y mecánicas de las rocas y la morfología de las piezas, hemos dividido en dos grupos los procesos tecnológicos de elaboración. Por un lado, los brazaletes anchos, en los que se incluyen como materias primas el mármol y la caliza, y por otro, los brazaletes estrechos, que se elaboran en materiales foliados, mármol o caliza pero que su morfología implica la aplicación de técnicas específicas que difieren de los del tipo ancho.

Como hemos mencionado, en la selección de las diferentes litologías se debieron de tener en cuenta las propiedades físicas y mecánicas de las rocas que determinan la tecnología, pero también el aspecto que ofrezca la roca una vez pulida. Estas propiedades físicas podríamos definirlas principalmente como densidad, peso específico, porosidad; las propiedades mecánicas, por su parte, consisten en resistencia a la compresión, resistencia a la tensión, resistencia a la flexión, fatiga, dureza en determinadas direcciones para rocas anisótropas, abrasión, expansión térmica. Todas estas propiedades dependen sin lugar a duda, en el caso de rocas metamórficas, del quimismo global de la roca (carbonatadas, pelíticas, cuarzopelíticas, etc), textura (foliada, granoblástica, lepidobástica, nematoblástica, porfidoblástica, etc), estructura (grado de deformación) y fábrica (si es isótropa o anisótropa). Siendo muy significativo el grado de metamorfismo en la textura, estructura y, por ende, en la fábrica de la roca. Por otro lado, en las rocas sedimentarias, las propiedades físicas y mecánicas dependen del tamaño de grano y tipo y grado de cementación.

El estudio de porcentajes de cada una de las litologías pone de manifiesto la siguiente selección (Fig. 72): se puede apreciar que el mármol es la materia prima mejor representada en el conjunto de brazaletes estudiado con un 44,8%, seguramente debido a las características de homogeneidad (fábrica isótropa), textura no foliada (con generación de textura granoblástica) y su aspecto brillante una vez pulido por su composición cristalina (quimismo global de la roca). El segundo grupo son las rocas calizas en sentido amplio, que representan un 41,8% su homogeneidad hace que sean fáciles de trabajar y su abundancia a lo largo de toda la Cordillera Bética las convierten en un recurso fácil de localizar. El grupo peor representado porcentualmente con un 13,3% son las rocas metapelíticas –con textura foliada- pues, ni sus características de laminación favorecen el trabajo necesario para la elaboración de brazaletes, ni su aspecto opaco las hace llamativas.

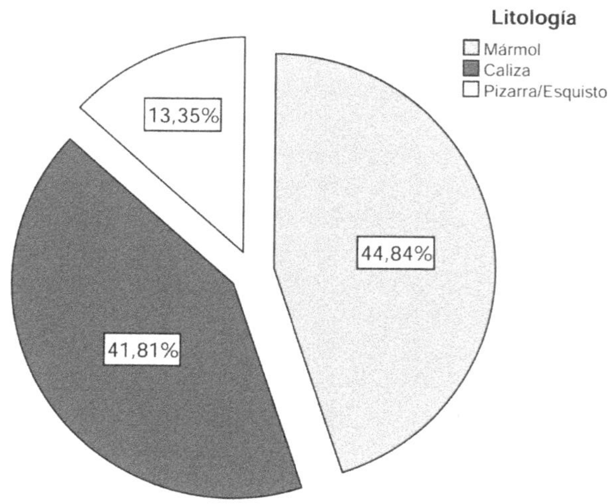

Figura 72. Porcentajes de las litologías en todos los brazaletes

Dentro de toda la variabilidad de áreas de procedencia geológica de fuentes de materia prima sobre los talleres de brazaletes estudiados, existe una característica común entre ellos: la proximidad de estos talleres a las rocas que se emplean en la elaboración de brazaletes. De estos contextos geológicos se pueden diferenciar principalmente en dos grandes grupos, dependiendo del grado de transporte y sedimentación geológica: los contextos primarios y los secundarios (en los que se engloban también los materiales resedimentados).

Los contextos geológicos primarios o área madre de procedencia de materiales arqueológicos (Carrión *et al.* 2006), son aquellos materiales geológicos en los que la roca aflora originalmente para ser explotada, sin que exista proceso alguno de erosión, transporte y sedimentación geológica posterior, por alguno de los agentes meteorológicos externos. Este tipo de fuente de aprovisionamiento es más fácil de reconocer arqueológicamente, ya que genera evidencias arqueológicas por las actividades de cantería. Aunque es necesario señalar que lo verdaderamente difícil es la localización y la conservación de esas evidencias arqueológicas desde la Prehistoria Reciente hasta la actualidad. En nuestro caso, sí hemos podido documentar la explotación de este tipo de contexto geológico de cantería para la elaboración de brazaletes en dos yacimientos en la Cordillera Bética. Uno en la Cueva-Sima de la Serreta, en la que se extrae la caliza micrítica directamente de la pared de la cavidad y otro en Cortijo Cevico, un afloramiento de mármol dolomítico (dolomías con un grado bajo de metamorfismo) del que se extraen soportes para la elaboración de preformas.

Los contextos geológicos secundarios, por el contrario, son aquellos en los que la roca ha sido extraída de su contexto geológico primario, transportada y sedimentada por alguno de los procesos geológicos externos. Donde la erosión y el transporte de estos cantos y bloques individualiza ciertas formas apropiadas por su grado de esfericidad y redondeamiento para que en ocasiones pueden ser utilizados en la elaboración de preformas para brazaletes. La elección de este tipo de fuente llega a ser complicada de reconocer en el material arqueológico.

El descubrimiento de afloramientos geológicos primarios con evidencias arqueológicas de extracción y procesado cercanos entre sí, como es el caso de Cortijo Cevico para la elaboración de brazaletes y Cortijo Martilla destinado a la producción de hachas pulimentadas (Morgado *et al.* 2013), cuestionan la opinión difundida historiográficamente en la península ibérica del aprovechamiento generalizado de contextos geológicos puramente resedimentados para la elaboración de útiles pulimentados. Podemos afirmar que la extracción en el contexto primario permite la elección de materias primas de mejor calidad, aunque las técnicas de extracción sean más costosas en lo que a trabajo, energía y tiempo se refiere.

3.2. LOS CONTEXTOS DE PRODUCCIÓN

Se han localizado 26 contextos con brazaletes en proceso de elaboración de los cuales 16 han sido estudiados de forma directa y el resto mediante referencias bibliográficas. Los talleres de elaboración de brazaletes se sitúan en Andalucía, con la única excepción del taller de La Serreta que se localiza a caballo entre las dos zonas culturales definidas. Según los contextos en los que aparecen piezas en proceso de elaboración, el 76,9% son asentamientos y el 23% son cuevas. Para el análisis geográfico, cultural, contextual y tecnológico en detalle, se han seleccionado 7 yacimientos (Fig. 70), que se corresponden con los talleres más completos, en lo que a restos de esta artesanía se refiere. El análisis de todos los contextos en los que aparecen restos de la producción de brazaletes nos ha permitido definir tres tipos de contextos, en función del tipo de actividades que se realizan en ellos: los lugares de adquisición de la materia prima y primera transformación, los asentamientos estables y los asentamientos esporádicos.

3.2.1. Cantería y primera transformación

Dentro de la cadena operativa de elaboración de los brazaletes la primera fase es la recolección, selección o extracción de la materia prima. Desde el punto de vista arqueológico estos procedimientos son complicados de reconocer, ya que su fenomenología arqueológica es difícil de identificar y pueden hallarse sin relación a contextos arqueológicos a los que adscribirlos. En este sentido la cantera de Cortijo Cevico es el único ejemplo de este tipo de yacimiento documentado en la península ibérica por el momento. En el caso de Francia donde existe una amplia tradición en aspectos sobre la tecnología prehistórica, se han documentado varios contextos de estas características. Por un lado, en la Baja Normandía (Orne) se ubica el yacimiento de L´Ermitage, un afloramiento de esquistos donde se llevó a cabo la extracción y conformación de preformas de brazaletes (Fromont *et al.* 2006). Por otro lado, las canteras para la obtención de preformas localizados en los entornos del Mont Viso en los Alpes italianos, centrados en el aprovechamiento de piedras verdes, fundamentalmente el jade (Pétrequin *et al.* 2015; 2017). Ambos yacimientos presentan contextos con semejantes fenomenologías arqueológicas a la de Cortijo Cevico y con similar cronología, aunque la única diferencia es el tipo de roca que condiciona las técnicas de extracción y transformación.

3.2.1.1. Cortijo Cevico (Ventorros de San José-Loja, Granada)

El yacimiento fue descubierto a raíz de los trabajos del Departamento de Geología de la Universidad de Granada y el CSIC sobre el *Trías de Antequera* (Sanz de Galdeano *et al.* 2008). Durante la prospección y catalogación geológica de los diferentes afloramientos rocosos de esta formación, se documentó la presencia de bloques de rocas sedimentarias metamorfizadas. Entre los materiales recogidos para su estudio mediante láminas delgadas y analíticas físicas y químicas, se identificó por nuestra parte la presencia de elementos tallados que podrían relacionarse con la producción de brazaletes de piedra neolíticos. Tras la visita y localización del yacimiento, se puso en conocimiento de la Delegación Provincial de Cultura de Granada con un informe de conocimiento y afecciones del yacimiento. Finalmente, en el mes de agosto del 2014 se llevó a cabo una actuación arqueológica en el yacimiento cuyos resultados se presentan en este trabajo.

Contexto geográfico y geológico

La cantera se ubica en el Poniente de Granada a unos cuatro kilómetros al oeste de la pedanía de Ventrorros de San José (Loja), en la vertiente derecha del río Genil, pero en la parte más elevada de la cuenca. Se emplaza en la parte baja de un espolón flanqueado por dos barrancos en la ladera este y con una pendiente oeste-este de un 27%. En el oeste el espolón está cortado por un camino y en la otra vertiente en la parte baja del afloramiento se ha cortado igualmente por un camino que ha afectado al yacimiento. El sitio está ocupado por monte bajo de encinas y matorral y rodeado de plantaciones de olivo (Fig. 73). Se trata de una zona de pasto que no ha sido utilizada para la agricultura, posiblemente por el tipo de sustrato geológico. La fuente de agua más cercana se encuentra a un kilómetro en línea recta hacia el este, en el Cortijo Cevico, por el cual recibe su nombre. La vaguada que ocupa este cortijo es una de las más fértiles de la zona por su agua y el suelo de margas.

Desde el punto de vista geológico el yacimiento se sitúa en el *Trias de Antequera*, en la zona más septentrional de este (Fig. 74:A). Estos materiales geológicos constituyen parte de los afloramientos triásicos del Subbético, en el sector central la Zona Externa de la Cordillera Bética. En este *Trias de Antequera* se distinguen un conjunto de materiales formados por un proceso diapírico (Foucault 1966; Pérez-López y Pérez-Valera 2003; Sanz de Galdeano *et al.* 2008), que genera una megabrecha de rocas evaporíticas (Complejo de yesos), en el cual aparecen insertados clastos y bloques de otras unidades triásicas (en ocasiones incluso no triásicas) mediante una foliación tectónica, en una matriz rica en yesos. En el *Trías de Antequera,* en contraste con otras unidades Triásicas Subibéricas, se encuentran bloques decamétricos de una variedad de litologías (principalmente rocas metamórficas) exóticas para estas unidades de edad Triásica. Fundamentalmente, estas unidades de edad triásica de "facies Germánicas", afloran ampliamente en el corredor de NE-SW desde Loja (Granada) hasta Antequera (Málaga). Está constituido por rocas evaporíticas (yesos, anhidrita y sal) y en menor medida rocas carbonatadas atribuidas a la Formación Cehegín (ladinian) y la Formación Zamoranos (Norian),

Figura 73. Vista desde el este de la situación de Cortijo Cevico (Ventorros de San José, Granada)

junto con las unidades detríticas y siliciclásticas que pertenecen a la facies Keuper (Jaén Keuper Group), de edad Kamian (Pérez-Valera 2005).

Entre estos materiales de edad triásica, también se incluyen diversos cuerpos de rocas volcánicas y subvolcánicas de tipo basaltos, ofitas y doleritas (Morata y Puga 1993) aflorantes y, como hemos adelantado, se ha identificado la existencia de bloques exóticos, muchos de ellos con metamorfismo de bajo grado (zona prehnite-pumpelluyite), estando representadas las facies subesquistos verdes y, en algunos casos, la facies de esquistos verdes. Sin embargo, algunos de los bloques de mármoles de bandas blancas, podrían presentar un grado metamórfico superior (Perez-Valera *et al.* 2011). Uno de los bloques más destacado de los de este tipo es el Cerro del Moro en Ventorros de San José, donde se explotaron como cantera las calizas rojas nodulosas y el mármol gris azulado a principios del siglo XX, por lo que los posibles vestigios de explotación prehistórica han quedado destruidos por la explotación contemporánea.

En Cortijo Cevico, la explotación se llevó a cabo sobre bloques de mármoles calizos y dolomíticos micríticos de la Formación Cehegín dentro del Muschelkalk (Triásico Medio), inmersos en una mélange tectono-sedimentaria formada fundamentalmente por arcillas, yesos, margas y areniscas del Keuper (Triásico Superior) (Sanz de Galdeano *et al.* 2008) (Fig. 74:A). En concreto, los bloques de origen corresponden a las facies B de la Formación Cehegín (Pérez-Valera 2005), compuestas fundamentalmente por calizas laminadas. Existiendo justo por debajo de la serie estratigráfica, unas facies A de dolomías oscuras (Fig. 74B). Estas facies B se organizan en estratos de espesores decimétricos a métricos, oscilando su espesor entre 2-12 m. Los carbonatos están compuestos por calizas oscuras micríticas, finamente laminadas, con algunas intercalaciones de grainstones bioclásticos con intraclastos (Pérez-Valera 2005). Las laminaciones corresponden en la mayoría de los casos, a mallas de algas (*algal mats*), y a veces a estructuras estromatolíticas en domos. También se reconocen laminaciones paralelas y niveles bioclásticos muy delgados, con bases erosivas y que en ocasiones incorporan clastos de sedimento carbonatado litificado (*mud chips*), igualmente existen pseudomorfos de evaporitas. Estas características son propias de carbonatos generados en ambientes inter- y supra-mareales, debido a la acción de cianobacterias, donde esporádicamente se observan episodios energéticos, debidos a tormentas que generan depósitos de más alta energía con removilización de clastos previamente litificados. Estos episodios se alternan con momentos de menor energía donde el sedimento puede ser bioturbado o donde se instalan cianobacterias que desarrollan bindstones (Pérez-Valera 2005). El hecho de encontrarse estos bloques de diferente tamaño inmersos en una matriz de arcillas, yesos margosos y arenas, los preserva de los procesos de facturación provocados por la tectónica Alpina, lo que, además, le confiere a este afloramiento unas características excelentes para la cantería y la posterior talla (Fig. 75).

La textura de estos mármoles es cristalina con una leve foliación y un veteado negro y blanco. Esta foliación no es generalizada en toda la potencia de la roca existiendo zonas más compactas y homogéneas entre las laminaciones cuyo aspecto es asimilable a una textura marmórea. Los bloques más dolomíticos se degradan con más facilidad, influenciados por los agentes geológicos externos, de ahí que su aspecto en los materiales que están a la intemperie sea mucho más diferente al que tiene la roca en una fractura fresca o pulida (Fig. 76).

Contexto arqueológico regional y general

Desde el punto de vista de la arqueología regional, el Poniente Granadino es una de las zonas de la provincia con mayor número de yacimientos arqueológicos. Las diversas investigaciones sobre diferentes periodos de la Prehistoria así lo han resaltado (Carrasco *et al.* 1986; Gámiz 1996). Cortijo Cevico se encuentra rodeado de yacimientos arqueológicos, aunque la información que tenemos de ellos es muy dispar (Fig. 77). El yacimiento de mayor envergadura es Sierra Martilla, ubicado a un kilómetro en línea recta hacia el oeste y el cual ha sido objeto de excavación (Carrasco *et al.* 1993). Se trata de un asentamiento asociado a una necrópolis megalítica situado en un cerro amesetado de areniscas calcáreas bioclásticas a 800 m.s.n.m. La meseta forma un espolón orientado en sentido sureste-noroeste, en la margen derecha del río Genil. Las excavaciones se realizaron en la meseta, para identificar la secuencia de ocupación, y en la necrópolis, para determinar el ritual de enterramiento y la documentación de las estructuras. Las características del relleno sedimentario no permitieron documentar la secuencia de ocupación completa, pero si definir y describir la necrópolis megalítica constituida por tumbas excavadas en la roca y con ortostatos añadidos. La secuencia estratigráfica general obtenida en los diferentes cortes excavados responde a cinco fases de ocupación, subdivididas en dos grandes momentos prehistóricos y protohistóricos. La ocupación prehistórica englobaría lo

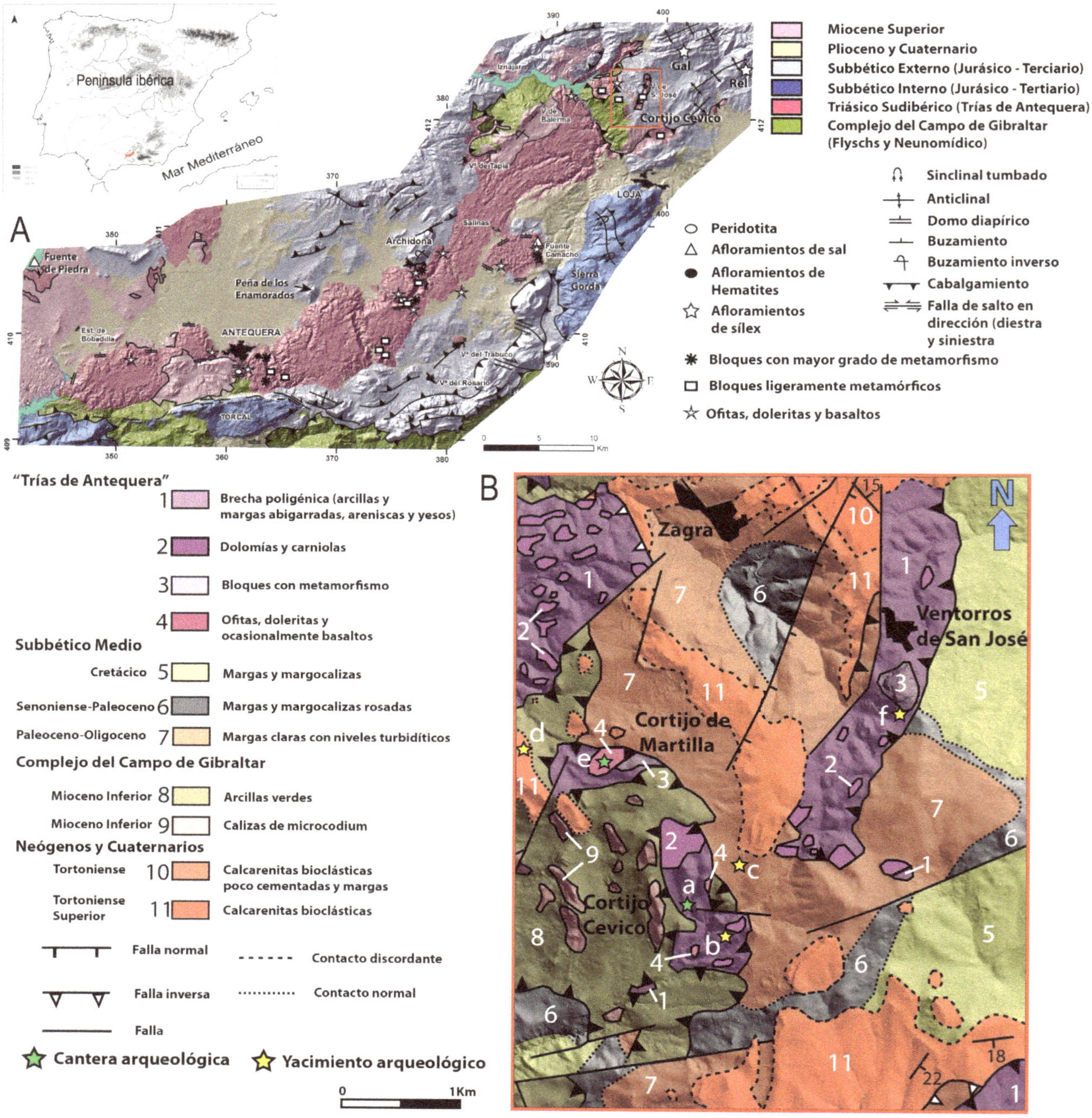

Figura 74. Mapa geológico del área donde se localiza Cortijo Cevico (Ventorros de San José, Granada). A) Contexto geológico regional *Trías de Antequera* y materiales que los rodean (modificado de Sanz de Galdeano *et al.* 2008), B) Contexto geológico y arqueológico local: a) Cantera de Cortijo Cevico; b) Cortijo Higuera Alta; c) Cortijo Cevico; d) Sierra Martilla; e) Cantera de ofitas Cortijo Martilla y f) Cerro del Moro

que se ha denominado Martilla I, correspondiente con el estrato más profundo del poblado y la primera elaboración de la necrópolis. Documentado especialmente en la sepultura CD5, con la presencia en su pasillo de cerámicas decoradas, especialmente incisas y con añadidos plásticos; esta fase podría situarse en el Neolítico. La siguiente fase es Martilla II, y se corresponde con la última ocupación del poblado en el Cobre Antiguo, caracterizado por platos de labio engrosado, elementos metálicos, etc., que significarían la última ocupación de la necrópolis megalítica (Carrasco *et al.* 2011c).

Figura 75. Corte en el camino en la parte norte del afloramiento de mármoles dolomíticos de Cortijo Cevico (Ventorros de San José, Granada)

Aparte del asentamiento de Sierra Martilla, se ha señalado la presencia de materiales prehistóricos líticos tallados y pulidos en la vaguada que ocupa el Cortijo Cevico (Gámiz 1996) y a escasos 200 m de la cantera, un yacimiento medieval cuyos muros son visibles en superficie. En la prospección en los entornos del afloramiento se documentó el yacimiento de Cortijo de Higuera Alta, situado a unos 600 m al este de la cantera, cruzando el arroyo Hondo, en una pequeña vaguada entre un cerro de 820 m.s.n.m. y la parte más alta de la zona de 895 m.s.n.m. Se trata de una zona más o menos llana con la pendiente hacia el sur y dominando visualmente el arroyo Hondo y el cauce del rio Genil. Los datos que poseemos son los restos de talla en sílex y un brazalete en proceso de elaboración en la materia prima de la cantera de Cortijo Cevico (Fig. 47). La cronología es difícil de concretar, los elementos de sílex son mayoritariamente soportes sobre laminitas que indicarían tecnocomplejos neolíticos y el brazalete que nos permite determinar la ocupación en el Neolítico Antiguo sin poder llegar a otro tipo de apreciaciones.

El estudio sobre diferentes fuentes de materias primas en la zona del Poniente Granadino, ha resaltado la importancia de la geología del entorno para el emplazamiento de las comunidades prehistóricas. Entre estas materias primas situadas en los entornos de la cantera de Cortijo Cevico destacan: el sílex en la zona de Los Gallumbares (Morgado 2002; Martínez *et al.* 2006; Morgado y Lozano 2011; Morgado *et al.* 2011); las rocas de origen subvolcánico (ofitas), para la elaboración de hachas pulimentadas cerca de Sierra Martilla (Morgado *et al.* 2013); y la sal en Fuente Camacho, en la vertiente izquierda del Genil (Terán y Morgado 2011).

En el contexto arqueológico general que venimos reseñando para los brazaletes de piedra, Cortijo Cevico se sitúa en relación a la mayor concentración de brazaletes del sur de la península ibérica. Su emplazamiento en la parte central del curso del Genil lo ubica en un punto central entre las densidades más destacadas de brazaletes, hacia el sur la zona de los Montes de Málaga y su costa, y al norte, la Subbética cordobesa (Fig. 70:6). La cantera de Cortijo Cevico, se ubica en una zona fértil, con múltiples recursos geológicos y en relación a un poblamiento prehistórico bastante denso. En el marco general de la distribución de los brazaletes en un emplazamiento central con importantes nudos de comunicación.

La fenomenología arqueológica y los objetivos de intervención

Como hemos descrito, Cortijo Cevico es un afloramiento de mármol dolomítico que fue usado como lugar de cantera para la producción de preformas para la elaboración de brazaletes. Este tipo de explotación tiene asociada una fenomenología arqueológica concreta que ha determinado la metodología y los trabajos efectuados en el yacimiento[1]. El registro arqueológico está formado por los restos de la extracción de la materia prima del sustrato geológico, la elaboración de los soportes y la talla de las preformas. Así, la superficie del afloramiento se encuentra cubierta de restos de talla, debris y bloques utilizados para la extracción de los soportes (Fig. 78). En base a esta realidad arqueológica se planteó una prospección superficial intensiva y la realización de dos sondeos, cada uno de estos trabajos con unos objetivos específicos.

Los objetivos de la prospección arqueológica fueron:

- Determinar la extensión del afloramiento y la del yacimiento.

- Estudiar la distribución de los materiales arqueológicos.

- La recolección de materiales arqueológicos para el estudio de los procesos tecnológicos de la cantera.

Los objetivos de la excavación arqueológica fueron:

[1] Para la metodología de la intervención véase el epígrafe 1.4.4.3.

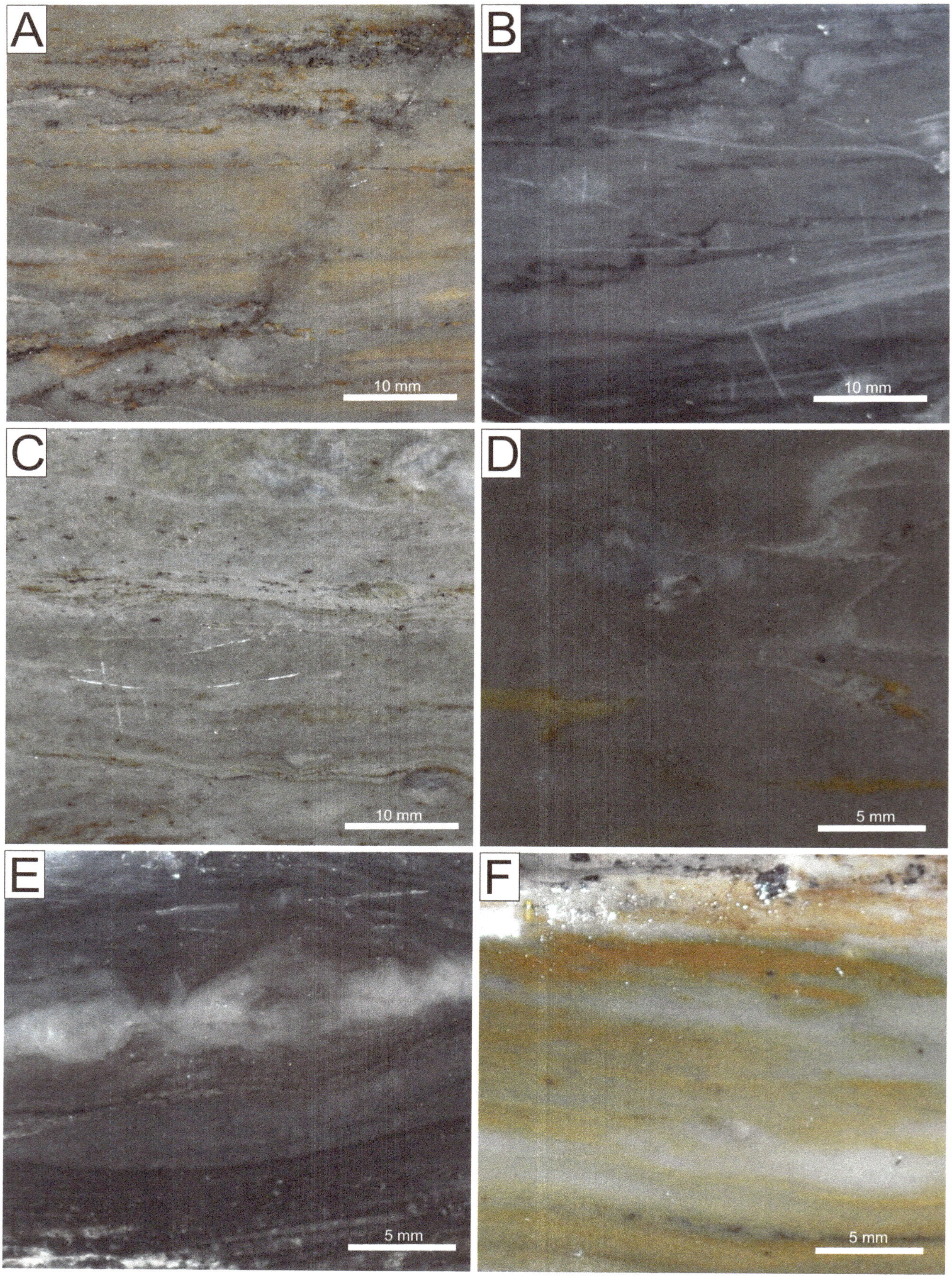

Figura 76. Diferentes ejemplos de mármoles dolomíticos de Cortijo Cevico (Ventorros de San José, Granada) una vez pulidos

- Definir los límites de la cantera y los posibles procesos de rodamiento en ladera.

- Determinar la secuencia de explotación de la cantera.

- Identificar las técnicas de extracción de la materia prima.

La prospección arqueológica

La prospección superficial se realizó de forma intensiva en todo el afloramiento, como ha quedado expresado en el apartado metodológico[2]. La clasificación empleada para los materiales recogidos y el estudio de la distribución ha sido: preformas, percutores y elementos de sílex recogidos de forma indiscriminada; y lascas de diferentes tipos, seleccionadas por sus características técnicas, por lo que no se han incluido en la distribución general. Se han catalogado un total de 396 piezas en la prospección de la cuales 335 son preformas, 35 lascas, 18 percutores y 8 piezas de sílex.

La prospección nos ha permitido definir la concentración de materiales en una superficie de unos 50x80 m, coincidiendo el eje máximo con la pendiente de la ladera (Fig. 79). La distribución es relativamente homogénea en la ladera que ocupa el afloramiento, aunque se atisba una concentración en la parte inferior. Los únicos bloques de dolomía expuestos a la intemperie y agarrados al sustrato geológico, se hallan en la parte superior del afloramiento y no se asocian a ningún tipo de material arqueológico (Fig. 80). Probablemente estos bloques se encontrasen tapados en el momento de uso de la cantera y hayan aparecido por procesos erosivos recientes, aunque hemos documentado la extracción de pedazos de estos bloques.

Sobre la distribución de los materiales y de cara a la valoración de la posible erosión en ladera se ha realizado un estudio de pendientes. Por un lado, con la totalidad de los puntos de GPS tomados, se han determinado las zonas de acumulación de pendientes representadas estas por los colores amarillos y naranjas (Fig. 81:B); y, por otro lado, se analiza la concentración de materiales arqueológicos (Fig. 81:A). La superposición de estos dos mapas nos ha permitido definir la existencia de zonas donde la concentración del material es debida a acumulaciones por procesos erosivos. Pero de igual forma, nos permite afirmar concentraciones de materiales que no están relacionadas con la pendiente y que deben interpretarse como de origen antrópico, especialmente en las partes altas y medias del afloramiento.

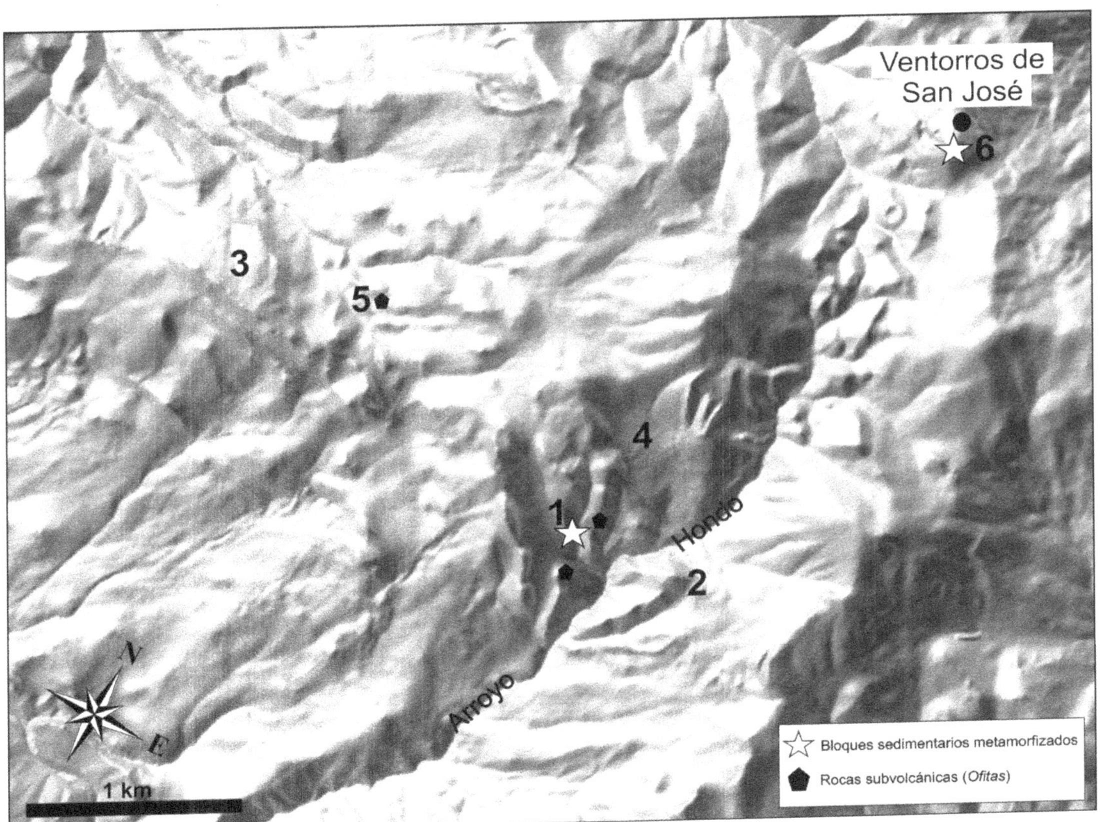

Figura 77. Situación de Cortijo Cevico (1) en relación a los yacimientos arqueológicos (2. Cortijo Higuera Alta; 3. Sierra Martilla; 4. Cortijo Cevico y 5. Cantera de ofitas para elementos pulimentados; 6. Cerro del Moro) y afloramientos geológicos destacados del entorno

[2] Para la metodología de la prospección véase epígrafe 1.4.1.2.

Figura 78. Fotografía cenital de la superficie de Cortijo Cevico (Ventorros de San José, Granada) donde se observa los bloques y restos de talla

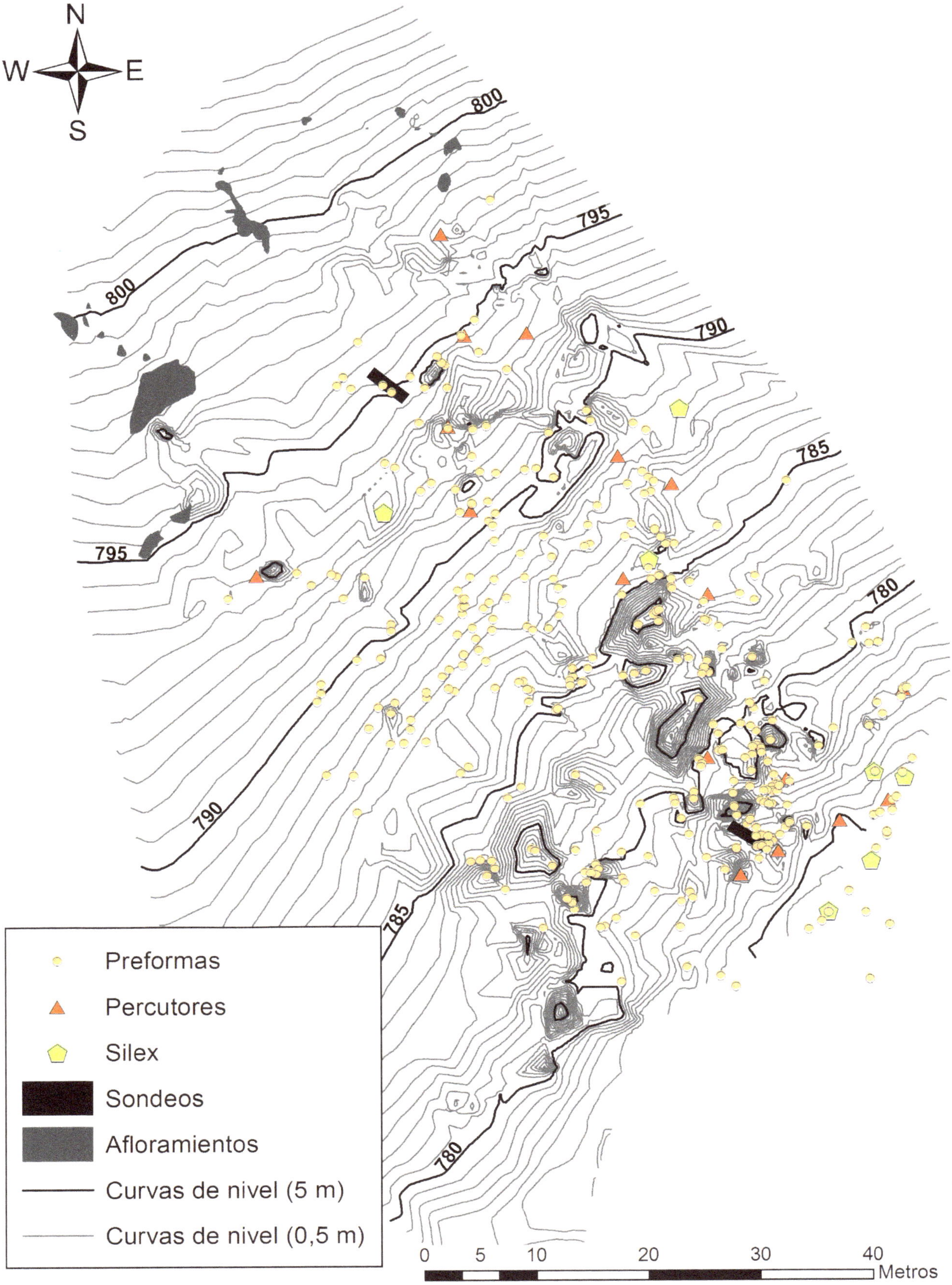

Figura 79. Distribución de los materiales arqueológicos documentados en la prospección arqueológica intensiva en Cortijo Cevico (Ventorros de San José, Granada)

Figura 80. Bloques de dolomía en su contexto geológico primario en la parte alta del afloramiento de Cortijo Cevico (Ventorros de San José, Granada)

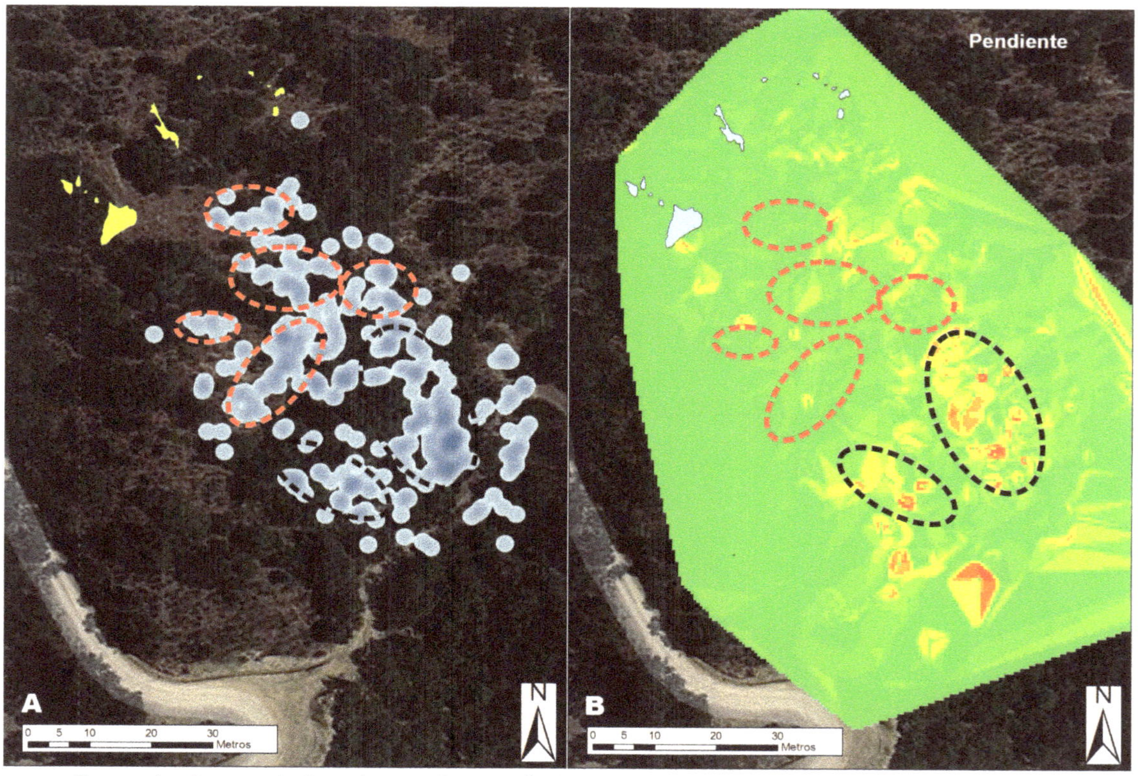

- - - - Concentraciones relacionadas con las pendientes
- - - - Concentraciones sin relación con las pendientes

Figura 81. Concentración de materiales arqueológicos y su relación con el cálculo de las pendientes en la cantera de Cortijo Cevico (Ventorros de San José, Granada)

Los sondeos:

La excavación se planteó en base a los objetivos antes descritos y apoyados en la información ofrecida por la prospección superficial. De esta forma, se realizaron dos sondeos uno en la parte inferior de la pendiente, que se corresponde con la mayor concentración de materiales arqueológicos; y otro en la parte superior, coincidiendo con el afloramiento de bloques de materia prima y restos de talla. Los sondeos se situaron siguiendo la pendiente propia del yacimiento que es noroeste-suroeste y en la misma línea, para conocer el funcionamiento de la sedimentación en los dos extremos del afloramiento (Fig. 82).

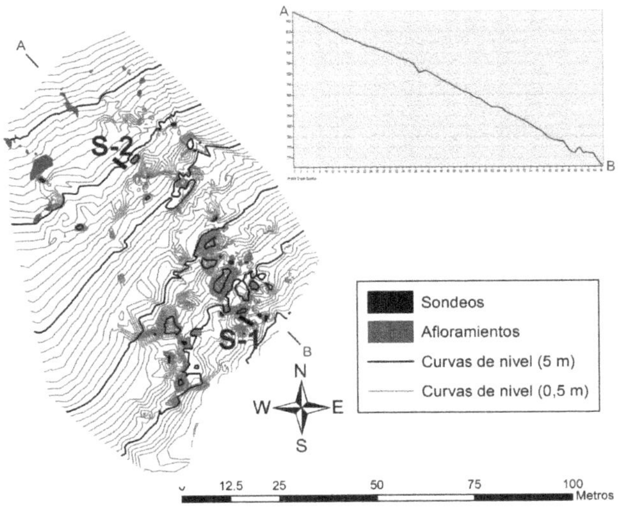

Figura 82. Situación de los sondeos en el afloramiento de Cortijo Cevico (Ventorros de San José, Granada) y sección de la pendiente

Sondeo 1 (S-1)

Es el situado en la parte baja de la ladera cerca del camino que corta el yacimiento en su cota inferior y de sur a norte (Fig. 83). En este caso se planteó una trinchera de un metro de anchura y cuatro de largo coincidiendo el eje máximo con la orientación de la pendiente.

La excavación se comenzó con la retirada de una capa superficial (UE 00) compuesta por material orgánico y sedimento poco compacto. En esta primera capa artificial ya se identificó el aumento de la concentración de bloques y clastos de pequeño tamaño siguiendo la orientación de la pendiente, como se puede observar en la Plata 1 (Fig. 84) la concentración es mayor en las cuadriculas C y D. Tras esta primera capa y sin diferenciación estratigráfica se excavó otra capa artificial (Capa 1) de 10 cm de profundidad siguiendo la pendiente de la ladera. En este caso la distribución de los clastos y las preformas era más homogénea que en la capa anterior, pero seguía habiendo una concentración de las intrusiones de mayor tamaño en las cuadriculas C y D (Fig. 85). La Capa 2 fue igualmente de 10 cm de profundidad y se documentó una disminución de las intrusiones y el aumento de las bioturbaciones (raíces), así como un fragmento de cerámica de cocción oxidante muy rodada en el cuadrante C (Fig. 86). En la Capa 3 se profundizó hasta el estrato geológico en los cuadrantes B, C y D y se definió una concentración de bloques en el cuadrante A. En esta capa se documentaron tres fragmentos de cerámicas oxidante muy rodada sin que se pudiera definir su forma o atribución y algún carbón disperso (Fig. 87). La última fase de la excavación fue la identificación del sustrato geológico en toda la superficie del sondeo, en la cuadricula A se reconoció un hoyo excavado en la base geológica de escasos 19 cm de profundidad y 30 cm de diámetro aproximado. En el interior se recogieron varios carbones (Fig. 88).

Figura 83. Vista hacia el este del S-1 de Cortijo Cevico (Ventorros de San José, Granada)

En las tres capas artificiales excavadas no se identificó ningún cambio estratigráfico, las Unidades Estratigráficas definidas según la excavación son las siguientes:

UE 00: capa superficial de color marrón-grisáceo. La textura es de grano fino y ligeramente compacto. Tiene una potencia de unos 5 cm y ocupa toda la superficie del sondeo. Está compuesta por gran cantidad de material orgánico y materiales tallados rodados.

UE 01: unidad de contacto directo con la UE 00. Es de color marrón-claro y en el cuadro A presenta manchas de color anaranjado. La textura es de grano fino y compacta. Tiene una potencia de 30 cm en la parte superior de la ladera (Cuadrante A) y 20 cm en la parte baja del sondeo (Cuadrante D). Está compuesta por lascas y restos de talla ligeramente rodados y presenta numerosas bioturbaciones (raíces). Las inclusiones presentan una orientación propia de ladera con orientaciones de 45o por la propia acción de rodamiento (Fig. 89). Esta unidad descansa sobre la base geológica (UE 02).

UE 02: capa geológica formada por yesos y clastos calizos situada en contacto inferior con la UE 01. Es de color marrón-anaranjado. No posee materiales arqueológicos de ningún tipo. Se ha excavado en los cuadros A y B del sondeo 10 cm para cerciorar que se trataba de la base geológica. Se trata de un suelo Cuaternario del Triásico.

En el S-1 solo se documentó una Unidad Estratigráfica Construida:

UEC 1: se trata hoyo de origen antrópico excavado en la base geológica (UE 02). Es de 34 cm de ancho por 32 de largo y 19 cm de profundidad. El relleno estaba constituido por la UE 01, en su interior se localizaron varias piezas talladas y en el fondo dos carbones.

La situación del sondeo, en la parte más baja del afloramiento, junto con la concentración de las pendientes y los materiales arqueológicos, indicaban la posible sedimentación en ladera en esta zona del afloramiento. Esto ha quedado patente en la excavación del sondeo y la documentación de una única unidad sedimentaria de origen erosivo. Los materiales contenidos en la UE 01 se encuentran alterados por procesos de rodamiento y son fruto de la acumulación de sedimentos erosionados. En los perfiles noroeste y suroeste se puede apreciar la disposición de las inclusiones en ángulos de 45° como efecto del fenómeno erosivo (Fig. 90). El único resto de acción antrópica documentado es la UEC 1. En la base geológica no se han identificado marcas de arado ni sobre el material lítico, por lo que no creemos que se cultivase la zona. Los carbones y los pequeños fragmentos de cerámica hay que relacionarlos con los procesos erosivos. Desde el punto de vista del aprovechamiento del mármol este sondeo no ha ofrecido datos interesantes. Sin embargo, nos ha permitido documentar los procesos de erosión de ladera en la parte baja del yacimiento y definir los límites

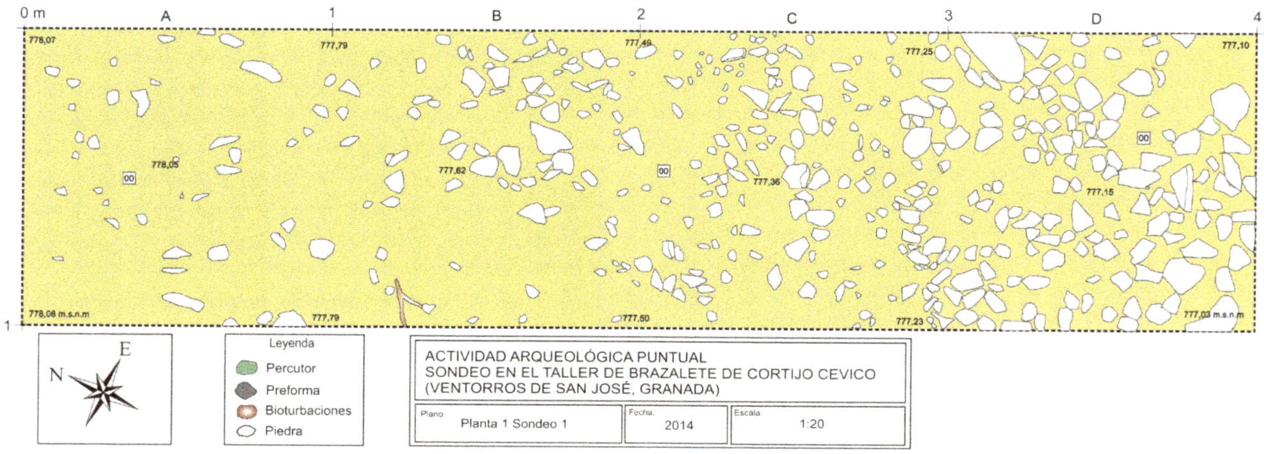

Figura 84. Planta 1 del S-1 de Cortijo Cevico (Ventorros de San José, Granada)

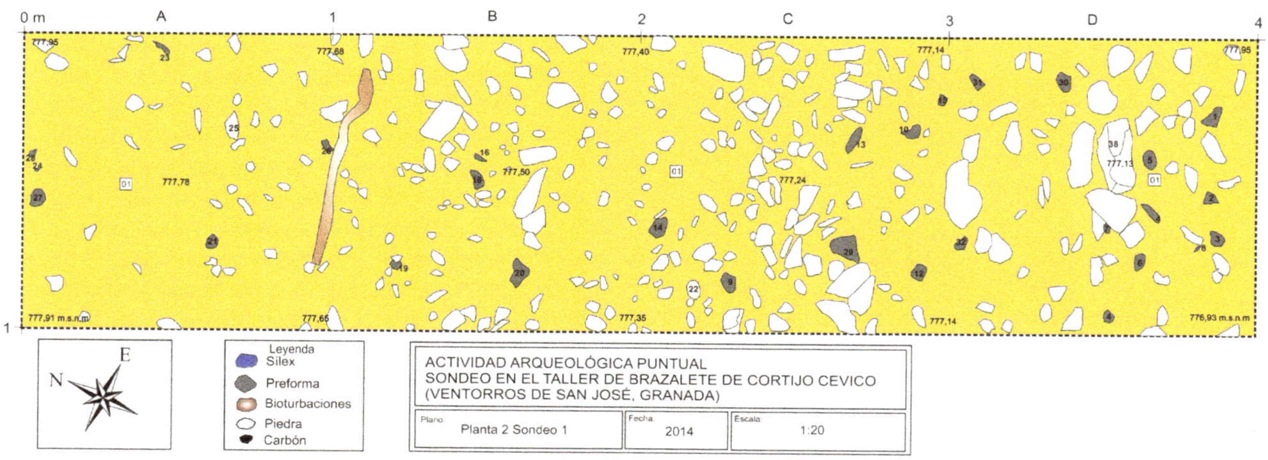

Figura 85. Planta 2 del S-1 de Cortijo Cevico (Ventorros de San José, Granada)

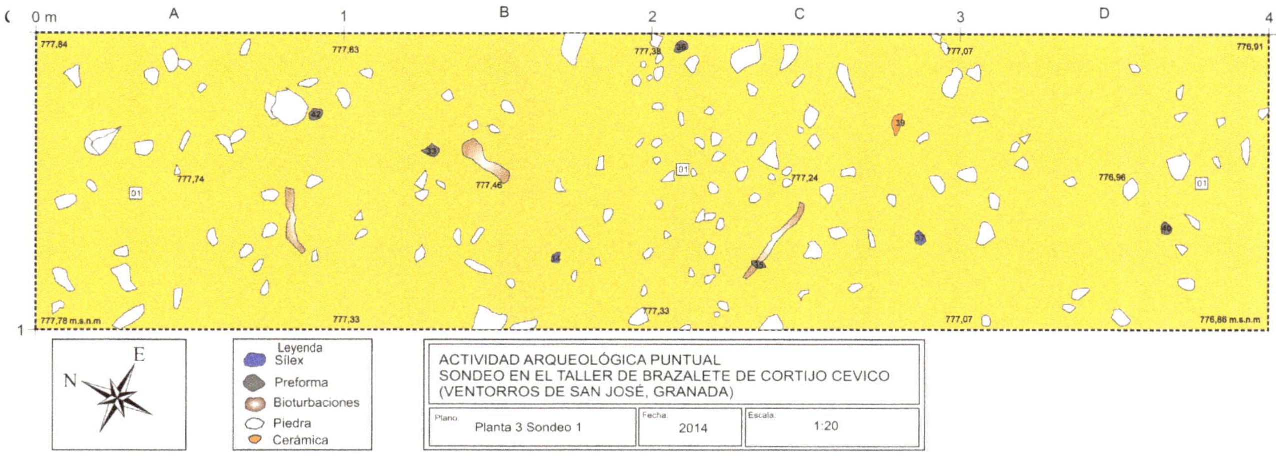

Figura 86. Planta 3 del S-1 de Cortijo Cevico (Ventorros de San José, Granada)

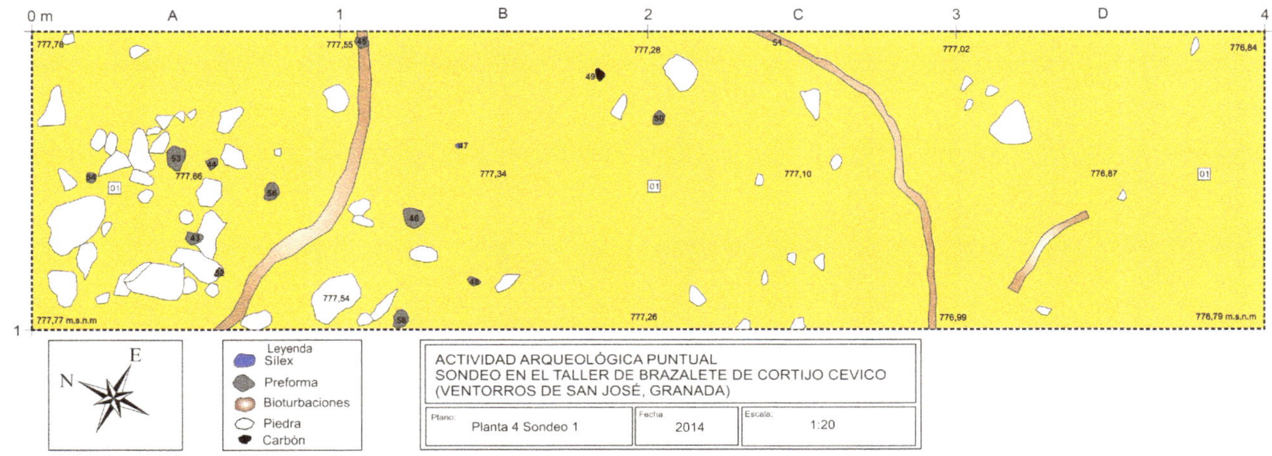

Figura 87. Planta 4 del S-1 de Cortijo Cevico (Ventorros de San José, Granada)

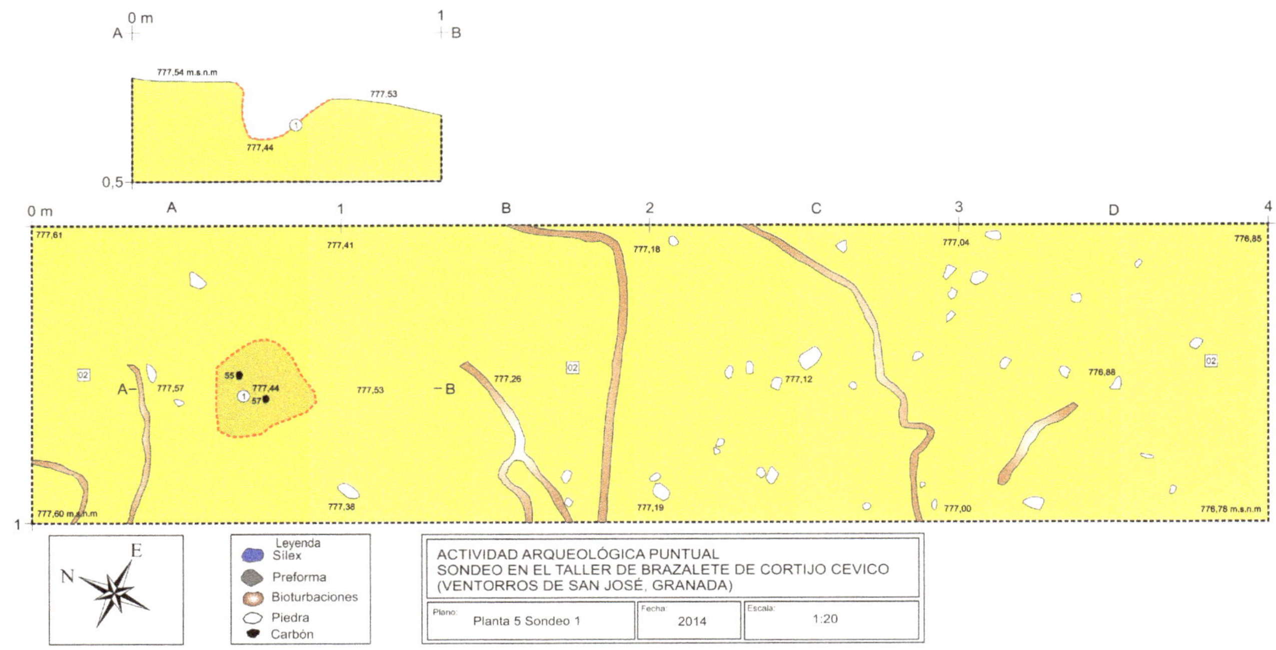

Figura 88. Planta 5 del S-1 de Cortijo Cevico (Ventorros de San José, Granada)

Figura 89. Detalle de la orientación en 45° de las preformas en el S-1 de Cortijo Cevico (Ventorros de San José, Granada)

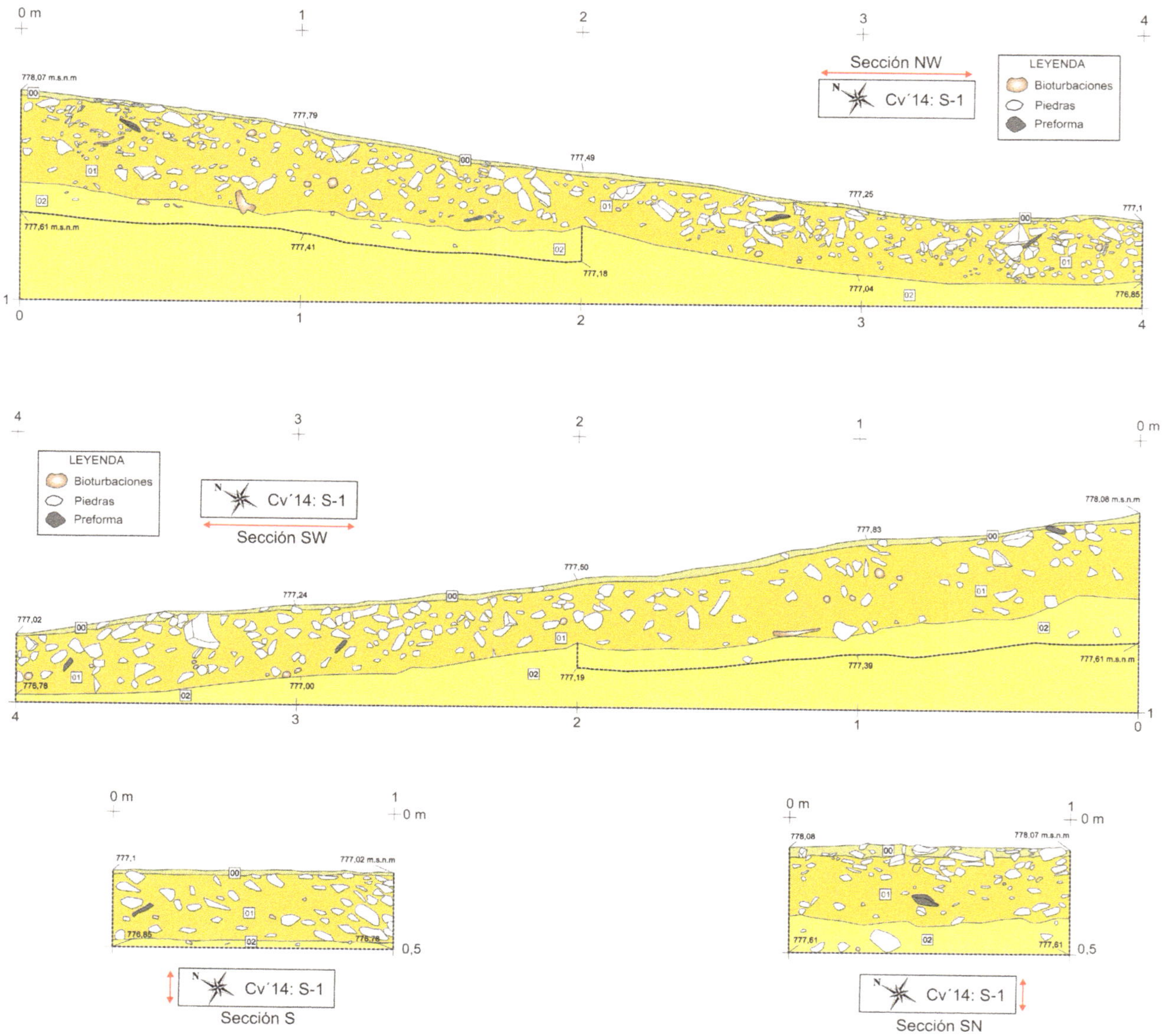

Figura 90. Secciones del S-1 de Cortijo Cevico (Ventorros de San José, Granada)

Figura 91. Vista hacia el este del S-2 de Cortijo Cevico (Ventorros de San José, Granada)

Sondeo 2 (S-2)

Se realizó en la parte alta del afloramiento, coincidiendo con una zona en la que la pendiente no es tan acusada y estaba libre de vegetación (Fig. 91). La parte central del sondeo se hizo coincidir con un conjunto de bloques tallados y algunas preformas que sobresalían de la capa vegetal superficial (Fig. 92). En este caso se planteó una trinchera de 2 m de ancho por 4 de largo, igualmente coincidiendo el eje máximo con la pendiente.

La excavación se comenzó con la retirada de la capa superficial de unos 5 cm, sobre toda la superficie, exceptuando en la parte central donde afloraban los bloques y los restos de talla (Fig. 92). Tras la retirada de la capa superficial se puso al descubierto una superficie totalmente cubierta de desechos de talla y bloques de mediano tamaño (Fig. 93), y se definieron dos unidades estratigráficas la UE 01 y UE 02 (Fig. 94). La excavación se centró en los cuadrantes de la parte sur del sondeo (A, C, E y G) para conocer la relación de las unidades estratigráficas y documentar la sedimentación de la parte central del sondeo. De esta forma se retiró la unidad estratigráfica UE 02 en contacto con la UE 01 que apoyaba sobre la base geológica UE 03. Las inclusiones de clastos y restos de talla en la UE 02 era menores que la UE 01 al igual que la compacidad. La retirada de la UE 02 permitió definir la UE 01 como un lentejón decreciente hacia la zona sur del sondeo (Fig. 101). Una vez definida esta unidad UE 01 se retiró en las cuadrículas de la zona sur del sondeo hasta la base geológica (UE 03), compuesta esta por yesos con clastos de calizas y bloques de mármol dolomítico (Fig. 95). La UE 01 se componía de una matriz suelta con bloques de mediano tamaño la mayoría con golpes, restos de talla y preformas. Como se observa en el perfil noroeste (Fig. 99) la disposición de los bloques no está orientada ni hay una selección de tamaños por procesos gravitacionales. Se trata de un estrato antrópico creado por la excavación del sustrato geológico inferior. En este sentido, se han documentado 6 hoyos excavados en la base geológica (Fig. 97), el relleno de estas estructuras era menos compacto, de ahí, que existan madrigueras documentadas en los contactos entre la base geológica y el estrato antrópico inmediatamente superior. El sondeo se finalizó con la excavación de los cuadrantes sur (A, C, E y G) mientras que en los cuadrantes del norte (B, D, F y H) solo se levantó la capa superficial (Fig. 98).

Las características de las Unidades Estratigráficas y las interfaces definidas son:

UE 00: capa superficial de color marrón-grisáceo. La textura es de grano fino y ligeramente compacto. Tiene una potencia de unos 5 cm en la parte superior del sondeo y llega a los 20 cm en la zona sur del sondeo por un efecto ladera. Se distribuye por la mayor parte de la superficie del sondeo a excepción de la parte central (cuadros C, D, E y F) en la que aparece por efecto de la erosión la UE 01. Está compuesta por gran cantidad de material orgánico y restos de talla.

UE 01: unidad sedimentaria en contacto con el muro de la UE 00. Es de color marrón- rojizo. Está formada por una matriz de yesos que contienen bloques de diversos tamaños y lascas sin orientación natural. Se sitúa por toda la superficie del sondeo. Su origen es antrópico formado por la excavación y remoción del sustrato geológico UE 03.

UE 02: unidad sedimentaria en contacto con el muro de la UE 00 y con el techo de la UE 01. Es de color marrón-claro. Está formada por una matriz de yesos que contienen bloques de diversos tamaños y lascas sin orientación natural. Se sitúa en los cuadros A, C, E y H. Se trata de una unidad posterior a UE 01 cuyo origen es la excavación en esta unidad y en la base geológica (UE 03).

UE 03: capa geológica formada por una matriz de yesos con clastos calizos y bloques de dolomía y caliza situada en contacto inferior con la UE 01 y UE 02. Es de color marrón- anaranjado. No posee materiales arqueológicos de ningún tipo. Se trata de un suelo Cuaternario del Triásico.

En el S-2 se documentaron las siguientes interfaces o Unidades Estratigráficas Construidas:

UEC 1: interfaz erosiva de la UE 02 en la UE 01.

UEC 2: hoyo excavado en la base geológica y rellenado por la UE 001 es de 80 cm de largo y unos 11 cm de profundidad.

UEC 3: hoyo excavado en la base geológica rellenado por la UE 02 es de 105 cm de largo y una profundidad de 20 cm.

UEC 4: hoyo excavado en la base geológica rellenado por la UE 02 es de 80 cm de largo y una profundidad de 28 cm. UEC 5: hoyo excavado en la base geológica rellenado por la UE 02 es de 48 cm de largo por 23 de ancho y una profundidad de 15 cm, en la parte central tiene una bioturbación (madriguera) que enlaza con la UEC 7.

UEC 6: hoyo excavado en la base geológica rellenado por la UE 02 con una profundidad de 20 cm.

UEC 7: hoyo excavado en la base geológica rellenado por la UE 01 es de 86 cm por 30 cm de profundidad, en la parte central tiene dos bioturbaciones (madrigueras) una de las cuales enlaza con la UEC 5.

En el S-2 no se documentaron procesos erosivos de ningún tipo, todo el material se encuentra con fracturas frescas y sin rastros de rodamientos. La excavación nos permite definir las unidades estratigráficas como producto de la excavación del sustrato geológico para la extracción del mármol. Las dos unidades definidas UE01 y UE02 son dos momentos de excavación y fruto de las acumulaciones de sedimento y detritus de la talla. La UE 01 se corresponde con el primer momento de remoción de los estratos

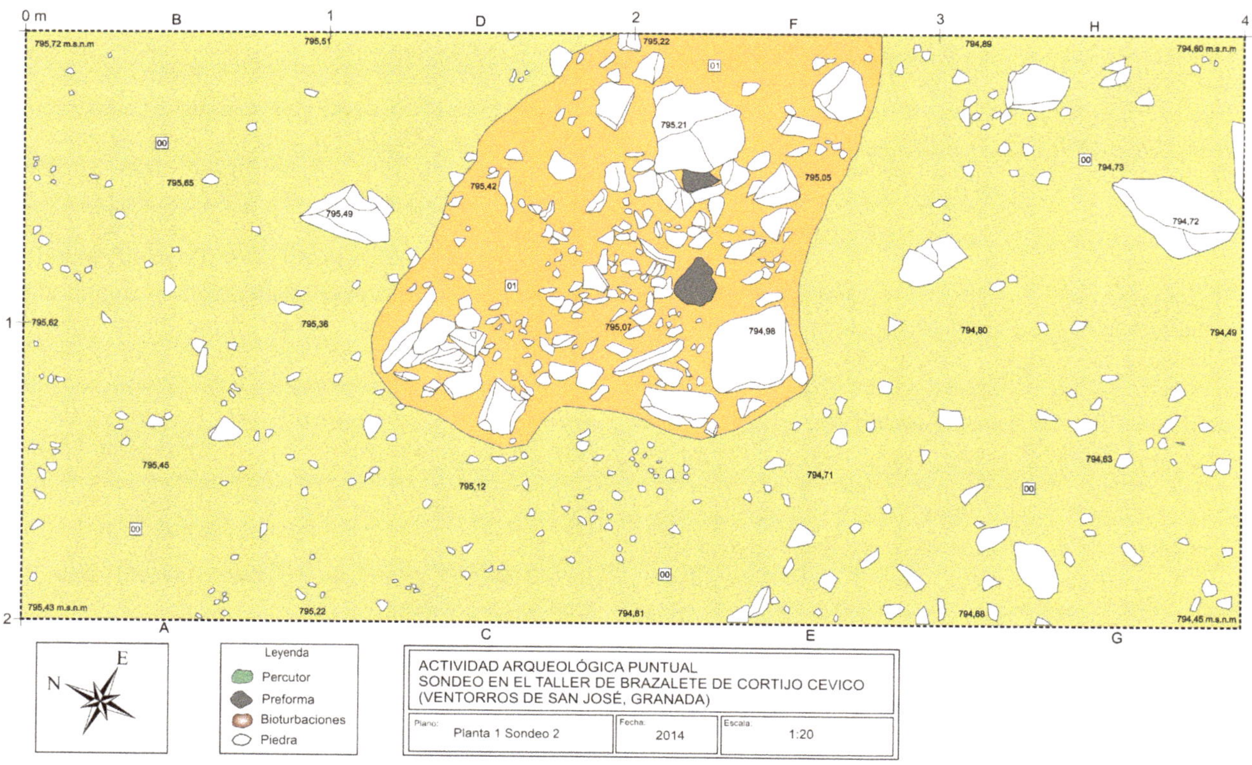

Figura 92. Planta 1 del S-2 de Cortijo Cevico (Ventorros de San José, Granada)

geológicos y se asienta sobre las estructuras horadadas sobre él. Su composición son bloques de materia prima testados con uno o dos golpes para valorar la calidad y desechados en unos casos o tallados en otros como preformas. La UE 02 se relaciona con otro momento de remoción del sustrato geológico y a su vez corta y se apoya en algunos partes del sondeo en la UE 01. Este sondeo nos ha permitido identificar el sistema de extracción de los bloques de la matriz geológica, e interpretar estas actividades en varios momentos generando lentejones de restos de talla y detritus que se superponen o se cortan entre ellos.

Figura 93. Fotografía cenital de la Capa 1 del S-2 de Cortijo Cevico (Ventorros de San José, Granada)

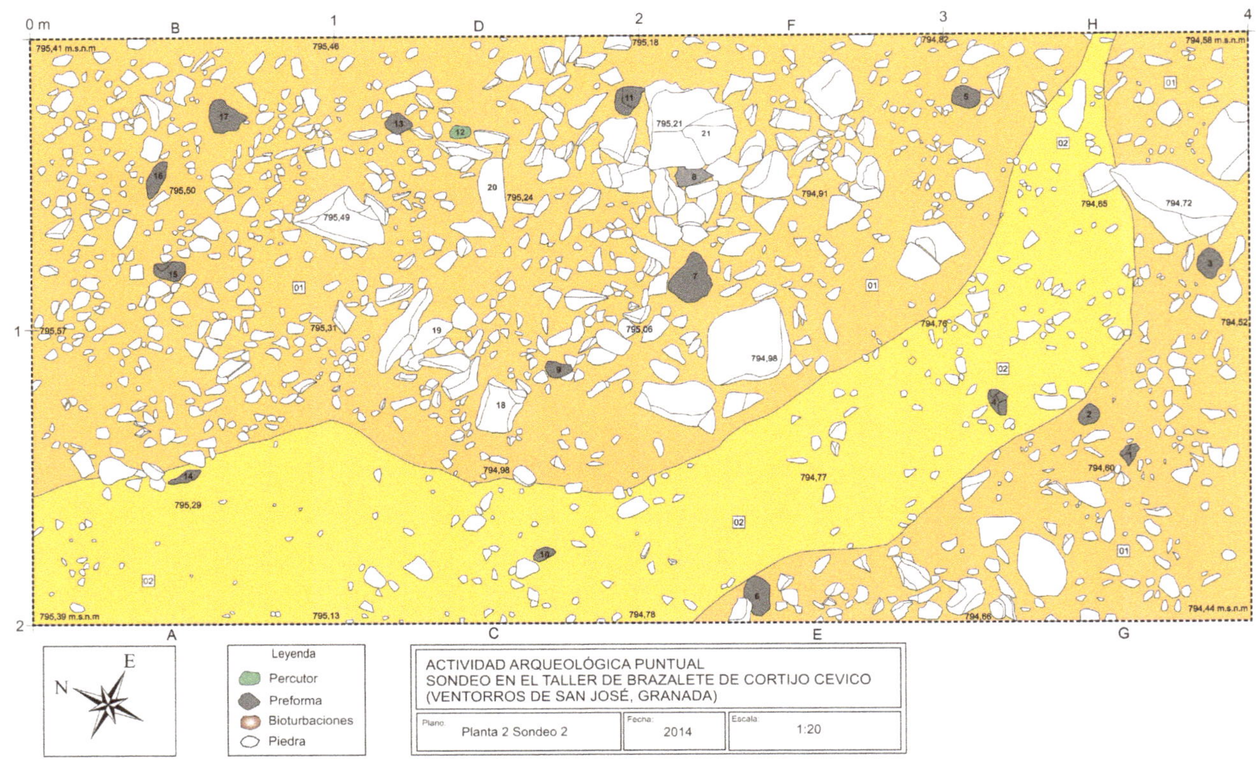

Figura 94. Planta 2 del S-2 de Cortijo Cevico (Ventorros de San José, Granada)

Figura 95. Vista hacia el noroeste del S-2 de Cortijo Cevico (Ventorros de San José, Granada)

Figura 96. Fotografía del perfil noroeste del S-2 de Cortijo Cevico (Ventorros de San José, Granada)

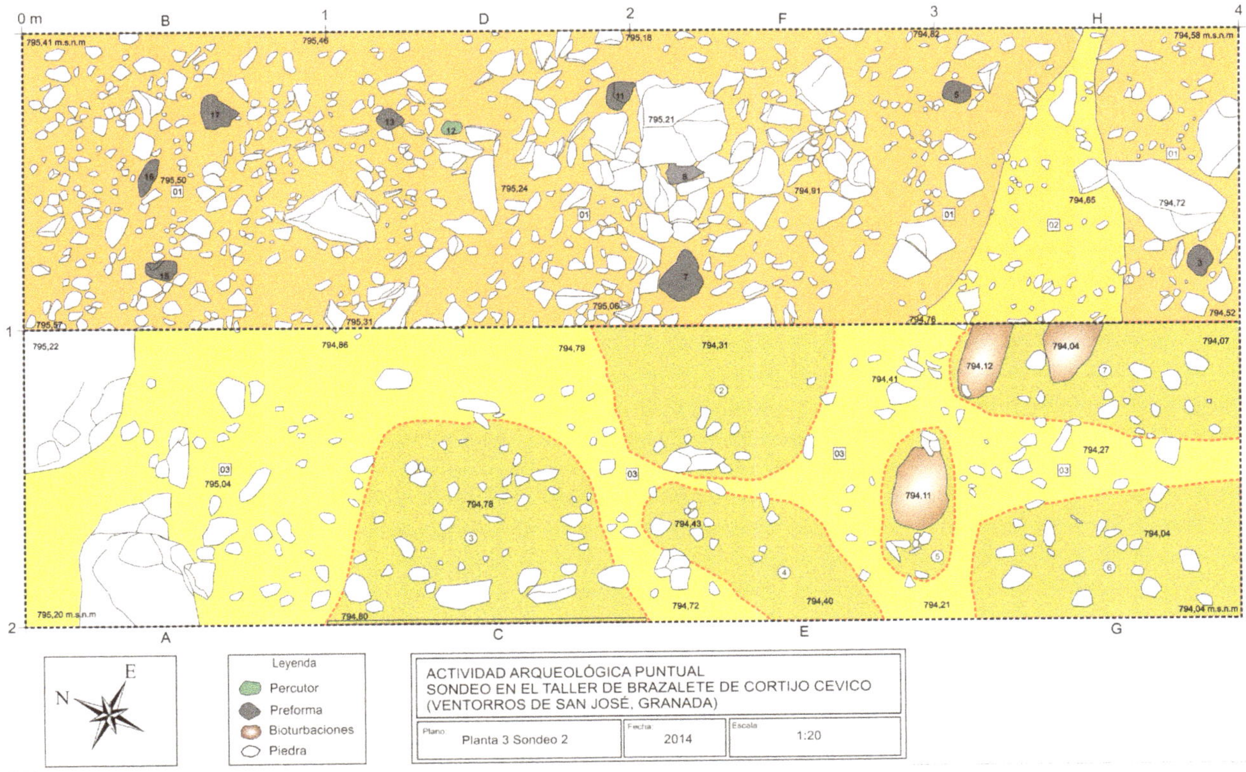

Figura 97. Planta 3 del S-2 de Cortijo Cevico (Ventorros de San José, Granada)

Figura 98. Fotografía cenital final del S-2 de Cortijo Cevico (Ventorros de San José, Granada)

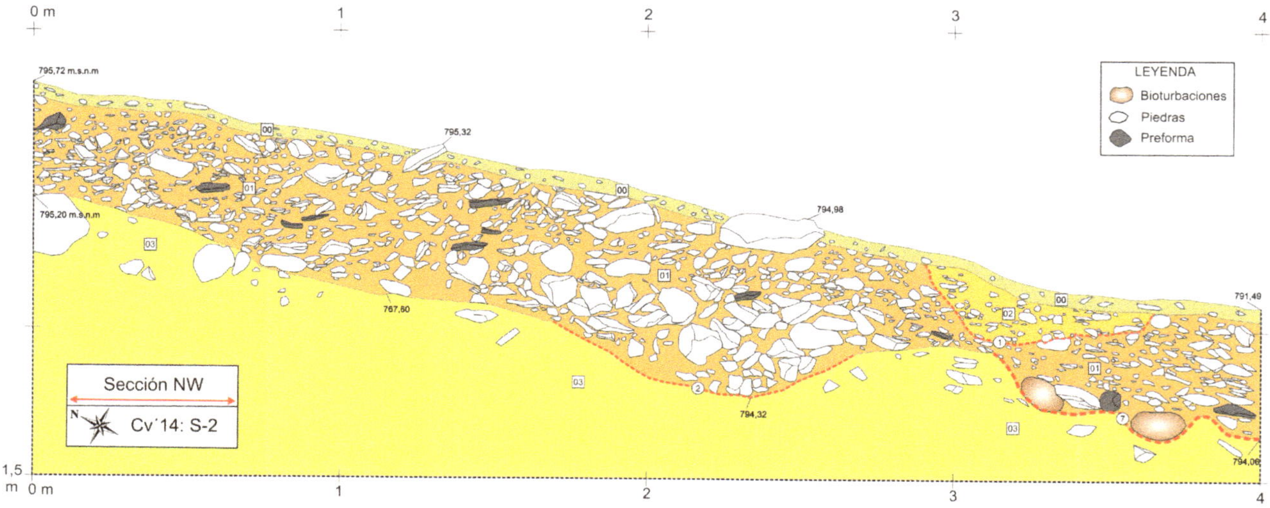

Figura 99. Sección noroeste del S-2 de Cortijo Cevico (Ventorros de San José, Granada)

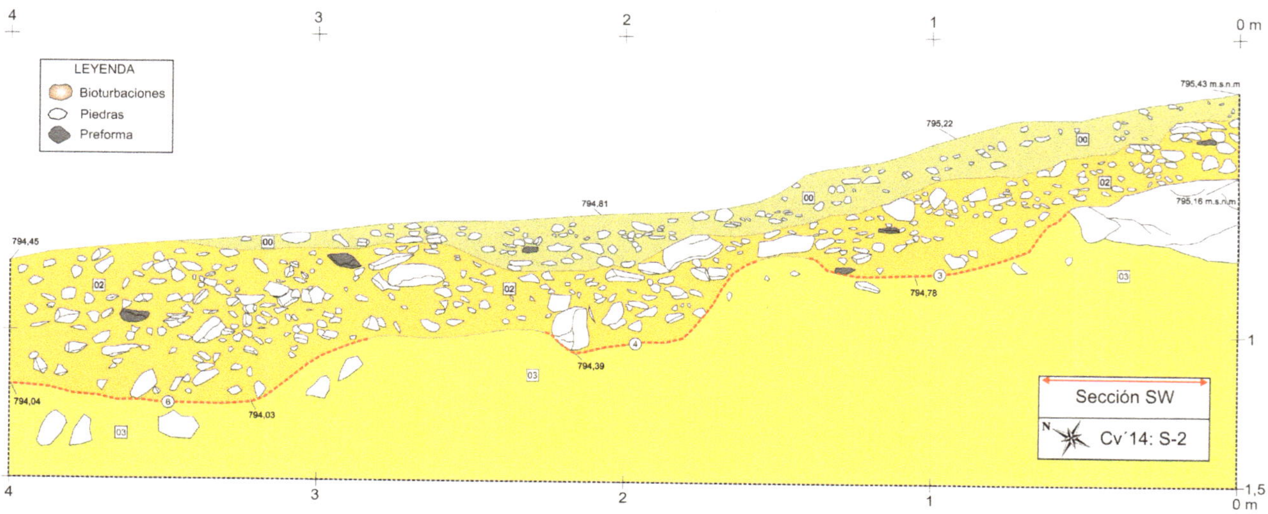

Figura 100. Sección suroeste del S-2 de Cortijo Cevico (Ventorros de San José, Granada)

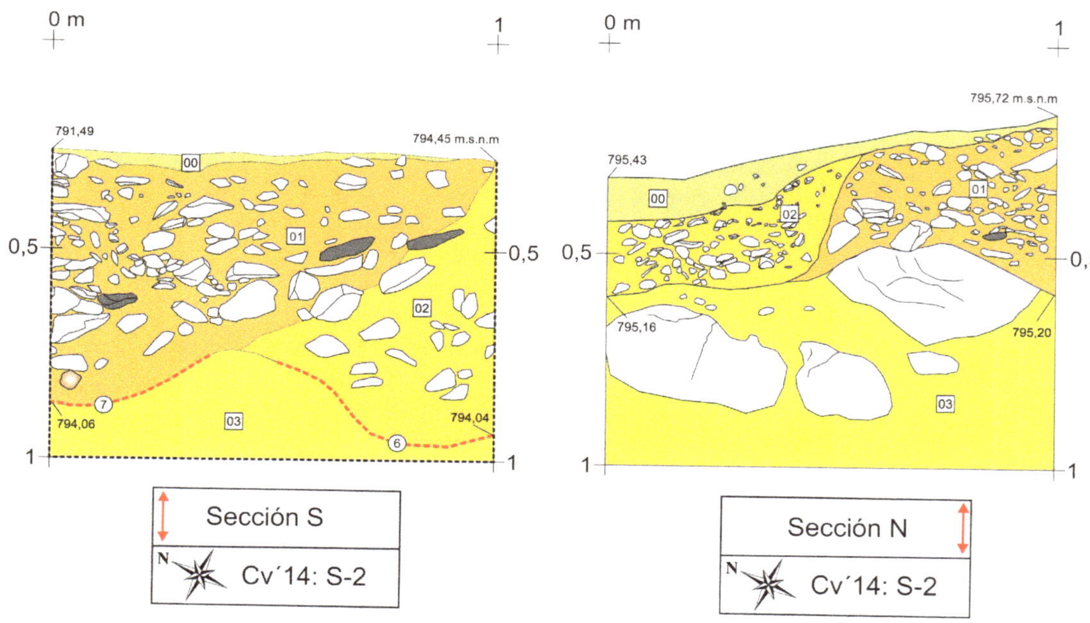

Figura 101. Secciones sur y norte del S-2 de Cortijo Cevico (Ventorros de San José, Granada)

Los materiales arqueológicos de la cantera

La prospección y excavación nos han permitido estudiar un conjunto de 442 preformas, 23 percutores y 851 piezas técnicas (lascas, bloques tallados y desechos). A continuación, describimos las características de cada uno de estos materiales y la clasificación empleada para su estudio y análisis.

- *Preformas*: las recogidas y analizadas ascienden a 442 piezas. Son el elemento del registro que más información nos permite extraer dentro de la cantera. Las preformas que aparecen en el yacimiento son aquellas que se abandonaron en el proceso de trasformación y no se utilizaron por alguna razón. En este sentido, hemos realizado una clasificación tipológica del conjunto según el tipo de fractura que posee la preforma o la causa del abandono. Hemos clasificado el conjunto según cinco atributos:

    - Fractura medial (Fig. 102): la preforma presenta una rotura en la parte central de la pieza. Esta rotura es debida a una percusión violenta en el borde, normalmente se sitúa en la parte media (Fig. 102:1 y 2) aunque se puede encontrar desplazada hacia un lado de la pieza (Fig. 102:3 y 4).

    - Fractura longitudinal (Fig. 103): la rotura es longitudinal a la preforma, en una de las caras se observa la superficie de talla mientras que la otra es plana. Este tipo de rotura se debe a un plano de fractura por las características foliáceas de la dolomía.

    - Fractura medial-longitudinal: es la combinación de una fractura medial con una longitudinal, no son muy frecuentes y puede que la fractura longitudinal sea por procesos postdeposicionales.

    - Lascado sobrepasado (Fig. 104): preformas que presentan un levantamiento que hace inviable su transformación. Este levantamiento puede que se produjera en el proceso de talla de la preforma. Pero, cabe la posibilidad de que se trate de un golpe efectuado una vez decidido el abandono de la preforma, por no reunir las cualidades necesarias, ya que en algunos casos se trata de un levantamiento muy desmesurado (Fig. 104:3).

    - Preformas inviables (Fig. 105): en este grupo incluimos todas las preformas que no poseen ningunos de los atributos antes descritos. Estas piezas, aparentemente, no poseen ningún defecto que forzara su desechado. Su abandono puede estar relacionado con la calidad de la materia prima, las dimensiones inapropiadas o cualquier otra característica que no podemos determinar.

- *Percutores*: se han documentado 23 percutores que son los únicos útiles reconocidos en la cantera con la trasformación de la materia prima. La litología es la ofita y la propia dolomía del sitio, en los mismos porcentajes, y solo un elemento relacionado con la percusión es de sílex (Fig. 106). Al tratarse de elementos destinados a la percusión se pueden clasificar según su peso en tres grandes grupos (Fig. 107): los de gran tamaño, de este tipo solo se ha localizado un ejemplo de 5500 g; de mediano tamaño, cuyo peso oscila entre 1000 y 2000 g (Fig. 108:1); y los más comunes, de pequeño tamaño y hasta 1000 g. Desde el punto de vista morfológico se pueden clasificar en dos tipos fundamentalmente: oblongos de sección circular (Fig. 108 y Fig. 109); y en forma de disco con una sección alargada (Fig. 110).

- *Desechos de la extracción y transformación*: en este grupo se incluyen los desechos relacionados con la transformación de la materia prima:

    - Bloques tallados: los de mayor tamaño se pueden considerar como núcleos para la extracción de grandes lascas a partir de las cuales se tallan las preformas. Estos bloques aparecen por toda la superficie del yacimiento. La técnica de talla empleada debió ser la percusión lanzada y los métodos son la explotación centrípeta en ambas caras del bloque (Fig. 111:C y D) y la extracción mediante un frente único (Fig. 111:B). Dentro de este grupo hay que hacer referencia a bloques de mediano tamaño con golpes para testar la calidad de la roca. Estos se documentan en la superficie del afloramiento, pero sobre todo en las unidades sedimentarias en relación directa con los hoyos de extracción.

    - Grandes lascas (Fig. 112): son uno de los soportes a partir de los cuales se tallan las preformas. Al igual que las preformas las grandes lascas documentadas son aquellas que no reunieron las características necesarias para su trasformación. Se trata de lascas extraídas con percusión lanzada de los bloques antes descritos. Las dimensiones de las lascas son variables; el largo oscila entre los 10 y los 15 cm y el ancho entre los 10 y los 20 cm, mientras que el grosor es de 4 a 6 cm. Los estigmas de talla son bulbos o pseudo- bulbos marcados y desarrollados (Fig. 112:4), aunque en muchos casos el bulbo no es perceptible por el tipo de fractura en Split (Fig. 112:1, 2 y 3). Es frecuente la presencia de accidentes de fractura tipo Siret por el tipo de percusión violenta y perpendicular (Fig. 112:4).

    - Desechos de desbastado: son los restos generados en el proceso de extracción de las grandes lascas o la transformación de los bloques naturales. No poseen una morfología determinada, ni estigmas técnicos de talla en muchas ocasiones. Son bastante numerosos y se relacionan con la eliminación de las partes afectadas por la foliación del mármol dolomítico.

    - Desechos de talla: dentro de este grupo el elemento más característico son las lascas producidas durante el tallado de las preformas (Fig. 113). Estas se pueden clasificar en dos tipos: lascas de percusión, con bulbos marcados generalmente más anchas que largas de 3 a 6 cm y con un grosor de entre 50 a 100 mm (Fig. 113:1, 2, 3 y 4); y lascas de preforma, en las que se observa la curvatura circular y en muchas ocasiones no se observan bulbos ni otro tipo de estigmas de la talla (Fig. 113:5 y 6). También se han documentado lascas de ofita provenientes de los percutores, son lascas que saltan de forma accidental del percutor por el trabajo de percusión. En este conjunto se incluyen lascas de sílex, pero se han documentado pocos elementos de este tipo y todos ellos sin una tipología clara, tratándose de lascas que debieron desprenderse por alguna actividad de percusión.

- *Otros materiales*: en este grupo se incluyen aquellos materiales que no se corresponden con las categorías antes descritas, pero que por su singularidad son elementos destacados dentro del conjunto. Estos materiales son, un esbozo o preforma de hacha elaborada en el propio mármol del afloramiento (Fig. 114:1); la parte proximal de un esbozo de hacha pulimentada en ofita (Fig. 114:3); una bujarda de sílex (Fig. 114:2); y un núcleo carenado de laminitas, elaborado en mármol del afloramiento (Fig. 114:4).

Figura 102. Preformas con fractura medial de Cortijo Cevico (Ventorros de San José, Granada)

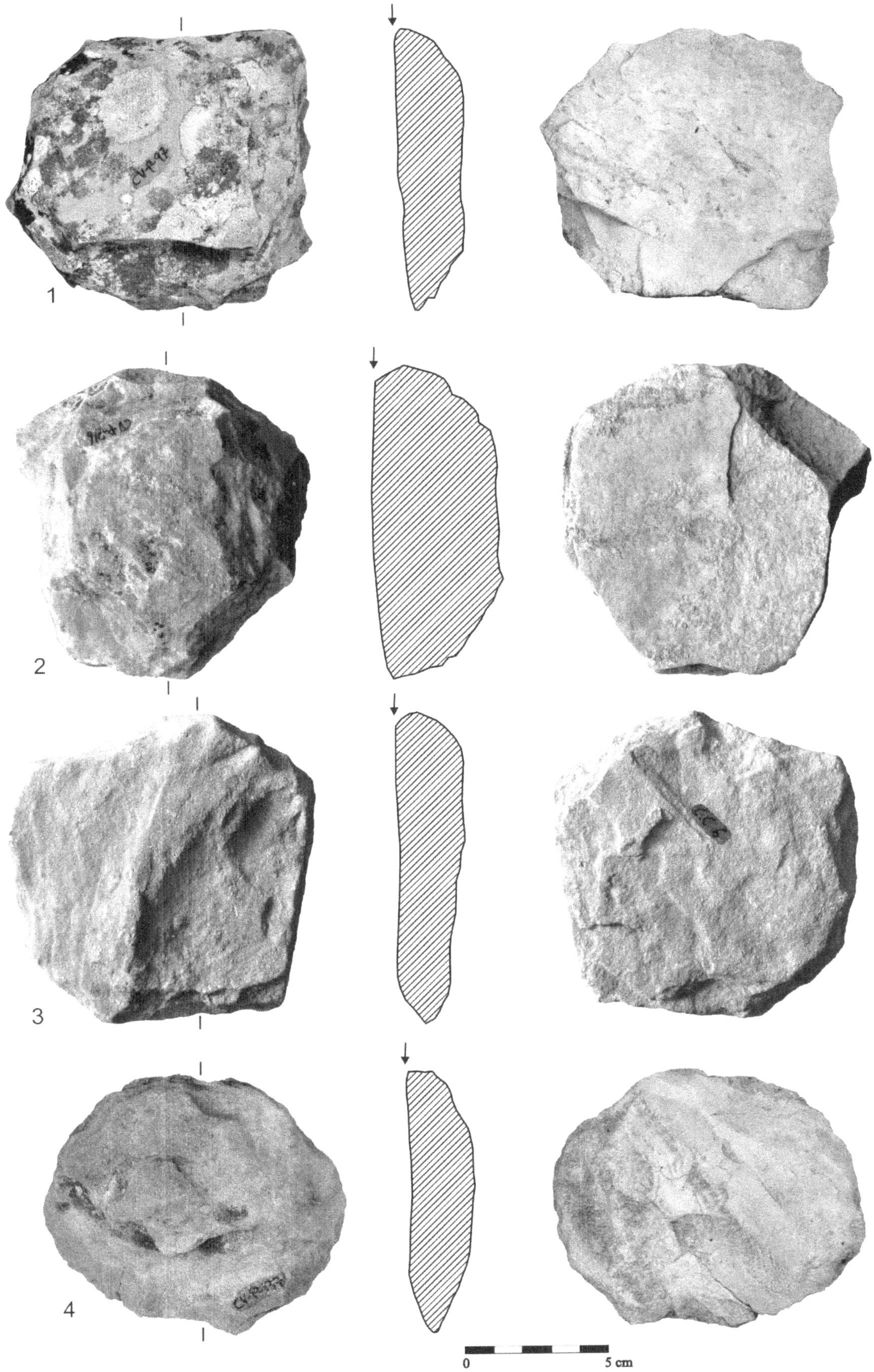

Figura 103. Preformas con fractura longitudinal de Cortijo Cevico (Ventorros de San José, Granada)

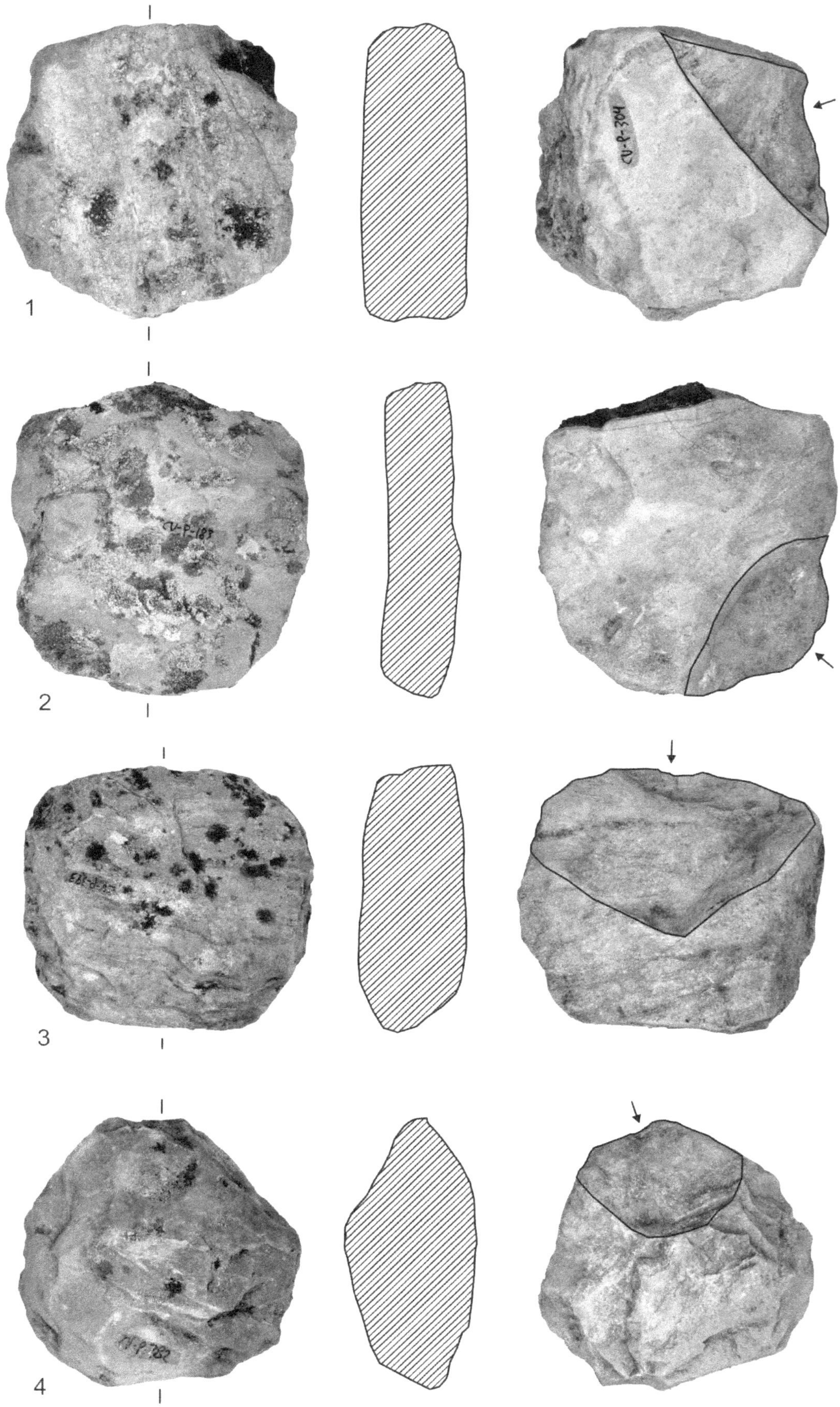

Figura 104. Preformas con lascado sobrepasado de Cortijo Cevico (Ventorros de San José, Granada)

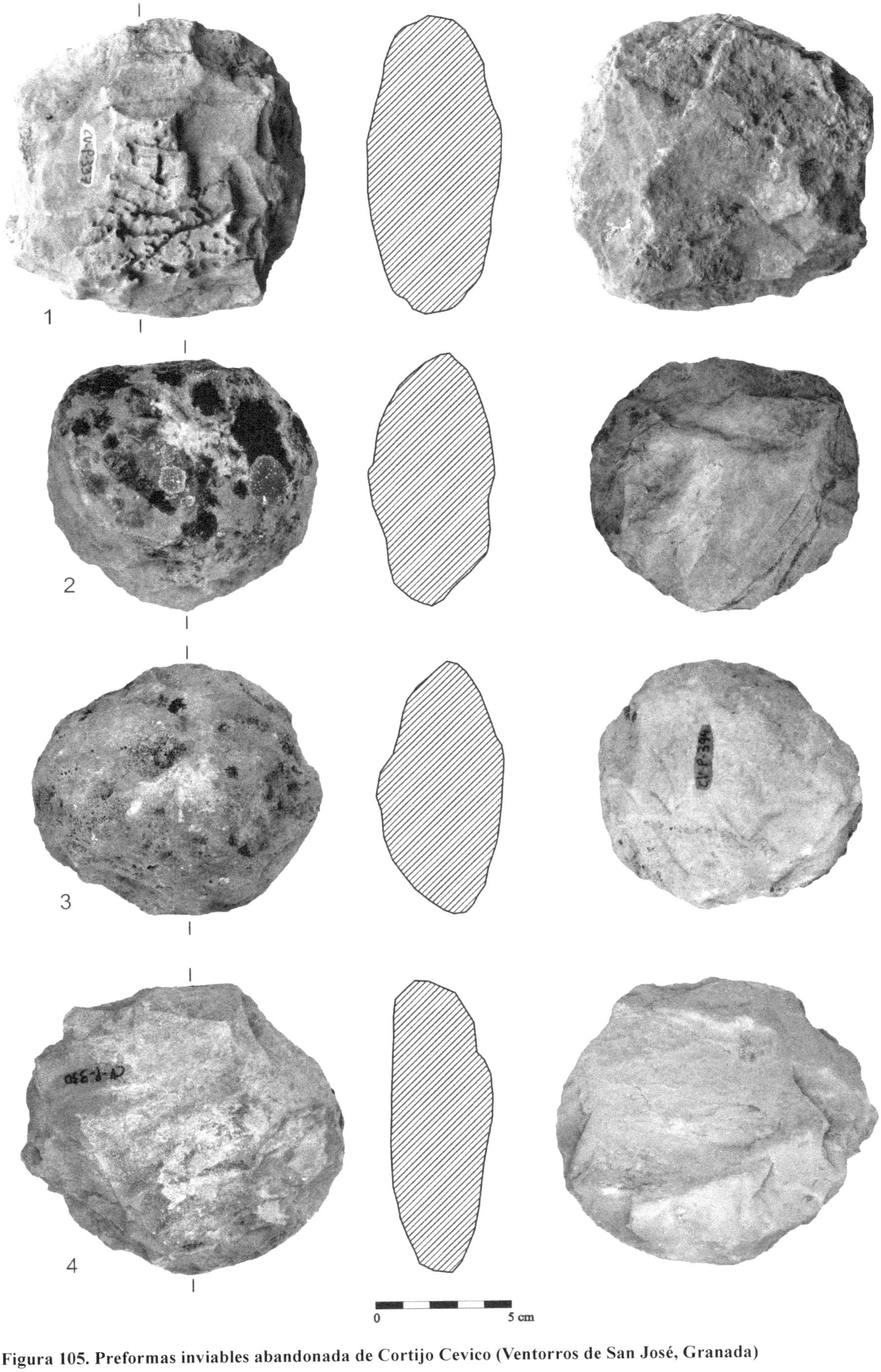

Figura 105. Preformas inviables abandonada de Cortijo Cevico (Ventorros de San José, Granada)

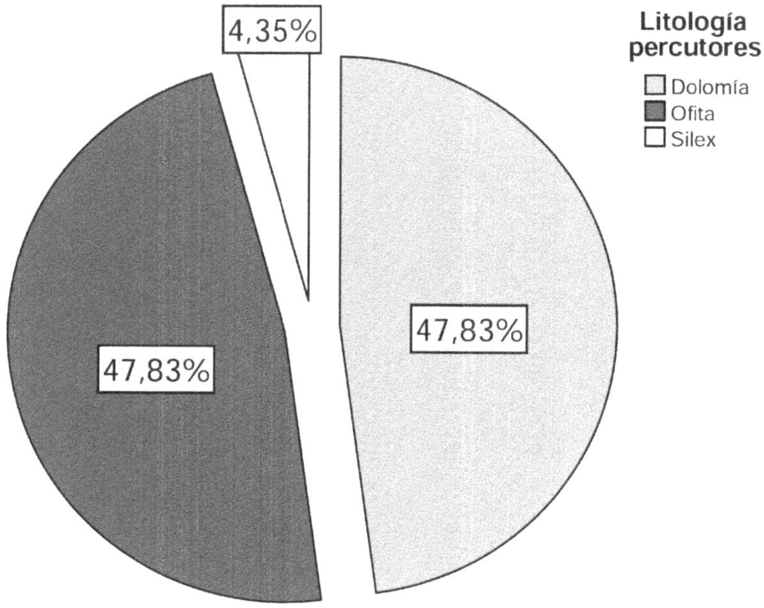

Figura 106. Litología de los percutores de Cortijo Cevico (Ventorros de San José, Granada)

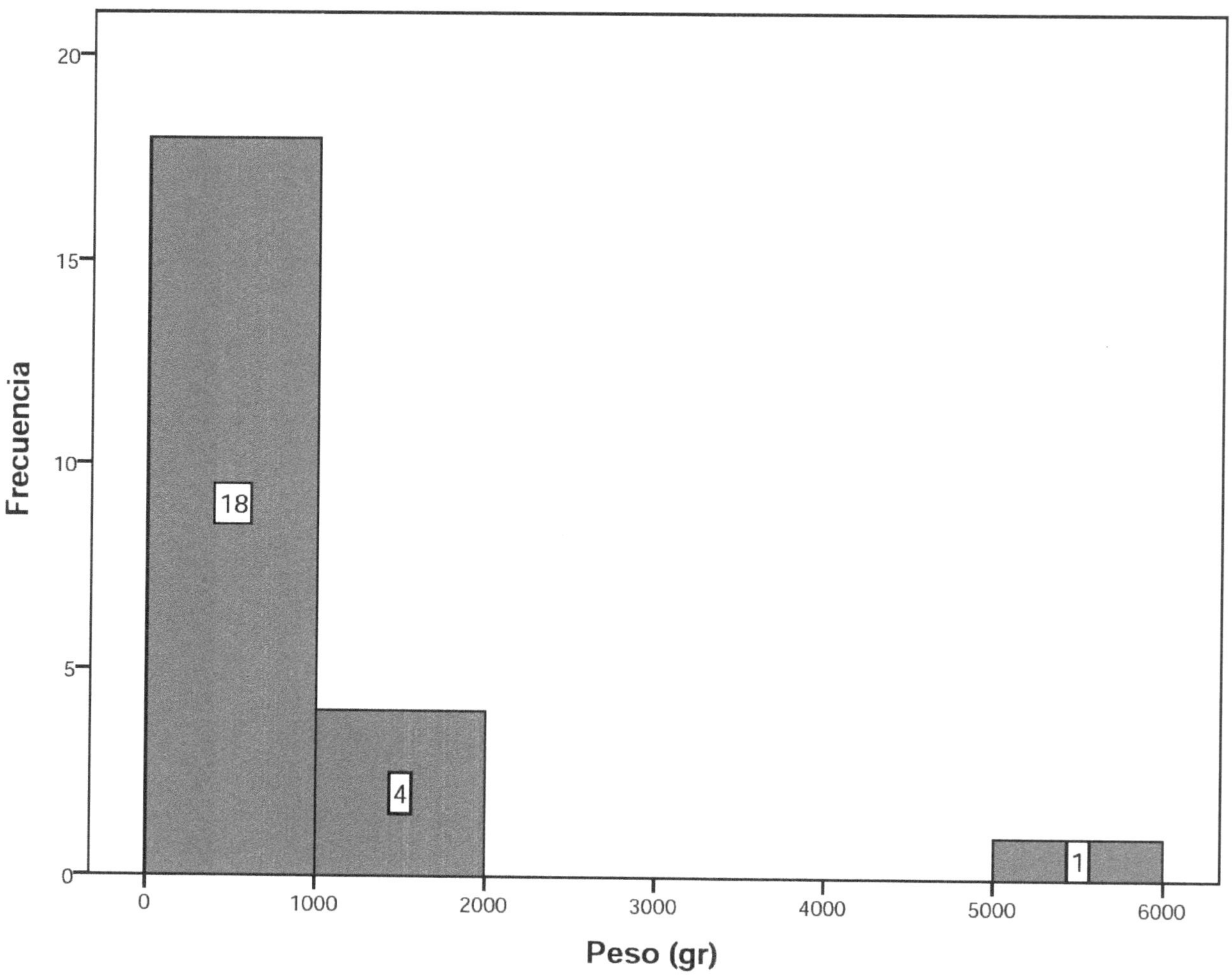

Figura 107. Peso de los percutores de Cortijo Cevico (Ventorros de San José, Granada)

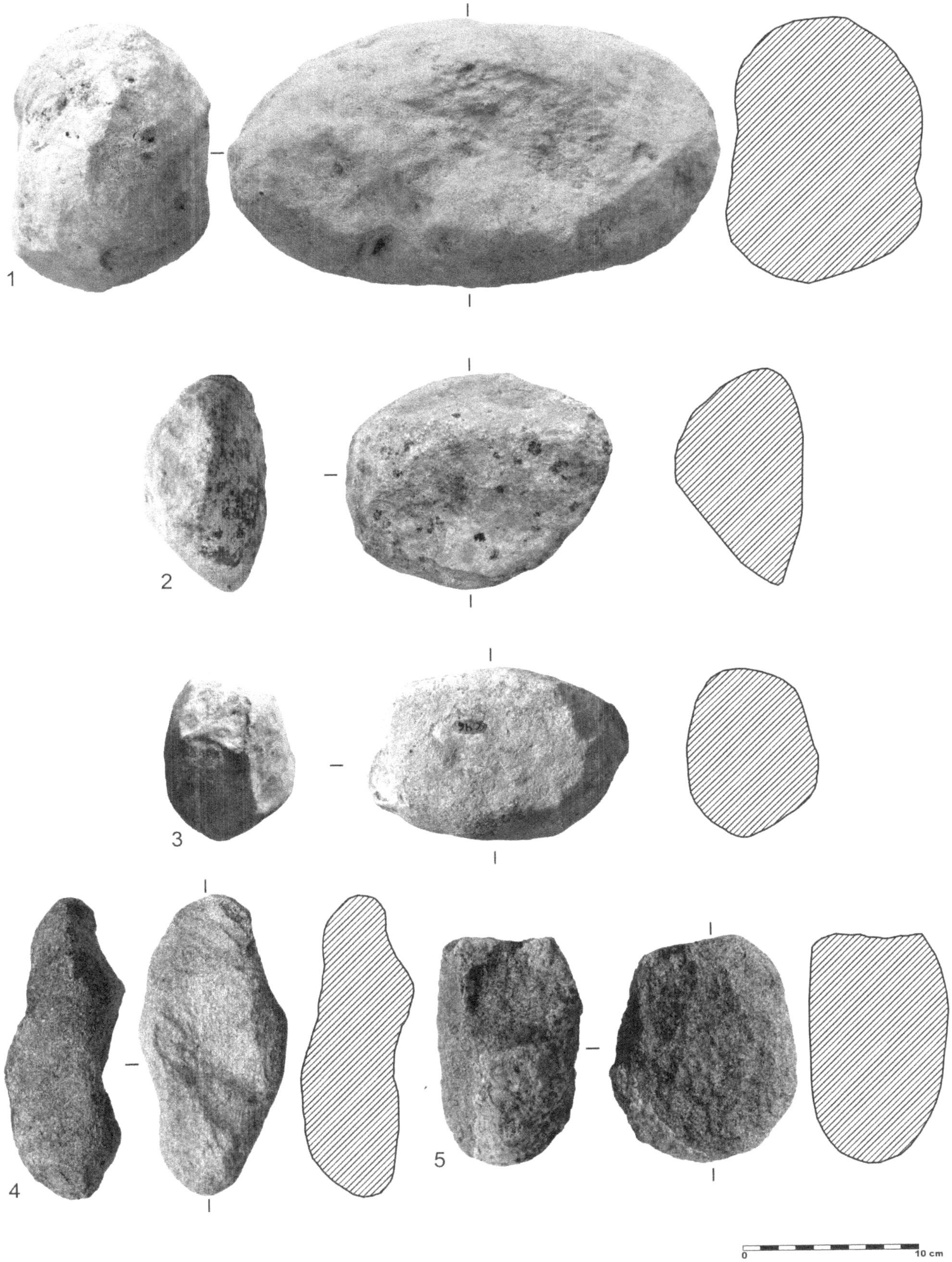

Figura 108. Percutores de diferentes tamaños de Cortijo Cevico (Ventorros de San José, Granada)

Figura 109. Percutores de diferentes tamaños de Cortijo Cevico (Ventorros de San José, Granada)

Figura 110. Percutores en forma de disco de Cortijo Cevico (Ventorros de San José, Granada)

Figura 111. Bloques tallados mediante percusión lanzada o directa en Cortijo Cevico (Ventorros de San José, Granada): A. Asociación de bloques a restos de talla; B. Talla mediante frente único; C y D. Talla centrípeta

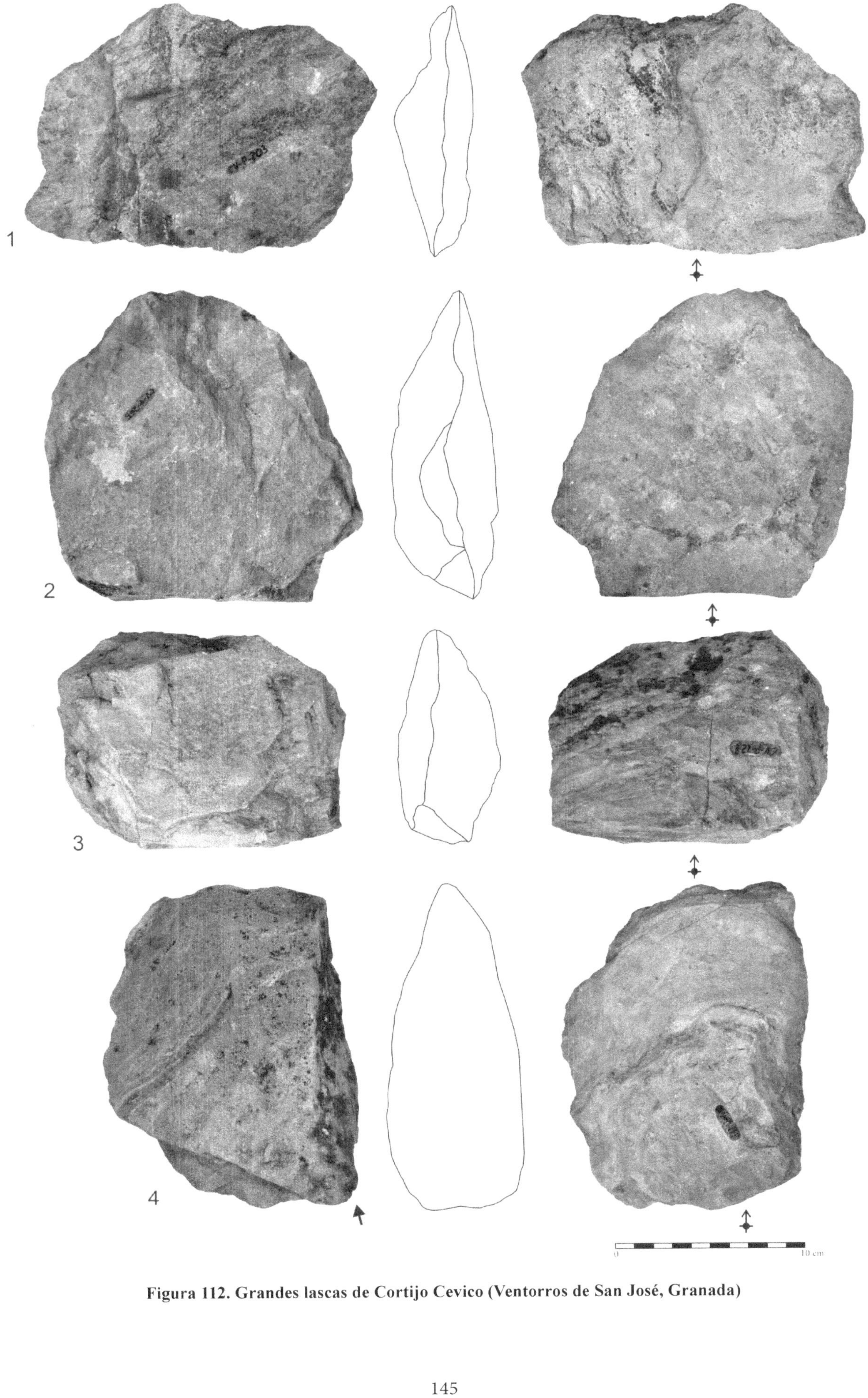

Figura 112. Grandes lascas de Cortijo Cevico (Ventorros de San José, Granada)

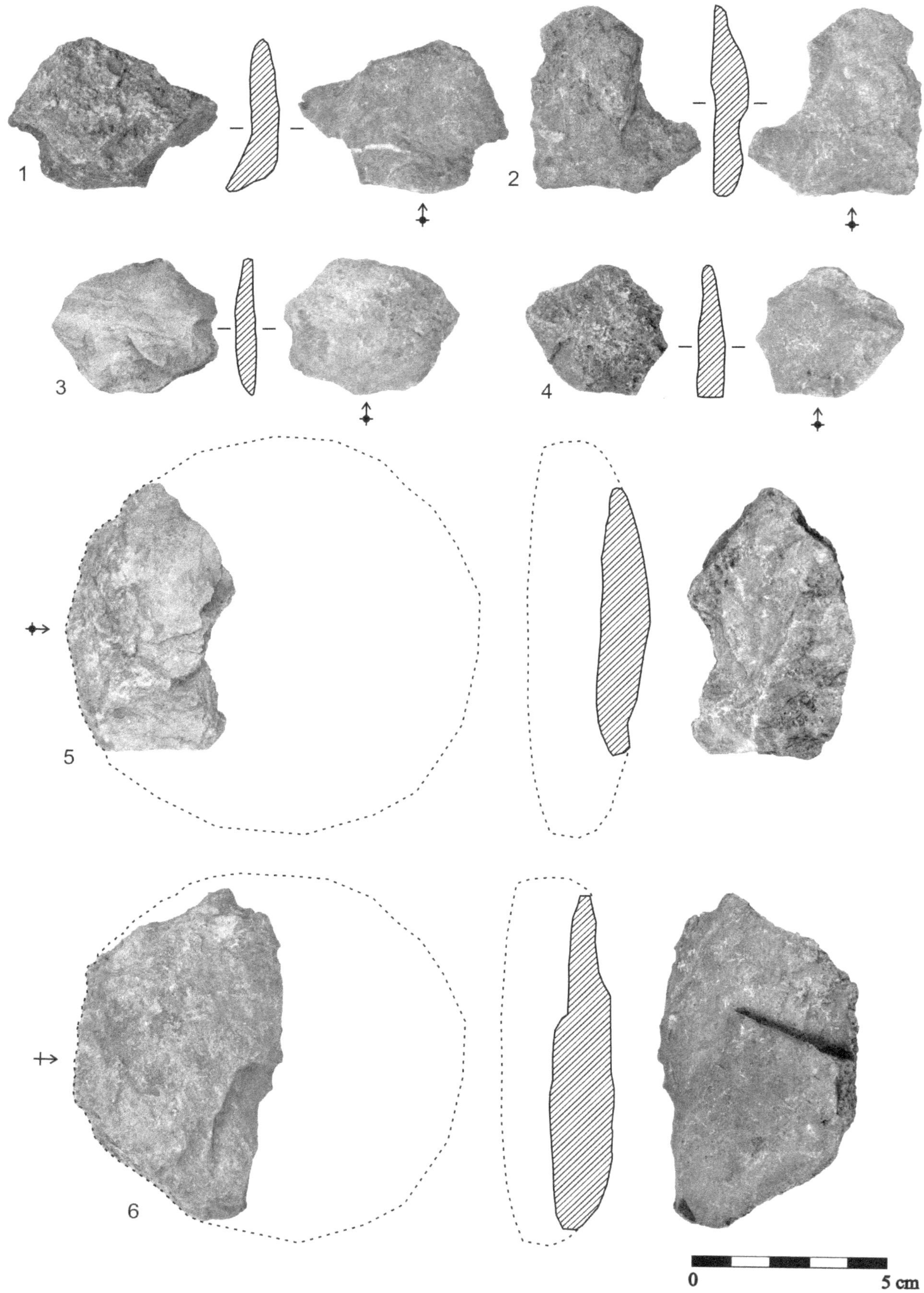

Figura 113. Desechos de talla de Cortijo Cevico (Ventorros de San José, Granada): 1, 2, 3 y 4. Lascas de percusión directa; 5 y 6. Lascas de preforma

Figura 114. Otros materiales de Cortijo Cevico (Ventorros de San José, Granada): 1. Esbozo de hacha en mármol; 2. Bujarda; 3. Parte proximal de esbozo de hacha de ofita; 4. Núcleo carenado de laminitas tallado en mármol

La extracción de la materia prima

La extracción de la materia prima está íntimamente relacionada con el contexto geológico en el que aparece el mármol dolomítico. En un primer momento de uso de la cantera, se pudo utilizar el laboreo superficial de bloques que afloraran por diversos procesos tectónicos o erosivos. Los bloques que aparecen en la superficie, hoy día, no podemos relacionarlos directamente con esta actividad, ya que puede tratarse de bloques arrancados del sustrato geológico y que no quedaron sepultados tras su aprovechamiento. En los únicos bloques que aparecen en su contexto geológico primario, hemos documentado algunas zonas de extracción (Fig. 115). Como hemos expresado, la ausencia de desechos de talla en la zona alta del afloramiento, podría indicar que estos bloques se encontraban soterrados y que este aprovechamiento fue mínimo.

El mármol se encuentra contenido en los yesos en forma de bloques, por lo que el sistema de extracción más común es la excavación en el sustrato geológico para acceder a la materia prima. Esta técnica la hemos documentado en la excavación del S-2, y no se trata de excavaciones profundas sino a cielo abierto, ya que el contexto geológico debió aflorar cerca de la cobertura vegetal del momento de aprovechamiento de la cantera. Las perforaciones son de entre 50 y 60 cm de profundidad y probablemente los hoyos documentados se correspondan con bloques de dolomía arrancados. No hemos documentado ningún tipo de utensilio que pudiera estar relacionado con la actividad de excavación. Por analogía, con otros contextos mineros de sílex neolíticos, debieron emplearse elementos como astas de ciervo o simples palos cavadores, dada la poca profundidad y el tipo de sedimento (Consuegra *et al.* 2007; Capote 2011; 2013, 262; Castañeda 2014, 27). Las acumulaciones de bloques testados, preformas y desechos de talla, en relación directa a los lugares de extracción, indican que la elaboración de las preformas se realizaba sincrónicamente al proceso de extracción. De igual forma, los lentejones de sedimento con restos de extracción y talla, que se entrecortan indican diferentes momentos de excavación y aprovechamiento de cantera. Esta sincronía está documentada igualmente en minas de sílex (Capote 2011; Castañeda 2014, 27).

La extracción de los soportes

El estudio de las preformas, los percutores y los restos de talla nos ha permitido determinar dos tipos de soportes a partir de los cuales se tallan la preformas. Por un lado, la utilización de bloques o tabletas de mármol en su estado natural, en aquellos casos en los que el tamaño sea el adecuado; y por otro, a partir de grandes lascas. En el conjunto de preformas analizadas, en un 42% no ha sido posible determinar la procedencia del soporte, sin embargo, en los casos en los que si se ha podido determinar hay un predominio mayoritario de las grandes lascas (40%) sobre los soportes geológicos naturales (16%) (Fig. 116).

La extracción de las grandes lascas hay que relacionarla con los grandes bloques tallados mediante percusión lanzada (Fig. 111). Para esta técnica se utilizaría el gran percutor documentado cuyo peso es de más de cinco kilogramos (Fig. 108:1). La técnica de percusión lanzada, para la extracción de grandes lascas, ha sido documentada para la elaboración de hachas pulimentadas en ofita en el cercano afloramiento de Cortijo Martilla (Morgado *et al.* 2013). En el caso del mármol, al ser un material mucho más blando, la extracción resulta más sencilla. En este sentido, también pudo emplearse la percusión directa, empleando los percutores cuyo peso se comprende entre uno y dos kilogramos, estos poseen unas dimensiones y morfología que permiten ser asidos con la mano y una masa

Figura 115. Bloques con restos de extracción en Cortijo Cevico (Ventorros de San José, Granada). Las flechas marcan las zonas con restos de percusiones identificados

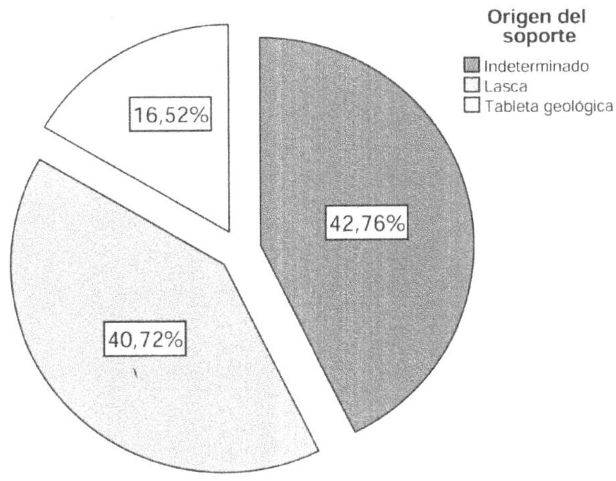

Figura 116. Origen de los soportes a partir de los cuales se tallan las preformas en Cortijo Cevico (Ventorros de San José, Granada)

Figura 118. Preforma experimental donde se muestran los tipos de lascas definidas

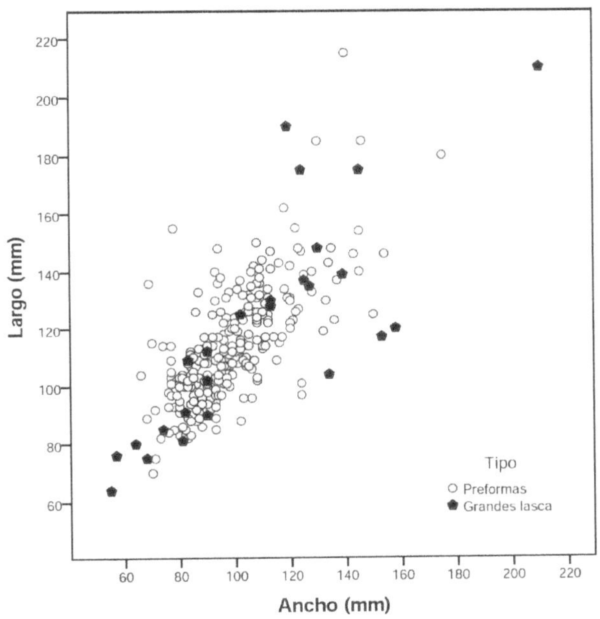

Figura 117. Relación entre en largo y el ancho en las preformas y las grandes lascas de Cortijo Cevico (Ventorros de San José, Granada)

adecuada para la extracción de grandes lascas. El método de explotación de los núcleos es centrípeto (Fig. 111:C y D) o con un frente único (Fig. 111:B). Las grandes lascas, por sus características redondeadas y sus dimensiones, son los soportes idóneos para tallar las preformas circulares. La relación entre el ancho y el largo, de las preformas y las grandes lascas, indican la similitud en estas dimensiones, aunque las grandes lascas tienen una variabilidad más amplia, al provenir de una percusión violenta y poco controlada (Fig. 117).

Técnicas y métodos de talla

Las experimentaciones realizadas, el estudio de los percutores y los estigmas técnicos de talla, nos han permito reconocer la percusión directa con percutor duro como la técnica empleada para la conformación de las preformas. El mármol dolomítico posee unas características texturales con una fractura casi concoidea, pero al haber sufrido procesos de metamorfización, en algunas zonas presenta laminaciones o planos de fractura.

La percusión directa se lleva a cabo con los percutores de menor tamaño y peso, de ahí que sean el conjunto más numeroso con 18 piezas. La talla está destinada a la conformación de preformas circulares en forma de disco, con un diámetro y grosor determinados. La percusión se ejecuta oblicua o perpendicular al plano de percusión. La oblicua es de 45º y produce levantamientos que configuran la forma circular, mientras que la perpendicular es de 90º y genera lascas de preforma que adelgazan el grosor (Fig. 118). Las lascas de preforma, se pueden producir por un plano de fractura del mármol e incluso llegar a producir una fractura longitudinal en la preforma.

La reconstrucción de los métodos de talla se ha basado en el estudio de las preformas abandonadas en un estado inicial de transformación. El estudio mediante esquemas diacríticos nos ha permitido definir la orientación de las series de talla y las secuencias de los levantamientos. A continuación, presentamos algunos ejemplos de diacríticos donde se muestran los principales métodos de talla.

- Preforma 463 (Fig. 119): no se ha podido determinar el tipo de soporte a partir del cual se ha configurado la preforma. La talla se organiza en dos series bifaciales alternas, una ascendente y otra descendente. Los levantamientos son alternantes de uno y hasta cinco por cara dentro de cada serie de lascado. Como se puede observar en el perfil de la pieza se utilizan los negativos de los golpes anteriores como plano de percusión para el siguiente levantamiento.

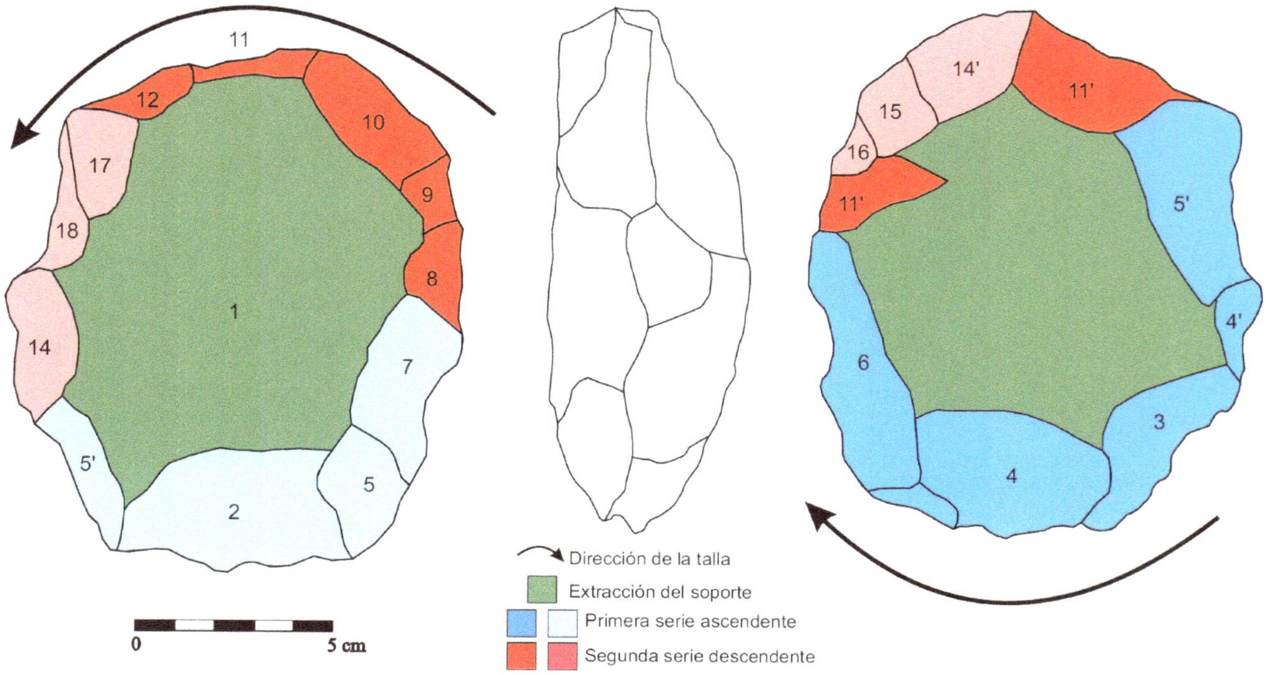

Figura 119. Esquema diacrítico de una preforma tallada de Cortijo Cevico (Ventorros de San José, Granada)

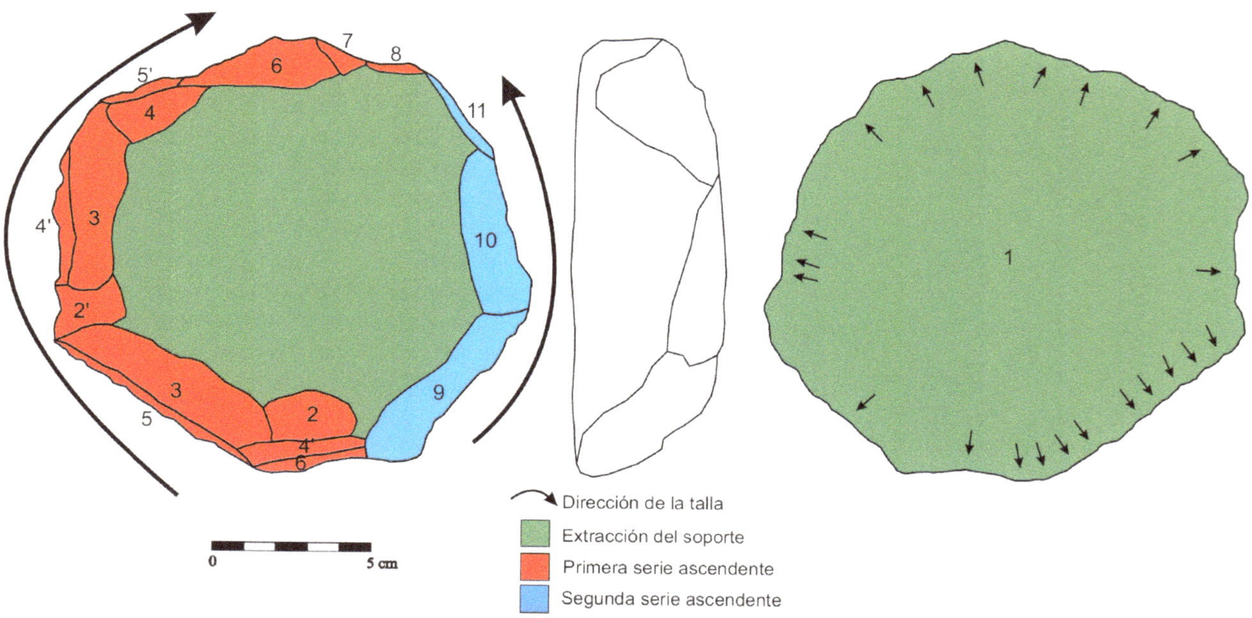

Figura 120. Esquema diacrítico de una preforma tallada de Cortijo Cevico (Ventorros de San José, Granada)

- Preforma 241 (Fig. 120): el soporte es una gran lasca y la preforma se ha tallado aprovechando la cara ventral de esta. La talla es unifacial y se organiza en dos series ascendentes que convergen en la zona mesial. El plano de percusión es siempre la cara ventral de la lasca.

- Preforma 239 (Fig. 121): el soporte es una gran lasca. La dirección de la talla se organiza en dos series bifaciales alternas ascendentes que convergen. La cara A es la configuración circular y la B son levantamientos de adelgazamiento del grosor. Los golpes de la cara A, se realizan en la cara ventral de la lasca de soporte, mientas que los de la cara B se efectúan en los negativos de la cara A.

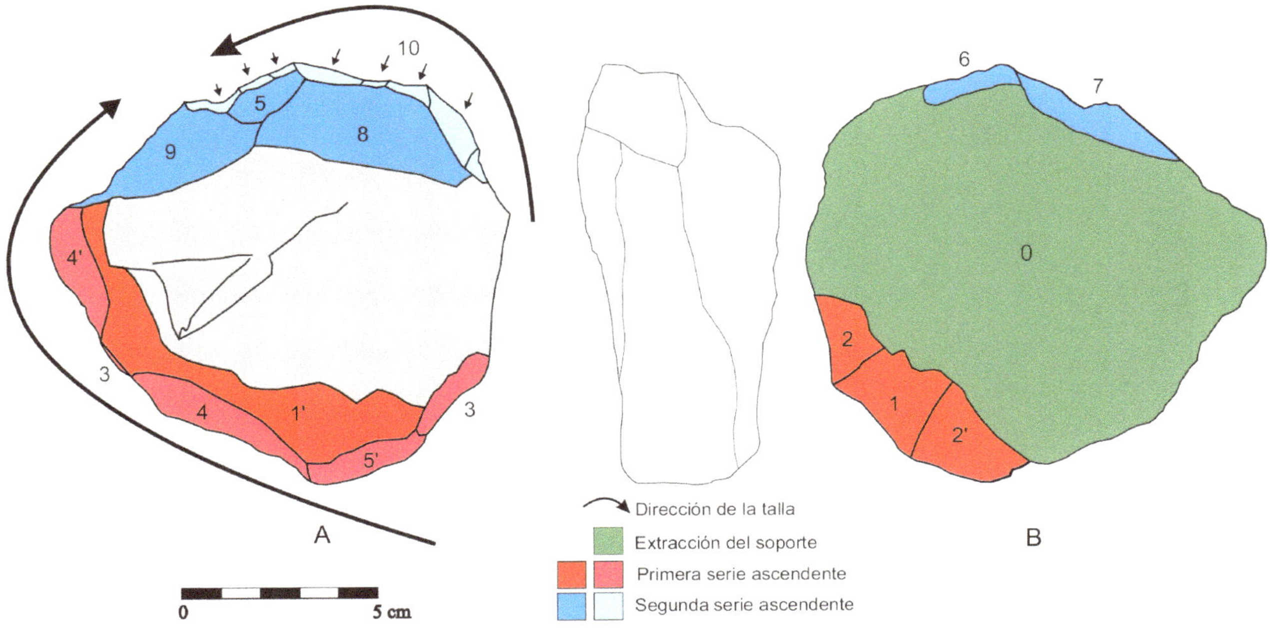

Figura 121. Esquema diacrítico de una preforma tallada de Cortijo Cevico (Ventorros de San José, Granada)

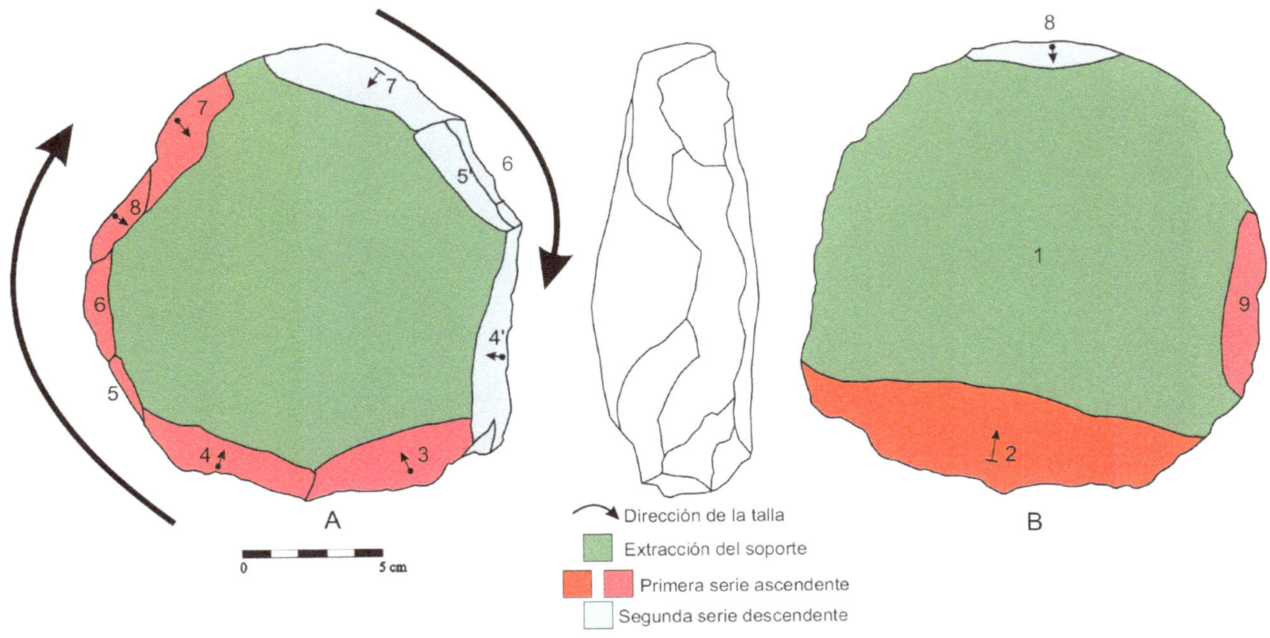

Figura 122. Esquema diacrítico de una preforma tallada de Cortijo Cevico (Ventorros de San José, Granada)

- Preforma 169 (Fig. 122): el soporte es una gran lasca. La talla se organiza en dos series, una primera ascendente y otra descendente. El primer golpe en la cara B prepara la plataforma para los siguientes de la serie primera de la cara A. En la segunda serie descendiente el plano de percusión siempre es la cara ventral de la lasca de soporte y los levantamientos de la cara B en esta serie se restringen a uno solo.

- Preforma 223 (Fig. 123): el soporte es una gran lasca y la preforma se ha tallado aprovechando la cara ventral de esta. La talla se restringe a una sola serie circular. Tras un primer levantamiento en la cara ventral de la lasca de suporte, se realiza una única serie circular percutiendo sobre la cara ventral de la lasca y el levantamiento inicial. La única serie en la cara dorsal de la lasca se puede dividir en dos, una profunda destinada al adelgazamiento de la preforma y otra, sobre estos levantamientos, de configuración circular.

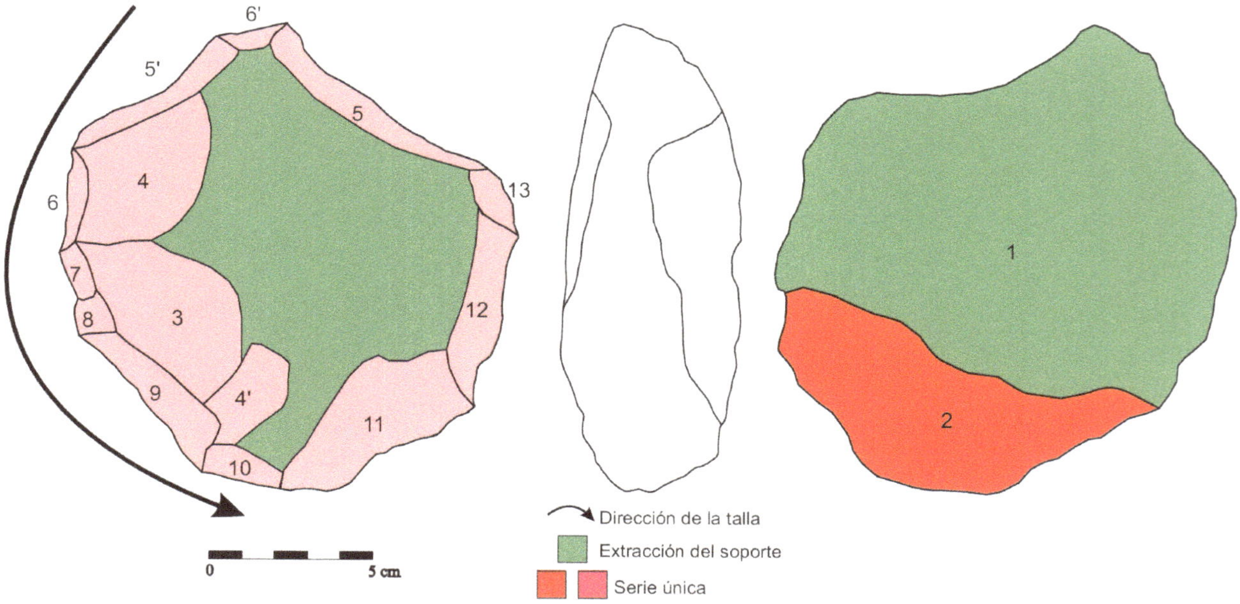

Figura 123. Esquema diacrítico de una preforma tallada de Cortijo Cevico (Ventorros de San José, Granada)

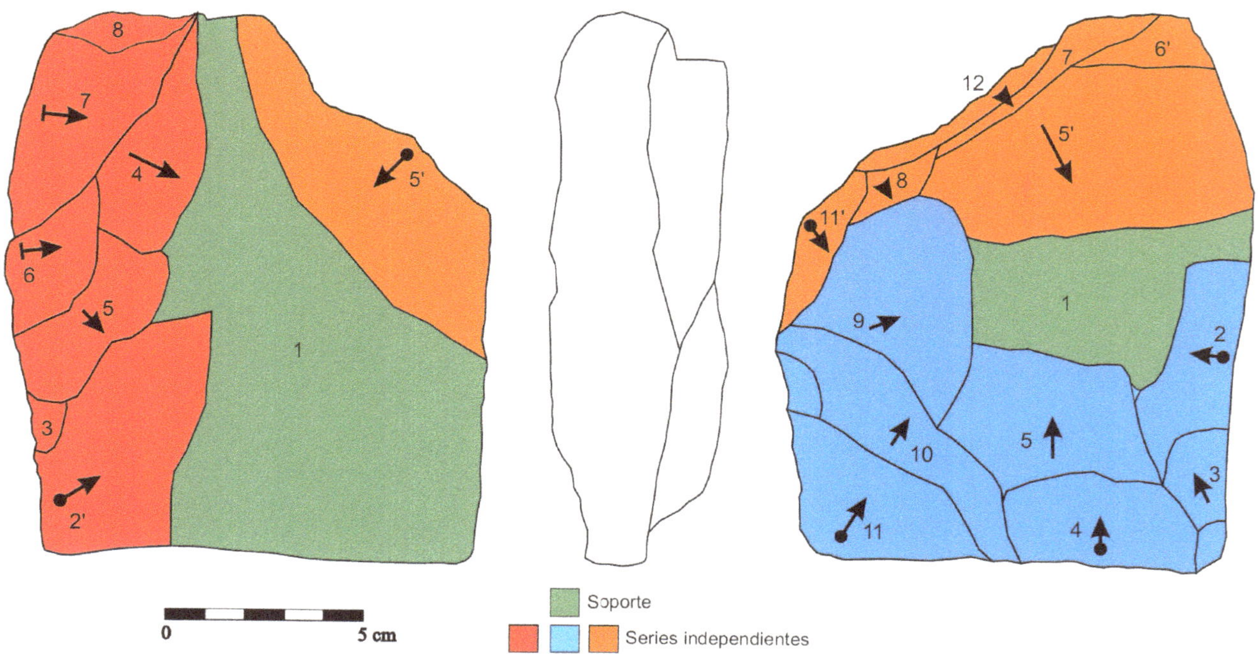

Figura 124. Esquema diacrítico de una preforma tallada de Cortijo Cevico (Ventorros de San José, Granada)

- Preforma 162 (Fig. 124): el soporte a partir del cual se talla esta pieza es una tableta de origen geológico natural. La talla se organiza en tres series independientes. El plano de percusión es el dorso de la tableta, por lo que no se pueden relacionar las series o determinar si el tipo de talla es bifacial alterna o alternante. Así tenemos que definirlas como series de carácter unipolar independientes. Los levantamientos de estas series se destinan al adelgazamiento de la plaqueta y a su vez a la configuración circular de la forma cuadrada del soporte.

El método de talla más usual son dos series de levantamientos. La dirección de las series puede ser una ascendente y otra descendente, o dos ascendentes que convergen. La talla de estas series puede ser bifacial alterna en grupos de golpes de uno a cinco y en otros casos unifacial. Estos métodos de talla se emplean en función del tipo de soporte y según la acción que se quiere realizar, bien el adelgazamiento de la preforma o la configuración circular. En un par de preformas se ha observado la talla sobre yunque, colocando la preforma sobre un soporte y percutiendo perpendicularmente sobre el borde. Este tipo de técnica es menos controlada que las que se realizan con la pieza alzada con la mano y puede que se relacione con una menor destreza o procesos de aprendizaje.

En el transcurso de la talla se producen roturas y abandonos de las preformas que son un efecto directo del tipo técnica empleada y la materia prima (Fig. 125). Si tenemos en cuenta las características foliáceas de la roca, las fracturas longitudinales por plano de fractura deberían ser las más numerosas, sin embargo, suponen solo el 9% del total de las preformas abandonadas. El bajo porcentaje de este grupo de fractura viene determinado por una selección cuidadosa de la materia prima sin planos de fractura y muy homogénea. El tipo de rotura más común es la medial (en la parte central de la pieza) con un 36% y esta se debe al empleo de la percusión directa y violenta. El segundo grupo más numeroso de las preformas abandonadas son las consideradas en nuestra clasificación como inviables (31%). Este porcentaje de piezas desechadas puede estar relacionado con varias variables: el tipo de materia prima, durante la talla se advierten impurezas o planos de fractura y se desecha la preforma; o unas dimensiones inadecuadas, la imposibilidad de conformar una preforma con unas determinadas medidas fuerza su abandono. Dentro de este conjunto llama la atención las preformas que se siguen tallando aun cuando las medidas y la materia prima no es la idónea. En este sentido, puede que se desarrollen procesos de aprendizaje en la cantera, siendo estas preformas inviables junto con la preforma de hacha, en un tipo de materia prima inadecuada para este útil, reflejo de ello. En general, el conjunto de materiales con restos de talla, indican que los artesanos poseen un alto grado de destreza en la ejecución de la talla. Pero también se advierte una ejecución descuidada que se relaciona con la abundancia de materia prima y la facilidad de acceso a ella.

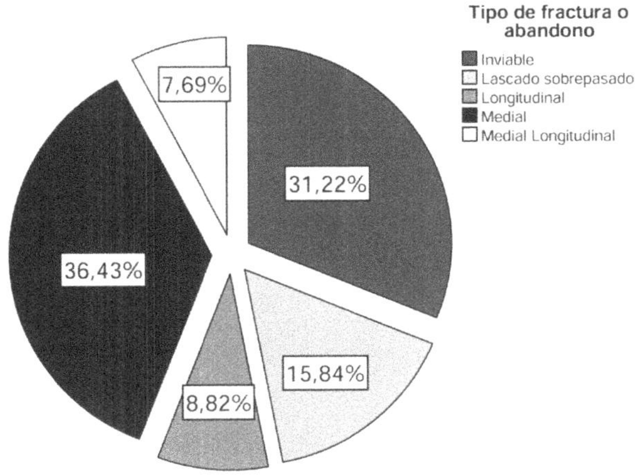

Figura 125. Porcentajes de los tipos de fracturas o abandonos en la preformas de Cortijo Cevico (Ventorros de San José, Granada)

Figura 126. Superposición de los perfiles de las secciones y los contornos exteriores de las preformas de Cortijo Cevico (Ventorros de San José, Granada)

Estandarización de la producción

Los procesos de trabajo llevados a cabo en Cortijo Cevico están destinados a la elaboración de una forma muy concreta. El estudio comparativo y estadístico de las dimensiones y la morfología de las preformas nos puede permitir definir el grado de estandarización de la producción.

Desde el punto de vista morfológico se han comparado gráficamente el perfil de la sección y el perímetro exterior de las preformas. Se ha seleccionado un conjunto de 120 preformas, para el perfil de la sección, aquellas que no poseen fracturas longitudinales y para el perímetro las que no tienen fracturas mediales. La superposición de las líneas muestra que se ajustan a una morfología determinada en el caso del perímetro exterior (Fig. 126:1), y en el caso de la sección, aunque existe cierta homogeneidad en los perfiles, no se define una forma preestablecida (Fig. 126:2).

El análisis morfométrico de las diferentes medidas tomadas sobre las preforma, indica una relación estrecha entre el largo y el ancho, las medidas se agrupan claramente (Fig. 127). En el caso de la relación entre el largo y el grosor, aunque se observa igualmente una agrupación la distribución en el grosor es más amplia (Fig. 128).

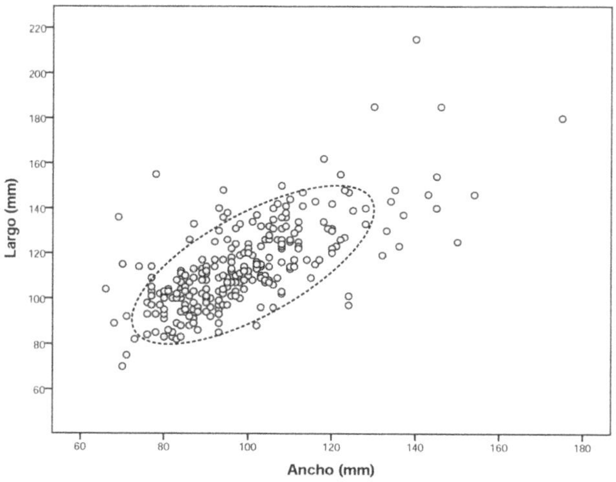

Figura 127. Relación entre el largo y el ancho en las preformas de Cortijo Cevico (Ventorros de San José, Granada)

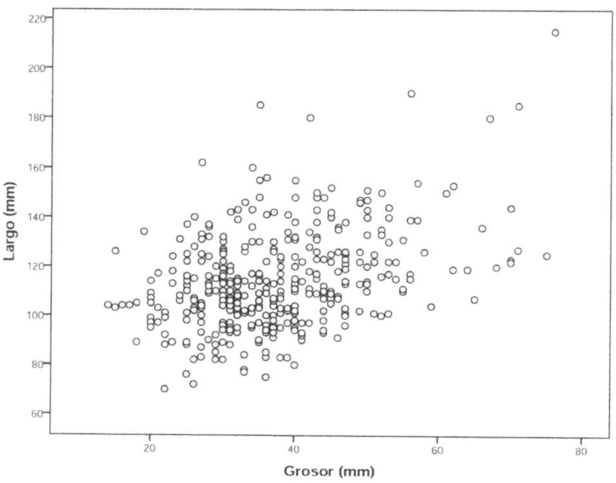

Figura 128. Relación entre el largo y el grosor en las preformas de Cortijo Cevico (Ventorros de San José, Granada)

De cara a valorar la variabilidad entre las variables se ha calculado el coeficiente de variación (CV). Este coeficiente hace referencia a la relación entre el tamaño de la media y la variabilidad de la variable. Su fórmula expresa la desviación estándar como porcentaje de la media aritmética, mostrando una mejor interpretación porcentual del grado de variabilidad que la desviación estándar. Así, cuanto mayor valor del CV mayor heterogeneidad de la variable; y a menor CV, mayor homogeneidad en la variable. Se calcula con la formula:

$$C_V = \frac{\sigma}{\bar{x}} \cdot 100$$

Donde σ es la desviación estándar y es la media, se ha expresado en porcentaje. Los cálculos realizados sobre las tres mediciones realizadas en las preformas situa el CV del largo y ancho en el 17%, mientras que en el grosor es del 39% (Tab. 3). Desde el punto de vista estadístico, se considera que existe homogeneidad en las variables siempre que el CV sea inferior al 20% en este caso el largo y el ancho cumplen esta premisa, sin embargo, el grosor la sobrepasa.

De esta forma, podemos afirmar que existe una estandarización evidente en las preformas, en cuanto a la configuración del diámetro exterior que coincide con las variables largo y ancho. Si tenemos en cuenta que se trata de elementos tallados y en una primera fase de elaboración, la estandarización es más evidente. Estas preformas están destinadas a la elaboración de brazaletes, cuyos diámetros externos fluctúan entre los 50 y los 130 mm y una media de 70 mm, según las piezas acabadas estudiadas. Las medias de ambas variables permiten la elaboración de brazaletes comprendidos en esta franja de medidas de ahí que exista esta estandarización. En el caso del grosor no existe una

	N	Mínimo	Máximo	Media	Desviación Estándar	Coeficiente de variación
Largo (mm)	434	70	515	112,87	19,762	17,5%
Ancho (mm)	267	66	175	99,05	16,983	17,14%
Grosor (mm)	382	14	76	37,34	11,109	39,75%

Tabla 3. Estadísticos descriptivos de las preformas de Cortijo Cevico (Ventorros de San José, Granada)

estandarización tan marcada, ya que se pueden elaborar diferentes tipos de brazaletes con diferentes alturas. La agrupación de los grosores en grupos de 10 mm muestra un predominio de las preformas hacia tres grosores fundamentalmente: los más numerosos, comprendidos entre los 30-40 mm, y en parecida representación los de entre 40-50 mm y los de 20-30 mm (Fig. 129). Estos grupos de medidas de los grosores, nos permiten definir los tipos de brazaletes que se pueden producir a partir de las preformas de Cortijo Cevico. Se podrán fabricar brazaletes del tipo estrecho, pero fundamentalmente debieron ser del tipo medio y ancho.

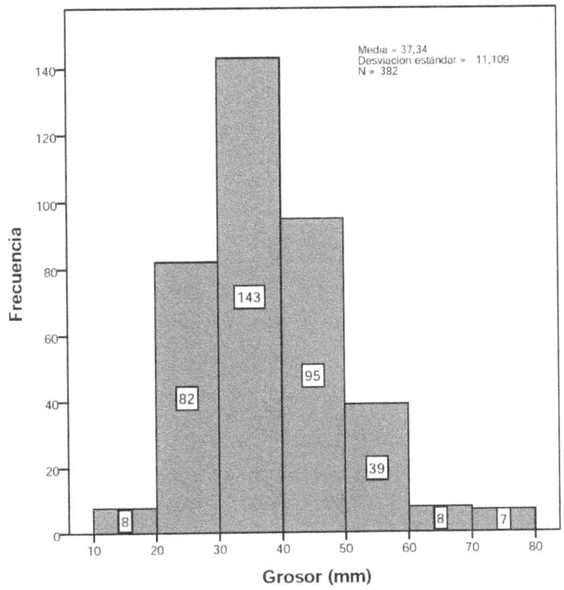

Figura 129. Frecuencia de los grosores de la preformas de Cortijo Cevico (Ventorros de San José, Granada)

Temporalidad de la cantera y tipo de aprovechamiento

¿Cuánto tiempo se aprovechó el afloramiento? ¿Se trata de una explotación intensiva o esporádica? ¿Qué poblaciones extrajeron el mármol y produjeron las preformas? Quizás sean preguntas complicadas de responder con el registro arqueológico que poseemos, pero se pueden realizar algunas apreciaciones.

La observación desde el presente del abundante registro material de este tipo de canteras puede llevarnos a sobredimensionar las actividades llevadas a cabo en ella. En este sentido las experimentaciones pueden ofrecernos una visión más real de la cantidad de desechos que se genera en la elaboración de las preformas. Las experimentaciones realizadas se han centrado en conocer el comportamiento de la roca al trabajo de la talla y la identificación de los estigmas técnicos, así como los desechos generados en el proceso[3]. La transformación de los bloques naturales y el tallado de preformas desarrollado en una hora de actividad, genera una ingente cantidad de materiales de desecho y preformas abandonadas por su fractura o inviabilidad (Fig. 130). Si comparamos los desechos generados en solo una hora de trabajo con el registro arqueológico de Cortijo Cevico, nuestra visión sobre la intensidad de la producción puede variar sensiblemente. La inclusión de la variable tiempo a la hora de interpretar este tipo de contextos es fundamental, si atribuimos un uso esporádico en ciertos momentos del año y lo distribuimos en un periodo de tiempo de un centenar de años, nos encontramos ante un aprovechamiento muy local y para nada intensivo.

Figura 130. Desechos de talla experimental realizados en una hora de trabajo

Las poblaciones que aprovecharon el afloramiento debieron ser de origen local. El análisis de las materias primas de los elementos arqueológicos documentados, sitúa las áreas de captación en el entorno más inmediato al yacimiento. Los afloramientos de rocas subvolcánicas (ofitas) empleadas como percutores se localizan a escasos cientos de metros de la cantera. De igual forma, los restos de sílex son de origen local proveniente del cercano valle de los Gallumbares. Debemos de tener en cuenta que este tipo de mármol no es una materia prima difícil de localizar en la formación geológica del *Trías de Antequera*, por lo que no parece probable un desplazamiento de poblaciones en busca de un recurso relativamente abundante en la zona. En este sentido, debemos de valorar la posibilidad de que otros bloques de este tipo se aprovechasen al igual que el de Cortijo Cevico. El Cerro del Moro, en Ventorros de San José es uno de estos ejemplos, posee una materia prima de mejor calidad textural que la de Cortijo Cevico, pero no hemos podido localizar desechos del aprovechamiento prehistórico por la destrucción de la explotación en época histórica. Los análisis de fluorescencia de rayos X han permitido relacionar algunos brazaletes acabados con este afloramiento[4]. Este dato nos muestra que posiblemente el aprovechamiento de los mármoles dolomíticos de Cortijo Cevico, sea algo secundario y que ha llegado a nosotros por encontrarse en un lugar sin fuertes alteraciones humanas.

[3] El proceso de talla se ha realizado sobre bloques seleccionados en la cantera y que no poseían estigmas técnicos ni modificaciones antrópicas alguna.

[4] Véase Anexo I.

Atribución cronocultural

La asociación de las preformas a la producción de brazaletes es evidente por la morfología y el tipo de materia prima en el que están elaboradas, aun así, se pueden aportar datos sobre esta asociación. Un ejemplo de ello es la localización de un brazalete en proceso de elaboración en la misma materia prima de la cantera en Cortijo Higuera Alta, situado a unos 600 m al este (Fig. 77). Este pudo ser uno de los asentamientos que aprovechaban el mármol dolomítico.

Desde el punto de vista morfométrico, la comparación de las preformas de Cortijo Cevico con el taller de La Serreta[5], que posee un contexto cronocultural bien definido, ofrece una relación clara entre las preformas elaboradas en ambos contextos. La distribución de las variables largo y ancho en la gráfica responden a la misma distribución (Fig. 131) e igualmente la comparación entre el largo y el grosor (Fig. 132). La relación morfométrica y morfológica del conjunto de piezas talladas de La Serreta con las preformas de Cortijo Cevico es evidente.

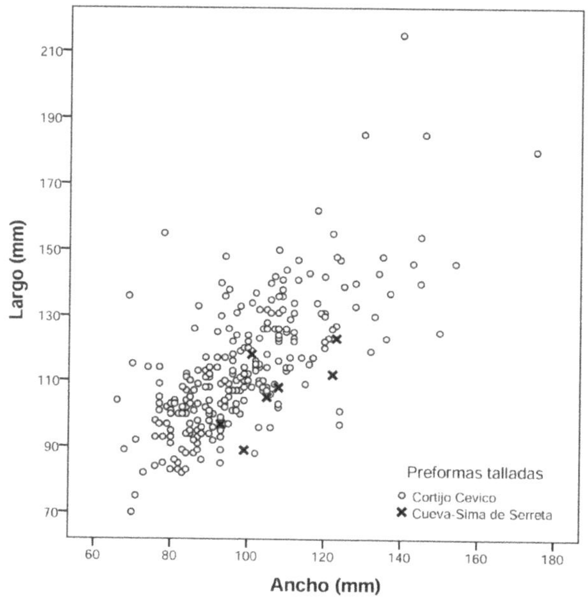

Figura 131. Comparación entre el largo y el ancho en las preformas de Cortijo Cevico (Ventorros de San José, Granada) y las provenientes del taller de brazaletes de la Cueva-Sima de la Serreta (Cieza, Murcia)

Uno de los problemas en este tipo de yacimientos es la demarcación cronológica de su utilización. Este suele ser un problema común en los lugares destinados a la extracción de materias primas, siempre que no se asocien a contextos habitacionales o materiales orgánicos que permitan su datación. En nuestro caso los carbones localizados en el S-1 han resultado muestras contaminadas e igualmente el relleno de este sondeo es de carácter erosivo por lo que no datan el uso del sitio. La utilización de la cantera de Cortijo Cevico debió ser esporádica y por las poblaciones del entorno más inmediato, por lo que no han quedado restos domésticos de estas ocupaciones esporádicas y reducidas en tiempo.

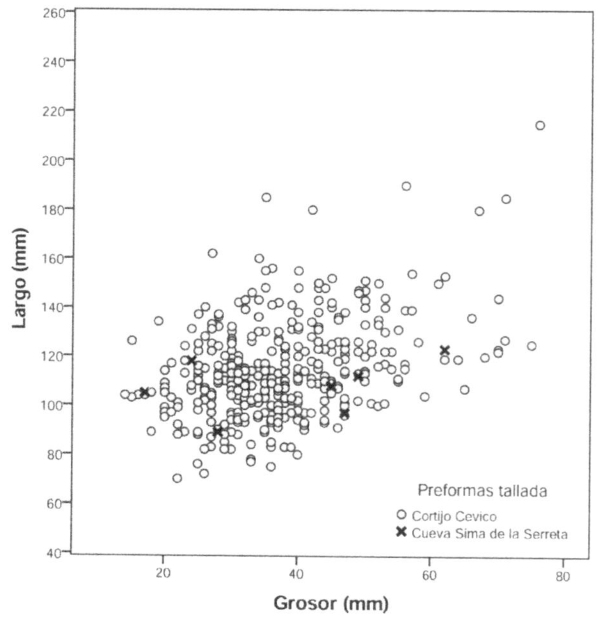

Figura 132. Comparación entre el largo y el grosor en las preformas de Cortijo Cevico (Ventorros de San José, Granada) y las provenientes del taller de brazaletes de la Cueva-Sima de la Serreta (Cieza, Murcia)

Para la atribución cronológica de la cantera no poseemos excesivos datos. En este sentido hay que mencionar la presencia de un esbozo de hacha elaborada en ofita (Fig. 114:3) y otro tallado en la propia roca de la cantera (Fig. 114:1) que se asocian por tipología a la Prehistoria Reciente. Entre los restos de sílex tipologizables, solo se ha localizado un fragmento de laminita sin talón que por morfología podría asociarse a tecnocomplejos del Neolítico Antiguo. Otro de los elementos destacados, para la atribución neolítica del sitio, es un núcleo carenado tallado en el mármol de la cantera (Fig. 114:4). Este responde a la misma morfología de núcleos carenados de sílex que aparecen en contextos Neolíticos del VI y V mileno a. C. y dado el tipo de materia prima no sabemos si pudo tallarse como un ensayo o para producir laminitas usadas de forma expeditiva. La demarcación cronológica del aprovechamiento de la cantera hay que asociarla al contexto cronocultural en el que se producen y usan los brazaletes de piedra en el sur de la península ibérica. Así, los contextos estudiados permiten relacionar el uso de la cantera desde mediados del VI hasta principios del V milenio a. C. sin que podamos precisar con más exactitud temporal el hiato de utilización.

[5] Véase el epígrafe 3.2.3.2.

Conclusiones sobre la cantera de Cortijo Cevico

En la cantera de Cortijo Cevico se llevó a cabo la extracción de la materia prima y la primera transformación mediante el tallado de preformas circulares para la elaboración de brazaletes (Fig. 133). Las técnicas y métodos de talla son muy homogéneos en todo el conjunto de preformas estudiadas. Los esquemas diacríticos sobre preformas ponen de manifiesto la destreza de los artesanos en la mayoría de los casos, sin embrago, en algunos elementos se aprecian características que podrían asociarse a procesos de aprendizaje (Martínez-Sevilla *et al.* 2016). La estandarización del diámetro de las preformas es muy destacado mientras que los grosores se agrupan en varios tipos.

El uso de la cantera debió ser esporádico y posiblemente dilatado en el tiempo, frecuentado por poblaciones del entorno más inmediato. No consideramos que se trate de una explotación intensiva destinada a la producción masiva de preformas, sino más bien un lugar frecuentado en determinados momentos para producir preformas que serán transformadas en brazaletes en los asentamientos. El afloramiento de Cortijo Cevico debió ser uno de los diversos sitios destinados a este fin en torno a esta área.

La cronología del sitio es difícil de establecer con el registro arqueológico del que disponemos. El estudio de los contextos en los que se producen brazaletes con dataciones absolutas nos permiten demarcar una horquilla cronología entre mediados del VI y finales de V milenio a. C. para el uso de la cantera.

Figura 133. Recreación de actividades documentadas en la cantera de Cortijo Cevico (Ventorros de San José, Granada) (dibujo M. Belilty Molinos)

3.2.2. La producción en los asentamientos

3.2.2.1. Las Catorce Fanegas (Chauchina, Granada)

Contexto geográfico y cronocultural

El asentamiento de Las Catorce Fanegas se localiza en el mismo corazón de la Vega de Granada, sobre exuberantes tierras de labor, muy llanas y con abundante agua, cerca del aeropuerto de Granada a unos 800 m al sur del paraje de las Viñas, entre el Barranco de las Cañas y el de Cuesta Blanca en el término de Chauchina. El emplazamiento es un suave piedemonte y su descubrimiento, fruto de la casualidad, se realizó tras labores de abancalamientos. La única noticia de carácter científico que se tiene de este yacimiento fue la publicación de material de superficie (Carrasco *et al.* 1987). Durante las prospecciones realizadas en la zona se recogieron algunos fragmentos cerámicos y se comprobó la existencia sobre el terreno de extensas manchas oscuras y grandes guijarros aplanados de río que por su naturaleza no pertenecían al lugar y que procederían de los zócalos de las posibles estructuras de habitación.

El conjunto de los restos que se estudiaron en el yacimiento estaba constituido fundamentalmente por restos cerámicos y una escasa presencia de la industria lítica. La cerámica la constituyen diez vasos de los cuales sólo se ha conservado uno entero (Fig. 134:3), estando los restantes atestiguados a través de uno o varios fragmentos. Todos ellos a excepción de la gran vasija (Fig. 134:1) y restos del asa de otra de similares características (Fig. 134:2), presentan buena calidad. Se trata de recipientes de formas globulares con cuello alto. Entre los sistemas de decoración se encuentran los elementos de prehensión en forma de asas cintas verticales, mamelones y lengüetas horizontales, así como motivos geométricos formados por impresiones e incisiones (Fig. 135). En el momento de su publicación se dijo que los conjuntos de cerámicas pertenecían a un homogéneo horizonte cultural, en la actualidad tenemos nuevos datos para acotar la ocupación que debió tener este asentamiento. La gran parte de las decoraciones forma parte de las técnicas decorativas mejor conocidas en el Neolítico Antiguo andaluz. La otra parte destacada del conjunto cerámico es la aparición de las grandes vasijas que indican estabilidad poblacional y almacenamiento de alimentos. El análisis de una de estas vasijas por termoluminiscencia ha permitido obtener una datación de 5833±363 BP (Carrasco *et al.* 2011b). Esta datación aislada, fecharía esta vasija a finales del V milenio a. C., correspondiente al Neolítico Reciente.

Los brazaletes de piedra, registro y materia prima

Los restos de brazaletes están compuestos por dos piezas en proceso de fabricación y un brazalete estrecho.

Fragmento 1. Mármol gris, con vetas gris oscuras de diferentes grosores y aspecto cristalino-translúcido. Preforma circular con dos concavidades enfrentadas, formada por abujardado sobre la que se observan leves restos del tallado inicial. Medidas: Altura máxima: 26 mm; Diámetro: 85 mm; Concavidades: A: 3,5 mm; B: 4 mm (Fig. 136:1).

Fragmento 2. Mármol gris claro, homogéneo de aspecto opaco. Preforma circular con dos concavidades en ambas caras, conformadas mediante un intenso abujardado. Medidas: Altura máxima: 21 mm; Diámetro: 81 mm; Concavidades: A: 9 mm; B: 8,5 mm (Fig. 136:2).

Fragmento 3. Caliza gris oscura de grano muy fino. Brazalete del tipo estrecho, sección rectangular con las esquinas redondeadas. Posee un acabado pulimentado al exterior y restos de abrasiones paralelas al interior, propias de la manufactura, también se observan restos de pátina en el interior del uso y el contacto con la piel. Medidas: Altura: 5 mm; Grosor: 8 mm; Diámetro interior: 60 mm; Diámetro exterior: 76 mm (Fig. 136:3).

La materia prima usada en el conjunto de materiales estudiado es el mármol, de color gris veteado y caliza gris oscuro. El contexto geológico primario de este tipo de rocas metamórficas ha sido localizado y estudiado desde el punto de vista geológico, pertenecen al Nevado-Filábride y, dentro de él, al Complejo Mulhacén más concretamente a la Unidad de Las Sabinas (Puga, 1976). Este es el origen primario de los mármoles en los que se elaboran los brazaletes de este taller. Sin embargo, la fuente de aprovisionamiento de materia prima debe relacionarse con depósitos secundarios de tipo aluvial, donde la red hidrográfica de la cabecera del Genil erosiona, transporta y sedimenta estos materiales en forma de cantos rodados aplanados más o menos redondeados junto con otros tipos de materiales, que conforman los depósitos aluviales de gran parte de la Vega de Granada. Las Catorce Fanegas se sitúan directamente sobre esos depósitos aluviales procedentes del río Genil. Los cantos rodados que referimos han sido localizados en las cercanías de ambos asentamientos y recolectados para la contrastación experimental de las técnicas, resultando preformas naturales idóneas para la fabricación de los brazaletes. El caso de la caliza también aparece como cantos en los contextos secundarios que hemos indicado.

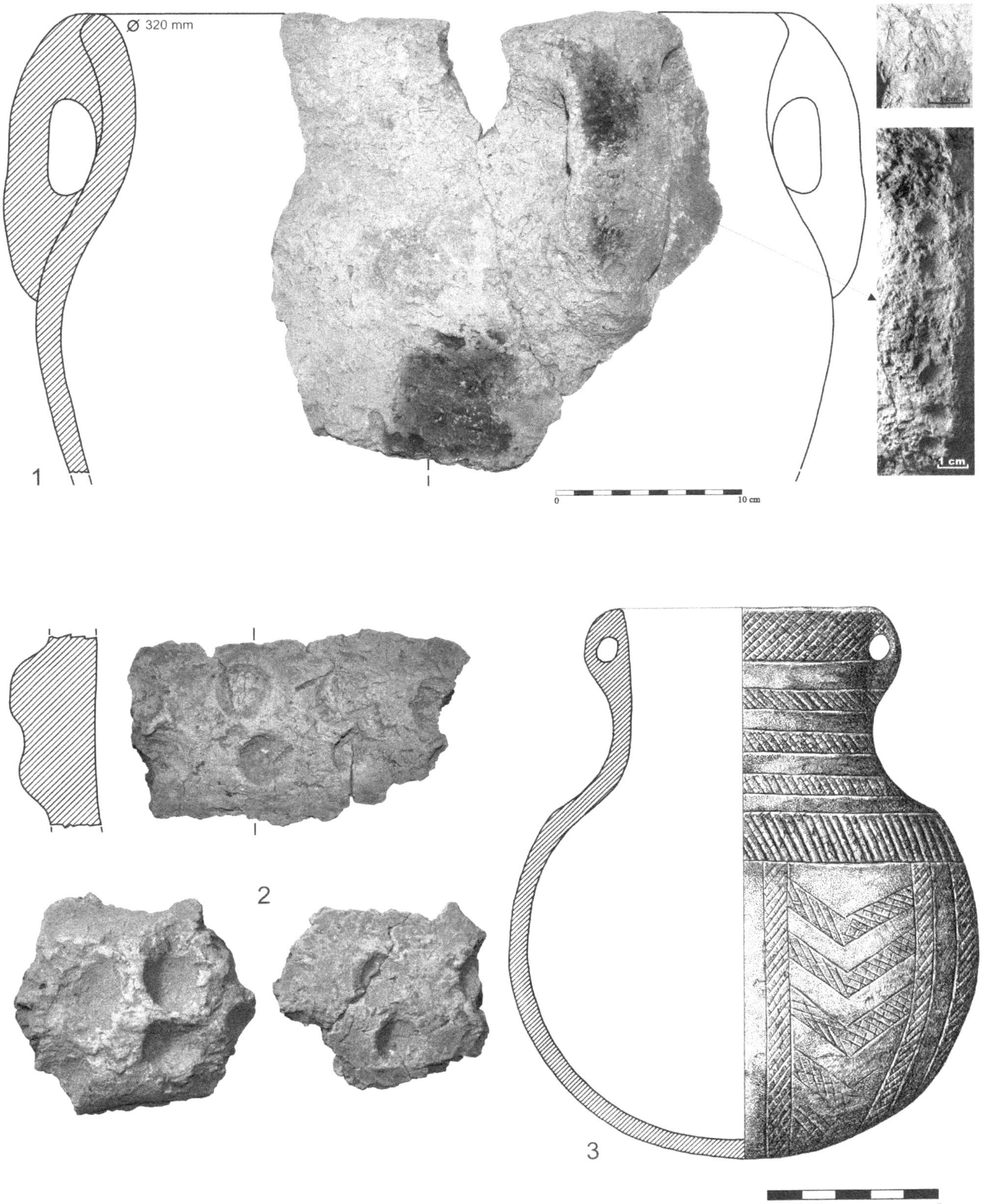

Figura 134. Cerámicas de las Catorce Fanegas (Chauchina, Granada) (Carrasco *et al.* 2011b)

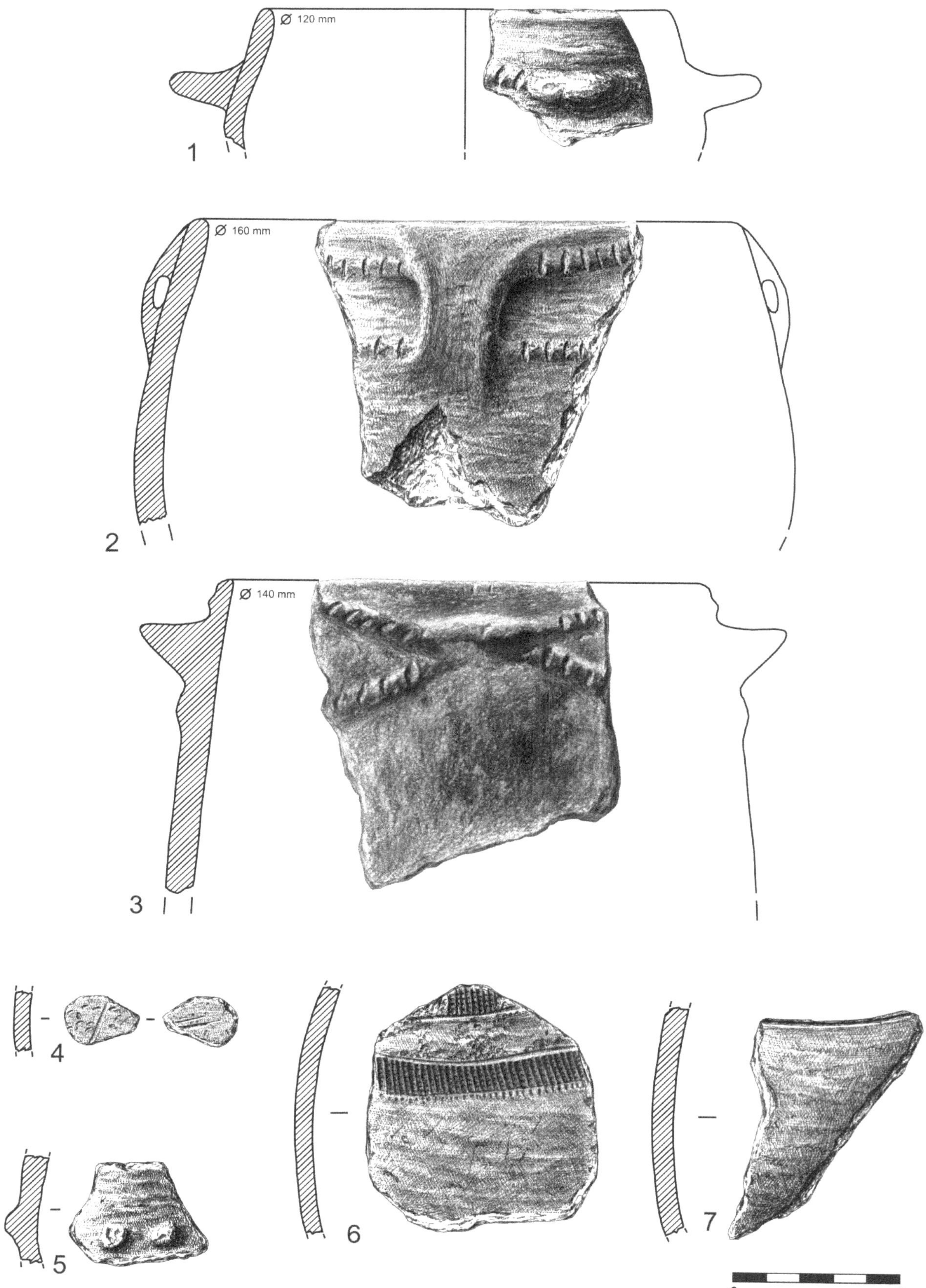

Figura 135. Cerámicas de las Catorce Fanegas (Chauchina, Granada) (Carrasco *et al.* 2011b)

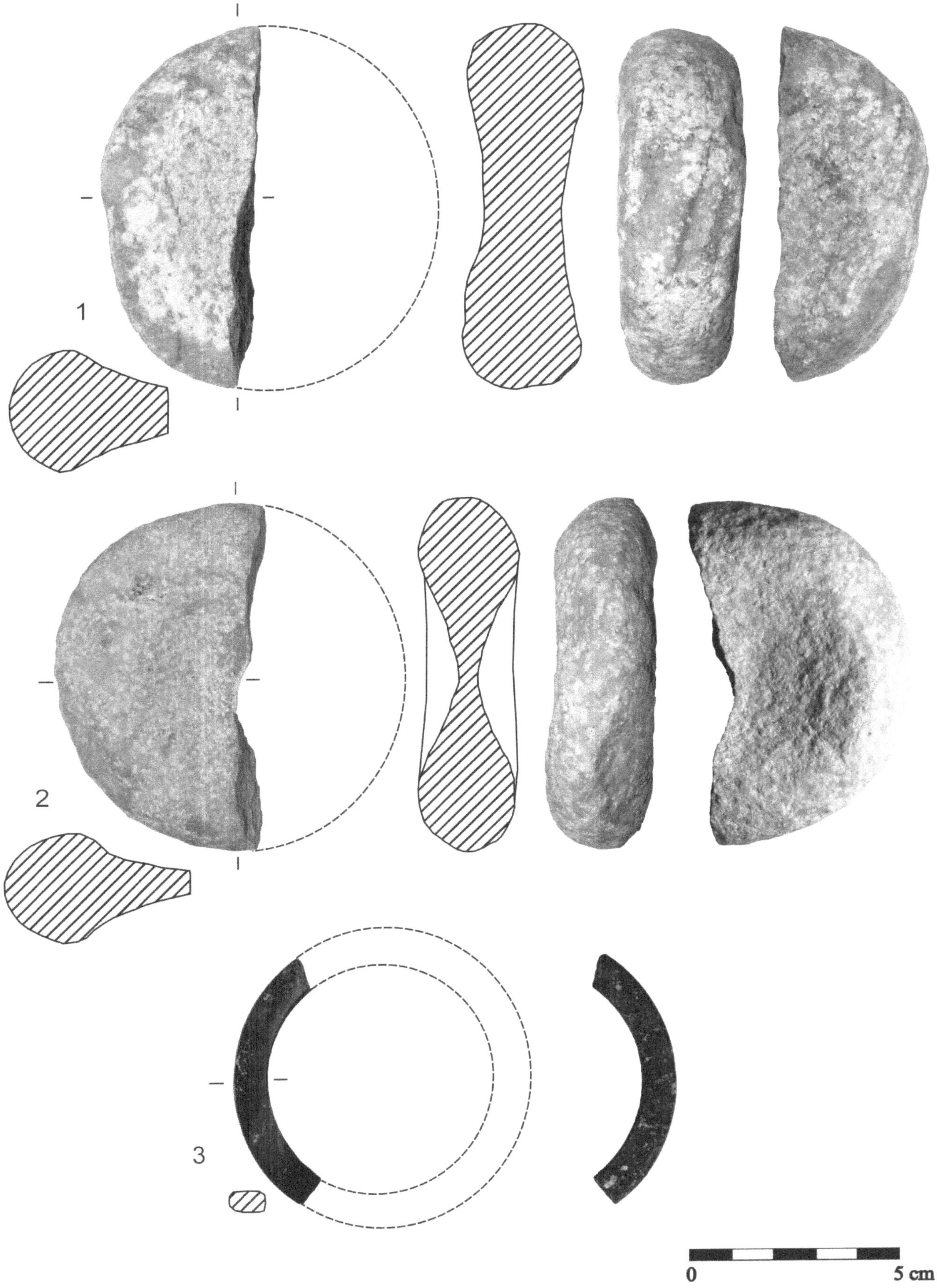

Figura 136. Brazaletes en proceso y acabado de las Catorce Fanegas (Chauchina, Granada)

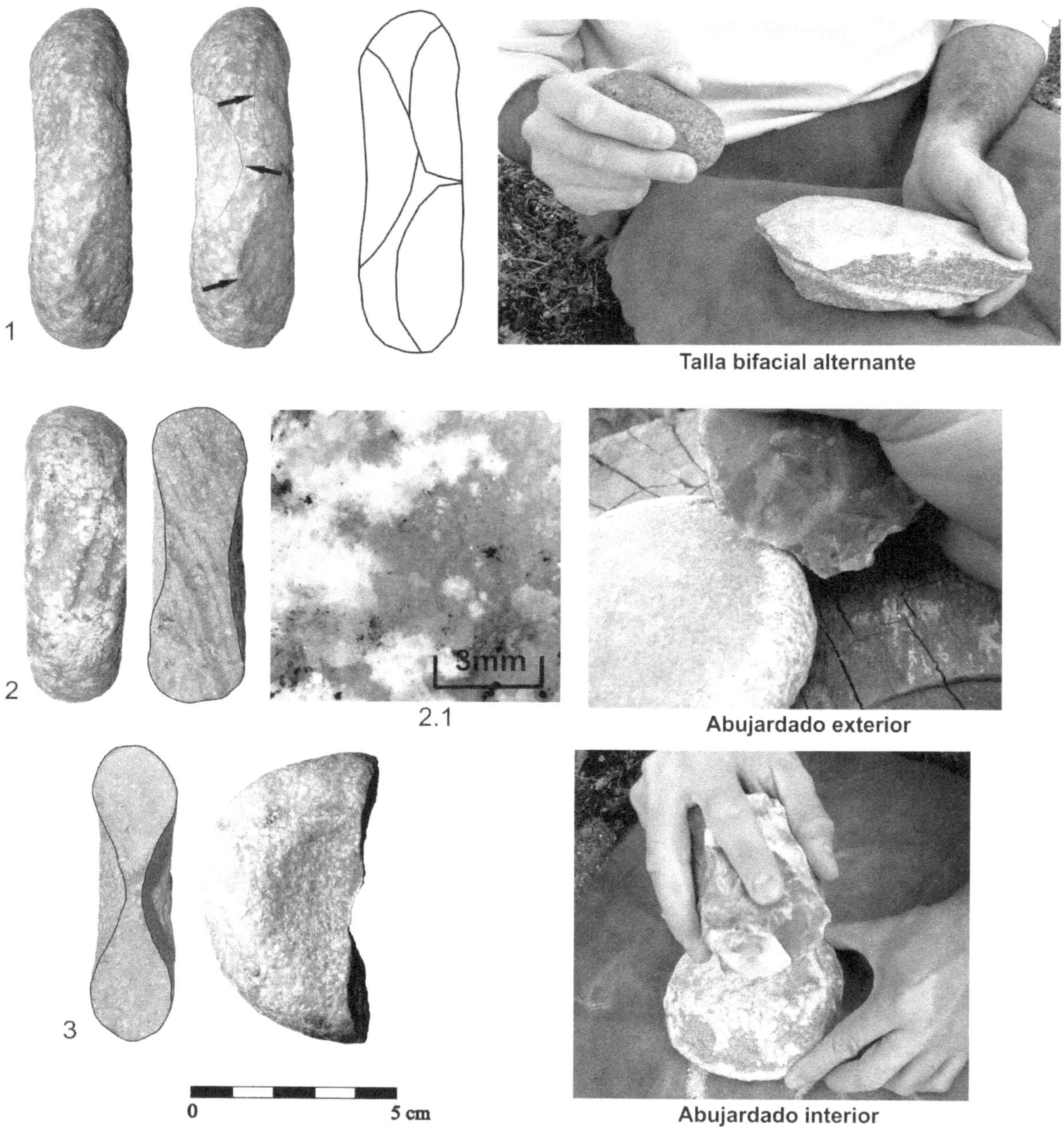

Figura 137. Reconstrucción experimental de los gestos técnicos y referentes arqueológicos de Las Catorce Fanegas (Chauchina, Granada)

Las técnicas y la cadena operativa

Aunque algunas de estas fases no se encuentran presentes en el registro de este taller, vamos a hacer referencia a las diferentes técnicas que aparecen representadas y su secuencia de aplicación.

El primer episodio de la elaboración, el tallado, no está presente directamente en la muestra, pero quedan reflejos de este trabajo en uno de los restos de producción (Fig. 137:1). La pieza se ha regularizado intensamente mediante un abujardado pero los levantamientos por percusión directa, que se realizaron para configurar la preforma, son visibles como muestra la reconstrucción de la sección de la pieza (Fig. 137:1). El trabajo consistió en un tallado bifacial alternante destinado a conformar una preforma con aristas agudas y sinuosas propias de este método de talla. En el caso de la otra pieza se intuye el tallado, pero queda prácticamente ocultado por el intenso abujardado de la superficie.

El abujardado es sin duda la técnica mejor representada en el conjunto. Esta técnica está presente en los dos fragmentos en proceso de elaboración, ambos fragmentos se encuentran en diferentes episodios de esta fase. El abujardado se usa para eliminar los restos de la talla, conformar la forma circular de la preforma y crear dos concavidades opuestas que preparan la pieza para posterior perforación.

Esta técnica se ejecuta con un nódulo de sílex o cuarcita, aprovechando las aristas agudas de estos materiales. Mediante un golpeo continuado se elimina roca generando debris o polvo difícil de documentar arqueológicamente. Este trabajo se realiza en la parte exterior de las piezas, así como en la parte interior y genera pequeñas microfisuras de color blanco en el caso del mármol (Fig. 137:2.1). El índice de accidentes en este proceso es alto, pero reduce el tiempo de elaboración considerablemente, con lo que no es extraño que se incida con esta técnica en exceso en la parte interior y se produzcan roturas como los restos que nos ocupan.

Los datos que poseemos no nos permiten reconstruir la totalidad de la cadena operativa llevada a cabo en este taller. Según el material podemos deducir las primeras fases del proceso: el tallado de la materia prima con percusión directa; el abujardado de la parte exterior y la creación de concavidades en ambas caras igualmente con abujardado. Si tenemos en cuenta la pieza acabada habría que añadir la abrasión paralela interior como método de ensanche del orificio central.

3.2.2.2. La Molaina (Pinos puente, Granada)

Contexto geográfico y cronocultural

Está asentado en la suave pendiente del piedemonte de Sierra Elvira en su vertiente sureste. Se trata de un emplazamiento resguardado por una curva natural que forma Sierra Elvira, ligeramente solevado y muy cerca de la llanura de la fértil Vega de Granada (Fig. 138). El yacimiento se dio a conocer a raíz de la construcción de un polígono industrial en la zona que ocupaba, por lo que en la actualidad se encuentra totalmente destruido.

Figura 138. Vista de La Molaina y su relación con la Vega de Granada desde la cima de Sierra Elvira

El asentamiento de La Molaina fue excavado por parte del Museo Arqueológico de Granada bajo la dirección de L. Sáez y G. Martínez (Sáez y Martínez 1981) del Departamento de Prehistoria de la Universidad de Granada. Las noticias que tenemos de estos trabajos arqueológicos y de las actuaciones irregulares realizadas anteriormente, son poco concisas. Sobre las excavaciones realizadas, se describe una estratigrafía que no sobrepasa los 50 cm, con un nivel de base compuesto de chinarro, estéril, que rellena las irregularidades de la roca, sobre el que se asienta un nivel arqueológico de tierra grisácea de unos 30 cm de potencia, observándose en él, paquetes de barro anaranjado, que según los excavadores podrían pertenecer a restos de posibles estructuras de habitación. Por encima, completaba la estratigrafía un estrato de tierra rojiza y chinarro, revuelto por antiguas labores agrícolas. De igual forma, se dan noticias sobre la aparición de restos óseos humanos en una zona alterada por clandestinos. A su vez se indicó, que uno de los enterramientos, todavía estaba en posición, deduciéndose por parte de los investigadores que "se trataba de un enterramiento en posición encogida, posiblemente en fosa entre el paquete de estratos de habitación" (Sáez y Martínez 1981, 17).

El registro material recuperado estaba formado por cerámicas muy fragmentadas con decoraciones impresas, incisas y plásticas; brazaletes en proceso de elaboración y restos de sílex fundamentalmente laminitas, lascas, esquirlas de talla y núcleos. Respecto a los materiales arqueológicos documentados los autores especificaron que en su mayoría procedían de recogidas superficiales, especialmente tras las remociones efectuadas por las máquinas. Este hecho motivó que efectuasen una selección de ellos para la publicación, sin "más validez que la meramente descriptiva" (Sáez y Martínez 1981, 18). En el registro cerámico se destaca la excesiva fragmentación de los vasos, que se justifica por el carácter de hábitat de este enclave, de igual forma la "presencia de grandes vasijas (orzas), que no son muy corrientes entre los hallazgos procedentes de cuevas" (Sáez y Martínez 1981, 19) reafirma el carácter de hábitats estables de este tipo de asentamientos.

Los brazaletes de piedra, registro y materia prima

Los brazaletes hallados en este asentamiento son del tipo ancho, dos de ellos en proceso de elaboración y otro totalmente acabado.

Fragmento 1. (Fig. 139:1) Mármol blanco, con vetas ligeramente más oscuras. Preforma circular con dos concavidades enfrentadas, conformada mediante abujardado. En la horadación central se han borrado los restos del abujardado y se observan restos de la fase de abrasión circular. Medidas: Altura máxima: 39 mm; Diámetro: 90 mm; Concavidades: A: 20,5 mm; B: 14,5 mm.

Fragmento 2. (Fig. 139:2) Mármol blanco homogéneo. En este caso se encuentra en un nivel más avanzado. La pieza está conformada por abujardado, se observan además los restos de la abrasión circular en el interior y la fase última de trabajo de abrasión paralela en el interior de la pieza. Medidas: Altura máxima: 30 mm; Diámetro interior: 58 mm; Diámetro exterior: 96 mm.

Fragmento 3. (Fig. 139:3) Mármol blanco homogéneo. Brazalete del tipo ancho, sección rectangular, con acabado pulido al exterior y restos de abrasión paralelas al interior, además presenta restos de uso, ya que en la parte central de la pieza se desdibujan las huellas técnicas de fabricación que son más visibles hacia los bordes del interior. Medidas: Altura: 21 mm; Grosor: 4.5 mm; Diámetro interior: 72 mm; Diámetro exterior: 81 mm.

La litología usada en el conjunto es el mármol de color gris veteado. Es el mismo tipo de roca empleada en el taller de Las Catorce Fanegas, cuyo origen geológico es el complejo Nevado-Filábride (Puga 1976). La fuente de aprovisionamiento de materia prima más lógica debe ser los depósitos secundarios de tipo aluvial que conforman gran parte de la Vega de Granada. La Molaina se ubica prácticamente en el contacto con dichos depósitos, en el reborde de esta vega.

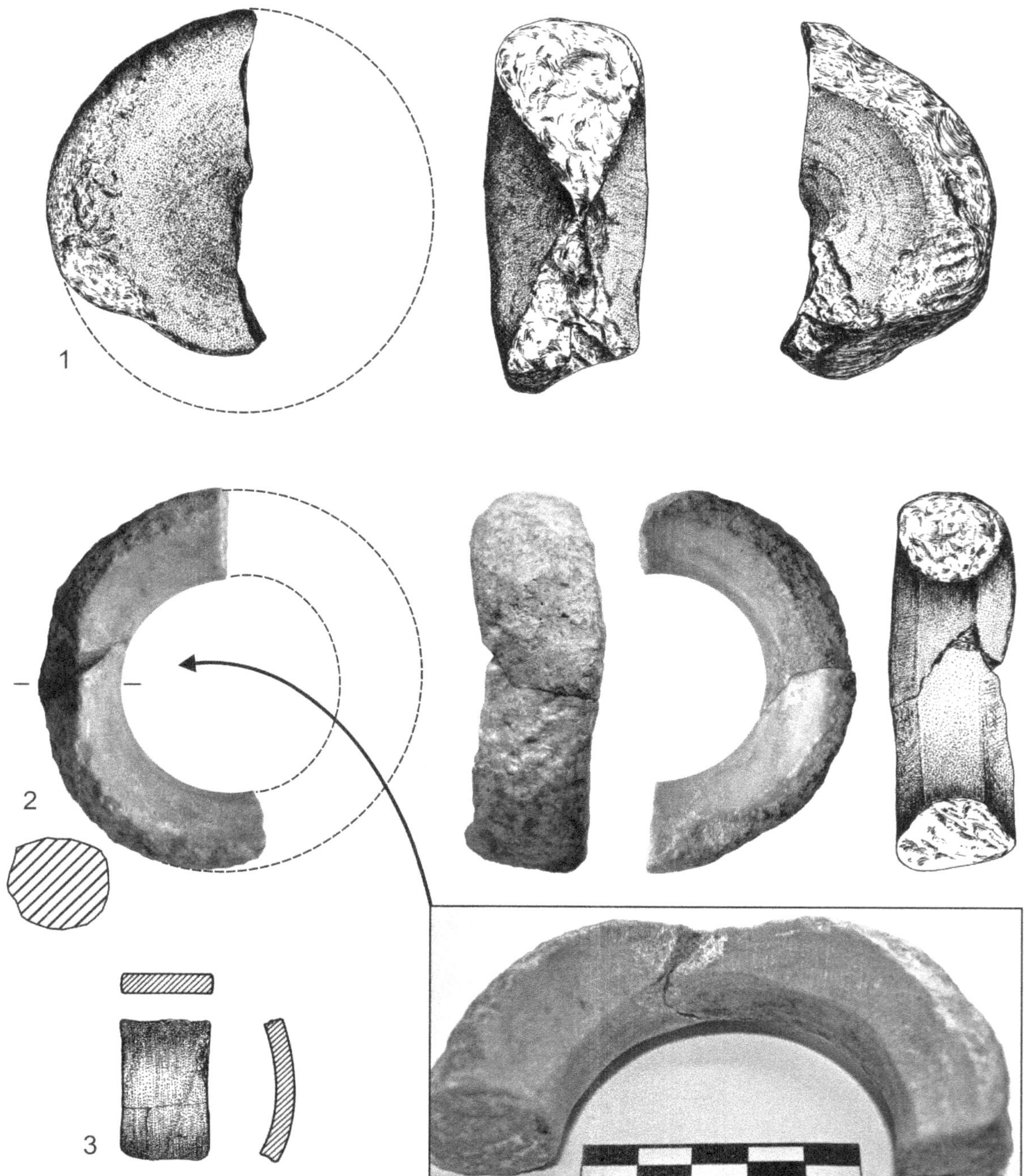

Figura 139. Brazaletes de La Molaina (Pinos Puente, Granada) (dibujos según Sáez y Martínez 1981, 30)

Las técnicas y la cadena operativa

La primera de las técnicas reconocible en el conjunto es el abujardado para la configuración de la forma circular de las preformas (Fig. 140:1 y 2) y seguramente la creación de las concavidades (Fig. 140:1). La siguiente técnica que se puede observar en ambas piezas es la profundización de las concavidades enfrentadas mediante la abrasión circular (Fig. 140:1 y 2). La perforación de las piezas no queda presente en ninguno de los restos, pero si tenemos en cuenta la proximidad de las concavidades en la sección del fragmento 1, podemos intuir que la perforación se realizaría con una leve percusión. Quizás fue en la aplicación de esta técnica cuando se produjo la rotura de la pieza. La última fase del proceso, que queda patente en estos restos, es el ensanchado del orificio central, mediante una abrasión paralela en el interior de la pieza (Fig. 140). Este registro no nos permite reconstruir la totalidad de la cadena operativa llevada a cabo en este taller. Según el estudio traceológico del material podemos deducir varias de las fases del proceso: el abujardado de la parte exterior para la configuración circular, la creación

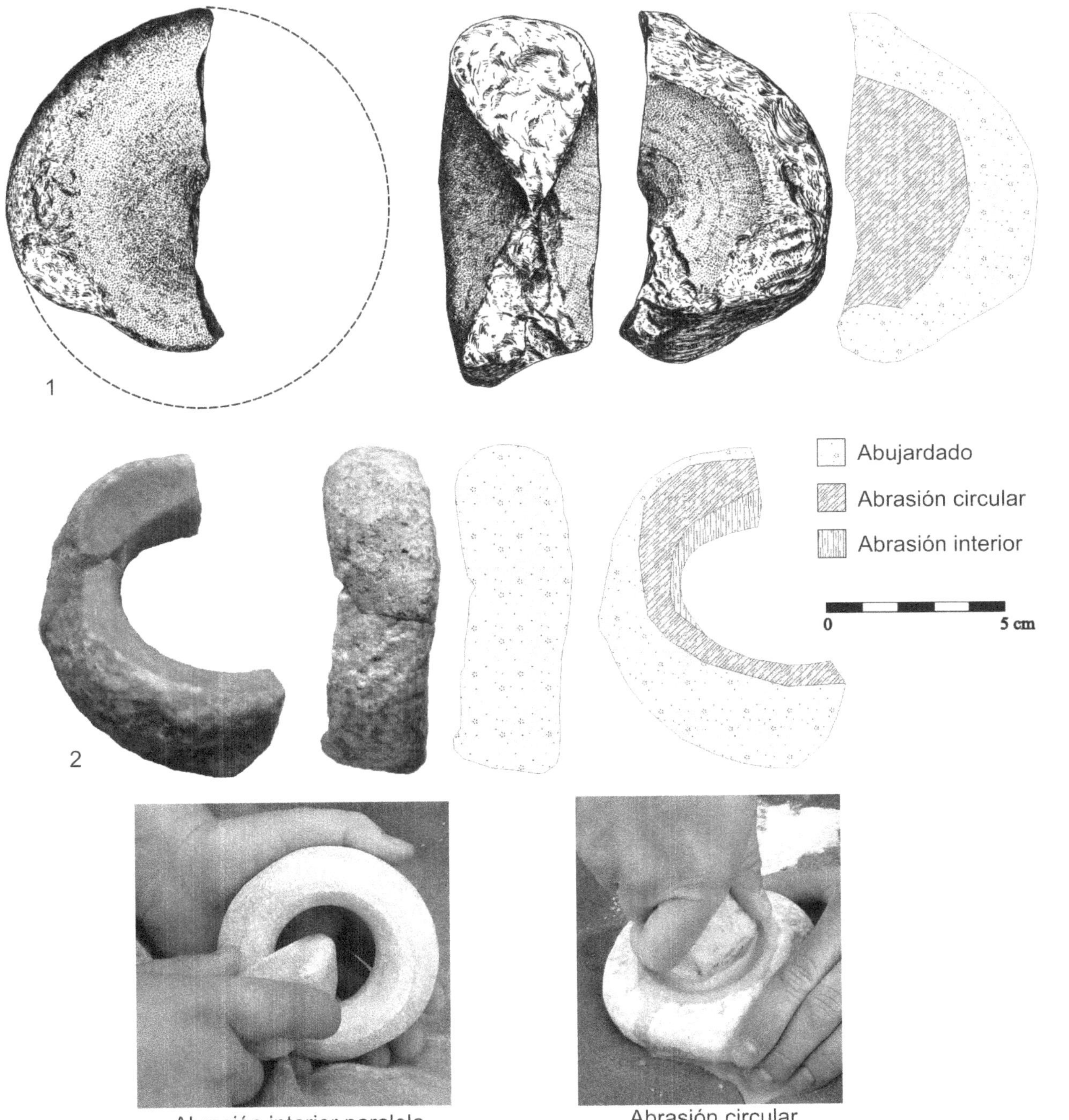

Figura 140. Esquemas técnicos y reconstrucción experimental de los gestos y sus referentes arqueológicos (dibujos según Sáez y Martínez 1981, 30)

de concavidades en ambas caras mediante abujardado, la abrasión circular para profundizar en las concavidades y finalmente el ensanchado del orificio interior mediante abrasión paralela.

Conclusiones sobre el taller de La Molaina

Los datos expuestos redundan en la presencia de un asentamiento en La Molaina. En la publicación original, se atribuyó un uso corto en el tiempo para este asentamiento (Sáez y Martínez 1981, 32), pero si tenemos en cuenta el período de formación de un estrato antrópico de 50 cm, puede deberse a más de dos o tres siglos ¿es esto una ocupación esporádica o estacional? Probablemente, se trata más bien de un asentamiento que se utiliza de forma continuada por parte de una población que aprovecha la fertilidad de sus tierras cercanas; en aquellos momentos con zonas de inundación factibles para la agricultura de tipo primario, además de estar asociada a áreas de montaña con pastos de verano y recursos cinegéticos. En este contexto doméstico aparecen los restos de la producción de brazaletes por lo que se puede afirmar la realización de esta actividad en el asentamiento, sin que podamos extraer otro tipo de conclusiones sobre la especialización o el tipo de producción. La presencia de brazaletes acabados indicaría igualmente el uso de estos adornos por las comunidades que los fabricaban.

Esta población debió utilizar como lugar de enterramiento y culto varias de las cuevas y simas que se localizan en Sierra Elvira entre ellas: la Cueva de La Rebeca a escasos 500 m del asentamiento o la Cueva de Los Tajos en la vertiente norte y a no más de 3 km de distancia en la cual se ha identificado un brazalete que por tipología, materia prima y tecnología podría proceder del asentamiento de La Molaina (Fig. 24:9).

En cuanto a la cronología del asentamiento, no poseemos dataciones absolutas, pero todo el conjunto material se asocia a una fase del Neolítico Antiguo con cronologías absolutas como las que venimos reseñando que se situarían entre finales del VI y principios del V milenio a. C.

3.2.2.3. Cerro Virtud (Cuevas de Almanzora, Almería)

Contexto geográfico, estratigráfico y cronocultural

El yacimiento de Cerro Virtud se localiza en el Cabezo de Herrerías, en la entrada de la cuenca del río Almanzora y la Rambla de Canalejas, dominando visualmente el valle del Almanzora.

El asentamiento ya fue documentado por Siret bajo la denominación de Virtud de San José, y de este solo se tiene una pequeña referencia: "En la cúspide del cabezo que contiene el afloramiento del criadero de la plata existía una población de la Edad neolítica más antigua: se encuentran instrumentos de pedernal muy pequeños; hachas, azuelas y escoplos de fibrolita y otras rocas; pulseras de mármol; cuentas de collar hechas con fragmentos de conchas marinas; molinos; percutores, tiestos de vasijas, etc."(Siret 1907, 71, Lam. I, no 2). Se tiene constancia de que algunos de estos materiales se encuentran depositados en el Museo Arqueológico Nacional de Madrid, al igual que existen referencias al yacimiento que apuntaban el mal estado de conservación del mismo.

El mayor conocimiento y comprensión de este enclave lo debemos a las excavaciones de urgencia realizadas en 1994 por I. Montero y A. Ruiz Taboada (Ruiz y Montero 1996). Con motivo de la explotación minera del cerro se plantearon una serie de cortes estratigráficos para documentar la ocupación del yacimiento.

Los cortes estratigráficos realizados fueron cuatro en diferentes partes del cerro y nominados como B1, B4, B2 y B3 según su situación con respecto a la parte superior del cerro. Las excavaciones permitieron definir una ocupación de la Edad del Cobre en la plataforma aplanada superior del cerro que se corresponde con los cortes B1 y B4. La ocupación neolítica se sitúa en la vaguada más protegida, documentada en los cortes B2 y B3. La discontinuidad entre las cubetas o vaguadas no permitió correlacionar la estratigrafía de estos dos cortes.

El corte B3 es el que mayor potencia estratigráfica poseía y ha permitido definir las diferentes fases neolíticas del yacimiento (Ruiz y Montero 1999). Las fases de ocupación neolítica en el corte B3 son las siguientes:

Fase I: se corresponde con la primera ocupación del cerro y está compuesta por tres niveles 7, 8 y 9. El nivel 9 presenta, al menos, dos momentos de ocupación y el más antiguo está formado por hoyos de tendencia circular excavados en la roca. Esta distinción, en dos ocupaciones, se basa en la separación cronológica de uno de los hoyos bajo una preparación de yesos sobre la que se asienta un hogar delimitado por piedras. En esta fase se realizó una datación absoluta de los carboncillos dispersos en torno al hogar y ha ofrecido la fecha más antigua del asentamiento 5307-4860 cal. a. C. La cultura material asociada a esta fase está compuesta por industria lítica de láminas, laminitas y núcleos. Los útiles en hueso son escasos y se reducen a punzones. La industria pulimentada la compone un hacha. La cerámica es mayoritariamente lisa y las decoradas se componen de incisiones, impresiones, almagras y cordones lisos o decorados. Los adornos documentados son cuentas de collar, colgantes, brazaletes de concha y brazaletes de piedra acabados y en proceso (Ruiz y Montero 1996, 61).

Fase II: se corresponde con una fosa de enterramiento y la constituye el nivel 6. Para la construcción de la fosa se excavaron los niveles de la fase I hasta la roca madre. Las dataciones realizadas de este contexto, tanto de carbones como de huesos humanos, sitúan el uso de la fosa de enterramiento entre el 5197-4789 cal. a. C. fecha más antigua y 4686-4354 cal. a. C. la más reciente. Todas estas datas se encuadran en la primera mitad del V milenio

a. C. El número mínimo de individuos identificado en el estudio antropológico fueron 11. La disposición de los enterramientos parece indicar el uso de la fosa en varios momentos. Con respecto al ajuar se recogieron un conjunto de 14 vasijas. Entre estas predominan las formas simples, sin decoración y con sólo algún elemento plástico añadido (Montero et al. 1999).

Fase III: son los niveles situados encima del enterramiento sellando su uso. Esta fase la componen los niveles 4 y 5 que cubren casi la totalidad de la superficie no revuelta del corte. La datación hecha sobre carboncillos de estos niveles ha ofrecido una data de entre 4230-4048 cal. a. C. No existe solapamiento con las fechas de la fosa de enterramiento por lo que marca una separación temporal clara. Sobre estos niveles se excavó en una pequeña zona con tres niveles (1, 2 y 3) que no ofrecieron material para su distinción como otra fase y se consideró como la fase IIIB.

Según los datos expuestos el poblado al aire libre de Cerro Virtud presenta una ocupación prolongada que comienza en el último cuarto del VI milenio a. C. y una segunda fase durante todo el V milenio a. C. donde se alterna el uso del espacio como lugar de hábitat y enterramiento.

Los brazaletes de piedra, registro y materia prima

Los materiales de las distintas campañas de excavación se encuentran depositados en el Museo arqueológico de Almería y el Museo Arqueológico Nacional de Madrid. La documentación de los brazaletes y su contexto ha sido cedida por I. Montero para su inclusión en este trabajo.

Aunque se han documentado 5 brazaletes en el corte B2 y otras 4 piezas en una trinchera revuelta, solo hemos catalogado las piezas correspondientes al corte B3 para su estudio. Los brazaletes son 46 piezas acabadas y 7 en proceso. De las cuales hemos tenido acceso directo a 21 piezas acabadas y a 5 en proceso, presentamos las piezas más representativas a nivel tecnológico (Fig. 141 y Fig. 142).

La litología empleada en la elaboración de los brazaletes es variada, pero responde a materiales del entorno más inmediato al yacimiento. El análisis por difracción de rayos X realizado a 11 piezas del sondeo B3 ha permitido definir la variedad de materiales, entre ellos la caliza micrítica de varios colores, el mármol y los esquistos (Tab. 5). Como hemos referido, Cerro Virtud se sitúa en el borde de la cuenca del río Almanzora, los depósitos aluviales de este rio transportan este tipo de litologías que son erosionadas en sus contextos primarios. El uso de este tipo de contextos secundarios para la captación de materias primas se ha podido identificar en algunas de las piezas estudiadas, ya que se trata de preformas elaboradas a partir de cantos rodados (Fig. 141:2 y 3).

Los brazaletes de piedra aparecen representados en las tres fases definidas para el corte B3 (Tab. 4) Su distribución es de 22 fragmentos asociados a la fase I y dentro de esta 17 al nivel 9 más profundo, dos al nivel 7 y tres asociados a ambos niveles. A la fase II se corresponden 9 fragmentos, si tenemos en cuenta la excavación de la fosa de enterramiento en la segunda fase los brazaletes aportados junto con el sedimento se corresponden con la fase anterior, así ha sido expresado por los excavadores del yacimiento (Montero *et al.* 1999, 124). De igual forma, los brazaletes de la fase III deben de proceder de una posición secundaria como indica la escasa representación en el conjunto, con solo 6 fragmentos. Si los brazaletes fuesen usados en las diferentes fases cabría esperar su asociación a los enterramientos como ajuares y no es así, ya que a los individuos solo se les asocian recipientes cerámicos.

Los brazaletes de este asentamiento hay que asociarlos, como marca su distribución en los niveles a la primera fase de ocupación del poblado fechada en el segundo cuarto del VI milenio a. C. En la secuencia aparecen brazaletes por encima de estas fechas por las remociones de estratos inferiores tanto en la fase II como en la III al igual que sucede con fragmentos cerámicos cuyas decoraciones se corresponden con momentos más antiguos. Este mismo fenómeno se ha reconocido en el asentamiento de Los Castillejos, donde la presencia de brazaletes en la fase del Neolítico Reciente es fruto de la excavación de las fosas que comienzan a realizarse en este momento concreto.

Corte	Fase estratigráfica	Nivel	Nº Brazaletes
B3	I	9 y 7	22
B3	II	6	9
B3	III	5 y 4	6
B3	Revuelto		16
		Total	53

Tabla 4. Recuento de brazaletes por fases y niveles en la secuencia de Cerro Virtud (Cuevas de Almanzora, Almería)

Muestra	Litología	Minerales principales	Minerales	Trazas
CV94-B3-23-2	Caliza micrítica color ocre	Calcita	Cuarzo, yeso, filosilicatos	Baritina
CV94-B3-34-29	Caliza micrítica negra	Calcita		Dolomita, filosilicatos
CV94-B3-5NE-10	Mármol calcítico blanco	Calcita		
CV94-B3-6NE-1	Mármol calcítico blanco	Calcita	Dolomita	Moscovita
CV94-B3-3N3	Esquisto	Cuarzo, micas (Moscovita)	Micas (clorita)	
CV94-B3-16S-1	Mármol calcítico blanco	Calcita		
CV94-B3-18S	Esquisto	Cuarzo, micas (moscovita).	Micas (clorita, paragonita), albita.	Zircón, ilmenita, baritina, calcita.
CV94-B3-7W	Mármol calcítico, blanco	Calcita		
CV94-B3-15W-4	Caliza micrítica, de color ocre y negro	Calcita	Filosilicatos	
CV94-B3-17W-11	Caliza micrítica blanca	Calcita		
CV94-B3-7E-3	Caliza micrítica blanca	Calcita		

Tabla 5. Análisis por difracción de rayos X realizado a 11 piezas del sondeo B3 en Cerro Virtud (Cuevas de Almanzora, Almería)

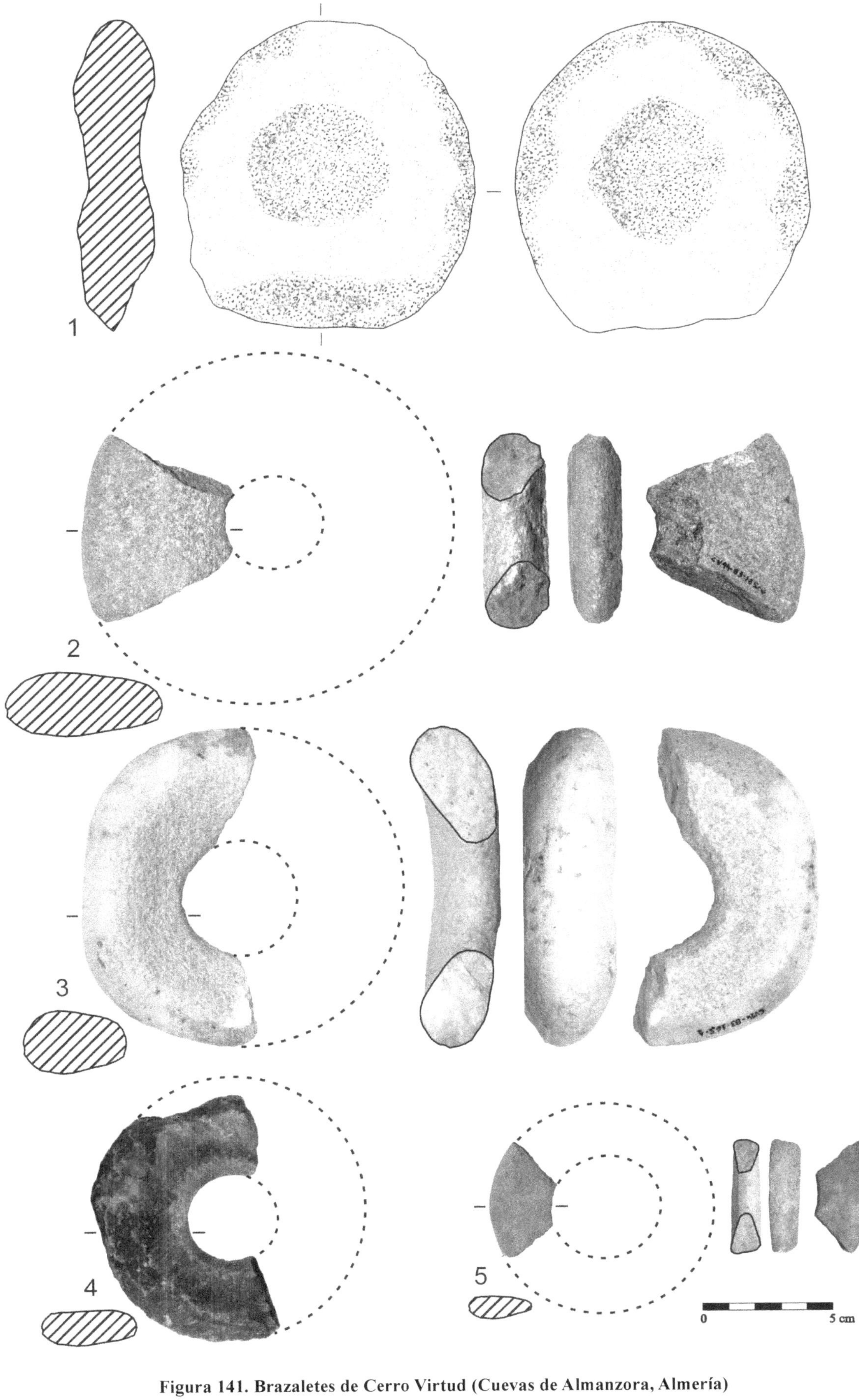

Figura 141. Brazaletes de Cerro Virtud (Cuevas de Almanzora, Almería)

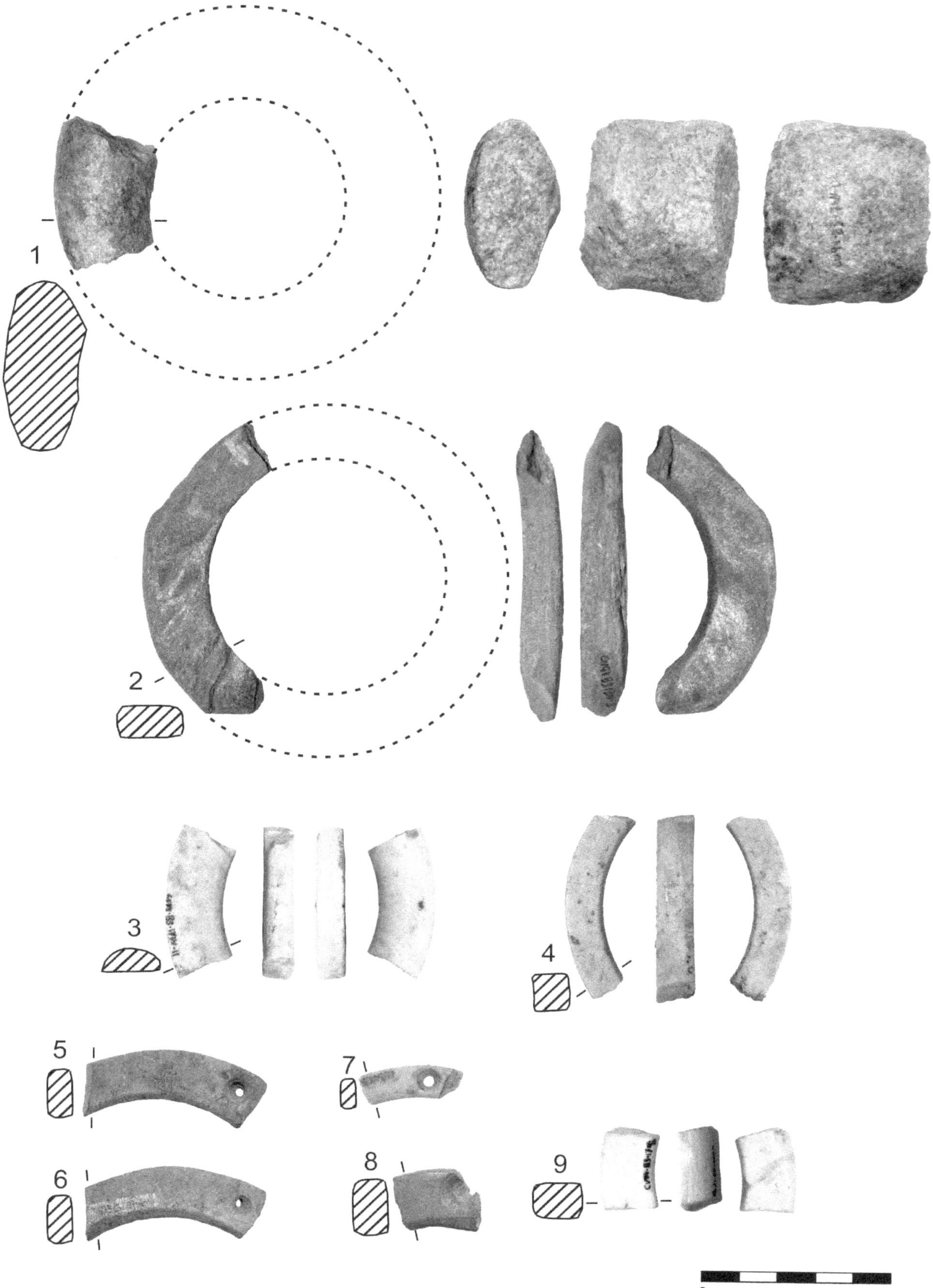

Figura 142. Brazaletes de Cerro Virtud (Cuevas de Almanzora, Almería)

Las técnicas y la cadena operativa

El conjunto de piezas en proceso de elaboración asciende solo a siete fragmentos, de los cuales solo hemos tenido acceso directo a 5 de las piezas. De cualquier forma, la documentación gráfica y las descripciones recopiladas nos han permitido reconstruir la cadena operativa llevada a cabo en el asentamiento.

Para los soportes, como hemos mencionado, se han identificado el uso de cantos rodados como preformas a partir de las cuales se elaboran los brazaletes (Fig. 141:1, 2 y 3). El ejemplo más claro es la preforma circular de mármol blanco, en la cual se ha realizado un abujardado de la parte interior para la perforación de la pieza mientras que la superficie natural no se ha modificado (Fig. 143:1). Estos soportes se utilizan directamente o se configura la forma circular mediante el tallado (Fig. 143:2 y 3). No descartamos el uso de otro tipo de soportes, pero según la muestra que poseemos y las materias primas es el más lógico.

Una vez configurada la forma circular de la preforma se procede a la regularización de las caras mediante abrasión (Fig. 143:2 y 3), si es necesario, ya que hay piezas en las que no se realiza esta regularización (Fig. 142:2 y Fig. 141:1). En el nivel 9 se documentó una piedra de molino que posiblemente se relacione con actividades abrasivas (Ruiz y Montero, 1999:208).

La siguiente fase dentro del proceso es la perforación del orificio central, la técnica empleada es el abujardado, percutiendo en la parte central se crean dos concavidades enfrentadas (Fig. 143:2). Esta técnica se emplea hasta la perforación total de la pieza e incluso se usa para ensanchar el orificio central (Fig. 141:1 y 3 Fig. 142:1). La utilización de este trabajo para el ensanchado llama la atención, ya que se trata de un proceso que implica un gran número roturas como hemos constatado experimentalmente, pero que reduce considerablemente el tiempo de elaboración, en comparación con el uso de la abrasión interior. La aplicación de la técnica del abujardado para la perforación y el ensanchado, se restringe a las calizas y mármoles, pues no se puede aplicar en rocas foliáceas (esquistos), en estas se aplica la abrasión interior (Fig. 142:2) y desconocemos que técnica se emplearía para la perforación en esta litología. Una vez creado el orificio central y ensanchado, la pieza se configura mediante abrasión (Fig. 141:5). En dos brazaletes acabados hemos documentado la abrasión circular interior (Fig. 142: 4 y 9), técnica que no tiene correspondencia traceológica en las piezas en proceso de elaboración. La última fase que podemos discernir, según

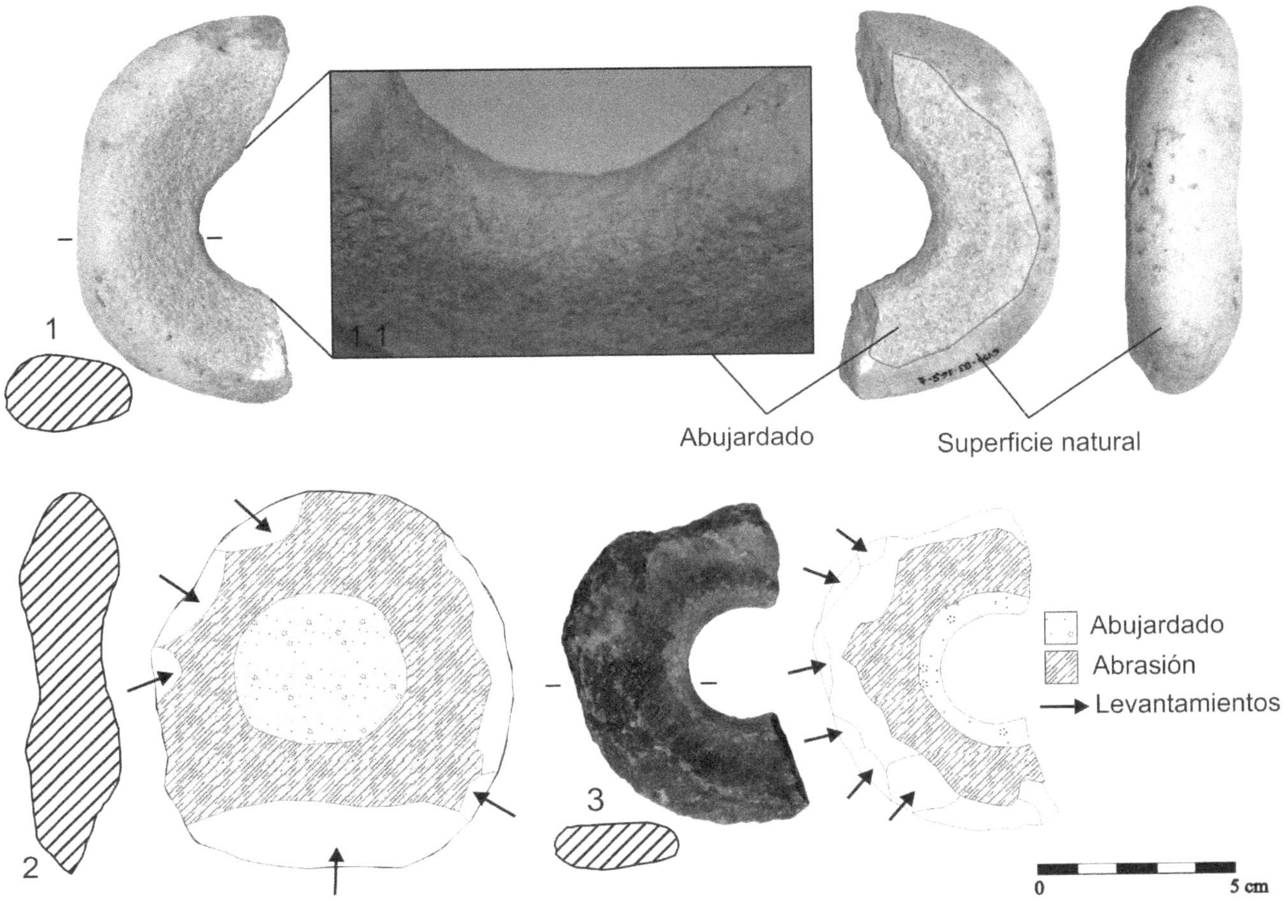

Figura 143. Esquemas técnicos de brazaletes de Cerro Virtud (Cuevas de Almanzora, Almería)

las piezas acabadas, es el pulimento de las superficies. La presencia de piezas acabadas nos indica que las mismas comunidades que producen los adornos los consumen. Del mismo modo, la presencia de brazaletes con reparaciones (Fig. 142:5, 6,7 y 8) nos permiten afirmar que estos elementos gozaban de un valor suficiente como para ser reparados y reutilizados en los mismos contextos donde se produjeron.

Conclusiones sobre el taller de Cerro Virtud

Los datos expuestos nos permiten afirmar la existencia de un asentamiento en el que se llevan a cabo actividades de producción de brazaletes. Los brazaletes se asocian a la fase I del asentamiento acotada en el último cuarto del VI milenio a. C. La materia prima es de origen local y recogida en contextos geológicos secundarios. La presencia de brazaletes acabados denota el uso de este tipo de adornos por las comunidades que los producen. Desde el punto de vista tecnológico destaca el sistema de perforación y ensanchado del orificio central mediante el abujardado.

3.2.2.4. Cabecicos Negros (Vera, Almería)

Contexto geográfico y cronocultural

El yacimiento se encuentra a unos 2 km de la desembocadura del río Antas. Los estudios de la línea de costa lo situarían a orillas del mar en el momento de su ocupación (Arteaga *et al.* 1987). Se emplaza en la vertiente izquierda del cauce del río a una altitud de 20 m.s.n.m. sobre un conjunto de lomas que forman una vaguada hacia el este (Fig. 144).

El yacimiento es conocido desde las prospecciones de los hermanos Siret (1907, 382) bajo la denominación de Cabezo del Pajarraco. Finalmente, será objeto de excavación en dos campañas: una en los años noventa (Goñi 1999a) y otra posterior (Goñi *et al.* 2003), ambas intervenciones fueron de urgencia y permitieron conocer las diferentes fases de ocupación del sitio y su registro material.

Figura 144. Vista del asentamiento de Cabecicos Negros (Vera, Almería) desde el sur

Los tres sondeos realizados en las primeras campañas se caracterizaron por la poca potencia en general y dos de ellos por poca cantidad de material. El tercero ofreció un contexto vinculado a restos de una estructura muy erosionada de piedra y restos de barro con improntas vegetales. La excavación del año 2000 se planteó como una extensión de la campaña anterior para completar la información que se tenía de esta estructura y su contexto. En esta intervención se documentó la topografía del relieve de la ladera, dispuesta por escalones suaves naturales, que pudieron ser empleados para la construcción de las estructuras de habitación.

El registro arqueológico documentado está formado por fragmentos cerámicos, industria lítica tallada y pulimentada y objetos de adorno en su mayoría restos de producción. La mayoría del registro arqueológico hay que relacionarlo con las actividades de elaboración de adornos, entre estos: cuentas discoidales, colgantes elipsoidales, conchas perforadas y brazaletes de piedra (Goñi 1999b; Goñi *et al.* 1999).

El repertorio cerámico está constituido mayoritariamente por cerámica decorada. Las decoraciones son impresiones cardiales o con elementos apuntados, incisiones y cordones decorados. Los añadidos plásticos son asas de cinta horizontales, mamelones perforados y un asa-pitorro. Los elementos tallados son laminares entre ellos laminitas, núcleos, geométricos de gran formato y perforadores de diferentes tipos. La industria ósea se restringe a dos punzones. La industria pulimentada tampoco es abundante y la constituyen fragmentos de hachas, un abrasivo y elementos de molturación.

La reciente revalorización de este contexto arqueológico y la producción de adornos ha llevado a la obtención de cuatro fechas radiocarbónicas por AMS de Cabecicos Negros (Cámalich y Martín 2013, 106). Se han datado cuatro conchas marinas de *Cerastoderma edule.* Las fechas de estas dataciones una vez aplicada la corrección oceánica son 5558-5391, 5484-5372 y 5460-5223 cal. a. C. si tenemos en cuenta el resto de contextos neolíticos estudiados con el mismo registro material que Cabecicos Negros estas fechas son coherentes con este contexto. Sin embargo, una de las muestras ha ofrecido una datación entre el 6010-5744 cal. a. C., no creemos que esta fecha date el contexto en el que se encuentra, si no que marca la muerte del molusco y que seguramente se trate de una concha recogida y aportada a un contexto más reciente. Si se valora esta datación sería considerada la más antigua de neolítico del sur peninsular (Cámalich y Martín 2013, 124). Esta asignación es muy controvertida, si valoramos los problemas que conlleva la datación de elementos marinos.

Sea como fuere, el registro material de Cabecicos Negros y las tres dataciones valoradas sitúan la corta ocupación neolítica del asentamiento, en la segunda mitad del VI milenio a. C. Esta atribución coincide con la mayoría de

los contextos que venimos señalando y en especial con la fase I de Cerro Virtud localizado en el mismo ámbito geográfico y con una correlación material clara entre ambos asentamientos. Los brazaletes de piedra, registro y materia prima.

Los restos de brazaletes junto con la industria lítica son los materiales más abundantes del yacimiento. Según las excavaciones realizadas en la primera campaña, las piezas ascienden a 104 acabados y 28 fragmentos de producción (Goñi 1999b) pero en las excavaciones del año 2000 aparecieron nuevos materiales que no aparecen individualizados (Goñi *et al.* 2003). En este trabajo solo hemos contabilizado los materiales de la primera campaña, aunque probablemente, el conjunto de piezas acabadas sea menor y se trate de piezas fracturadas en las últimas fases del proceso de elaboración. Por nuestra parte hemos tenido acceso al material que se encuentra depositado en el Museo Arqueológico de Almería.

Hay que hacer mención al material lítico tallado que asciende a más de mil piezas de las cuales se realizó un análisis traceológico en una parte del conjunto susceptible para ello. Los útiles son laminitas, lascas retocadas, perforadores, fragmentos informes y núcleos con trazas de utilización. El análisis realizado determinó que un 36% de las piezas se destinaron al trabajo de materiales minerales, el 20% a la piel y el resto a vegetales leñosos, madera, proyectiles y labores de carnicería. Destaca del conjunto el trabajo de materiales minerales que constituyen rocas y conchas (Rodríguez 1999).

Los brazaletes que se elaboran en este taller son principalmente del tipo estrecho, aunque también se elaboran del tipo ancho, pero tienen una menor representación entre las piezas en proceso y acabadas. Las materias primas empleadas son la pizarra, la caliza negra con vetas de calcita blancas y el mármol. El uso de estas rocas parece estar relacionado con la cercanía de las mismas. Cabecicos Negros se emplaza en el margen izquierdo del rio Antas, en cuya cuenca aparecen contextos aluviales que aglutinan este tipo de litologías. En el caso de la pizarra, que es la piedra más utilizada, los afloramientos primarios no distan más de cuatro kilómetros del asentamiento, sin que se haya podido localizar la cantera de aprovisionamiento.

Las técnicas y la cadena operativa

El conjunto de materiales documentado en este taller, ha permitido la reconstrucción de prácticamente toda la cadena operativa de elaboración de los brazaletes estrechos y sus técnicas, en dos litologías: la pizarra y la caliza (Martínez-Sevilla y Maeso 2011).

Los soportes a partir de los cuales se elaboran las preformas son lajas de pizarra de entre 6 a 10 mm altura muy próxima a la tendrá el brazalete final (4-5 mm). Estas lajas se trabajaron mediante percusión directa para configurar una preforma circular cercana al diámetro exterior del brazalete final. En el caso de la pizarra, al ser una roca blanda se realiza una percusión oblicua al plano de exfoliación para adelgazar la placa y otra perpendicular a la misma para conformar la forma exterior circular (Fig. 145:1, 2 y 3). En el caso de la caliza, al ser de mayor dureza y poseer una fractura casi concoidea se talla como si de un sílex se tratase (Fig. 145:1 y 2). En este proceso, de configurar la preforma circular, también se empleó la abrasión en ciertas zonas (Fig. 145:1.1). No se trata de una técnica muy presente en el conjunto, ya que en general la parte exterior de las preformas permanece con las huellas del tallado hasta las últimas fases del proceso.

En aquellos casos en los que la preforma sea de un excesivo grosor se regularizan las superficies mediante abrasión con un bloque de roca abrasiva. Las huellas sobre la superficie de las preformas las constituyen estrías paralelas o anárquicas (Fig. 145:3). La regularización de las superficies no se lleva a cabo en todas las piezas, en algunos casos se conserva la superficie natural de la roca sin modificación (Fig. 145:2). Con este trabajo se reduce la anchura de la placa preparando la pieza para la perforación. Los elementos abrasivos necesarios en este proceso han sido documentados en el asentamiento.

El siguiente paso es la perforación del orificio central. Esta fase de la producción no está directamente presente en el registro arqueológico, y varía según la materia prima. En el caso de la caliza, al ser un material más duro, se realiza una horadación mediante abrasión de la parte central de la placa hasta conseguir dos concavidades enfrentadas en la pieza (Fig. 146:1 y2). Esta abrasión pudo realizarse con alguno de los abrasivos documentados. Sobre esta depresión y en la parte más estrecha se pudieron emplear varios procedimientos, la percusión directa o indirecta hasta perforar la pieza o la perforación mediante un taladro de sílex como los que aparecen entre la industria lítica. En el caso de la pizarra pudieron emplearse más diversidad de procedimientos, al tratarse de una roca blanda y foliada. Una de estas técnicas pudo ser la percusión directa lanzada, pero en la reproducción experimental no hemos conseguido perforar la placa en ningún caso y los productos obtenidos no aparecen en el registro arqueológico, con lo que hay que descartar su utilización. Otra de las técnicas es la perforación manual con el uso de una lasca de sílex sin modificaciones secundarias. Y finalmente, la técnica más probable es la perforación con taladro, aunque no haya constancia directa de su utilización en la elaboración de los brazaletes en este taller, dentro de la industria lítica tallada aparecen perforadores. De entre estos, los de menor tamaño podrían estar destinados a la perforación de cuentas discoidales y los de superiores dimensiones pudieron ser utilizados para trabajos más burdos, como podría ser la perforación de placas de pizarra.

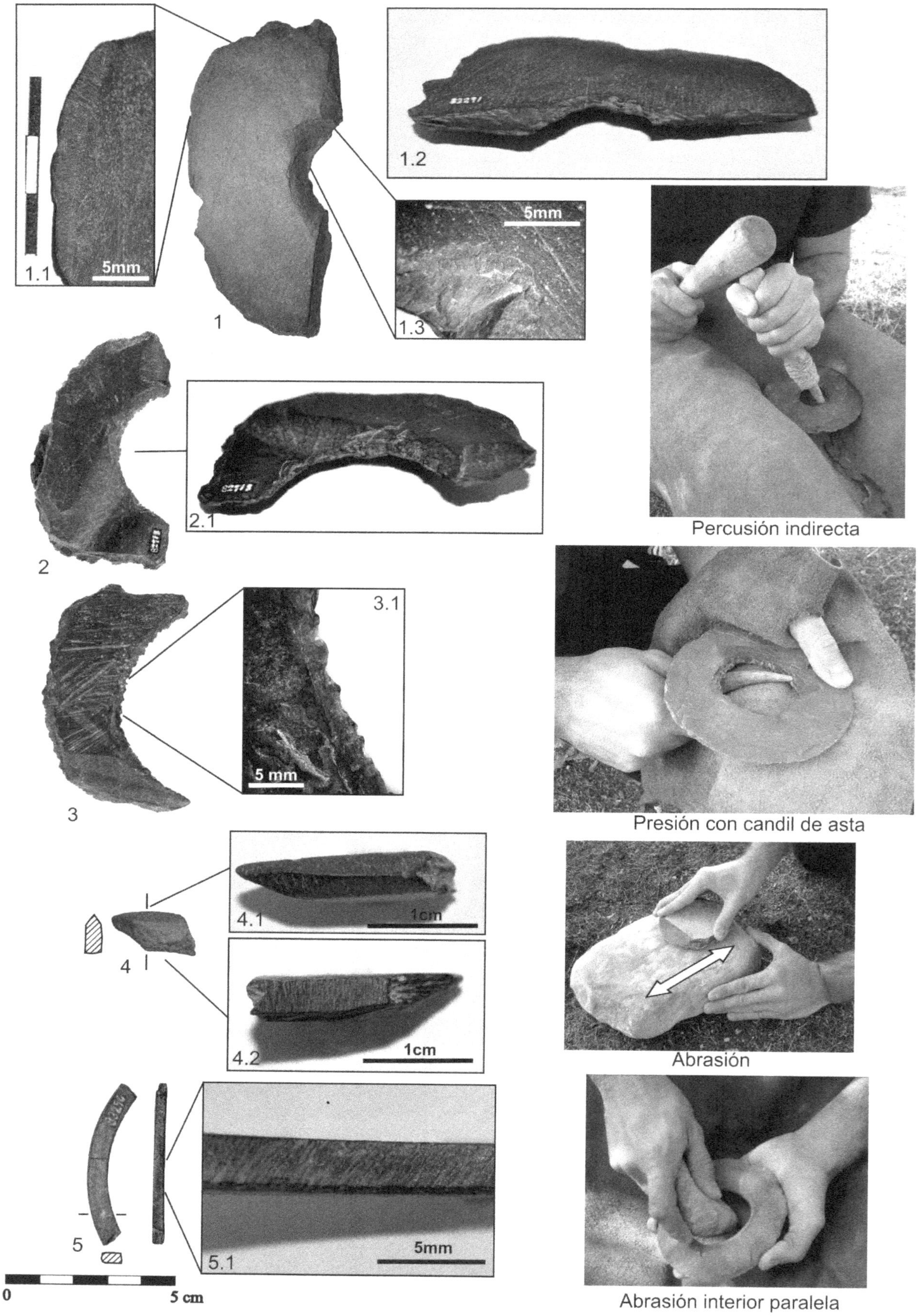

Figura 145. Reconstrucción experimental de los gestos técnicos y referentes arqueológicos de Cabecicos Negros (Vera, Almería)

El ensanchado del orificio central se lleva a cabo mediante percusión indirecta. Se va trabajando alternativamente en ambas caras de la placa extrayendo pequeñas lascas (Fig. 145:1.2). Los levantamientos de la percusión indirecta profundizan hacia el interior y son de unos 45° de ángulo (Fig. 145:1.3). Después del ensanchado con percusión indirecta se sigue trabajando con presión agrandando el orificio. La presión se ejecuta de forma circular en el interior de la pieza y genera trazas continuas y un aspecto de sierra (Fig. 145:3.1). Los levantamientos por presión no profundizan tanto en la materia y suelen ser de un ángulo cercano a los 90° (Fig. 145:2.1). Estas son las fases donde más fracturas se producen, y así queda patente en el registro arqueológico. El que se usen estas técnicas, aun con el alto grado de roturas que produce, hay que relacionarlo con la reducción en el tiempo que supone frente a la abrasión interior.

Una vez ensanchado el orificio central al máximo mediante presión se lleva a cabo la regularización del contorno interior y exterior del brazalete con abrasión. Las piezas arqueológicas muestran que se comienza trabajando en la parte interior definiendo el diámetro final. La abrasión interior siempre es paralela y perpendicular al eje del brazalete y genera estrías paralelas (Fig. 145:4.2 y 5.1). La abrasión en la cara exterior se realiza en dos planos oblicuos que se van alternando para reducir el contorno hasta la forma final (Fig. 145:4.1). La última fase del proceso es el pulimento de la cara exterior y los dos bordes de la pieza, la cara interior sigue manteniendo las estrías del trabajo de abrasión (Fig. 145:5.1).

La producción de los brazaletes anchos también está presente en el registro arqueológico, pero solo representada por una pieza, a la que no hemos tenido acceso directo (Goñi *et al.* 2003, 75). Según el dibujo de la publicación se intuye el abujardado de la superficie para configurar la forma exterior y la formación de dos concavidades enfrentadas igualmente mediante abujardado. El abujardado pudo realizarse con alguno de los núcleos o piezas informes de sílex documentadas las cuales presentas astillaciones en sus filos agudos.

Conclusiones sobre el taller de Cabecicos Negros

El registro material y las dataciones consideradas permiten situar cronológicamente Cabecicos Negros en la segunda mitad del VI milenio a. C. La mayor parte de los materiales catalogados en este asentamiento están relacionados con la producción de adornos, cuentas de collar y brazaletes de piedra, lo que permite afirmar la existencia de un taller. Entendiendo taller según la

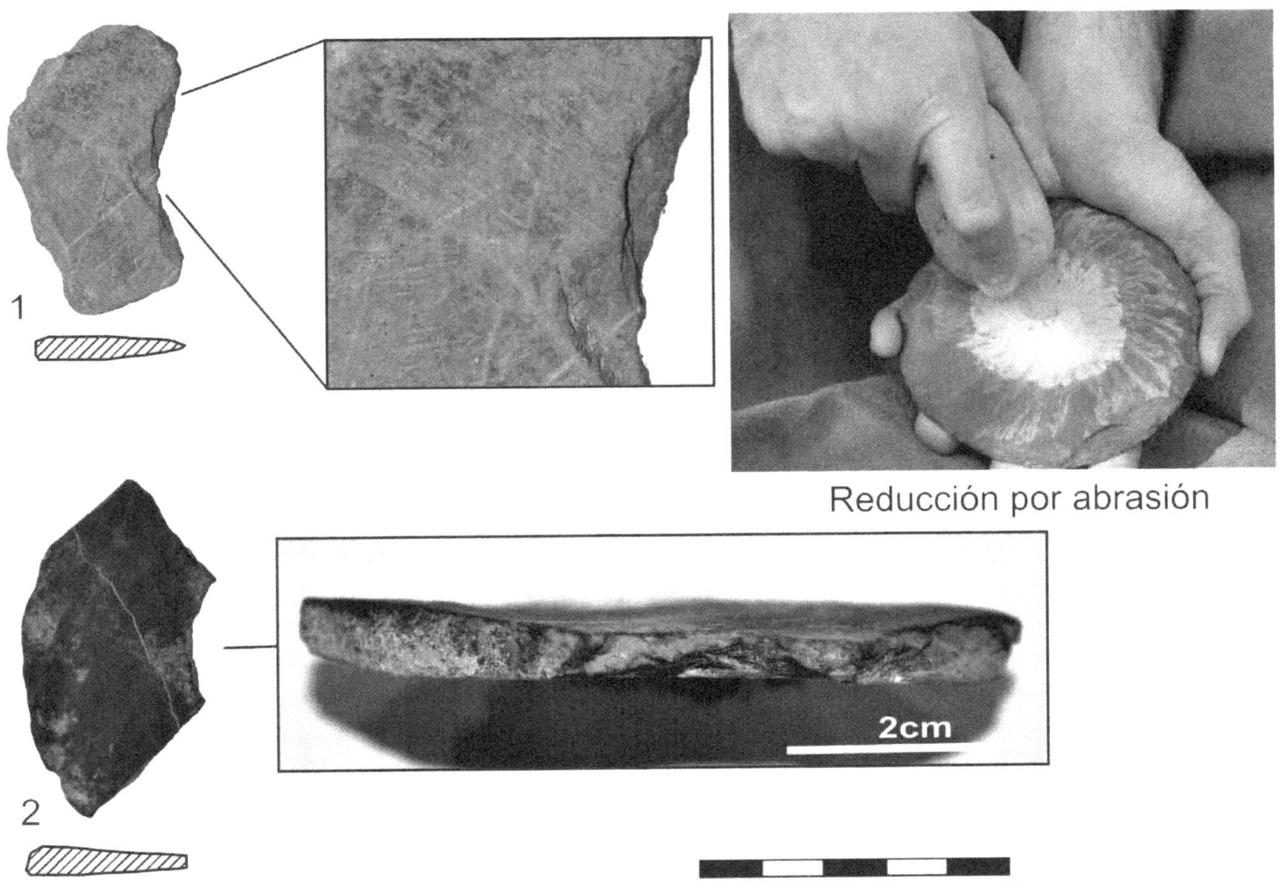

Figura 146. Reconstrucción experimental de los gestos técnicos y referentes arqueológicos de Cabecicos Negros (Vera, Almería)

definición lingüística, como cualquier lugar donde se realiza una obra de manos. No creemos que se trate de un asentamiento destinado en exclusividad a la realización de adornos en detrimento de otras actividades de carácter subsistencial (Goñi *et al.* 1999, 169). Estas artesanías, por los altos índices de fractura, generan una gran cantidad de desechos, pero la cantidad de adornos producidos para generar esos restos es mínima. En las experimentaciones realizadas sobre brazaletes de pizarra (Martínez-Sevilla y Maeso 2009) los restos producidos en pocas horas de trabajo exceden con creces el registro material catalogado en Cabecicos Negros. La alta representación de esta actividad puede estar ligada, de igual forma, a la estructura que se ha excavado y no representar la realidad del asentamiento que pudo tener una mayor envergadura que la que se ha conservado. La producción de adornos, en este asentamiento, se ha considerado como especializada, atribuyendo un carácter seminómada a la ocupación y articulándola en un modelo socioeconómico basado en emplazamientos itinerantes en el territorio explotando diversos recursos (Goñi *et al.* 1999, 169). Desde nuestro punto de vista, la producción de adornos y la supuesta especialización, se enmarcan en la misma dinámica cotidiana de las poblaciones, con esto no afirmamos que no se realicen objetos para su intercambio, sino más bien que estos se elaboran de manera complementaria a otras actividades de tipo subsistencial. Así, el emplazamiento de Cabecicos Negros hay que relacionarlo con otro tipo de recursos, quizás marinos o fluviales y posiblemente con una ocupación esporádica.

3.2.3. Talleres estacionales

3.2.3.1. Cueva de los Mármoles (Priego de Córdoba)

Contexto geográfico y cronocultural

Esta cueva se encuentra al sudeste de la Sierra de los Judíos en las proximidades de la aldea de La Concepción (Priego de Córdoba). La Sierra de los Judíos forma parte de las zonas externas de las Cordilleras Béticas con una morfología tabular de escasa altitud no superior a 991 m.s.n.m. y formada por una litología dolomítica donde se desarrollan los típicos fenómenos Kársticos de la Subbética Cordobesa. El origen de esta cavidad al igual que otras existentes en la zona es hidrológico. La cavidad tiene un desarrollo lineal de 377 m, y un desnivel máximo de - 45 m. La entrada actual está constituida por una abertura circular de unos 10 m de diámetro, desde la que se accede al interior por un pequeño escalón de unos 3 m. El recorrido de la cueva es lineal sin importantes desniveles, consiste en una galería descendente (Rampa) en su primer tramo y horizontal hacia el fondo (Sala de los Murciélagos), y una gran sala final (Gran Salón). Sólo las partes identificadas en el plano topográfico como Zonas III y IV reciben una buena luz solar, mientras que en las Zonas II, VI y VIII la luz penetra de forma tenue, en el resto de la cueva reina la oscuridad total (Carmona *et al.* 1999). Los Mármoles es una de las cavidades con más tradición, en lo que a investigaciones prehistóricas se refiere de la provincia de Córdoba. La primera noticia con carácter científico que se tiene de la cavidad es la de J. Martínez Santa-Olalla quien realizó una pequeña excavación en 1934, de la que solo se tiene una breve reseña (Martínez Santa-Olalla 1935), y será esta la primera vez que se mencione un yacimiento neolítico cordobés. Las siguientes noticias sobre la cavidad pertenecen a materiales de origen superficial, dadas a conocer por J. Bernier (1962; 1964) y L.A. López Palomo (1977).

Durante las décadas de los sesenta y setenta, el yacimiento va a sufrir un sinfín de visitas por parte de expoliadores, que provocarán daños importantes. Durante los años 1982 a 1987 se efectuaron seis campañas de excavación en el yacimiento, dirigidas por la ya fallecida profesora M.ª D. Asquerino Fernández, del Departamento de Prehistoria y Arqueología de la Universidad de Córdoba. Todas ellas se realizaron en la Zona III en la entrada, exceptuando la de 1985 que tuvo lugar en el fondo de la cavidad. Paralelamente a los trabajos de excavación, B. Gavilán Ceballos comienza a estudiar la Prehistoria de Priego (Gavilán, 1987b) y en especial los yacimientos neolíticos de la comarca y entre ellos la Cueva de los Mármoles (Gavilán 1985; 1986). Todas estas investigaciones desembocaran en su Tesis Doctoral (Gavilán 1989b).

Las últimas labores arqueológicas llevadas a cabo en la cueva serán dirigidas por R. Carmona, director del Museo Arqueológico de Priego de Córdoba. Estos trabajos consistieron en una intensiva prospección superficial de toda la cavidad y fueron motivados por los continuos expolios que se estaban realizando en el yacimiento. En este trabajo se presentó la distribución de los materiales de distintas épocas por la superficie de la cueva (Carmona *et al.* 1999). La mayoría de los materiales localizados en el yacimiento se encuentran en los fondos del Museo de Priego, pero muchos otros pasaron a incrementar las colecciones de particulares. A partir de este momento los trabajos realizados sobre el yacimiento se han ocupado del estudio de los restos recuperados en los trabajos de la cavidad. De esta forma, se han analizado los restos carpológicos y antracológicos (Asquerino 2006; Carvalho *et al.* 2010; Peña-Chocarro *et al.* 2013).

La ocupación neolítica: cronología y materialidad

La secuencia arqueológica de la cueva quedó patente en las excavaciones realizadas en la entrada donde se reconoció una secuencia estratigráfica compleja (Asquerino 1987a; 1987b; 1990) en la cual se encuentra muy bien representado el Neolítico, así como un depósito sedimentario inferior, de considerable potencia, sin cerámica que proporcionó industria lítica asignable al Paleolítico. Atendiendo a los niveles neolíticos los más profundos muestran una industria lítica bastante atípica con gran cantidad de desechos de talla (debris, núcleos) característica que no se repite en el resto de estratos superiores donde se documenta útiles muy variados tipológicamente, pero con un alto grado laminar, más o menos retocado, y algunos productos sobre lasca. La industria ósea es relativamente escasa y monótona en lo que a tipos se refiere: está constituida casi exclusivamente por punzones a partir de metápodos, tibias y radios de ovicápridos, así como alguna espátula sobre costilla de bóvido (Asquerino 1986a). Igualmente, pobre en variedad resultan los objetos ornamentales, documentados en la excavación, constituidos principalmente por cuentas discoidales, alguna concha del tipo Columbella rustica perforada y fragmentos de brazaletes, generalmente sin estrías. La industria lítica pulimentada es casi inexistente, suele estar representada solamente por fragmentos de molederas de arenisca y molinos de mano con restos del procesado de ocre. La presencia de otros objetos de piedra trabajada en los niveles más antiguos es francamente débil. La cerámica documentada responde principalmente al tipo sin decoración, pero con cantidades altas de almagra e incisa y en menor proporción otros tipos decorativos (Asquerino 2006). Estos materiales coinciden con los estudiados por B. Gavilán en su Tesis Doctoral (Gavilán 1989b) y en este estudio se recogen la mayor cantidad de materiales pertenecientes a la Cueva de los Mármoles, pero todas sin contexto estratigráfico, y distribuidas por colecciones museográficas y particulares. El conjunto aparece representado por una rica industria lítica tallada compuesta por útiles como elementos de hoz, truncaduras, escotaduras, perforadores, geométricos, hojas, lascas retocadas o no y núcleos. La piedra trabajada y pulida compuesta por hachas, azuelas, cinceles, gubias, moletas y molinos, alisadores, percutores, afiladeras etc. La industria ósea diversificada en punzones, biapuntados, cinceles, espátulas, varillas, agujas, etc.

Analizando los dos estudios globales sobre materiales neolíticos de la cavidad podemos llegar a la conclusión que los materiales estudiados por B. Gavilán, al proceder de recogidas selectivas a lo largo de toda la cueva, mezclan materiales de dos contextos bien diferenciados. Por un lado, una zona de hábitat (Zona III), donde se realizó la excavación. Reflejo de ello son el suelo compactado de ocupación, los desechos de talla, la monotonía de la industria lítica y ósea, así como la relativa pobreza del material (Asquerino 1986b), que contrasta fuertemente con la variedad tipológica de los diferentes grupos industriales estudiados por B. Gavilán, y que seguramente provienen de los ajuares funerarios depositados en los enterramientos del interior de la cavidad, zonas que debieron destinarse a las diferentes inhumaciones o al desarrollo de otras prácticas rituales que desconocemos. Esta dualidad de uso en el yacimiento ya fue propuesta por J. Martínez Santa-Olalla y comprobada en la última prospección superficial en la que se han recuperado numerosos restos humanos en las partes interiores de la cavidad (Carmona *et al.* 1999).

Este es el uso que debió tener la Cueva de los Mármoles y queda patente en su registro material. La presencia de geométricos (Asquerino 2006, 369) como armaduras de los útiles de caza, los restos de cérvidos y jabalí relacionan el yacimiento con la explotación de los recursos cinegéticos. Por otra parte, la presencia de ovicápridos está bien documentada entre los desechos culinarios, y al contrario de lo que sucede con las piezas producto de la caza, la mayor parte del esqueleto de los ovicápridos está presente en el registro, aunque falten el cráneo y la fíbula. No es un comportamiento para nada extraño, las piezas de caza son desmembradas en el lugar donde se abaten, mientras que el ganado es sacrificado, descuartizado y consumido en el lugar de asentamiento. Los restos de semillas se han localizado ocasionalmente en diferentes lugares de la cavidad. Sin embargo, ha sido en la zona de la entrada donde más restos se han documentado, incluso un depósito de cereal mezclado con abundantes fragmentos de carbón (Asquerino 2006). Las actividades pastoriles se debieron desarrollar en las inmediaciones del yacimiento, por lo que de manera esporádica se consumiría carne de estos rebaños. El cereal sería consumido más frecuentemente que la carne. La importancia de los cereales en la dieta de la fase neolítica ha quedado contrastada en los recientes trabajos sobre la cavidad (Peña-Chocarro *et al.* 2013). Los cereales más representados son el *Triticum aestivum-durum* (Trigo) y *Hordeum Vulgare* (Cebada).

El otro componente material que aparece en la cavidad es fruto del uso como lugar de enterramiento, apareciendo en las zonas internas. Se tienen datos de estas prácticas, por ejemplo, en la denominada Sala de los Nichos (Zona XI) donde detrás de un pequeño muro de piedra aparecieron algunos cráneos humanos adultos, varios de los cuales presentaban trepanaciones. Otro de los hallazgos de este tipo se produjo debajo del lecho estalagmítico que existe a la izquierda del Gran Salón (Zona XVI). En este lugar se encontró un conjunto funerario similar al anterior sin ningún tipo de ajuar que estaba formado por un individuo infantil de unos seis años, una mujer adulta y un varón adulto. El cráneo de este último individuo, además de presentar una trepanación y conservar huellas de descarnado, fue recortado dando lugar a lo que se ha denominado un cráneo-copa (Jiménez 1990, 19). Este tipo de restos seguramente estén relacionados con la utilización a lo largo del tiempo de la cavidad como lugar de enterramiento que en ciertos momentos pudo provocar amontonamientos de restos humanos. Lo que parece quedar claro es que el material del interior de la cavidad es fruto de los diferentes enterramientos y ritos funerarios desarrollados en el yacimiento, en la mayoría de los casos formaron parte de los ajuares funerarios de las personas inhumadas.

Los estudios sobre los restos carpológicos han ofrecido diversas dataciones que nos permiten enmarcar cronológicamente la ocupación neolítica de la cavidad. Se han realizado varias dataciones absolutas sobre cereales provenientes de la campaña de excavación de 1987 realizadas en la zona del vestíbulo de la cavidad. Las cronologías de estas datas se sitúan todas ellas en el último tercio del VI milenio a. C., comprendidas entre el 5316-5070 y 5209-4912 cal. a. C. (Peña-Chocarro *et al.* 2013).

Los brazaletes de piedra, registro y materia prima

De los brazaletes de este yacimiento, poseemos referencias de 82 brazaletes, 43 de los cuales se encuentran en el Museo Arqueológico de Priego de Córdoba y que han sido analizados en detalle (Martínez-Sevilla 2010), el resto se conocen por referencias bibliográficas (Gavilán 1989b). El conjunto estudiado por nuestra parte está constituido por 15 piezas en proceso (Fig. 147, Fig. 148, Fig. 149 y Fig. 150) y 28 adornos acabados. Estos brazaletes provienen de diferentes recogidas superficiales. Por ello, no poseemos un contexto estratigráfico determinado, aunque se pueden relacionar con el amplio repertorio de materiales neolíticos de la cavidad recuperados en las diferentes campañas de excavación y las dataciones sobre cereal realizadas para estas fases de ocupación.

Entre los quince fragmentos en proceso de elaboración analizados, hemos podido identificar su litología con claridad en trece de ellos. Por el contrario, las piezas 4 (Fig. 148) y 2 (Fig. 149) se encuentran alteradas por agentes postdeposicionales. En primer caso el fragmento ha sufrido agresiones por disolución, posiblemente por la circulación de agua en el sedimento donde se alojó, pero hemos observado ese tipo de alteraciones con menores repercusiones en otras piezas que nos hacen pensar que se trata del mismo material. La otra pieza ha sufrido alteraciones térmicas, se trata de un tipo de roca calcárea fuertemente modificada, por lo que ello ha impedido su identificación con claridad, pero si observamos la homogeneidad de los materiales usados tendríamos que atribuirla al mismo grupo litológico. El caso del último elemento, fragmento 2 (Fig. 148), sin definir claramente, puede tratarse de una dolomía o caliza de color verdoso con inclusiones de vetas de calcita blanca. El resto de los fragmentos han sido identificados como calizas oolíticas del Jurásico Inferior Liásico propios de las zonas externas de las Cordilleras Béticas (Subbéticas). Todas las litologías que se encuentran en la muestra estudiada tienen en común dos características; se trata de materiales autóctonos que proceden de la geología próxima al yacimiento no distando más de 5 km, y poseen unas características físicas concretas. Son rocas carbonatas de grano fino homogéneas sin presencia de impurezas en su matriz. Los afloramientos rocosos de este tipo de materiales se localizan en el entorno del yacimiento. En cuanto al sistema de captación, en un primer momento asignamos como más probable la recolección de cantos rodados en depósitos secundarios como los del Arroyo de la Tejuela o el Río Salado (Martínez-Sevilla 2010). Sin embargo, el desarrollo de las investigaciones nos ha mostrado la posibilidad del aprovechamiento de contextos primarios. En el caso de esta cueva es factible la extracción de rocas de contextos geológicos primarios e incluso que se extrajera la roca de la propia cavidad y que los restos de esta cantería hayan quedado desdibujados por los trabajos de cantería llevados a cabo en momentos históricos. Sea como fuere, la principal característica de la litología es su origen inmediato al contexto donde se elaboran los brazaletes.

Las técnicas y la cadena operativa

La primera fase del proceso debió ser el tallado de las preformas, pero este producto en concreto no está representado en el conjunto de materiales de esta cavidad. Esto puede ser debido a varias circunstancias: que el tallado se pudo realizar en los lugares de aprovisionamiento; pudieron utilizarse preformas que, en algunos casos, fuesen cercanas a la forma necesaria para conformar el brazalete, no siendo necesario tallarlas; al ser un conjunto de materiales recogidos de forma superficial, este tipo de elemento pasaron desapercibidos y no fueron recogidos.

El siguiente trabajo que se lleva a cabo es el de abujardado de la cara exterior y la formación de dos concavidades enfrentadas. El trabajo de abujardado solo está presente en algunas piezas de forma residual (Fig. 151:1). Aprovechando la concavidad formada en la parte central de la pieza se efectúa la abrasión de la parte central. Esta abrasión se realiza para ir agrandando la depresión central en ambas caras, en profundidad y anchura. La cinemática de trabajo consiste en girar de forma bidireccional el abrasivo contra la superficie cóncava que se había formado previamente y genera unos estigmas técnicos formados por estrías paralelas circulares (Fig. 151:1.1). De forma paralela y alternante a esta abrasión, se va efectuando la regularización de la zona exterior de la pieza igualmente con abrasión (Fig. 151:1.2). Los elementos abrasivos empleados en estos procedimientos han sido documentados en la cueva de los Mármoles, definidos como piedras trabajadas con señales de uso, guijarros trabajados, molinos (Gavilán 1989b, 149-150) o como molederas y machacadores (Asquerino 2006, 369).

Para la perforación debió de emplearse la percusión indirecta en la parte central y más delgada de la pieza o quizás la perforación mediante un taladro de sílex. Una vez perforada la preforma el contorno interior se va ensanchando con percusión indirecta hasta que el ángulo de la parte interior lo permite (Fig. 151:2). En la cara interior las huellas son las de abrasión del plano superior e inferior y la rotura de estas por la percusión indirecta que las corta (Fig. 151:2.1). Este es el trabajo más delicado y en el que más roturas se producen, reflejo de ello es que de los quince fragmentos estudiados cuatro de ellos se fracturaron, seguramente, efectuando esta técnica (Fig. 149). Aún con el riesgo que conlleva su aplicación, el contorno interior se ensancha al máximo ya que es material que no habrá que eliminar aplicando la abrasión (más costosa en lo que a tiempo y esfuerzo se refiere). Dentro de la industria ósea publicada sobre el yacimiento también se conoce una asta de ciervo trabajada que pudo desempeñar la función de cincel, tanto por la morfología como por las descamaciones observadas en la pieza (Gavilán 1989, 164).

El siguiente trabajo que se realiza es el de eliminar los restos de las irregularidades dejadas por la percusión indirecta en la parte interior. Esta abrasión en todos los casos estudiados es paralela. Los estigmas de este trabajo

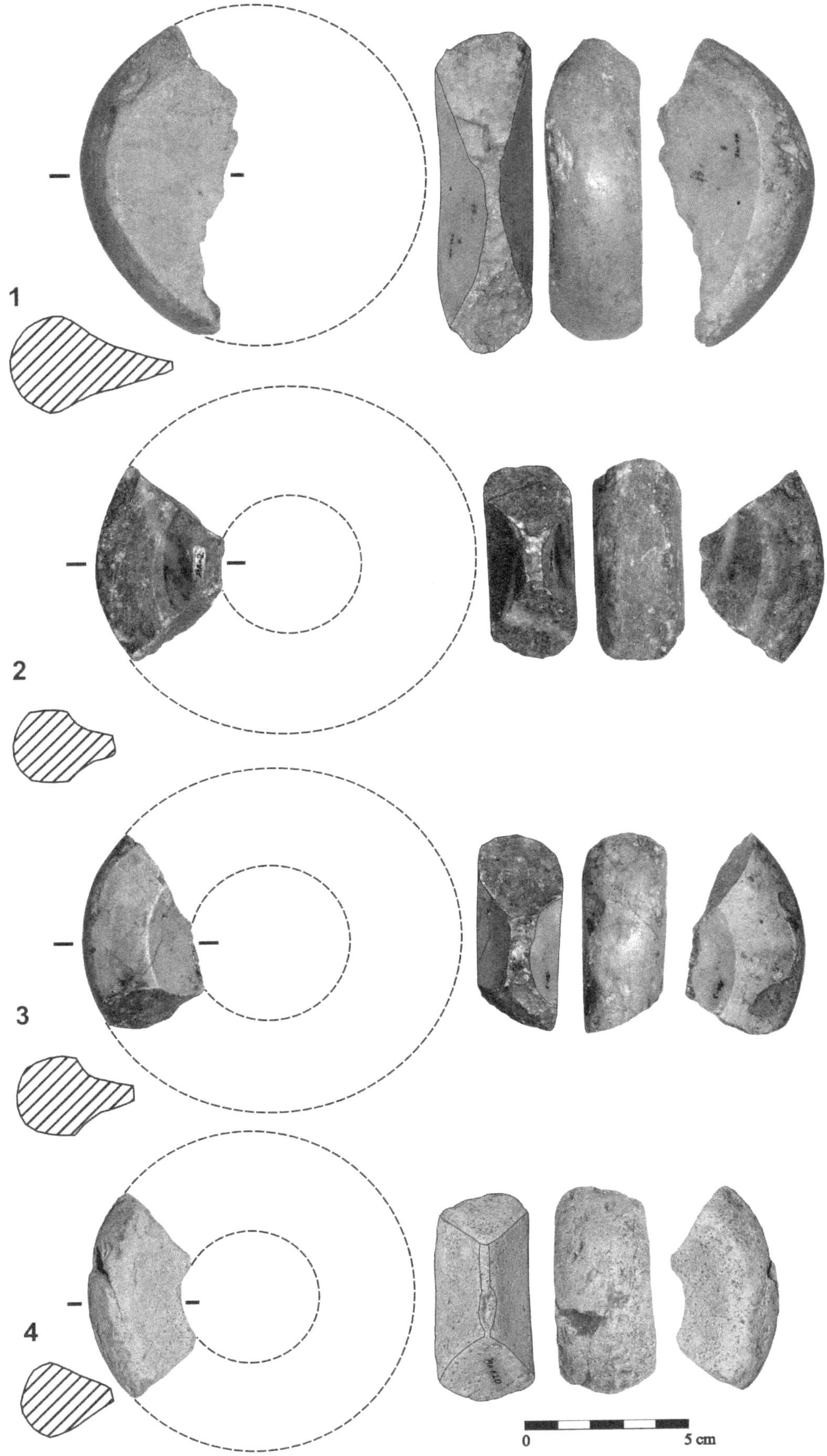

Figura 147. Brazaletes en proceso de fabricación de la Cueva de los Mármoles (Priego de Córdoba)

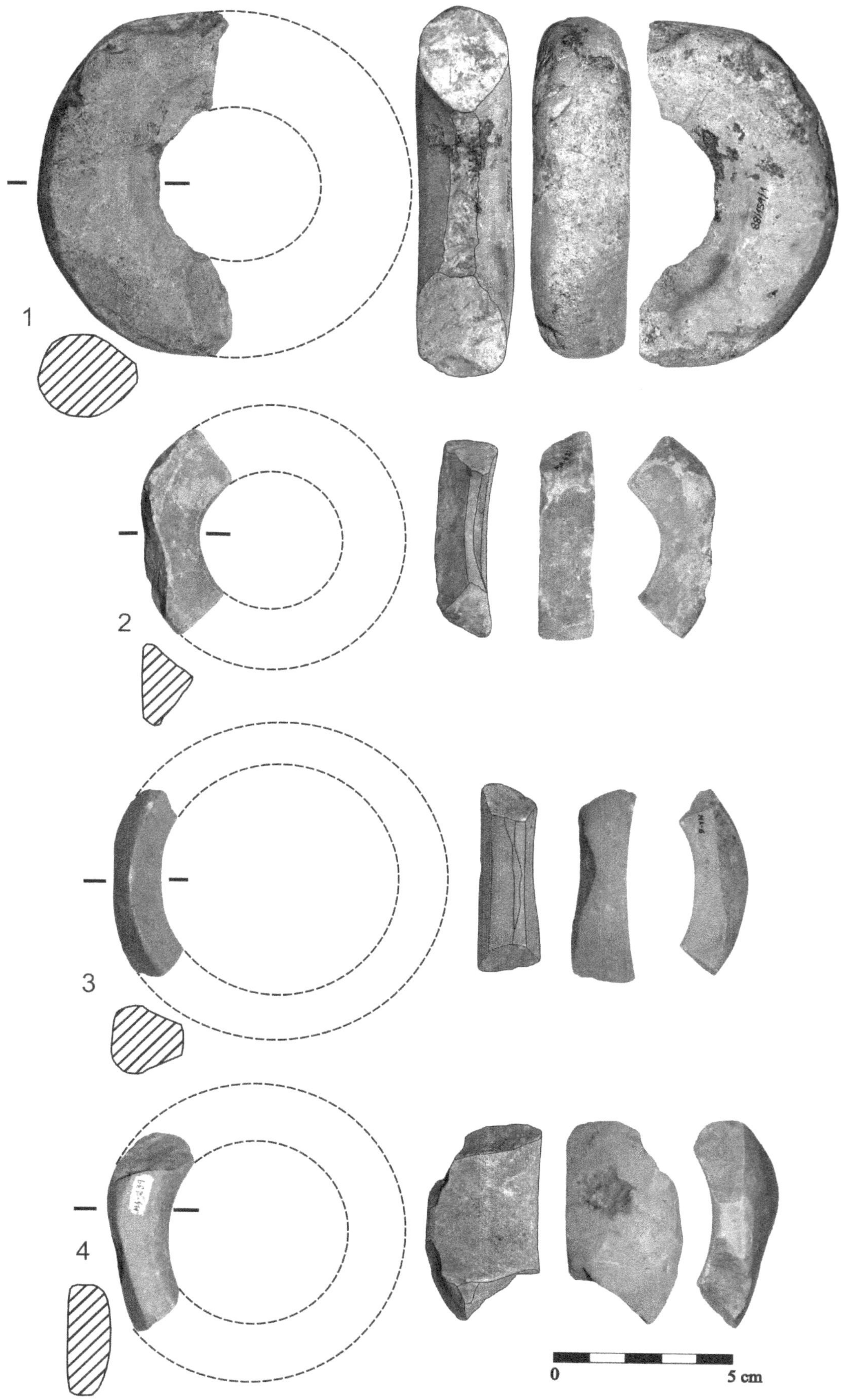

Figura 148. Brazaletes en proceso de fabricación de la Cueva de los Mármoles (Priego de Córdoba)

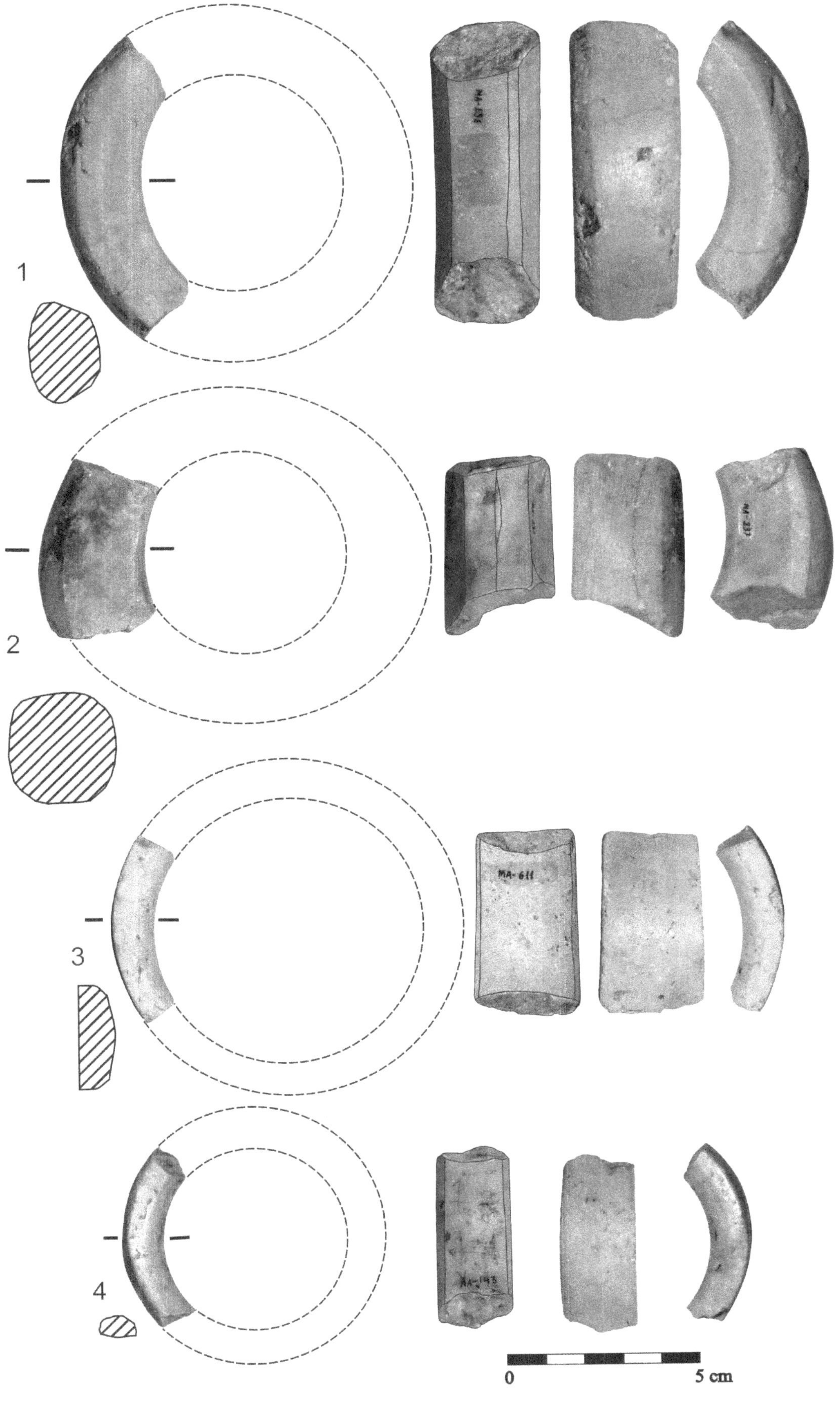

Figura 149. Brazaletes en proceso de fabricación de la Cueva de los Mármoles (Priego de Córdoba)

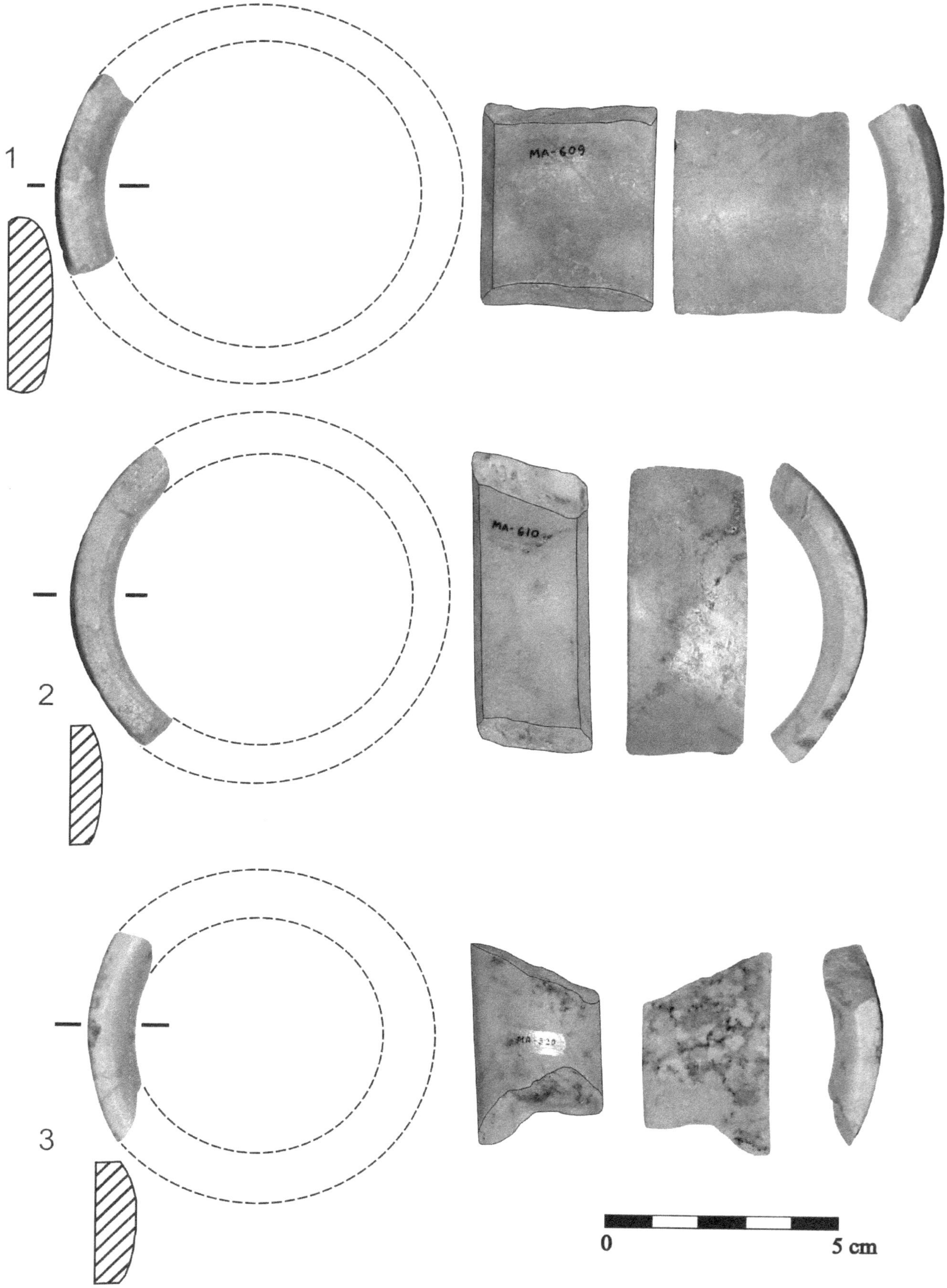

Figura 150. Brazaletes en proceso de fabricación de la Cueva de los Mármoles (Priego de Córdoba)

lo forman diferentes planos de abrasión y estrías paralelas (Fig. 151:3.1). Los trabajos de abrasión en el interior y exterior acaban conformando la morfología final del brazalete, a falta solamente, del pulido en la cara exterior y visible la parte interior sigue mostrando las estrías propias del trabajo de abrasión.

El conjunto de brazaletes acabados

Los brazaletes acabados ascienden a 28 fragmentos. Desde el punto de vista tipológico 13 son del tipo medio, 8 anchos y 7 estrechos. Las secciones se agrupan en cuadrangulares o rectangulares, las plano-convexa, y finalmente los de sección oblonga. Los diámetros interiores del conjunto tienen una distribución casi uniforme entre el cómputo general de los brazaletes estudiados (Fig. 152). Las decoraciones son relativamente escasas en el conjunto estudiado, reduciéndose a cuatro brazaletes anchos con líneas paralelas incluyendo tres piezas publicadas por B. Gavilán (1989b), hoy en paradero desconocido. Se conocen siete ejemplares del tipo ancho decorados con líneas paralelas en el yacimiento, todos ellos de mármol. La cantidad de líneas de decoración varía desde una hasta ocho. Todos debieron tener las incisiones rellenadas con ocre de color rojo, así lo hemos constatado en algunos casos, pero en otros ha sido imposible ya que con el paso del tiempo y las labores de limpieza del material arqueológico es difícil que se conserve.

De los 28 brazaletes, 20 están elaborados en mármol, seis en caliza, de ellos solo dos en el tipo oolítica y el resto, uno de micaesquisto y otro de un material indeterminado, probablemente de origen metamórfico por las laminaciones que se observan en la pieza. Lo que resalta de todo el conjunto es la gran cantidad de brazaletes de mármol de origen alóctono que contrasta con los que están en proceso elaborados en calizas y dolomías autóctonas.

En otros yacimientos de la provincia de Córdoba también se ha observado esta casuística: en ningún asentamiento cordobés se han constatado brazaletes en proceso de fabricación sobre mármol u otro tipo de rocas que no sean de la geología local. Se ha justificado la presencia de estos materiales exógenos en la Cueva de los Murciélagos como "la existencia de intercambios entre diferentes grupos asentados en distintos sectores regionales" (grupos de la costa y el interior) (Gavilán y Rafael 1999). En el caso de la Cueva de los Mármoles los afloramientos de rocas metamórficas más cercanos se encuentran a unos 50 km en la provincia de Granada, distancia asumible para la movilidad que debieron tener estos grupos pastoriles que ocuparon de forma esporádica la cueva, utilizando para la elaboración de los brazaletes aquellos materiales más cercanos y accesibles al asentamiento. En resumen, el conjunto de brazaletes totalmente acabados es bastante heterogéneo, en lo que a tipos y dimensiones se refiere, sin embargo, es relativamente homogéneo en la materia prima usada ya que el 70 % están elaborados en mármol y el resto en otras litologías.

Conclusiones sobre el taller de la Cueva de los Mármoles

El conjunto de materiales y las dataciones sobre cereal asociadas sitúan la ocupación neolítica de la cavidad y por ende la producción de brazaletes en el último tercio del VI milenio a. C.

La primera conclusión que podemos extraer en relación a todo el conjunto material estudiado, es que podemos atribuir a la Cueva de los Mármoles dos usos principales, que pueden no ser sincrónicos en el tiempo: cueva de enterramiento *sensu stricto* (utilizada de manera continuada por las poblaciones que habitaban las zonas agrícolas de fondo de valle), uso al que podemos atribuir la mayoría de los brazaletes terminados como parte de los ajuares funerarios; y, por otro lado, lugar de ocupación esporádica y estacional por parte de pastores que aprovecharían los pastos de estas zonas más altas, además de aprovechar los recursos cinegéticos del entorno. En este último caso, se elaborarían los brazaletes de piedra como actividad complementaria a las propiamente subsistenciales.

Sobresale el hecho de que todos los brazaletes en proceso de fabricación estén elaborados en materiales autóctonos, mientras que los acabados son mayoritariamente de litologías de carácter exógeno (Zonas Internas de las Cordilleras Béticas). Esto se puede interpretar como la movilidad de los grupos o fruto de intercambios entre poblaciones asentadas en diferentes regiones.

3.2.3.2. Cueva-Sima de la Serreta (Cieza, Murcia)

Contexto geográfico y cronocultural

La Serreta se localiza en el denominado Cañón de los Almadenes, ubicado entre los términos municipales de Calasparra y Cieza (Murcia). El cañón ha sido modelado por el río Segura a su paso por las sierras del Molino (826 m.s.n.m.) y la Palmera (655 m.s.n.m.), aprovechando las líneas de fractura y mediante procesos de disolución de las rocas carbonatadas. Así se formó un cañón de varios kilómetros de longitud y paredes verticales que en algunos casos pueden llegar a los 120 m de profundidad, sobre calizas y dolomías del Cretácico Superior del Prebético de la Cordillera Bética (Fig. 153).

El yacimiento se encuentra en la margen izquierda del río Segura, se trata de una cueva colgada formada por una diaclasa. La calificación de cueva-sima le viene dada por su entrada cenital formada por una sima de 12,5 m de profundidad, dividida en dos tramos: una amplia cornisa de 7,5 m, y otra caída de 5 m, que da acceso a la cavidad. La galería principal, de 35 m de longitud, está inclinada en dirección N-S hasta abrirse al Cañón de los Almadenes (60 m por debajo) en una ventana de unos 8 m de altura por 9 m de anchura en su parte baja. Alrededor de esta sala principal se abren otras de menores dimensiones y un tubo a presión de 13 m de longitud. El relleno sedimentario

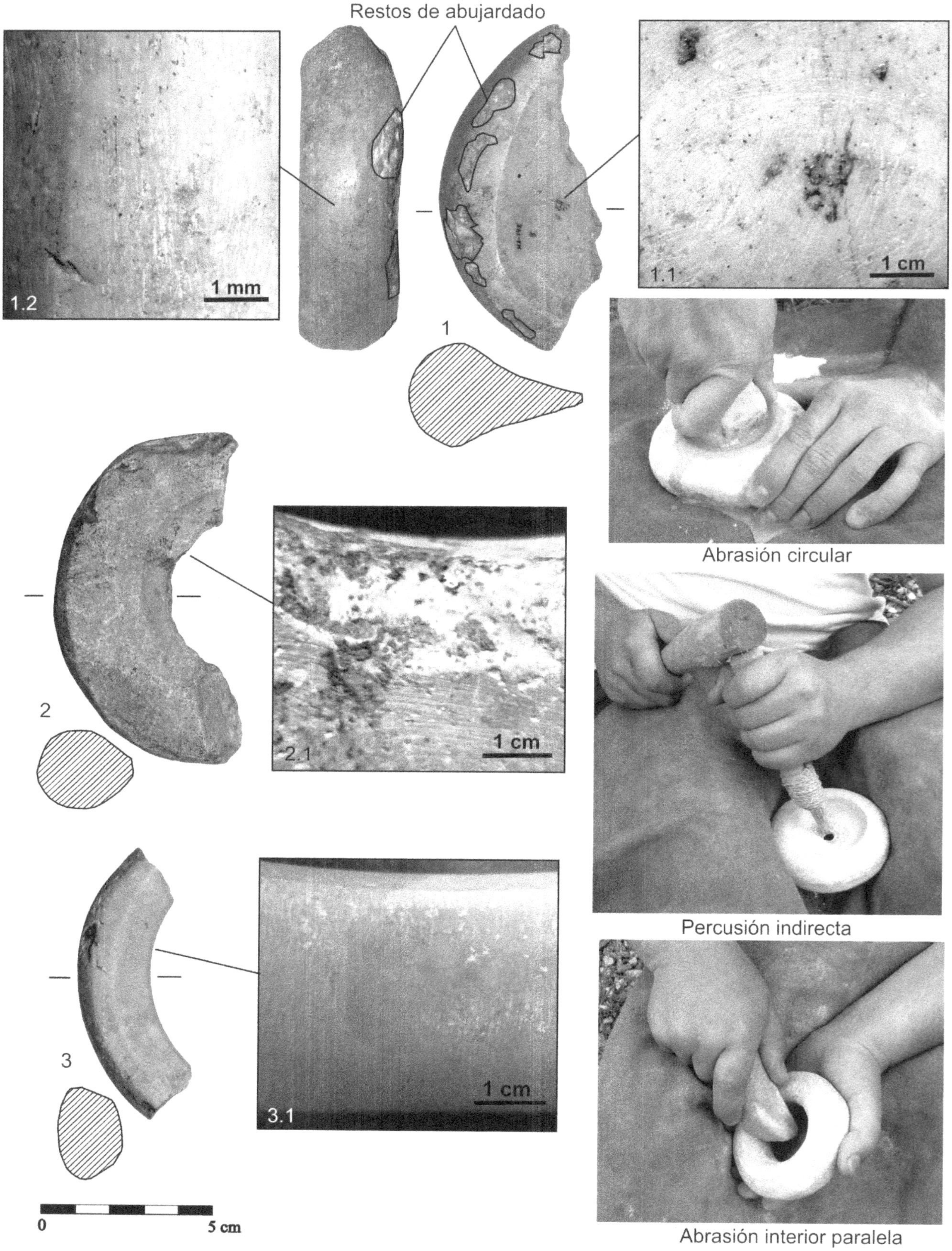

Figura 151. Reconstrucción experimental de los gestos técnicos y referentes arqueológicos de la Cueva de los Mármoles (Priego de Córdoba)

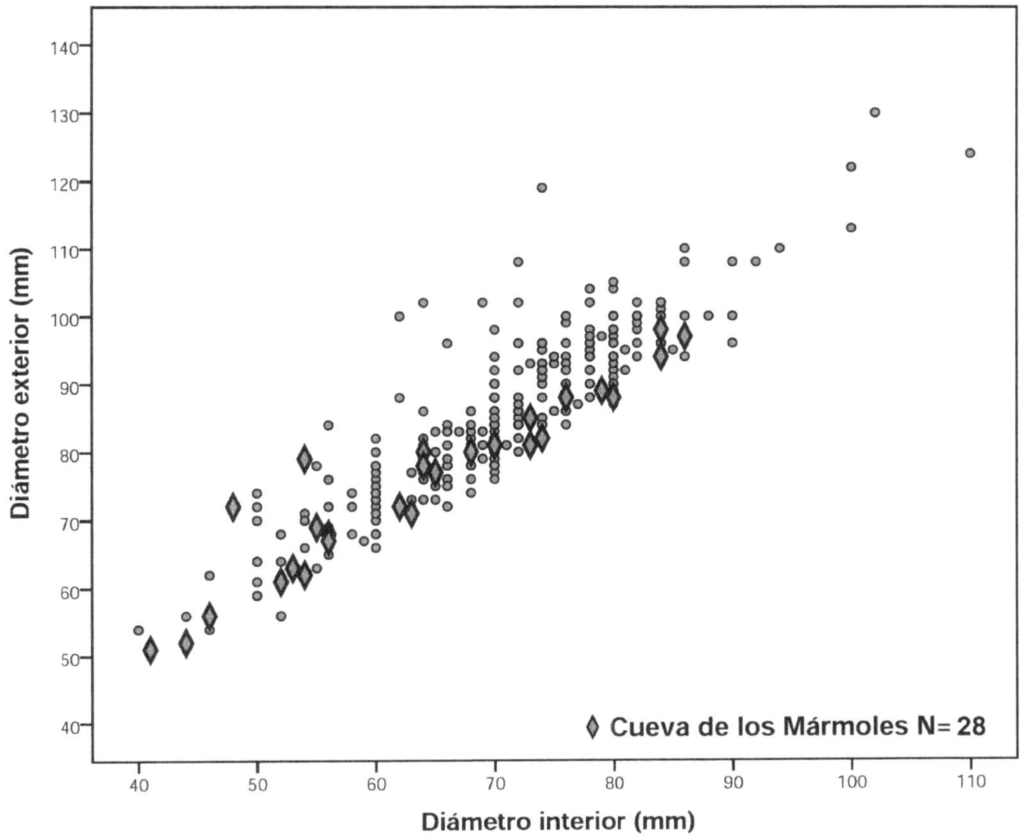

Figura 152. Relación entre el diámetro exterior e interior y distribución en los brazaletes acabados de la Cueva de los Mármoles (Priego de Córdoba)

de la cavidad no es muy potente, pero en la parte central puede llegar a 1,5 m de profundidad. A nivel morfológico, destacan tres grandes bloques caídos de la techumbre al igual que la ausencia de formaciones estalagmíticas, salvo dos coladas de pequeño tamaño (Fig. 154: 1 y 2).

La Serreta fue descubierta por el Servicio de Exploraciones e Investigaciones Subterráneas de la Diputación Provincial de Murcia en el año 1972 (Sánchez 1975). Desde su descubrimiento las pinturas rupestres han sido el principal objeto de estudio en múltiples trabajos sobre la cavidad (Sánchez 1975; San Nicolás del Toro 1980; 1985; García del Toro 1988; Mateo 1996; 1997), hasta la publicación de los primeros materiales arqueológicos de prospección por uno de los firmantes de este trabajo (Salmerón 1989). Las primeras actuaciones arqueológicas se llevaron a cabo con motivo del cerramiento de la entrada y la colocación de una escalera metálica para acceder a la sala principal. Estos sondeos permitieron tener una valoración inicial de la secuencia de la cavidad, entre las fases documentadas, destacaban los materiales neolíticos (Martínez Sánchez 1996). Tras estos trabajos iniciales se llevaron a cabo el grueso de las actuaciones arqueológicas centradas en la ocupación neolítica y romana de la cavidad (Salmerón 1993; 1994; 1995a; 1995b; 1996; 1997; 1999).

En definitiva, la secuencia estratigráfica señala una ocupación prolongada que se iniciaría durante el Neolítico, con fases de la Edad del Cobre y Bronce difícil de definir a excepción de dos elementos metálicos: una punta tipo Palmela y un puñal, así como, ciertas formas cerámicas abiertas. Las fases históricas de la cavidad se inician con una vivienda de época romana del siglo III d.C. (Fig. 154:2), y finalmente una ocupación medieval islámica de los siglos X al XII.

El periodo que ha aportado una mayor documentación y del cual nos vamos a ocupar en este trabajo es el Neolítico. En el extremo sur de la cavidad se han hallado dos estructuras excavadas en la terra rosa estéril, que constituye un pavimento allanado artificialmente, amortizadas con un relleno de materiales cerámicos, útiles macrolíticos, elementos en sílex, cuarcita, y semillas de trigo y cebada. En el inmediato entorno de estas estructuras excavadas, a menos de tres metros hacia el sureste, se documentó también la existencia de dos hogares; otras estructuras excavadas de pequeño tamaño, que podrían interpretarse como reposaderos para vasijas o para soportar alguna estructura orgánica y un pulidor in situ (Fig. 154:3).

El material cerámico presenta un alto índice de fragmentación. Las formas de las vasijas son de tendencia globular con bordes entrantes y rectos, estando también representados los cuencos hemisféricos y otras vasijas con formas abiertas. El tamaño de los recipientes es medio y grande. Los labios de los bordes son generalmente redondeados, planos y semiplanos, también presentan en ocasiones formas biseladas y redondeadas-apuntadas. La mayoría de las cerámicas están sin decorar y algunas podrían corresponder a un momento posterior al Neolítico. Sin embargo, los recipientes cerámicos decorados sí tienen una clara atribución neolítica: estos presentan decoraciones incisas, impresiones, ungulaciones, cordones con digitaciones y ungulaciones, además de algunas decoraciones a la almagra. Los diseños forman generalmente zig-zags, líneas paralelas verticales y motivos de series de impresiones (Fig. 155).

Los elementos líticos de sílex están constituidos por lascas, perforadores, láminas (muy pocas de ellas retocadas) y geométricos (triángulos, crecientes y trapecios) de gran formato. Destaca en el conjunto artefactual los materiales macrolíticos (percutores, martillos, pulidores, abrasivos, etc.), así como núcleos y lascas de cuarcita sin retocar. Los útiles en hueso no son muy abundantes, esencialmente punzones sobre metápodos de ovicápridos y astillas de huesos largos.

Los adornos están ampliamente representados y constituidos por cuentas de collar discoidales de caliza, dolomía y concha; cuentas tubulares sobre hueso; conchas perforadas (*Columbella rustica*, *Conus mediterraneus*, *Cerastoderma edule* y *Glycymeris glycymeris*); así como brazaletes de concha (*Glycymeris glycymeris*) y piedra.

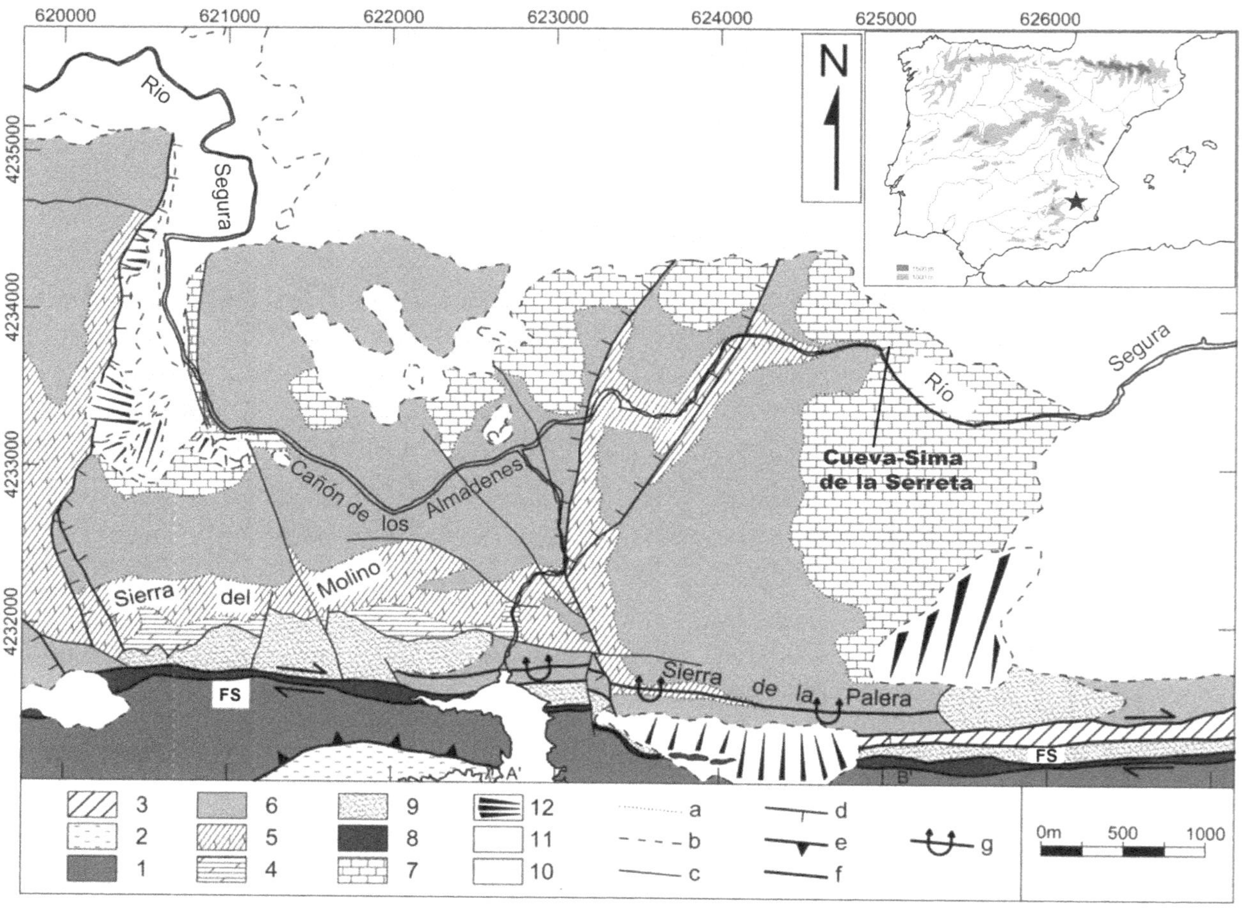

Figura 153. Localización geográfica de La Serreta y su contexto geológico. (1) yesos, areniscas y limonitas del Triásico y calizas del Cretácico Inferior (2) marga, (3) arenas y conglomerados del Cretácico Superior (4) dolomía estructuradas (5) dolomía estratificada, (6) dolomía sin estructuras, (7) caliza; (8) caliza del Eoceno, (9) conglomerados del Mioceno Medio, caliza y margas bioclásticas; (10) calizas del Mioceno superior; calizas y margas bioclásticas del Cuaternario (11) conglomerado, (12) Conos de deyección (a) contacto estratigráfico, (b) discordancia, (c) fallas menor, (d) fallas normales, (e) fallas inversas, (d) falla de desgarre; FS= Falla de Socovos (Martínez-Sevilla y Salmerón 2014)

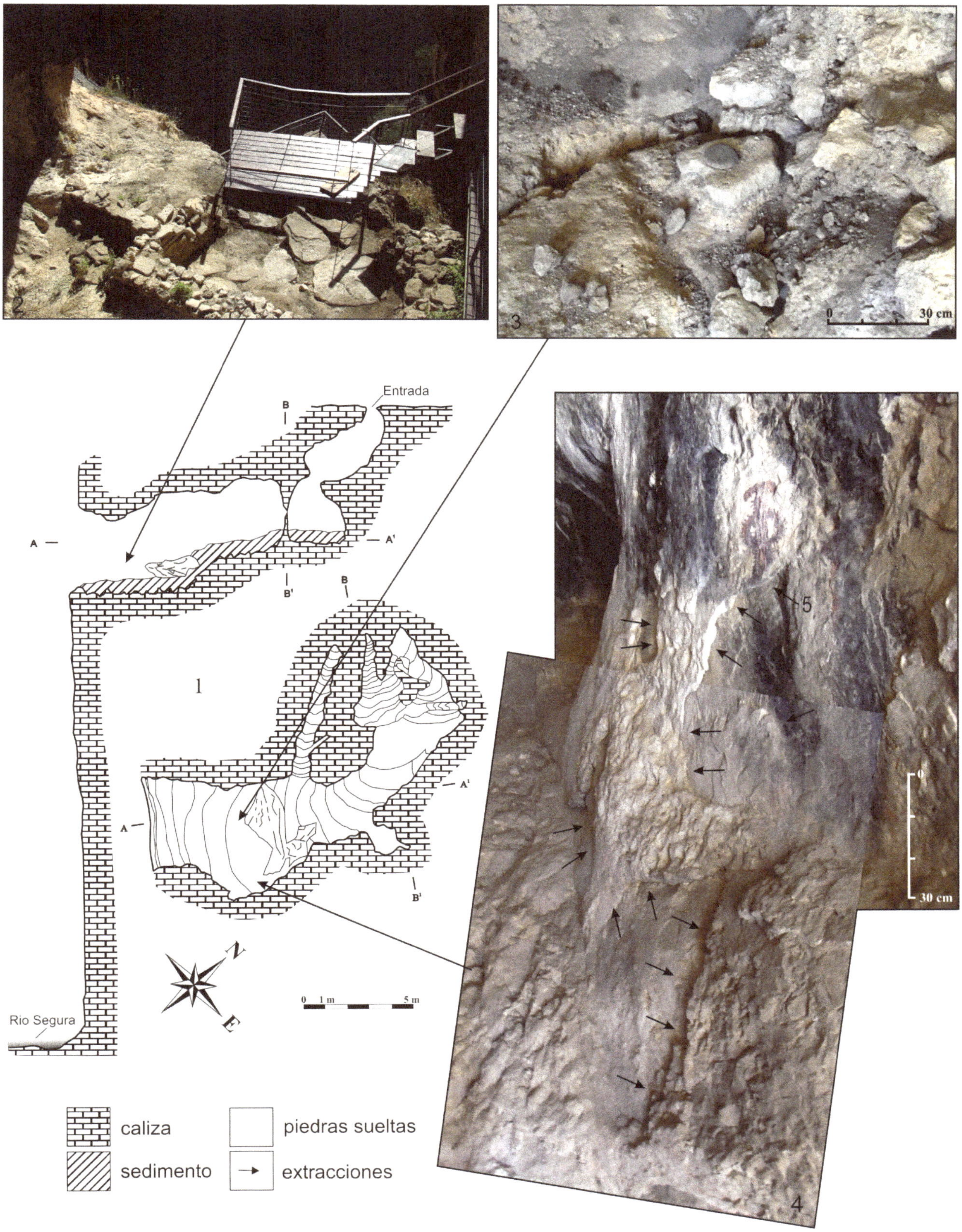

Figura 154. Cueva-Sima de la Serreta: 1. Planta y sección; 2. Vista desde el interior hacia el Cañón de los Almadenes; 3. Área de producción de brazaletes y pulidor in situ; 4. Pintura rupestre y restos de cantería en una de las paredes de la cavidad; 5. Detalle de la destrucción de la pintura por la extracción de caliza

Figura 155. Cerámicas decoradas pertenecientes a los niveles neolíticos de La Serreta: 1. Vasija de almacenamiento con decoraciones impresas en espiga y digitaciones; 2. Vasito con decoración impresa con matriz circular; 3. Vasija globular con decoraciones incisas en espiga, cordones con incisiones y ungulaciones; 4. Vasija globular con decoraciones impresas en espiga; 5. Cordones con incisiones; 6. Cordones con digitaciones

La adscripción cronológica de la ocupación neolítica de la cavidad, a falta de dataciones absolutas, se ha realizado a partir de la caracterización de la cultura material. La Serreta forma parte de la veintena de yacimientos neolíticos que se distribuyen por la Región de Murcia, pero la mayoría de ellos se conocen por materiales de prospección, siendo difícil establecer la secuencia cultural de las poblaciones neolíticas de esta área. Entre estos yacimientos hay que referenciar el Abrigo Grande II del Barranco de los Grajos (Cieza), por la presencia de cerámica cardial indicativa de momentos del Neolítico Inicial y la existencia de varias dataciones absolutas, aunque estas son excesivamente altas (Walker y Cuenca 1977); y los antes analizados, Abrigos del Pozo (Calasparra) situados a menos de 4 km de La Serreta en el mismo cañón de los Almadenes. La fase neolítica de Los Abrigos del Pozo fue definida como los niveles V y VI, de este último, se obtuvo una datación sobre carbón vegetal de entre el 5476-4941 cal. a. C. El material neolítico está formado por cerámica, elementos de sílex, cuarcita y tres fragmentos de brazaletes de caliza en proceso de elaboración. Los recipientes cerámicos son de tendencia globular, mayoritariamente sin decorar y aquellas que presentan decoraciones son incisas, acanaladas e impresiones con instrumento y ungulaciones (Martínez Sánchez 1994). El registro material de La Serreta puede ser coetáneo con el de Los Abrigos del Pozo, teniendo en cuenta la proximidad y la similitud tanto en el tipo de materiales como las técnicas y estilos decorativos de las cerámicas.

Los registros materiales expuestos nos permiten situar la ocupación neolítica de La Serreta, según su materialidad, en el Neolítico Antiguo Epicardial que cronológicamente, a falta de dataciones absolutas, podría situarse entre mediados del VI y principios del V milenios a. C.

Los brazaletes de piedra, registro y materia prima

El conjunto material analizado en La Serreta está constituido por un total de 93 brazaletes, de los cuales 15 están acabados (Tab. 6), y el resto (78), se encuentran en diferentes fases del proceso de elaboración, bien fracturados o abandonados (Tab. 7). De igual forma, se han estudiado las herramientas utilizadas en el proceso, de las cuales se muestra una selección atendiendo a su clasificación tecnofuncional. Los materiales arqueológicos estudiados han sido documentados en las diferentes prospecciones y excavaciones realizadas en la cavidad y actualmente se encuentran depositados en el Museo Arqueológico Medina Siyâsa de Cieza (Murcia).

El conjunto de brazaletes en proceso de elaboración estudiado está compuesto por dos litologías, 72 piezas son caliza blanca micrítica y 7 de dolomía de color gris y negra. Ambas litologías son de carácter autóctono y pertenecen geológicamente al Cretácico Superior. El sistema de abastecimiento documentado en el caso de las calizas es la extracción directa de la pared de la cavidad, mientras que las dolomías han podido igualmente recolectarse de un contexto geológico primario, pero la escasa representación podría indicar un aprovechamiento esporádico de los depósitos aluviales del río Segura. Los 15 brazaletes acabados, usados y fragmentados muestran varias litologías diferentes: 9 son calizas micríticas de la cavidad; 2 de caliza gris; 2 de mármol; 1 de esquisto y 1 indeterminado.

Las técnicas y la cadena operativa

Desde la primera publicación de materiales arqueológicos de La Serreta ya se atisbó la presencia de fragmentos de brazaletes en proceso de elaboración (Salmerón 1989). En los siguientes trabajos sobre la cavidad se hizo patente este hecho afirmándose que "aunque no ha sido documentada un área específica dentro de la cavidad dedicada a la fabricación de estos elementos de adorno, la presencia de estos objetos permite inferir la existencia de un taller y documentan el proceso de trabajo requerido hasta adoptar su forma definitiva" (Martínez Sánchez 1996, 54). En las excavaciones posteriores se localizaron estratos de las ocupaciones neolíticas y una zona relacionada con el trabajo de elaboración de brazaletes. Esta asignación funcional viene dada por varias razones: la presencia de un pulidor o abrasivo de arenisca in situ (Fig. 154:3); una acumulación de esbozos de brazaletes en diversas fases para su posterior transformación (Fig. 156); y la existencia de múltiples desechos y útiles empleados en esta actividad. El registro material neolítico está relacionado mayoritariamente con la fabricación de brazaletes de piedra, de ahí que podamos afirmar la existencia de un taller artesanal destinado a esta producción.

El trabajo de cantería se ha documentado principalmente en la pared Este de la cavidad. Las huellas que se conservan en esta zona indican que la extracción pudo llevarse a cabo con percusión directa mediante un percutor de piedra y ayudándose de cuñas o palancas, aprovechando los planos de sedimentación de las calizas (Fig. 154:4). Las características de homogeneidad y su composición de grano fino favorecen la extracción de grandes lascas o lajas de caliza que posteriormente son talladas. Además de la información técnica sobre el abastecimiento hay que señalar varias cuestiones en relación a la zona donde se efectuaban los trabajos de cantería. Por un lado, la cantidad de roca extraída indica un uso prolongado de este taller de brazaletes y una mayor producción de la que se deduciría a partir de otros restos materiales. Por otro lado, la extracción de caliza está relacionada con uno de los motivos esquemáticos, llegando incluso a destruir parte de la pintura (Fig. 154:5), fechando de forma indirecta el motivo en un momento anterior o sincrónico a la propia artesanía de los brazaletes.

El conformado de las preformas se realiza mediante percusión directa con percutor duro y el método empleado es la talla bifacial alternante como puede observarse en las secciones de las piezas 1, 2 y 3 (Fig. 156). Los elementos relacionados con la percusión (percutores) están ampliamente representados. Su materia prima es variada, desde rocas masivas como las ofitas hasta cantos rodados de cuarcita (Fig. 157:1 y 2) y caliza (Fig. 157:3). Son generalmente de morfología esférica u oblonga y las trazas de trabajo sobre las superficies activas están formadas por percusiones reiterativas y algunos levantamientos producto de la percusión. Hay que destacar dentro de este grupo algunos útiles polifuncionales, que se han utilizado para aplicar varias técnicas, como es el caso del percutor 3 (Fig. 157) usado para la percusión y la abrasión. Durante esta fase de talla se configuran formas circulares sobre las que se seguirá trabajando con otro tipo de técnicas más delicadas.

En La Serreta, a diferencia de otros talleres estudiados, no se utiliza el abujardado para la regularización de las preformas sino la abrasión de ambas caras (Fig. 158:1, 2 y 3). Esto es debido a que el abujardado es una técnica que se emplea preferiblemente en materiales con una textura cristalina (mármol o dolomías metamorfizadas) o clástica (areniscas, conglomerados, etc.) que requieren de esta labor. Sin embargo, la materia prima usada en La Serreta no permite aplicar esta técnica, pues se trata de calizas y dolomías lodosas de grano muy fino (micríticas). La abrasión se lleva a cabo con un bloque de arenisca (Fig. 163:1). Estos útiles se han localizado en la cavidad, siendo varios y de diversos tamaños, pero destaca uno ubicado in situ, su situación cercana a los desechos de brazaletes, a las preformas almacenadas y sus trazas de uso lo relacionan directamente con esta actividad (Fig. 154:3). El trabajo de abrasión se realiza longitudinalmente al eje del abrasivo o pulidor y genera huellas paralelas en la superficie de las preformas (Fig. 158:2A), en los casos en los que se invierte el eje de la preforma las huellas paralelas se entrecruzan de manera caótica (Fig. 158:3B). El gran número de lascas y núcleos de cuarcita documentados habría que ponerlos en relación con la abrasión. Estas lascas se transforman en arenas abrasivas mediante el triturado, ya que las arenas que se localizan en las inmediaciones del taller son de origen sedimentario y no abrasivas. Una vez regularizadas las caras y los bordes de la pieza, se incide en la parte central de la preforma formando dos concavidades enfrentadas que preparan la pieza para la posterior perforación (Fig. 159:1 y 2).

El reconocimiento arqueológico de las técnicas de perforación para la elaboración de brazaletes es complicado, ya que en la mayoría de los casos sólo quedan pruebas indirectas de ello o son deducidas a través de la propia lógica tecnológica. Una de las piezas en proceso documentadas en La Serreta (Fig. 160:1) junto con varios perforadores en sílex indicaría el uso del taladro para realizar el orificio (Fig. 160:2, 3, 4 y 5).

El ensanchado del orificio central se realiza mediante dos procedimientos: con percusión indirecta en los primeros momentos y finalmente con presión. El trabajo de percusión indirecta se ejecuta con un candil de ciervo, probablemente enmangado. Este útil ha sido identificado en el yacimiento, y presenta un tratamiento térmico de la punta con fuego y marcas de impactos reiterados (Fig. 157:4). La percusión se efectúa en el orificio antes creado con una dinámica de trabajo circular a esta abertura y alternante en ambas caras de la pieza (Fig. 161:1). De esta forma se van extrayendo pequeñas lascas y agrandando el contorno interior, las trazas de este proceso son fáciles de identificar y están formadas por pequeños levantamientos alternantes (Fig. 161:1A y B). Una vez ampliado el diámetro de la abertura con percusión indirecta se continúa trabajando con presión, técnica más delicada y que permite tener un mayor control de la pieza. Así se acaba regularizando la parte interior del brazalete y la prepara para la abrasión posterior (Fig. 161:2). La presión debió realizarse con un elemento apuntado, como un candil de ciervo, a tenor de las huellas de las piezas arqueológicas, constituidas por levantamientos continuos de menor tamaño a los generados con la percusión indirecta (Fig. 161:2B y C).

La abrasión y regularización del interior del brazalete es la técnica que en el taller de La Serreta muestra características propias con respecto al resto de talleres conocidos hasta el momento. En otros talleres, como la cueva de Los Mármoles o La Molaina, la abrasión interior siempre es perpendicular al eje del brazalete con marcas paralelas (Fig. 162:2). Por el contrario, en La Serreta aparece una nueva técnica, la abrasión circular interior, que genera marcas paralelas longitudinales al eje del brazalete (Fig. 162:1). Este procedimiento es propio de este taller y, aunque posiblemente se trate de una innovación desarrollada en él, aparecen piezas elaboradas con ambas técnicas.

La abrasión paralela se lleva a cabo con un abrasivo de forma alargada u oblonga (Fig. 163:3) y se trabaja friccionando de fuera hacia adentro alrededor de la pared interior del brazalete. La pieza en este proceso siempre se sujeta con la mano y se va moviendo simultáneamente respecto al abrasivo, por lo que la falta de control sobre la presión ejercida puede producir roturas fácilmente. Sin embargo, la abrasión circular se realiza con un abrasivo de arenisca de forma cónica que permanece estático ante el trabajo, siendo en este caso el brazalete el que rota sobre su propio eje (Fig. 163:2). La presión en este caso se realiza en toda la superficie interior siendo más controlada. El estudio detallado del abrasivo ha permitido reconocer diversas marcas de fricción en su superficie, indicando el proceso de reducción continuo del interior del brazalete, también se han reconocido residuos endurecidos por el uso de agua para la abrasión y una parte abujardada aplanada en la base para su fijación (Fig. 168).

Tanto los test experimentales como el registro arqueológico indican que la abrasión circular tiene un índice de fractura más bajo que la abrasión paralela. Esto se debe, como hemos expuesto en el párrafo anterior, a que la abrasión circular se realiza una presión sobre la mayor parte de la superficie interior del brazalete y es más controlada, mientras que la abrasión paralela se restringe a un único punto de fricción produciendo la fractura por tensión de la pieza. La abrasión interior se va alternando con la abrasión de la parte exterior de la pieza y se configura de forma tosca el brazalete.

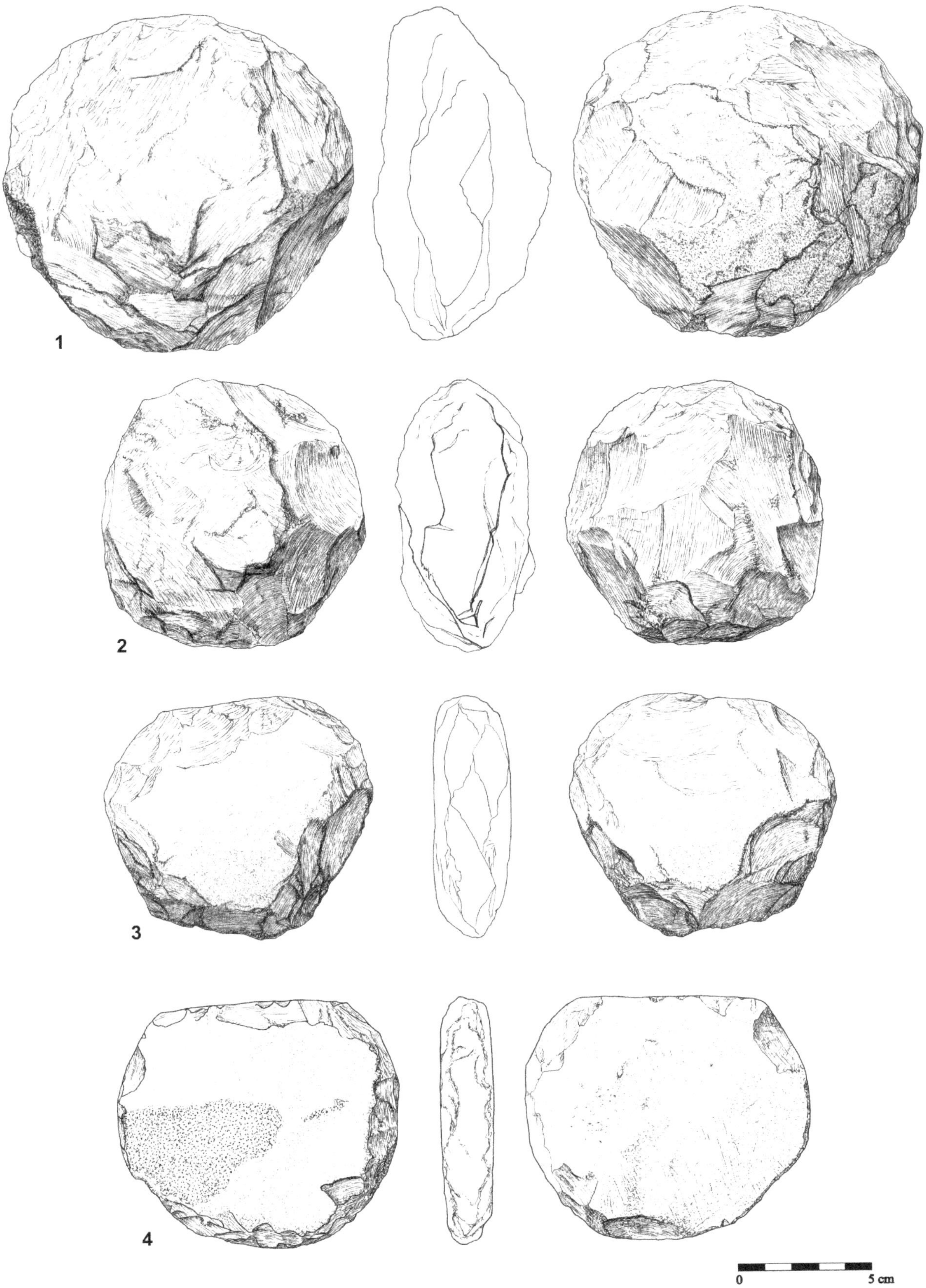

Figura 156. Preformas de brazaletes: 1 y 2. Talladas; 3 y 4. Talladas y regularizadas mediante abrasión de sus caras de La Serreta (Cieza, Murcia)

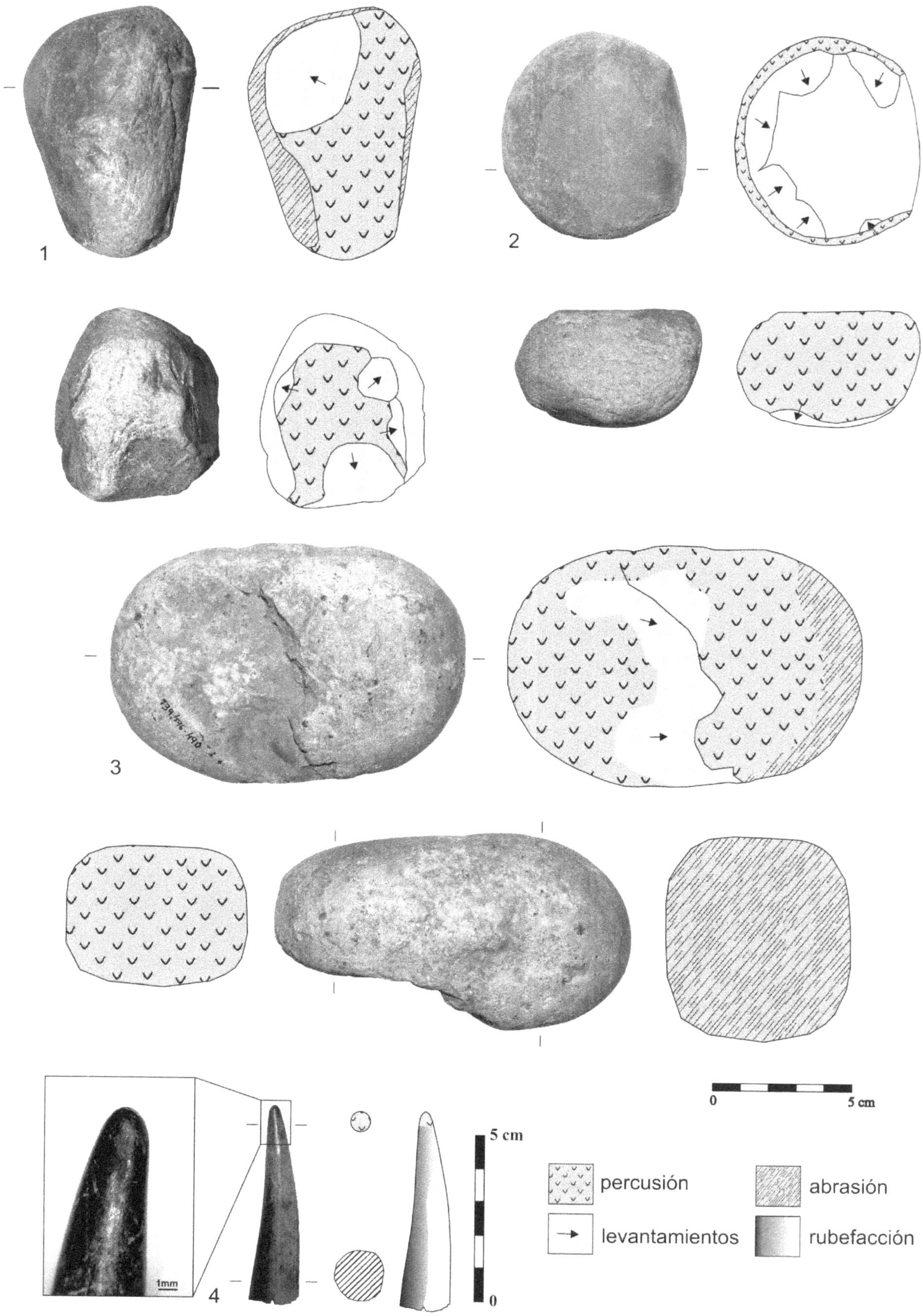

Figura 157. Útiles empleados en trabajos de percusión y perforación en de La Serreta (Cieza, Murcia): 1 y 2. Percutores de cuarcita; 3. Percutor de caliza; 4. Candil de ciervo

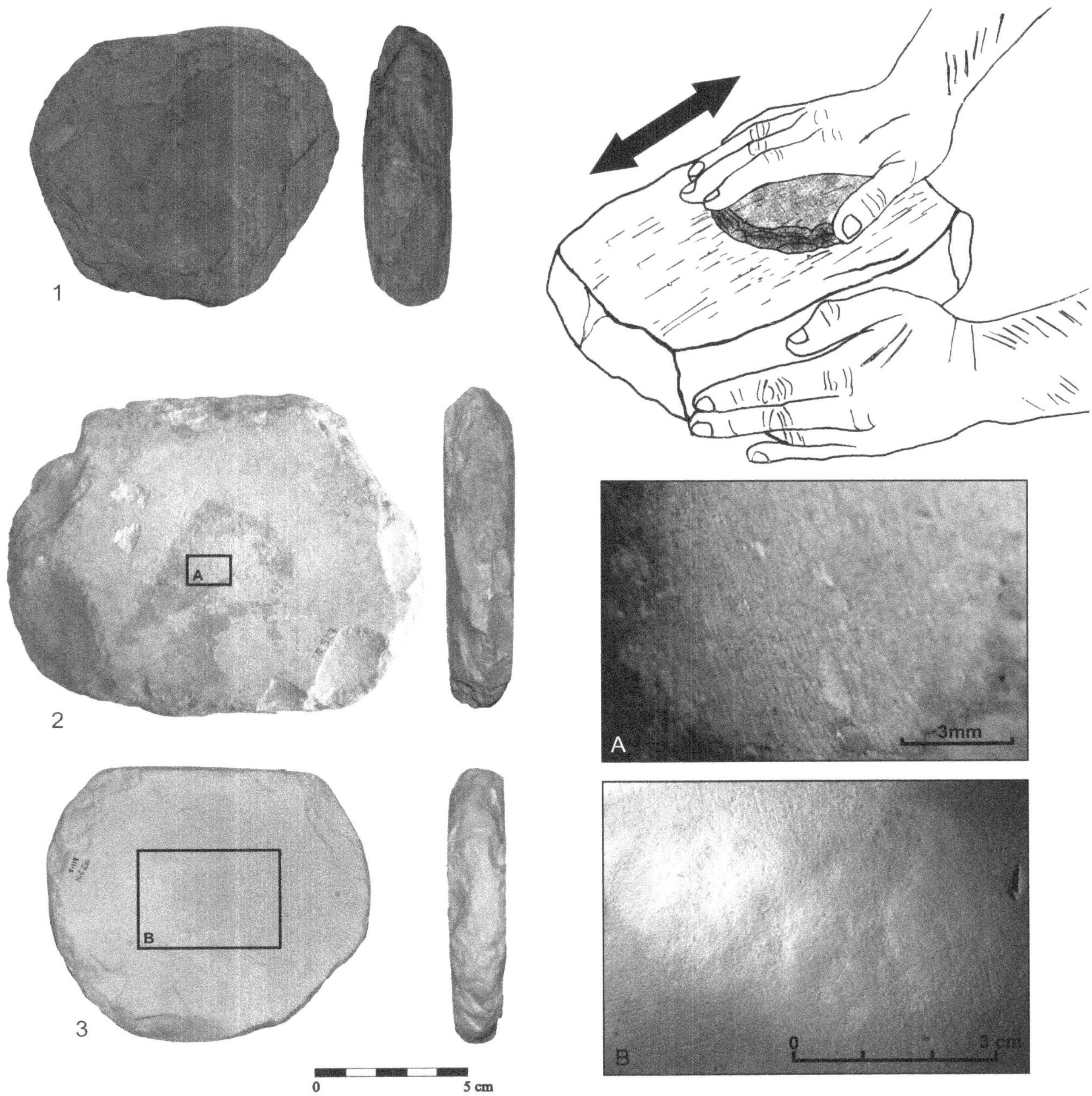

Figura 158. Preformas de brazaletes, huellas técnicas y reconstrucción del gesto técnico de La Serreta (Cieza, Murcia): 1, 2 y 3. Regularización exterior mediante abrasión

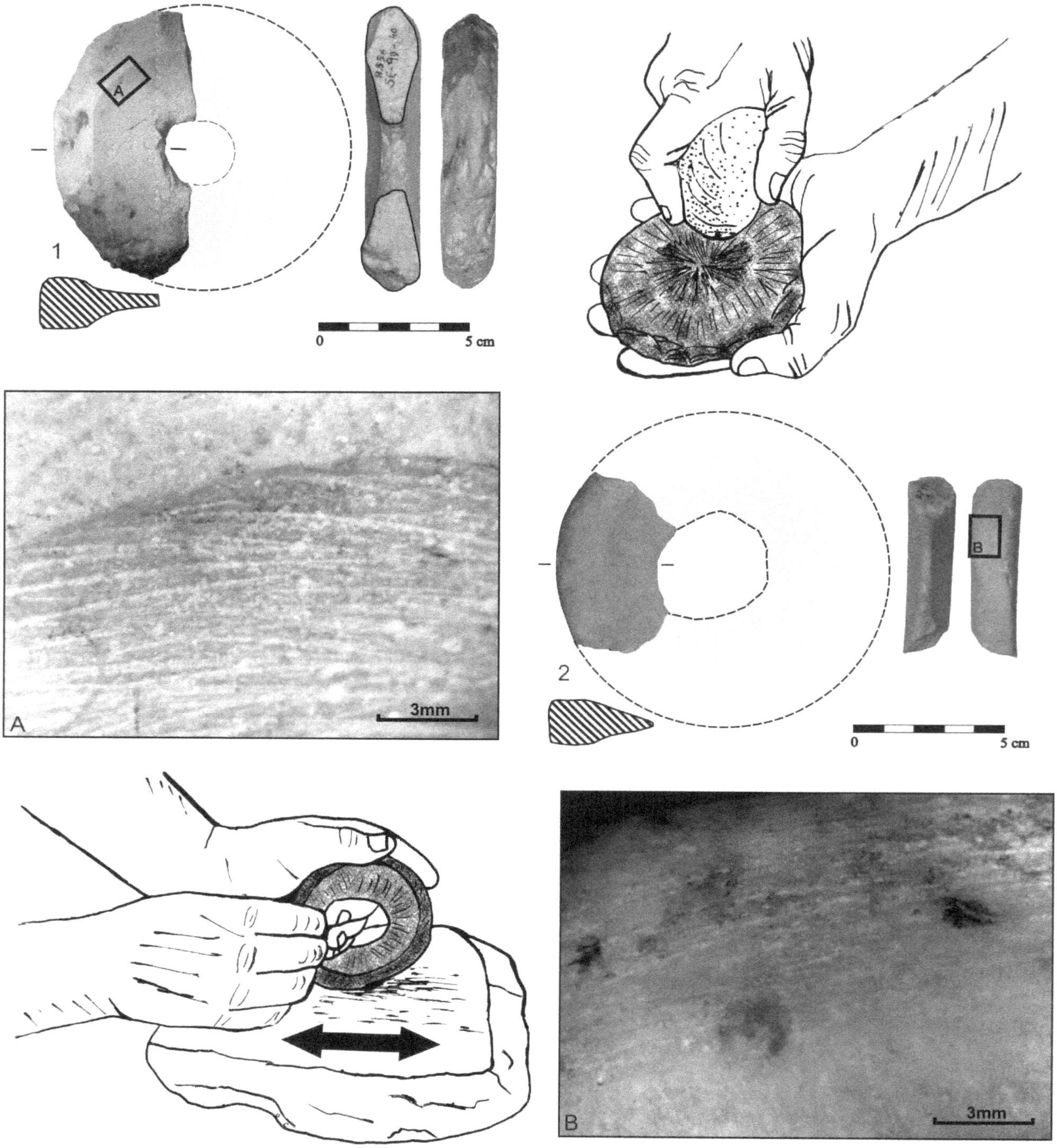

Figura 159. Preformas de brazaletes, huellas técnicas y reconstrucción del gesto técnico de La Serreta (Cieza, Murcia): 1 y 2. Creación de la concavidad y regularización exterior mediante abrasión

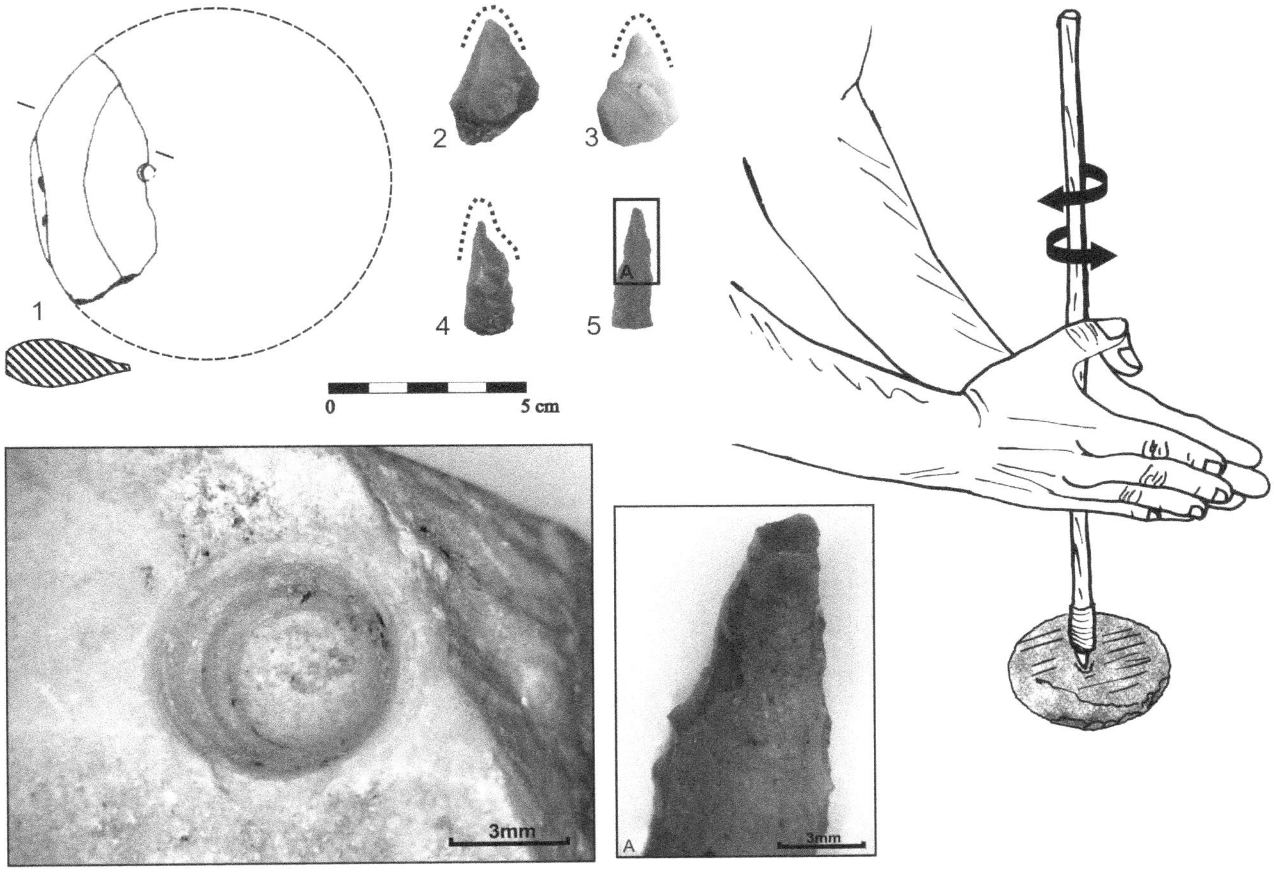

Figura 160. Reconstrucción del gesto técnico de perforación de La Serreta (Cieza, Murcia): 1. Preforma con perforación central; 2, 3, 4 y 5. Perforadores de sílex

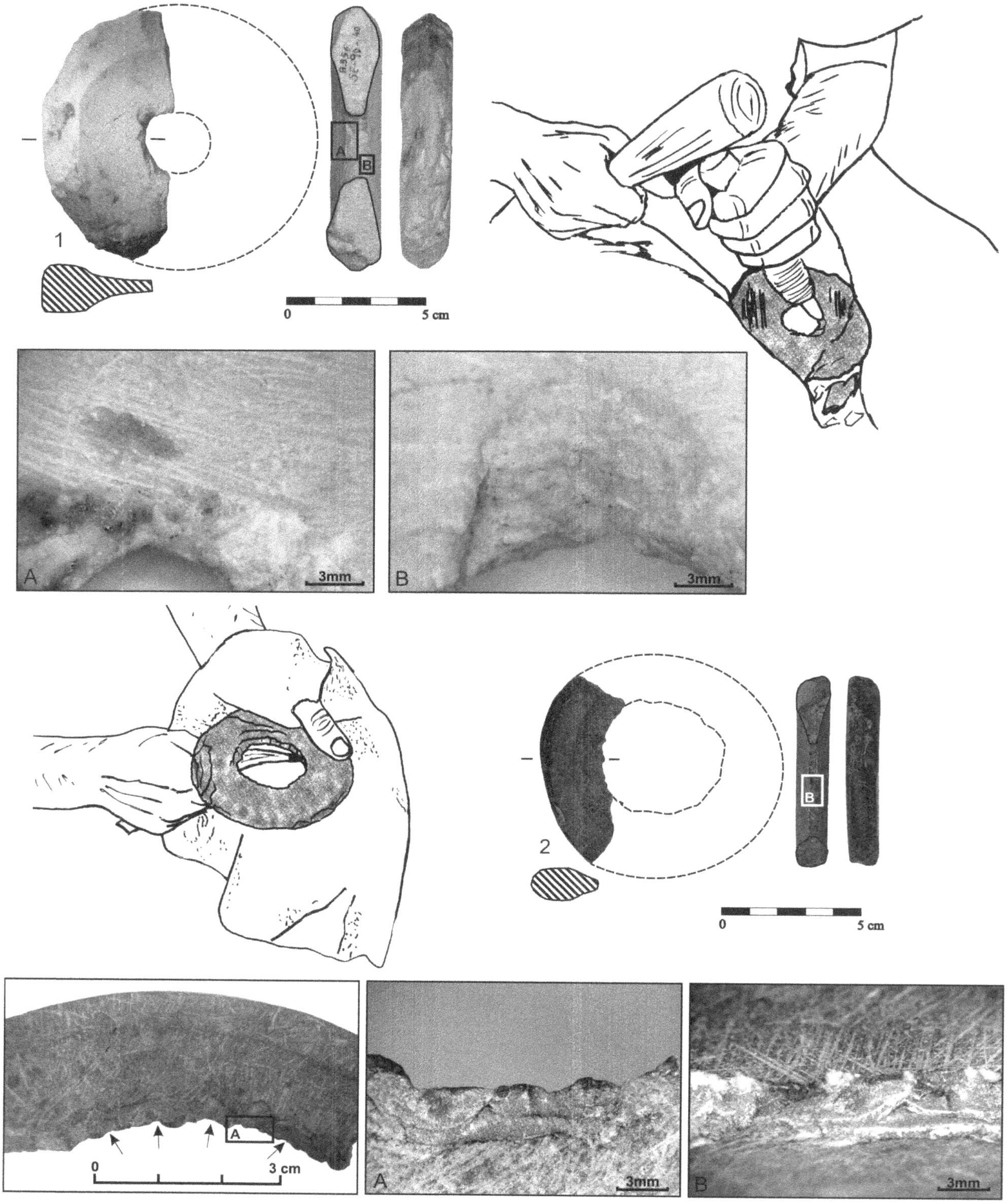

Figura 161. Reconstrucción del gesto técnico de percusión indirecta y presión de La Serreta (Cieza, Murcia): 1. Preforma con orificio interior ensanchado por percusión directa; 2. Preforma con orificio interior ensanchada con presión

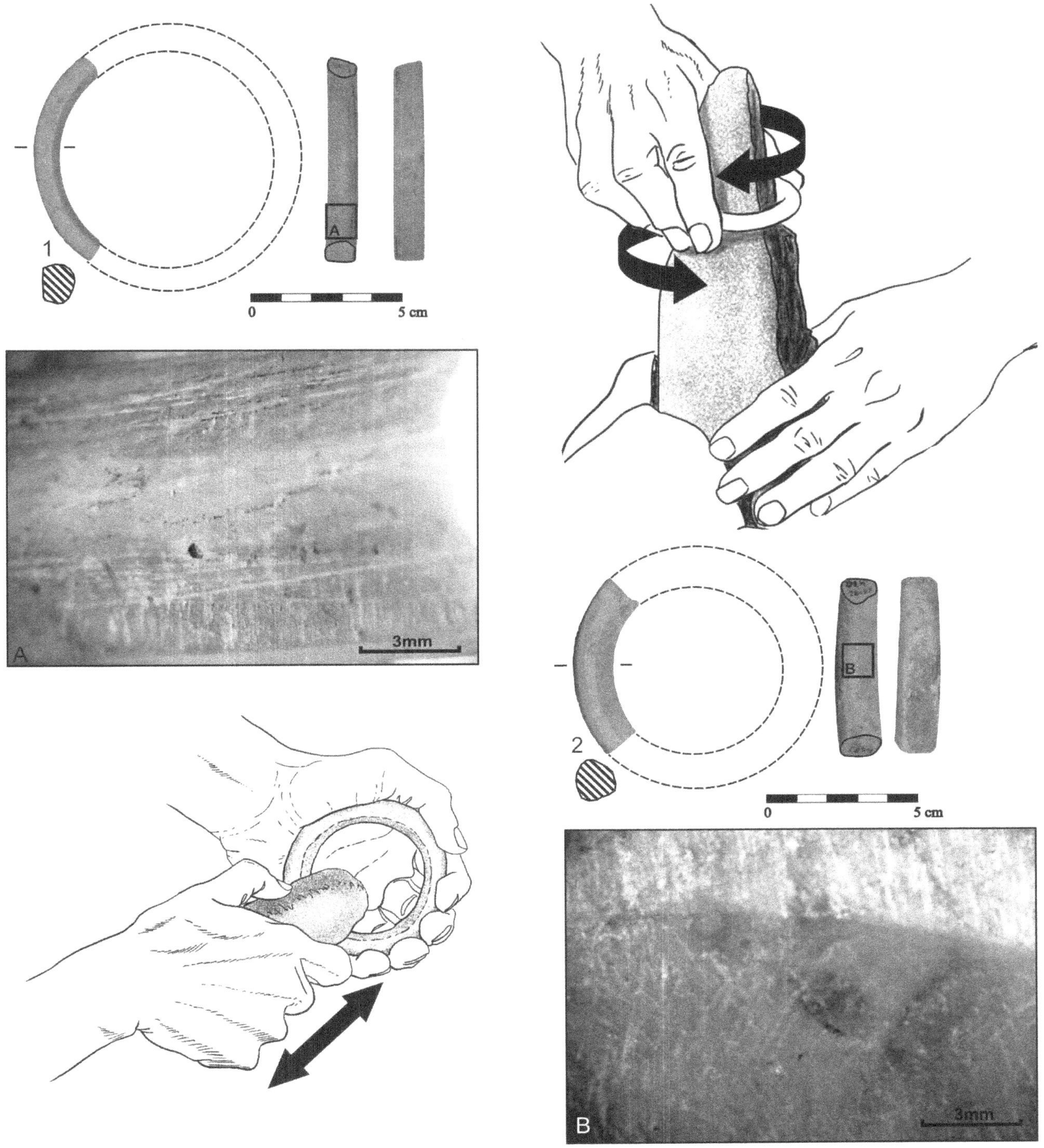

Figura 162. Reconstrucción de los gestos técnicos de abrasión interior de La Serreta (Cieza, Murcia): 1. Abrasión interior circular; 2. Abrasión interior paralela

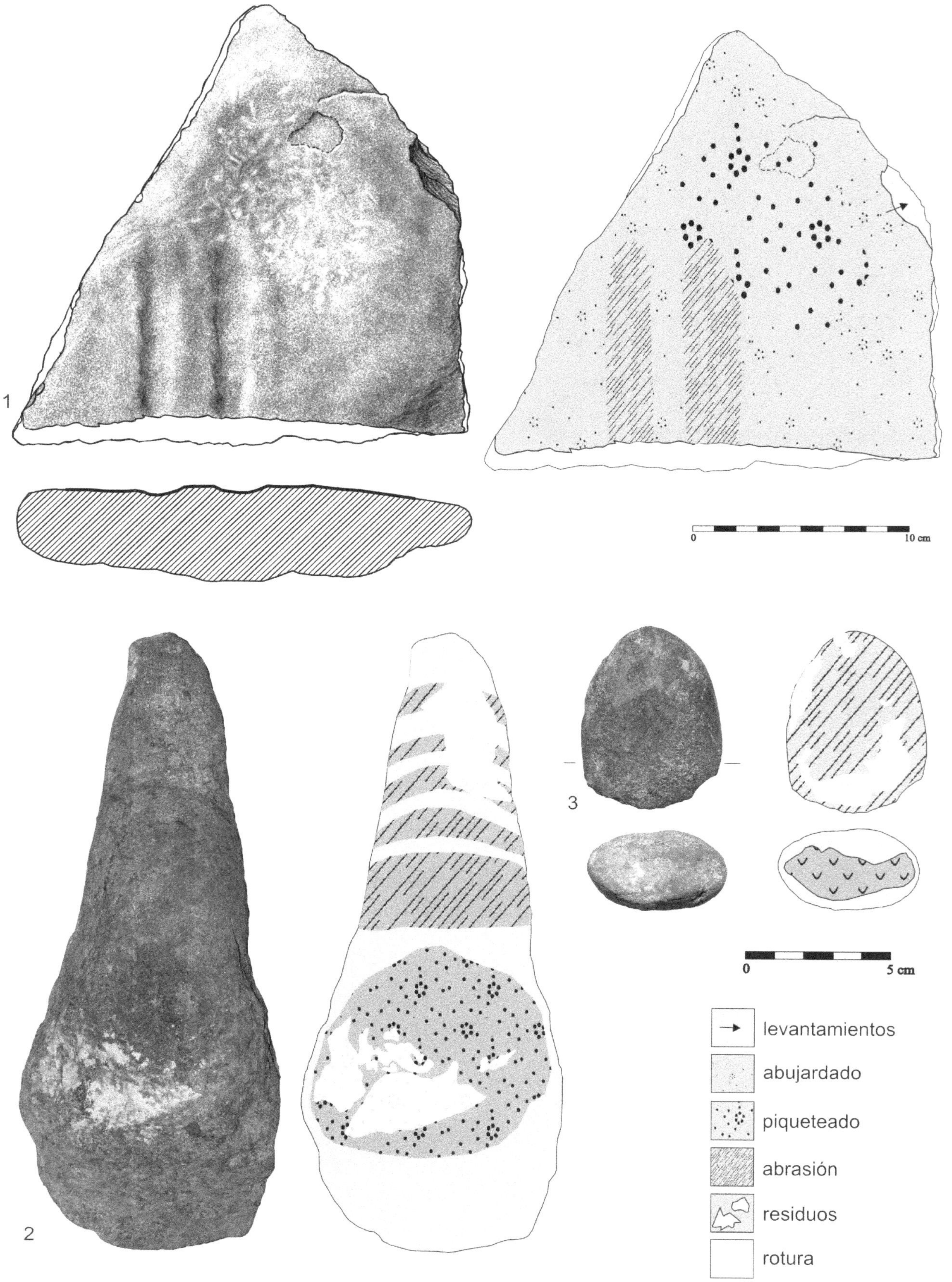

Figura 163. Útiles empleados en trabajos de abrasión de La Serreta (Cieza, Murcia): 1. Pulidor de calcarenita con ranuras de abrasión; 2 y 3. Pulidores de arenisca

Tiempo, accidentes y artesanos

Una de las cuestiones que más interés despierta desde nuestra óptica presente es: ¿cuánto tiempo se emplea en elaborar un brazalete? pero seguramente, la pregunta relevante sea: ¿verdaderamente el tiempo invertido en la fabricación de un objeto es importante para las sociedades del pasado? probablemente no; y el problema radique en el planteamiento de ese tipo de cuestiones desde una sociedad como la nuestra, donde la producción está sometida a estándares como "menor tiempo = menor valor" y viceversa. Estos dos problemas son de difícil solución, por ello, vamos a intentar exponer las valoraciones que se pueden dilucidar a través del registro arqueológico y la experimentación sobre estas problemáticas.

A la hora de resolver la cuestión del tiempo empleado en la producción quizás el medio más acertado sea la experimentación, siempre conscientes de los problemas y límites que puede generar la comparación de procesos tan distantes en el tiempo y habilidades artesanales seguramente tan dispares. Las experimentaciones realizadas hasta el momento pueden ser de gran ayuda ya que se han realizado siguiendo un protocolo exhaustivo de documentación arqueológica y etnográfica.

Los brazaletes que aparecen en La Serreta son tecnotipológicamente estrechos. En los ensayos experimentales, precedidos de múltiples experiencias previas, se mensuró tanto el tiempo empleado en la manufactura de los brazaletes como el volumen de material que se eliminaba en cada fase de cara a comparar ambas producciones. En el tiempo empleado en la elaboración de un brazalete estrecho influyen múltiples variables: la materia prima, la destreza, la calidad de los útiles etc., y en nuestro caso se emplearon tiempos comprendidos entre las 6 y 3 horas (Martínez-Sevilla y Maeso 2009; 2011). Esto hecho, arqueológicamente, no se puede contrastar, pero sí la comparación de la volumetría de las diferentes fases del proceso de elaboración (experimental y arqueológico) que puede mostrarnos la analogía tecnológica de ambas producciones (Fig. 164). El volumen se midió, como hemos descrito en la parte metodológica según diferentes procedimientos. La primera fase de reducción de la preforma tallada es el momento en el que más roca se elimina, seguido de la configuración de las concavidades enfrentadas y ambos pasos se corresponden con los trabajos de abrasión. En el resto de las fases, que son más progresivas y graduales, se elimina poco material. Esta comparación tiene sus límites, ya que se trata de una emulación hecha desde el presente y los métodos de medición pueden generar errores, aunque la correlación entre ambos procesos es clara y reafirma que la reconstrucción de la cadena operativa es correcta.

La cuantificación de los restos arqueológicos de un mismo producto y su división en realidades dinámicas puede ayudarnos a comprender el funcionamiento de un taller y la forma de trabajar de los artesanos. El gráfico de barras (Fig. 165) muestra la cadena operativa (Pelegrin *et al.* 1988) (deducida a través de estos desechos y de productos usados y amortizados). Los accidentes o los índices de fractura dentro del proceso pueden igualmente ayudarnos a comprender el proceso productivo y sus dificultades. Del conjunto de 93 brazaletes estudiados, las piezas fracturadas son 78 (84% del total), lo que demuestra que se trata de una artesanía con un alto número de accidentes y que se ha constatado también experimentalmente. Los accidentes dentro del proceso general de elaboración son desiguales según las técnicas: mientras que la percusión indirecta y la presión poseen un alto índice de fractura, la fase en la que más roturas se producen (45) es la reducción interior mediante abrasión paralela. Como ya se expuso más arriba, la abrasión interior circular posiblemente sea una

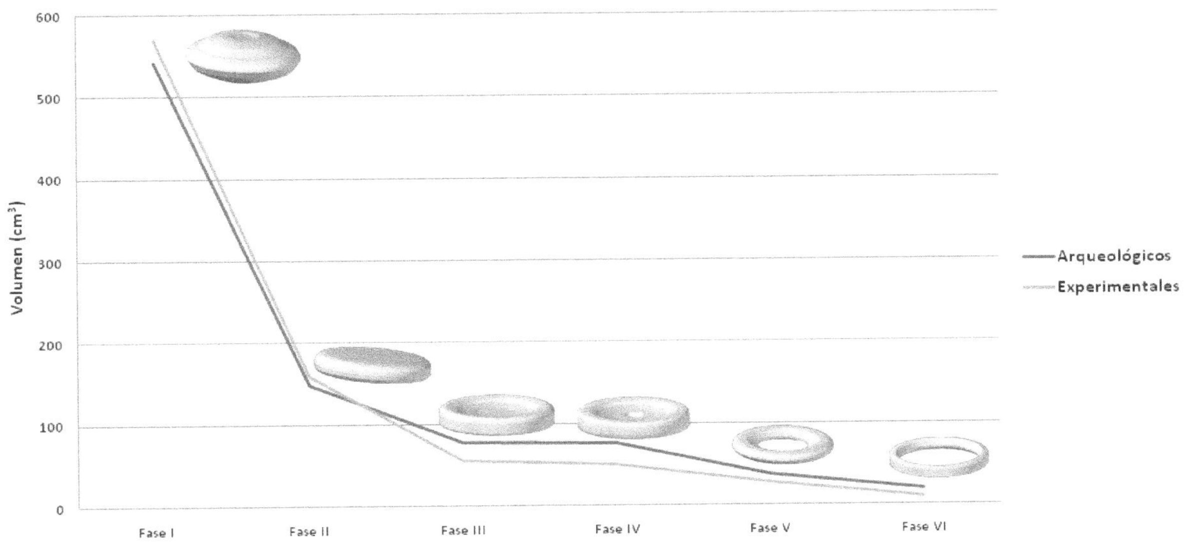

Figura 164. Reducción del volumen de las piezas en cada fase del proceso de elaboración de los brazaletes de piedra

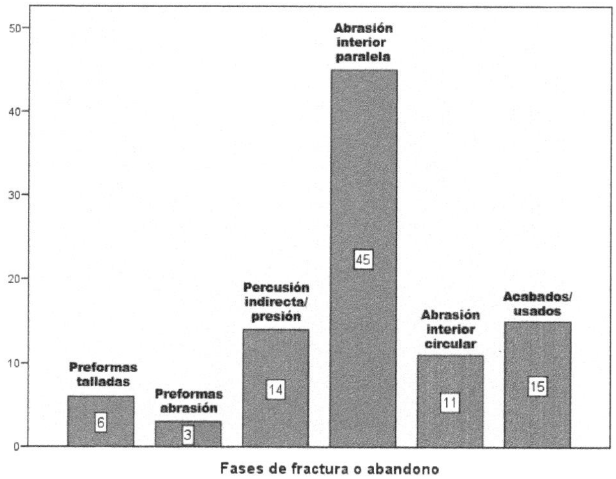

Figura 165. Restos de brazaletes de piedra y su distribución según su fase de rotura o abandono de La Serreta (Cieza, Murcia)

innovación tecnológica propia de este taller en reacción a esta dificultad.

Entre el registro material que estamos describiendo un grupo muy destacado es el constituido por las preformas preparadas para ser transformadas con posterioridad. En este conjunto se agrupan dos tipos de preformas: las talladas (6), en forma de disco solamente trabajadas mediante percusión (Fig. 156:1 y 2); y aquellas regularizadas mediante abrasión (3), sus caras y alguno de sus bordes están aplanados (Fig. 156:2, 3 y 4). Esto indica que todo el proceso no se realiza de forma continua, sino que las diversas fases se dividen en el tiempo (por lo menos las dos primeras) y en las que posiblemente interviniesen más de una persona en los trabajos; especialmente aquellos en los que se requiere de menor habilidad como la regularización de las preformas por abrasión y dejando las fases más delicadas a los artesanos experimentados. El hecho de que aparezcan estas preformas almacenadas y apiladas ordenadamente podría demostrar la intencionalidad de ser trabajadas en un futuro y ello se relaciona con el uso intermitente de la cueva, probablemente estacional para aprovechar otros recursos naturales de la zona.

El conjunto de brazaletes acabados

Los brazaletes acabados, usados y fragmentados, constituyen tan sólo el 16% del total (Tab. 6). Las 15 piezas muestran litologías diferentes: 9 son calizas micríticas de la cavidad; 2 de caliza gris; 2 de mármol; 1 de esquisto y 1 indeterminado. Esta variabilidad contrasta con aquellos en proceso de elaboración, entre los que sólo se han determinado dos litologías y ambas de carácter autóctono. Las piezas más destacadas son los mármoles, tanto por la tipología y el acabado como por la litología (Fig. 166:3). El análisis macroscópico de la materia prima indica que posiblemente se trate de mármol veteado procedente del complejo Nevado-Filábride y dentro de él a la Unidad de la Sabina (Puga 1976). Estos materiales junto con las conchas marinas que aparecen en La Serreta indicarían la circulación de materiales bien por la movilidad del grupo que ocupa la cueva o por relaciones con otros grupos humanos. La procedencia del resto de los brazaletes es más complicada de determinar. Las cuatro piezas de caliza micrítica que pertenecen a la cavidad fueron elaboradas en el mismo taller, según indican la materia prima, las marcas circulares en el interior (en algún caso) y la tipología.

Una característica que hay que destacar es la presencia de ocre en la parte interior de 6 de los brazaletes acabados. Estos restos no son intencionados, sino que se trata de residuos que se han adherido a la superficie del brazalete por el contacto con la piel. El procesado de ocre es otra de las actividades que se han documentado en la cavidad y que se ha relacionado con la preparación de los pigmentos para las pinturas rupestres ya que el triturado y la pulverización del ocre tiñe las manos de la persona que realiza este trabajo. Esta sería la solución más lógica que justifica la presencia de ocre en la parte interior de algunos brazaletes acabados: el portador del brazalete estaría procesando el ocre e indirectamente el colorante se adhirió al mismo. Este hecho pone en relación las actividades la producción de brazaletes y el procesado de ocre.

La tipología del conjunto de brazaletes acabado no difiere de los encontrados en otros contextos arqueológicos del Sur y el Levante de la península ibérica. El lañado de algunos de estos elementos es igualmente común a muchos yacimientos, en La Serreta aparecen dos brazaletes reparados: uno de mármol (Fig. 166:3) y otro de caliza elaborado allí mismo (Fig. 166:2). La reutilización de fragmentos de brazaletes para la elaboración de colgantes también es frecuente. El ejemplo que presentamos es un desecho de fabricación al cual se le ha intentado realizar una perforación para suspenderlo (Fig. 166:4). La mayoría de las reutilizaciones como colgantes se realiza sobre piezas usadas y amortizadas, en este caso, el brazalete que presentamos es un desecho de fabricación por lo que los intentos de perforación no están destinados a la reparación del mismo si no son un intento de elaboración de un colgante. Los diámetros interiores se han podido reconstruir en 14 de las piezas. La gráfica (Fig. 167) muestra la relación de los diámetros interiores y exteriores de estos elementos en el cómputo general de los brazaletes estudiados. Se aprecian claramente cómo se ajustan a la normalidad de la recta (comprendidos entre los 60 y 85 mm) y es donde se agrupan la gran mayoría de los estudiados. No se puede extraer otra información al respecto salvo que la normalidad de la muestra se ajusta al resto conocido.

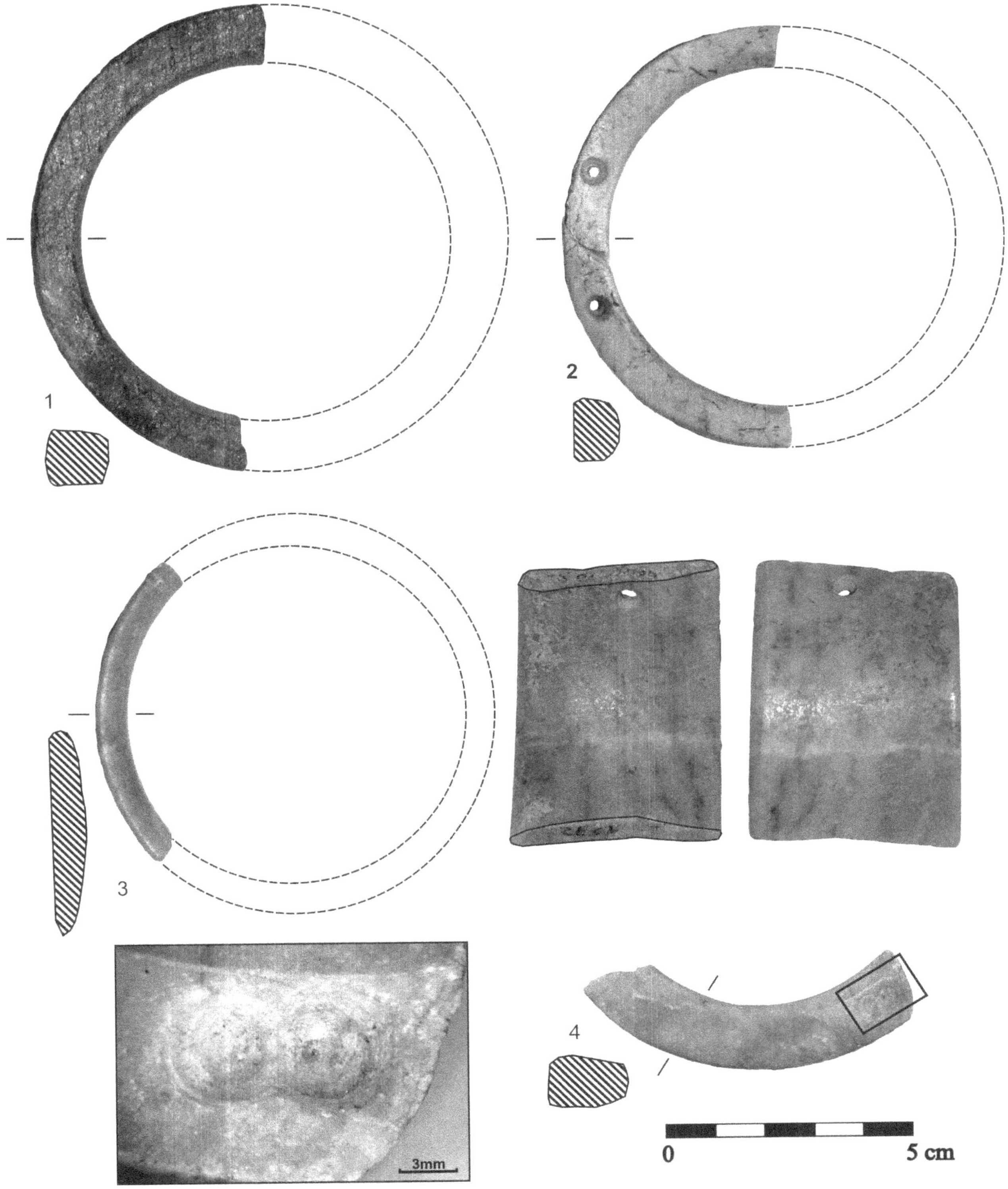

Figura 166. Brazaletes acabados de La Serreta (Cieza, Murcia): 1. Brazalete de esquisto; 2. Brazalete de caliza micrítica reparado; 3. Brazalete ancho de mármol con perforación; 4. Fragmento de brazalete en proceso con dos perforaciones cónicas inacabadas

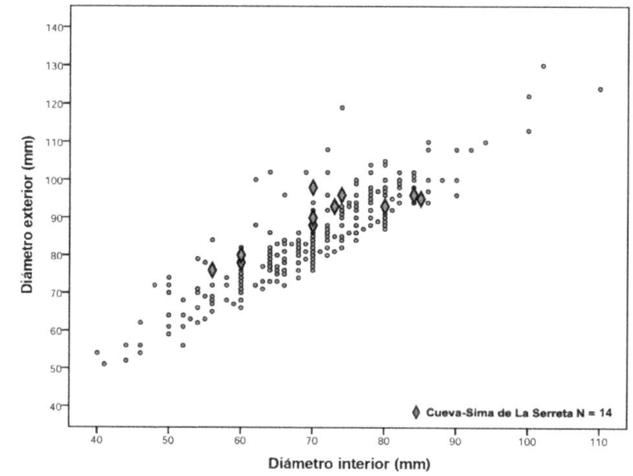

Figura 167. Relación entre el diámetro interior y exterior de los brazaletes de piedra y distribución de los brazaletes de La Serreta (Cieza, Murcia)

Conclusiones sobre el taller de la Cueva-Sima de la Serreta

El análisis del registro material neolítico de La Serreta ha puesto en evidencia la existencia de un taller de brazaletes de piedra en la cavidad (Fig. 169). Los desechos de la producción y el amplio número de útiles relacionado con este trabajo resaltan la importancia de esta artesanía en el yacimiento. Su cronología la podemos situar, a tenor de sus registros materiales, cronoculturalmente dentro del Neolítico Antiguo vinculado a la segunda mitad del VI milenio a. C.

Las conclusiones sobre la artesanía en este taller en particular son varias. La extracción de las calizas en la propia cavidad es una de las características a resaltar por varias razones. Por un lado, podría ser uno de motivos por lo que se encuentra enclavado el taller en esta cueva; la cantidad de roca extraída indica un uso prolongado del sitio y una mayor producción de la que se deduciría a partir de otros restos materiales. Además, la extracción de caliza está vinculada con uno de los motivos rupestres esquemáticos, llegando incluso a destruir parte de la pintura. Se puede atribuir de forma indirecta una datación anterior o sincrónica a la propia artesanía de los brazaletes.

La abrasión interior circular es otra de las particularidades de La Serreta, si lo comparamos con otros talleres estudiados, ya que se trata de un procedimiento tecnológico que posiblemente se desarrolle como solución al alto índice de fracturas que provoca la abrasión paralela interior. Este procedimiento puede ayudar a reconocer productos procedentes de este taller o grupos humanos afines al taller, pudiéndose considerar como un elemento característico, ya que hasta el momento no se ha identificado en ningún otro lugar.

La presencia de preformas almacenadas para su posterior transformación indica que todo el proceso no se realiza de manera continua, sino que las diversas fases se dividen en el tiempo, interviniendo posiblemente más de una persona en el proceso. Estas preformas también permiten extraer algunas conclusiones sobre la ocupación neolítica de la cavidad. En este sentido, podemos afirmar que probablemente se trate de un hábitat estacional relacionado con el aprovechamiento de los recursos locales. En esta misma línea, las armaduras de flechas constituidas por geométricos de gran tamaño, se deben poner en relación con la caza, mientras que los restos de fauna doméstica están vinculados a las actividades ganaderas.

La documentación de brazaletes acabados de materias primas alóctonas como el mármol, indica la circulación de estos adornos. Este fenómeno se ha identificado en otros talleres en los que los brazaletes en proceso son de rocas autóctonas y algunos de los acabados son foráneos. La presencia y localización, en el interior de brazaletes acabados, de restos de ocre relaciona también a este adorno y su producción con la trasformación del ocre. piedra en la cavidad (Fig. 169). Los desechos de la producción y el amplio número de útiles relacionado con este trabajo resaltan la importancia de esta artesanía en el yacimiento. Su cronología la podemos situar, a tenor de sus registros materiales, cronoculturalmente dentro del Neolítico Antiguo vinculado a la segunda mitad del VI milenio a. C.

Figura 168. Reconstrucción del gesto técnico de abrasión interior circular y de la sujeción del abrasivo de La Serreta (Cieza, Murcia)

Figura 169. Recreación de las actividades documentadas en el taller de La Serreta (Cieza, Murcia) (dibujo M. Belilty Molinos)

Nº Inv.	Ref.	Litología	A. (mm)	G. (mm)	D. Ext. (mm)	D. Int. (mm)	Observaciones
29	1549-1550	Caliza micrítica	9	12	70	88	
30	R.1632	Esquisto	9	11	73	93	
31	R.572	Mármol	6	41	84	96	Restos de ocre interior
32	1847	Caliza micrítica	9	12	70	88	Restos de ocre interior
93	S951257	Caliza micrítica	6,5	11	80	93	Restos de ocre interior
84	S95379	Caliza micrítica	9,5	8,5	56	76	
71	S95481	Caliza micrítica	8	9	60	78	
62	S951590	Caliza micrítica	10	9	60	80	
60	SE-931254	Caliza gris	4+	11	74	96	Restos de ocre interior
47	3218-3219	Caliza micrítica	10	7	70	90	Restos de ocre interior
48	3221	Caliza micrítica	13	10	70	90	
49	3220	Caliza micrítica	14	7	70	98	
50	3222	Caliza gris	13	7	70	88	
44	2697-2698	Mármol	4	24	85	95	Restos de ocre interior
42	4412		12	7			

Tabla 6. Relación de brazaletes acabados de La Serreta (Cieza, Murcia)

Nº Inv.	Ref.	Litología	Fase tecnológica	Largo (mm)	Ancho (mm)	Grosor (mm)	D ext. (mm)
1	T-352	Caliza micrítica	I	123	123	62	
2	T-352	Caliza micrítica	I	112	122	49	
3	T-352	Caliza micrítica	I	108	108	45	
4	T-352	Caliza micrítica	I	97	93	47	
5	T-352	Caliza micrítica	I	106	113	36	
6	T-296 R.547	Caliza gris	II	89	99	28	
7	R.527	Caliza micrítica	II	118	101	24	
8	T-119 R.547	Caliza micrítica	II	105	105	17	
9	R.584	Caliza micrítica	IV	29		10	90
10	R.549	Caliza micrítica	IV	33		15	90
11	R.550	Caliza micrítica	IV	27		16	100
12	R.551	Caliza micrítica	IV	23		11	130
13	R.555	Caliza micrítica	IV	31		14	140
14	R.557	Caliza micrítica	IV	34		19	100
15	R.556	Caliza micrítica	IV	35		17	95
16	R.552	Caliza micrítica	V	13		10	110
17	R.553	Caliza micrítica	V	13		14	90
18	R.554	Caliza micrítica	V	16		13	90
19	R.571	Caliza micrítica	V	13		9	100
20	R.546	Caliza micrítica	V	11		8	94
21	R.555 (535-SE-90)	Caliza micrítica	V	11		8	100
22	R.547	Caliza micrítica	V	11		9	94
23	R.548	Caliza micrítica	V	8		9	82
24	R.570	Caliza micrítica	V	10		10	90
25	R.558	Caliza micrítica	V	8		10	110
26	1551	Caliza gris	V	12		11	88
27	R.569	Caliza micrítica	V	8		8	84
28	R.5Y6(S95-1217)	Dolomía negra	V	27		11	70
33	1845	Caliza micrítica	V	8		9	84
34	1846	Caliza micrítica	V	11		10	80
35	4414	Caliza micrítica	IV	36		13	96
36	4413	Dolomía negra	IV	23		12	100
37	4410	Caliza micrítica	V	13		10	70
38	4409	Caliza micrítica	V	14		10	110
39	4407	Caliza micrítica	V	13		8	92
40	4408	Caliza micrítica	V	9		8	80
41	4411	Caliza micrítica	V	9		8	
43	SE-96 NI-2934	Caliza micrítica	V	13		11	100
45	3216	Caliza micrítica	V	9		10	90
46	3217	Caliza micrítica	V	11		7	78
51	1074	Caliza micrítica	V	17		7	

Nº Inv.	Ref.	Litología	Fase tecnológica	Largo (mm)	Ancho (mm)	Grosor (mm)	D ext. (mm)
52	3345	Caliza micrítica	V	7		9	110
53	3346	Caliza micrítica	V	8		10	70
54	7-2-97	Caliza micrítica	I	96	88	32	
55	N-5 19	Caliza micrítica	IV	13		11	100
56		Caliza micrítica	VI	11		10	90
57	122	Caliza micrítica	VI	35	65	29	111
58	161	Caliza micrítica	V	13		11	100
59	N-4-5	Caliza micrítica	V	9		12	87
61	SE-459 T8	Caliza gris	V	13		7,5	87
63	S922105	Caliza micrítica	V	10		10	45
64	S95483	Caliza micrítica	V	24		13	93
65	SE-93-199	Caliza micrítica	V	22		11	87
66	SE-92-2110	Caliza gris	IV	33		14	112
67	SE-90-355	Caliza micrítica	V	15		11	76
68	SE-93-769	Caliza micrítica	V	9		12	84
69	S922303	Caliza micrítica	V	9		12	69
70	S931771	Caliza gris	V	8		8	69
72	S95898	Caliza micrítica	V	12		10	84
73	S92365	Caliza micrítica	V	10		10	107
74	S922477	Caliza micrítica	V	17		10	56
75	S921259	Caliza micrítica	V	10		9	75
76	S951256	Caliza micrítica	V	12		7+	50
77	S95340	Caliza micrítica	V	11		10	68
78	S95339	Caliza micrítica	V	10		10	75
79	S951624	Caliza micrítica	V	12		8	100
80	S92302	Caliza micrítica	V	10		10	62
81	Se-90536	Caliza micrítica	V	15		9	106
82	S932500	Caliza micrítica	V	11		8,5	81
83	SE-921464	Caliza micrítica	V	12		11	81
85	S-922794	Caliza micrítica	IV	12		8	68
86	SE-92-2884	Caliza micrítica	V	14		13	83
87	S95341	Caliza micrítica	V	13		10	82
88	S921110	Caliza micrítica	V	16		11	43
89	SE-93682	Caliza micrítica	V	13		9	68
90	S951293	Caliza micrítica	V	8		9	85
91	SE-931150	Caliza micrítica	V	11		11	68
92	S95585	Caliza micrítica	V	8		10	62

Tabla 7. Piezas abandonadas o desechadas en diferentes fases del proceso de elaboración de La Serreta (Cieza, Murcia). Las fases tecnológicas son: I Preformas talladas; II Preformas con las caras regularizadas por abrasión; III Concavidad central por abrasión; IV Ensanchado del orificio central; V Regularización del orificio central por abrasión y VI Pulido final

3.2.4. Conclusiones sobre la tecnología y los contextos de producción

La concentración de talleres en Andalucía enfatiza la importancia de este tipo de adorno como identificador cultural de los grupos neolíticos de esta área y permite definir redes de interacción entre grupos peninsulares. La definición de diferentes cadenas operativas nos ha permitido definir características propias de esta artesanía entre los distintos lugares de transformación deduciendo que algunas técnicas pueden ser usadas como marcadores e identificadores de ciertos grupos de tradición artesanal distinguible y propia de las comunidades donde se realizaron.

La artesanía de los brazaletes de piedra se ejecuta principalmente en los lugares de asentamiento y, en algunas ocasiones, en lugares vinculados con actividades estacionales, como el pastoreo, la caza o la recolección de diferentes recursos. La presencia mayoritaria de áreas de actividad de elaboración de brazaletes en los pocos asentamientos al aire libre que se conocen del Neolítico Antiguo en Andalucía viene a confirmar que la inmensa mayoría de las cuevas fueron utilizadas como lugares ritualizados y/o enterramiento y no como hábitats estables.

Las materias primas empleadas en la manufactura en todos los casos son autóctonas, encontrándose las fuentes de aprovisionamiento cerca del taller. Los lugares de aprovisionamiento pueden ser de dos tipos: materiales extraídos de contextos geológicos primarios o, por otro lado, en forma de cantos rodados procedentes de contextos geológicos secundarios. La localización de la cantera de Cortijo Cevico nos indica que las fuentes de adquisición de las rocas no tienen que estar en relación directa al taller, pudiendo encontrarse el contexto geológico primario alejado de este. En los talleres es frecuente la presencia de brazaletes elaborados en litologías alóctonas al contexto regional del yacimiento, y estos brazaletes siempre son productos acabados y usados.

3.3. LA TECNOLOGÍA DE ELABORACIÓN DE LOS BRAZALETES DE PIEDRA: EL MÉTODO GENERAL Y LAS TÉCNICAS

El estudio global de los restos de producción de brazaletes de los diversos contextos arqueológicos y las experimentaciones realizadas, nos han permitido determinar dos grupos tecnológicos. Estos dos grupos se corresponden fundamentalmente con los dos tipos de brazaletes más comunes: los estrechos y los anchos. La distinción tecnológica entre ambos tipos se debe a las técnicas que se emplean en su manufactura, al igual que las características físicas y mecánicas de las rocas determina el uso de unas u otras técnicas. Es necesario aclarar que el método hace referencia a la organización de las técnicas y estas designan las diferentes modalidades de ejecución de un trabajo concreto (percusión directa, presión, raspado, pulimento, etc.). Esta distinción entre técnica y método fue establecida por J. Tixier (1967, 807) y aplicada a la piedra tallada, pero la conceptualización teórica se puede extrapolar a otro sistema de trabajo como el que nos ocupa.

En la descripción sobre la tecnología de elaboración de los brazaletes, que a continuación se realiza, presentamos el método general de elaboración y las técnicas que se emplean en cada fase del proceso, haciendo referencia a los estigmas técnicos y las conclusiones extraídas desde la experimentación.

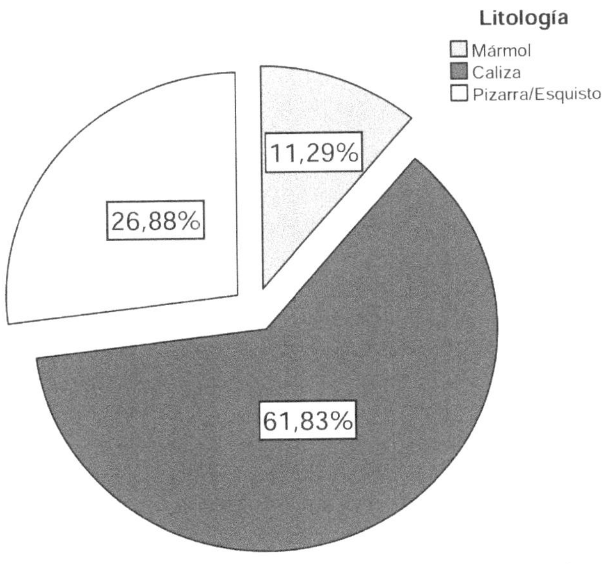

Figura 170. Litología de brazaletes estrechos (Altura ≤ 10mm)

3.3.1. Los brazaletes estrechos

3.3.1.1. La materia prima

Los brazaletes considerados estrechos son aquellos cuya altura no supera los 10 mm. El estudio tipométrico ha permitido determinar que no se utilizan rocas de textura foliada para la elaboración de brazaletes que superen esta dimensión. En este grupo tipológico la materia prima más empleada son las calizas y dolomías con un 62% mientras que la pizarra y el esquisto ocupan el segundo lugar con un 27 % y el mármol solo se ha utilizado en el 11% de las piezas (Fig. 170). En la selección de las diferentes litologías se debieron de tener en cuenta las propiedades físicas y mecánicas de las rocas que determinan la tecnología.

3.3.1.2. El método general de fabricación: las técnicas que componen el método

Fase I. Obtención de las preformas

Con el uso de un percutor duro se configura una preforma circular que se aproxima a la forma del brazalete final, tanto en su diámetro exterior como en su grosor (Fig. 171:1). En el caso de la pizarra al ser una roca blanda, se realiza una percusión oblicua al plano de exfoliación para adelgazar la placa y otra perpendicular a la misma para conformar la torta circular. La caliza al ser de mayor dureza y características físicas similares al sílex, se talla de forma parecida a este. El fin de este primer paso es configurar una preforma circular sobre la que se realizarán los siguientes pasos de la elaboración. La utilización de la percusión directa para la configuración circular de las preformas se ha documentado en varios contextos como La Serreta, la Cueva de la Pastora o Cerro virtud.

Fase II. Regularización de las superficies

En aquellos casos en los que la preforma sea de un excesivo grosor, se regularizan las superficies mediante abrasión con un bloque de roca abrasiva. En nuestro caso las experimentaciones se han llevado a cabo con cuarzoarenisca, que por sus características de textura granular y cristalina con más de un 90% de clastos de cuarzo en mortero, angulosos y de tamaño arena (2-0,02 mm) presenta gran capacidad de abrasión. Con este trabajo se reduce la anchura de la placa preparando la pieza para la perforación (Fig. 171:2). En el caso de las pizarras y esquistos las placas se escogerán en función del grosor, de ahí que algunas piezas que se adecuan al grosor final del brazalete, no se realice ningún tipo de abrasión de las superficies. Como muestra la fotografía de los estigmas técnicos, la percusión directa y abrasión se superponen la una a la otra en el caso arqueológico y en el experimental (Fig. 174:A1 y A2). Las marcas del trabajo por abrasión las forman estrías paralelas de forma anárquica y otras de forma regular superponiéndose, fruto del trabajo directo contra la roca usada como abrasivo.

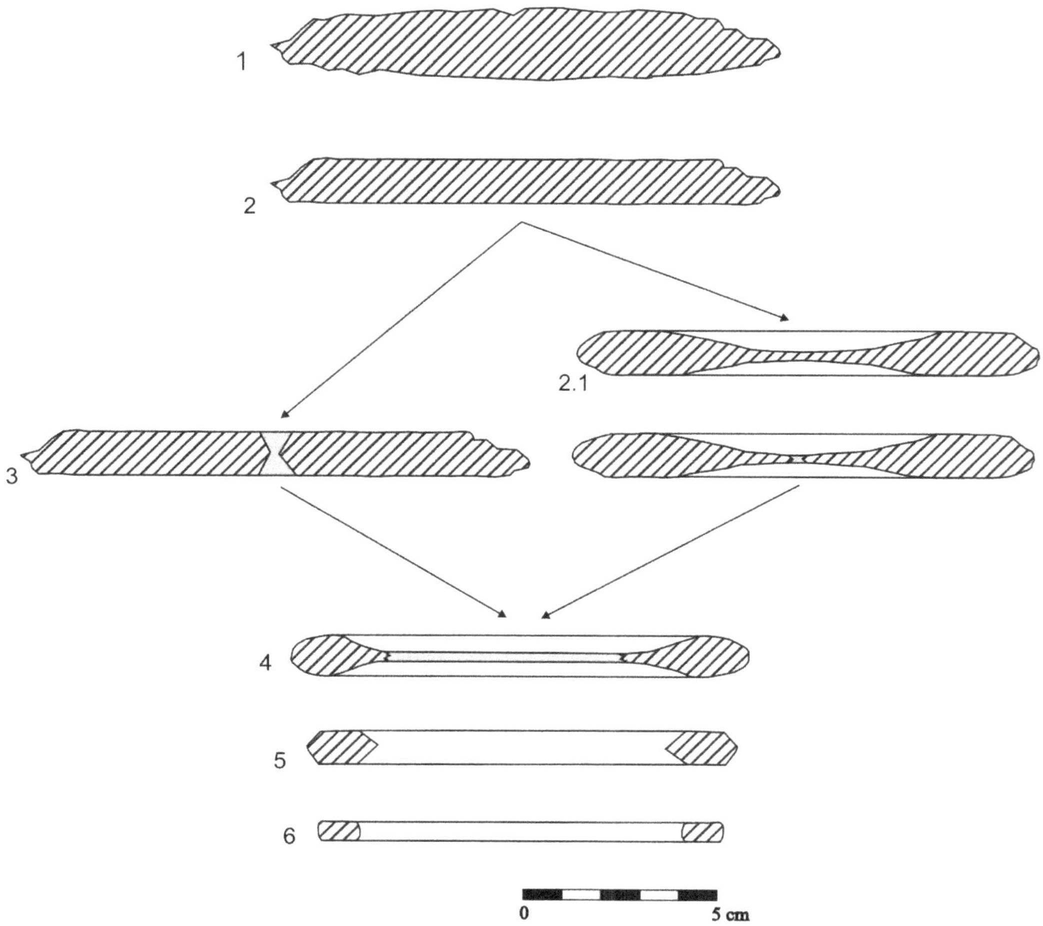

Figura 171. Esquema tecnológico general de la elaboración de los brazaletes estrechos a partir de las secciones de las diferentes fases

En el caso de los brazaletes elaborados en caliza, al ser un material más duro, se realiza una horadación mediante abrasión en la parte central, con un canto de arenisca, en ambas caras hasta conseguir una depresión (Fig. 171:2.1). Este procedimiento queda patente al observar la pieza a través de la lupa binocular, donde se ve claramente un cambio en la dirección del trabajo de abrasión destinado a adelgazar la zona central (Fig. 174: A3-A4). Sobre esta depresión y en la parte más estrecha es donde se realizará la perforación. Esta técnica empleada en la caliza se ha reconocido en diferentes yacimientos, como Cabecicos Negros, La Serreta y la Cueva de la Pastora.

Fase III. La perforación

La horadación del orificio central es el procedimiento más delicado y que según la técnica usada puede suponer más o menos dificultad. Se trata de un momento de la producción difícil de reconocer arqueológicamente, por lo que en la mayoría de los contextos se deduce en base al estudio de la industria lítica como en el caso de Cabecicos Negros y la experimentación. Para la perforación pudieron ponerse en práctica diversos procedimientos relacionados con el tipo de material usado en la manufactura del brazalete. Es en el caso de la pizarra, en la que pueden emplearse más diversidad de procedimientos al tratarse de una roca blanda y de textura foliada. Una de estas técnicas puede ser la percusión directa lanzada, pero en la reproducción experimental no hemos conseguido perforar la placa en ningún caso y los productos obtenidos no aparecen tampoco en el registro arqueológico, con lo que hay que descartar su utilización. Otra de las técnicas es la perforación manual con el uso de una lasca de sílex sin modificaciones secundarias. Con ella se ejerce una presión rotativa bidireccional sobre ambas caras de la placa hasta que se perfora. Según las experimentaciones y los registros arqueológicos de los talleres más completos como La Serreta y Cabecicos Negros la perforación con taladro es la técnica más plausible, tanto en la pizarra como en la caliza (Fig. 171:3).

Para la reproducción experimental se elaboraron brocas de base laminar y se enmangaron en un vástago de madera. Aunque existen varios tipos de taladros, como el de disco o de arco, en nuestro caso utilizamos sólo el astil de madera para ejecutar la perforación. El desarrollo del trabajo consiste en colocar la madera entre las palmas de las manos y el frotamiento confiere un movimiento rotatorio que al mismo tiempo ejerce una presión perpendicular hacia la placa, con una cinemática similar a la que se usa para hacer fuego por frotación.

Fase IV. Ensanche del orificio central

Con las placas ya perforadas se procede al ensanchado del orificio central para eliminar la mayor cantidad de roca y preparar la pieza para el siguiente paso de la cadena operativa. El contorno interior se va definiendo mediante percusión indirecta, usando como intermediario una punta de candil de ciervo enmangada en un astil de pequeño tamaño y una maza de madera como percutor. Se va trabajando alternativamente en ambas caras de la placa extrayendo lascas de diferentes tamaños (Fig. 172).

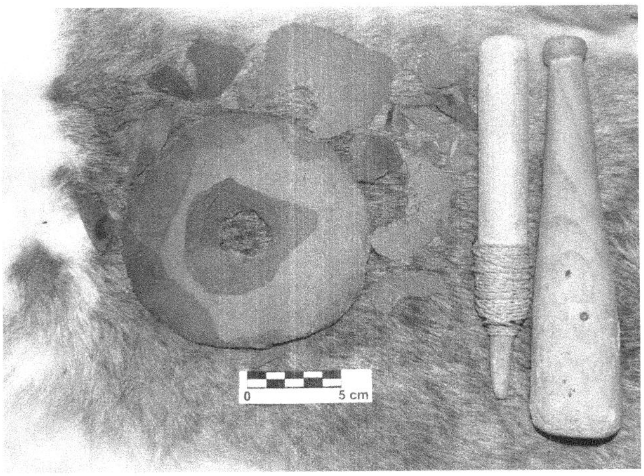

Figura 172. Útiles y desechos generados experimentalmente en el ensanchado interior con percusión indirecta

La técnica de presión se realiza después de la percusión indirecta, con un candil de asta de ciervo en nuestro caso, aunque pudieron emplearse cualquier madera dura como encina o boj. En este caso se trata de un procedimiento más delicado igualmente en las dos caras de la pieza y que permite definir con claridad el contorno interior. Con la presión y percusión indirecta se agranda el diámetro del orificio para evitar el arduo trabajo que supone la abrasión de esta zona (Fig. 171:4).

Esta fase del proceso es donde más fracturas se producen, y esto queda patente tanto en la representación de este procedimiento en el registro arqueológico, y las roturas producidos en el transcurso de la experimentación (Fig. 173). El que se usen estas técnicas, aun con el alto grado de fallos que provocan, hay que ponerlo en relación con en tiempo y el trabajo que ahorra frente a la abrasión.

Fase V. Regularización interior y exterior

Es el trabajo más arduo y tedioso, y consiste en la regularización o reducción del contorno interior y exterior del brazalete. Este trabajo se inicia en la parte interior definiendo el diámetro final o alternante en la cara interna y externa. En la cara interior se usa un canto de arenisca o similar con el que se van ensanchando y eliminando las irregularidades producidas por las técnicas anteriores. Los planos de abrasión en el interior y exterior son normalmente planos oblicuos (Fig. 171:5). La abrasión interior paralela es la técnica más empleada en el conjunto estudiado (Fig. 174: A5 y A6), pero también se ha documentado el uso de la abrasión circular interior que genera marcas diferentes a las paralelas (Fig. 174:A7). La abrasión interior circular parece una innovación del taller de La Serreta, permite reducir los accidentes de fabricación en esta fase ya que la fuerza se reparte regularmente por todo el brazalete al contrario que la abrasión paralela que ejerce presión sobre una zona concreta del brazalete provocando más fracturas. En los ensayos experimentales con una y otra técnica, la abrasión circular se ha mostrado más efectiva y rápida que la paralela. La abrasión paralela interior es la que aparece en el resto de los talleres estudiados y podemos considerarla como uno de los rasgos característicos de los brazaletes de piedra del sur peninsular.

Figura 173. Accidente de talla experimental en la percusión indirecta y desecho generado.

Este trabajo de reducción requiere más tiempo que destreza, aunque suelen producirse fracturas al frotar la pieza con demasiada fuerza contra la roca usada como abrasivo, en este sentido la abrasión circular disminuye los índices de fractura de este proceso al ejercerse la misma fuerza en diferentes zonas del brazalete y no en un solo punto como en la abrasión paralela.

Fase VI. Acabado

El pulimento es la última técnica, momento en el que se confiere al brazalete su aspecto final (Fig. 171:6). En este proceso sí que usarían sustancias abrasivas, y en nuestro caso hemos empleado arena de grano fino con gran cantidad de cristales de cuarzo. El pulimento se aplicó experimentalmente de dos formas, igualmente efectivas, con un bloque de arcilla blanda o con un trozo de piel agregando la arena como abrasivo en ambos casos. Hay que decir que no se tiene, por el momento, constancia arqueológica de la utilización de estos dos sistemas, pero el acabado final es el mismo en el caso arqueológico y experimental (Fig. 174: A8). La cara exterior del brazalete se pule por completo, ya que es la zona visible, sin embargo, en la parte interior que estará en contacto con la piel siguen mostrándose las estrías propias del trabajo de abrasión (Fig. 174:A5 y A7).

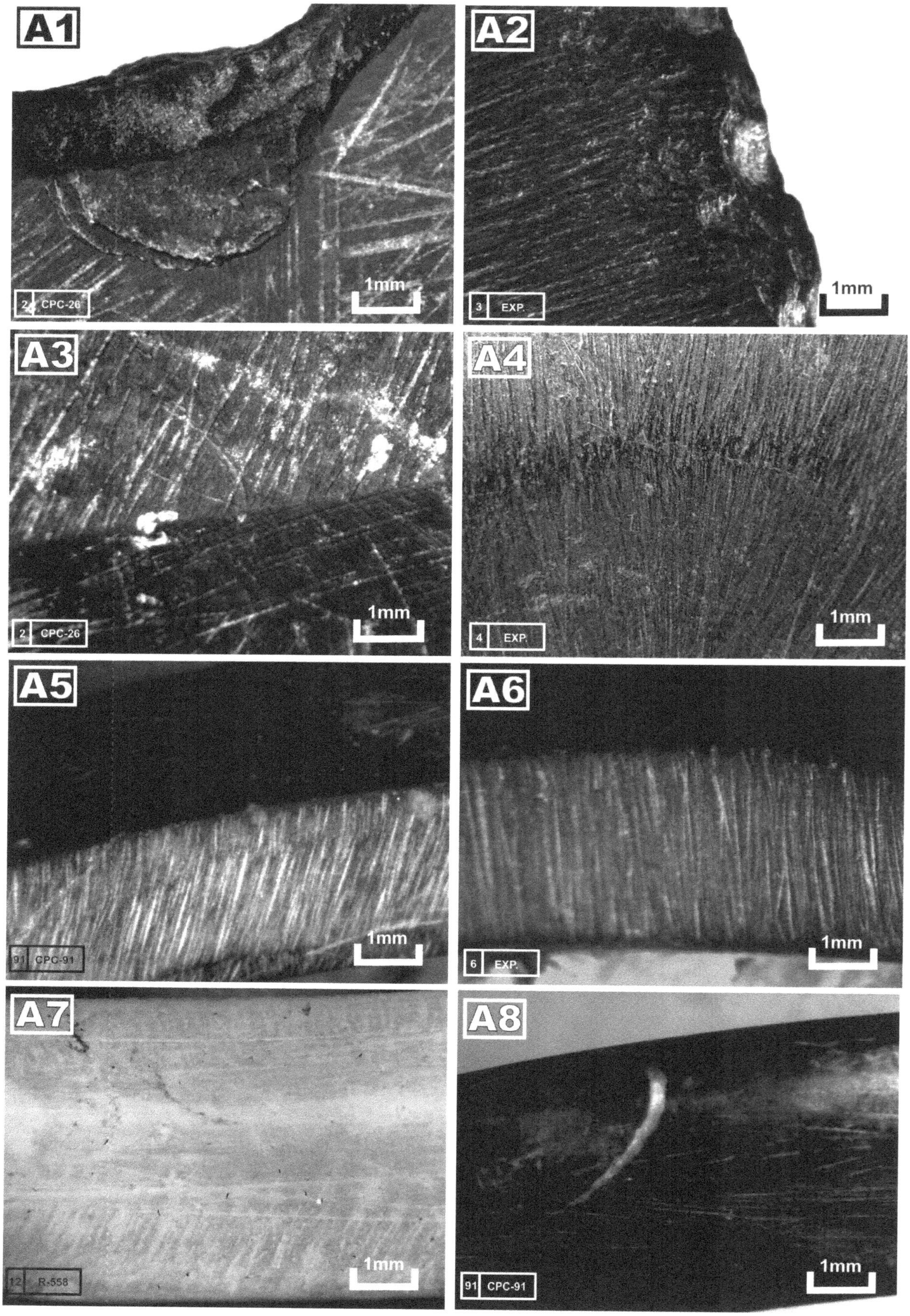

Figura 174. Estigmas técnicos de las diferentes fases de la elaboración de brazaletes estrechos. Muestras arqueológicas de la Cueva de la Pastora (A1, A3, A5 y A8), La Serreta (A7) y experimentales (A2, A4, y A6)

3.3.1.3. Conclusiones sobre la tecnología de los brazaletes estrechos

A partir de la reconstrucción experimental del sistema de elaboración de los brazaletes estrechos y su correlación con el registro arqueológico, se pueden extraer las siguientes valoraciones:

1. La materia prima, tanto en el caso de las rocas de textura foliada (pizarras y esquisto), como las homogéneas (calizas, dolomías y mármoles) ha de ser homogénea y no presentar inclusiones de otros materiales o planos de fractura, por tanto, la selección de la litología es determinante para la elaboración de los brazaletes estrechos.

2. Los utensilios de trabajo, su confección y selección, son también determinantes, ya que condicionan en gran medida el desarrollo del trabajo y el tiempo empleado en la elaboración del brazalete. Se debió prestar especial atención en la selección de las rocas abrasivas, así como en la elaboración de lascas y perforadores.

3. El tiempo. Su medición debe tenerse en cuenta en cualquier trabajo experimental, pero no se puede correlacionar directamente nuestra experiencia con la del pasado. La pericia y la práctica del artesano condicionan esta variable, así en nuestro caso en el primer brazalete empleamos un tiempo total de 6 h 30´, en el segundo se redujo a 4 h 50´ y en los siguientes casos el tiempo ha ido oscilando entre las 3-4 h.

4. Fracturas. Durante la experimentación se han producido las mismas rupturas de las piezas que en el caso arqueológico, observándose esa similitud tanto en la técnica en la que suceden como en los productos de desecho que se generan. El mayor índice de fractura se produce durante el ensanchado del orificio central con percusión indirecta y en la regularización exterior mediante abrasión.

5. Los estigmas de trabajo, en los que podemos ver una similitud clara entre los casos arqueológicos y experimentales, aunque se han ensayado diferentes técnicas para un mismo proceso de trabajo. En la fotografía a lupa binocular se muestran aquellas que tienen correlación con el registro arqueológico y por comparación fueron las usadas.

3.3.2. Los brazaletes Anchos

3.3.2.1. La materia prima

Los brazaletes anchos se confeccionan mayoritariamente en mármol, aunque la caliza de buena calidad, por lo general micrítica, también se usa con frecuencia. Por el contrario, la pizarra o el esquisto no se utilizan en ningún caso, ya que las características foliáceas de estas rocas no lo permiten. La litología más empleada es el mármol con un 76%, seguida de las calizas con el 24% (Fig. 175). Los brazaletes acabados en mármol son más numerosos que los fragmentos en proceso de esta litología. Los restos de la producción en caliza son más abundantes fenómeno que puede deberse al mayor índice de fractura de la caliza frente al mármol esta casuística también se ha comprobado en la experimentación.

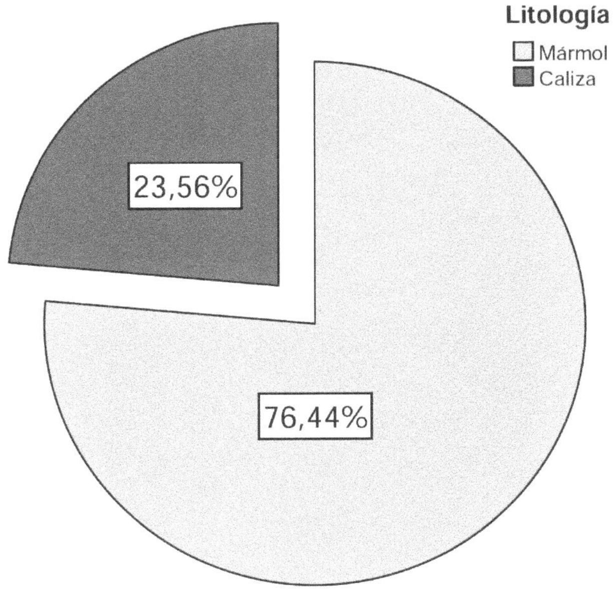

Figura 175. Litología de brazaletes anchos (>10 mm)

3.3.2.2. El método general de fabricación: las técnicas que componen el método

Fase I. Obtención de las preformas

Se puede realizar a partir de preformas naturales o de soportes de grandes lascas. La técnica de talla empleada es la percusión directa alternante en ambos planos de la pieza (Fig. 176:1). Hasta el descubrimiento y excavación de la cantera de Cortijo Cevico, esta fase ha sido una de las más complicadas de documentar en el registro arqueológico, ya que en la mayoría de los casos se tienen pruebas indirectas de ella como en el caso de las Catorce Fanegas. Aparte de en la citada cantera, estas preformas, se han documentado en el conjunto de materiales de La Serreta asociadas a un contexto definido de producción de brazaletes. Esta ausencia en el registro arqueológico se debe a varias circunstancias: el tallado se realiza preferiblemente en los lugares de aprovisionamiento; se pudieron utilizar preformas naturales cercanas a la forma necesaria para conformar el brazalete, como hemos documentado en Cerro Virtud; o que las preformas que se tallaban se usaban y la excepción es el caso mencionado en La Serreta donde se almacenaron varias preformas para ser transformadas con posterioridad.

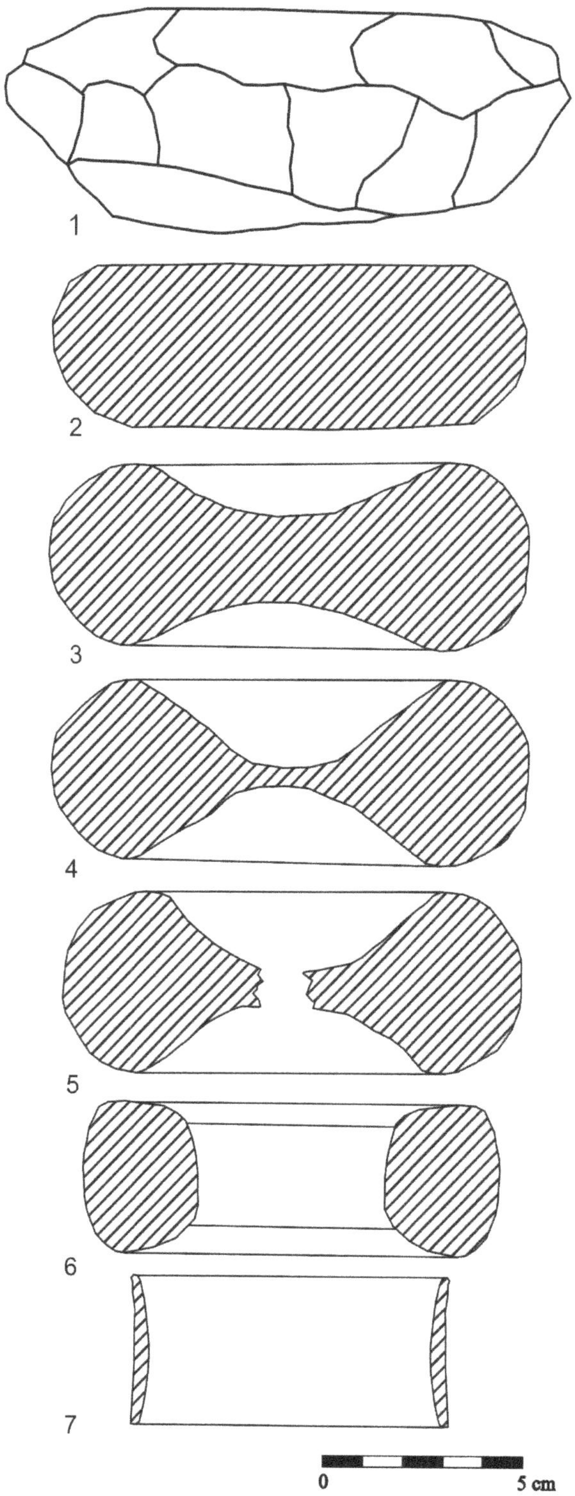

Figura 176. Esquema tecnológico general de la elaboración de los brazaletes anchos a partir de las secciones de las diferentes fases

Fase II. Abujardado

La preforma conformada mediante talla se regulariza con un intenso abujardado de la superficie (Fig. 176:2). El trabajo se efectúa contra las aristas que se generaron en la preforma tras el tallado para redondearla y conformar un disco circular. Con esta misma técnica se sigue trabajando en la parte central de la pieza horadando ambas caras, formando dos superficies cóncavas enfrentadas (Fig. 176:3). Esta fase del proceso es una de las mejor representada en el registro arqueológico ya que se ha reconocido en varios yacimientos como el Llano Espada, Las Catorce Fanegas, La Molaina, Cabecicos Negros, Las Piedras Viñaeras y en Cerro Virtud. Su alta representación arqueológica se debe al carácter violento de esta técnica y el considerable número de accidentes que conlleva. En las reproducciones experimentales se ha constatado la gran cantidad de accidentes de este proceso, especialmente en la conformación de las concavidades centrales (Fig. 177.). Los estigmas técnicos son fácilmente reconocibles y comparables en los casos arqueológicos y experimentales (Fig. 179:A1 y A5), se trata de impactos sobre la superficie de la roca que generan pequeñas fosillas o depresiones.

Fase III. Abrasión circular y regularización exterior

En las concavidades formadas mediante el abujardado en la parte central de la pieza se efectúa una abrasión circular de esas mismas depresiones para disminuir el espacio entre ambas y agrandarlas en anchura. La aplicación de este proceso se debe al riesgo de fractura de la pieza, que es directamente proporcional a la utilización de la técnica del piqueteado. Para este trabajo se utiliza una arenisca o similar con ayuda de un abrasivo compuesto por agua y arena rica en cristales de cuarzo. La cinemática de trabajo consiste en girar de forma bidireccional el abrasivo contra la superficie. De forma paralela o alternante se va efectuando la regularización de la zona exterior de la pieza en un bloque de roca abrasiva. En algunos talleres no se realiza esta fase en un solo procedimiento, sino que se configura la parte interior del brazalete por completo para después trabajar la parte exterior. Este procedimiento se ha observado en los yacimientos de La Molaina, la Cueva de los Mármoles y la Cueva de la Carigüela. Las trazas de esta fase son las propias de abrasión roca contra roca con dos tipos según el movimiento: trazos de forma circular y anárquicos en la parte central; y trazos paralelos regulares en el exterior (Fig. 179:A2 y A6).

Fase IV. La perforación y el ensanchado interior

La perforación consiste en incidir con percusión indirecta la parte central y más delgada de la pieza (Fig. 176:5). El contorno interior se va ensanchando mediante este trabajo, usando como intermediario una punta de candil de ciervo enmangada en un astil y una maza de madera como percutor. Se trabaja alternativamente en ambas caras de la pieza extrayendo pequeñas lascas, aprovechando los ángulos agudos formados por las extracciones anteriores

Figura 177. Accidente experimental en el abujardado de una preforma de mármol

(Fig. 179:A3 y A7). Se trata del procedimiento más delicado y en el que más roturas se producen, los restos de este proceso aparecen en la mayoría de los yacimientos en los que se documenta esta artesanía e igualmente cuando más fracturas se han producido en la experimentación. A pesar del riesgo que conlleva la aplicación de esta técnica, el contorno interior se ensancha al máximo al igual que en los brazaletes estrechos, ya que es material que no habrá que eliminar con la abrasión. En Cerro Virtud hemos documentado un el empleo de la técnica de abujardado para la formación de las concavidades enfrentadas, la perforación y el ensanchado interior en la misma fase del proceso, es decir, se utiliza el abujardado hasta la perforación y ensanchado interior.

Fase V. Reducción interior y exterior

En esta fase se eliminan los restos de las irregularidades generadas por la percusión indirecta en la parte interior. Esta abrasión interior se realiza con la ayuda de un canto de arenisca de forma alargada. El proceso consiste en raspar con un movimiento desde el exterior hacia el interior de la pieza, conformando diferentes planos de abrasión (Fig. 176:6). Además de esta técnica que podemos denominar de abrasión paralela interior, hemos documentado la abrasión circular en el interior; que se realiza con una arenisca de forma troncocónica pasiva a la labor de abrasión, mientras que el brazalete gira sobre ella circularmente. Este procedimiento tan solo se ha documentado en La Serreta y se asocia fundamentalmente a los brazaletes estrechos. La abrasión exterior se lleva a cabo en un bloque de roca abrasiva, en nuestro caso cuarzoarenisca.

Fase VI. Acabado

Este paso lo constituye el pulido y la decoración mediante líneas paralelas (en los casos en los que se realiza) (Fig. 176:7). En la experimentación para el pulido final hemos usado arena de grano fino con gran cantidad de cristales de cuarzo. El pulimento se aplicó de dos formas: con un bloque de arcilla blanda o con un trozo de piel agregando la arena en ambos casos, el acabado se acercaba a los arqueológicos, pero sin el brillo característico que poseen algunas piezas (Fig. 179:A4). Finalmente, hemos conseguido ese acabado frotando el brazalete en una madera seca, que debido a la biomineralización silícea de sus células (fitolitos) confieren a la pieza del mismo brillo que los brazaletes arqueológicos (Fig. 179:A8). Este procedimiento no se documenta en todas las piezas arqueológicas, si especialmente en aquellas elaboradas en mármol y decoradas con líneas paralelas. Las incisiones paralelas circulares rellenas de ocre son exclusivas de los brazaletes anchos elaborados en mármol. Las incisiones se realizan con una lasca o lámina de sílex, y el estudio de las secciones de las líneas permite definir este tipo de procedimiento (Fig. 178:1.1). Experimentalmente hemos utilizado una simple lasca asida con la mano que da como resultando huellas de trabajo idénticas a las observadas en los casos arqueológicos. Estas incisiones en casi todos los casos estudiados estaban rellenas de ocre (Fig. 179:2) y probablemente, en el caso en los que no se observa, se haya perdido por procesos postdeposionales o por la limpieza realizada sobre las piezas.

3.3.2.3. Conclusiones sobre la tecnología de los brazaletes anchos

Del estudio del material arqueológico y la reproducción experimental del proceso de elaboración de los brazaletes anchos se pueden extraer diversas valoraciones:

1. La materia prima es determinante, debe de ser homogénea y no presentar impurezas o imperfecciones. La litología más empleada en la fabricación de brazaletes anchos es el mármol o rocas metamorfizadas como dolomías, debido a su estructura cristalina regular que como se ha constatado experimentalmente favorece el tallado, abujardado y un pulido brillante.

2. Los útiles que intervienen en todo el proceso (percutores, cinceles, bujardas, abrasivos y otros) son esenciales y merecen especial atención su selección y manufactura.

3. Los índices de fractura son elevados en todo el proceso. Gracias a la experimentación y el estudio del material arqueológico podemos afirmar que las fases más problemáticas son el abujardado y el ensanchado central mediante percusión indirecta.

4. El tiempo medio calculado para la elaboración de un brazalete de unos 30-40 mm de altura y 10-5 mm de grosor, ha sido de unas 22 horas acumuladas a lo largo de un periodo dilatado de tiempo. Se emplearon: 2 h en el tallado y abujardado; 8 h 30 min en la conformación de las concavidades centrales y regularización exterior; 1 h 30 min en la perforación y ensanchado con percusión indirecta; 11 h en la reducción exterior e interior y 1 h en el pulido final.

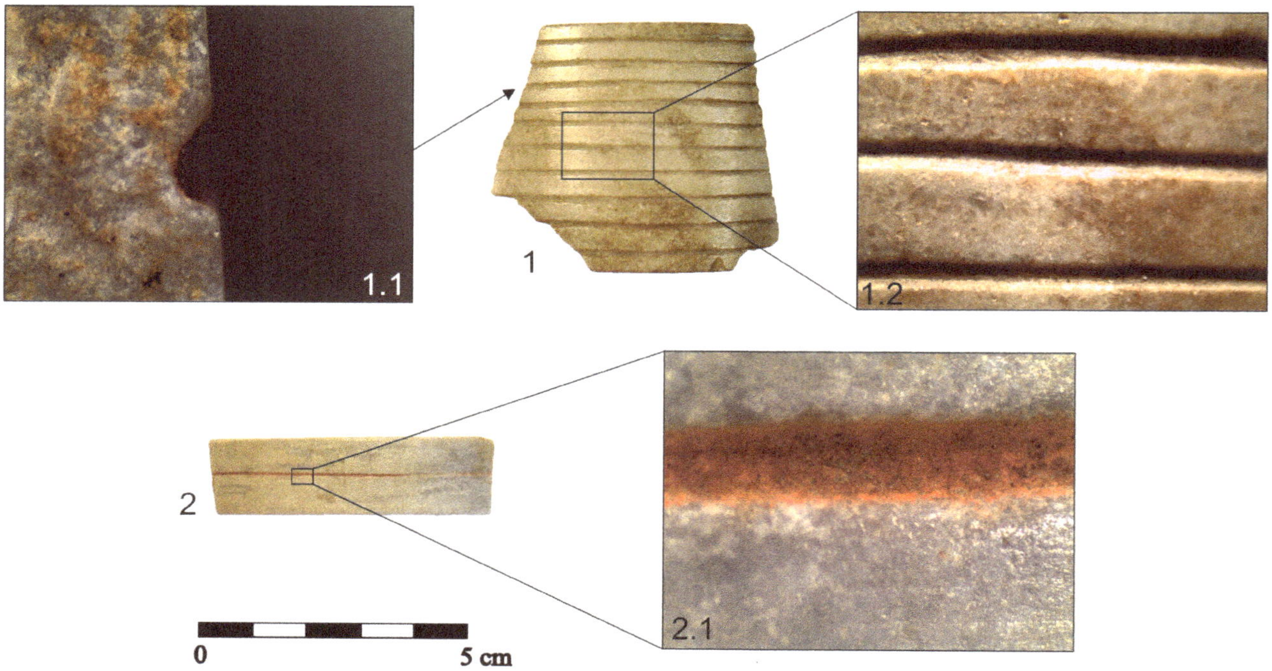

Figura 178. Estigmas técnicos de las líneas incisas y restos de ocre. Brazaletes de la Cueva de la Pulsera (Antequera, Málaga)

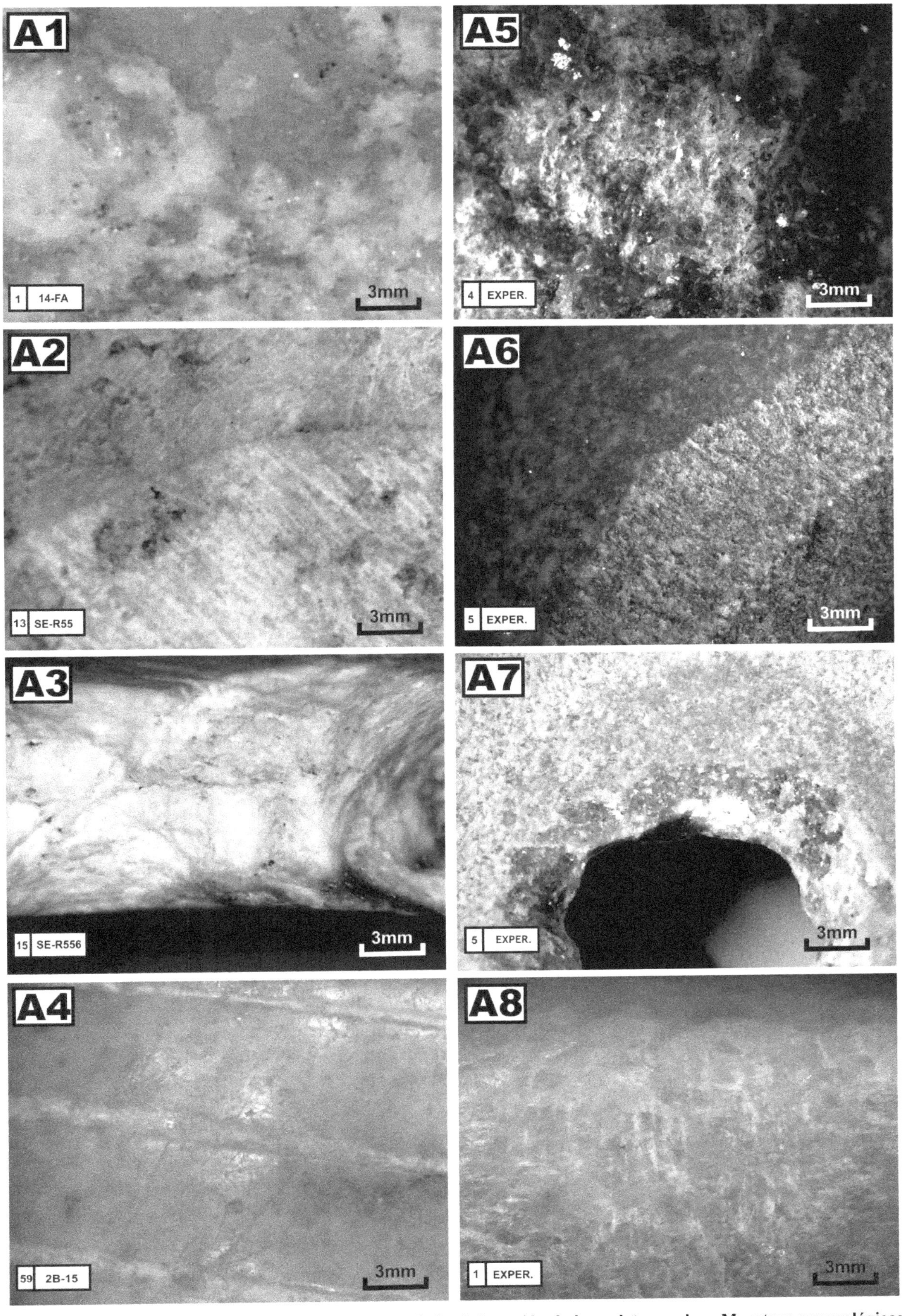

Figura 179. Estigmas técnicos de las diferentes fases de la elaboración de brazaletes anchos. Muestras arqueológicas de las Catorce Fanegas (A1), La Serreta (A2 y A3), Cueva de los Mármoles (A4) y experimentales (A5, A6, A7 y A8)

3.4. LOS BRAZALETES ACABADOS

3.4.1. Distribución geográfica y contextual

Los brazaletes acabados, catalogados mediante referencias bibliográficas y de forma directa, ascienden a un total de 970 piezas pertenecientes a 124 yacimientos. De este conjunto, 822 se adscriben a Andalucía, 120 al Levante y tan solo 28 brazaletes se distribuyen por el resto de toda la península ibérica. La catalogación realizada responde a las piezas documentadas y publicadas hasta el momento y somos conscientes de la dificultad que conlleva la recopilación bibliográfica y las posibles ausencias derivadas de esta documentación. De igual forma, las piezas publicadas y depositadas en instituciones museográficas se corresponderán con una ínfima parte de la verdadera realidad arqueológica de este adorno. Aun con estas limitaciones evidentes, el conjunto de datos recopilado nos permite extraer conclusiones desde el punto de vista de la distribución y la función social de estos adornos en el área de estudio.

La distinción por zonas establecida a la hora del análisis de conjuntos, queda patente a nivel geográfico, en cuanto a la distribución general de los brazaletes (Fig. 180) y de igual forma, desde el punto de vista numérico y porcentual de las piezas catalogadas (Fig. 181). De los tres grupos establecidos, dos de ellos responden a concentraciones de brazaletes y dos grandes grupos culturales como son: el Neolítico andaluz (Andalucía) y el Neolítico valenciano (Levante). En el tercer grupo (resto de la península), se han aglutinado el resto de piezas que no se corresponden con estos dos grupos culturales. Estos brazaletes se asocian a realidades geográficas muy dispares e influencias culturales y sociales diferentes entre ellos. Los yacimientos en los que se localizan los brazaletes los hemos dividido según su naturaleza en cuevas y asentamientos o emplazamientos al aire libre. Somos conscientes de que se trata de una división muy general, ya que debieron de existir múltiples funcionalidades en los diferentes yacimientos, pero nos permite observar de forma general la situación de las

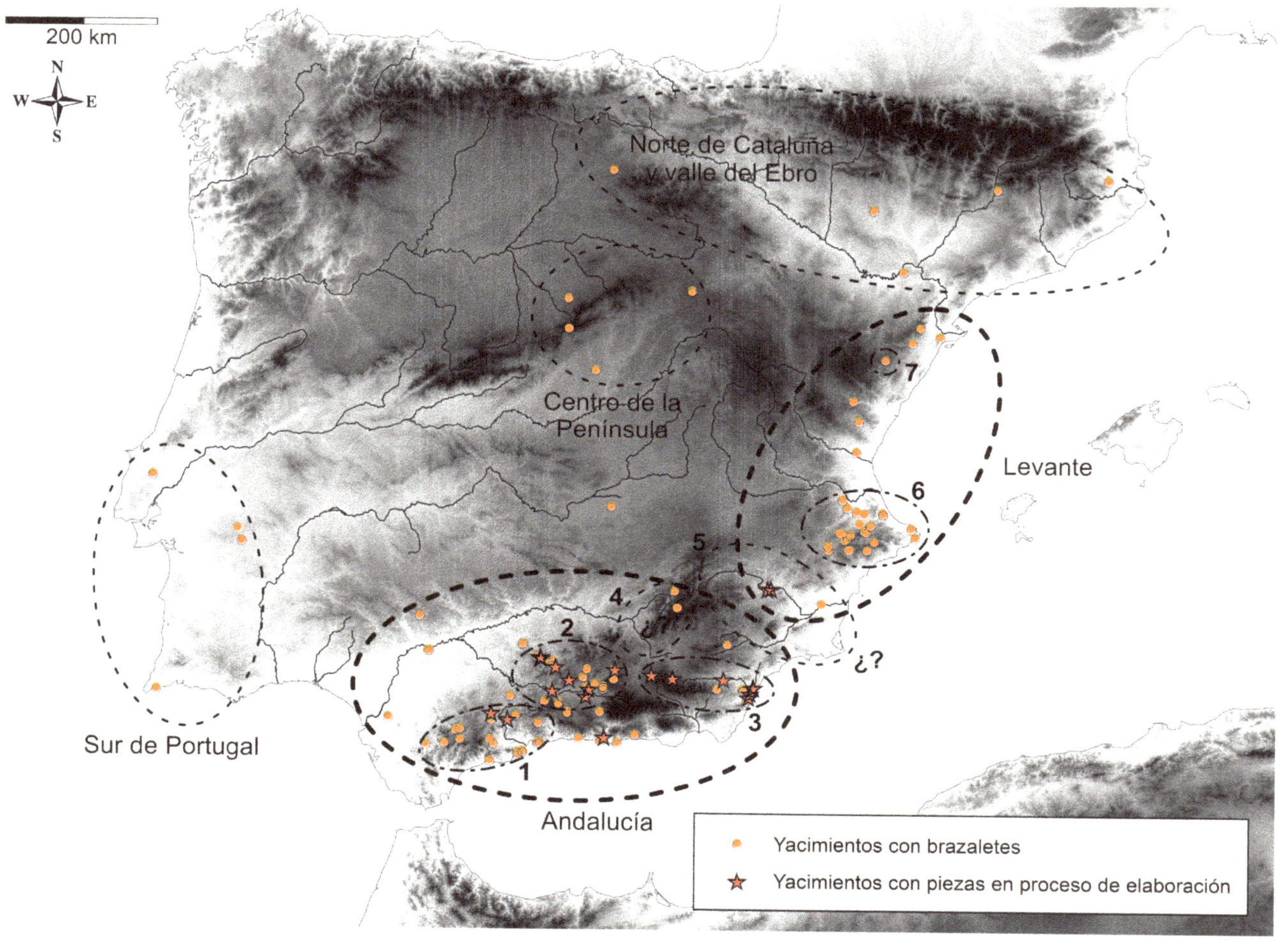

Figura 180. Distribución general de brazaletes en relación a los contextos de producción. Grupos y subgrupos definidos a partir de las concentraciones. Andalucía: 1. Zona interior y costa de Málaga; 2. Subbético Cordobés y entornos de la Depresión de Granada y 3. Depresión de Vera y Valle del Almanzora. Levante: 5. Murcia; 6. Zona sur de Valencia e interior de Alicante y 7. Cova Fosca de Ares del Maestre

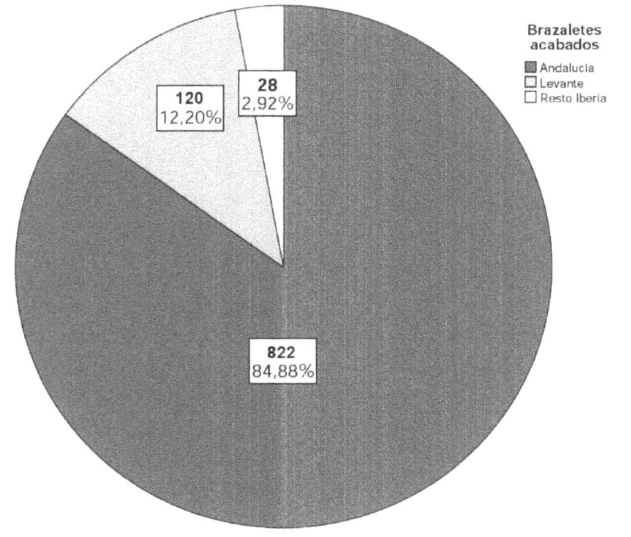

Figura 181. Brazaletes acabados por las zonas delimitadas en el estudio

piezas acabadas y los emplazamientos de los contextos de producción.

En **Andalucía** los 822 brazaletes catalogados se distribuyen entre 74 yacimientos. Dentro de la distribución general en esta zona, que se corresponde con la parte central de las Cordilleras Béticas, se pueden establecer tres subgrupos. Estas concentraciones se asocian a los principales contextos de producción de brazaletes.

De oeste a este, el primer grupo se corresponde con la costa y la zona interior de Málaga (Fig. 180:1). Se trata de uno de los grupos más destacados en lo que al número de yacimientos y piezas acabadas se refiere, sin embargo, no se han documentado importantes contextos de producción y tan solo algunos restos pertenecientes al asentamiento del Llano Espada (Teba, Málaga) y el Valle de Abdalajís. El segundo grupo definido, quizás el más amplio geográficamente se sitúa de manera muy general en la zona más central de las Cordilleras Béticas (Fig. 180:2). Este gran conjunto de yacimientos aúna zonas geográficas muy amplias y posiblemente desarrollos socioculturales independientes. Así, podemos hablar por un lado de contextos geográficos como el Poniente y la Depresión de Granada y Sierra Harana; y, por otro lado, las Sierras Subbéticas Cordobesas. En estos contextos geográficos se han localizado lugares de producción de brazaletes destacados y hasta el momento la primera cantera destinada al aprovechamiento para la elaboración de estos adornos en Cortijo Cevico (Ventorros de San José, Granada). El último grupo de concentración definido se corresponde con la Depresión de Vera y el pasillo del valle del Almanzora (Fig. 180:3). En este caso destacan el número de contextos de producción documentados en las desembocaduras de los ríos Almanzora, Andarax y Antas, y que hay que relacionar con la excepcional conservación de asentamientos neolíticos en esta área. En esta distribución por Andalucía, el desarrollo de las investigaciones y la exploración espeleológica ha debido jugar un papel importante. En este sentido, en el Alto Guadalquivir y gran parte de la provincia de Jaén existe un vacío en la distribución de brazaletes que posiblemente haya que relacionar con la falta de investigaciones sistemáticas sobre las ocupaciones neolíticas en esa área. En esta amplia zona solo se han localizado brazaletes en las excavaciones de Hornos de Segura y en la Cueva del Nacimiento (Santiago-Pontones) (Fig. 180:4).

En cuanto al tipo de yacimientos en los que aparecen los brazaletes acabados en Andalucía, de los 74 sitios, 42 son cuevas y 33 al aire libre, esto supone un porcentaje del 55% en cuevas y 45% de yacimientos al aire libre. Pero si tenemos en cuenta la suma del número de brazaletes por tipo de contexto, el 61% de las piezas (500) aparecen en cuevas frente al 39% (322) en asentamientos. La representatividad numérica de las piezas acabadas es superior en cuevas que en contextos al aire libre.

El número de las piezas por yacimiento es otra de las cuestiones reseñables, en este sentido, el desarrollo de las investigaciones en el yacimiento puede marcar una diferencia importante. El número de brazaletes acabados es muy elevado en algunos talleres como Cabecicos Negros con 104 piezas, aunque como hemos señalado, al tratarse de un taller puede que gran parte de las piezas se encuentren en una fase muy avanzada del proceso y no se trate de brazaletes acabados y usados, al igual puede suceder en Los Castillejos (86 piezas) e incluso en la Cueva de los Mármoles (67 piezas). Este problema de determinación entre piezas acabadas y en proceso es debido a su recopilación a través de la bibliografía publicada.

De los 74 yacimientos con brazaletes acabados, 54 de ellos poseen menos de 10 piezas y suman 99 entre todos, mientras que en los 20 sitios restantes se documentan más de 10 piezas y suman 723 piezas entre todos. En términos porcentuales el 88% de los brazaletes se distribuye entre 20 yacimientos y el 12% entre 54 sitios.

En el caso de las cuevas con un mayor número de brazaletes se encuentran ampliamente distribuidas y asociadas a ámbitos geográficos concretos. En el área más al noroeste de la Subbética Cordobesa, cerca de la campiña, destaca la Cueva de los Murciélagos en Zuheros con 63 brazaletes. En la zona de Priego de Córdoba se localizan las cavidades de la Murcielaguina y Mármoles con 21 y 67 brazaletes respectivamente. En Sierra Harana y sus estribaciones, al norte de la Depresión de Granada, se ubican la Cueva del Agua de Prado Negro con 70 piezas y las cuevas de Carigüela (41) y Ventanas (22). En los entornos de Antequera la Cueva del Toro con 19 brazaletes y la de La Pulsera con 12 piezas. En la Depresión de Ronda la Cueva del Gato con 11 brazaletes. Y, por último, en la costa de Málaga, en la parte oriental, Hoyo de la Mina (36) y Cueva de Nerja (26), y en la parte occidental, Cueva de los Botijos (15). En algunos de estos casos el número de piezas documentadas puede deberse al desarrollo de las investigaciones. Pero, si observamos algunos ejemplos, como la Cueva del Agua de Prado Negro, Hoyo de la Mina, Cueva del Gato o Los Botijos, en los que los materiales provienen de recogidas superficiales, estas concentraciones pueden corresponderse a un uso distintivo de estos yacimientos frente a otros o concentraciones de población.

En el **Levante** los 120 brazaletes catalogados perteneces a 35 yacimientos, esta zona se corresponde con la Región de Murcia y la Comunidad Valenciana y la hemos delimitado desde el río Segura hasta la desembocadura del Ebro.

Esta delimitación espacial es de similares dimensiones a la definida para la zona de Andalucía y dentro de ella se documenta una concentración en lo que geográficamente se corresponde con la parte más oriental de las Cordilleras Béticas. Esto es, el sur de la Comunidad Valenciana y el interior de la provincia de Alicante (Fig. 180:6). En esta área, de los 35 sitios se concentran 24 yacimientos con brazaletes; del resto, ocho se reparten por la franja interior de la Comunidad Valenciana y solo tres en la zona del rio Segura: La Serreta y los Abrigos del Pozo en Cieza y Bancalico Moros en Redován.

En cuanto al tipo de yacimientos en los que aparecen los brazaletes acabados en el Levante, de los 35 sitios, 13 son cuevas y 22 al aire libre, esto supone un porcentaje del 39% en cuevas y 61% de yacimientos al aire libre. Teniendo en cuenta la suma del número de brazaletes por tipo de contexto, el 76% de las piezas (89) aparecen en cuevas frente al 24% (31) en asentamientos. Al igual que sucede en Andalucía, donde la representatividad numérica de las piezas acabadas es superior en cuevas que en contextos al aire libre.

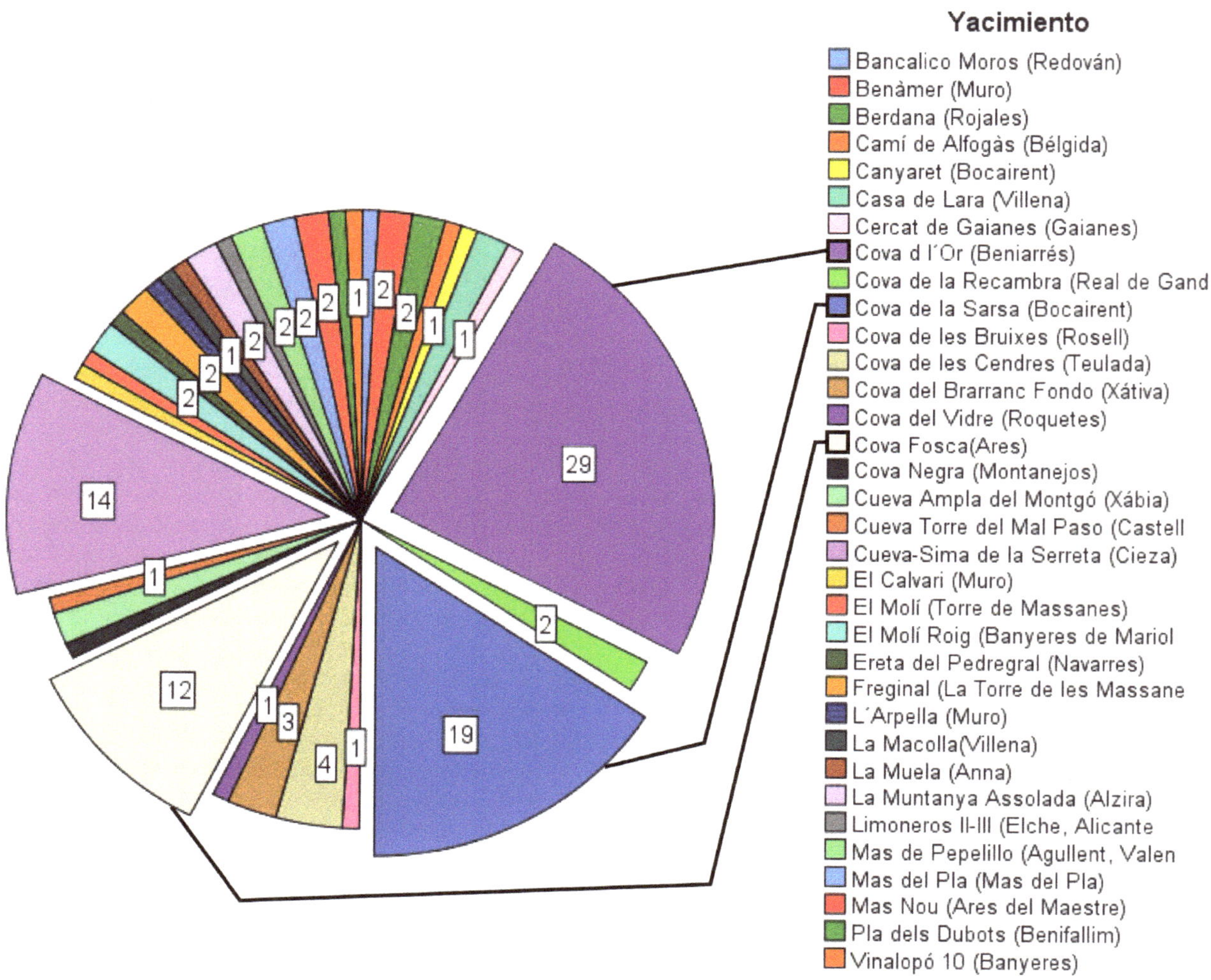

Figura 182. Distribución de los brazaletes acabados del Levante por yacimientos. En negrita sitios destacados por el número de piezas

Del número de las piezas por yacimiento en el grupo del Levante llama la atención que, de los 35 yacimientos, tan solo cuatro poseen más de cuatro brazaletes (Fig. 182). De esos cuatro sitios, si no tenemos en cuenta La Serreta con 14 piezas, ya que es un taller de brazaletes y que se encuentra a caballo en un vacío de la distribución entre Andalucía y el Levante, nos encontramos que de las 106 piezas restantes 60 se documentan en tan solo 3 yacimientos. En términos porcentuales el 58% de los brazaletes se sitúan en tres cuevas: Cova de l´Or, Cova de Sarsa y Cova Fosca de Ares. Estas tres cuevas se emplazan en diferentes contextos geográficos: Cova Fosa de Ares, en la parte norte del grupo levantino en la provincia de Castellón, separado de la concentración principal de brazaletes (Fig. 180:7); Cova de l´Or, en el curso medo del río Serpis; y finalmente, Cova de la Sarsa, en la cabecera del rio Vinalopó (Fig. 180:6). En los casos como Cova de l´Or y la Cova de la Sarsa, los brazaletes documentados se pueden relacionar con la larga trayectoria de las investigaciones en estas cuevas. Pero si observamos otros yacimientos como por ejemplo la Cova de les Cendres, con una superficie excavada muy destacable, en ella solo se han catalogado cuatro brazaletes. De esta forma, podemos interpretar que el número de piezas está más relacionado con la funcionalidad de los yacimientos que con las investigaciones llevadas a cabo en ellos.

En el **resto de la Península** solo se han catalogado 28 brazaletes que se localizan en 15 yacimientos. Estos sitios los podemos agrupar en tres zonas geográficas: el sur de Portugal, centro de la Península y el norte de Cataluña y el Valle del Ebro.

En el sur de Portugal, se localizan cuatro sitios con brazaletes, dos asentamientos en el interior en el entorno de Évora con un brazalete en cada uno (Valada do Mato y Xarez 4), otro en la costa sur en Salema con otra pieza y una cueva de enterramiento en el norte de Lisboa, de la que solo existe una referencia a la existencia de brazaletes de piedra.

En el centro de la península ibérica, los brazaletes son igualmente escasos con solo 12 piezas, existen cinco yacimientos con brazaletes, dos en el valle de Ambrona: La Lámpara y la Revilla, dos en los entornos del rio Manzanares: Arenero de Valdivia y La Deseada, y el último la Cueva de la Vaquera en Torreiglesias en la que se han documentado 8 brazaletes, siendo la mayor concentración fuera de las dos áreas principales. En la zona de la meseta solo hemos podido catalogar un brazalete en la Motilla del Azuer en Ciudad Real y este vacío puede que esté relacionado con el conocimiento que tenemos sobre las poblaciones del Neolítico Inicial de esta área.

Finalmente, en la amplia zona geográfica que ocupa el valle del Ebro y el norte de Cataluña se han localizado cinco yacimientos con brazaletes, que suman 11 piezas entre todos. El Portalón de Cueva Mayor en la Sierra de Atapuerca es el sitio más al interior con brazaletes, mientras que La Valdany es el situado en la parte más oriental del conjunto. Por el número de piezas, hay que referenciar el poblado lacustre de La Draga, en el lago de Bañolas, en el que se han documentado cuatro brazaletes.

Los contextos geográficos fuera de la influencia de las dos áreas principales definidas, Andalucía y Levante, debieron tener influjos culturales y poblacionales muy diversos, pero les unen algunas características comunes. Se trata de yacimientos con las fechas o los contextos materiales más antiguos para los inicios del Neolítico en el área donde se localizan, este el caso de la Cueva de la Vaquera en el centro o los asentamientos de la Lámpara y La Revilla en el valle de Ambrona.

Una de las zonas que merece especial mención en todo el conjunto de áreas expuestas es la región de Murcia, con el río Segura como eje central (Fig. 180:5). Esta es la zona de contacto entre los dos grandes grupos de yacimientos con brazaletes definidos, Andalucía y el Levante. El vacío de yacimientos para esta área, seguramente haya que relacionarlo con las insuficientes investigaciones sobre el Neolítico en Murcia. De ahí que el taller de La Serreta, el situado más al este de todos los documentados, constituya un sitio destacado a la hora de entender y explicar las relaciones socioculturales de los dos grandes grupos determinados y la circulación de los brazaletes.

3.4.1.1. Conclusiones sobre la distribución geográfica y contextual

Según los brazaletes acabados catalogados y su distribución podemos afirmar la existencia de dos grandes conjuntos de yacimientos con brazaletes, definidos territorialmente por la distribución y su cantidad. En el grupo de Andalucía se localizan el 85% de los brazaletes y en el Levante el 12% de las piezas; fuera de estas dos zonas los brazaletes suponen solo el 3%, siendo muy poco representativos a nivel cuantitativo. La representatividad de los brazaletes según el tipo de yacimiento es similar en ambas zonas: los brazaletes en las cuevas están mejor representados con un 69% en Andalucía y 76% en el Levante, mientras que en los asentamientos suponen el 39% en Andalucía y solo el 24% en el Levante. De igual forma, en las dos zonas, la mayoría de los brazaletes se concentran en unos pocos yacimientos en cuevas. En Andalucía, el 88% de las piezas se corresponden con 20 cuevas distribuidas espacialmente por diferentes áreas geográficas, mientras que en el Levante el 58% de los brazaletes se concentran en solo 3 cuevas. La documentación de brazaletes de piedra en contextos domésticos y de enterramiento o ritualizados, nos permite afirmar que este tipo de adorno forma parte de la vida social de las comunidades neolíticas del Levante y Andalucía, en sus diferentes aspectos tecnoeconómicos y de identificación social.

	N	Mínimo	Máximo	Media
Diámetro interior	407	40	110	69,99
Diámetro exterior	385	51	130	84,42
Altura	378	2,0	52,0	14,67
Grosor	390	3,0	22,5	7,25
N válido (por lista)	372			

Tabla 8. Variables métricas consideradas en el estudio tipométrico para el total de los brazaletes

3.4.2. Tipología: categorización y distribución geográfica por tipos y materias primas

Se han catalogado para el análisis tipométrico, mediante el estudio directo y por referencias bibliográficas, 414 brazaletes. De estas piezas, 317 pertenecen a Andalucía, y según los 822 brazaletes catalogados en esta zona, suponen el 39%. El resto, 97, son del Levante y constituyen el 83% en relación a las 120 piezas catalogadas en esta área. Para la distribución geográfica de tipos de brazaletes hemos considerado la recopilación general mediante el estudio directo y referencias bibliográficas. El análisis estadístico del conjunto nos permite catalogar la representatividad de las variables métricas consideradas (Tab. 8) y las variables cualitativas como la presencia de ocre o la materia prima utilizada.

3.4.2.1. Dimensiones

Las variables cuantitativas consideradas han sido cuatro: la altura, el grosor, el diámetro interno y externo. De estas cuatro, la altura, el grosor y el diámetro externo (que marca la relación entre el diámetro interno y la altura) son variables que determinan la tipología, mientras que el diámetro interno se relaciona con la funcionalidad de los brazaletes.

Las alturas (Fig. 183) se sitúan entre los 2 y los 52 mm, siendo porcentualmente más comunes los comprendidos entre 2-5 mm con el 35%, seguido en porcentajes muy inferiores por las alturas entre los 5-10 mm, y a partir de 30 mm de altura, los porcentajes se sitúan por debajo del 5%. La variable altura es una de las más determinantes ya que marca en gran medida la tipología y la representación porcentual de esta variable determina genéricamente la distribución por tipos.

Los grosores (Fig. 184) oscilan entre los 3 y los 22,5 mm, siendo más representativos entre los 5 y los 10 mm con el 65%, porcentualmente le siguen los situados por debajo de 5 mm con el 26%. Los grosores entre los 10 y 15 mm se encuentran en porcentajes del 7% y los superiores a 15 mm son muy escasos.

Los diámetros interiores (Fig. 185) varían entre los 40 y los 110 mm. En una agrupación cada 10 mm, los más comunes son los situados entre los 60-70 y 70-80 mm con el 35% respectivamente, el segundo grupo mejor representado es entre 50-60 mm con el 15%, y a partir de ahí, los porcentajes descienden al 8% entre los 80-90 mm y por debajo del 5% en aquellos menores de 50 mm y por encima de 90 mm.

3.4.2.2. Definición de la tipología

En la historiografía sobre las investigaciones del Neolítico en la península ibérica la tipología general que se ha utilizado para la clasificación de los brazaletes de piedra ha sido la de estrechos y anchos, diferenciando entre estos últimos con o sin decoraciones (Teruel, 1986). Esta clasificación genérica permite una clasificación a grandes rasgos de un adorno como los brazaletes, pero la verdadera realidad morfológica y por tanto tipológica es mucho más compleja y variada. La forma de los brazaletes cambia según la relación entre dos variables principalmente: la altura y el grosor. La relación entre estas dos variables hace que la tipología de la pieza cambie y su aspecto sea sensiblemente diferente. En nuestro caso la tipología empleada para la distribución y la descripción de las piezas, ha sido la usual: brazaletes estrechos y anchos, a la que hemos incluido un subgrupo de medios. Esta categorización se ha basado en la variable altura de las piezas, pero que responde a una determinación morfológica de la relación entre las variables altura y grosor. Como se puede observar en la gráfica (Fig. 186), donde se muestra la relación de estas dos variables, los brazaletes cuya altura es ≤10 mm (estrechos) y >20 mm (anchos) nunca sobrepasan los 12 mm de grosor, por lo que su grosor nunca supera su altura. En el caso de los brazaletes cuya altura es >10 y hasta 20 mm (medios), el grosor sí llega a ser igual o superior a la altura. Estas relaciones son las que nos permiten clasificar los brazaletes según su altura en tres grupos, aunque en los brazaletes de tipo medio, cuyos grosores se sitúan entre los 3 y los 6 mm la morfología se aproxima a los clasificados genéricamente como anchos, por lo que se pueden denominar como un subgrupo dentro de los del tipo ancho.

Sí tenemos en cuenta el diámetro interior de los brazaletes estos se pueden clasificar en tres grandes grupos, determinados por su tamaño: los de pequeño tamaño, de

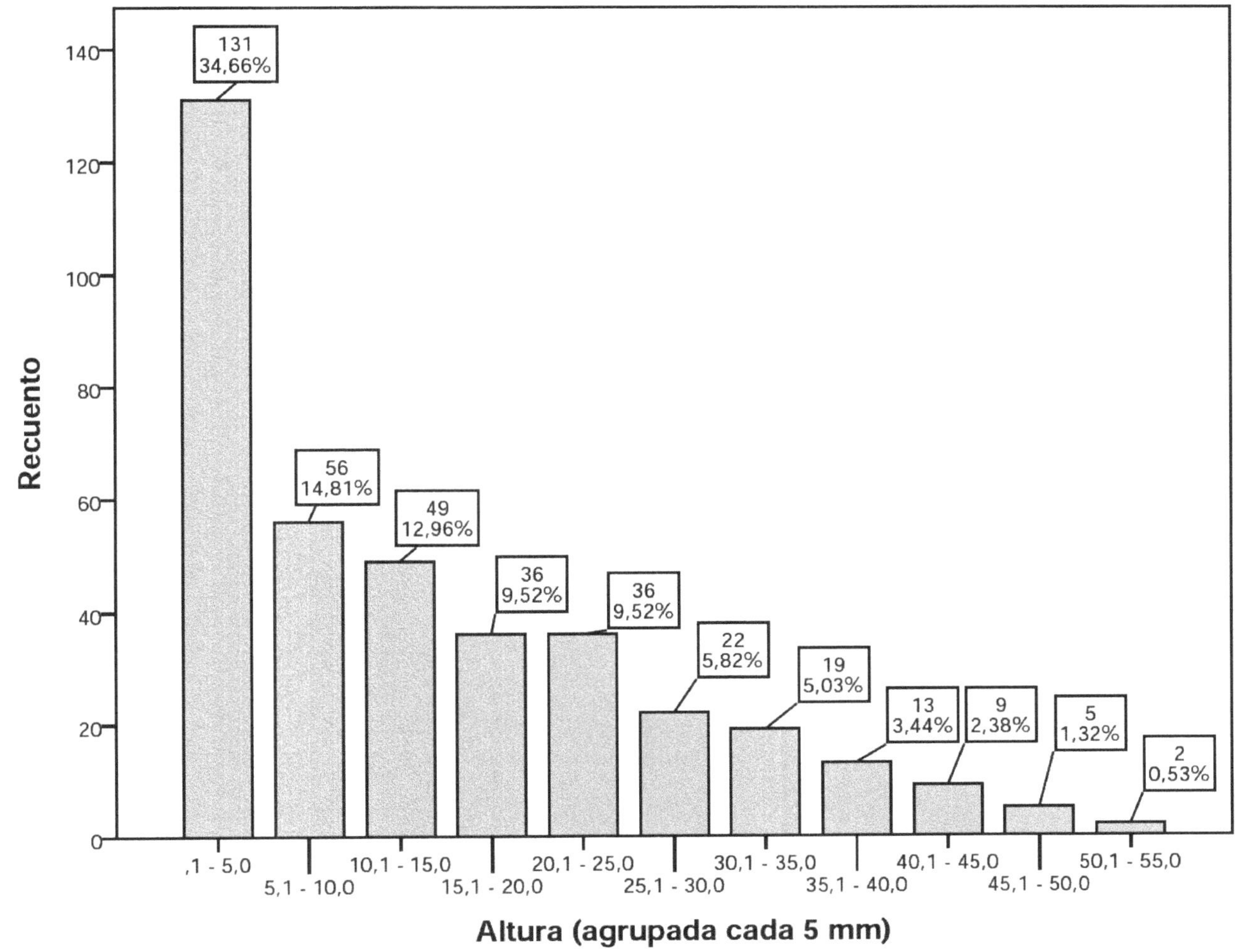

Figura 183. Distribución de los brazaletes en función de la variable altura

entre 40 a hasta 60 mm de diámetro interior; los medianos, entre los 60 y hasta 85 mm; y los grandes a partir de 85 mm y hasta 110 (Fig. 187). Entre estos tres grupos los más comunes son los de tipo medio, seguidos de los pequeños y los menos representados los de gran tamaño. Esta representatividad de los grupos según el diámetro interior es similar entre los tres tipos definidos: estrechos, medios y anchos.

La litología empleada en la elaboración de los brazaletes es otra de las características que nos permiten definir esta clasificación tipológica (Tab. 9). Los brazaletes estrechos se producen en las tres litologías definidas: mármol, caliza y pizarras/esquistos, mientras que los de tipo medio y ancho sólo se usa el mármol o la caliza. En los brazaletes anchos hay un predominio claro del mármol y en el caso de los anchos con decoraciones todos los estudiados están elaborados en mármol. Como hemos expresado en el apartado general sobre la materia prima[6], la selección en gran medida viene determinada por las cualidades de la litología, de ahí, que no se elaboren brazaletes del tipo medio y ancho en rocas foliáceas (pizarras/esquistos) y que los brazaletes anchos cuyos grosores se sitúan entre los 3 y los 7 mm se emplee de manera casi exclusiva el mármol. La caliza se emplea para la elaboración de los tres tipos en especial los estrechos y medios (Fig. 188). En el caso de la caliza, su uso puede estar más relacionado con la inexistencia de mármol en la zona cercana al contexto de producción que a una selección intencionada.

Las secciones son el reflejo de la relación entre las variables determinadas para la tipológica: la altura y el grosor (Fig. 189). En el caso de los brazaletes estrechos, las secciones varían entre rectangulares y cuadrangulares. Las secciones rectangulares y cuadrangulares pueden ser planas en la cara exterior y cóncavas en la interior (forma de D), planas en ambas caras (forma rectángulo o cuadrado) u oblongas con los bordes curvos. Los brazaletes medios son de sección rectangular y cuadrada, la rectangular es la más usual y varía entre plano-convexa (D), de rectángulo, oblonga y la cóncava al exterior y convexa en el interior, la menos usual. Por último, las secciones de los brazaletes anchos son como cabe esperar siempre rectangulares. La sección más usual es plana al exterior y convexa al interior (D), seguida de la forma rectangular, la sección cóncava al exterior y convexa al interior es muy poco usual y se restringe a unos pocos brazaletes.

[6] Véase epígrafe 3.1.

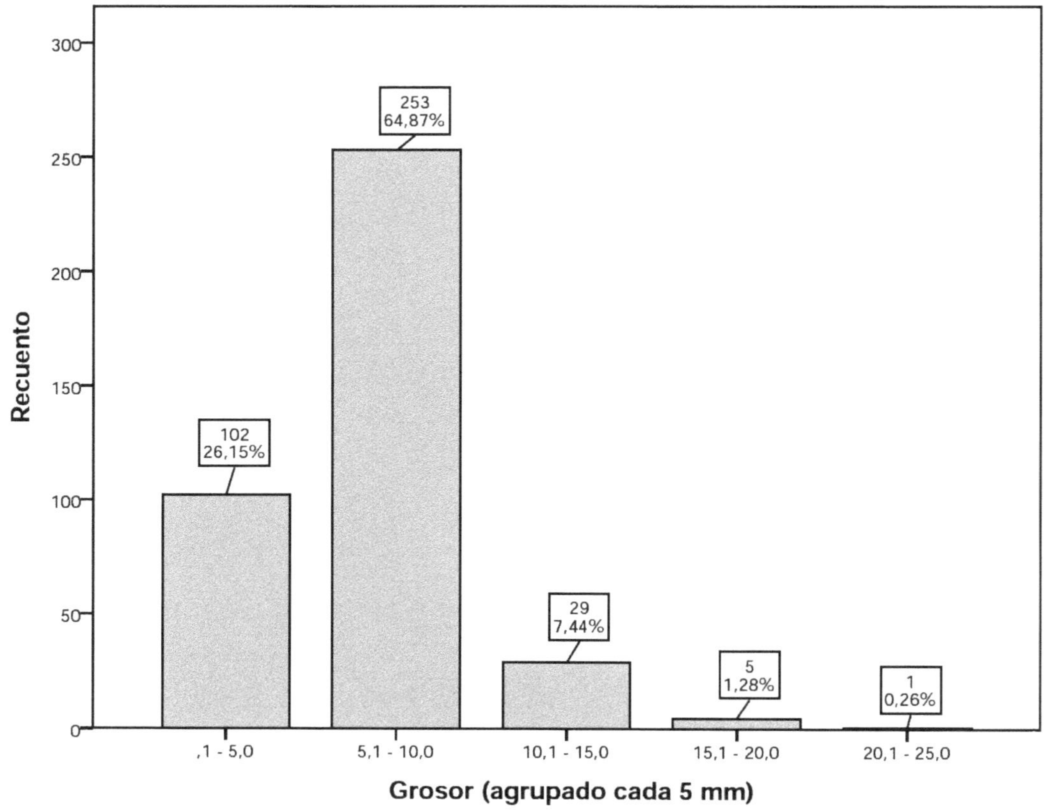

Figura 184. Distribución de los brazaletes en función de la variable grosor

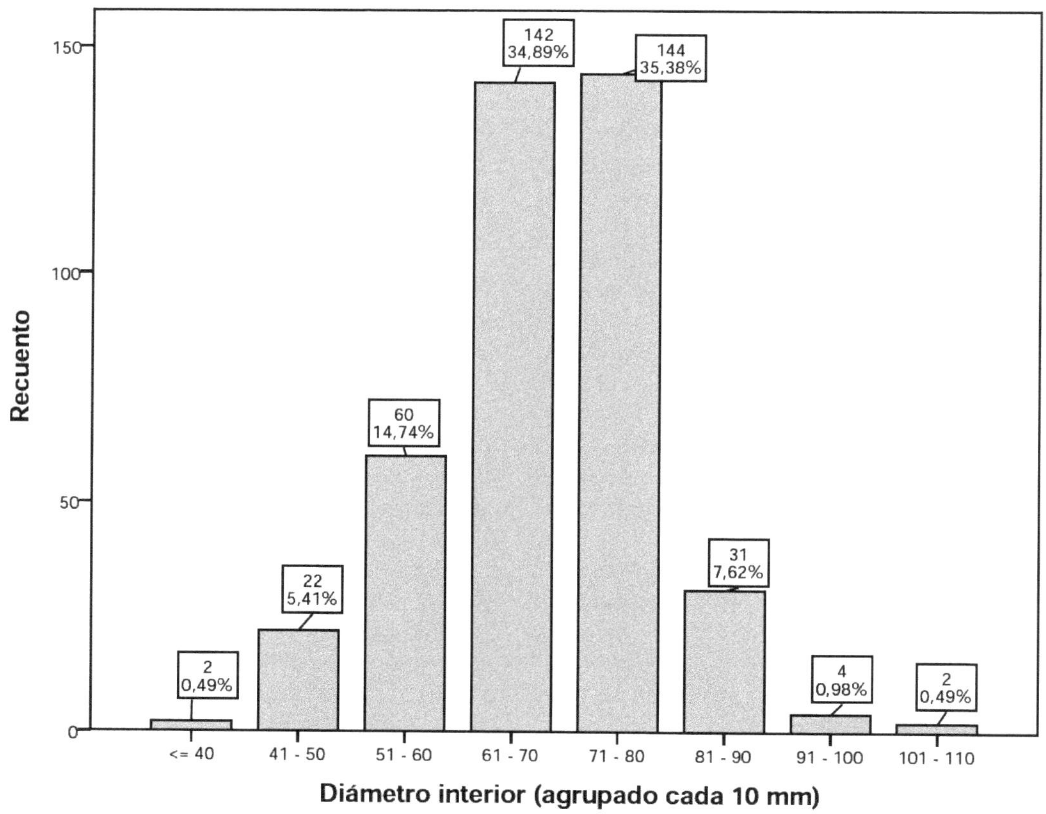

Figura 185. Distribución de los brazaletes en función de la variable diámetro interior

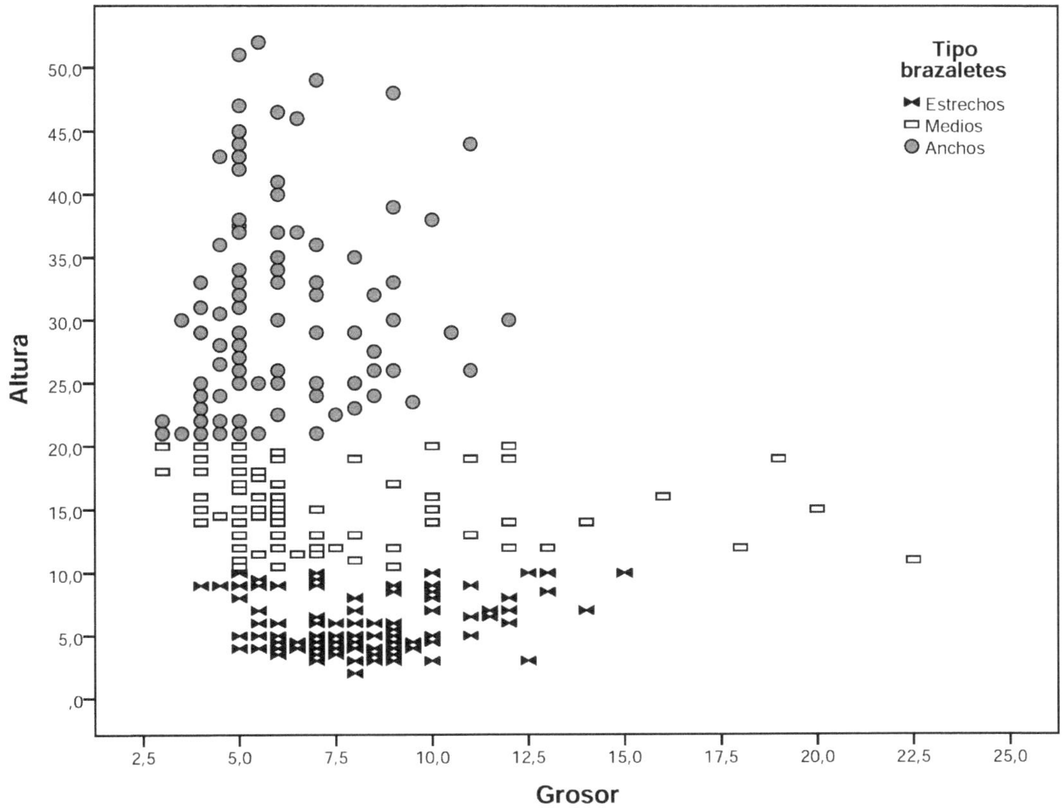

Figura 186. Tipos de brazaletes según la relación entre la altura y el grosor

	Mármol	Caliza	Pizarra/Esquisto	Nº Piezas
Estrechos	11,2%	61,8%	26,8%	187
Medios	70,6%	28,2%	0,0	84
Anchos	80,2%	19,8%	0,0	106
Decorados líneas	100%	0,0	0,0	56

Tabla 9. Porcentaje de la litología en función de la tipología

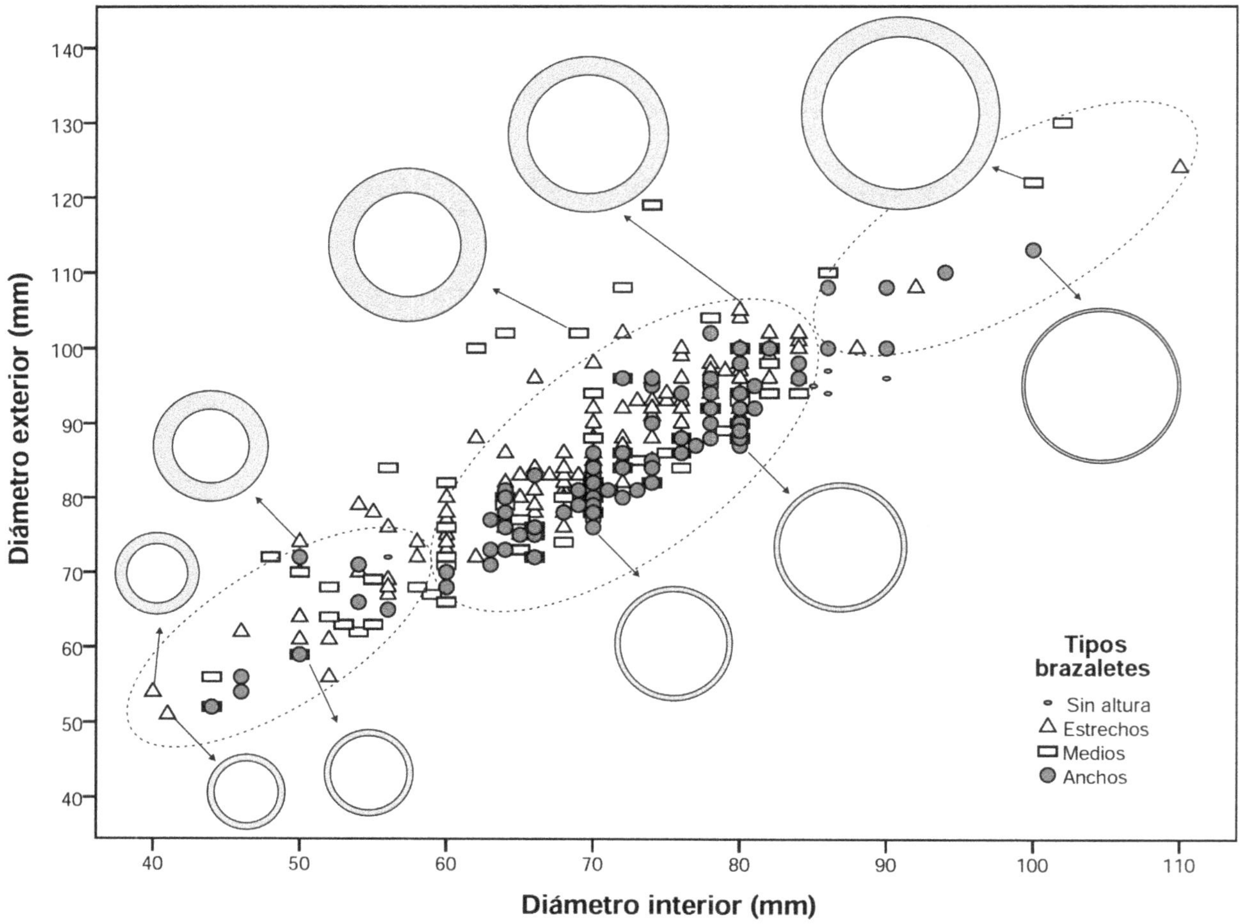

Figura 187. Tipos de brazaletes en relación al diámetro interior y exterior. Pequeños, entre 40-60 mm de diámetro interior; Medianos, entre 60-85 mm; y Grandes, a partir de 85 y hasta 110

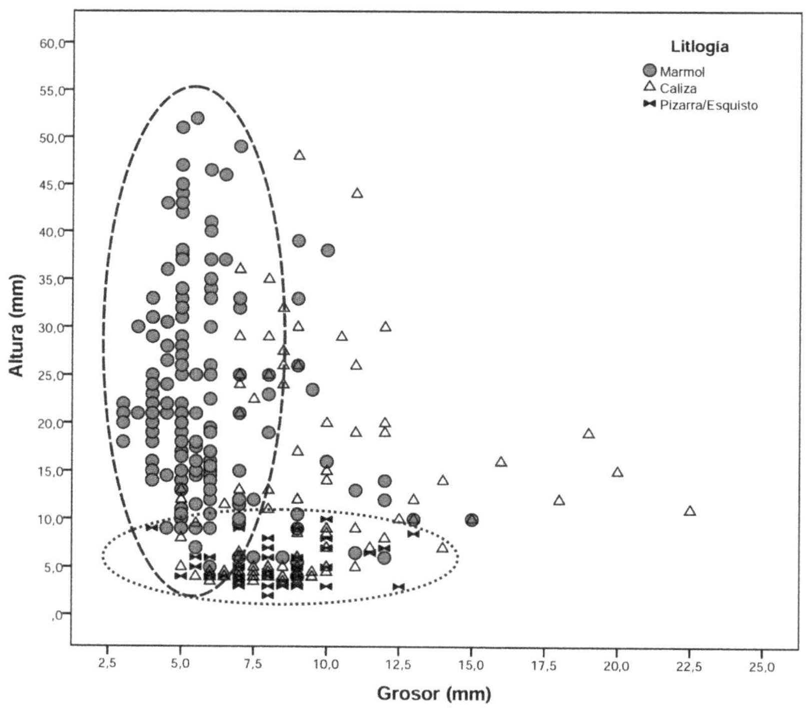

Figura 188. Distribución de las materias primas en función de la altura y el grosor. En línea discontinua concentraciones del mármol y la pizarra/esquisto

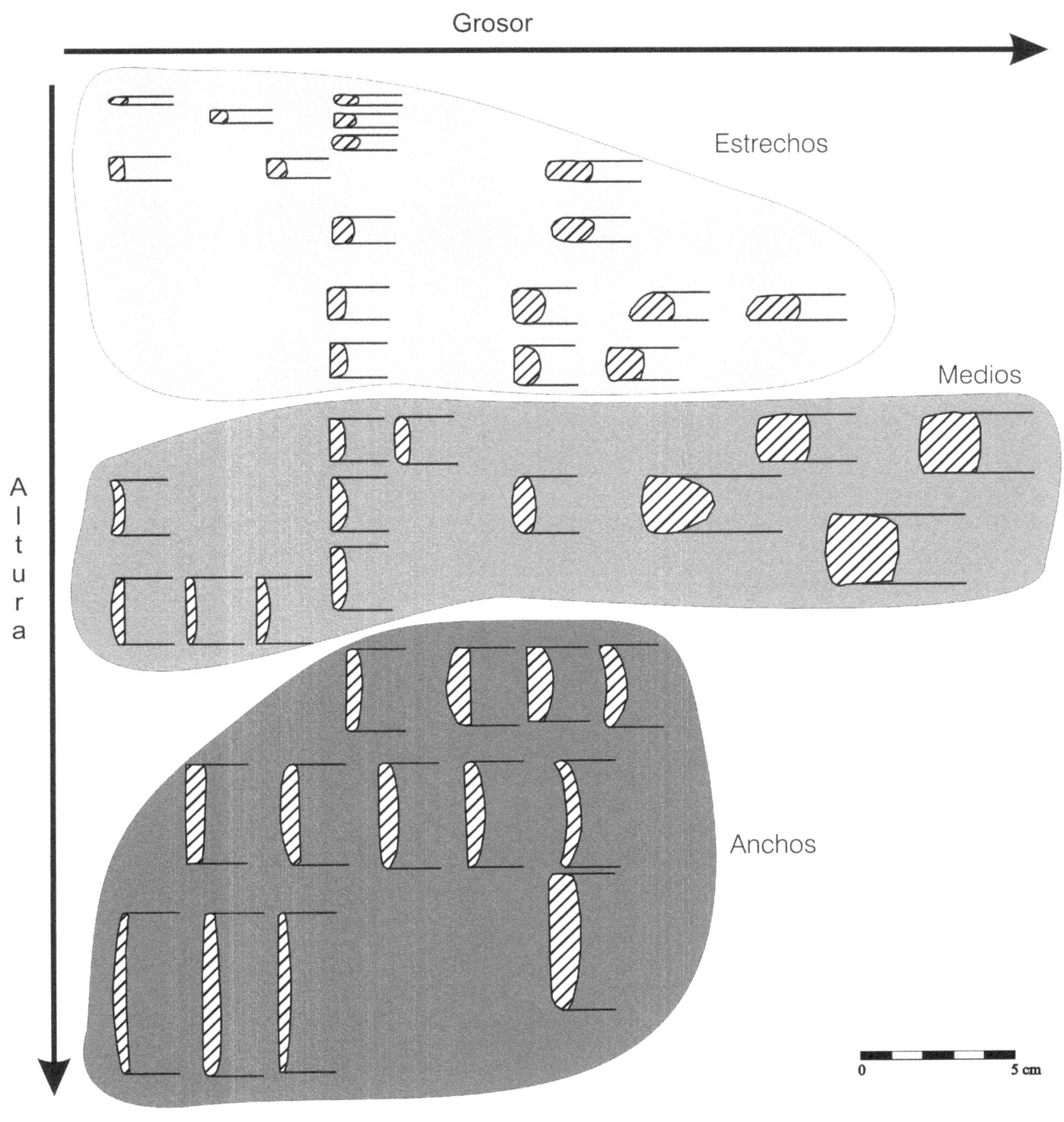

Figura 189. Tipología de las secciones en función de las variables altura y grosor

3.4.2.3. Tipos establecidos

El estudio tipométrico, de las materias primas, de las secciones y las decoraciones, nos permite establecer cuatro tipos de brazaletes: estrechos, medios, anchos y decorados con líneas paralelas. Dentro de cada uno de ellos se pueden definir tres grupos según tamaño y definido por su diámetro interior: pequeños (40-60 mm), medianos (60-85 mm) y grandes (85-110 mm). Esta clasificación es general y aglutina una variedad de brazaletes muy amplia.

Los brazaletes estrechos: constituyen el conjunto más numeroso del total catalogado con el 53,6%. Son aquellas piezas cuya altura no supera los 10 mm y los grosores se sitúan entre los 4 y los 15 mm, según la relación entre estas variables se puede clasificar en dos tipos fundamentalmente: los planos (Fig. 190:1), en los que el grosor supera la altura y los cuadrados (Fig. 190:2), en los que la altura y el grosor es similar. Los diámetros interiores oscilan entre los 40 y los 110 mm. La materia prima más usada es la caliza (61,8%) seguida de la pizarra/esquisto (26,8%) y la menos representada el mármol (11,2%). Las secciones son rectangulares y cuadrangulares en forma de "D", de rectángulo o cuadrado o con los bordes curvos. Solo se ha documentado un brazalete estrecho decorado con líneas verticales al eje funcional (Fig. 190:3) en la Cueva de Malalmuerzo (Fig. 30).

Los brazaletes medios: constituyen el 20% de las piezas. Son los brazaletes cuya altura se comprende entre los 10 mm y los 20 mm y los grosores entre los 3 y los 22,5 mm y es la principal característica que los diferencia de los anchos. Los diámetros interiores oscilan entre los 44 y los 102 mm. La materia prima más usual es el mármol (70,6%) y en menor proporción la caliza (28,2%) en ningún caso se elaboran en pizarra/esquisto. Según su sección y la relación entre la altura y el grosor se pueden clasificar en tres tipos:

- **Los rectangulares** (Fig. 190:4), que se pueden considerar un subgrupo dentro de los anchos. Las secciones varían entre formas de "D", rectangulares, oblongas y la menos usual la cóncava-convexa. Dentro de estos, los decorados con líneas paralelas son muy escasos, solo se han documentado 3 piezas (Fig. 190:7).

- **Los cuadrados** (Fig. 190:5), en los que la altura y el grosor es similar, las secciones son cuadradas y en pocos casos redondeadas.

- **Los planos** (Fig. 190:6), aquellos en los que el grosor supera a la altura. Las secciones son rectangulares y en forma de "D".

Los brazaletes anchos: forman el segundo grupo más numeroso con el 36,2% del total. Son las piezas cuya altura es superior a 20 mm. El grosor se sitúa entre los 3 mm y nunca superior a los 12 mm siendo los más comunes entre los 4 y los 6 mm. Los diámetros interiores oscilan entre los 44 y los 100 mm. La materia prima más usada, con diferencia, es el mármol (80,2%) frente a la caliza (19,8%) y nunca se emplea la pizarra/esquisto. Las secciones son rectangulares y la más usual en forma de "D", seguida de la rectangular. La sección cóncava-convexa es muy poco usual y se restringe a unas pocas piezas. Las decoraciones a base de líneas paralelas suponen el 59% del total de los brazaletes de tipo ancho catalogados.

Los brazaletes decorados: son el conjunto más reducido de los tipos establecidos con solo el 10% de todas las piezas catalogadas. Su excepcionalidad nos permite definirlos como un tipo determinado, pero según su morfología la mayoría son del tipo ancho (Fig. 190:9) menos 3 piezas de tipo medio (Fig. 190:7). Los grosores se sitúan entre los 4 y los 8 mm siendo los más comunes entre 4 y 6 mm (Fig. 191). Los diámetros interiores oscilan entre los 44 y los 90 mm (Fig. 192). Los de pequeño tamaño (40-60 mm) y los de gran tamaño (mayor de 85 mm) son los menos frecuentes, mientras que los de tamaño medio (60-85 mm), son los mejor representados. Las secciones son en forma de "D" o de rectángulo. La materia prima es en todos los casos el mármol. El número de líneas paralelas oscila entre 1 y 10 existiendo piezas con 1, 2, 3, 4, 5, 6, 7, 8, 9 y 10 líneas (Fig. 193). La representación porcentual del número de líneas es bastante similar destacando las piezas decoradas con 2 (19,6%), con 4 (16%) y con 1 (12,5%). No existe una relación entre el número de líneas y la altura del brazalete, pero si una distancia simétrica entre la situación de las líneas y la altura, es decir, la altura no determina el número de líneas, pero la distancia entre las líneas es siempre equivalente, por ejemplo, en las piezas con una sola línea esta se localiza en la parte media del brazalete. Las líneas dividen el brazalete siempre en partes iguales. El ocre rojo como relleno de las líneas está presente en el 40% de las piezas estudiadas y el resto no se han observado restos. En muchos de los casos, para la determinar la presencia de ocre ha sido necesario el uso de la lupa binocular. Probablemente, la inmensa mayoría de las piezas con líneas incisas estuviesen rellenas de ocre rojo, pero los procesos postdeposicionales y las limpiezas actuales hayan provocado que el pigmento desaparezca.

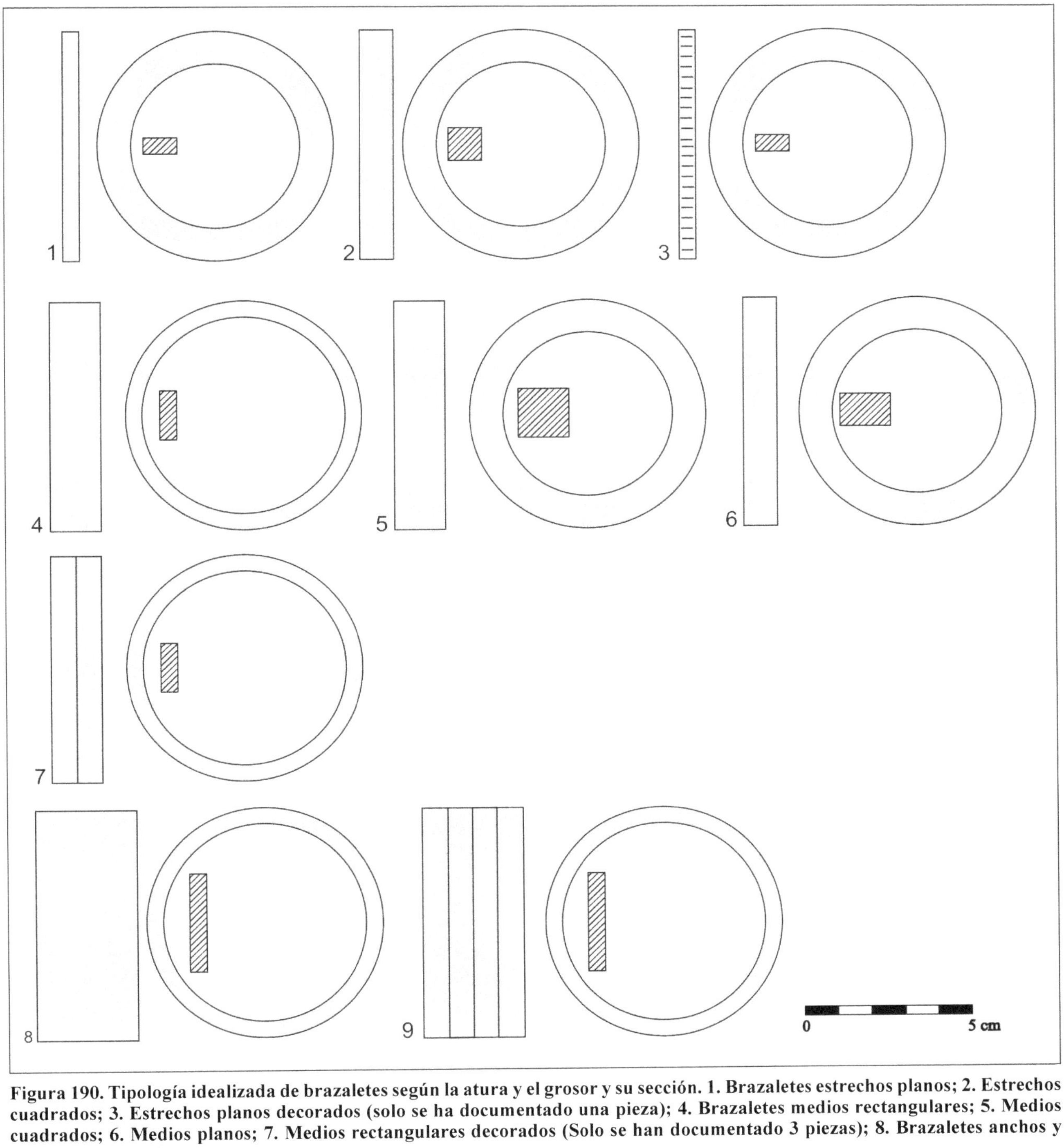

Figura 190. Tipología idealizada de brazaletes según la atura y el grosor y su sección. 1. Brazaletes estrechos planos; 2. Estrechos cuadrados; 3. Estrechos planos decorados (solo se ha documentado una pieza); 4. Brazaletes medios rectangulares; 5. Medios cuadrados; 6. Medios planos; 7. Medios rectangulares decorados (Solo se han documentado 3 piezas); 8. Brazaletes anchos y 9. Anchos decorados

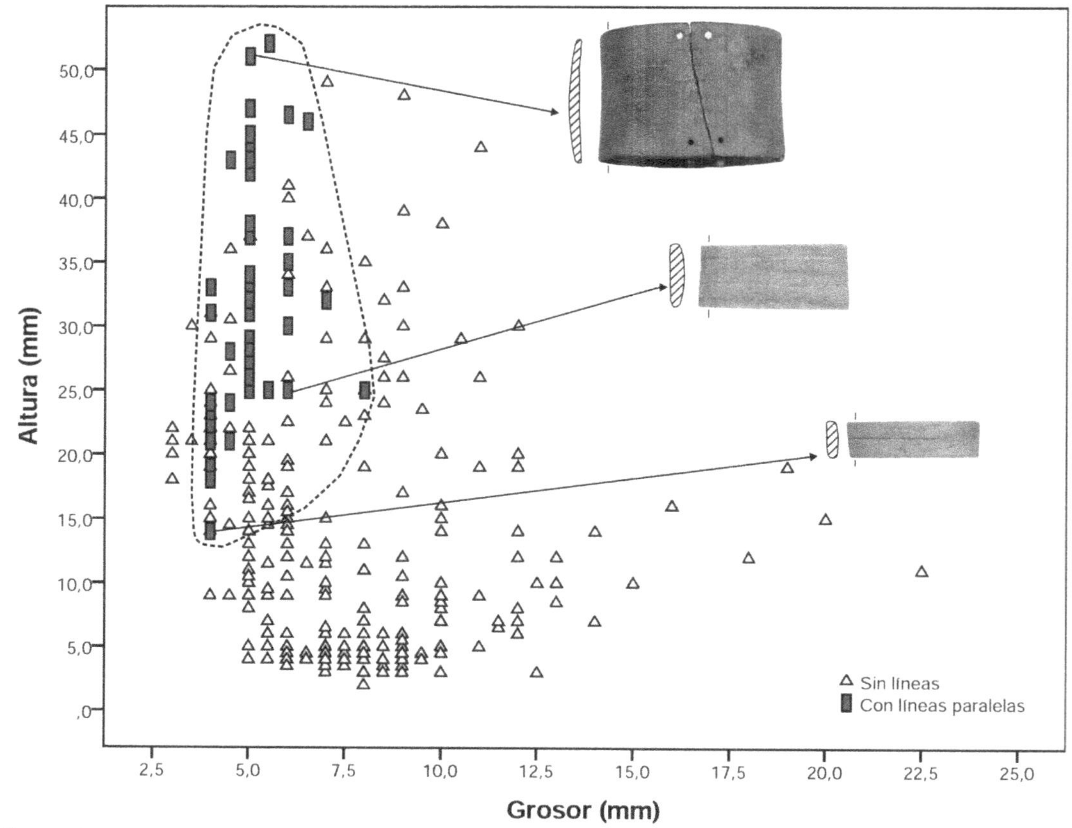

Figura 191. Brazaletes decorados con líneas en función a las variables altura y grosor y su relación con el resto de brazaletes. Obsérvese los diferentes tipos según su altura

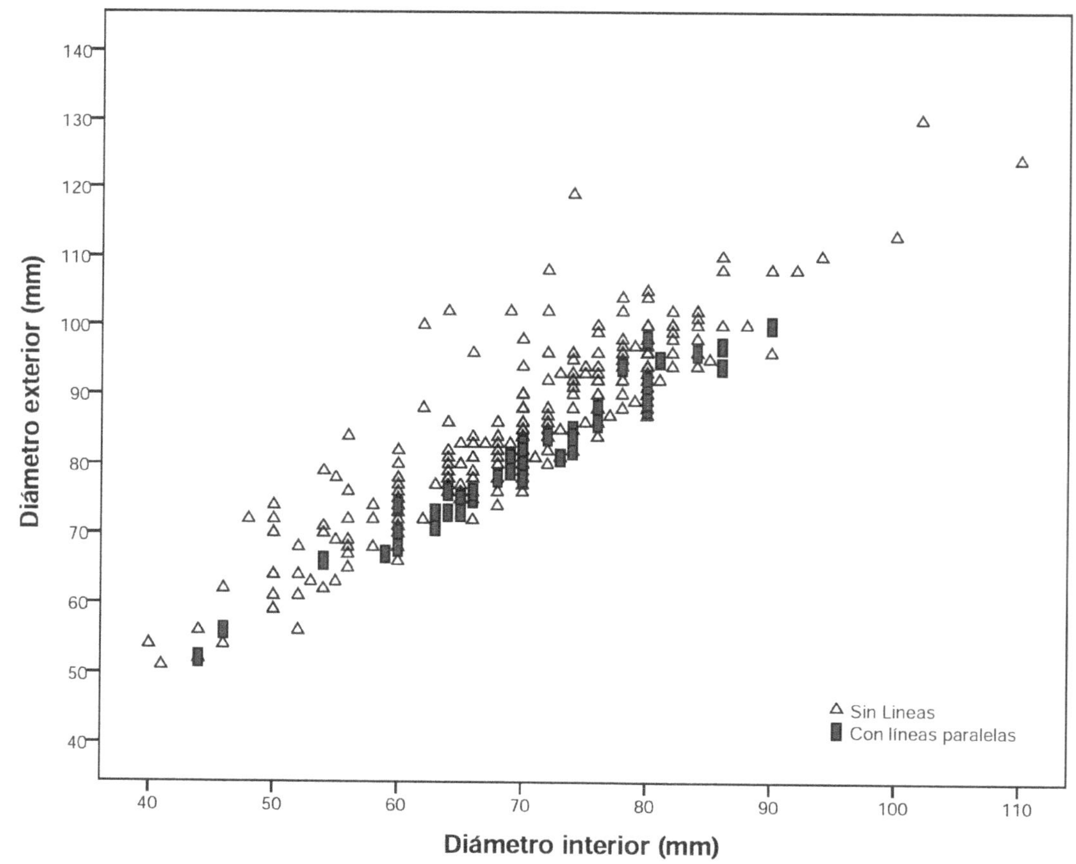

Figura 192. Brazaletes decorados con líneas en función del diámetro interior y exterior y su relación con el resto de brazaletes

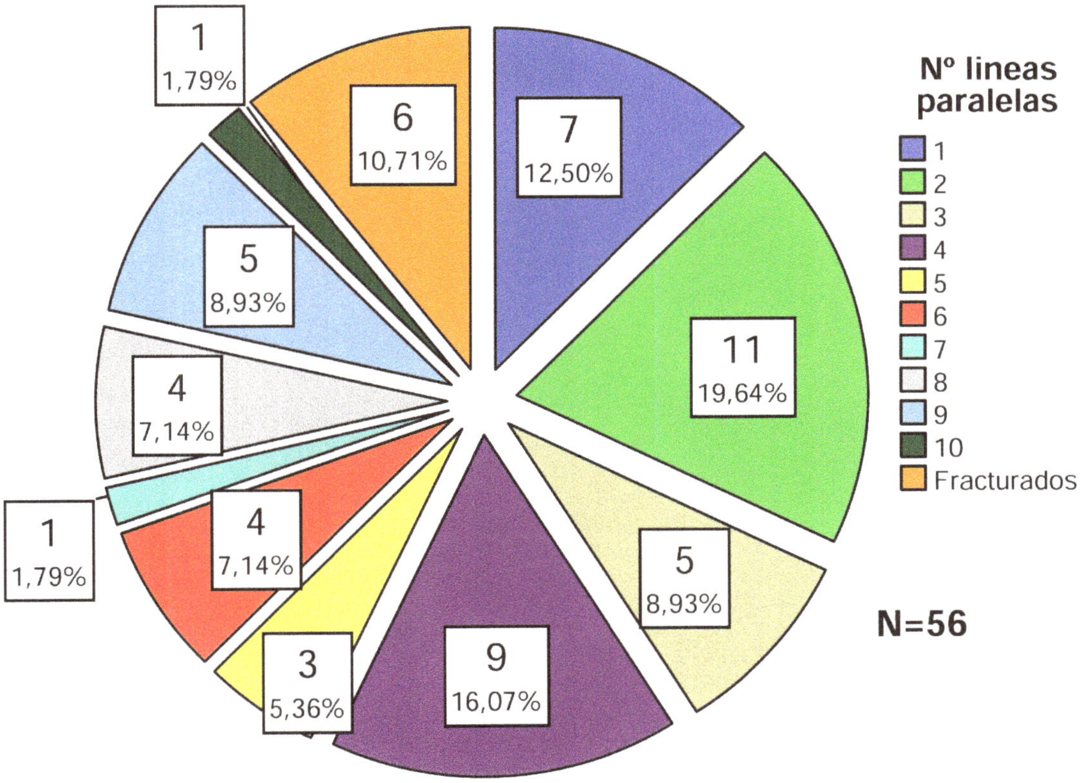

Figura 193. Porcentaje del número de líneas en los brazaletes decorados

	Andalucía	Levante	Resto de la Península	Total	
Catalogados	822	120	28	970	100%
Tipologados	522	96	21	639	66,6%
Indeterminados	292	21	7	320	33,3%
% tipologado	64,1%	82%	75%		

Tabla 10. Brazaletes catalogados y tipologados según zonas

3.4.2.4. Distribución geográfica por tipos

La revisión bibliográfica y el estudio directo del material nos han permitido clasificar tipológicamente un 66,6% de las piezas catalogadas y según las tres zonas definidas el porcentaje de piezas clasificadas tipológicamente, se sitúa por encima del 60% (Tab. 10). Se trata de un conjunto lo suficiente representativo como para comparar las diferentes zonas geográficas y determinar la representatividad tipológica en cada una de ella.

La distribución de los tipos de brazaletes según las zonas en términos porcentuales es bastante similar (Fig. 194). Los brazaletes estrechos son los mejor representados en las tres zonas con un 53,3% en Andalucía, el 57,2% en el Levante y el 65% en el resto de la Península. En el tipo ancho y medio sí se observan algunas diferencias. Los anchos son más numerosos en Andalucía (27,8%) y el Resto de Península (25%) que en el Levante (15,6%). Desde el punto de vista de la distribución geográfica de los tipos de brazaletes, se pueden observar algunas características según su representatividad por zonas.

Tipo	Andalucía	Levante	Resto de la Península	Total	
Estrechos	274	55	14	343	53,6%
Medios	100	26	2	128	20%
Anchos	148	15	5	168	26,2%
Decorados	92	3	1	96	15%
Total tipologados	522	96	21	639	100%

Tabla 11. Recuento de tipos de brazaletes por zonas

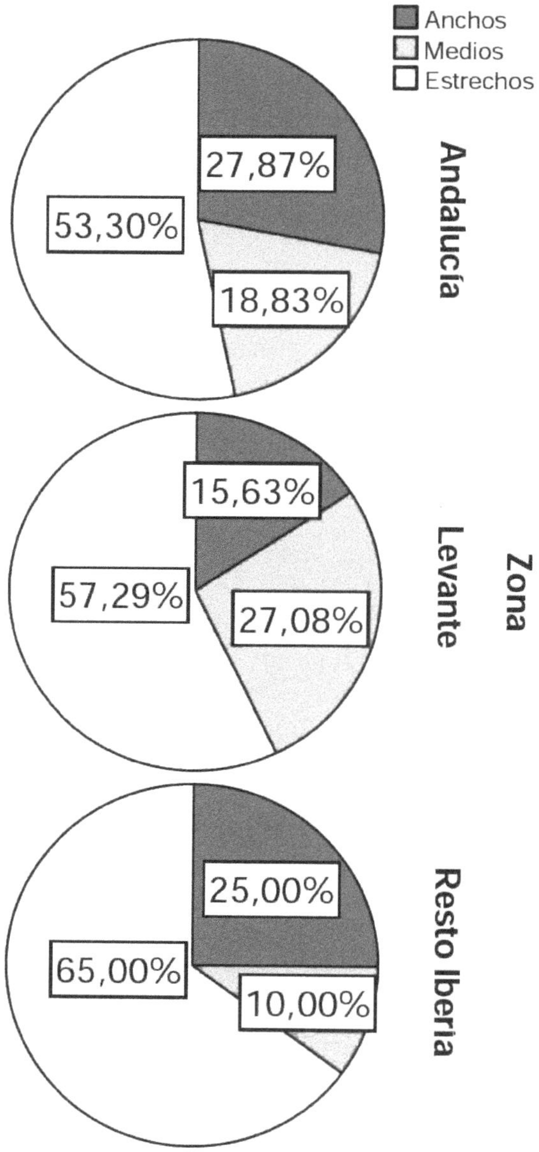

Figura 194. Porcentaje de tipos de brazaletes según zonas

Los brazaletes estrechos

Los brazaletes estrechos son cuantitativamente los más numerosos entre el conjunto catalogado y clasificado tipológicamente (Tab. 11). Este tipo supone el 53,6% de total tipologado. La distribución geográfica es bastante similar según las zonas (Fig. 195).

En **Andalucía** este tipo supone el 53,3% de las piezas categorizadas y aparecen distribuidos por toda el área geográfica, pero dentro de las zonas de mayor concentración de brazaletes existen algunas diferencias. Los brazaletes estrechos son más comunes en dos áreas: la Subbética Cordobesa y Sierra Harana y sus estribaciones en Granada (Fig. 195:2) y el pasillo del valle del Almanzora (Fig. 195:3). En la zona granadina destacan en cuanto al número de piezas, las cuevas de Sierra Harana y estribaciones, La Carigüela con 14 piezas y las Ventanas con 21 en Piñar y en plena Sierra Harana, la Cueva del Agua de Prado Negro con el conjunto más numeroso (63). En el Valle del Almanzora, son el tipo mejor representado, destacando el taller de Cabecicos Negros, asentamiento en el que se fabrican especialmente este tipo de brazaletes y las cuevas de La Pastora y El Castillico. En el interior y costa de Málaga (Fig. 195:1) aparecen en toda el área de forma poco representativa, siendo el único sitio destacable la Cueva de Nerja con 13 brazaletes estrechos.

En el **Levante** los brazaletes estrechos forman el 57,2% de los tipologados y son los mejor representados espacialmente en toda el área geográfica definida para el Levante. Las mayores concentraciones se sitúan en la zona del interior de la provincia de Alicante (Fig. 195:4) y los yacimientos mejor representados para este tipo, coinciden con los que poseen mayor número de brazaletes. Estos son las cuevas de l´Or (18) y La Sarsa (13) en el sur y Cova Fosca de Ares (4) en el norte (Fig. 195:5). La Cueva-Sima de la Serreta sería el último yacimiento reseñable para esta zona, ya que es un taller en el que se elaboran fundamentalmente este tipo de brazaletes y se han documentado 7 piezas acabadas de esta tipología.

En el **resto de la Península** son el tipo mejor representado porcentualmente con el 65% de las piezas. En el centro de la Península son los más numerosos en la Cueva de la Vaquera con 7 brazaletes estrechos, en Arenero de Valdivia y la Deseada. En el valle del Ebro y norte de Cataluña aparecen en el poblado de La Draga (3) y en El Portalón de Cueva Mayor (1). En el sur de Portugal se ha catalogado este tipo en el asentamiento Valada do Mato (1).

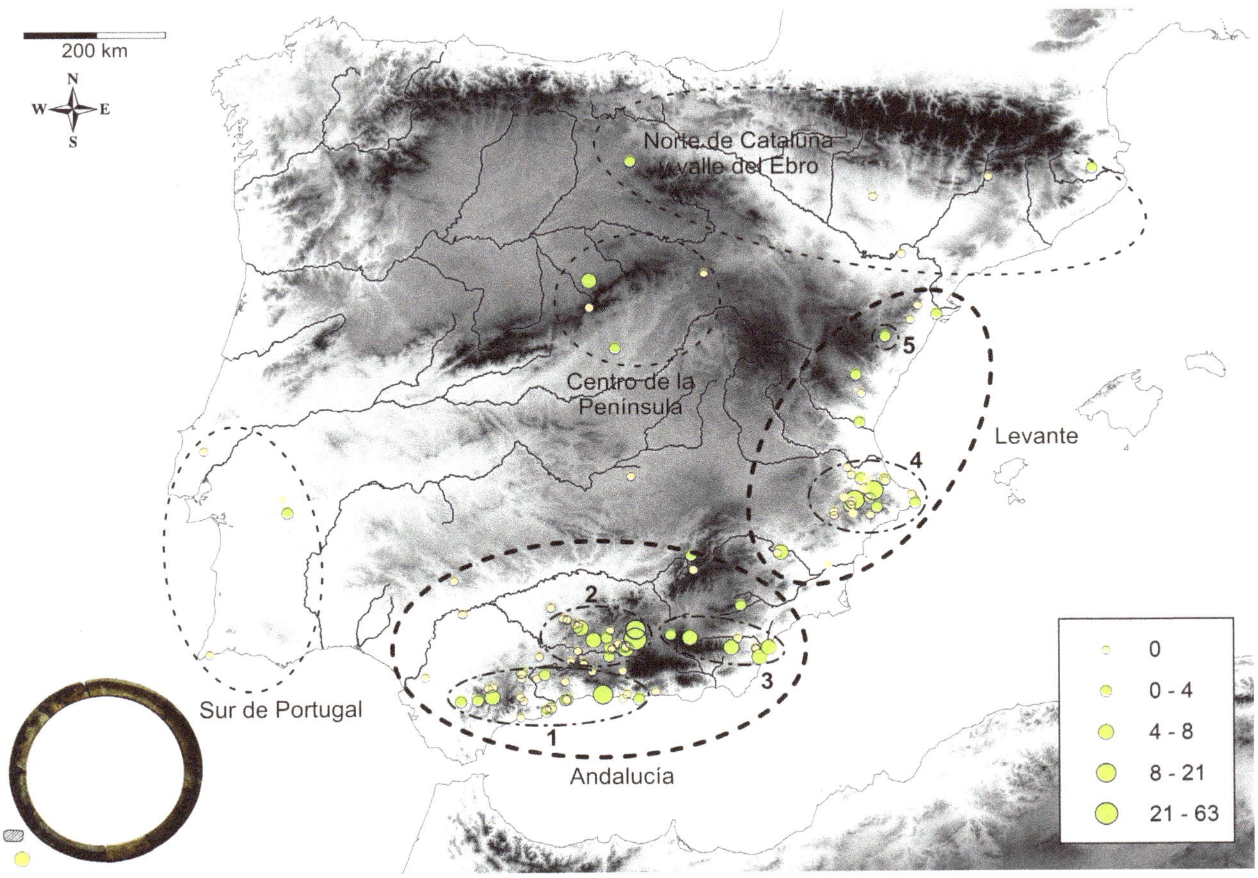

Figura 195. Distribución geográfica de brazaletes estrechos. Explicación en el texto

Los brazaletes anchos

Los brazaletes anchos son el segundo grupo tipológico con el 26,2% de las piezas y en el que más diferencias geográficas se aprecian en cuanto a su distribución porcentual (Tab. 11). El 55,9% de este tipo son decorados con líneas paralelas y el resto (44,1%) son lisos. En este análisis de la distribución se consideran ambos los lisos y los decorados, ya que la distribución específica de los decorados es realizada de forma específica.

En **Andalucía** los brazaletes anchos suponen el 27,8% de las piezas tipologadas y aunque aparecen distribuidos por toda el área geográfica existen zonas de concentración más destacables. Las dos zonas de mayor representatividad es el interior y la costa de Málaga (Fig. 196:1) y la Subbética Cordobesa y la zona granadina (Fig. 196:2). De estas dos zonas destaca Málaga, tanto la zona del interior (con cuevas como la del Toro con 15 piezas y La Pulsera en Antequera con 11) como en la costa, donde se localizan las cuevas con mayores representaciones de este tipo de brazalete como son: Hoyo de la Mina (27), Cueva de los Botijos (14) o la Cueva de Nerja con 12 piezas. Esta concentración de brazaletes anchos de la zona de Málaga no se corresponde con contextos de producción, y tan solo se han localizado algunos restos aislados en el asentamiento de Llano Espada en Teba y en el Valle de Abdalajís. De igual forma, son pocos los asentamientos al aire libre documentados en esta área, y podría ser esta la explicación de la ausencia de talleres. Esperemos que en el futuro el desarrollo de las investigaciones complete esta carencia en los estudios de estas piezas.

Dentro de los brazaletes de tipo ancho, y en estas dos zonas de concentración, hay que reseñar los brazaletes cuya sección es cóncavo-convexa, ya que son pocas las piezas identificadas y solo se localizan en Andalucía. Este tipo de brazaletes nunca están decorados y se han documentado en Málaga, en la Cueva de los Botijos (2) (Fig. 50:3 y Fig. 51:8), Cueva Tapada (1) (Fig. 57:2), Cueva Hostal Guadalupe (Fig. 61), dos en la Cueva del Pecho Redondo (Posac 1973, 174) y uno en Granada en la Cueva del Agua de Prado Negro (Fig. 39:6).

En el valle del Almanzora los brazaletes anchos están poco presentes se han documentado en la Cueva de la Pastora y en los talleres de Cabecicos Negros y Cerro Virtud, en estos dos contextos, se elaboran brazaletes anchos, pero en menores porcentajes que los estrechos.

En el **Levante** los brazaletes anchos constituyen el grupo menos representado (15,6%) estos se concentran mayoritariamente en la zona interior de Alicante. Los yacimientos con más representación son la Cova de l´Or con 5 piezas en el sur y Cova Fosca de Ares en el norte con tres brazaletes anchos.

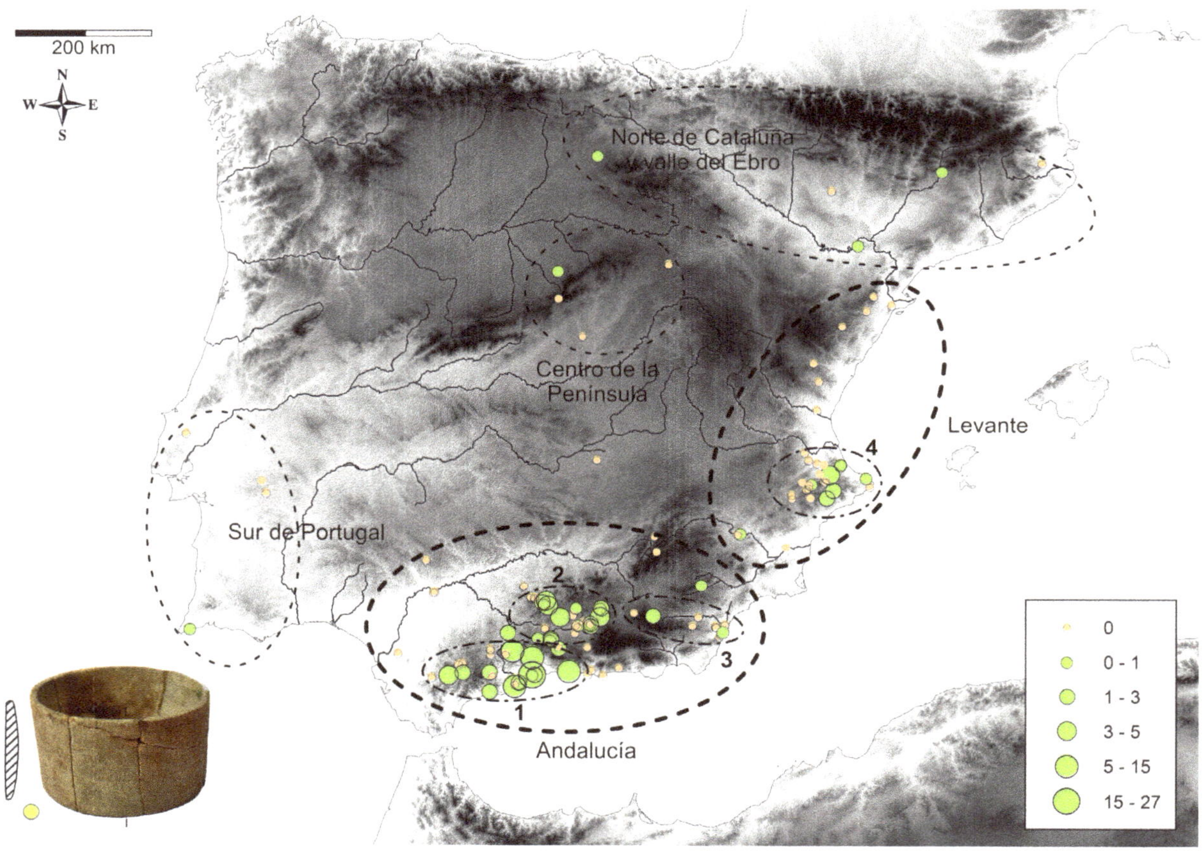

Figura 196. Distribución geográfica de brazaletes anchos. Explicación en el texto

En el **resto de la Península** los brazaletes anchos están representados por 5 piezas que forman el 25% de las pocas piezas documentadas. Estos se localizan en la zona centro en la Cueva de la Vaquera, en el valle del Ebro en el Abrigo de Valamayor XI y el Portalón de la Cueva Mayor y en el sur de Portugal en Salema.

Los brazaletes medios

Los brazaletes que hemos definido como medios constituyen el 20% de las piezas tipologadas (Tab. 10). Como hemos expuesto en la definición tipológica son un grupo que aglutina un amplio número de tipos de brazaletes, de ahí que de cara al análisis de la distribución geográfica se haya considerado la variable altura para su categorización. En el mapa de dispersión general se observa que es uno de los tipos más espacialmente distribuidos y donde menos diferencias se aprecian en cuanto a las concentraciones (Fig. 197). Sí atendemos a las variables altura y grosor y la distribución de estos brazaletes por las dos zonas geográficas determinadas (Fig. 198), observamos cómo los brazaletes de tipo medio de sección cuadrada y plana son casi exclusivos del ámbito levantino. Por el contrario, en Andalucía hay un predomino de los brazaletes de tipo medio de sección rectangular y que morfológicamente podrían considerarse un subgrupo dentro de los anchos. Las decoraciones con líneas solo están presentes en tres piezas de este tipo de brazaletes (2,3%).

En **Andalucía** este tipo de brazaletes constituyen solo el 18,8% del total. Se aprecia una concentración en la zona de la Subbética Cordobesa y en la zona de las estribaciones de Sierra Harana (Fig. 197:2). En la Subbética destacan las cuevas de Los Mármoles y La Murcielaguina con 17 y 13 piezas respectivamente, y hay que señalar que en el taller de la Cueva de los Mármoles uno de los tipos que debieron elaborarse son los brazaletes medios de sección rectangular. En las estribaciones de Sierra Harana sobresale la Cueva de la Carigüela con 22 brazaletes de este tipo. En el resto de zonas de Andalucía aparecen distribuidos en Málaga y el valle del Almanzora, pero sin concentraciones remarcables. Los brazaletes medios sección cóncava-convexa son igual de escasos que los anchos de este tipo de sección, solo se han documentado en cuatro cuevas de la zona de Málaga: Cueva del Calamorro (Fig. 53), Cueva del Gato (Mora-Figueroa 1976, 36), Cueva del Toro (Martín *et al.* 2004, 200) y la Cueva del Pecho Redondo (Posac 1973, 174).

En el **Levante** son el segundo grupo más numeroso formando el 27% del total. La mayor concentración se da igualmente en el interior de la provincia de Alicante, con una mayor representatividad numérica en la Cova de l´Or con 6 brazaletes de tipo medio y la Cueva-Sima de la Serreta con 4 piezas, en este último pudieron elaborarse este tipo de brazaletes.

En el **resto de Península** este tipo está solo presente en dos yacimientos del norte de Cataluña en el poblado de la Draga y en La Valldany.

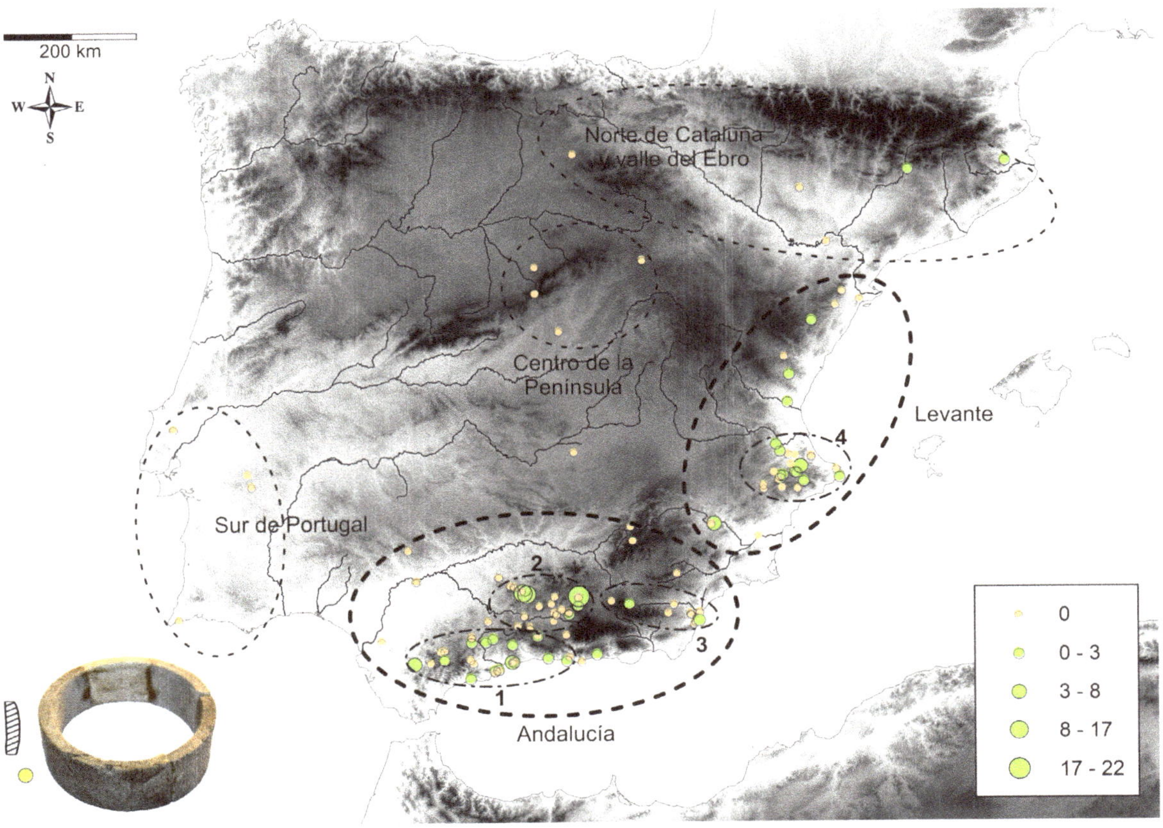

Figura 197. Distribución geográfica de brazaletes medios. Explicación en el texto

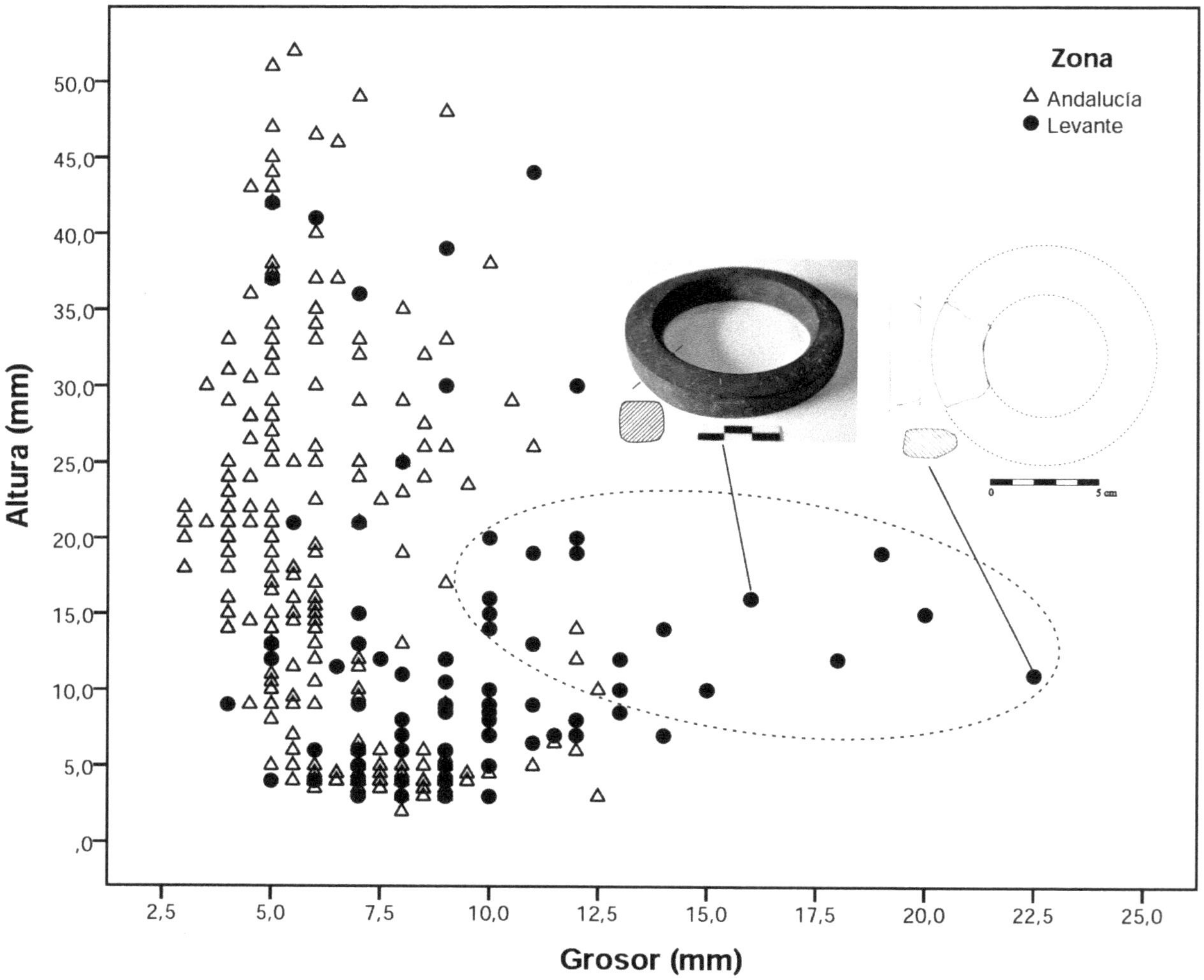

Figura 198. Distribución de brazaletes según las variables altura y grosor por zonas. Obsérvese la concentración de brazaletes de tipo medio cuadrados y planos en el Levante

Brazaletes decorados con líneas paralelas

Los brazaletes decorados con líneas paralelas incisas son uno de los tipos menos representado porcentualmente, con respecto al conjunto de piezas tipologadas, representando el 15%, y con respecto al total de brazaletes catalogados sólo el 10%. Se han catalogado 96 piezas decoradas de las cuales 92 se localizan en Andalucía, 3 en el Levante y tan solo una en el resto de la Península (Fig. 199). Desde el punto de vista morfológico todos los brazaletes decorados son del tipo ancho a excepción de tres piezas del tipo medio, pero dada su excepcionalidad hemos analizado su distribución de manera individualizada.

En Andalucía suponen el 11,3% de los brazaletes catalogados. En esta área aparecen distribuidos, pero se concentran especialmente en dos zonas, el interior y la costa de Málaga (Fig. 199:1) y la Subbética Cordobesa y los montes en torno a la Depresión de Granada (Fig. 199:2). De estas dos zonas la mayor concentración se da en Málaga, en el interior, en las cuevas del Toro con 12 piezas o La Pulsera con 11 y en la costa, en la Cueva de los Botijos (10), Hoyo de la Mina (10) y Cueva de Nerja (5). En la Subbética Cordobesa destacan los yacimientos de Cueva de los Mármoles con seis piezas y los Murciélagos de Zuheros con 3 catalogadas, aunque el número debe ser mayor en esta cueva. En la zona de Granada hay que señalar la Cueva de los Molinos y Las Majolicas, ambas con cuatro brazaletes decorados. En el valle del Almanzora y la parte oriental de Andalucía solo se han documentado dos piezas, una en Cabezo de La Raja Ortega y otra en Cueva Ambrosio (Fig. 199:3).

En el Levante solo se han catalogado 3 piezas decoradas con líneas que suponen el 2,5% del total de las piezas documentadas en esta zona. De estas dos se localizan en la zona de máxima concentración (Fig. 199:4) en los yacimientos de Cova de la Recambra y Cova Ampla del Montgó. Y el último decorado con una línea, se sitúa en la Cova Fosca de Ares, en el norte de la zona del Levante (Fig. 199:5). La comparación tipométrica de estas tres piezas, con el resto de los brazaletes decorados de Andalucía, nos permite agrupar dos de ellas según su altura y grosor dentro de la morfología más común. Sin embargo, el brazalete decorado de Cova Fosca de Ares es la pieza de mayor grosor de este tipo separándose morfológicamente del conjunto conocido (Fig. 200).

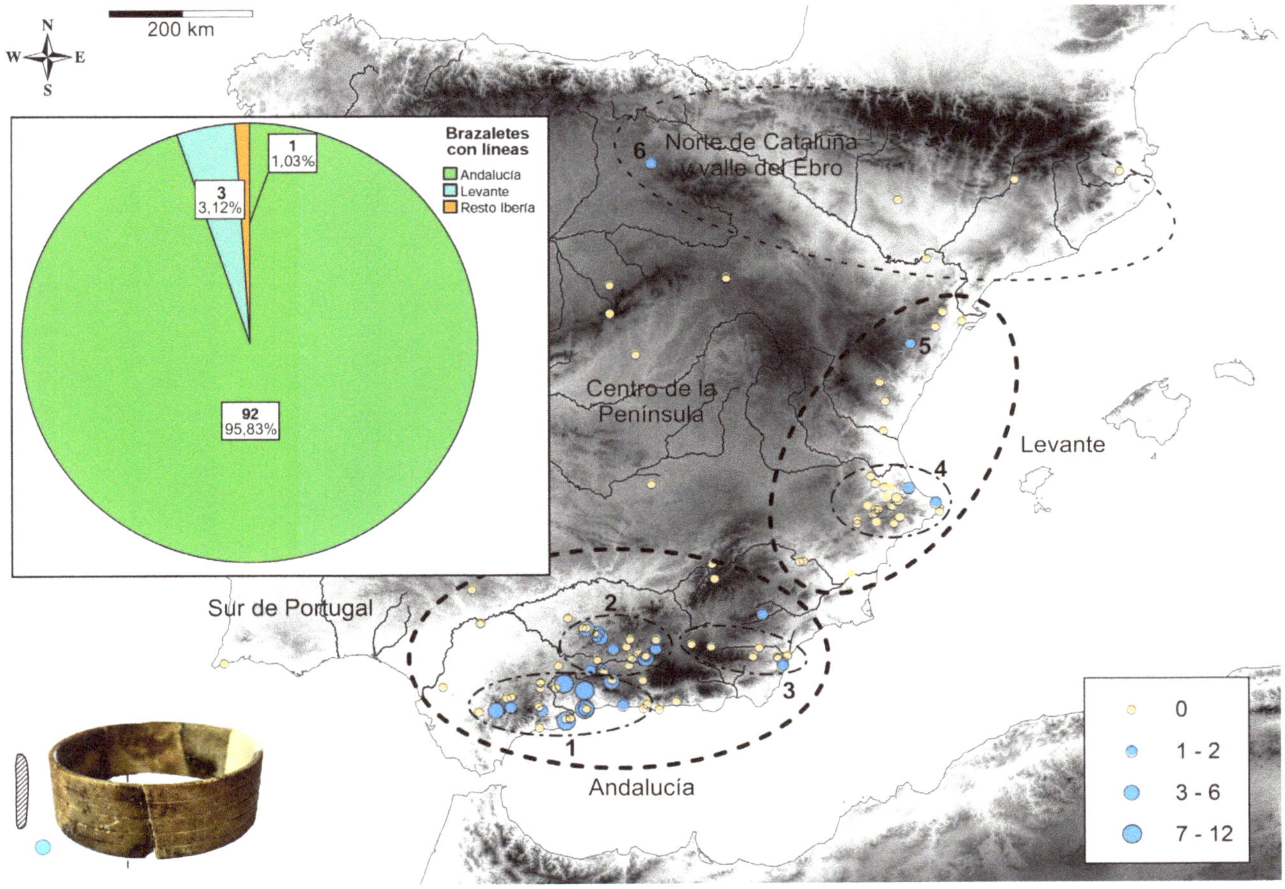

Figura 199. Distribución geográfica de brazaletes decorados y porcentaje de representación por zonas. Explicación en el texto

En el resto de la Península solo se ha documentado un brazalete decorado en El Portalón de Cueva Mayor situado en la zona más interior de la definida en el valle del Ebro y norte de Cataluña, en la Sierra de Atapuerca en Burgos (Fig. 199:6).

3.4.2.5. Distribución geográfica de las materias primas

El estudio directo y a través de las referencias bibliográficas de los brazaletes acabados, nos han permitido determinar la materia prima en 524 brazaletes que constituyen el 54,6% del total catalogado (Tab. 11). La clasificación litológica llevada a cabo es muy general basada en determinaciones de rango mayor. Esta determinación nos permite, a grandes rasgos, identificar tendencias en la selección de materiales y su relación con el contexto geológico regional en el que se sitúan.

La litología mejor representada en el cómputo general es el mármol con el 47,5%, seguido de la caliza con el 41% y en un porcentaje muy inferior la pizarra y los esquistos, con solo el 11,5%. Según las zonas generales de concentración de brazaletes se observan diferencias destacables (Tab. 12). En el caso del resto de la Península la baja representatividad no permite una comparación

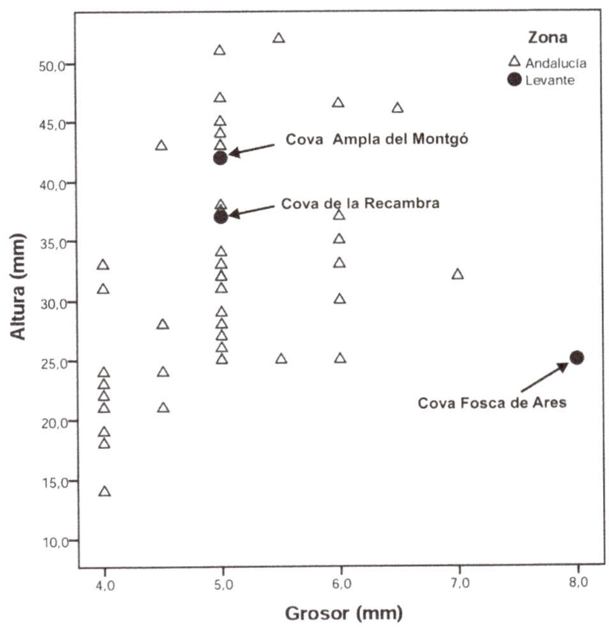

Figura 200. Brazaletes decorados en relación a las variables altura y grosor y según zonas. Obsérvese la distinción del brazalete de Cova Fosca de Ares con respecto al resto

	Andalucía		Levante		Resto de la Península		Total	
Mármol	226	55,1%	17	16,1%	6	66,6%	249	47,5%
Caliza	159	38,7%	55	52,3%	1	11,1%	215	41%
Pizarra/Esquisto	25	6%	33	31,4%	2	22,2%	60	11,5%
Total	410	100%	105	100%	9	100%	524	100%

Tabla 12. Representación de materias primas por zonas

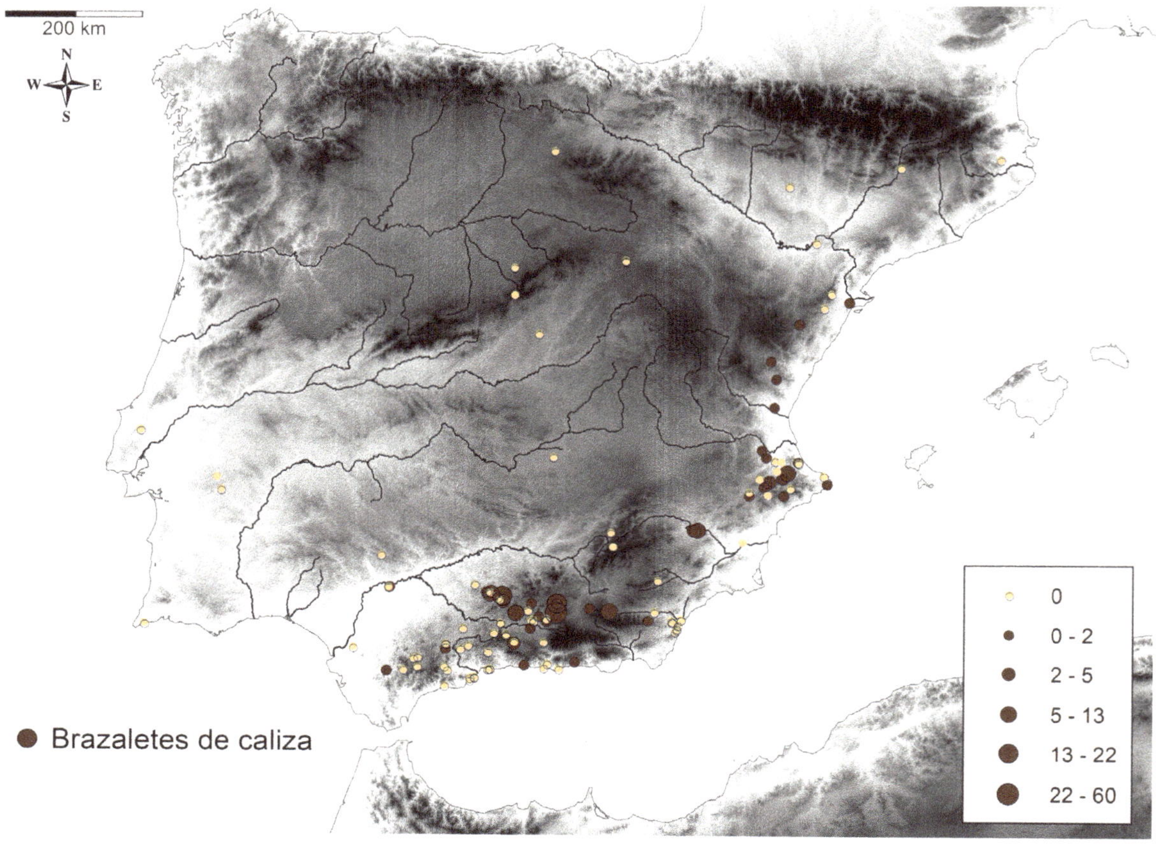

Figura 201. Distribución de brazaletes de caliza en la península ibérica

con las otras dos zonas, pero destaca la representatividad del mármol en un conjunto tan reducido. En las otras dos zonas el mármol supone el 55,12% en Andalucía y solo el 16,1% en el Levante. La caliza es más común en el Levante con el 52,3% que en Andalucía con el 38,7%. La pizarra y el esquisto, igualmente, está mejor representada en el Levante con el 31,4%, que en Andalucía donde solo constituye el 6%.

En una visión general de la distribución de las materias primas definidas podemos observar como las calizas se sitúan en mayores porcentajes en las Zonas Externas de las Cordilleras Béticas (Fig. 201). Según las concentraciones de brazaletes en Andalucía, estas zonas coinciden con las Subbética Cordobesa y los entornos montañosos al norte de la Depresión de Granada. En el Levante las calizas aparecen distribuidas por toda la zona y especialmente en la zona del interior de Alicante, coincidiendo con la máxima concentración de brazaletes. Estas concentraciones de la caliza coinciden a grandes rasgos con los dominios geológicos más comunes en esta litología,

El mármol, geográficamente, es la litología más distribuida en el caso de Andalucía (Fig. 202). La mayor concentración

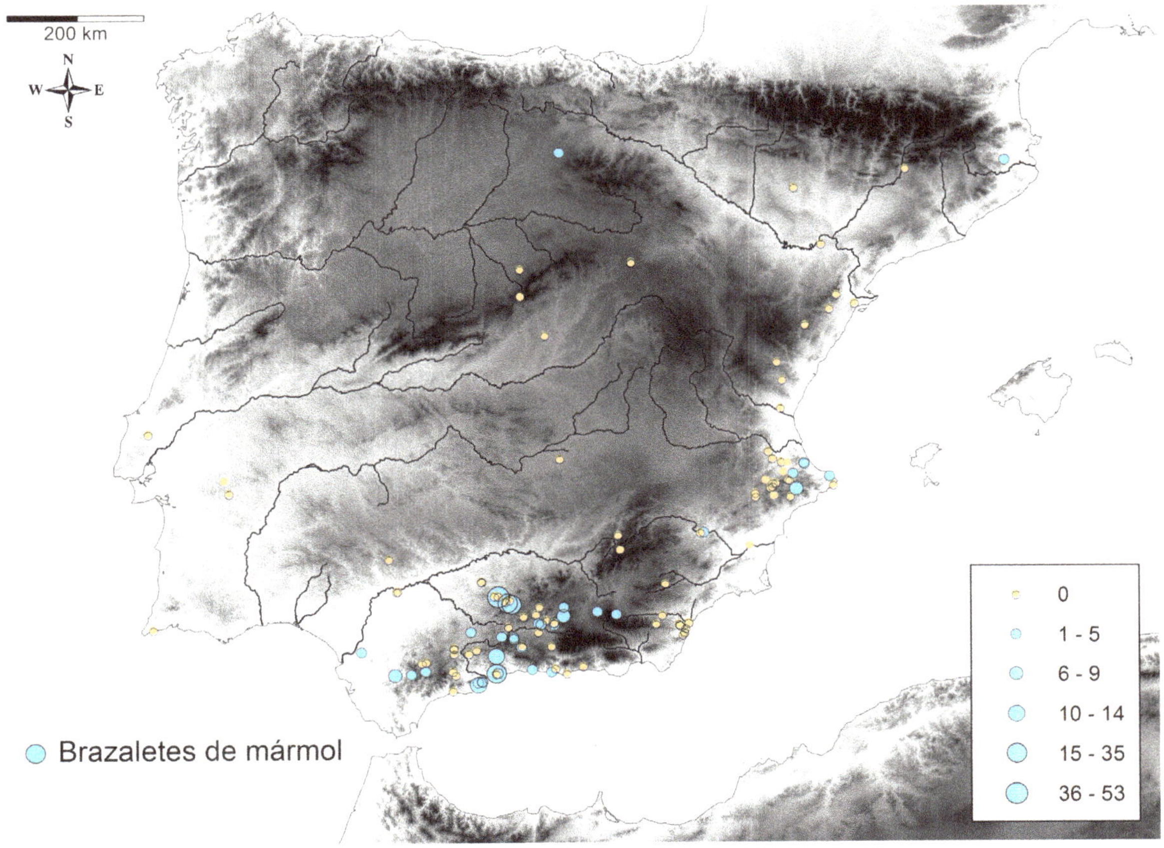

Figura 202. Distribución de brazaletes de mármol en la península ibérica

aparece en la zona de Málaga coincidiendo geológicamente con los Complejos Maláguide y Alpujárride donde mejor representadas están las litologías metamorfizadas como es el caso del mármol. En el caso del Levante, los brazaletes de mármol aparecen en la zona de mayor concentración de brazaletes. De forma general podemos decir que el mármol es la litología mejor distribuida espacialmente sin tener en cuenta el contexto regional geológico en el que se encuentren los yacimientos.

Las rocas foliáceas como la pizarra y el esquisto de origen metamórfico son las menos representadas porcentualmente. Desde el punto de vista de su distribución geográfica (Fig. 203), aparecen fundamentalmente en la zona del valle del Almanzora y las Subbéticas Cordobesas y Sierra Harana en Granada en la zona andaluza. En el Levante son la segunda litología más representada y se concentra espacialmente en el área de mayor concentración de brazaletes, en el interior de la provincia de Alicante. Estas concentraciones se corresponden con las de mayor presencia de brazaletes estrechos, ya que en esta litología solo se elaboran este tipo. Según la geología general estas concentraciones no se corresponden con los principales complejos geológicos donde aparecen estas rocas, a excepción del valle del Almanzora, cuyos rellenos secundarios provienen de la erosión del Complejo Nevado-Filábride compuesto fundamentalmente de materiales de origen metamórfico.

3.4.2.6. Conclusiones sobre la distribución de tipos y de las materias primas

El análisis de la distribución de los tipos de brazaletes definidos y las materias primas determinadas nos permiten extraer varias conclusiones generales sobre las dos grandes zonas de concentración de brazaletes.

Según la tipología de los brazaletes, los estrechos son los que tienen una distribución geográfica más uniforme entre Andalucía y el Levante. En Andalucía, aunque aparecen en toda el área se concentran principalmente en el Valle del Almanzora y en la zona de Sierra Harana de Granada. Los brazaletes medios, igualmente, tienen una distribución homogénea en las dos zonas geográficas, pero son más característicos del Levante especialmente los de sección cuadrada y plana, que aparecen exclusivamente en esta zona. Los brazaletes anchos son característicos de Andalucía, mientras que en el Levante tienen muy poca representación. Dentro de Andalucía, este tipo se concentra en el área malagueña y en la zona de la Subbética Cordobesa y los sistemas montañosos en torno a la Depresión de Granada. En los brazaletes decorados con líneas incisas, es donde se observa una mayor diferenciación entre zonas: los brazaletes decorados son característicos de Andalucía y dentro de esta área su máxima concentración es en el interior y costa de Málaga.

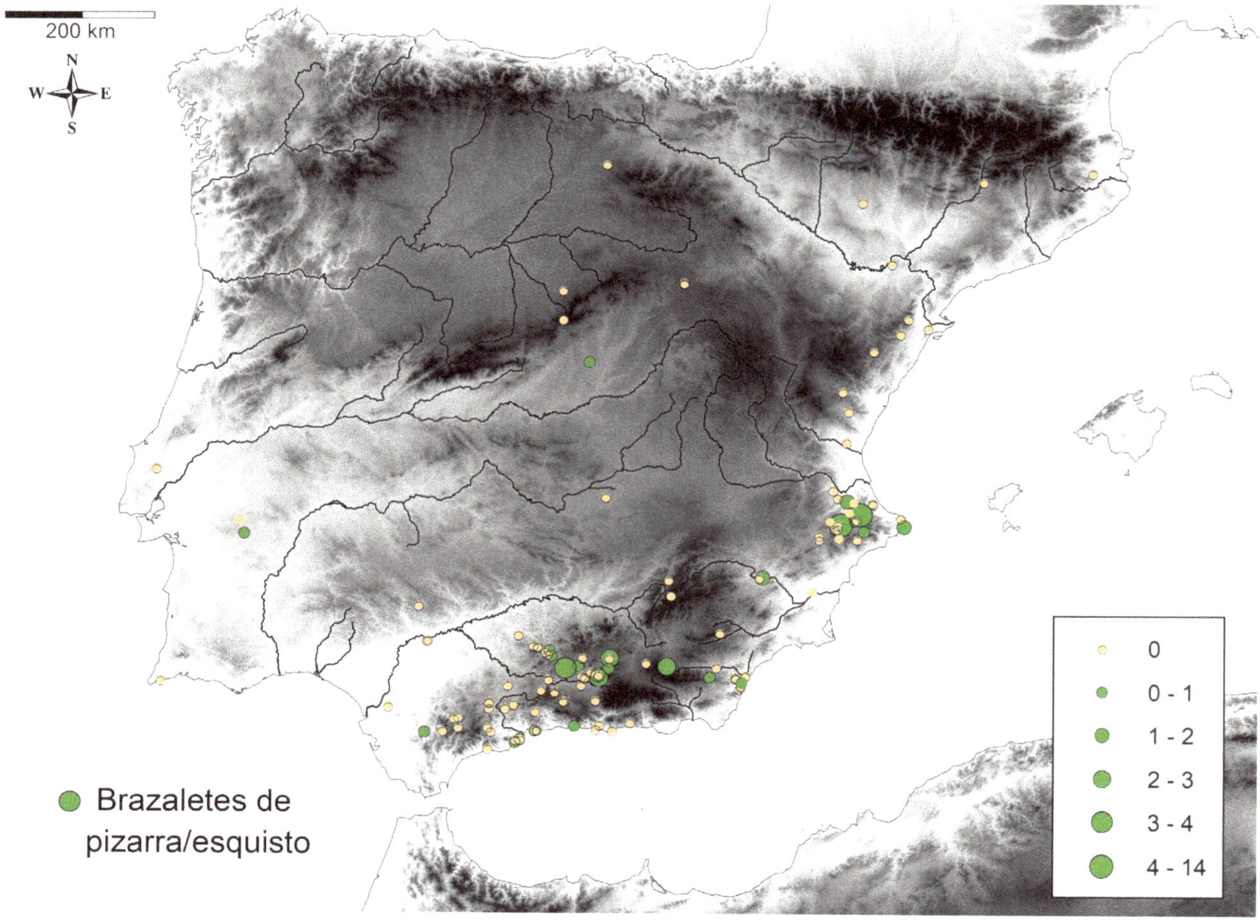

Figura 203. Distribución de brazaletes de pizarra/esquisto en la península ibérica

La materia prima mejor representada porcentualmente es el mármol y según su distribución es la que mayor dispersión posee con respecto a sus fuentes geológicas primarias. En la región andaluza es la roca más usada y su máxima concentración se da en las regiones cercanas a los contextos geológicos donde aparece, es el caso del Complejo Maláguide y Alpujáride, ambos en la provincia de Málaga. Los brazaletes de caliza aparecen fundamentalmente asociados a las Zonas Externas de las Cordillera Bética donde esta es la litología predominante. Espacialmente son más característicos en el Levante que en Andalucía. Las pizarras y los esquistos son poco representativos cuantitativamente, son más comunes en el Levante que en Andalucía y dentro de esta, más característicos del Valle del Almanzora.

Del estudio detallado de la dispersión de las litologías y los contextos geológicos regionales de los yacimientos podemos extraer dos conclusiones generales: los brazaletes se elaboran principalmente en materiales autóctonos y la litología más valorada por su distribución es el mármol.

3.4.3. La funcionalidad

La funcionalidad de los brazaletes de piedra en la península ibérica es una de las cuestiones de más complicada respuesta entre las que rodea a este adorno neolítico. En la historiografía arqueológica, especialmente la española y la portuguesa, las piezas en forma de aro de diferentes materiales que aparecen en el Neolítico su funcionalidad se ha considerado según su diámetro interior. Así, los de pequeño tamaño, se han definido como anillos y a partir de una dimensión superior a la que permitiría su uso en un dedo se han denominado con brazaletes o pulseras. En este trabajo solo se han estudiado los brazaletes de piedra, y en todos los casos los diámetros internos se pueden relacionar con su uso a través de la mano de personas infantiles o adultas.

Sobre el devenir historiográfico de los brazaletes en la península ibérica, hay que hacer una aclaración, ya que en la bibliografía arqueológica se ha atribuido el uso de estos objetos como tobilleras. Este error interpretativo se arrastra desde los trabajos de excavación en la Cueva de la Mujer (Alhama de Granada), por parte de M. Pellicer entre los años 1957-58. Es estas excavaciones se recuperaron varios objetos de adorno, entre los que se documentaron algunos fragmentos de brazaletes del tipo ancho, decorados con líneas incisas paralelas. Estos adornos se correspondían, junto a vasijas cerámicas y otros útiles, a los ajuares funerarios de las inhumaciones realizadas en la cavidad. En aquellos momentos, sin prueba empírica alguna, se interpretaron algunos de los brazaletes como tobilleras al aparecer estos pequeños fragmentos asociados al material revuelto junto a los miembros inferiores de uno de los individuos (Pellicer 1964b). No hemos podido tener acceso a este fragmento de brazalete en concreto, pero según la comunicación personal de la profesora S. A. Jiménez Brobeil, del Laboratorio de Antropología Física de la Universidad de Granada, el fragmento que se encontraba junto a los restos de los individuos exhumados en la cueva, no superaba los 2 cm de arco de diámetro conservado y debido a esta característica no podría introducirse por el tobillo de un adulto. Además, si tomamos en consideración las medidas interiores máximas del conjunto de los brazaletes estudiados en este estudio comprobamos que, en ningún caso, podrían introducirse por el pie de una persona adulta y su fragilidad desecha la hipótesis de una colocación en la pierna durante la infancia, para ser mantenida a lo largo de la vida de la persona. De igual manera, no se han localizado ni en la península ibérica ni en Francia este tipo de objetos introducidos en los miembros inferiores de enterramientos y, por el contrario, sí que han aparecido asociados a los brazos (Fromont 2013, 256).

Hecha esta aclaración historiográfica, ¿Cuáles son los datos que podemos utilizar para identificar la funcionalidad de los brazaletes de piedra? Esta información se puede extraer fundamentalmente de tres fuentes:

1. La localización de brazaletes en un contexto de enterramiento primario, asociados a una posición determinada en los individuos inhumados.

2. El estudio de las huellas traceológicas en las diferentes partes de los brazaletes.

3. El estudio métrico de los diámetros interiores, que se deben relacionar con una posición en el brazo y a una fisionomía del cuerpo humano y genero determinados.

De estas tres fuentes de información, en la península ibérica de la primera de ellas solo existe un ejemplo. Un brazalete que apareció asociado a un esqueleto en la Cueva de los Murciélagos (Zuheros), la referencia aparece en una nota al pie de la Guía del Museo Arqueológico Provincial de Córdoba realizada en 1950 por S. De los Santos Gener, quien cita: "Nos interesa hacer constar que en el antebrazo del esqueleto hallado en Zuheros había un brazalete de piedra pulimentada, igual a otros procedentes de Herrerías (Almería), que conserva su descubridor" (De los Santos 1950, 29). Los análisis antropológicos de ADN y la datación del individuo posteriores han permitido determinar que era un varón cuya cronología se sitúa entre 5296-5076 cal. a.C. (Valdiosera *et al.* 2018). Este es el único ejemplo que existe en un contexto primario en la Península. Esta carencia de evidencias es debida a dos factores principales: la falta de investigaciones sobre las sociedades neolíticas donde son característicos estos adornos, es decir, en el sur de la Península; y otra que se deriva de una fenomenología particular, como es el uso de las cuevas como lugares de enterramiento. De ahí que el reiterado uso haya modificado los enterramientos en contexto primario. Este fenómeno, unido a que la mayoría de los brazaletes provienen de recogidas superficiales o asentamientos, nos impide relacionar los brazaletes y sus diámetros a individuos concretos. El contexto cultural más cercano con el que podemos comparar los brazaletes de la Península es el Neolítico del norte de Francia y Bélgica, en particular la cultura de Villeneuve-Germain/Blicquy (en adelante VSG/By) en la Baja Normandía y la Cuenca parisina. Este contexto geográfico y cultural definido desde los años ochenta posee una fenomenología similar a la que venimos estudiando para el sur de la península ibérica, tanto las cronologías, como los aspectos tecnológicos y de distribución de los brazaletes de piedra es similar a nuestro caso de estudio. En esta zona los brazaletes han sido estudiados en profundidad y se conocen en detalle los aspectos tecnológicos, tipológicos, de materias primas y contextuales (Fromont 2013).

Dadas estas particularidades, vamos a ocuparnos de la problemática de la funcionalidad de los brazaletes de la península ibérica, mediante dos fuentes principales: la traceología y el estudio de los diámetros interiores. Para el análisis de los diámetros interiores haremos referencia al caso de la cultura de VSG/By por ser el único referente arqueológico asimilable y a la comparación antropometría mediante mediciones actuales, para intentar asociar diámetros internos a un rango de edad, género y posición en el brazo determinada.

3.4.3.1. Las huellas de uso

El análisis traceológico realizado en los 380 brazaletes acabados y estudiados de forma directa nos ha permitido identificar las huellas de uso de este adorno. Las trazas se localizan en la cara interior de los brazaletes y se han podido reconocer de manera clara en un 60% de las piezas. Las huellas de la funcionalidad de los brazaletes están constituidas fundamentalmente por una pátina en la cara interior (Fig. 204). Dependiendo de la materia prima, estas trazas son desde un pulido que borra las huellas de abrasión tecnológicas (Fig. 204:D) a un lustre sobre estas (Fig. 204: B y Fig. 205:C). Estas pátinas y pulidos son producto del contacto con la piel y durante un espacio de tiempo lo suficientemente prolongado para que se formen. Si tenemos en cuenta la litología, en los brazaletes elaborados en caliza y pizarra las huellas son más visibles y destacadas que en los elaborados en mármol. Esto es debido a las características físicas de las rocas, ya que, en el caso del mármol, su textura cristalina no favorece la creación de estas trazas, pero, sin embargo, la caliza y la pizarra más blandas, hacen que se formen con mayor rapidez y visibilidad.

Desde el punto de vista tipológico, las huellas funcionales son más observables en los brazaletes estrechos, que en los de tipo medio o ancho. Esto se debe a la morfología de las piezas, en los brazaletes estrechos, el contacto con

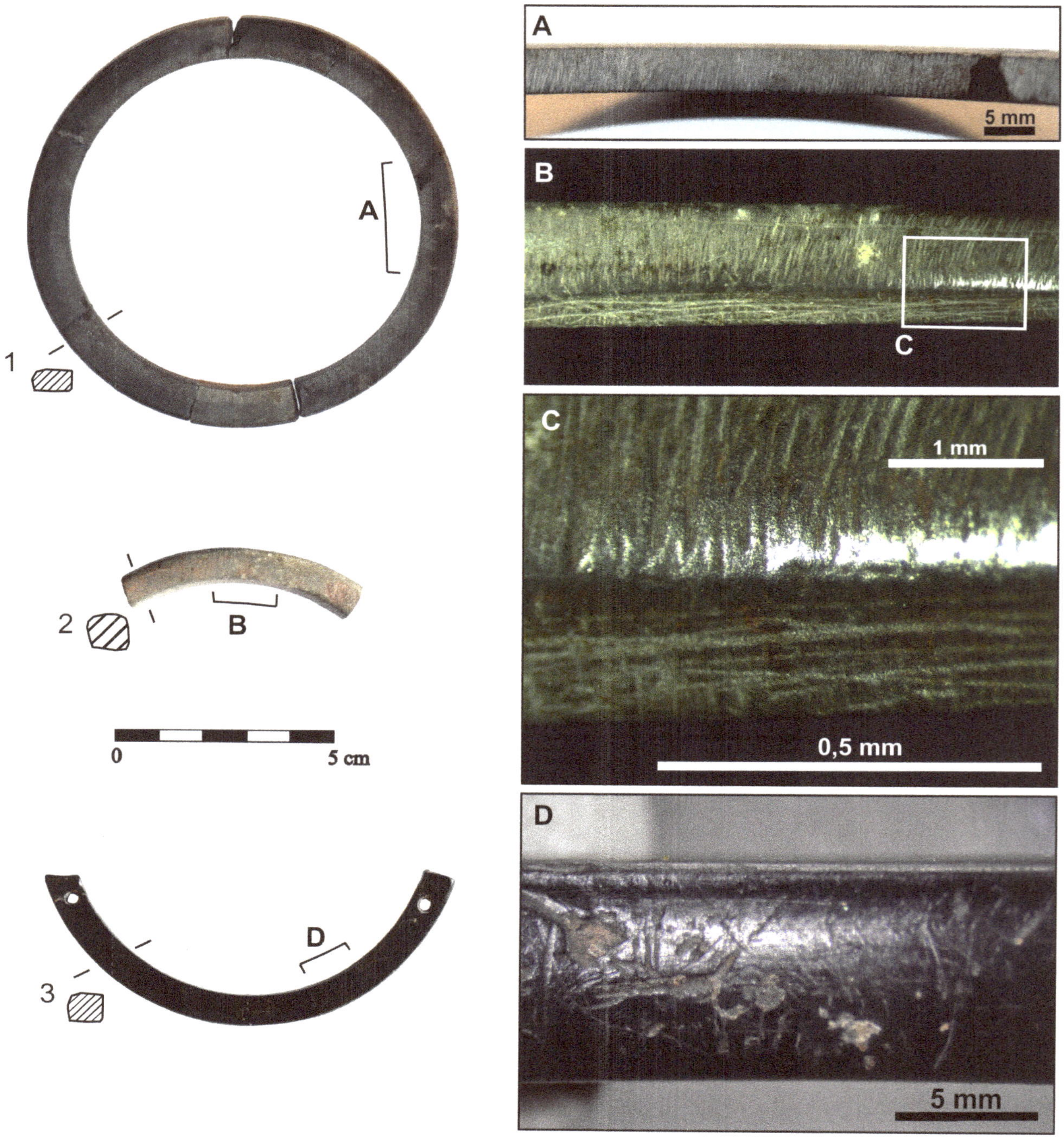

Figura 204. Huellas de uso con distinto grado de intensidad en la parte interior de brazaletes. 1 Cueva del Agua de Prado Negro (Granada), 2. Cueva de la Pastora (Caniles, Granada) y 3. Cova de la Sarsa (Bocairent, Valencia).

la piel se concentra en una zona de menores dimensiones, mientras que, en el caso de los anchos y medios, el contacto se distribuye por una zona más amplia. De esta forma, con el mismo tiempo de contacto con la piel en los tipos estrechos el grado de pátina o pulido es mayor que en otro tipo de brazaletes.

En algunos contextos el ocre aparece asociado a la parte interior de los brazaletes junto con las trazas tecnológicas y funcionales. Esta asociación se debe a que el trabajo de trasformación de ocre (triturado y pulverizado) se lleva a cabo portando el brazalete. El ocre se adhiere a la superficie en contacto con la piel de forma indirecta[7]. Este hecho se ha documentado en el taller de brazaletes de La Serreta, en la Cueva de la Vaquera y en brazaletes sin asociaciones contextuales y estratigráficas. Según estos datos, podemos interpretar que los brazaletes se utilizaban en el transcurso de diferentes actividades domésticas y constituían un

[7] Véase el ejemplo estudiado en la Cueva-Sima de la Serreta (epígrafe 3.2.3.2.) o las referencias de la Cueva de la Vaquera (epígrafe 2.3.2.1.).

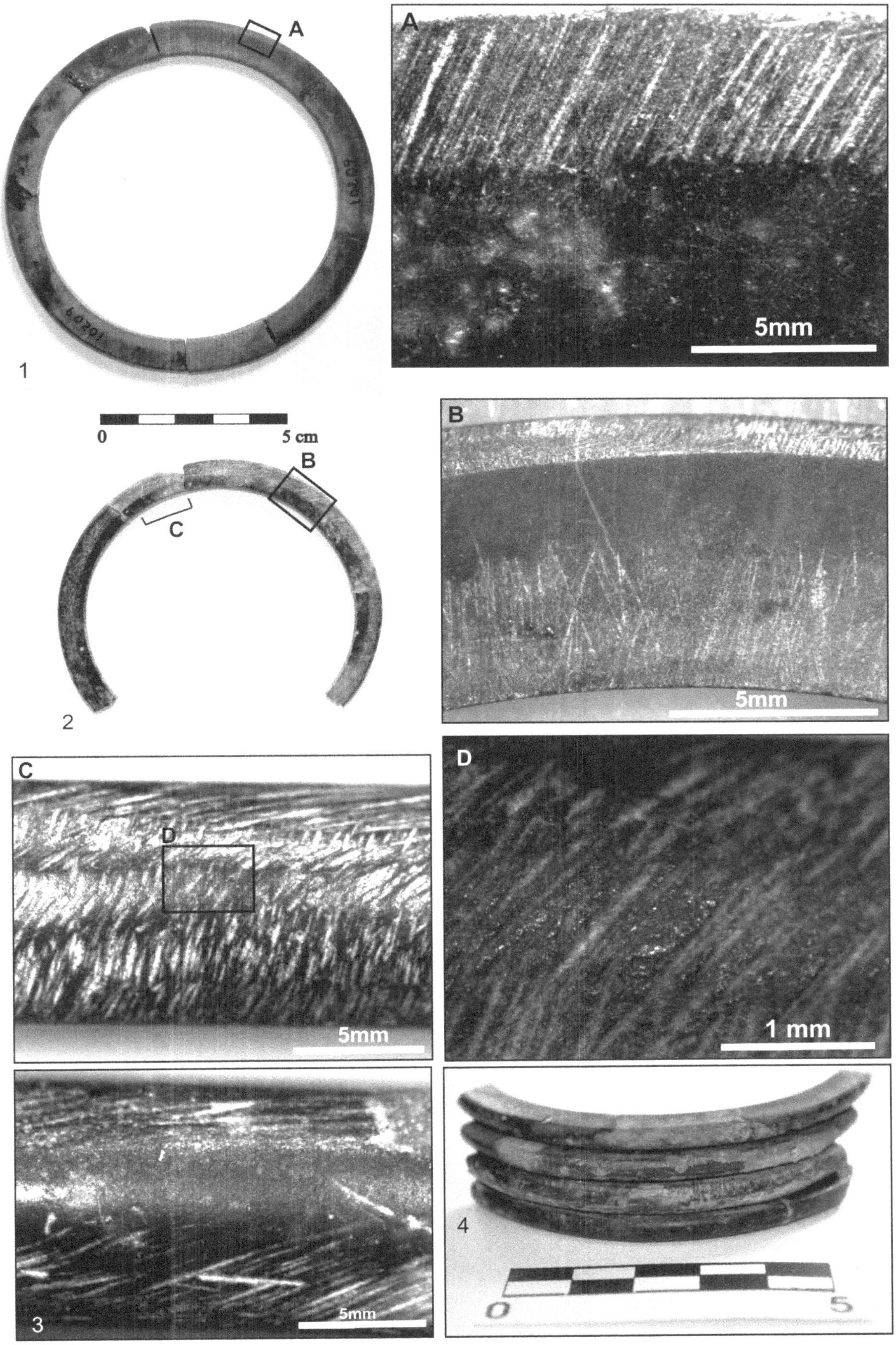

Figura 205. Huellas de uso en diferentes partes de los brazaletes de la Cueva del Agua de Prado Negro (Granada)

adorno de uso cotidiano en las poblaciones neolíticas. En los brazaletes estrechos de sección plana también hay que señalar otro tipo de huellas, aparte de las propiamente funcionales, por el contacto con la piel. En los bordes inferiores y superiores aparece un desgaste producido por la abrasión de roca contra roca. Estas trazas constituyen un pulido más fino e intenso que el tecnológico, desdibujando las marcas producidas por los procesos de manufactura y acabado (Fig. 205:A y B). Este desgaste se observa exclusivamente en los brazaletes estrechos de sección plana (Fig. 205:1 y 2), no en los de sección cuadrada u otros tipos como medios o anchos. Estas trazas, aparecen en los bordes superiores o inferiores, en los dos bordes o en uno exclusivamente, lo que nos permite interpretar la utilización de este tipo de brazaletes en series de dos o más de tres piezas (Fig. 205:4).

3.4.3.2. Los diámetros interiores: comparaciones antropométricas

El diámetro interior de los brazaletes determina la funcionalidad, en tanto en cuanto el brazalete puede ser utilizado en una posición en el brazo o en un rango de edad según esta medida. Los diámetros interiores de los brazaletes estudiados oscilan entre los 40 y los 110 mm (Tab. 13). Teniendo en cuenta el diámetro interior, los hemos clasificado en tres grandes grupos: los de pequeño tamaño, (40-60 mm) (Fig. 206:1), los medianos, (60-85 mm) (Fig. 206:2) y los grandes, (85-110 mm) (Fig. 206:3). Entre estos tres grupos, los más comunes son los de tipo medio, seguidos de los pequeños y los menos representados los de gran tamaño. Esta representatividad, de los grupos según el diámetro interior es similar, entre los tres tipos definidos: estrechos, medios y anchos (Fig. 206).

	N	Mínimo	Máximo	Media
Diámetro interior brazaletes	407	40	110	69,99

Tabla 13. Valores máximos mínimos y media de los brazaletes arqueológicos

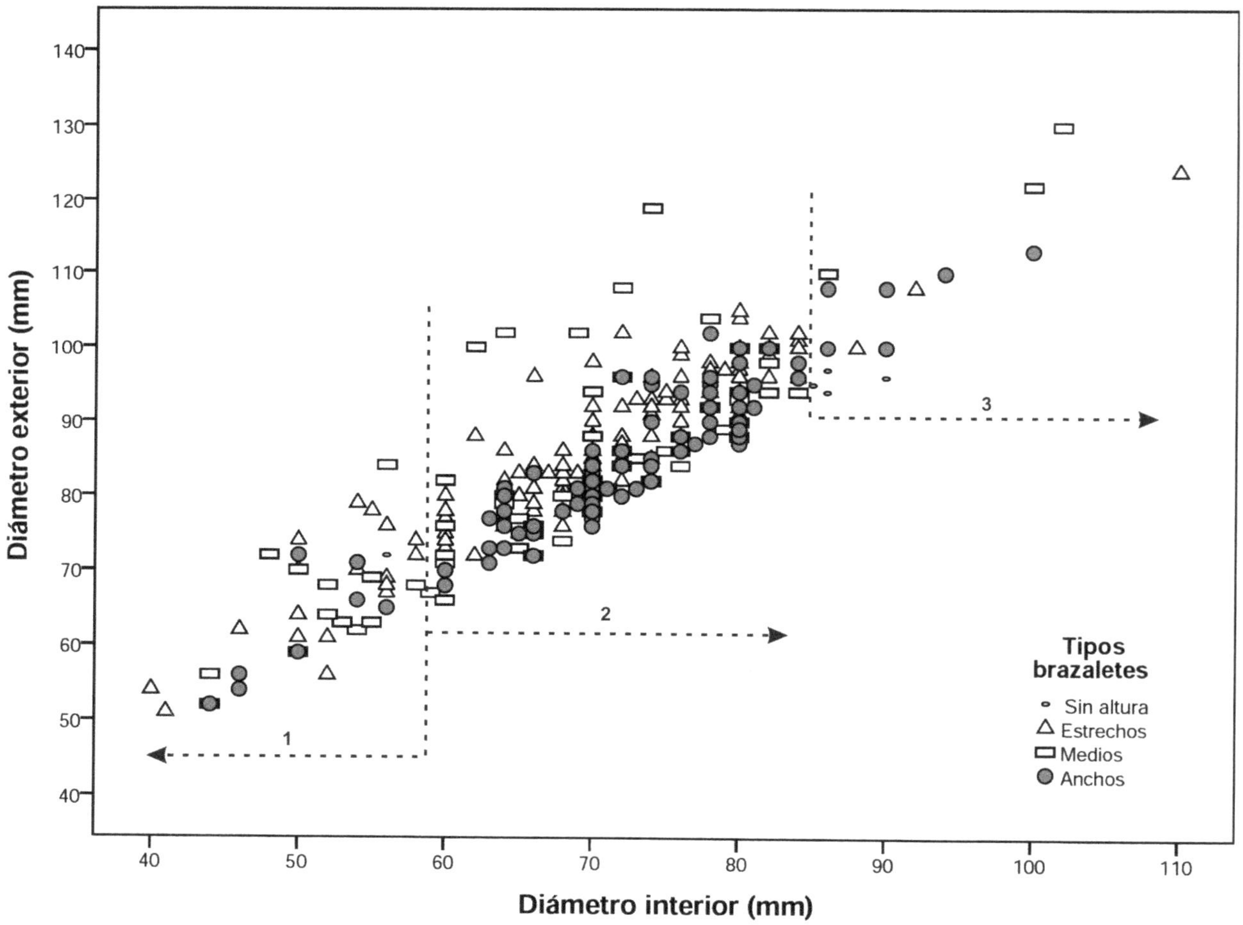

Figura 206. Tipos de brazaletes y su distribución según su diámetro interior. 1. Brazaletes pequeños; 2. Medianos y 3. Grandes

La ausencia de brazaletes en contextos arqueológicos primarios asociados a enterramientos en la península ibérica, nos ha llevado a elaborar una base de datos comparativa en una población actual. Esta ha tenido como principal objetivo considerar las diferencias de tamaños entre géneros y rangos de edad para intentar correlacionarlos con el conjunto arqueológico.

Las mediciones en la población actual

Las mediciones se han realizado con aros metálicos fijos con diámetros entre los 40 y los 110 mm y graduados cada 5 mm. Hemos considerado dos mediciones en el brazo, el diámetro de la mano y el diámetro del codo, es decir, el aro de menor diámetro que puede pasar la mano y el codo. La población mensurada se ha dividido según género y edad. Se han considerado dos grupos de edad: infantiles y adultos. Los infantiles, desde los 3 años hasta los 13 años y los adultos, a partir de esa edad, ya que es cuando se produce un cambio más drástico en el físico hacia la edad adulta (Anexo IV). El número de muestras por edad y género (Tab. 14), a pesar de ser a priori de un tamaño moderado, a la vista de los resultados son representativas.

Las mediciones realizadas nos permiten extraer conclusiones sobre los diferentes grupos de edad, género y la posición en el brazo. En las medias de los diámetros de las manos se observan diferencias entre adultos e infantiles (Tab. 15). En los adultos la media se sitúa en 68,1 mm y en infantiles en 57,8 mm, según el género en el caso de los adultos hay una diferenciación clara entre la media de hombres (72,6 mm) y la de mujeres (62 mm) esta variación no es tan marcada. Así, el promedio para niños es de 58,8 mm y para niñas 56,2 mm. En la representación gráfica del conjunto de la muestra se observan claramente

Rango edad	Adultos			Infantiles			
Sexo	M.	F.	Total	M.	F.	Total	Total
Recuento	21	15	36	13	8	21	57
% según edad	58.3%	41,6%	100%	61%	38%	100%	
% según total	63,1%			36,8%			100%

Tabla 14. Recuento de la población mensurada y porcentajes. Leyenda: M (hombres), F (mujeres)

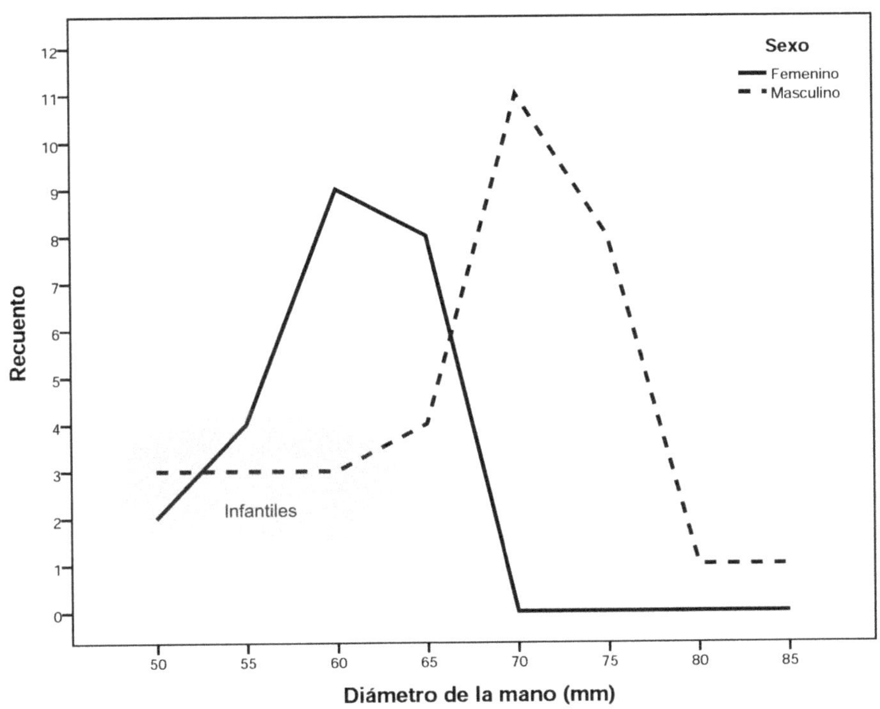

Figura 207. Recuento de los diámetros de la mano actuales en función del género

las diferencias según sexo y edad que se han descrito anteriormente (Fig. 207). La separación entre sexos es evidente en la edad adulta y en la edad infantil existe una cierta correlación entre sexos. Sin embargo, algunos casos infantiles masculinos se solapan con los picos de máxima representatividad de las manos de mujeres adultas que se sitúan en 60 mm.

En las medias de los diámetros de los codos, también se observan diferencias por rango de edad (Tab. 15): en los adultos la media se sitúa en 81,5 mm y en infantiles en 65,4 mm. Según los géneros la diferencia es marcada entre hombres (86,6 mm) y mujeres (74,3 mm) y en los infantiles, aunque no es tan dispar, la diferencia es mayor que entre los diámetros de la mano, con 67,3 mm para niños y 62,5 mm para niñas. En la representación gráfica, del conjunto de la muestra, se observan las diferencias según género y edad (Fig. 208). Como se observa en la gráfica, existen tres picos de máxima representatividad, en el caso de los adultos los géneros se separan de forma clara mientras que en los infantiles existe un solapamiento entre ambos géneros.

Concluyendo, según las mediciones realizadas se observa un dimorfismo sexual bajo-moderado típico de los humanos. Este dimorfismo se aprecia tanto en los diámetros de las manos (Fig. 207) como en los codos (Fig. 208), siendo más marcado en la edad adulta que en la infantil donde en el caso de los codos se solapan.

Medias diámetros de la mano (mm)						**Media diámetro del codo (mm)**					
Adultos			**Infantiles**			**Adultos**			**Infantiles**		
M.	**F.**	**Total**	**M.**	**F.**	**Total**	**M.**	**F.**	**Total**	**M.**	**F.**	**Total**
72,6	62	68,1	58,8	56,2	57,8	86,6	74,3	81,5	67,3	62,5	65,4
Total: 64,3						**Total:** 75,6					

Tabla 15. Medias de manos y codos según género y rango de edad. Leyenda: M (hombres), F (mujeres)

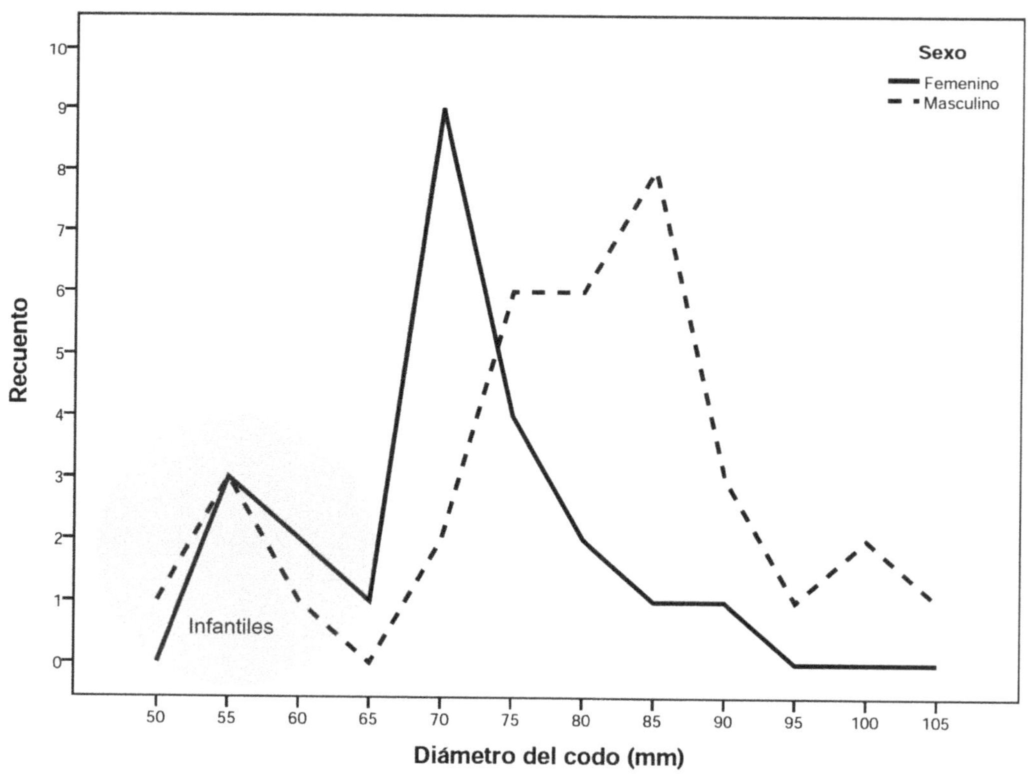

Figura 208. Recuento de los diámetros del codo actuales en función del género

La muestra arqueológica y su comparación con las mediciones actuales

Las medidas actuales se han tomado con aros metálicos cada 5 mm, de ahí que para la comparación con el conjunto arqueológico hayamos realizado una agrupación de los diámetros internos de los brazaletes, igualmente, cada 5 mm (Fig. 209). En esta agrupación se observan tres picos de máxima representatividad, los brazaletes situados entre los 56-60 mm, entre los 66-70 mm y los de 76-80 mm.

La comparación de las medidas actuales y los diámetros arqueológicos se ha realizado mediante el porcentaje de representación de cada grupo de diámetros. La comparación del diámetro de las manos del conjunto actual con el conjunto arqueológico no muestra una coincidencia clara excepto en el rango de diámetros 66-70 mm (Fig. 210). En el diámetro de la mano, pero con la variable de sexo como distinción, se observa una coincidencia en los rangos de diámetros que pasarían por la mano de un hombre adulto y el mayor porcentaje en los casos arqueológicos (66-70 mm) (Fig. 211).

En cuanto a los diámetros de los codos, en la comparación de la muestra actual con los casos arqueológicos, podemos apreciar una significativa coincidencia entre los picos de máxima representatividad (Fig. 212). Si introducimos como factor diferenciador el sexo, esta coincidencia es más visible (Fig. 213). Esta coincidencia se observa en el rango de diámetros arqueológicos que presenta un mayor porcentaje (66-70 mm), lo cual se correlaciona mejor con los codos de las mujeres. El segundo rango mejor representado (76-80 mm) se correlaciona con el codo de los hombres, aunque en los actuales la mayor representación es entre 80-86 mm y los arqueológicos entre 76-80 mm. En los casos infantiles los máximos son entre 50-56 mm mientras que el pico de los arqueológicos se sitúa entre 56-60 mm.

La correlación de determinados diámetros interiores a un género y/o a un rango de edad es muy complicada por el solapamiento que se produce entre las medidas de los codos y manos en infantiles y adultos. No obstante, los resultados obtenidos en este estudio nos permiten realizar una serie de inferencias que se resumen a continuación:

- Los brazaletes entre 50-60 mm pueden ser utilizados por individuos infantiles, de ambos sexos, en las manos y codos y por adultos femeninos en la mano.

- Entre 60-70 mm por mujeres adultas en la mano.

- Entre 70-80 mm por hombres a través de la mano y mujeres en el codo.

- A partir de 70 mm pueden ser usados como brazaletes por los hombres adultos.

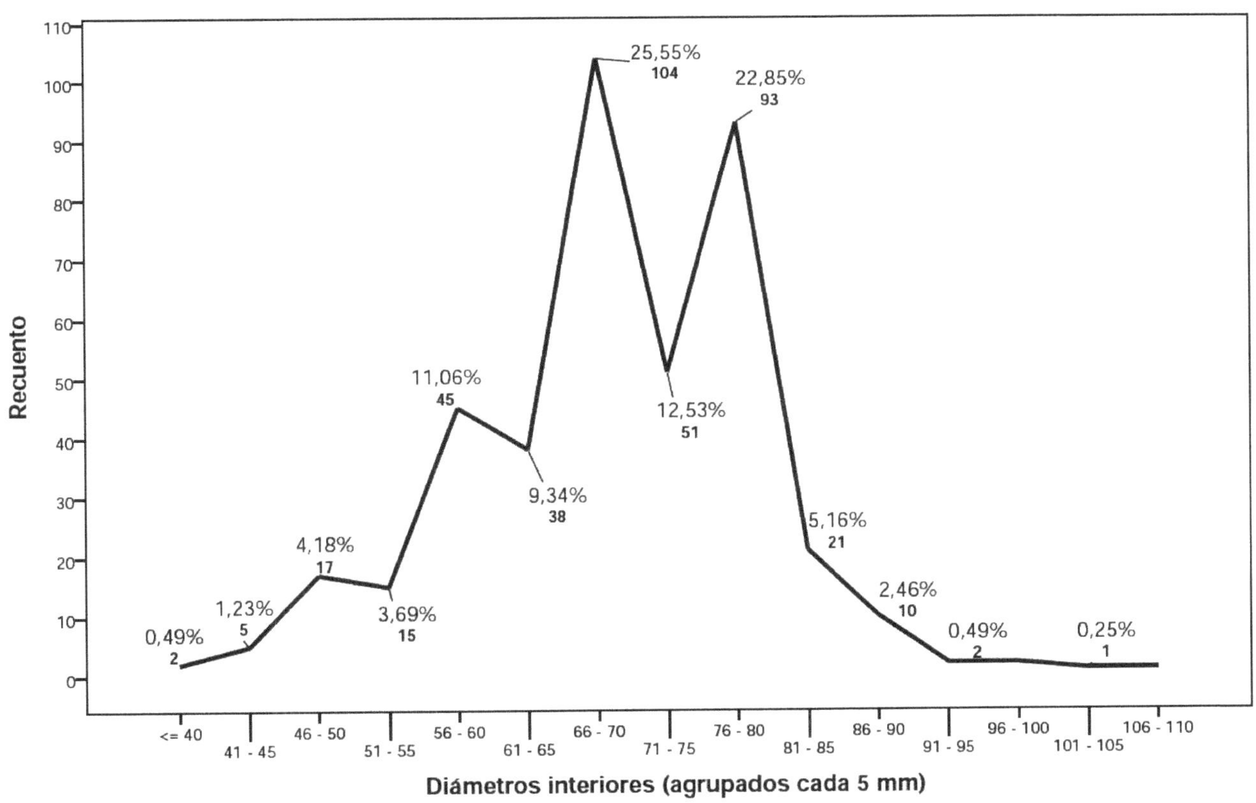

Figura 209. Distribución de los brazaletes en función del diámetro interior

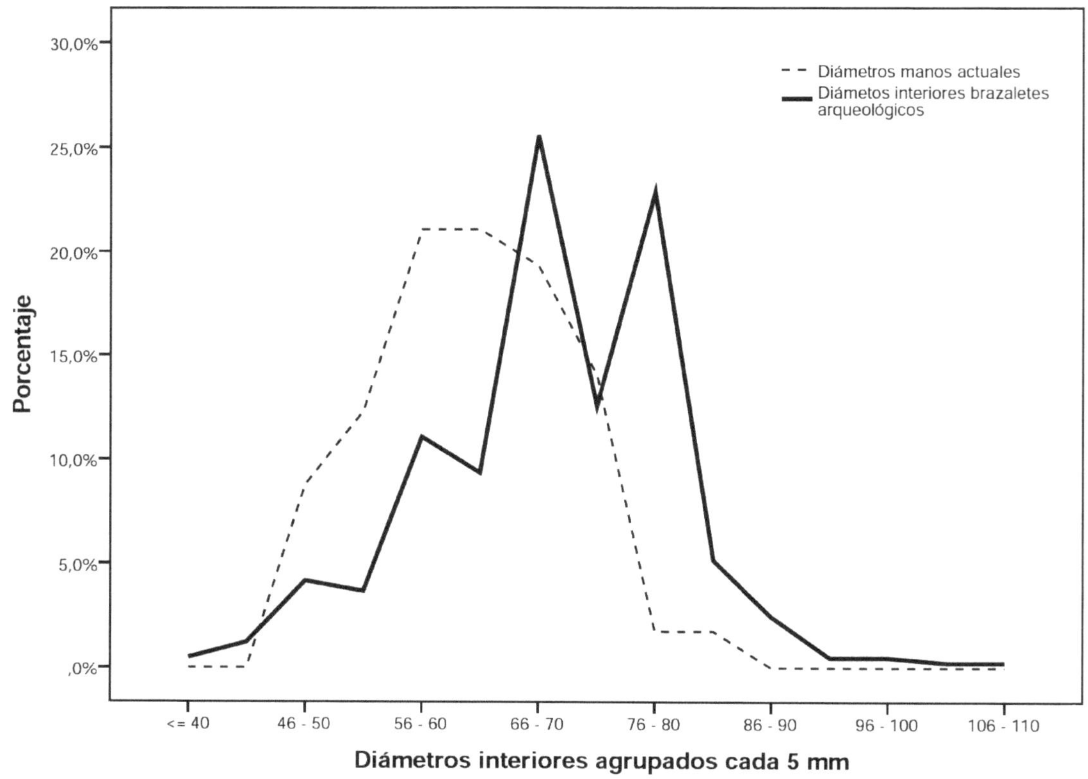

Figura 210. Distribución de los porcentajes de diámetros de las manos actuales con los diámetros interiores de los brazaletes arqueológicos

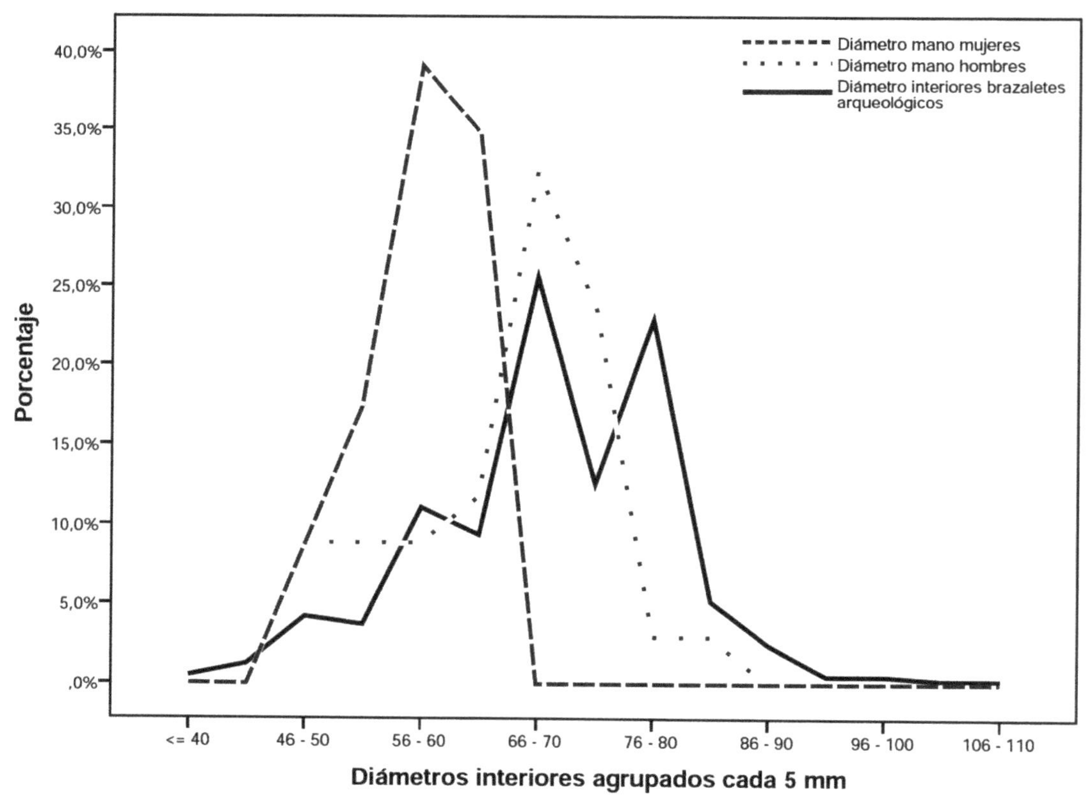

Figura 211. Distribución de los porcentajes de diámetros de las manos actuales por género con los diámetros interiores de los brazaletes arqueológicos

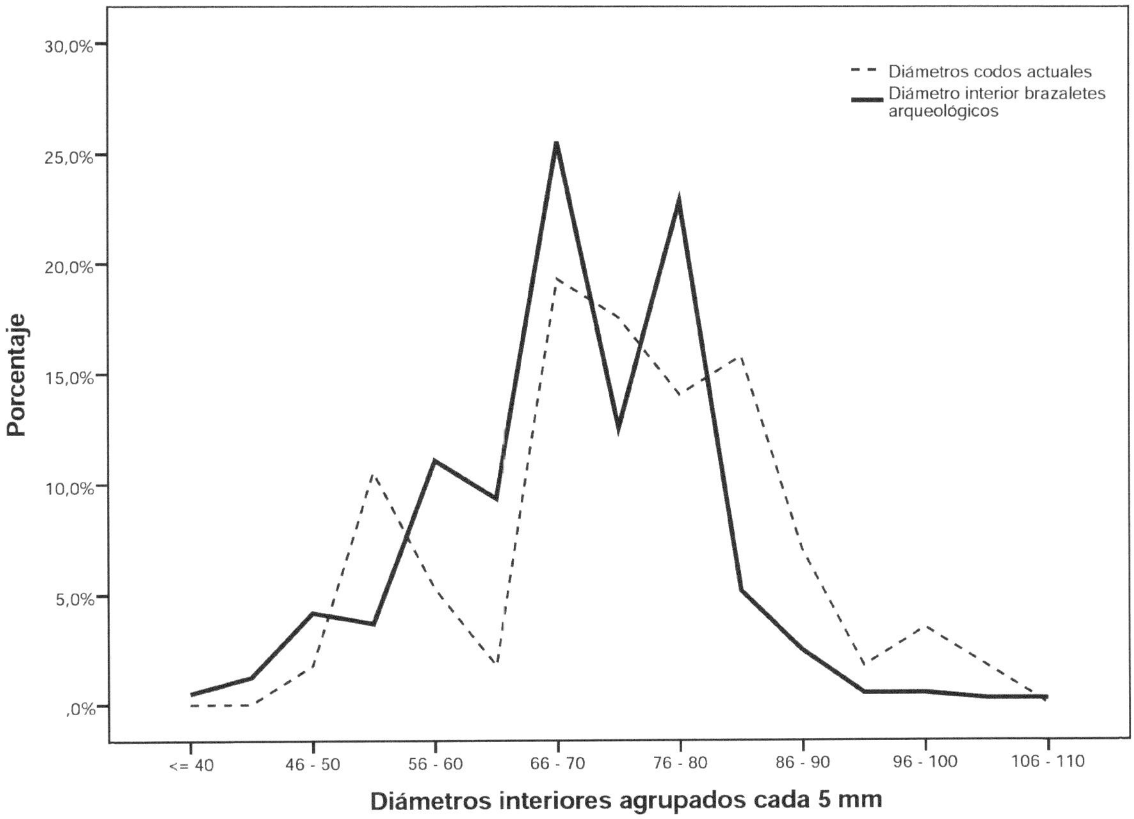

Figura 212. Distribución de los porcentajes de diámetros de los codos actuales con los diámetros interiores de los brazaletes arqueológicos

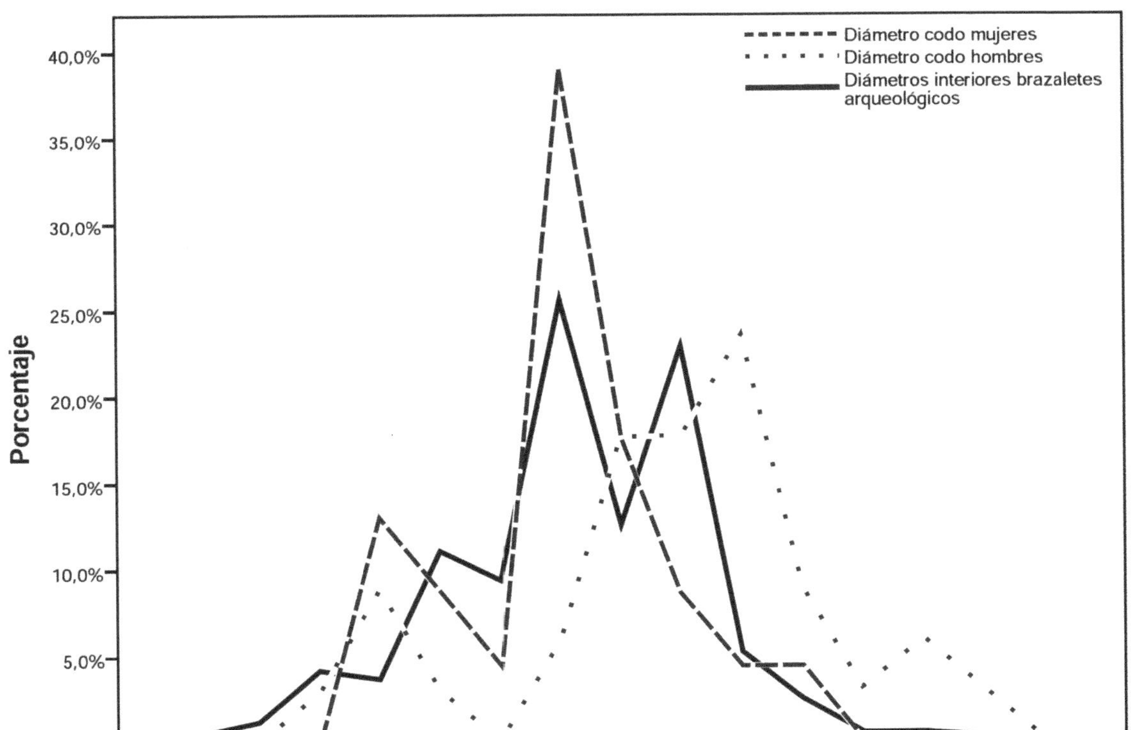

Figura 213. Distribución de los porcentajes de diámetros de los codos actuales por género con los diámetros interiores de los brazaletes arqueológicos

El contexto cultural más cercano que tenemos para la comparación arqueológica es la cultura neolítica de VSG/By en Francia y Bélgica, donde la mayoría de los brazaletes aparecen asociados al brazo por encima del codo, es decir, como brazaletes (Fromont 2013, 257). Como podemos observar, existe una coincidencia en los ejemplos arqueológicos y las mediciones actuales, que se podrían corresponder con los dos grupos de edad y sexo (Fig. 214) y que nos permite proponer el uso de estos objetos de adorno como brazaletes. No obstante, y por las razones expuestas anteriormente, esta propuesta podría no ser definitiva ya que la posición de los adornos y los rangos de edad y sexo implican una variabilidad muy amplia. Pero la coincidencia de los porcentajes de máxima representatividad en los casos arqueológicos y actuales es un hecho muy destacable.

La comparación de los diámetros interiores en el caso de VSG/By y de la península ibérica nos muestra ciertas diferencias. En el caso francés los brazaletes se agrupan en dos picos máximos en los 46-50 mm y los 66-70 mm (Fig. 215: línea discontinua). No así en el caso de la Península, donde observamos tres picos máximos (Fig. 215: línea continua). Entre ambos contextos existe coincidencias en los diámetros entre 46-55 mm, los de 56-60 mm, los 71- 75 mm y la más destacada en los brazaletes de 66-70 mm. Sin embargo, en la Península el grupo de 76-80 mm, casi coincide en representación con el grupo de 66-70 mm, mientras que por el contrario en el caso francés estos diámetros tienen menos representación. Esta diferenciación entre ambos contextos culturales puede significar una distinción a la hora de la utilización de los brazaletes entre estas dos poblaciones neolíticas.

3.4.3.3. Conclusiones sobre la funcionalidad

Los objetos de adorno estudiados son usados en contacto con la piel un tiempo lo suficientemente prolongado para que aparezcan trazas de utilización en la cara interior. Las huellas funcionales son más visibles en los tipos estrechos que en los medios y anchos, y más en la caliza y pizarras que en los mármoles. Los estrechos de sección plana se utilizan apilados en series de dos o más de tres piezas, a tenor de las trazas en los bordes superiores e inferiores. La presencia de ocre en el interior de algunas piezas en contextos domésticos, indica que estos adornos son portados cotidianamente.

Los análisis morfométricos permiten proponer que se trata de brazaletes y que por tanto se utilizarían por encima del

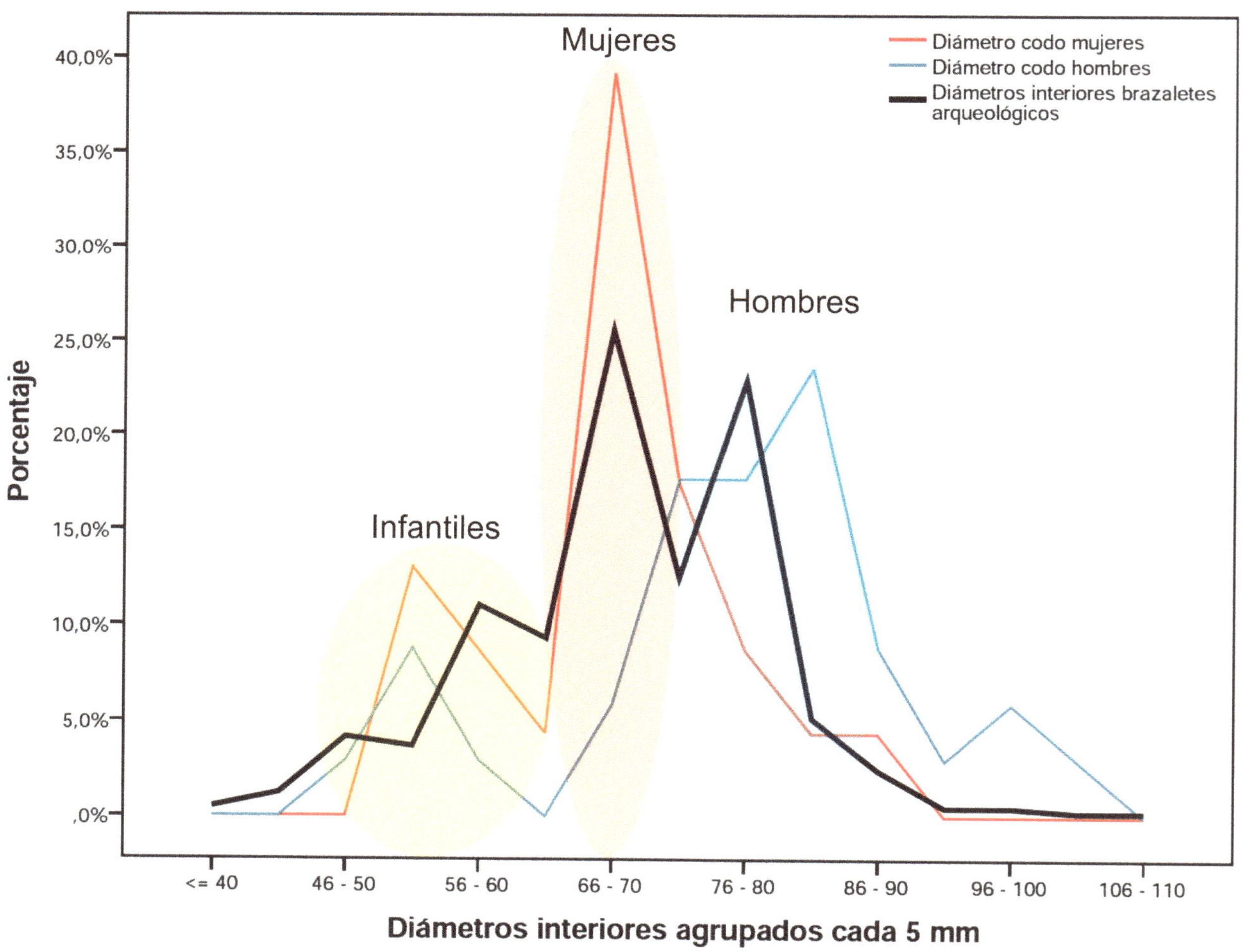

Figura 214. Distribución de los porcentajes de diámetros de los codos actuales por género y rango de edad, con los diámetros interiores de los brazaletes arqueológicos

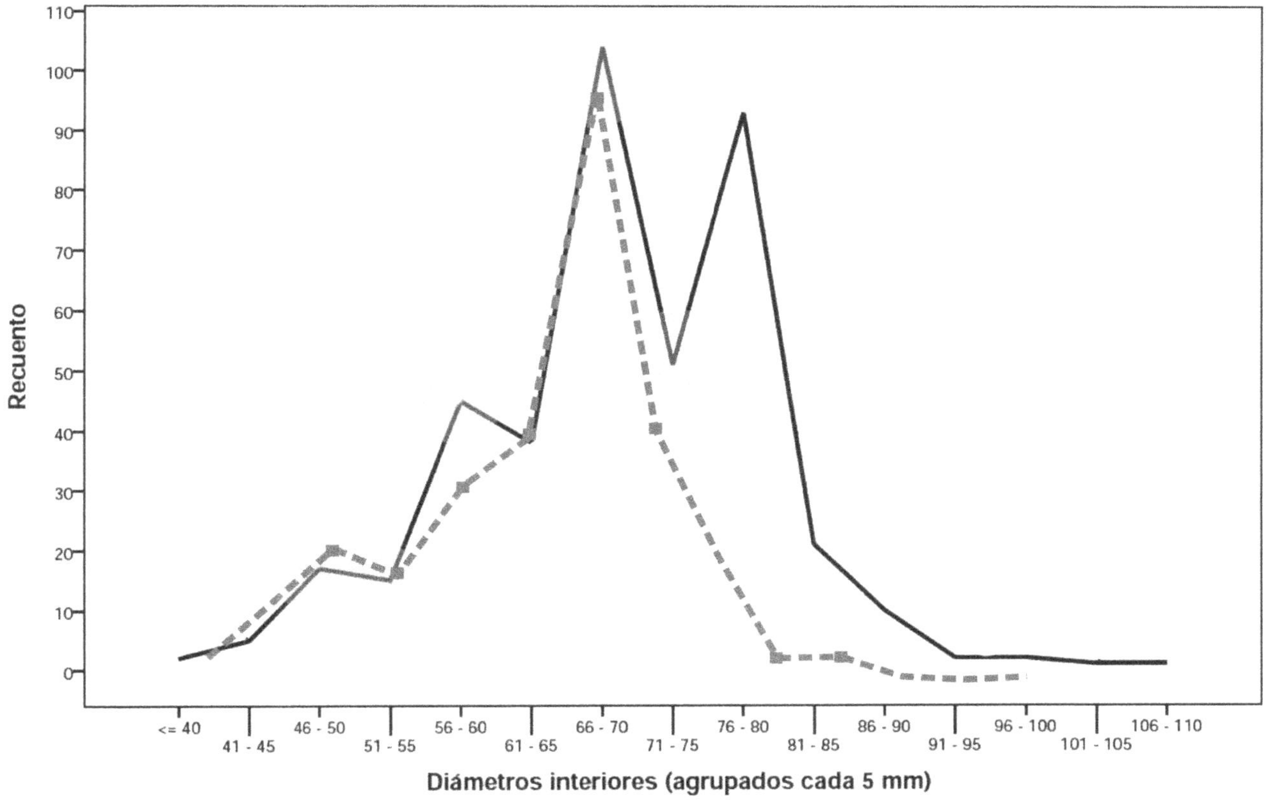

Figura 215. Comparación entre los diámetros interiores de brazaletes en la península ibérica (línea continua) y los de la cultura VSG/By en Francia (discontinua) (datos según Fromont 2013, 607). Los círculos oscuros representan las coincidencias entre ambos contextos

codo, al igual que ocurre con los provenientes del contexto arqueológico de VSG/By. Por otra parte, los tamaños de los brazaletes nos permiten sustentar su utilización tanto para individuos infantiles como adultos. Sin embargo, la diferencia en la distribución de las frecuencias observadas entre la muestra de la península ibérica y la de VSG/By nos lleva a plantear que en la Península serían utilizados por mujeres y hombres.

3.4.4. Reparaciones y reutilizaciones

El brazalete como objeto de uso cotidiano sufre a lo largo de su vida útil diferentes procesos que lo deterioran o lo trasforman. Entre los brazaletes rotos accidentalmente, voluntariamente o por uso, no son todos considerados como desechos y en algunos casos se reparan y reutilizan. En términos biográficos la reutilización o reparación implica dar una nueva vida al objeto, manteniendo su uso principal o adquiriendo una nueva funcionalidad. En el caso de los brazaletes, la reparación consiste en perforaciones para un nuevo ensamble o para conformar un nuevo adorno.

En el conjunto de brazaletes catalogados las piezas reparadas suponen solo el 5,2% de los brazaletes. De las 50 piezas catalogadas, hemos estudiado directamente 36 de ellas. Según los tipos de brazaletes y las materias primas no se observan diferencias significativas en los porcentajes de piezas reparadas. En cuanto a los contextos donde aparecen son más comunes en las cuevas, con el 78% (39), que en los asentamientos con el 22% (11). Las mayores diferencias se observan por zonas (Fig. 216), en Andalucía las reparaciones suponen el 3,5% mientras que en el Levante son el 17,9%.

En los **brazaletes estrechos** se observan tanto reparaciones como reutilizaciones. Las reparaciones consisten en dos perforaciones en cada uno de los extremos del fragmento para conformar un brazalete articulado (Fig. 217:1). Los dos o más fragmentos del brazalete se unen mediante con un cordaje, como indican las huellas de desgaste en el borde de la fractura y en el interior de la perforación, totalmente redondeada por el desgaste (Fig. 217:1.1). En los fragmentos con perforaciones, para la reparación, son frecuentes las dobles perforaciones tras una nueva rotura de la pieza, esta vez por la parte más delgada por la horadación. Las reutilizaciones que consisten en la elaboración de un nuevo adorno a partir de un fragmento de brazalete, se observa una sola perforación en uno de los lados del fragmento (Fig. 217:2 y 3), en los que ambos extremos del fragmento son regularizados mediante abrasión para eliminar los filos agudos de la rotura (Fig. 217:2.1 y 3.1). Estos fragmentos se usan como colgantes suspendidos mediante un cordel, como nos indican las trazas en el interior de la perforación, producidas por el roce de este elemento (Fig. 217:3.2).

En el caso de los **brazaletes anchos** solo se realizan reparaciones mediante el lañado de los fragmentos (Fig.

218:1, 2 y 3) y no se han localizado fragmentos usados como colgantes entre este tipo de brazaletes. Las roturas y reparaciones de estas piezas se han interpretado como intencionadas "con la finalidad de facilitar su colocación" (Olaria, 1977:35). Examinando las fracturas, se observa que se trata de roturas accidentales (Fig. 218:2.1) que se han reparado mediante 8 perforaciones, técnica frecuente en la reparación de recipientes cerámicos. Aunque también hay que decir que las fracturas se encuentran en la mayoría de los casos redondeadas por la fricción de los dos fragmentos, una vez que la pieza ha sido usada como un brazalete articulado, pudiendo dar la apariencia de haber sido cortados (Fig. 218:1.1). El análisis de las huellas de uso en estas piezas nos permite determinar que una vez reparadas fueron utilizadas durante largo periodo de tiempo, suficiente para redondear los bordes de las roturas y para que se observen las trazas dejadas por el amarre mediante cordajes en las perforaciones (Fig. 218:3.1, 3.2 y 3.3).

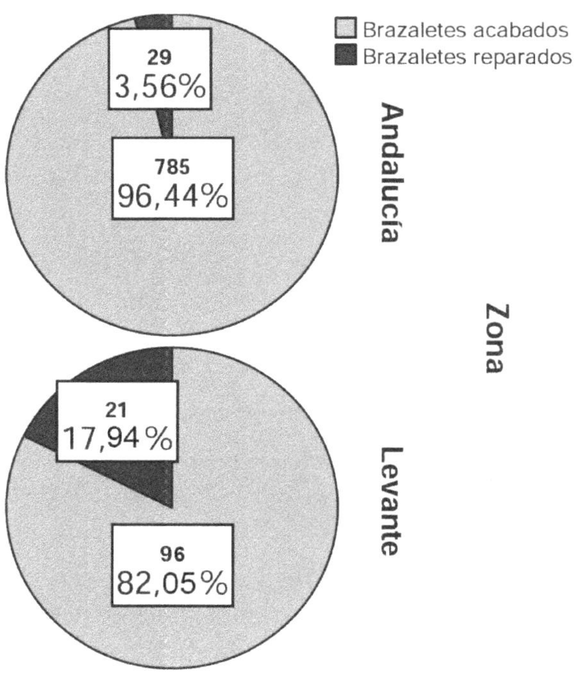

Figura 216. Porcentaje de brazaletes reparados en relación a piezas acabadas por zonas

La reutilización de los desechos de producción, aunque no son muy comunes, las hemos documentado en el taller de La Serreta para la elaboración de un colgante (Fig. 166:4) y en el yacimiento de Casa de Lara, donde un fragmento de brazalete en proceso aparece con huellas de abrasiones, sin que hayamos podido identificar su funcionalidad (Fig. 69:1).

Como expresábamos al principio de este epígrafe las mayores diferencias en el número de reparaciones y reutilizaciones se aprecian entre Andalucía y el Levante (Fig. 216), pero de la distribución geográfica se extraen algunas conclusiones según zonas y tipos de brazaletes. En los brazaletes estrechos se aprecia que la concentración de reparaciones es mayor en aquellas zonas donde este tipo es menos frecuente y el ejemplo más destacado es la zona de Málaga. Esta misma casuística se observa, pero con los brazaletes de tipo ancho, en la zona del Levante donde las reparaciones en este tipo son más frecuentes que en la zona de Málaga donde son el tipo más común.

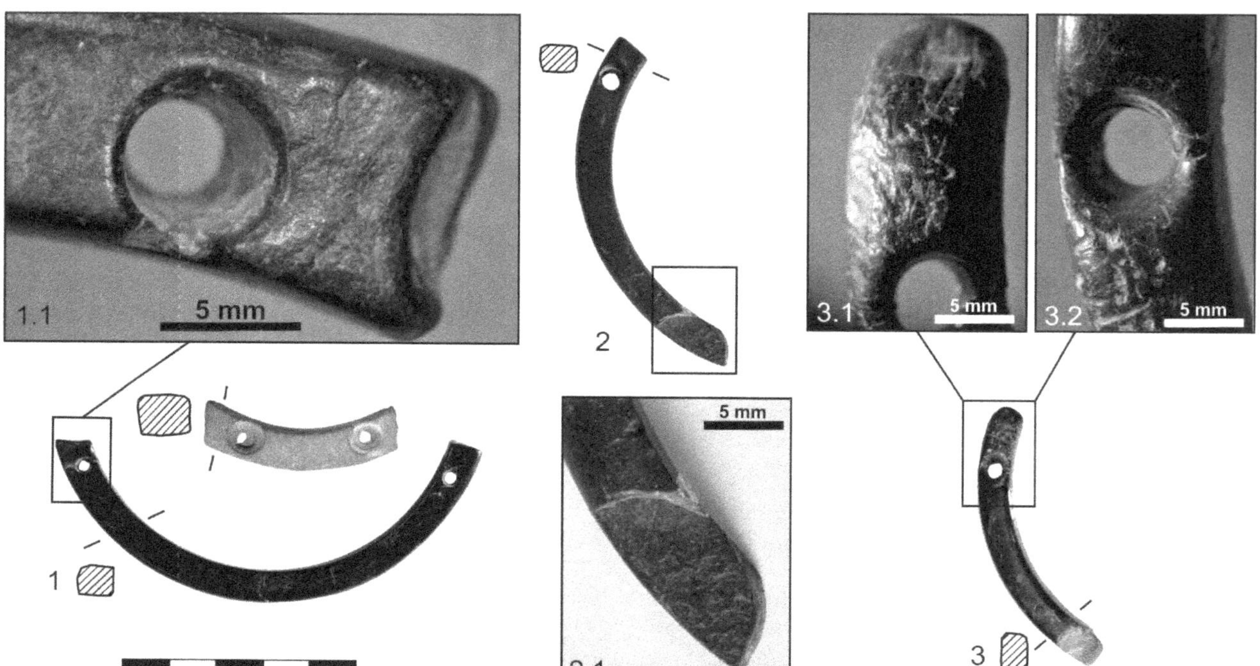

Figura 217. Reparaciones observadas en brazaletes estrechos. 1. Brazalete articulado y 2 y 3. Fragmentos reutilizados como colgantes

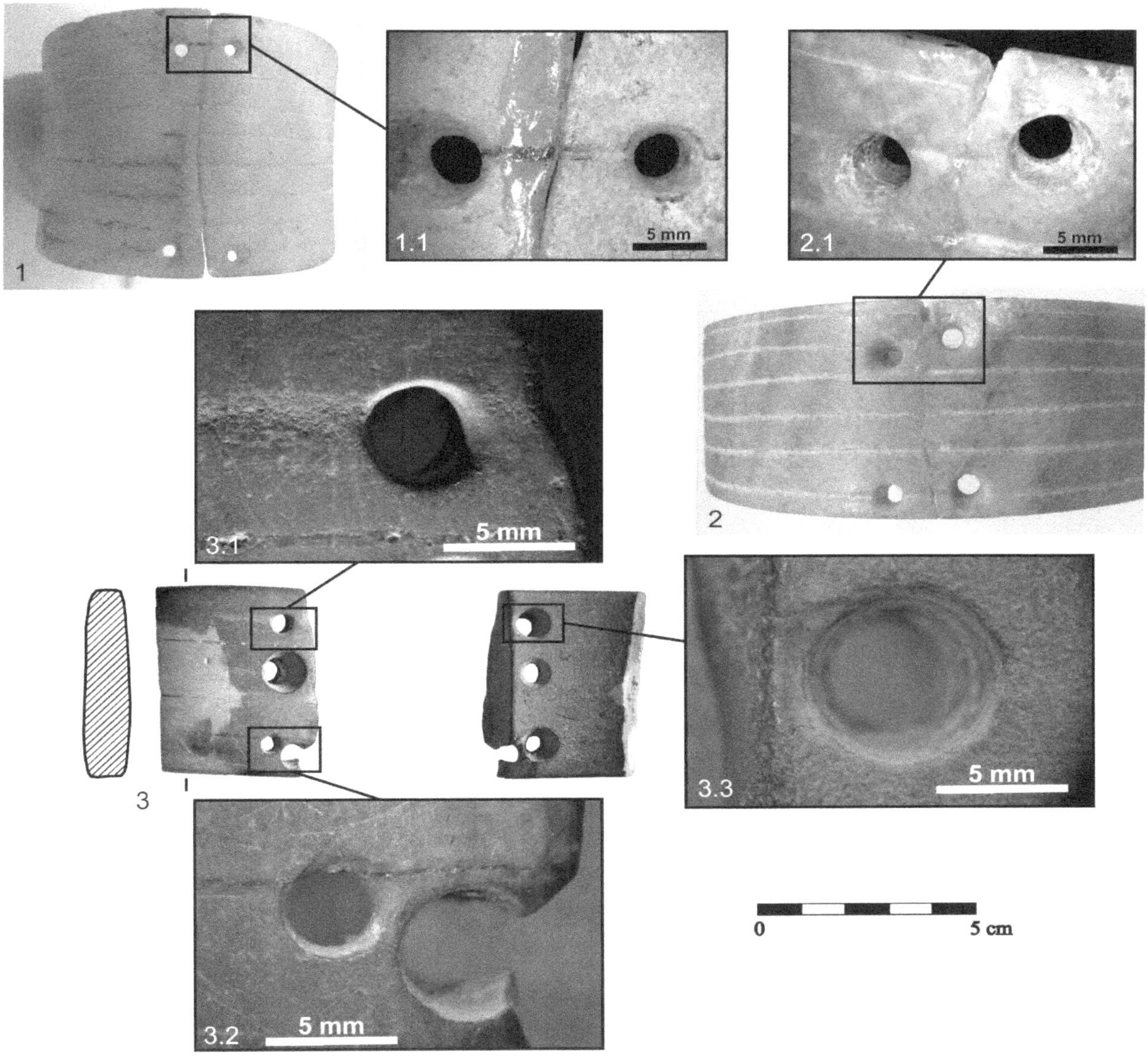

Figura 218. Reparaciones observadas en brazaletes anchos

3.4.4.1. Conclusiones sobre las reparaciones y reutilizaciones

Las reparaciones no son muy representativas a nivel porcentual entre los brazaletes. Los brazaletes estrechos se reparan como brazaletes articulados y los fragmentos se reutilizan como colgantes. En los de tipo ancho, solo se realizan reparaciones mediante lañados. Las huellas de las reparaciones muestran que los brazaletes se usaban durante un tiempo prolongado después de su reparación, llegando a observarse las trazas de los cordajes o incluso dobles perforaciones. Las reparaciones en brazaletes son más representativas porcentualmente en la zona del Levante que en Andalucía. El número de reparaciones según tipo es mayor donde ese tipo es menos frecuente.

PARTE 4
A MODO DE SÍNTESIS

"El adorno personal es ante todo un valor étnico, de modo que la pertenencia a un grupo es primero sancionada por el adorno vestimentario"
(Leroi-Gorhan 1971, 339)

4.1. LA ADSCRIPCIÓN CRONOLÓGICA Y CULTURAL DE LOS BRAZALETES Y SU ARTESANÍA

El estudio del contexto arqueológico de los 128 yacimientos con brazaletes distribuidos por las diferentes áreas geográficas de la península ibérica nos permite adscribir cronoculturalmente los brazaletes de piedra al Neolítico Antiguo. De manera general, los brazaletes se asocian a los inicios de la economía productora en el área geográfica de estudio, caracterizada por cerámicas decoradas con impresiones de diversos tipos, incisiones, almagras, etc. Este adorno aparece en contextos antiguos de neolitización de cada región, como por ejemplo en el centro peninsular en la Cueva de la Vaquera (Estremera 2003); en el sur de Portugal en Valada do Mato (Diniz 2001; 2007) o en el poblado de La Draga (Bosch *et al.* 2000) en Cataluña. De igual forma, en Andalucía y el Levante los brazaletes aparecen en los contextos más antiguos con domesticación, como Cueva de Nerja (Aura *et al.* 2013) en el sur o Cova de l´Or (Hopf 1966), Cendres (Bernabeu y Molina 2009) y Sarsa (García *et al.* 2012) en el este peninsular.

En este sentido la cerámica con decoraciones cardiales es uno de los fósiles directores del Neolítico Inicial en gran parte de la cuenca mediterránea (Manen *et al.* 2007; Marchad y Manen 2010; Guiliane 2018). En el caso de los brazaletes de esquisto se han definido para el área del Levante como un elemento de identidad cardial (Orozco-Köhler 2016). En toda el área de este estudio los brazaletes aparecen en numerosos contextos con este tipo cerámicas decoradas tanto en el Levante como en Andalucía (Fig. 219). Se han catalogado 23 yacimientos con cerámica cardial y brazaletes. El número de piezas en estos yacimientos asciende a 354 que suponen el 36% de los brazaletes acabados catalogados (970). Todo este conjunto de brazaletes no se puede asociar directamente a las fases cardiales de esos yacimientos, pero sí se han documentado contextos estratigráficos con esta asociación en Cabecicos Negros (Cámalich y Martí 2013), Cova de les Cendres (Pascual 2009), Los Castillejos (Cámara *et al.* 2016), La Draga (Bosch *et al.* 2000) y Valada do Mato (Diniz 2007).

Para determinar la cronología de uso de estos adornos hemos recopilado las dataciones absolutas asociadas a contextos estratigráficos con brazaletes. Se han catalogado 16 yacimientos distribuidos por las diferentes áreas de la Península con brazaletes en secuencias estratigráficas.

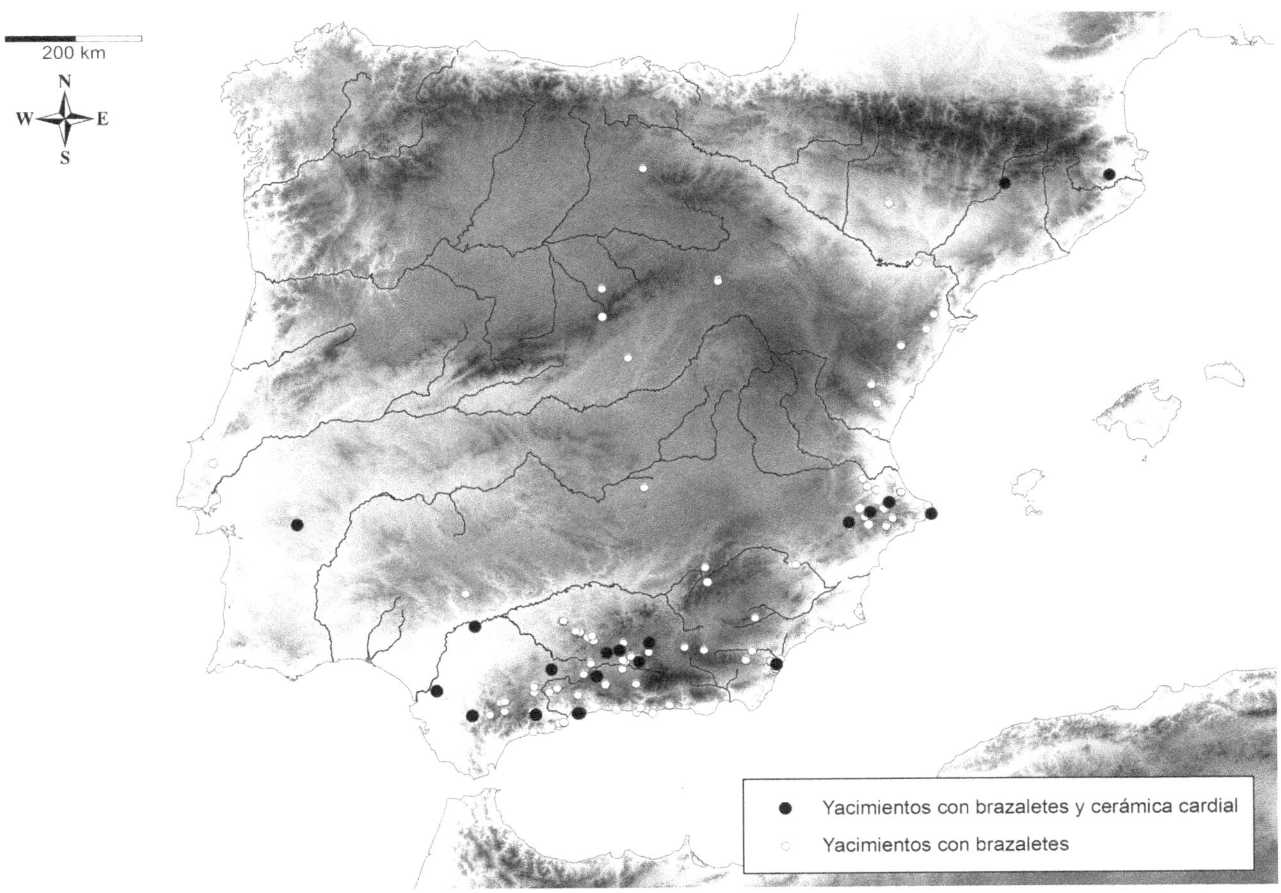

Figura 219. Contextos con cerámica cardial y brazaletes de piedra

En Andalucía son nueve los yacimientos: Cabecicos Negros (Vera, Almería), Cerro Virtud (Cuevas de Almanzora, Almería), Los Castillejos (Montefrío, Granada), Cueva de la Mujer (Alhama de Granada, Granada), Cueva de los Mármoles (Priego de Córdoba, Córdoba), Cueva de los Murciélagos (Zuheros, Córdoba), El Castillo de Doña Mencía (Doña Mencia, Córdoba), Cueva del Toro (Antequera, Málaga) y Cueva de Nerja (Maro, Málaga). De estos y de las fases donde aparecen los brazaletes se han recopilado 76 dataciones absolutas (Fig. 220). Estas dataciones, en los diferentes sitios, se distribuyen en un periodo entre el *c.* 5500 para las fechas más antiguas y el *c.* 4800 cal. a.C. para las más recientes. Teniendo en cuenta la suma total del conjunto se observa una mayor representación a partir del entre el 5300/5200 cal. a.C.

En el Levante tres yacimientos poseen brazaletes asociados a estratigrafías: Los Abrigos del Pozo (Calasparra, Murcia), Cova de les Cendres (Teulada, Alicante) y Benàmer (Muro, Alicante). De los cuales se han recopilado solo cuatro dataciones (Fig. 221). En este conjunto se observa un arco cronológico mayor desde *c.* 5500 hasta el 4400 cal. a.C. La fecha que se sale del conjunto general es la del yacimiento de Benàmer procedente del pozo EU 2006. La presencia de fracturas antiguas en los brazaletes y otros fragmentos decorados de cerámica han llevado a interpretar los materiales de esta unidad estratigráfica como desechos relacionados con la fase más antigua documentada en el Sector 1 (Torregrosa y Jover 2011). De ahí que esta datación hay que tomarla con precaución para datar estas piezas.

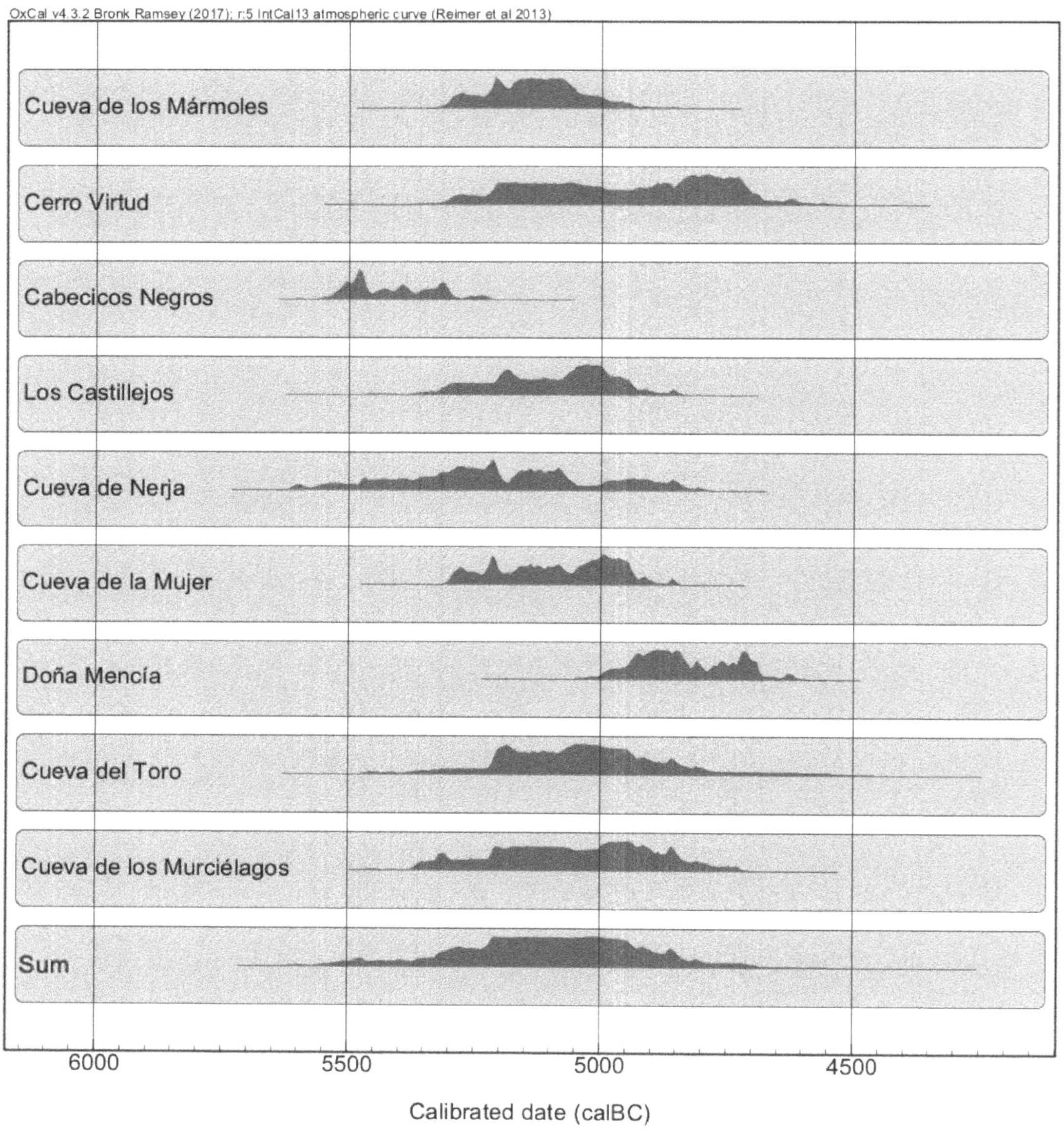

Figura 220. Sumas probabilísticas de dataciones procedentes de yacimientos arqueológicos de Andalucía con brazaletes asociados a unidades estratigráficas. En el Anexo V están recogidas las dataciones y sus contextos estratigráficos. En las muestras procedentes de conchas se han incluido la fecha con la corrección oceánica. Elaborado con el programa de calibración OxCal v4.3.2 (Bronk 2001).

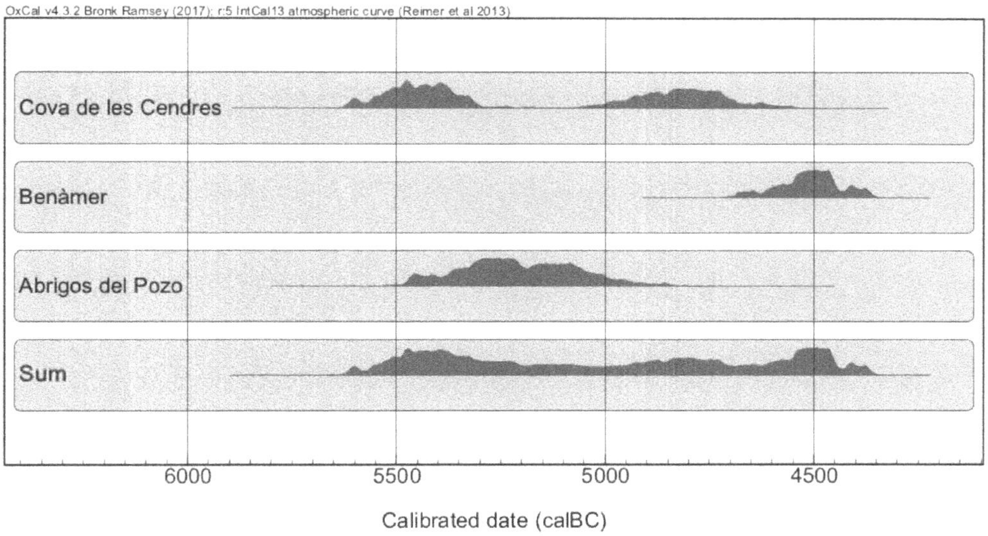

Figura 221. Sumas probabilísticas de dataciones procedentes de yacimientos arqueológicos del Levante de la península ibérica con brazaletes asociados a unidades estratigráficas. En el Anexo V están recogidas las dataciones y sus contextos estratigráficos. Elaborado con el programa de calibración OxCal v4.3.2 (Bronk 2001).

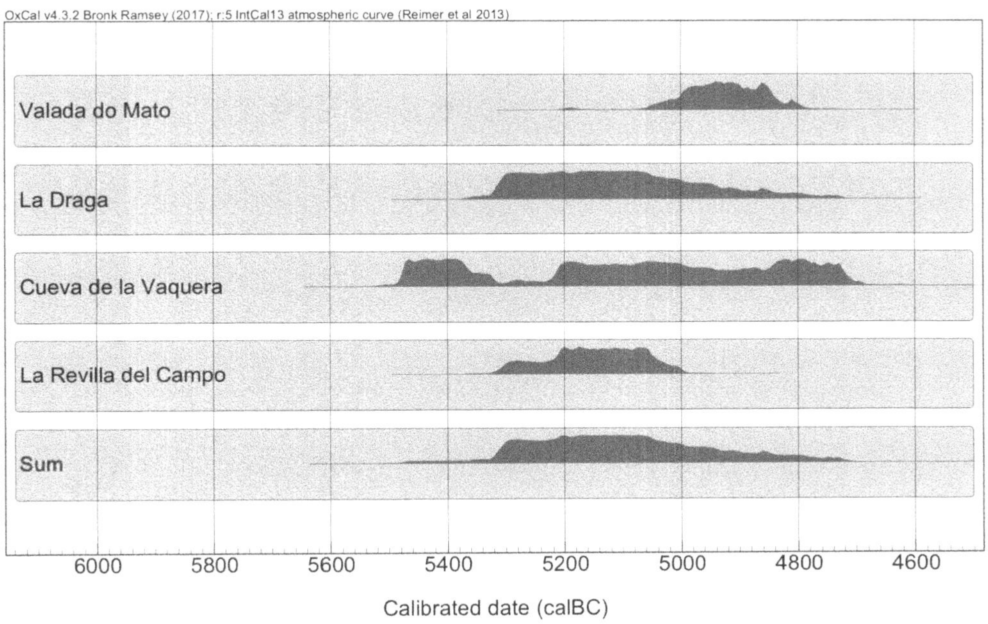

Figura 222. Sumas probabilísticas de dataciones procedentes de yacimientos arqueológicos del resto de la península ibérica con brazaletes asociados a unidades estratigráficas. En el Anexo V están recogidas las dataciones y sus contextos estratigráficos. Elaborado con el programa de calibración OxCal v4.3.2 (Bronk 2001).

Del resto de la Península son cuatro los sitios que se han documentado con brazaletes asociados a estratigrafías y dataciones: en el noroeste, La Draga (Bayoles, Girona); en el centro, La Revilla del Campo (Ambrona, Soria) y Cueva de la Vaquera (Torreiglesias, Segovia); y en Portugal, Valada do Mato (Évora). A estos se asocian 36 dataciones (Fig. 222). La suma probabilística de este conjunto se sitúa mayoritariamente entre el *c.* 5300-4800 cal. a.C., cronología que se correspondería con las diferentes áreas secundarias del uso de brazaletes, pero concordante con las fechas que aparecen en Andalucía.

De cara a la contextualización cronológica de la producción de los brazaletes y de la cantera de Cortijo Cevico, hemos seleccionado los seis yacimientos con desechos de esta artesanía asociados a unidades estratigráficas y dataciones absolutas. La localización de estos talleres es representativa del área geográfica de distribución de los brazaletes en el sur peninsular. Estos yacimientos son: los Abrigos del Pozo, Cabecicos Negros, Cerro Virtud, Los Castillejos, Cueva de los Mármoles y Cueva de los Murciélagos de Zuheros. El periodo cronológico que ofrecen las 37 dataciones absolutas de estos contextos estratigráficos se sitúa entre el *c.* 5500-4800 cal. a.C., sin considerar un valor atípico de la fase 5 (Ua36211) en la secuencia de Los Castillejos que está en clara discordancia con el resto de las dataciones de esta fase (Fig. 223).

Las series de dataciones recopiladas nos permiten definir el arco cronológico general del uso de los brazaletes de piedra, entendiendo esto como el periodo de tiempo en el que estos adornos se elaboran y son usados frecuentemente. Esta demarcación temporal no es inconveniente para que aparezcan algunos brazaletes en otros yacimientos de cronologías más recientes, pero no marcan el fenómeno de uso de estos adornos como definidor cultural o identitario.

Entre la diversidad de yacimientos estudiados existen brazaletes en contextos culturales que no se adscriben al Neolítico Antiguo en fases más recientes. Es el caso de los yacimientos calcolíticos del Levante como Ereta del Pedregal (Navarrés, Alicante), Mas de Pepelillo (Agullent, Valencia) o los asociados a poblados del Bronce Valenciano en La Muntanya Assolada (Alzira, Valencia) o Cercat de Gaianes (Alicante). En el caso de Andalucía, son pocos los ejemplos entre ellos el asentamiento de la Mesa (Fuente Tójar, Córdoba) y el Torreón del Esparragal (Priego de Córdoba, Córdoba) en los que la mayoría de los restos materiales se asocian a la Edad del Cobre. En general en estos yacimientos los brazaletes aparecen en contextos superficiales y en un avanzado estado de deterioro, casuística que refuerza la idea de la reincorporación de estos adornos de contextos más antiguos.

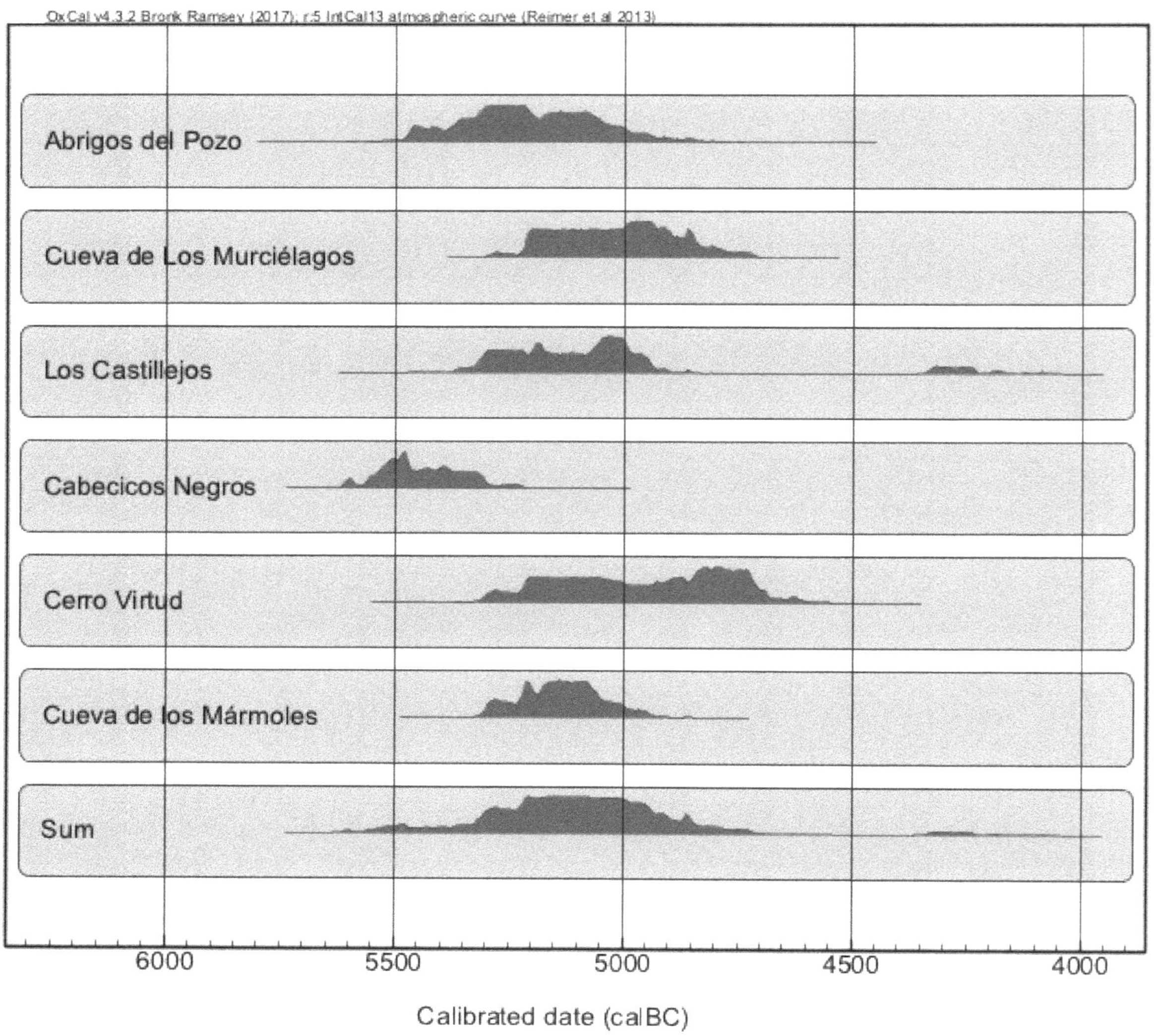

Figura 223. Sumas probabilísticas de dataciones procedentes de yacimientos arqueológicos con brazaletes en proceso de elaboración asociados a unidades estratigráficas. En el Anexo V están recogidas las dataciones y sus contextos estratigráficos. En las muestras procedentes de conchas se han incluido la fecha con la corrección oceánica. Elaborado con el programa de calibración OxCal v4.3.2 (Bronk 2001).

El recuento de los brazaletes que aparece no asociados a contextos estratigráficos o cultura material del Neolítico Antiguo asciende a 65 piezas incluidas en este cómputo: Ereta del Pedregal, Mas de Pepelillo, La Muntanya Assolada, Cercat de Gaianes, la Mesa, el Torreón del Esparragal y los brazaletes que aparecen en las fases posteriores al Neolítico Antiguo en los yacimientos de Los Castillejos y Cerro Virtud. El total de brazaletes, acabados y en proceso, catalogados en 128 yacimientos asciende a 1412 piezas con lo cual estos 65 brazaletes suponen el 4,3% frente al 95,7% de los asociados a dataciones y materiales del Neolítico Antiguo. Estos escasos restos distribuidos por unos pocos yacimientos no nos permiten afirmar la perduración de esta artesanía hasta momentos tan recientes. La ausencia de brazaletes de piedra asociados a enterramientos (fosas, megalitos, cuevas artificiales, etc.) a partir del Neolítico Medio/Reciente muestra la pérdida de valor social e identitario de estos adornos personales.

El conjunto de dataciones radiocarbónicas recopiladas y asociadas a los contextos materiales o estratigráficos de los yacimientos sitúan los brazaletes de piedra entre el *c.* 5500-4800 cal. a. C. En el caso de Andalucía los talleres de brazaletes asociados a contextos estratigráficos y con dataciones absolutas sitúan esta artesanía entre el *c.* 5500-4800 cal. a. C., pero con una máxima representación a partir del *c.* 5300/5200 cal. a. C. (Fig. 223). Los brazaletes acabados aparecen en cronologías antiguas como en la Cueva de Nerja o la Cueva de los Murciélagos de Zuheros, pero la mayor representación se ubica a partir del *c.* 5300/5200 cal. a. C. en lo que se debe considerar como la máxima consolidación de la economía productora y que se puede denominar como Neolítico Antiguo Avanzado. En el Levante las dataciones absolutas de brazaletes en contextos estratigráficos los localizan en la misma franja cronológica, asociados a las primeras plantas y animales domésticos a partir del *c.* 5500 cal. a. C. En esta área, secundaria con respecto a Andalucía, los brazaletes pudieron tener un uso más prolongado en el tiempo como elementos ornamentales, pero su máxima representación como elementos identitarios se da en el Neolítico Antiguo tanto Cardial como Epicardial.

Aunque los brazaletes se relacionan con los primeros yacimientos con domesticación, el máximo apogeo de este adorno, en Andalucía, que es su foco principal, se desarrolla a partir de la plena implantación de la economía productora en el Neolítico Antiguo (*c.* 5500-4800 a.C.), desapareciendo en lo que se puede denominar como Neolítico Medio (*c.* 4800-4200 a.C.) e igualmente inexistentes en el Neolítico Reciente (*c.* 4200-3000 a.C.) coincidente con los primeros monumentos megalíticos (Aranda *et al.* 2017). Los brazales de piedra no se documentan en ningún caso en las sepulturas megalíticas, pero, sin embargo, sí aparecen los de concha que, aunque conviven en el inicio con los de piedra, desaparecen totalmente en el Edad del Cobre.

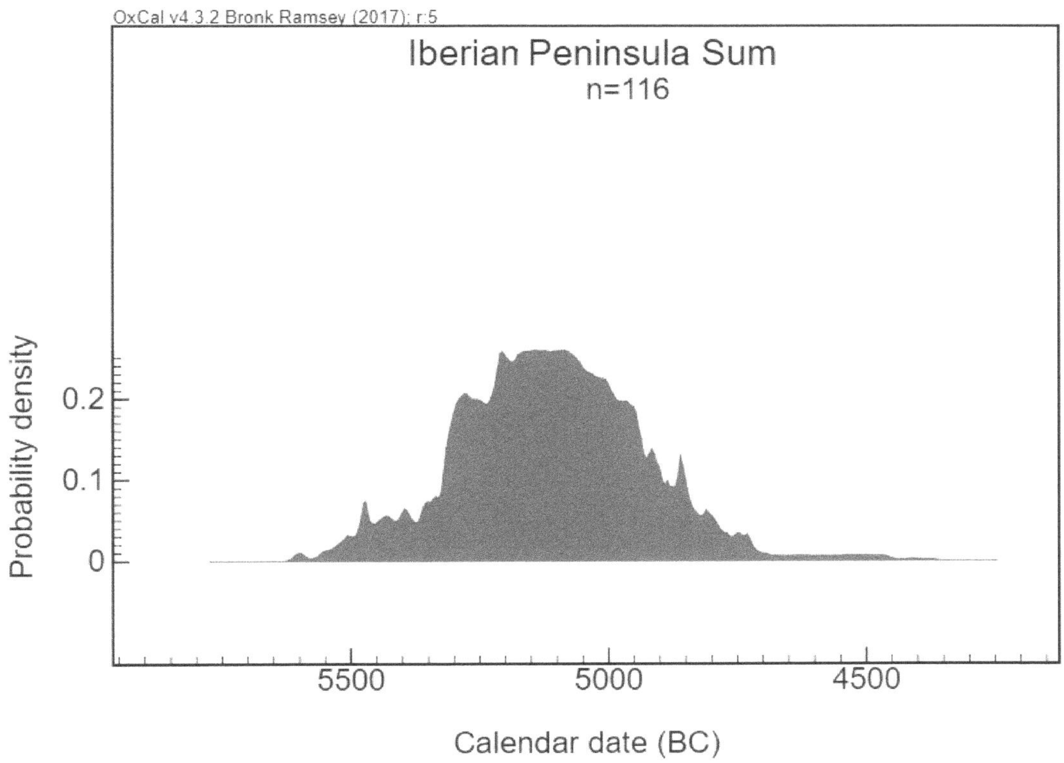

Figura 224. Sumas probabilísticas de dataciones procedentes de yacimientos arqueológicos de la península ibérica con brazaletes y asociados a unidades estratigráficas. En el Anexo V están recogidas las dataciones y sus contextos estratigráficos. Elaborado con el programa de calibración OxCal v4.3.2 (Bronk 2001)

En cuanto a la distribución secuencial por tipos de brazaletes algunos autores han afirmado que los estrechos y lisos son los primeros en elaborarse (Jiménez 1977). Los contextos arqueológicos y las dataciones no permiten definir estas diferencias cronosecuenciales de los diferentes tipos de brazaletes. Por el momento, debemos atribuir una cronología homogénea para los diferentes tipos, pudiendo estar estos más relacionados con diferentes grupos culturales afincados en áreas geográficas determinadas, que con una evolución cronológica.

La cronología de los brazaletes de piedra en la península ibérica es semejante a otros contextos culturales extrapeninsulares. En las culturas neolíticas de la costa de Francia y el norte de Italia se asocian a las cerámicas cardiales y al surgimiento de la agricultura (Pailler 2007; Micheli 2012a; 2012b; Fromont 2013). El máximo apogeo de este adorno en Francia se da en las culturas de VSG/By, La Rubané y el Neolítico Antiguo Centro-Atlántico (Pailler 2007; Fromont 2013). En edades absolutas el fenómeno de los brazaletes en estas zonas se sitúa entre el *c.* 5300-4600 cal. a. C., lo que se corresponde con la máxima consolidación del Neolítico Antiguo. De manera general, los brazaletes son uno de los indicadores materiales para los orígenes de la agricultura en gran parte de la cuenca del Mediterráneo y su expansión se produce con la consolidación de este nuevo sistema económico y cultural en diversas áreas geográficas.

A modo de conclusión, a tenor de las dataciones absolutas y las secuencias estratigráficas estudiadas, el fenómeno de los brazaletes de piedra usados como adornos en la península ibérica se sitúa entre el *c.* 5500-4800 cal. a. C. con una máxima representación a partir del *c.* 5300/5200 cal. a. C. (Fig. 224). Esta delimitación temporal responde a un cambio cultural en las poblaciones neolíticas del sur de la Península. Los brazaletes aparecen con el surgimiento del Neolítico en diferentes áreas de la Península y su consolidación y máximo apogeo del Neolítico Antiguo (*c.* 5500-4800 cal. a.C.) y desaparecen a partir del Neolítico Medio (*c.* 4800-4200 cal. a.C.) siendo inexistentes igualmente en el Neolítico Reciente (*c.* 4200-3000 a.C.).

4.2. LA CIRCULACIÓN DE LOS BRAZALETES

En palabras de C. Renfrew "All human action may be viewed at a distance as exchange, both of material and of nonmaterial goods" (Renfrew 1975). De tal forma, las relaciones humanas se pueden explicar mediante acciones de intercambio, bien de bienes materiales como objetos o productos, o mediante el intercambio de bienes no materiales: conocimientos, ideas y, en definitiva, la cultura. Desde la teoría social de las economías del don (Mauss 1923) los objetos constituyen una parte central dentro de la vida social de las comunidades humanas y sus relaciones mediante intercambios. Estos intercambios de bienes se pueden conceptualizar como redes y estas entenderse como los vínculos entre los actores del intercambio (Degarmo 1977). En este sentido, los brazaletes son uno de los elementos que se ha considerado como definidor cultural y social de las primeras comunidades productoras en la península ibérica (Rubio 1993; 2009; Pascual 1998; Noain 1996; Gavilán y Rafael 1999; Orozco-Köhler 2016).

Según la localización de los centros de producción y la distribución de los brazaletes acabados, se debe suponer una circulación de productos con un valor social establecido. Los brazaletes de piedra y de concha se han utilizado en la historiografía como uno de los adornos principales a partir de los cuales establecer redes de circulación entre comunidades asentadas en diferentes contextos geográficos (Harrison y Orozco 2001; Vera y Martínez 2012). Los trabajos dedicados en exclusividad a la circulación de brazaletes no son muy numerosos, aun así, han sido y son un objeto citado como elemento de interacción entre los grupos neolíticos, bien dentro de Andalucía o entre esta y el Levante peninsular.

Los análisis sobre la distribución geográfica de las materias primas que hemos desarrollado en otros apartados muestra la concentración de las litologías según el contexto geológico más cercano. Pero de igual forma, en el caso del mármol se observa una distribución más amplia que los contextos geológicos primarios de los que procede. En el caso de las tipologías igualmente se aprecian concentraciones determinadas según regiones concretas. Estas distribuciones, tanto de las materias primas como los tipos de brazaletes, responden al devenir de intercambios entre grupos asentados en las diversas regiones del territorio geográfico estudiado. Estos análisis geográficos ofrecen información general pero la demostración de la circulación de productos pasa por la determinación de las materias primas y sus áreas geológicas madre.

El descubrimiento de la cantera de Cortijo Cevico y su proximidad a un gran bloque marmóreo en el Cerro del Moro nos llevó a realizar un análisis de diferentes fuentes geológicas para determinar la procedencia de algunos ejemplares arqueológicos. Se trata de un estudio preliminar para testar la viabilidad del método analítico no destructivo (XRF). Las analíticas se llevaron a cabo con una pistola portátil de fluorescencia de rayos X y se encuentran detalladas en el Anexo I. Se han analizado cinco fuentes geológicas asociadas a talleres de brazaletes: mármol de la Unidad de las Sabina (Puga 1976), en su vertiente oeste (Sierra Nevada) y en la este (Sierra de Caniles), mármol del Cerro del Moro en Ventorros de San José; el mármol dolomítico de Cortijo Cevico y la caliza micrítica de La Serreta.

Los análisis de discriminación de las fuentes han mostrado diferencias significativas para su categorización individualizada. La comparación de las fuentes geológicas con los 13 brazaletes arqueológicos analizados ha permitido definir la procedencia de cinco piezas con una fiabilidad del 95% y han mostrado la viabilidad de este método para la determinación de las litológicas. Aunque se trata de un estudio preliminar nos ha ofrecido interesante información sobre la circulación y el aprovechamiento de ciertas fuentes geológicas. De las piezas que ha sido posible identificar su procedencia, cuatro de ellas proceden del Cerro del Moro. Este bloque de mármol se localiza a un par de kilómetros de la cantera de brazaletes de Cortijo Cevico en pleno centro de la pedanía de Ventorros de San José y ha sido explotado como cantera industrial hasta los años setenta del pasado siglo. La homogeneidad y calidad de este mármol nos hizo valorar en el inicio de las prospecciones arqueológicas su explotación prehistórica, pero no ha sido posible localizar restos de talla claramente prehistóricos debido a la fuerte alteración que sufre el cerro, con múltiples frentes y derrubios de las actividades de la cantería moderna (Fig. 225).

La asociación de estos brazaletes a este bloque nos permite valorar la conservación de la cantera de Cortijo Cevico y nos muestra que no se debió tratar de un caso aislado, sino que más bloques metamorfizados de los entornos debieron aprovecharse para la elaboración de brazaletes. Se han documentado brazaletes del mármol del Cerro del Moro en la Cueva de los Molinos (Alhama de Granada), en la Cueva de las Ventanas (Piñar, Granada), en el asentamiento de Las Catorce Fanegas (Chauchina, Granada) y el más alejado en la Cueva de la Pastora (Caniles, Granada) a unos cien kilómetros al este del afloramiento. Esto nos muestra una amplia dispersión que debió estar relacionada con un foco de población en esta área del Poniente Granadino.

En los trabajos sobre determinación de materias primas de los brazaletes en la Cueva de los Murciélagos (Zuheros, Córdoba) mediante difracción de rayos X, se ha determinado que los mármoles proceden de contextos exógenos a la Subbética Cordobesa (Gavilán y Rafael 1999; Gavilán *et al.* 1999; Vera y Martínez 2012). La composición petrológica y química relaciona estos brazaletes con el Trias de Málaga y el Complejo Alpujárride situados entre 70-100 km del yacimiento hacia el sur.

Figura 225. Vista de la cantera del Cero del Moro (Ventorros de San José, Granada) y detalle de su mármol

En el Levante el análisis de la materia prima de 18 brazaletes de la Cova de la Sarsa permitió determinarlos como esquistos, cuya procedencia se ha situado en la zona interna de las Cordilleras Béticas (Orozco-Köhler 2000).

Aparte de las citadas analíticas para la determinación de materias primas, la tecnología puede considerarse como una huella para la circulación de los brazaletes. En este sentido, el estudio de los talleres de elaboración y las piezas acabadas nos ha permitido reconocer algunas técnicas de manufactura propias de un taller. La técnica de abrasión circular interior solo se ha identificado en el taller de La Serreta, probablemente como una innovación propia. El estudio del conjunto de brazaletes acabados solo ha permitido identificar ese procedimiento en 25 brazaletes (Fig. 226).

Estos brazaletes se distribuyen en tres zonas: en el propio taller, en el valle de Almanzora en Almería y en el Levante. El estudio de las materias primas de los brazaletes de La Serreta, ha permitido determinar la procedencia de un brazalete ancho de mármol como del Complejo Nevado-Filábride en Sierra Nevada (Fig. 227:1) y podría explicar los brazaletes con abrasión interior circular que aparecen en Cerro Virtud y la Cueva del Castillico, como fruto de un intercambio entre grupos. Además de la huella técnica, la pieza de caliza de Cero Virtud se ha analizado mediante XRF y aunque la probabilidad de procedencia se sitúa por debajo del 95% se puede relacionar su fuente geológica con La Serreta (Anexo I: Tab.3). Al tratarse de una caliza micrítica muy común en diferentes ámbitos geológicos es más complicado de atribuirle un patrón de composición que lo defina geológicamente.

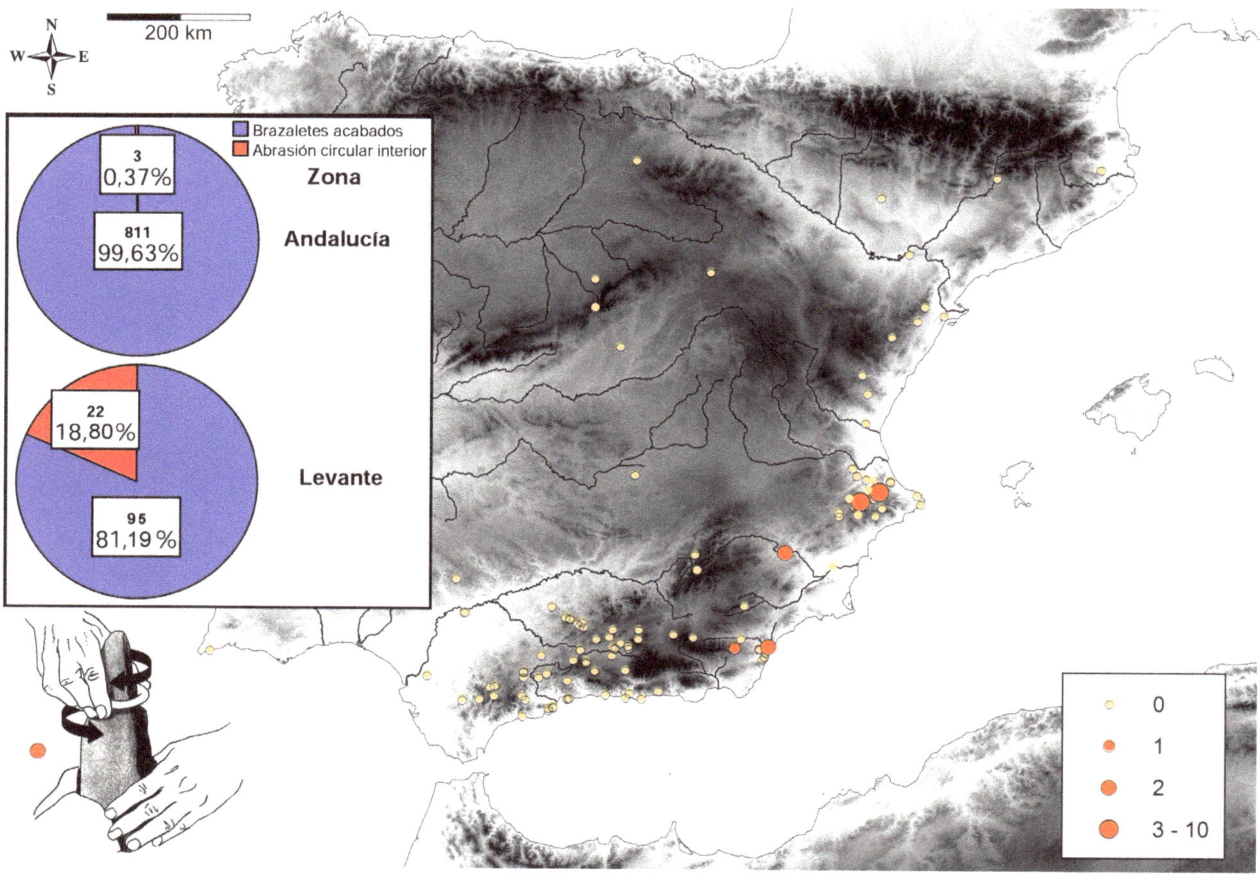

Figura 226. Distribución geográfica de brazaletes elaborados con abrasión circular interior y porcentaje por zonas

El resto de piezas con abrasión circular interior se localizan en la zona del Levante y aunque no tenemos análisis de materias primas sobre ellas, la comparación de los tipos elaborados en La Serreta coincide con la mayoría de los brazaletes que aparecen en el Levante (Fig. 227). La inexistencia de talleres de brazaletes en el Levante, las huellas técnicas de abrasión circular y la coincidencia tipológica con los productos de La Serreta nos indican posiblemente que la procedencia de los brazaletes del Levante sea la zona de Murcia, que debió servir como un nexo de unión entre los grupos neolíticos de Andalucía y el Levante.

Los datos obtenidos en las analíticas realizadas en este trabajo junto con los otros trabajos sobre determinación y la distribución por huellas tecnológicas y tipológicas, nos han permitido elaborar un mapa general de la circulación de los productos (Fig. 228).

En este mapa, de forma general, se muestra la circulación de brazaletes documentada y las hipotéticas redes que dan origen a la distribución de los pocos ejemplos que aparecen en el resto de la Península. Los centros de producción de brazaletes se documentan en Andalucía y La Serreta en Murcia, no creemos que esto sea debido a la proliferación de las investigaciones sobre el Neolítico en estas áreas, sino que responde a una fenomenología arqueológica. El reconocimiento arqueológico de los contextos de elaboración de brazaletes es sencillo, ya que en los lugares donde se producen aparecen infinidad de restos fruto de los altos índices de fractura de esta artesanía. Aparte de la localización de los talleres la concentración de brazaletes acabados remarca el foco originario de este adorno en el sur y sureste de la Península.

Dentro de Andalucía se observan diferentes focos de producción y concentración, estas áreas deben de relacionarse con grupos asentados en diferentes regiones geográficas que intercambian bienes y productos. Estas redes se documentan entre la zona malagueña y poniente granadino con el Subbético Cordobés. Desde el punto de vista técnico los brazaletes de mejor calidad elaborados en mármol proceden de la zona central de Andalucía, mientras que los brazaletes elaborados en los talleres de la Subbética son de caliza y de menor calidad en cuanto a aspecto y técnicas de elaboración[8]. Entre Andalucía y Murcia también se documenta el intercambio de productos entre grupos que elaboran brazaletes. Asimismo, estos intercambios se dieron entre poblaciones asentadas en el área murciana y el Levante. Aunque hay que resaltar los brazaletes de tipo medio, cuadrados y planos que son característicos del Levante y podría indicar la reproducción de un adorno exógeno con calidades técnicas inferiores (Fig. 198).

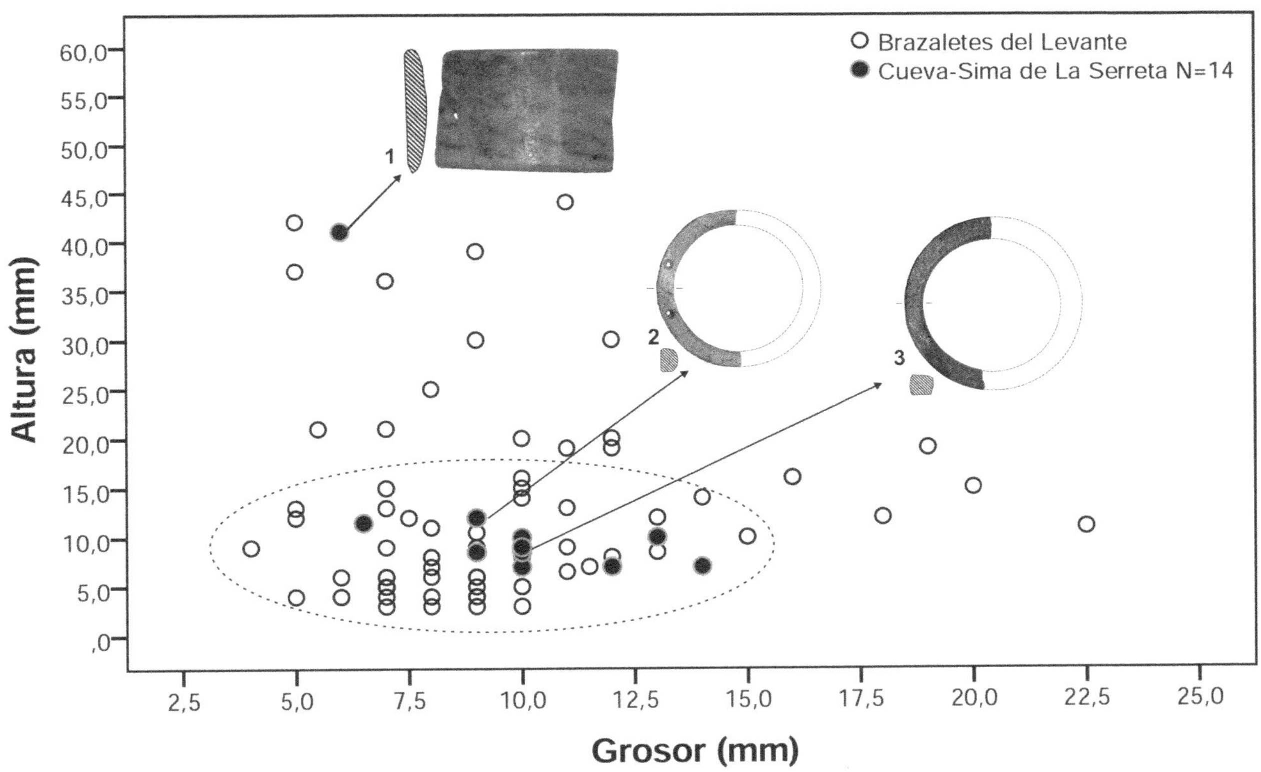

Figura 227. Tipología de los brazaletes elaborados en La Serreta (Cieza, Murcia) (2 y 3) en relación a los del Levante y 1. Brazalete ancho de mármol del Complejo Nevado-Filábride localizado en La Serreta

[8] Véase el ejemplo estudiado en este trabajo del taller de la Cueva de los Mármoles en el epígrafe 3.2.3.1. En el que los brazaletes elaborados son de caliza oolítica y morfológicamente más bastos que los de otros talleres y ámbitos geográficos.

La circulación de los brazaletes es evidente entre comunidades que los producen y que a la vez valoran el intercambio de estos adornos elaborados en litologías exógenas (mármol) y con una elaboración más cuidada. Las relaciones de intercambio de bienes entre los grupos neolíticos se aprecian de manera clara con la localización de conchas marinas como adornos en yacimientos del interior y cuya procedencia se sitúa en las zonas costeras mediterráneas. La circulación de otros objetos pulimentados como hachas y azuelas muestra igualmente las redes de intercambio entre Andalucía y el Levante (Lozano *et al.* 2017).

En resumen, los diferentes datos expuestos muestran un entramado de redes de circulación y posiblemente intercambio, entre los grupos neolíticos asentados en regiones geográficas dispares. Los brazaletes son un adorno valorado socialmente y que se encuentra insertado en redes de interacción entre comunidades. Esta línea de trabajo en el futuro nos permitirá definir de forma más clara esas comunidades neolíticas y las relaciones sociales establecidas entre ellas.

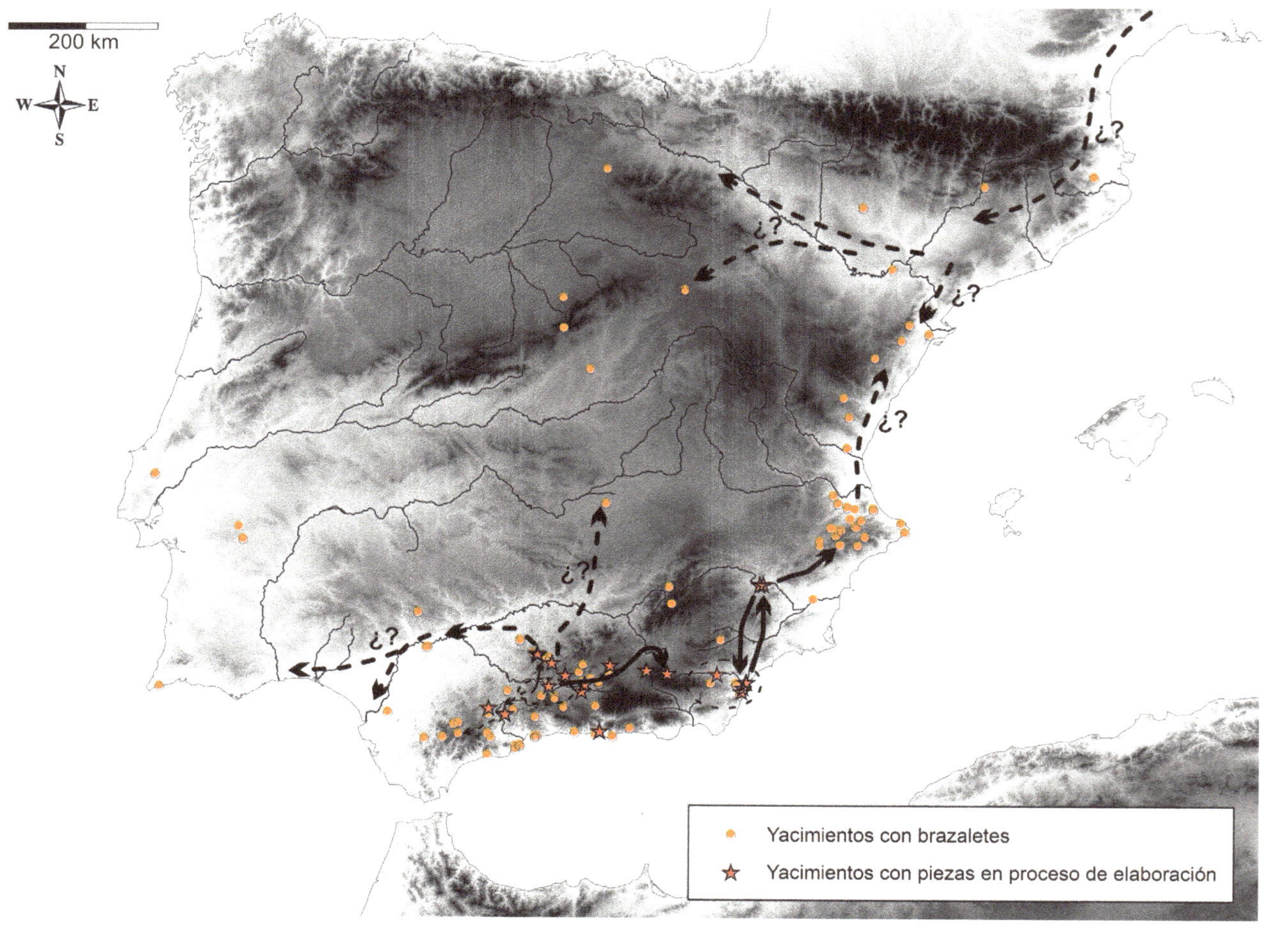

Figura 228. Mapa de general de la circulación de los brazaletes de piedra en la península ibérica. Las líneas continuas muestran la circulación de piezas demostrada y en línea discontinua las hipotéticas redes de circulación. Este mapa ha sido elaborado con la información de las analíticas de fluorescencia de rayos X (Anexo I) y otros trabajos sobre determinación de materias primas (Gavilán y Rafael 1999; Gavilán *et al.* 1999; Vera y Martínez 2012).

4.3. ¿ARTESANÍA ESPECIALIZADA O DOMÉSTICA?

La distinción entre una artesanía doméstica y especializada conlleva importantes diferencias en el grado de organización social y de la producción. Los adornos no son un objeto relacionado con las actividades propiamente subsistenciales, su uso es decorativo y constituyen uno de los principales signos de identificación social. En grupos humanos con un alto grado de complejidad social los adornos elaborados en materias primas exóticas o con una manufactura excepcional pueden simbolizar la diferenciación de élites dentro de la comunidad. Así, la materia prima puede determinar el valor social, pero de igual forma, la maestría a la hora de elaborar un objeto excepcional puede conferirle un valor social destacado (Appadurai 1986). Estas significaciones culturales hacen que los adornos de materiales exóticos y de manufactura cuidada sean apreciados socialmente y se intercambien entre comunidades que producen y consumen. Estas características de los adornos y su producción han planteado los inicios de la especialización artesanal y la organización social que le subyace, en diferentes ámbitos geográficos del Mediterráneo en los orígenes de las sociedades neolíticas y la vida urbana (Wright y Garrard 2003; Wright *et al.* 2008; Astruc *et al.* 2011; Baysal *et al.* 2015).

La especialización puede entenderse en dos niveles según C.L. Costin (1991): 1) especialización independiente, donde los objetos se producen por parte de personas que no son élites y 2) especialización bajo el control de una élite, que regula la producción el uso y la comercialización de los productos. En el caso de la producción de brazaletes de piedra la especialización artesanal se situaría en los orígenes de la complejidad social, por lo que no permite interpretar élites que controlen los sistemas de producción, aun así, se ha afirmado que:

"En especial en los brazaletes de mármol, se refleja una circulación de materias primas y/o productos manufacturados normalizada, manifestada en una morfología muy estandarizada. Ahora bien, esta regulación y gestión de las redes de intercambio y/o abastecimiento no se puede entender si no es en el marco de unas comunidades con un grado de disimetría social claramente establecida como para sustentar una dinámica regularizada como esta" (Goñi 2004, 210).

La atribución de una disimetría social a partir de la circulación de brazaletes, su estandarización y la aparición de talleres destinados a su elaboración es muy comprometida, más si cabe en sociedades neolíticas en los primeros momentos de la sedentarización y con una organización social en pequeños grupos familiares. La producción de los brazaletes en la península ibérica se realiza en contextos domésticos asociada a otro tipo de actividades subsistenciales, por lo que no podemos hablar de una especialización artesanal totalmente regulada y destinada a la elaboración masiva de bienes que se comercializan. La materia prima en los talleres es de origen local, aunque en ocasiones la extracción se realice en contextos geológicos primarios, pero no implica una explotación intensiva destinada a producir de un gran excedente para su intercambio. En la artesanía que nos ocupa debemos utilizar el término de especialización individual, que no implica la especialización artesanal en sí, sino la existencia de artesanos con un alto grado de destreza (Rice 1991). Estos artesanos poseen las habilidades técnicas que permiten diferenciar los brazaletes que producen ellos de los producidos por el resto.

Concluyendo, la distribución espacial de los talleres de brazaletes en el área de Andalucía y la aparición de brazaletes exógenos en los contextos de producción indica que la artesanía de los brazaletes es una actividad eminentemente doméstica. Las diferentes comunidades, asentadas en las diversas regiones geográficas, elaboran los brazaletes que utilizan en materias primas locales, pero igualmente consumen adornos que proceden de otros grupos con una materia prima y un acabado excepcional. Podemos hablar de una artesanía eminentemente doméstica, pero en la que se atisba la existencia de artesanos especializados que producen brazaletes con un mayor valor social. Estas relaciones son propias de economías del don en los primeros momentos de la complejización social, en las que las comunidades producen bienes que consumen y un excedente que se intercambia.

4.4. HACIA UNA EXPLICACIÓN CULTURAL Y SOCIAL A TRAVÉS DE UN ADORNO

Los brazaletes de piedra se pueden considerar como un identificador cultural y cronológico de las primeras sociedades neolíticas de la península ibérica. Se trata de un adorno que aparece asociado a la cultura material neolítica desde los primeros momentos y que se extiende por una zona muy amplia en el sur y el Levante de la Península. El uso de este adorno se dilata en el tiempo a lo largo de más de siete siglos, periodo de tiempo que se corresponde con las culturas neolíticas caracterizadas por las cerámicas profusamente decoradas con impresiones e incisiones.

La distribución de las piezas acabadas y los talleres donde se producen permiten diferenciar dos grupos culturales con desarrollos independientes en dos grandes áreas geográficas, como son Andalucía y el Levante. En ambas zonas la llegada de la agricultura y la ganadería es, según las dataciones actuales, sincrónica y posiblemente asociada a la cerámica cardial, sin embargo, se produce una evolución paralela e independiente entre las dos áreas culturales. La identidad social y la definición de estos dos grupos viene marcada por el uso de los brazaletes y su producción, pero también por otros definidores culturales como las decoraciones cerámicas o el arte rupestre. En Andalucía las decoraciones cardiales tienen una duración muy corta y son rápidamente sustituidas por otro tipo de técnicas decorativas, mientras que en el Levante la cerámica cardial tiene un uso más destacado y una mayor prolongación temporal. En el arte rupestre, asociado a las primeras poblaciones neolíticas, se observan también diferencias, en Andalucía predomina el arte esquemático y en el Levante se desarrolla el arte macroesquematico y el Levantino (Cruz y Vicent 2007). Todos estos datos arqueológicos nos muestran la evolución de los dos grandes grupos culturales que, a su vez, dentro de ellos existen diferencias regionales.

Los brazaletes de piedra tienen una diferenciación cuantitativa evidente entre el Neolítico andaluz y el valenciano (Tab. 16). De igual forma, las reparaciones son más comunes el Levante que en Andalucía, esto se explica por una valoración social diferente de un adorno que es exótico, en cuanto no se produce en la zona. En el Neolítico valenciano los brazaletes de piedra debieron llegar, en la mayoría de los casos, por redes de intercambio, de ahí el mayor valor social de este tipo de objetos que en la zona donde se producen.

En lo que respecta a los contextos de producción de brazaletes, estos se sitúan en los escasos asentamientos al aire libre del Neolítico que se conocen en Andalucía y muy pocos en cuevas (Fig. 229). Este hecho viene a reafirmar el nuevo modelo de hábitat, que se viene desarrollando para las primeras comunidades productoras en el sur de la península ibérica, en el que se plantea la utilización de las cuevas como lugares de uso ritual y funerario y no como hábitats estables. Esta hipótesis de trabajo se ha aplicado satisfactoriamente a diversos ámbitos geográficos (Carrasco y Pachón 2009; Carrasco *et al.* 2010a; 2010b; 2011a; 2011b; 2011c; 2014; Martínez-Sevilla y Maeso 2010). No se trata de un modelo rígido, sino que en cuevas con características favorables se dan ocupaciones esporádicas relacionadas con el pastoreo o el aprovechamiento de ciertos recursos naturales. Las cuevas de Los Mármoles, La Pastora o de La Serreta, serían de este tipo, en ellas se da la producción de brazaletes por varios motivos: sus amplios espacios, sus condiciones favorables de habitabilidad y proximidad a la materia prima.

Zona	Nº Sitios	Cuevas		Asentamiento/Aire libre		Brazaletes	
		Nº	%Brazaletes	Nº	%Brazaletes	Nº	%
Andalucía	74	42	61%	33	39%	814	85%
Levante	33	13	76%	20	24%	117	12%
Resto de la Península	15	4	42%	11	57%	28	3%
Total	122	59	63%	64	37%	959	100%

Tabla 16. Recuento de brazaletes por zonas y contextos arqueológicos

En número de brazaletes acabados es por el contrario más destacado en las cuevas que en los asentamientos (Tab. 16). La mayoría de estos brazaletes se asocian a las inhumaciones realizadas en las cuevas o aportados como ofrendas. Los brazaletes se concentran en unas pocas cuevas tanto en Andalucía como en el Levante, las cuevas donde existe una mayor concentración de brazaletes se corresponden con contextos con enterramientos, cerámicas con motivos simbólicos y pinturas rupestres. Estas grandes cuevas poseen una distribución geográfica que puede interpretarse como lugares sacralizados de culto, usados por comunidades de una región determinada. Por nombrar algunos ejemplos en Andalucía, la Cueva de los Murciélagos de Zuheros, Cueva del Agua de Prado Negro, Cueva de la Carigüela, entre otras; y en el Levante, Cova de l´Or, Cova de la Sarsa y Cova Fosca de Ares.

En resumen, el uso de los brazaletes y su artesanía son un fenómeno asociado a las primeras comunidades neolíticas de Andalucía con una máxima difusión en el Neolítico Antiguo consolidado como entidad cultural. A partir de la distribución de los brazaletes, los talleres y las reparaciones, se pueden diferenciar dos grupos culturales con una evolución independiente en Andalucía y el Levante. La mayoría de las cuevas se relacionan con lugares de enterramiento y culto de estas primeras sociedades neolíticas.

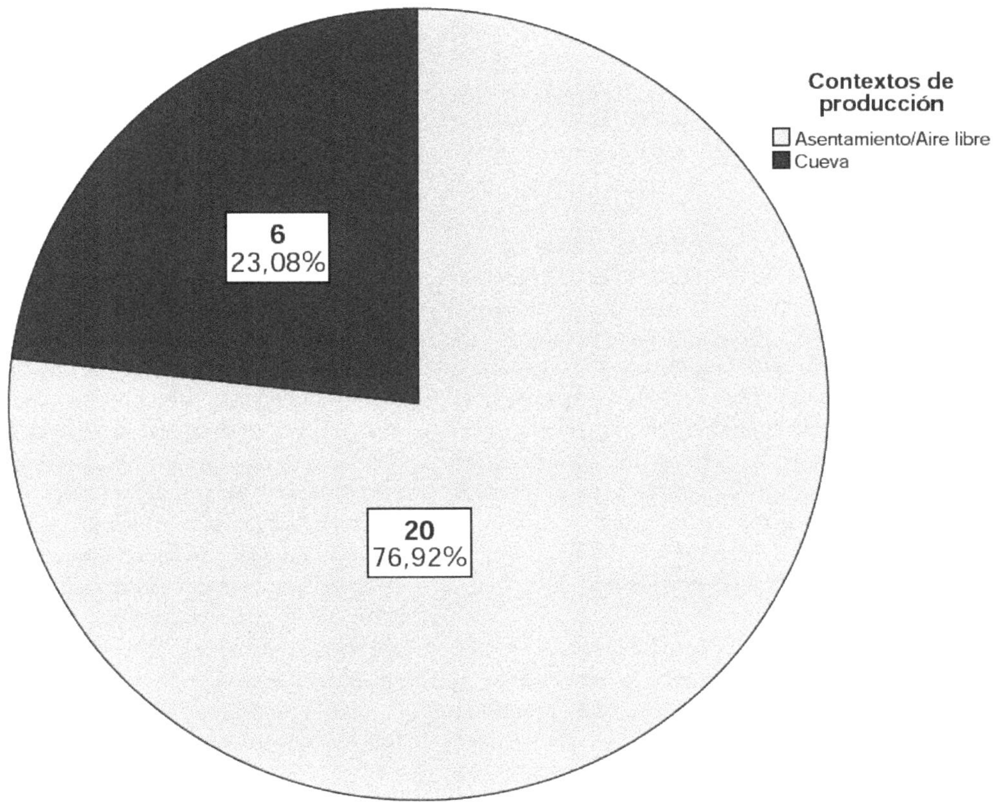

Figura 229. Porcentaje de contextos de producción de brazaletes según su situación en cuevas o asentamientos

4.5. CONCLUSIONES GENERALES

El estudio de 2565 piezas pertenecientes a 128 yacimientos nos permite identificar un fenómeno de uso de brazaletes de piedra por las sociedades del Neolítico de la península ibérica. Estos adornos son utilizados esencialmente como brazaletes y se asocian a las primeras sociedades neolíticas. Su producción, uso y circulación revelan, en parte, la organización tecnoeconómioca de estas primeras poblaciones agricultoras y ganaderas.

Las dataciones absolutas y las secuencias estratigráficas estudiadas, el fenómeno de los brazaletes de piedra usados como adornos en la península ibérica se sitúa entre el *c.* 5500-4800 cal. a. C. con una máxima representación a partir del *c.* 5300/5200 cal. a. C. Esta delimitación temporal responde a un cambio cultural en las poblaciones neolíticas del sur de la Península. Los brazaletes aparecen con el surgimiento del Neolítico en diferentes áreas de la Península y su consolidación y máximo apogeo del Neolítico Antiguo (*c.* 5500-4800 cal. a.C.) y desaparecen a partir del Neolítico Medio (*c.* 4800-4200 cal. a.C.) siendo igualmente inexistentes en el Neolítico Reciente (*c.* 4200-3000 a.C.).

La distribución espacial y cuantitativa, tanto de los brazaletes acabados como de los lugares de elaboración, nos ha permitido determinar que se trata de un fenómeno asociado a las primeras comunidades neolíticas de Andalucía. A partir de los brazaletes y otros datos arqueológicos se han podido definir dos grupos culturales con una evolución independiente en Andalucía y el Levante. En ambos casos la mayoría de las cuevas se relacionan con lugares de enterramiento y culto de estas primeras sociedades neolíticas.

La tecnología y los contextos de producción

El estudio global de los restos de producción de brazaletes de los diversos contextos arqueológicos y las experimentaciones realizadas nos han permitido determinar dos grupos tecnológicos. Estos dos grupos se corresponden fundamentalmente con los dos tipos de brazaletes más comunes: los estrechos y los anchos. La distinción tecnológica entre ambos tipos se debe a las técnicas que se emplean en su manufactura, al igual que las características físicas y mecánicas de las rocas determina el uso de unas u otras técnicas.

La concentración de lugares de transformación en Andalucía enfatiza la importancia de este tipo de adorno como identificador cultural de los grupos neolíticos de esta región y permite definir redes de intercambio con otros grupos peninsulares. Las diferentes cadenas operativas reconocidas permiten definir características propias en las distintas tradiciones tecnológicas, por lo que algunas técnicas pueden ser interpretadas como marcadores de procedencia. La artesanía de los brazaletes se realiza principalmente en los lugares de asentamiento estables y, en algunas ocasiones, en contextos esporádicos, se relaciona con otro tipo de actividades como el pastoreo, la caza o la recolección de diferentes recursos. La presencia mayoritaria de los talleres en los pocos asentamientos al aire libre que se conocen del Neolítico Antiguo en Andalucía viene a confirmar que la inmensa mayoría de las cuevas fueron utilizadas como lugares de culto y/o enterramiento y no como asentamiento estable. Las materias primas empleadas en los talleres en todos los casos son autóctonas, encontrándose las fuentes geológicas cercanas al hábitat. Los lugares de aprovisionamiento son de dos tipos: contextos geológicos primarios, o cantos rodados procedentes de contextos geológicos secundarios. La localización de la cantera de Cortijo Cevico, nos indica que las fuentes de adquisición de las rocas no tienen que estar en relación directa con el taller, pudiendo encontrarse el contexto geológico primario alejado de este. En los lugares de elaboración es frecuente la presencia de brazaletes trabajados en litologías alóctonas al contexto local del yacimiento, y estos siempre son productos acabados.

La distribución espacial de los talleres de brazaletes en la extensa región de Andalucía y la aparición en los contextos de producción de brazaletes exógenos indica que la artesanía de estos adornos es una actividad eminentemente doméstica. Las diferentes comunidades asentadas en las diversas regiones geográficas elaboran los brazaletes que utilizan en materias primas locales, pero igualmente poseen adornos que potencialmente pueden proceder de otros grupos que trabajaron otras materias primas y con una cadena operativa de su transformación diferenciable. Se trata de una artesanía doméstica, pero en la que se observa la existencia de una elaboración que implica un grado de destreza técnica que pudo ser llevado a término por ciertos individuos que produjeron brazaletes con una calidad particular, con un mayor valor social.

Los brazaletes acabados

El estudio tipológico y tipométrico nos ha permitido establecer cuatro tipos de brazaletes: estrechos, medios, anchos y decorados con líneas paralelas. Dentro de cada uno de ellos se han podido definir tres grupos según el tamaño de su diámetro interior: pequeños, medianos y grandes.

Según la tipología de los brazaletes, los estrechos son los que tienen una distribución geográfica más uniforme entre Andalucía y el Levante. En Andalucía, aunque aparecen en toda el área, se concentran principalmente en el valle del Almanzora y en la zona de Sierra Harana de Granada. Los brazaletes medios, igualmente, tienen una distribución homogénea en las dos zonas geográficas, pero son más característicos del Levante especialmente los de sección cuadrada y plana, que aparecen exclusivamente en esta zona. Los brazaletes anchos son característicos de Andalucía mientras que en el Levante tienen muy poca representación. Dentro de Andalucía este tipo se concentra en el área malagueña y en la zona de la Subbética Cordobesa y los sistemas montañosos en torno a la Depresión de Granada. Los brazaletes decorados con líneas incisas son característicos de Andalucía y dentro de esta área, su máxima concentración es en el interior y costa de Málaga.

La materia prima mejor representada porcentualmente es el mármol y según su distribución es la que mayor dispersión posee con respecto a sus fuentes geológicas primarias. En la zona de Andalucía es la roca más usada y su máxima concentración se da en las regiones cercanas a los contextos geológicos donde aparece, es el caso del Complejo Maláguide y Alpujáride ambos en la zona de Málaga. Los brazaletes de caliza aparecen fundamentalmente asociados a las Zonas Externas de las Cordillera Bética donde esta es la litología predominante. Espacialmente, son más característicos en el Levante que en Andalucía. Las pizarras y los esquistos son poco representativos porcentualmente en general. En el Levante son más comunes que en Andalucía, donde son característicos de la zona del valle del Almanzora. De modo general, los brazaletes se elaboran principalmente en materiales autóctonos y la litología más valorada por cualidades físicas y su distribución es el mármol.

La funcionalidad de los brazaletes como tal queda patente en las huellas de uso y las comparaciones antropométricas realizadas. Estos adornos son usados en contacto con la piel un tiempo lo suficientemente prolongado para que aparezcan trazas de utilización y pátinas en la cara interior. Estas huellas son más visibles en los tipos estrechos que en los medios y anchos, y en la caliza y pizarras que en los mármoles. Los brazaletes estrechos de sección plana se utilizan apilados en series de dos o más de tres piezas. La presencia de ocre en el interior de algunas piezas en contextos domésticos indica que estos adornos son portados cotidianamente. Los tamaños de los brazaletes nos permiten afirmar su utilización tanto para niños como para adultos de ambos sexos.

Las reparaciones no son muy representativas a nivel porcentual entre los brazaletes. Los brazaletes estrechos se reparan como brazaletes articulados y los fragmentos se reutilizan como colgantes. En los de tipo ancho solo se realizan reparaciones mediante lañados. Las huellas de las reparaciones muestran que los brazaletes se usaban durante un tiempo prolongado después de su reparación. Las reparaciones en los brazaletes son más representativas porcentualmente en la zona del Levante que en Andalucía, lo que nos permite interpretar un mayor valor social de estos adornos en el Levante, ya que se trata de piezas que, en la mayoría de los casos, llegarían por intercambios. Este valor social distintivo se observa igualmente entre diferentes regiones de Andalucía, ya que el número de piezas reparadas es mayor en un tipo donde es menos frecuente.

Podemos concluir que los brazaletes de piedra son un indicador cronocultural de las primeras comunidades neolíticas de la península ibérica. El estudio de la biografía de este adorno nos ha permitido interpretar el devenir social y económico de estas iniciales comunidades productoras, así como el origen de la complejidad social basada en las relaciones intragrupales e intergrupales, tan propias de un animal social como es el ser humano.

BIBLIOGRAFÍA

ACOSTA MARTÍNEZ, P. (1976): "Excavaciones en el yacimiento de El Garcel, Antas (Almería)", *Noticiario arqueológico hispánico* 5, pp. 187-192.

ACOSTA MARTÍNEZ, P. (1986): "El Neolítico en Andalucía Occidental: estado actual", En *Homenaje a Luis Siret (1934-1984)* (Cuevas de Almanzora, junio de 1984), pp. 136-151.

ACOSTA MARTÍNEZ, P. (1995): "Las culturas del neolítico y calcolítico en dalucía Occidental", *Espacio Tiempo y Forma. Serie I, Prehistoria y Arqueología* 8, pp.33-80.

ACOSTA MARTÍNEZ, P. y PELLICER CATALÁN, M. (1990): *La Cueva de la Dehesilla (Jerez de la Frontera): las primeras civilizaciones productoras en Andalucía Occidental,* Consejo Superior de Investigaciones Científicas: Confederación Española de Centros de Estudios Locales, Jerez.

ADOUZE, F. y CATTIN, M. (2011): "Flint wealth versus scarcity: consequences for Magdalenian apprenticeship", *Lithic Technology* 36, pp. 109-126.

AGUADO MANCHA, T. y BALDOMERO NAVARRO, A. (1979): "Estudio de los materiales de superficie de la "Cueva de las Palomas"(Teba, Málaga)", *Mainake* 1, pp. 29-59.

AGUAYO DE HOYOS, P., CARRILERO MILLÁN, M., DEL PINO DE LA TORRE, M. y FLORES, C. (1985). "El yacimiento pre y protohistórico de Acinipo (Ronda, Málaga). Campaña de 1985", *Anuario Arqueológico de Andalucía 1985. II Actividades Sistemáticas*, pp. 294-304.

AGUAYO DE HOYOS, P., MARTÍNEZ FERNÁNDEZ, G. y MORENO JIMÉNEZ, F. (1989): "Articulación de los sistemas de hábitats neolítico y eneolítico en función de la explotación de los recursos naturales en la Depresión de Ronda", *Cuadernos de Prehistoria y Arqueología de la Universidad de Granada* 14, pp. 67-80.

AGUAYO, P., PUGA, E., LOZANO, J.A., GARCÍA, D. y CARRIÓN, F. (2006): "Caracterización de fuentes de materias primas para la elaboración de herramientas de silimanita de los yacimientos de la depresión de Ronda durante la Prehistoria Reciente", En G. Martínez, A. Morgado y J.D. Afonso (eds.): *Sociedades prehistóricas, recursos abióticos y territorio,* Fundación Ibn-al Jatib, Granada, pp. 249-277.

ALDAY RUIZ, A. (1987): "Los elementos de adorno personal y artes menores en los monumentos megalíticos del País Vasco meridional", *Estudios de Arqueología Alavesa* 15, pp. 103-353.

ALFARO, C. (1980): "Estudio de los materiales de cestería procedentes de la Cueva de los Murciélagos (Albuñol-Granada)", *Trabajos de Prehistoria* 37, pp. 109-162.

ALFARO, C. (1984): *Tejido y cestería en la Península Ibérica.* Biliotheca Praehitorica Hispana XXI, Madrid.

ÁLVAREZ QUINTANA, J.J. (2004): *"La cerámica neolítica de la Cueva de las Ventanas (Piñar, Granada)", Arqueología y Territorio* 1, pp.15-36.

ANTONA, V. (1986): "El Neolítico", En *130 años de arqueología madrileña.* Madrid, pp. 109-120.

APARICIO, J. y SAN VALERO, J. (1977): *La Cova Fosca (Ares del Maestre, Castellón) y el Neolítico valenciano,* Serie arqueológica 4.

APPADURAI, A. (ed.) (1986): *The social life of things. Commodities in cultural perspective.* Cambridge.

ARANDA JIMÉNEZ, G., CÁMALICH MASSIEU, M.D., MARTÍN SOCAS, D. MORGADO, A. MARTÍNEZ-SEVILLA, F., LOZANO RODRÍGUEZ, J.A., RODRÍGUEZ RODRÍGUEZ, A., MANCILLA CABELLO, M.I. y ROMÁN PUNZÓN, J. (2012): *La Loma (Íllora, Granada) Un yacimiento de fosas del VI-IV milenios cal BC,* Monografías de Arqueología, Junta de Andalucía. Consejería de Cultura.

ARANDA JIMÉNEZ, G., LOZANO MEDINA, Á., CAMALICH MASSIEU, M.D., MARTÍN SOCAS, D., RODRÍGUEZ SANTOS, F.J., TRUJILLO MEDEROS, A., SANTANA CABRERA, J., NONZA-MICAELLI, A. y CLOP GARCÍA, X. (2017): "La cronología radiocarbónica de las primeras manifestaciones megalíticas en el sureste de la Península Ibérica: las necrópolis de Las Churuletas, La Atalaya y Llano del Jautón (Purchena, Almería)", *Trabajos de Prehistoria* 74 (2), pp. 257-277.

ARRIBAS, A. y MOLINA, F. (1979): *El poblado de "Los Castillejos" en Las Peñas de los Gitanos (Montefrío, Granada).* Cuadernos de Prehistoria de la Universidad de Granada. Serie monográfica 3.

ARTEAGA MATUTE, O., HOFFMANN, G., SCHUBART, H. y SCHULZ, H. D. (1987): "Investigaciones geológicas y arqueológicas sobre los cambios de la línea costera en el litoral de la Andalucía mediterránea. Informe preliminar (1985)", *Anuario Arqueológico de Andalucía 1985. II Actividades Sistemáticas*, pp. 117-122.

ARTEAGA, O., NAVAS RODRÍGUEZ, J., RAMOS MUÑOZ, J. y ROOS, A. M. (1992): "El registro arqueológico del Peñón de Salobreña (Granada) Excavación de urgencia de 1992", *Anuario Arqueológico de Andalucía. III Actividades de Urgencia*, pp.356-362.

ASQUERINO FERNÁNDEZ, M.D. (1978): "Cova de la Sarsa (Bocairente, Valencia). Análisis estadístico y tipológico de materiales sin estratigrafía (1971-1974)", *SAGVNTVM-PLAV* 13, pp. 99-225.

ASQUERINO FERNÁNDEZ, M.D. (1986a): "Tipología de la industria ósea no ornamental de la "Cueva de los Mármoles" (Priego de Córdoba)", *Estudios de Prehistoria Cordobesa* 1, pp. 39-70.

ASQUERINO FERNÁNDEZ, M.D. (1986b): "Estructura de acondicionamiento de la "Cueva de los Mármoles" (Priego de Córdoba)", *Arqueología Espacial (Coloquio sobre el microespacio) 8*, pp. 103-114.

ASQUERINO FERNÁNDEZ-RIDRUEJO, M.D. (1987a): "Informe-memoria sobre la excavación en la Cueva de los Mármoles (Priego de Córdoba)", *Anuario Arqueológico de Andalucía 1987. II Actividades Sistemáticas*, pp. 375-379.

ASQUERINO FERNÁNDEZ, M.D. (1987b): "Cueva de los Mármoles (Priego de Córdoba). Avance de las campañas de excavación 1982/1986", *Ifigea* III-IV, pp. 239-249.

ASQUERINO FERNÁNDEZ, M.D. (1990): "Excavaciones en la Cueva de Los Mármoles (Priego de Córdoba). Resultados Preliminares", *ANTIQVITAS 1*, pp. 8-11.

ASQUERINO FERNÁNDEZ, M.D. (2006): "Aprovechamiento de recursos vegetales en "Cueva de los Mármoles" (Córdoba)", En M.S. Hernández Pérez, J.A. Soler Díaz y J.A. López Padilla (eds.): *IV Congreso del Neolítico Peninsular* I, pp.368-373.

ASQUERINO, M.D. y LÓPEZ, P. (1981): "La Cueva del Nacimiento (Pontones): Un yacimiento neolítico en la Sierra de Segura", *Trabajos de Prehistoria* 38, pp. 109-152.

ASQUERINO, M.D., LÓPEZ, P., MOLERO, G., SEVILLA, P., APARICIO, M.T. y RAMOS, M.A. (1998): "Cova de la Sarsa (Bocairent, València). Sector II: Gatera", *Recerques del Museu d'Alcoi* 7, pp. 47-88.

ASTRUC, L., VARGIOLU, R., BEN TKAYA, M., BALKAN-ATLI, N., ÖZBAS ARAN, M. y ZAHOUANI, H. (2011): "Multi-scale tribological analysis of the technique of manufacture of an obsidian bracelet from Aşıklı Höyük (Aceramic Neolithic, Central Anatolia)", *Journal of Archaeological Science* 38, pp. 3415-3424.

AURA TORTOSA, J. E., BADAL GARCÍA, E., GARCÍA BORJA, P., JORDÁ PARDO, J., GARCÍA PUCHOL, O., PASCUAL BENITO, J. L., PÉREZ JORDÁ, G. y PÉREZ RIPOLL, M. (2005): "Cueva de Nerja (Málaga): Los niveles neolíticos de la Sala del Vestíbulo", En P. Arias, R. Ontañón y C. García Moneo, (eds.): *III Congreso del Neolítico en la Península Ibérica* (Santander, 2003), Monografías del Instituto Internacional de Investigaciones Prehistóricas de Cantabria 1, pp. 975-987.

AURA TORTOSA, J.E., JORDÁ PARDO, J.F., PÉREZ RIPOLL, M., MORALES PÉREZ, J.V., GARCÍA PUCHOL, O., GONZÁLEZ-TABLAS SASTRE, J. y AVEZUELA ARISTU, B. (2009): "Epipaleolítico y Mesolítico en Andalucía oriental. Primeras notas a partir de los datos de la Cueva de Nerja (Málaga, España)", En *El Mesolítico Geométrico en la Península Ibérica*, Monografías Arqueológicas 44, p. 343-360.

AURA TORTOSA, E., PÉREZ RIPOLL, M., JORDÁ PARDO, J.F., GARCÍA BORJA, P., MORALES PÉREZ, J.V., GARCÍA PUCHOL, O., AVEZUELA ARISTU, B., PASCUAL BENITO, J.LL., PÉREZ JORDÀ, G., TIFFAGOM, M. y ADÁN ÁLVAREZ, G. (2010): "Sobre la transición al Neolítico. Las excavaciones Jordá de la Cueva de Nerja (Málaga, España)", En A.F. Carvalho y J.F. Gibaja (eds.): *Os últimos caçadores-recolectores e as primeiras comunidades produtoras do sul da Península Ibérica e do norte de Marrocos* (Faro, 2-4 de Novembro de 2009), Promontoria Monográfica 15, pp.221-228.

AURA TORTOSA, J.E., JORDÁ PARDO, J.F., GARCÍA BORJA, P., GARCÍA PUCHOL, O., BADAL GARCÍA, E., PÉREZ RIPOLL, M., PÉREZ JORDÁ, G., PASCUAL BENITO, J.L., CARRIÓN MARCO, Y. y MORALES, J.V. (2013): "Una perspectiva mediterránea sobre el proceso de neolitización. Los datos de la Cueva de Nerja en el contexto de Andalucía (España)", *Menga* 4, pp. 53-77.

BAENA PREYSLER, J. (1998): *Tecnología lítica experimental. Introducción a la talla de utillaje prehistórico,* British Archaeological Reports, International Series 721.

BAENA PREYSLER, J. y CUARTERO, F. (2006): "Más allá de la tipología lítica: lectura diacrítica y experimentación como claves para la reconstrucción del proceso tecnológico", En J.M. Maillo y E. Baquedano (eds.): *Miscelánea en homenaje a Victoria Cabrera. Zona Arqueológica* 7 (I), pp. 144-161.

BALDOMERO, A., FERRER, J. E., MARQUÉS, I., RAMOS, J., AGUILERA, R., BAÑARES, M. M., CORTÉS, M. y NAVARRETE, I. (2005): "Recientes excavaciones de la Cueva del Hoyo de la Mina (Málaga)", En P. Arias, R. Ontañón y C. García Moneo, (eds.): *III Congreso del Neolítico en la Península Ibérica* (Santander, 2003), Monografías del Instituto Internacional de Investigaciones Prehistóricas de Cantabria 1, pp. 999-1010.

BALFET, H. (dir.) (1991): *Observer l'action technique. Des chaînes opératoires, pour quoi faire?*, C.N.R.S., Paris.

BARCIELA GONZÁLEZ, V., GARCÍA ATIÉNZAR, G. y LÓPEZ SEGUÍ, E. (2014): "El yacimiento prehistórico de Los Limoneros II (Elche)", En F. J. Jover Maestre, P. Torregrosa Giménez y García Atiénzar (eds.): *El Neolítico en el Bajo Vinalopó (Alicante, España).* British Archaeological Reports, International Series 2646, pp. 45-48.

BARNES, R. y EICHER, J.B. (1992): *Dress and Gender: Making and Meaning in Cultural Contexts,* Oxford.

BAYSAL, E., BAYSAL, A., TÜRKCAN, A. U. y NAZAROFF, A. (2015): "Early Specialized Production? A Chalcolithic Stone Bracelet Workshop at Kanlitaş, Turkey", *Oxford Journal of Archaeology* 34 (3), pp.235-257.

BELDA, J. (1943): "Museo Arqueológico de Alicante", *Memorias de Museos Arqueológicos* IV, pp. 161-169.

BERGAMIN, F. (1884): "Viaje de exploración a la cueva del Suizo", *Revista Museo. Málaga.*

BERNABEU AUBÁN, J. (1979a): *Los elementos de adorno en el Eneolítico valenciano, Memoria de Licenciatura.* Universidad de Valencia. Valencia.

BERNABEU AUBÁN, J. (1979b): "Los elementos de adornos en el Eneolítico Valenciano", *SAGUNTUM-PLAV 14*, pp.109-126.

BERNABEU AUBÁN, J. y MOLINA BALAGUER, LL. (2009): *La Cova de les Cendres (Moraira-Teulada, Alicante),* Serie Mayor 6. MARQ, Diputació d'Alacant.

BERNABEU AUBÁN, J. y MOLINA BALAGUER, LL. (2011): "La Cova de les Cendres (Moraira-Teulada, Alicante)", En J. Bernabeu Aubán, M. Rojo Guerra, y LL. Molina Balaguer (Coords.): *Las primeras producciones cerámicas: El Vi milenio a. C. en la Península Ibérica, SAGUNTUM-PLAV* EXTRA 12, pp.213-216

BERNABEU AUBAN, J., OROZCO KÖHLER, T., DÍEZ CASTILLO, A., GÓMEZ PUCHE, M. y MOLINA HERNÁNDEZ, F.J. (2003): "Mas d'Is (Penàguila, Alicante): Aldeas y recintos monumentales del Neolítico Inicial en el valle de Serpis", *Trabajos de Prehistoria* 60 (2), pp. 39-59.

BERNABEU AUBÁN, J., ROJO GUERRA, M. A. y MOLINA BALAGUER, LL. (2011): *Las primeras producciones cerámicas: el VI milenio a. C. en la Península Ibérica, SAGUNTUM PLAV* EXTRA 12, Universidad de Valencia, Valencia.

BERNIER LUQUE, J. (1962): "Investigaciones prehistóricas", *Boletín de la Real Academia de Córdoba* XXXIII 84, pp. 93-113.

BERNIER LUQUE, J. (1964): "Exploraciones en Córdoba", *VIII Congreso Nacional de Arqueología,* (Sevilla-Málaga), pp. 134-151.

BERNIER LUQUE, J. y FORTEA PÉREZ, J. (1963): "Investigaciones prehistóricas", Boletín de la Real Academia de Córdoba XXXIV, pp. 187-206.

BERNIER LUQUE, J. y FORTEA PÉREZ, J. (1968-1969): "Nuevas pinturas rupestres esquemáticas en la provincia de Córdoba. Advance de su estudio", *Zephyrus* XIX-XX, pp. 145-164.

BLASCO, A. (2005): "Primeros datos sobre la utilización de la Cueva de Can Sadurní (Begues, Baix Llobregat) en el Neolítico Cardial", En P. Arias, R. Ontañón y C. García Moneo, (eds.): *III Congreso del Neolítico en la Península Ibérica* (Santander, 2003), Monografías del Instituto Internacional de Investigaciones Prehistóricas de Cantabria 1, pp. 625-633.

BOGDANOVIC, I. y TARRÚS, J. (2018): "Cronología", En A. Palomo y X. Terradas (Eds.). *La Revolució Neolítica: La Draga, el poblat dels prodigis*, Museo d'Arqueologia de Catalunya.

BOSCH ARGILAGÓS, J.B. (1993): "Cronología prehistórica al curs inferior de l'Ebre. Primeres datacions absolutes", *Pyrenae* 24, pp. 53-56.

BOSCH GIMPER A.P. (1932): *Etnología de la Península Ibérica*, Barcelona.

BOSCH LLORET, A., CHINCHILLA SÁNCHEZ, J. y TARRÚS GALTER, J. (eds.) (2000): *El poblat lacustre neolític de la Draga. Excavacions de 1990 a 1998.* Girona: Museu d'Arqueologia de Catalunya, Monografies del CASC 2.

BOSCH LLORET, A., CHINCHILLA SÁNCHEZ, J. y TARRÚS GALTER, J. (2006): *Els objectes de fusta del poblat neolític de la Draga: excavacions 1995-2005,* Museu d'Arqueologia de Catalunya, Monografies del CASC 6.

BOSCH LLORET, A., CHINCHILLA SÁNCHEZ, J. y TARRÚS GALTER, J. (eds.) (2011): *El poblat lacustre del neolític antic de la Draga, Excavacions 2000–2005,* Museu d'Arqueologia de Catalunya, Monografies del CASC 9.

BOTELLA, M. C. (1980): "Excavaciones arqueológicas en el poblado eneolítico de la Angosturas (Gor)", *Revista de la Excelentisima Diputación de Granada,* pp. 27-28.

BOTELLA, M., MARTÍNEZ, C., MENGÍBAR, J.L., GONZÁLEZ, M.J. y MUÑOZ, M.J. (1981): "Nuevos hallazgos arqueológicos en Sima Rica (Alhama, Granada)", *Boletín de la Asociación Española de Amigos de la Arqueología* 13, pp. 9-17.

BOTELLA, M., MARTÍNEZ, C., MENGÍBAR, J.L. y MARTÍN, A. (1983): "Nuevos hallazgos arqueológicos en Sima Rica (Alhama, Granada)", *I Congreso Historia de Andalucía Prehistoria y Arqueología*, pp.9-22.

BOURDIEU, P. (1977): *Outline of a Theory of Practice,* Cambridge.

BREUIL, H. (1912): "Travaux en Espagne", *L'Anthropologie XXV,* pp.233-253.

BREUIL, H. y BURKITT, M.C. (1929): *Rock painting of Southern Andalusia: a description of a Neolithic and Copper Age art group,* Clarendon Press.

BRONK RAMSEY C. (2001): "Development of the radiocarbon calibration program", *Radiocarbon* 43(2), pp.355-63.

BRONK RAMSEY C. (2009): "Bayesian Analysis of radiocarbon dates", *Radiocarbon* 51(1):337–60.

BROOKE, S. (2012): "Lithic raw material availability and Palaeo-Eskimo novice flintknapping" En W. Wendrich (Ed.): *Archaeology and Apprenticeship, body knowledge, identity and communities of practice,* University of Arizona Press, Tucson, pp. 119-144.

CABRERO GARCÍA, R. (1976): *La Cueva del Gato,* Confederación Española de Cajas de Ahorros.

CACHO, C., PAPI, C., SÁNCHEZ-BARRIG A, A. y ALONSO, F. (1996): "La cestería decorada de la Cueva de los Murciélagos (Albuñol, Granada)", *Complutum Extra* I, pp. 105-122.

CALLAHAN, E. (1995): "What is experimental Archaeology?", *Primitive Technology Newsleter* 1, pp. 3-5.

CÁMALICH MASSIEU, M.D. y MARTÍN SOCAS, D. (2013): "Los inicios del Neolítico en Andalucía. Entre la tradición y la innovación", *Menga* 4, pp. 103-132.

CÁMALICH MASSIEU, M.D., MARTÍNEZ FERNÁNDEZ, G., MARTÍN SOCAS, D., AFONSO MARRERO, J.A., GONZÁLEZ QUINTERO, P. y GOÑI QUINTEIRO, A., (1999): "Los inicios y consolidación de la economía de producción en la Depresión de Vera y Valle de Almanzora (Almería)", *II Congrés del Neolític a la Península Ibérica. SAGVNTVM-PLAV EXTRA 2*, pp. 475-483.

CÁMALICH MASSIEU, M.D., MARTÍN SOCAS, D., GONZÁLES, P., GOÑI, A., y RODRÍGUEZ, Á. (2004): "The Neolithic in Almería: the valley of the Almanzora river and Vera basin", *Documenta praehistorica* 31, pp. 183-197.

CÁMARA SERRANO, J.A., MOLINA GONZÁLEZ, F. y AFONSO MARRERO, J.A. (2005): "La cronología absoluta de Los Castillejos en Las Peñas de los Gitanos (Montefrío, Granada)", En P. Arias, R. Ontañón y C. García Moneo (eds.): *III Congreso del Neolítico en la Península Ibérica* (Santander, 2003), Monografías del Instituto Internacional de Investigaciones Prehistóricas de Cantabria 1, pp. 841-852.

CÁMARA SERRANO, J.A., AFONSO, J.A. y MOLINA GONZÁLEZ, F. (2016): "La ocupación de las Peñas de los Gitanos (Montefrío, Granada) desde el Neolítico al mundo romano. Asentamiento y ritual funerario", En R. J. Pedregosa Mejías (ed.): *Arqueología e Historia de un paisaje singular: la Peña de los Gitanos de Montefrío (Granada),* Excm. Ayuntamiento de Montefrío. Jaén: 18-121.

CANTALEJO DUARTE, P. (1983): "La Cueva de Malalmuerzo (Moclín, Granada): Nueva estación con arte rupestre paleolítico en el área mediterránea", *Antropología y Paleoecología Humana* 3, pp.59-109.

CAPEL MARTÍNEZ, J., NAVARRETE, M. S., HUERTAS GARCÍA, F. y LINARES GONZÁLEZ, J. (1982): "Algunos aspectos del proceso de manufacturación de cerámicas neolíticas. Estudio del contenido en desgrasantes mediante lupa binocular", *Cuadernos de Prehistoria Universidad de Granada* 7, pp. 73-111.

CAPEL MARTÍNEZ, J., LINARES, J., HUERTAS, F. y NAVARRETE, M.S. (1984): "Cerámica con decoración a la almagra: identificación y caracterización de los términos almagra, aguada y engobe. Proceso decorativo", *Cuadernos de Prehistoria Universidad de Granada* 9, pp. 97-114.

CAPEL MARTÍNEZ, J., LINARES, J., HUERTAS, F. y MUÑOZ, J.P. (1986): "La Sima de los Intentos: estudio óptico y mineralógico", *Cuadernos de Prehistoria de la Universidad de Granada* 11, pp. 73-109.

CAPOTE, M. (2011): "Working in the flint mine: Percussion tools and labour organisation at Casa Montero (Spain)", En M. Capote, S. Consuegra, P. Díaz-del-Río y X. Terradas (eds.): *Proceedings of the 2nd International Conference of the UISPP Commission on Flint Mining in Pre- and Protohistoric Times (Madrid 2009),* British Archaeological Reports, International Series 2260, pp. 231-242.

CAPOTE FERNÁNDEZ, M. (2013): *Trabajo y comunidad en el Neolítico Antiguo: los útiles de percusión de la mina de sílex de Casa Montero,* Tesis Doctoral, Universidad complutense de Madrid, Madrid.

CARMONA ÁVILA, R., MORENO ROSA, A., VERA RODRÍGUEZ, J.C., LUNA OSUNA, D., GAVILÁN CEBALLOS, B. y MOLINA EXPÓSITO, A. (1999): "La Cueva de Los Mármoles (Priego de Córdoba): Análisis de resultados de una prospección arqueológica superficial", *ANTIQVITAS* 10, pp. 5-24.

CARO BELLIDO, A., ACOSTA MARTÍNEZ, P. y ESCACENA CARRASCO, J. L. (1986): "Informe sobre la prospección arqueológica con sondeo estratigráfico en el solar de la calle Alcazaba (Lebrija-Sevilla)", *Anuario Arqueológico de Andalucía 1986. II Actividades Sistemáticas,* pp. 168-174.

CARO BELLIDO, A., ACOSTA MARTÍNEZ, P. y TOMASSETTI GUERRA, J. M. (1994): "Informe preliminar sobre el estudio de materiales del solar de la calle Alcazaba, de Lebrija, Sevilla", *Anuario Arqueológico de Andalucía 1994. II Actividades Sistemáticas,* pp. 186-199.

CARRASCO DUARTE, M. (1998). *El Padul,* Ayuntamiento de la Villa de Padul, Granada.

CARRASCO RUS, J. y MARTÍNEZ-SEVILLA, F. (2014): "Las cronologías absolutas del Neolítico Antiguo en el sur de la península ibérica. Nuevas dataciones", *Archivo de Prehistoria Levantina XXX*, pp. 57-80.

CARRASCO RUS, J. y PACHÓN ROMERO, J.A. (2009): "Algunas cuestiones sobre el registro arqueológico de la Cueva de los Murciélagos de Albuñol (Granada), en el contexto andaluz y sus posibles relaciones con los soportes esquemáticos", *Cuadernos de Prehistoria de la Universidad de Granada* 19, pp. 227- 287.

CARRASCO RUS, J., NAVARRETE ENCISO, M.S., PACHÓN ROMERO, J.A., PASTOR MUÑOZ, M., GÁMIZ JIMÉNEZ, J., GONZÁLEZ, C.A. y TORO MOYANO, I. (1986): *El poblamiento antiguo en la tierra de Loja*, Excmo. Ayuntamiento de Loja, Granada.

CARRASCO RUS, J., NAVARRETE ENCISO, M. S., CAPEL MARTÍNEZ, J. y GAMIZ JIMENEZ, J. (1987): "Las Catorce Fanegas. Un yacimiento neolítico al aire libre en la Vega de Granada", *Revista de estudios históricos de Granada y su Reino, Segunda época* 1, pp. 9-36.

CARRASCO RUS, J., NAVARRETE ENCISO, M.S., PACHÓN ROMERO, J.A., GÁMIZ JIMÉNEZ, J. y GONZÁLEZ, C. A. (1993): "Prospección con sondeos estratigráficos en Sierra Martilla (Loja)", *Anuario Arqueológico de Andalucía* 1991 II, pp. 204-211.

CARRASCO RUS, J., NAVARRETE ENCISO, M.S. y PACHÓN ROMERO, J.A. (2006): "Las manifestaciones rupestres esquemáticas y los soportes muebles en Andalucía", En J. Martínez y M. Hernández (Eds.): *Congreso de Arte rupestre esquemático en la Península Ibérica: Comarca de los Vélez*, (5-7 de mayo 2004), pp. 85-119.

CARRASCO RUS, J., GÁMIZ JIMÉNEZ, J., PACHÓN ROMERO, J.A. y MARTÍNEZ-SEVILLA, F. (2010a): "El poblamiento neolítico en los dominios penibéticos del poniente granadino", *Cuadernos de Prehistoria y Arqueología de la Universidad de Granada* 20, pp. 223-294.

CARRASCO RUS, J., PACHÓN ROMERO, J.A. y MARTÍNEZ-SEVILLA, F. (2010b): "Las necrópolis neolíticas en Sierra Harana y estribaciones (Granada). Nuevos modelos interpretativos", *ANTIQVITAS* 22, pp. 21-33

CARRASCO RUS, J. y PACHÓN ROMERO, J.A. (2010c): "Las cerámicas neolíticas peinadas y pintadas andaluzas y su relación con los soportes muebles orgánicos de la " Cueva de los Murciélagos" de Albuñol (Granada)", *Archivo de Prehistoria Levantina* XXVIII, pp. 107-138.

CARRASCO RUS, J., PACHÓN ROMERO, J.A. y GÁMIZ JIMÉNEZ. J. (2010d): "Los separadores de hileras de collar en la prehistoria peninsular. Un estudio crítico", *ANTIQVITAS* 21, pp.5-69.

CARRASCO RUS, J., PACHÓN ROMERO, J.A. y MARTÍNEZ-SEVILLA, F. (2011a): "Las necrópolis en cuevas del Neolítico antiguo y medio en las áreas montañosas de la costa de Granada", En J. Abellán, C. Lazarich y V. Castañeda, V (eds.): *Homenaje al Profesor Antonio Caro Bellido. Prehistoria y Protohistoria de Andalucía y Levante* (I), pp. 81-103.

CARRASCO RUS, J., MARTÍNEZ-SEVILLA, F. y GÁMIZ JIMÉNEZ, J. (2011b): "Algunas cuestiones sobre los asentamientos al aire libre del Neolítico Antiguo/ Medio en 'La Vega' de Granada", *ANTIQVITAS* 23, pp. 47-71.

CARRASCO RUS, J., GÁMIZ JIMÉNEZ, J., PACHÓN ROMERO, J.A. y MARTÍNEZ-SEVILLA, F. (2011c): "El poblamiento neolítico en el Subbético Interno del Poniente de Granada", *ANTIQVITAS* 23, pp.5-45.

CARRASCO RUS, J., PACHÓN ROMERO, J.A. y GÁMIZ JIMÉNEZ, J. (2012): "Las cerámicas neolíticas pintadas en Andalucía y sus contextos arqueológicos", *ANTIQVITAS* 24, pp. 17-79.

CARRASCO RUS, J., MARTÍNEZ-SEVILLA, F., GÁMIZ JIMÉNEZ, J., PACHÓN ROMERO, J.A. y GÁMIZ CARO, J. (2014): "Los registros funerarios neolíticos de la sima 'LJ11' (Loja, Granada). Nuevos datos y cronologías", *ANTIQVITAS 26*, pp.5-41.

CARRASCO RUS, J., MARTÍNEZ-SEVILLA, F., PACHÓN ROMERO, J.A. y GÁMIZ JIMÉNEZ, J. (2015): "Nuevas aportaciones para el conocimiento del arte rupestre esquemático y los soportes muebles en la cuenca alta del Guadalquivir. Las pinturas del Cerro Jabalcón (Zújar, Granada) y sus relaciones con las de Tajos de Lillo (Loja, Granada)", *ANTIQVITAS* 27, pp.7-29.

CARRASCO RUS, J., MORGADO, A. y MARTÍNEZ-SEVILLA, F. (2016): "Implantación y desarrollo de los grupos neolíticos del sur de la Península Ibérica. Reflexiones sobre algunos modelos interpretativos desde los inicios del siglo XXI", En *Del neolitic a l'edat del bronce en el Mediterrani occidental. Estudis en homenatge a Bernart Martí Oliver*, Trabajos varios SIP 117, Valencia, pp. 159-180.

CARRILERO MILLÁN, M. y MARTÍNEZ FERNÁNDEZ, G. (1985): "El yacimiento de Guta (Castro del Río, Córdoba) y la Prehistoria Reciente de la Campiña cordobesa", *Cuadernos de Prehistoria y Arqueología de la Universidad de Granada* 10, pp.187-223.

CARRILERO, M. (1992): *El fenómeno campaniforme*, Tesis doctoral inédita. Universidad de Granada.

CARRIÓN, F. y CONTRERAS, F. (1979): "Yacimientos neolíticos en la zona de Moclín, Granada", *Cuadernos de Prehistoria de la Universidad de Granada* 4, pp. 21-56.

CARRIÓN, F. y CONTRERAS, F. (1981): "Rasgos geológicos y arqueológicos de la zona de Moclín (Granada)", *Spes* 1, pp. 26-27.

CARRIÓN, F. y CONTRERAS, F. (1983): "La Cueva de Malalmuerzo (Moclín, Granada). Un yacimiento del Neolítico Antiguo en la Alta Andalucía", *XVI Congreso Nacional de Arqueología (Murcia-Cartagena)*, Zaragoza, pp. 65-70.

CARRIÓN MÉNDEZ, F. y GÓMEZ PUGNAIRE, M.T. (1983): "Análisis petroarqueológico de los artefactos de piedra trabajada durante la Prehistoria Reciente en la provincia de Granada", *Cuadernos de Prehistoria de la Universidad de Granada* 8, pp. 447-477.

CARRIÓN MÉNDEZ, F., ALONSO, J.M., RULL, E., CASTILLA, J., CEPRIÁN, B., MARTÍNEZ, J.L., HARO, M. y MANZANO, A. (1993): "Los recursos abióticos y los sistemas de aprovisionamiento de rocas por las comunidades prehistóricas del SE de la Península Ibérica durante la Prehistoria Reciente", *Investigaciones Arqueológicas de Andalucía. Proyectos 1985-1992*, Huelva, pp. 295-305

CARRION MÉNDEZ, F., GARCÍA GONZÁLEZ, D. y LOZANO RODRÍGUEZ, J.A. (2006): "Métodos y técnicas para la identificación de las fuentes de materias primas líticas durante la Prehistoria Reciente", En Martínez Fernández, G.; Morgado, A., Afonso, J.A. (eds): *Sociedades prehistóricas, recursos abióticos y territorio,* Fundación Ibn-al-Jatib de estudios y cooperación cultural, Granada, pp.45-61.

CARVALHO, A.F. (2007): "Algar do Bom Santo: a research project on the Neolithic populations of Portuguese Estremadura (6th-4th millennia BC)", *Promontoria* 5, pp.185-198.

CARVALHO, A.F., PEÑA-CHOCARRO, L. y GIBAJA BAO, J.F. (2010): "Datación directa de cebada (*Hordeum vulgare L.*) de la cueva de Los Mármoles (Córdoba, España)", En A.F. Carvalho y J.F. Gibaja (eds.): *Os últimos caçadores-recolectores e as primeiras comunidades produtoras do sul da Península Ibérica e do norte de Marrocos* (Faro, 2-4 de Novembro de 2009), Promontoria Monográfica 15, pp. 247-249.

CARVALHO, A.F., GIBAJA, J.F. y GAVILÁN, B. (2012): "Technologie, typologie et analyses fonctionnelles de l'outillage lithique durant le néolithique ancien dans la Cueva de Murciélagos de Zuheros (Córdoba, Espagne): réflexions sur la néolithisation du sud de la Péninsule Ibérique", *L'Anthropologie* 116, pp. 148-170.

CASTAÑEDA, N. (2014): *El trabajo del sílex. La mina del Neolítico Antiguo de Casa Montero (Madrid) y su Sistema técnico*, Tesis Doctoral, Universidad Complutense de Madrid, Madrid.

CASTAÑOS, P.M. (2004): "Estudio arqueozoológico de los macromamíferos del Neolítico de la Cueva de Chaves (Huesca)", *Saldvie* 4, pp.125-171.

CASTILLO, A. DEL (1928): *La cultura del vaso campaniforme (su origen y extensión en Europa),* Barcelona.

CASTRO, L. (1990): "Sobre la función simbólica del adorno", *Brigantium* 6, pp.93-99.

CASTRO, P.V., LULL, V. y MICÓ, R. (1996): *Cronología de la Prehistoria Reciente de la Península Ibérica y Baleares* (*c.2800-900 cal ANE*), British Archaeological Reports, International Series 52, Oxford.

COLES, J.M. (1979): *Experimental Archaeology,* London, Academic Press.

CONSUEGRA, S., DÍAZ-DEL-RÍO, P., CASTAÑEDA, N., CRIADO, C. y CAPOTE, M. (2007): "La minería de sílex en Casa Montero. Aspectos tecnológicos", En *Actas de las Segundas Jornadas de Patrimonio Arqueológico en la Comunidad de Madrid. (Alcalá de Henares 2005)*. Madrid, pp. 89-194.

CORTÉS, M., SIMÓN, M.D., RIQUELME, J.A., PEÑA-CHOCARRO, L., GIBAJA, J.F., DE LA RUBIA, J.J. y MARTÍNEZ, R., (2010): "El Neolítico en la costa de Málaga: viejos y nuevos datos para su contextualización en el proceso de neolitización del sur de la península Ibérica", En A.F. Carvalho y J.F. Gibaja (eds.): *Os últimos caçadores-recolectores e as primeiras comunidades produtoras do sul da Península Ibérica e do norte de Marrocos* (Faro, 2-4 de Novembro de 2009), Promontoria Monográfica 15, pp. 151–162.

CORTÉS SÁNCHEZ, M., JIMÉNEZ ESPEJO, F., SIMÓN VALLEJO, M. D., GIBAJA BAO, F. J., CARVALHO, A. F., MARTINEZ-RUIZ, F., RODRIGO GAMIZ, M., FLORES, J. A., PAYTAN, A., LÓPEZ SÁEZ J. A., PEÑA-CHOCARRO, L., CARRIÓN, J. S., MORALES MUÑIZ, A., ROSELLÓ IZQUIERDO, E., RIQUELME CANTAL, J. A., DEAN, R. M., SALGUEIRO, E., MARTÍNEZ SÁNCHEZ, R. M., DE LA RUBIA DE GRACIA, J. J., LOZANO FRANCISCO, M. C., VERA PELÁEZ, J. L., LLORENTE RODRÍGUEZ, L., y BICHO, N. F. (2012): "The Mesolithic-Neolithic transition in southern Iberia", *Quaternary Research* 77, pp. 221-234.

COSTIN, C.L. (1991): "Craft specialization: issues in defining, documenting, and explaining the organization of production", *Archaeological Method and Theory* 3, pp. 1-56.

CRUZ-BERROCAL, M. y VICENT-GARCÍA, J.M., (2007). "Rock art as an archaeological and social indicator: the neolithisation of the Iberian Peninsula". *Journal of Anthopological Archaeology* 26, pp. 676-697.

CURA, M., FERRÁN, A.M. y PADRÓ, J. (1979): "En torno a un hallazgo del neolítico antiguo en la Valldany (Oliana, comarca del Urgellet, Lérida)", *Pyrenae* 15, pp. 371-376.

CZARNETZKI, A. y RISCH, R. (2005): "Análisis de los restos paleoantropológicos de la Cova de Les Bruixes", En

N. Mesado Oliver (ed.): *La Cova de Les Bruixes (Rossell, Castellón)*. Serie de Trabajos Varios 105, pp. 73-75.

DAUVOIS, M. (1976): *Précis de dessin dynamique et structural des industries lithiques préhistoriques,* Pierre Fanlac-CNRS, Périgueux.

DE LOS SANTOS GENER, S. (1950): *Guía del Museo Arqueológico Provincial de Córdoba*, Cuerpo Facultativo de Archiveros, Bibliotecarios y Arqueólogos, Madrid.

DE MIGUEL IBÁÑEZ, M.P. (2007): "Los restos humanos de la Cova del Montgó: Una visión interpretativa desde la Arqueología", En J.A. Soler (ed.): *La Cova del Montgó (Xàbia, Alicante)*. Catálogo de Fondos del MARQ 7, pp. 53-58.

DE MIGUEL IBÁÑEZ, M.P. (2008): "La Cova de la Sarsa (Bocairent, Valencia): Osteoarqueología de un yacimiento del Neolítico cardial", En M.S. Hernández Pérez J.A. Soler Díaz y J.A. López Padilla (eds.): *IV Congreso del Neolítico Peninsular* II, pp. 85-91.

DEGARMO, G.D. (1977): "Identification of prehistoric Intrasettlement Exchange", En T.K. Earle y J.E. Ericson (eds.): *Exchange systems in Prehistory*, pp. 153.

DEL PINO DE LA TORRE SANTANA, M., AGUAYO DE HOYOS, P., FLORES, C. y CARRILERO MILLÁN, M. (1986). "El yacimiento pre y protohistórico de Acinipo (Ronda, Málaga): un ejemplo de cabañas del Bronce Final y su evolución", *Arqueología espacial* 9, pp. 33-58.

DELGADO FERNÁNDEZ, M.R. (1995): "El tránsito Neolítico-Calcolítico en el sureste de Córdoba. Su evolución y desarrollo: La Mesa (Fuente Tójar, Córdoba)", *Espacio, Tiempo y Forma* 8, Serie I, pp. 341-363.

DELGADO FERNÁNDEZ, M.R. (1997): "La Mesa (Fuente Tójar): una nueva aportación a la definición de la prehistoria reciente en la Subbética cordobesa", *ANTIQVITAS* 8, pp. 23-42.

DELGADO RAACK, S. (2008): *Prácticas económicas y gestión social de recursos (macro)líticos en la prehistoria reciente (III-I milenios AC) del Mediterráneo occidental,* Tesis doctoral. Universitat Autònoma de Barcelona.

DERAMAIX, I. (1992): *La Collection Siret a Bruxelles. 1. Néolithique & Chalcolithique*, Musées Royaux d'Art et d'Histoire. Bruselas.

DÍAZ DEL RÍO ESPAÑOL, P. y CONSUEGRA RODRÍGUEZ, S. (1999): "Primeras evidencias de estructuras de habitación y almacenaje neolíticas en el entorno de la Campiña madrileña: el yacimiento de "La Deseada" (Rivas-Vaciamadrid, Madrid)", *II Congrés del Neolític a la Península lberica* SAGVNTVM-PLAV EXTRA 2, pp. 251-257.

DÍEZ, M.A. y PECETE, S.M. (2000): "La Cueva de Las Ventanas, Piñar (Granada): presentación y avance del estudio de los materiales del Bronce Argárico y Bronce Final", *XXV Congreso Nacional de Arqueología,* Zaragoza, pp. 88-92.

DINIZ, M. (2001): "Uma datação absoluta para o sítio do Neolítico antigo da Valada do Mato, Évora", *Revista Portuguesa de Arqueologia* 4 (2), pp. 111-113.

DINIZ, M. (2007): *O sítio da Valada do Mato (Évora): aspectos da Neolitização no Interior/Sul de Portugal,* Instituto Português de Arqueologia, Lisboa.

DINIZ, M. (2012): "And what else beside cardial pottery? Searching for Mediterranean influences in early Neolithic settlement of Valada do Mato (Évora, Portugal)", *RUBRICATUM* 5, pp. 479-486.

DOBRES, M.A. (2000): *Technology and Social Agency: Outlining an Anthropological Framework for Archaeology,* Blackwell, Oxford.

DOMINGO SANZ, I., GARCÍA BORJA, P. y ROLDÁN GARCÍA, C. (2012): "Identification, processing and use of red pigments (hematite and cinnabar) in the valencian Early Neolithic (Spain)", *Archaeometry* 54, pp.868-892.

DOMÍNGUEZ-BELLA, S., PÉREZ, M. y MORATA, D. (2000): "Mineralogical and petrological characterization of polished lithic material from La Viña, Cantarranas Neolithic-Eneolithic site (Puerto Santa María, Cádiz, Spain)", *Krystallinikum* 26, pp. 57-65.

DOMÍNGUEZ-BELLA, S., PÉREZ, M., RAMOS, J., MORATA, D. y CASTAÑEDA, V. (2004): "Raw materials, source areas and technological relationships between minerals, rocks and prehistoric non-flint stone tools from the Atlantic zone, Cadiz province, SW Spain", En E. Jerem y K.T. Biró (Eds.): *Archaeometry*, British Archaeological Reports, International series 1043 (II),pp. 723-728.

DORADO ALEJOS, A. (2012): "El Bronce Final del SE peninsular. Un análisis tecnológico de vasijas pertenecientes al Corte 23 del Cerro de los Infantes (Pinos-Puente, Granada)", *Arqueología y Territorio* 9, pp. 95-116.

DORADO ALEJOS, A. (2013): "Nuevos datos para el estudio de las vasijas con apliques de bronce: un nuevo vaso en Cerro de los Infantes (Pinos-Puente, Granada)", *Revista Bastetania* 1, pp. 11-19.

DUBREUIL, L. (2004): "Long-term trends in Natufian subsistence: a use-wear analysis of ground stone tools", *Journal of Archaeological Science* 31, pp.1613-1629.

EDMONDS, M. (1990): "Description, Understanding and the Chaîne opératoire", *Technology and the Humanities. Archaeological Review from Cambridge* 9(1), pp. 55-70.

EDO, M., BLASCO, A., VILLALBA, M.J., GIMENO, D., FERNÁNDEZ TURIEL, J.L. y PLANA, F. (1995): "La caracterización de la variscita del complejo minero de Can Tintorer, una experiencia aplicada al conocimiento del sistema de bienes de prestigio durante el Neolítico",

En J. Bernabeu, T. Orozco Köhler y X. Terradas (eds.): *Los recursos abióticos en la Prehistoria. Caracterización, aprovisionamiento e intercambio,* Universitat de Valencia.

EDO, M., FERNÁNDEZ, J.L., VILLALBA, M.J. y BLASCO, A. (1997): "La calaíta en el cuadrante NW de la Península Ibérica", *II Congreso de Arqueología Peninsular* (II), Zamora (1996), pp.99-121.

EGUARAS, J. (1947): "Cerámica de la Cueva de la Mujer (Alhama de Granada)", *Memoria del Museo Arqueológico Provincial VIII*, pp. 128-131.

ÉGÜEZ, N., MALLOL, C., MARTÍN-SOCAS, D. y CAMALICH, M.D. (2014): "Radiometric dates and micromorphological evidence for synchronous domestic activity and sheep penning in a Neolithic cave: Cueva de El Toro (Málaga, Antequera, Spain)", *Archaeological and Anthropological Sciences* 8, *pp.* 107-123.

ENRÍQUEZ NAVASCUES, J.J. (1982): "Los objetos de adorno personal de la Prehistoria de Navarra", *Trabajos de Arqueología Navarra 3*, pp.157-203.

ESPEJO HERRERIAS, M., CABELLO LIGERO, L., CANTALEJO DUARTE, P., BECERRA MARTÍN, S., RAMOS MUÑOZ., LEDESMA CONEJO, P., SANTOS ARÉVALO, F.J. y PEÑA-CHOCARRO, L. (2013): "El aprovechamiento de la campiña entre Teba y Ardales (Málaga) por los agricultores del Neolítico: el caso del Cerro de la Higuera", *Mainake* 34, pp. 227-244.

ESTRADA, A. y BOSCH, J. (2008): "Elementos de adorno neolíticos fabricados sobre coral procedentes de las Minas Prehistóricas de Gavà (Baix Llobregat, Barcelona)", En M.S. Hernández Pérez J.A. Soler Díaz y J.A. López Padilla (eds.): *IV Congreso del Neolítico Peninsular* II, pp. 210-215

ESTREMERA, M.S. (2003): *Primeros agricultores y ganaderos en la Meseta norte: el Neolítico de la Cueva de la Vaquera (Torreiglesias, Segovia),* Arqueología en Castilla y León 11, Zamora, Junta de Castilla León.

FOUCAULT, A. (1966): "Le diapirisme des terrains triasiques au Secondaire et au Tertiaire dans le Subbetique du NE de la province de Grenade (Espagne meridionale)." *Bulletin de la Societe Geologique de France* VIII, pp. 527-536.

FERNÁNDEZ, S., FUENTES, N., CARRIÓN, J.S., GONZÁLEZ-SAMPÉRIZ, P., MONTOYA, E., GIL, G., VEGA-TOSCANO, G. y RIQUELME, J.A. (2007): "The Holocene an Upper Pleistocene pollen sequence os Carihuela Cave, southern Spain", *Geobios* 40, pp.75-90.

FERNÁNDEZ CARO, J.J. y GAVILÁN CEBALLOS, B. (1995): "Yacimientos neolíticos en el río Corbones (Sevilla)", *SPAL: Revista de prehistoria y arqueología de la Universidad de Sevilla* 4, pp. 25-68.

FERNÁNDEZ-FIGARES, M.D. (1981): "Hábitat Eneolítico en las Angosturas de Gor (Granada)", *Revista de Arqueología* 13, pp. 63.

FERNÁNDEZ GONZALEZ, C. (2000): "De la incomunicación Arqueología-Sociedad: el posible papel de la Arqueología Experimental", *Nivel Cero* 8, pp.107-116.

FERNÁNDEZ LÓPEZ DE PABLO, J. (1999): "Casa de Lara (Villena, Alicante): un yacimiento Mesolítico y Neolítico al aire libre", *SAGVNTVM-PLAV EXTRA* 2, pp. 271-281.

FERNÁNDEZ-MIRANDA, M., FERNÁNDEZ-POSSE, M.D., GILMAN, A. y MARTÍN, C. (1989a): "El poblado neolítico de Cuartillas en Mojácar (Almería)", *Anuario arqueológico de Andalucía* 1986 III, pp. 31-35. Sevilla.

FERNÁNDEZ-MIRANDA, M., FERNÁNDEZ-POSSE, M. D., GILMAN, A. y MARTÍN, C. (1989b): "Le village de Cuartillas (Mojácar) et la transition néolithique-chalcolithique dans le bassin de Vera (Almería, Espagne)", *Enceintes, habitals ceinlurés, siles perchés du Néolilhique au Bronze ancien.* Montpellier, *pp.* 85-92.

FERNÁNDEZ-MIRANDA, M., FERNÁNDEZ-POSSE, M.D., GILMAN, A. y MARTÍN, C. (1993): "El substrato neolítico en la Cuenca de Vera (Almería)", *Trabajos de Prehistoria* 50, pp. 57-86.

FERNÁNDEZ RUIZ, J. F. y MÁRQUEZ ROMERO, J. E. (1999): "EL Charcón: un asentamiento prehistórico en cerro Ardite, Alozaina (Málaga)", *Mainake* 21, p. 15-38.

FERNÁNDEZ RUIZ, J., CONEJO PEDROSA, M. T. y JIMÉNEZ JÁIMEZ, V. (2005): "Cinco años de investigaciones en "El Charcón"(Alozaina, Málaga): (1999-2004)", *Baetica. Estudios de Arte, Geografía e Historia* 27, pp. 233-259.

FERRER PALMA, J.E. (1986): "Avance al estudio de la industria en sílex de la Cueva de las Palomas (Teba, Málaga)", *Mainake* 8, pp. 5-40.

FERRER PALMA, J.E. y BALDOMERO NAVARRO, A. (2005): "Excavaciones en cueva del Hoyo de la Mina, (Málaga). Contrastación de su secuencia clásica", En *1ª Jornadas de Patrimonio en la Comarca del Guadalteba,* Málaga, pp. 147-154.

FERRER PALMA, J.E. y MARQUÉS MERELO, I. (1978): "Avance de las campañas arqueológicas realizadas en la" Cueva de las Palomas" Teba (Málaga)", *Baética: Estudios de arte, geografía e historia* 1, pp. 195-206.

FORTEA, J. (1973): *Los Complejos Microlaminares y Geométricos del Epipaleolítico mediterráneo español,* Memorias del Seminario de Prehistoria y Arqueología 4, Salamanca.

FORTEA PÉREZ, F.J., y GIMÉNEZ GÓMEZ, M. (1972): "La Cueva del Toro. Nueva estación malagueña con arte paleolítico", *Zephyrus* XXIII.

FROMONT, N. (2013) : *Anneaux et cultures du néolithique ancien: production, circulation et utilisation entre massifs ardennais et armoricain,* British Archaeological Reports, International Series 2499.

FROMONT, N., MAINGAUD, A., COUTARD, S., LECLERC, G., BOHARD, B., THOMAS, Y. y CHARRAUD, F. (2006): «Un site d'acquisition du schiste pour la fabrication d'anneaux au Néolithique ancien à Saint-Germain-du-Corbéis " l'Ermitage " (Orne)», *Bulletin de la Société préhistorique française* 103 (1), pp. 49-70.

GÁMIZ JIMÉNEZ, J. (1996): *Bases documentales para el estudio del poblamiento neolítico y de la Edad del Cobre en la tierra de Loja,* Tesis doctoral. Universidad de Granada, Granada.

GARCÍA BORJA, P. y LÓPEZ MONTALVO, E. (2011): "Decoración cerámica y representaciones parietales en la Cova de la Sarsa", En J. Bernabéu Aubán, M. Rojo Guerra, M. y LL. Molina Balaguer (eds.): *Las primeras producciones cerámicas. El VI milenio cal a. C. en la Península Ibérica, SAGVNTVM* PLAV EXTRA 12, València, pp. 231-234.

GARCÍA BORJA, P., DOMINGO SANZ, I., ROLDÁN GARCÍA, C., VERDASCO CEBRIÁN, C., REFERRO CALABUIG, J., JARDÓN GINER, P. y BERNABEU AUBÁN, J. (2004): "Aproximación al uso de la materia colorante en la Cova de l'Or", *Recerques del Museu d'Alcoi* 13, pp. 35-52.

GARCÍA BORJA, P., AURA TORTOSA, J.E., BERNABEU AUBÁN, J. y JORDÁ PARDO, J.F. (2010): "Nuevas perspectivas sobre la neolitización en la Cueva de Nerja (Málaga, España): La cerámica de la sala del Vestíbulo", *Zephyrus* LXVI, pp. 111-134.

GARCÍA BORJA, P., AURA TORTOSA, E. y JORDÁ PARDO, J.F. (2011a): "La cerámica decorada del Neolítico antiguo en la Cueva de Nerja (Málaga, España): La sala del vestíbulo", En J. Bernabéu Aubán, M. Rojo Guerra, M. y LL. Molina Balaguer (eds.): *Las primeras producciones cerámicas. El VI milenio a. C. en la Península Ibérica, SAGVNTVM*-PLAV EXTRA 12, València, pp. 217-230.

GARCÍA BORJA, P., SALAZAR-GARCÍA, D.C., PÉREZ FERNÁNDEZ, A., PARDO GORDÓ, S. y CASANOVA VAÑÓ, V. (2011b): "El Neolítico antiguo cardial y la Cova de la Sarsa (Bocairent, València). Nuevas perspectivas a partir de su registro funerario", *MUNIBE Arqueología Antropología* 62, pp. 175-195.

GARCÍA BORJA, P., SALAZAR GARCÍA, D., CARLOS MARTINS, H., PÉREZ JORDÀ, G. y SANCHIS SERRA, A. (2012): "Dataciones radiocarbónicas de la Cova de la Sarsa (Bocairent, València)", *Recerques del Museu d'Alcoi* 21, pp. 19 24.

GARCÍA BORJA, P., AURA TORTOSA, J. E., JORDÁ PARDO, J. F. y SALAZAR-GARCIA, D.C. (2014): "La cerámica neolítica de la Cueva de Nerja (Málaga, España): Salas del Vestíbulo y la Mina", *Archivo de Prehistoria Levantina* XXX, pp. 81-131.

GARCÍA BORJA, P., VELASCO BERZOSA, P., VADILLO CONESA, M., PASCUAL BENITO, J.LL., SANZ TORMO, M. y CORTELL PÉREZ, E. (2015): "La Cova del Barranc Fondo (Xàtiva, València). Materiales depositados en el Museo de Prehistoria de València", *MARQ. Arqueología y Museos* 6, pp.11-33.

GARCÍA GONZÁLEZ, D., LOZANO RODRIGUEZ, J.A., CARRIÓN MENDEZ, F., MORENO JIMENEZ, F. y TERROBA VALADEZ, J. (2008): "Las herramientas de piedra pulimentada elaboradas en silimanita: materia prima, tecnología y experimentación", En M.S. Hernández Pérez J.A. Soler Díaz y J.A. López Padilla (eds.): *IV Congreso del Neolítico Peninsular* II, pp. 277-281.

GARCÍA SÁNCHEZ, M. (1960): "Restos humanos del Paleolítico Medio y Superior y del Neo-Eneolítico de Píñar (Granada)", *Trabajos del Instituto Bernardino de Sahagún de Antropología y Etnología* XV (2), Barcelona, pp. 17-72.

GARCÍA SANCHEZ M. y JIMÉNEZ BROBEIL, S. (1983): "Los restos antropológicos de la Cueva C.V.3 de Cogollos Vega (Granada)", *Cuadernos de Prehistoria de la Universidad de Granada* 8, pp.71-76.

GARRIDO VÍLCHEZ, O., MORENO JIMÉNEZ, F., PADIAL ROBLES, B. (1995): "Arqueología experimental una forma de acercarse al pasado", *Revista de Arqueología* 166, pp. 6-13.

GAVILÁN CEBALLOS, B. (1983-1984): "Materiales de la Edad de los Metales en la Cueva de la Murcielaguina (Priego de Córdoba)", *Corduba* 14, pp. 4-10.

GAVILÁN CEBALLOS, B. (1984): "La cueva de la Murcielaguina de Priego (Córdoba): Análisis de un asentamiento neolítico", *Arqueología Espacial* 3, pp. 17-31.

GAVILÁN CEBALLOS, B. (1985): "Alisador grabado procedente de la Cueva de la Murcielaguina (Priego de Córdoba)", *Ifigea: revista de la Sección de Geografía e Historia* II, pp. 173-176.

GAVILÁN CEBALLOS, B. (1986): *Priego de Córdoba en la Prehistoria. El Neolítico,* Córdoba.

GAVILÁN CEBALLOS, B. (1987a): "Anzuelos curvos de hueso aparecidos en la Cueva de la Murcielaguina (Priego de Córdoba)", *Estudios de Prehistoria Cordobesa* 3, pp. 53-58.

GAVILÁN CEBALLOS, B. (1987b): *Los materiales de la Prehistoria en Priego de Córdoba,* Córdoba.

GAVILÁN CEBALLOS, B. (1988): "El Torreón del Esparragal, Priego de Córdoba. Un yacimiento calcolítico en la Subbética cordobesa", *Estudios de Prehistoria cordobesa* 4, pp.117-142.

GAVILÁN CEBALLOS, B. (1989a): "Paralelismo entre la decoración cerámica y el arte esquemático parietal: vasija de la Cueva de la Murcielaguina (Priego de Córdoba)", *XIX Congreso Nacional de Arqueología,* Zaragoza, pp. 229-236.

GAVILÁN CEBALLOS, B. (1989b): *El Neolítico en el Sur de Córdoba. Análisis sistemático de las culturas productoras,* Anexos de Estudios de Prehistoria Cordobesa. Universidad de Córdoba.

GAVILÁN CEBALLOS, B (1991a): "Avance preliminar sobre la Excavación Arqueológica de Urgencia en la Cueva de los Murciélagos de Zuheros (Córdoba)", *ANTIQVITAS* 2, pp. 17-25.

GAVILÁN CEBALLOS, B. y ESCACENA CARRASCO, J. L. (2009): "Acerca del primer Neolítico de Andalucía Occidental. Los tramos medio y bajo de la cuenca del Guadalquivir", *Mainake 31,* pp. 311-351.

GAVILÁN CEBALLOS, B. y MARTÍ CORNELLÁ, M. (2006): "La Cueva de los Murciélagos de Zuheros (Córdoba): hábitat y santuario durante el Neolítico Antiguo. Hogares, "Papaver somniferum" y simbolismo", *SPAL: Revista de prehistoria y arqueología de la Universidad de Sevilla* 15, pp. 21-38.

GAVILÁN CEBALLOS, B. y RAFAEL PENCO, J.J. (1999): "Análisis de la industria ornamental de la Cueva de los Murciélagos de Zuheros (Córdoba)", *II Congrés del Neolític a la Península Ibèrica,* Universitat de València (Valencia 1999), *SAGVNTVM PLAV* EXTRA 2, pp. 157-162.

GAVILÁN CEBALLOS, B. y VERA RODRÍGUEZ, J.C. (1992): "Breve avance sobre los resultados obtenidos en la excavación arqueológica de urgencia en la Cueva de los Murciélagos de Zuheros (Córdoba)", *ANTIQVITAS* 3, pp. 23-30.

GAVILÁN CEBALLOS, B. y VERA RODRÍGUEZ, J. C. (1997): "Nuevos datos sobre los patrones de poblamiento neolítico y calcolítico al aire libre en el piedemonte de las Sierras Subbéticas", *ANTIQVITAS* 8, pp. 5-22.

GAVILÁN CEBALLOS, B. y VERA RODRÍGUEZ, J.C. (1993): "Cerámicas con decoración simbólica y cordón interior perforado procedentes de varias cuevas situadas en la Subbética Cordobesa", *SPAL: Revista de prehistoria y arqueología de la Universidad de Sevilla* 2, pp. 81-108.

GAVILÁN CEBALLOS, B., VERA RODRÍGUEZ, J.C., PEÑA-CHOCARRO, L., CEPILLO GALVÍN, J., DELGADO FERNÁNDEZ, M.R. y MARFIL LOPERA, C. (1994): "Preliminares sobre la tercera campaña de Excavación Arqueológica de Urgencia en la Cueva de los Murciélagos de Zuheros (Córdoba)", *ANTIQVITAS* 5, pp. 5-12.

GAVILÁN, B., RAFAEL, J.J., MONTEALEGRE, I. y BARRIOS, J. (1999): "Elementos ornamentales de la Cueva de los Murciélagos de Zuheros (Córdoba)", *XXIV Congreso Nacional de Arqueología, Cartagena, 1997* 2, El mundo indígena del Neolítico al Bronce, pp. 43-51.

GIBAJA, J.F., ESTREMERA, M.S., IBÁÑEZ, J.J. y PERALES, U. (2012): "Instrumentos líticos tallados del asentamiento neolítico de La Vaquera (Segovia) empleados en actividades agrícolas", *Zephyrvs* LXX, pp. 33-47.

GIMÉNEZ REYNA, S. (1940): "Nota preliminar sobre la Cueva de la Victoria, en la Cala (Málaga)", *Atlantis* XV, pp.164-168.

GIMÉNEZ REYNA, S. (1946): "Memoria arqueológica de la provincia de Málaga hasta 1946", Informe y Memoria 12, Madrid, pp.11-31.

GIMÉNEZ REYNA, S. y LAZA PALACIOS, M. (1964): "Informe de las excavaciones en la Cueva del Higuerón o del Suizo", *Noticiario Arqueológico Hispano* VI, pp. 60-67.

GÓMEZ-MORENO MARTÍNEZ, M. DE (1933): "La cerámica primitiva ibérica", *Homenagem a Martins Sarmento no centenario do seu nascimento,* Guimarães, pp. 125-136.

GONÇALVES, V.S. (2002): "Lugares de povoamento das antigas sociedades camponesas entre o Guadiana e a Ribeira do Álamo (Reguengos de Monsaraz)", *Revista Portuguesa de Arqueologia* 5, pp.153-189.

GÓNGORA Y MARTÍNEZ, M. DE (1868): *Antigüedades prehistóricas de Andalucía. Monumentos, inscripciones, armas, utensilios y otros importantes objetos pertenecientes a los tiempos más remotos de su población,* Madrid.

GONZÁLEZ HIGALGO, N. (2008): *Procesos de neolitización: el caso del Sureste de la Península Ibérica,* Trabajo fin de Master inédito. Universidad de Granada.

GONZÁLEZ HIDALGO, N. (2009): "Procesos de neolitización. El caso de la media montaña Subbética Occidental: La Depresión de Ronda", *Arqueología y Territorio* 6, pp.23-38.

GONZÁLEZ RÍOS, M.J. (1981): "Avance al catálogo de cavidades de Loja-Sierra Gorda (Granada)", *Spes* 5, pp. 5-43.

GONZÁLEZ RÍOS, M.J. (Coord.) (2009): *Exploraciones bajo el desierto de piedra. Alhama de Granada-Arenas del Rey (Granada), Granada Subterránea IV,* Grupo de Espeleólogos Granadinos.

GONZÁLEZ RUIBAL, A. (2003): *La experiencia del otro: una introducción a la etnoarqueología,* Ediciones Akal.

GONZÁLEZ-TABLAS SASTRE, F.J. (1990): "La Cueva de Nerja como santuario funerario", *Zephyrus* XLIII, pp. 61-64.

GOÑI QUINTERO, A. (1999a): "Cabecicos Negros-El Pajarraco", En M.D. Cámalich Massieu y D. Martín Socas (coord.): *El territorio almeriense desde los inicios de la producción hasta fines de la antigüedad. Un modelo: La depresión de Vera y cuenca del río Almanzora,* Monografías de Arqueología. Junta de Andalucía. Consejería de Cultura, pp. 107-137.

GOÑI QUINTERO, A. (1999b): "Los elementos de adorno personal: materias primas, procesos de fabricación y tipología de la producción ornamental", En M.D. Cámalich Massieu y D. Martín Socas (coord.): *El territorio almeriense desde los inicios de la producción hasta fines de la antigüedad. Un modelo: La depresión de Vera y cuenca del río Almanzora,* Monografías de Arqueología. Junta de Andalucía. Consejería de Cultura, pp. 251-267.

GOÑI QUINTERO, A. (2004): "Elementos de adorno personal", En D. Martín Socas, M.D. Cámalich y P. González (Coord): *La Cueva de El Toro (Sierra de El Torcal de Antequera, Málaga). Un modelo de ocupación ganadera en el territorio andaluz entre el VI y II milenios A.N.E. Arqueología Monografías,* Junta de Andalucía, Sevilla, pp. 197-213.

GOÑI QUINTEIRO, A., RODRÍGUEZ RODRÍGUEZ, A.M., CÁMALICH MASSIEU, D., MARTÍN SOCAS, D. y FRANCISCO ORTEGA, M.I. (1999): "La Tecnología de los elementos de adorno personal en materias minera les durante el Neolítico Medio. El ejemplo del poblado de Cabecicos Negros (Almería)", *II Congrés del Neolític a la Península Ibèrica (Valencia 1999),* SAGVNTVUM PLAV EXTRA 2, pp.163-170.

GOÑI QUINTERO, A.; CHÁVEZ ÁLVAREZ, E., CÁMALICH MASSIEU, M. D., MARTÍN SOCAS, D. y GONZÁLEZ QUINTERO, P. (2003): "Intervención arqueológica de urgencia en el poblado de Cabecicos Negros (Vera, Almería) Informe Preliminar", *Anuario Arqueológico de Andalucía* 2000 (I), pp.73-87.

GOSSÉ, G. (1941): "Aljoroque, estación neolítica inicial, de la provincia de Almería", *Ampurias* 3, pp. 63-84.

GUERRA DOCE, E. (2005): "Drogas y rituales funerarios en el Neolítico europeo", En P. Arias, R. Ontañón y C. García Moneo, (eds.): *III Congreso del Neolítico en la Península Ibérica* (Santander, 2003), Monografías del Instituto Internacional de Investigaciones Prehistóricas de Cantabria 1, pp. 705-713.

GUERRA DOCE, E. (2006): *Las drogas en la Prehistoria,* Barcelona.

GUERRERO MISA, J. (1985): "El complejo neolítico de Las Simas de la veredilla (Benaocaz, Cádiz)", *Revista de Arqueología* 46, pp. 24-35.

GUERRERO MISA, J. (1992): "La sima S-6 del complejo neolítico de Veredilla (Benaocaz, Cadiz)", *SPAL: Revista de prehistoria y arqueología de la Universidad de Sevilla* 1, pp. 79-98.

GUILAINE, J. (2018): "A personal view of the neolithisation of the Western Mediterranean". *Quaternary International* 470, pp.211-225.

GUITART I PERARNAU, I. (1989): "El Neolítico final en el Vinalopó (Alicante): Casa de Lara y Macolla", *SAGVNTVM PLAV* 22, pp. 67-97.

HADRICOURT, G. (1964): "La technologie science humaine", *La pensée* 155, pp. 28-35.

HAMON, C. (2008): "Funtional analysis of stone grinding and polishing tools fron the earliest Neolitjic of north-western Europe", *Journal of Archaeological Science* 35, pp. 1502-1520.

HARRISON, R.J y OROZCO KÖHLER, T. (2001): "Beyond characterisation. Polished stone exchange in the Western Mediterranean 5500-2000 BC", *Oxford Journal of Archaeology 20*(2), pp. 107-127.

HOPF, M. (1966): "Triticum monococcum L. y *Triticum Schübl* en el neolítico antiguo español", *Archivo Prehistoria Levantina* 11, pp.53-80.

HOVERS, E. (2009): "Learning from mistakes: flaking accidents and knapping skills in the assemblage of A. L. 894 (Hadar, Ethiopia)" En K. Schick, y N. Toth, (Eds.): *The Cutting Edge: New Approaches to the Archaeology of Human Origins,* pp. 137-150.

INGOLD, T. (1990): "Society, nature and the concept of technology", *Archaeological review from Cambridge* 9, pp.5-17.

INGOLD, T. (1993): "Tool-use, sociality and intelligence: a reconsideration of basic concepts", En K.R. Gibson y T. Ingold (eds.): *Tools, language and cognition in human evolution,* Cambridge university Press, pp.429-445.

INIZAN, M.L., REDURON-BALLINGER, M., ROCHE, H. y TIXIER, J. (1999): *Technology and Terminology of Knapped Stone,* CREP, Paris.

JIMÉNEZ BROBEIL, S. (1990): "Restos humanos prehistóricos del Museo de Priego de Córdoba", *ANTIQVITAS* 1, pp. 18-22.

JIMÉNEZ BROBEIL, S.A. (2009): "Rituales funerarios neolíticos en la Alta Andalucía. Estado actual de la cuestión", *Zephyrvs* XLIII, pp.125-130.

JIMÉNEZ GOMEZ, M.C. (1979): "Los brazaletes de Piedra Blanca y su contexto en la España mediterránea", *XV Congreso Nacional de Arqueología,* (Lugo 1977), pp. 531-544.

JIMÉNEZ JÁIMEZ, V. y CONEJO PEDROSA, M.T. (2006): "La cerámica decorada del yacimiento neolítico de

El Charcón (Alozaina, Málaga, España)", *IV Congresso de Arqueologia Peninsular. Do Epipaleolítico ao Calcolítico na Península Ibérica. Universidade do Algarve,* Faro, pp. 145-155.

JIMÉNEZ NAVARRO, E. (1962): "Excavaciones en Cueva Ambrosio", *Noticiario Arqueológico Hispánico* 1956-1961, pp.13-48.

JORDÁ CERDA, F., JORDÁ PARDO, J.F., GONZÁLEZ-TABLAS, F.J., AURA TORTOSA, J.E. y SANCHIDRIÁN TORTI, J.L. (1983): "La Cueva de Nerja", *Revista de Arqueología* 29, pp. 56-65.

JORDÁ PARDO, J.F. (1986): *La Prehistoria de la Cueva de Nerja,* Trabajos sobre la Cueva de Nerja 1. Patronato de la Cueva de Nerja.

JORDÁ PARDO, F. y AURA TORTOSA, E. (2008): "70 fechas para una cueva. Revisión crítica de 70 dataciones C14 del Pleistoceno Superior y Holoceno de la Cueva de Nerja (Málaga, Andalucía, España)", *Espacio, tiempo y forma. Nueva época. Serie I. Prehistoria y Arqueología,* 1, pp. 239-256.

JORDÁ PARDO, J.F. y AURA TORTOSA, J.E. (2009): "El límite Pleistoceno-Holoceno en el yacimiento arqueológico de la Cueva de Nerja (Málaga, España): Nuevas aportaciones cronoestratigráficas y paleoclimáticas", *Geogaceta* 46, pp. 95-98.

JORDÁ, F. (1958): "Los enterramientos de la Cueva de la Torre del Mal Paso (Castellnovo, Castellón)", *Archivo de Prehistoria Levantina* VII, pp.55-92.

JORNET PERALES, M. (1929): "Prehistoria de Bélgida", *Archivo de Prehistoria Levantina* I, pp. 257-267.

JOVER MAESTRE, F.J. (2011): "El instrumental macrolítico de Benàmer", En P. Torregrosa Giménez, F.J. Jover Maestre y E. López Seguí (eds.): *Benàmer (Muro d'Alcoi, Alicante). Mesolíticos y neolíticos en las tierras meridionales valencianas, Serie de Trabajos Varios del SIP 112,* pp. 212-221.

KARLIN, C., BODU, P. y PELEGRIN, J. (1991): "Processus techniques et chaînes opératoires. Comment les préhistoriens s'approprient un concept élaboré par les ethnologues", En H. Balfet (ed.) : *Observer l'action technique*, Paris, pp. 101-117.

KERTERBORN, P. (1987): "Principles of experimental research in archaeology", *Bulletin of Experimental Archaeology* 8, pp. 11-14.

KOPYTOFF, I. (1986): "The cultural biography of things: commoditizacion as process", En A. Appadurai (ed.): *The social life of things. Commodities in cultural perspective,* Cambridge, pp.64-91.

LATOUR, B. (2007): *Nunca fuimos modernos. Ensayo sobre antropología simétrica,* Buenos Aires, Siglo XXI Editores Argentina.

LAVIOSA ZAMBOTTI, P. (1955): *España e Italia antes de los romanos*, Seminario de Historia Primitiva, Madrid.

LEISNER, G. y V. (1943): *Die Megalithgräber der Iberschen Halbinsel.* Der Westen, Madr. Forsch. 1/3, Berlín.

LEIVA BRIONES, F. (1994): "Nuevos yacimientos arqueológicos en las áreas de influencia de las Cabezas y de la Mesa de Fuente Tójar", *Crónica de Córdoba y sus Pueblos* III, pp. 277-301.

LEIVA BRIONES, F. (1997): "Ídolo Calcolítico tipo tolva procedente de La Mesa: (Fuente Tójar, Córdoba)", *ANTIQVITAS* 8, pp. 43-46.

LEIVA ROJANO, J.A. y RUIZ GONZÁLEZ, B. (1977): «La Cueva de la Pulsera (Antequera, Málaga)», XV *Congreso Nacional de Arqueología* (Lugo 1977), pp. 545-552.

LEMONNIER, P. (1976): "La description des chaînes opératoires: contribution à l'analyse des systèmes techniques", *Techniques et culture* 1, pp. 100-151.

LEMONNIER, P. (1986): "The Study of Material Culture Today an Anthropology of Technical Systems ", *Journal of Anthropological Archaeology* 5, pp. 147-186.

LEMONNIER, P. (1992): *Elements for an anthropology of Technology*, Antropological Papers Museum of Antropology University of Michigan 88, Michigan.

LEROI-GOURHN, A. (1964): *La geste et la parole I, Techniques et langage*. Albin Michel, Paris.

LEROI-GOURHN, A. (1971): El gesto y la palabra, Universidad Central de Venezuela.

LÓPEZ, P. (1980): "Estudio de la cerámica, industria ósea y lítica de la Cueva de los Murciélagos de Albuñol (Granada)", *Trabajos de Prehistoria* 37, pp. 163-173.

LÓPEZ AGUILAR, F. y NIETO CALLEJA, R. (1985): "Comentarios sobre la Arqueología experimental aplicada a la repetición de artefactos", *Boletín de Antropología Americana* 11, pp. 33–37.

LÓPEZ GARCÍA, P. y CACHO QUESADA, C. (1979): "La Cueva del Higuerón (Málaga). Estudio de sus materiales", *Trabajos de Prehistoria* 36, pp.11-83.

LÓPEZ PALOMO, L.A. (1977): "Contribución al estudio del Neolítico y la Edad del Bronce en Andalucía. I: La Cueva de los Mármoles, de Priego (Córdoba)", *Corduba* 5, pp. 69-108.

LÓPEZ SÁEZ, J.A. y LÓPEZ GARCÍA, P. (2000): «Le paysage et la phase Épipaléolithique-Mésolithique dans les Pré-Pyrénées Aragonaises et le Bassin Moyen de l'Èbre à partir de l´analyse palynologique», En *Les derniers chasseurs-cueilleurs d´Europe occidentale (13.000-5.500 av. j.-c.):* Colloque International de Besançon, octubre 1998, Besançon, Presses Universitataries Franc-Comtoises, pp.59-69.

LOZANO RODRÍGUEZ, J.A. (2018): *Estudio petrológico, geoquímico y geocronológico comparado de las Ofiolitas Béticas de Sierra de Baza con otras Ofiolitas Béticas.* Tesis Doctoral Inédita, Universidad de Granada.

LOZANO RODRÍGUEZ, J.A., PUGA RODRÍGUEZ, E., GARCÍA-CASCO, A., MARTÍNEZ-SEVILLA, F., CONTRERAS CORTÉS, F., CARRASCO RUS, J. y MARTÍN-ALGARRA, A. (2017): "First evidence of prehistoric eclogite quarrying for polished tools and their circulation on the Iberian Peninsula", *Geoarchaeology* 00, pp. 1-22.

MAC PHERSON, G. (1870): *La Cueva de la Mujer. Descripción de una caverna conteniendo restos prehistóricos, descubiertos en las inmediaciones de Alhama de Granada.* Revista Médica, Cádiz.

MAICAS R. (2007): *Industria ósea y funcionalidad: Neolítico y Calcolítico en la cuenca de Vera,* Bibliotheca Praehistorica Hispana. CSIC.

MALUQUER DE MOTES, J. (1974): "La estratigrafía prehistórica de Hornos de Segura (Jaén)", *Pyrenae* 10, pp. 43-65.

MANEN, C., MARCHAND, G. y CARVALHO, A.F. (2007): "Le Néolithique ancien de la péninsule Ibérique: vers une nouvelle évaluation du mirage africain?", En *Un siècle de construction du discours scientifique en Préhistoire. Société Préhistorique Française*, Paris, pp. 133-151.

MARCHAND, G. y MANEN, C. (2010): "Mésolithique final et Néolithique ancien autour du détroit: Une perspective septentrionale (Atlantique/Méditerranée)", En J.F. Gibaja y A.F. Carvalho (eds.): *Os últimos caçadores-recolectores e as primeras comunidades produtoras do sul da Península Ibérica e do Norte de Marrocos.* Promontoria Monografica 15, Universidade do Algarve, Faro, p. 173-179.

MÁRQUEZ ROMERO, J.E. y JIMÉNEZ JÁIMEZ, V. (2010): *Recintos de Fosos. Genealogía y significado de una tradición en la Prehistoria de la Península Ibérica (IV–III milenios AC),* Servicio de publicaciones de la Universidad de Málaga. Málaga.

MARTÍ OLIVER, B. (1977): *Cova de l'Or (Beniarrés-Alicante). Volumen I,* Serie de Trabajos Varios del SIP 51. Valencia.

MARTÍ OLIVER, B. (1980): *Cova de l'Or (Beniarrés-Alicante). Volumen II,* Serie de Trabajos Varios del SIP 65. Valencia.

MARTÍ OLIVER, B. (1983): "La Muntanya Assolada (Alzira, Valencia)", *Lucentum* II, pp. 43-67.

MARTÍ OLIVER, B. (2000): "La Cova de l'Or (Beniarrés)", En J.E. Aura. Tortosa y J. M Segura Martí (coords.): *Catàleg del Museu Arqueològic Municipal Camil Visedo Moltó de Alcoi*, pp. 67-70.

MARTÍ OLIVER, B. (2011): "La Cova de l´Or (Beniarrés, Alicante)", En J. Bernabeu Auban, M. Rojo Guerra y LL. Molina Balaguer (eds.): *Las primeras producciones cerámicas. El VI milenio a. C. en la Península Ibérica.* SAGUNTUM-PLAV EXTRA-12, pp. 183-196.

MARTÍ OLIVER, B., ARIAS-GAGO DEL MOLINO, A., MARTÍNEZ VALLE, R. y JUAN-CABANILLES, J. (2001): "Los tubos de hueso de la Cova de l'Or (Beniarrés, Alicante): instrumentos musicales en el Neolítico Antiguo de la Península Ibérica", *Trabajos de prehistoria* 58 (2), pp. 41-67.

MARTÍN RODRÍGUEZ, F. (2014): "Tajo de los Vados 1 (Salobreña, Granada). Datos sobre un poblado neolítico situado junto al antiguo delta del río Guadalfeo", *Bastetania* 2, pp.17-31.

MARTÍN SOCAS, D., CÁMALICH MASSIEU, M.D. y GONZÁLEZ QUINTERO, P. (2004): *La cueva de El Toro (Sierra de El Torcal-Antequera- Málaga). Un modelo de ocupación Ganadera en el Territorio Andaluz entre el VI y II milenios ANE,* Arqueología Monografías, Consejería de Cultura, Junta de Andalucía.

MARTÍN-SOCAS, D., CAMALICH MASSIEU, M.D., CARO HERRERO, J.L. y RODRÍGUEZ-SANTOS, F.J. (2018): "The beginning of the Neolithic in Andalusia", *Quaternary International* 470, B, 20, pp. 451-471.

MARTÍNEZ AMORÓS, S. (2017): "La vajilla cerámica del yacimiento neolítico de Limoneros II-III (Elche, Alicante)", *DAMA. Documentos de Arqueología y Patrimonio Histórico* 2, pp.29-48.

MARTÍNEZ FERNÁNDEZ, G., MORGADO, A., AFONSO, J.A., CÁMARA, J.A. y CULTRONE, G. (2006): "Explotación de rocas silíceas y producción lítica especializada en el Subbético central granadino (IV-III milenios cal. B.C.)", En G. Martínez Fernández, A. Morgado y J.A. Afonso (eds): *Sociedades prehistóricas, recursos abióticos y territorio.* Fundación Ibn-al-Jatib de estudios y cooperación cultural, Granada, pp. 293-313.

MARTÍNEZ FERNÁNDEZ, G., AFONSO MARRENO, J.A., CÁMARA SERRANO, J.A. y MOLINA GONZÁLEZ, F. (2010a): "Contextualización cronológica y análisis tecnotipológico de los artefactos tallados del Neolítico antiguo de los Castillejos (Montefrío, Granada)", En A.F. Carvalho y J.F. Gibaja (eds.): *Os últimos caçadores-recolectores e as primeiras comunidades produtoras do sul da Península Ibérica e do norte de Marrocos* (Faro, 2-4 de Novembro de 2009), Promontoria Monográfica 15, pp. 163-172.

MARTÍNEZ FERNÁNDEZ, G., AFONSO MARRENO, J.A., CÁMARA SERRANO, J.A. y MOLINA GONZÁLEZ, F. (2010b): "Desarrollo histórico de la producción de hojas de sílex en Andalucía Oriental", En J.F. Gibaja, X. Terradas, A. Palomo y X. Clops (Coords.): *Les grans fulles de sílex. Europa al final de la Prehistòria,* Museu d'Arqueologia de Catalunya, Monografies 13.

MARTÍNEZ PADILLA, C., ROMÁN DÍAZ, M., LÓPEZ MEDINA, M. J., SUÁREZ DE URBINA CHAPMAN, N., MARTÍNEZ ACOSTA, F., MONTOYA FENOY, M. y MAQUEDA RODRÍGUEZ, M. (2000): "Proyecto alto Almanzora. Prospección arqueológica superficial 2000", *Anuario Arqueológico de Andalucía 2000. Actividades Sistemáticas*, pp. 9-16.

MARTÍNEZ SÁNCHEZ, C. (1994): "Nueva datación de C-14 para el Neolítico de Murcia: Los Abrigos del Pozo (Calasparra)", *Trabajos de Prehistoria* 52, pp. 157-161.

MARTÍNEZ SÁNCHEZ, C. (1996): "Cueva-Sima la Serreta (Cieza) un yacimiento neolítico en la Vega Alta del Segura", *Memorias de arqueología Murcia* 5, pp. 44-56.

MARTÍNEZ SÁNCHEZ, R.M. (2017): "Los elementos de adorno en los niveles neolíticos del Castillo de Doña Mencía", En R.M. Martínez y J.A. Vera (Eds.): *El enclave neolítico al aire libre del Castillo de Doña Mencía (Córdoba). Una mirada a los primeros agricultores y ganaderos de las campiñas del Guadalquivir Medio.* Servicio de Publicaciones de la Universidad de Huelva. Huelva, pp. 85-96.

MARTÍNEZ SÁNCHEZ, R.M. y VERA RODRÍGUEZ, J.A. (Eds.) (2017): *El enclave neolítico al aire libre del Castillo de Doña Mencía (Córdoba). Una mirada a los primeros agricultores y ganaderos de las campiñas del Guadalquivir Medio.* Servicio de Publicaciones de la Universidad de Huelva. Huelva.

MARTÍNEZ SANTA-OLALLA, J. (1935): "Cueva neolítica andaluza", *Actas y Memoria de la Sociedad Española de Antropología, Etnología y Prehistoria XIV*, pp. 259-260.

MARTÍNEZ-SEVILLA, F. (2010): "Un taller neolítico de brazaletes de piedra en la cueva de los Mármoles (Priego de Córdoba)", *ANTIQVITAS* 22, pp. 35-55.

MARTÍNEZ-SEVILLA, F. (2013): "La tecnología de elaboración de los brazaletes anchos de piedra neolíticos del sur de la Península Ibérica", En A. Palomo, R. Piqué, y X. Terradas (eds.): *Experimentación en arqueología. Estudio y difusión del pasado*, Sèrie Monogràfica del MAC, Girona, pp. 87-96.

MARTÍNEZ-SEVILLA, F. (2014): "Los contextos de producción de brazaletes de piedra neolíticos en el Sur de la Península Ibérica y sus implicaciones socioeconómicas", *II Congreso de Prehistoria de Andalucía* (15-17 febrero 2012, Antequera, Málaga), pp.303-313.

MARTÍNEZ-SEVILLA, F. y MAESO TAVIRO, C. (2009): "Experimentación aplicada a un problema arqueológico: tecnología de los brazaletes de sección plana en el Neolítico del Sur de la Península Ibérica", *II Jornadas de Jóvenes en Investigación Arqueológica* (Madrid 2009) (II), pp. 509-515.

MARTÍNEZ-SEVILLA, F. y MAESO TAVIRO, C. (2010): "Necrópolis en cueva y asentamientos neolíticos entorno a la depresión de Granada", *Estrac Crític: Revista d'Arqueologia* 5 (I), pp.461-475.

MARTÍNEZ-SEVILLA, F. y MAESO TAVIRO, C. (2011): "Tecnología para la elaboración de brazaletes líticos de sección plana en el Neolítico del Sur de la Península Ibérica desde la experimentación", En A. Morgado, J. Baena y D. García (eds.): *Investigación experimental aplicada a la Arqueología,* pp.131-139.

MARTÍNEZ-SEVILLA y SALMERÓN JUAN, J. (2014): "La artesanía de los brazaletes líticos de la Cueva-Sima de la Serreta (Cieza, Murcia): Tecnología, útiles y funcionalidad del sitio", *Zephyrus* LXXIV, pp.65-87.

MATEO SAURA, M.A. (1996): "Las pinturas rupestres de La Serreta, Cieza (Murcia)", *Zephyrus* XLIV-XLV, pp. 241-250.

MATEO SAURA, M.A. (1997): "El arte rupestre de la cueva de La Serreta (Cieza, Murcia". *Memorias de Arqueología* 7, pp. 23-37.

MAUSS, M. (1923): "Essai sur le don forme et raison de l'échange dans les sociétés archaïques", *L'Année sociologique (1896/1897-1924/1925)*, pp. 30-186.

MAUSS, M. (1947): *Manuel d'etnographie,* Payot, Paris.

MENDOZA, A., MOLINA, F., ARTEAGA, O., AGUAYO, P., SÁEZ, L., ROCA, M., CONTRERAS, F. y CARRIÓN, F. (1981): "Cerro de Los Infantes (Pinos Puente, Provinz Granada)", Ein beitrag zur bronze-und eisenzeit in Oberandalusien', *Madrider Mitteilungen* 22, pp. 171-210.

MENGÍBAR, J.L., MUÑOZ, M.J. y GONZÁLEZ, M.J. (1981): "Nuevos hábitats neolíticos en el sector oriental de Sierra Gorda (Granada)", *Antropología y Paleoecología humana* 2, pp. 55-78.

MENGÍBAR, J.L., MUÑOZ, M., GONZÁLEZ, M. y QUIRÓS, R. (1983): "La Cueva de las Campanas (Gualchos, Granada). Un yacimiento neolítico en la costa granadina", *Antropología y Paleoecología Humana* 3, pp. 101-128.

MERGELINA, C. DE, (1941-1942): "La estación arqueológica de Montefrío (Granada). I. Los dólmenes", *Boletín del Seminario de Estudios de Arte y Arqueología,* fasc. XXVIII-XXX, (tomo VIII), pp.33-106.

MERGELINA, C. DE, (1945-1946): "La estación arqueológica de Montefrío (Granada). II. La acrópoli de Guirrete (Los Castillejos)", *Boletín del Seminario de*

Estudios de Arte y Arqueología, fasc. XL-XLII, (tomo VII), Valladolid, pp.15-26.

MESADO OLIVER, N. (2005): *La Cova de Les Bruixes (Rossell, Castellón),* Serie de Trabajos Varios 105.

MESKELL, L. (2001): "Archaeologies of identity", En I. Hodder (ed.): *Archaeological Theory Today,* Cambridge, pp. 187–213.

MICHELI, R. (2012a): "Personal ornaments, Neolithic groups and social identities: some insights into Northern Italy", *Documenta Praehistorica* XXXIX, pp. 227-255.

MICHELI, R. (2012b): "Raw materials, personal ornaments and Neolithic groups: some observation on stone bracelets of the Early Neolithic of Northern Italy", *RUBRICATUM* 5, pp. 241-248.

MILLER, H.M.L. (2007): *Archaeological Approaches to Technology*, Elsevier, Amsterdam.

MOLINA, F., MENDOZA, A., SAEZ, L., ARTEAGA, O., AGUAYO, P y ROCA, M (1983): "Nuevas Aportaciones para el Estudio del Origen de la Cultura Ibérica en la Alta Andalucía. La Campaña de 1980 en el Cerro de los Infantes", *XVI Congreso Nacional de Arqueología (Murcia, Cartagena, 1982)*, Zaragoza, pp. 689-707.

MOLINA GONZALEZ, F. (1970): "Yacimiento prehistórico de Alfacar", *XI Congreso Nacional de Arqueo*logía *(Mérida, 1968)*, pp. 797-810.

MOLINA GONZÁLEZ, F., CÁMARA SERRANO, J.A. y LÓPEZ SÁEZ, J.A. (2012): "Andalucía", En M.A. Rojo, R. Garrido y I. García (coords.): *El Neolítico en la Península Ibérica y su contexto europeo.* Cátedra, pp.405-461.

MOLINA GONZÁLEZ, F., CÁMARA SERRANO, J.A., AFONSO MARRERO, J. A., MARTÍNEZ FERNÁNDEZ, G., GÁMIZ CARO, J. y CAPEL MARTÍNEZ, J. (2015): "Hiatus in archeological multilevel site: Los Castillejos in Las Peñas de los Gitanos (Montefrío, Granada)", En A. Angelini y M. Cupitó (eds.): *limiti e oltre-beyond limits. Studi in onore de Giovanni Leonardi*, Padova.

MONTERO RUIZ, I. y RUIZ TABOADA, A. (1996): "Enterramiento colectivo y metalurgia en el yacimiento neolítico de Cerro Virtud (Cuevas de Almanzora, Almería)", *Trabajos de Prehistoria* 53(2), pp. 55-75.

MONTERO RUIZ, I., RIHUETE HERRADA, C., y RUIZ TABOADA, A. (1999): "Precisiones sobre el enterramiento colectivo neolítico de Cerro Virtud (Cuevas de Almanzora, Almería)", *Trabajos de prehistoria* 56 (1), pp. 119-130.

MOÑINO, M. DE. (1788): *Informe acerca de la decandencia de las plantaciones y fábricas de azúcar en la costa de Granada.*

MORA-FIGUEROA DINGWALL-WILLIAMS, L. DE (1976): "El yacimiento prehistórico de la Cueva de Hundidero-Gato, Benaoján (Málaga) I Campaña", *Noticiario arqueológico hispánico* 5, pp. 97-106.

MORATA, D. y PUGA, E. (1993): "Los piroxenos de las doleritas triásicas ("Ofitas") de las zonas externas de las cordilleras béticas como indicadores petrogenéticos", *Boletín de la Sociedad Española de Mineralogía* 16, pp. 175-187.

MORA-FIGUEROA DINGWALL-WILLIAMS, L. DE. (1979): "Pioneros del complejo hipogeo Hundidero-Gato (Serranía de Ronda, Málaga)", *Gades* 3, pp. 101-104.

MORENO JIMÉNEZ, F., SÁNCHEZ ELENA, M., TERROBA VELADEZ, J., ALFONSO MARRERO, J. A., MARTÍNEZ FERNANDEZ, G., MORGADO RODRÍGUEZ, A. y MORENO GONZÁLEZ, J. C. (2007): "Un proyecto integral de Arqueología Experimental: El poblado de la Algaba (Ronda, Málaga)", *Arqueología Experimental en la Península Ibérica: Investigación, Didáctica y patrimonio,* pp.37-44.

MORGADO, A. y LOZANO, J.A. (2011): "The Impact of Geological Factors on Flint Mining and Large Blade Production in the Betic Cordillera (Spain, 4th – 3rd mill. BC)", En M. Capote, S. Consuegra, P. Díaz-del-Río y X. Terradas (eds.): *Proceedings of the 2nd International Conference of the UISPP Commission on Flint Mining in Pre- and Protohistoric Times*, British Archaeological Reports, International Series 2260, pp. 183-191.

MORGADO, A. y MARTINEZ-SEVILLA, F. (2013): "¿Percutores, astillados sobre núcleos o bujardas? Las bujardas de sílex de la Prehistoria Reciente de la Península Ibérica: definición, experimentación y significado tecnoeconómico", En A. Palomo, R. Piqué y X. Terradas (eds.): *Experimentación en arqueología. Estudio y difusión del pasado*, Sèrie Monogràfica del MAC, Girona, pp. 97-107.

MORGADO RODRÍGUEZ, A. y MARTÍNEZ FERNÁNDEZ, G. (2005): "Desarrollo local y diversificación regional del neolítico de las Cordilleras Béticas: la comarca de Guadalteba (Málaga)", En P. Arias, R. Ontañón y C. García Moneo, (eds.): *III Congreso del Neolítico en la Península Ibérica* (Santander, 2003), Monografías del Instituto Internacional de Investigaciones Prehistóricas de Cantabria 1, pp. 1045-1055.

MORGADO RODRÍGUEZ, A., PELEGRIN, J., AUBRY, T. y LOZANO RODRÍGUEZ, J. A. (2009): "La producción especializada de grandes láminas del Sur y Oeste de la Península Ibérica", En J.F. Gibaja Bao, X. Terradas Batlle, A. Palomo y X. Clop García (eds.): *Les grans fulles de sílex. Europa al final de la Prehistòria,* Museu d'Arqueologia de Catalunya Monografies 13, Barcelona, pp. 89-97.

MORGADO, A., LOZANO, J.A. y PELEGRIN, J. (2011): "Las explotaciones prehistóricas del sílex de la Formación Milanos (Granada, España)", *Menga* 2, pp.135-155.

MORGADO, A., MARTÍNEZ-SEVILLA, F. y LOZANO, J.A. (2013): "Tallar para pulir. Experimentación sobre la elaboración de hachas pulimentadas de rocas ofíticas en el sur de la península ibérica", En A. Palomo, R. Piqué y X. Terradas (eds.): *Experimentación en arqueología. Estudio y difusión del pasado*, Sèrie Monogràfica del MAC, Girona, pp. 109-118.

MORGADO RODRIGUEZ, A., MARTINEZ SÁNCHEZ, R. y CARMONA ÁVILA, R. (2015): "Puntualizaciones sobre el tránsito V-IV milenios a. C. en la Alta Andalucía. Las Evidencias del Palenque (Priego de Córdoba)", *ANTIQVITAS* 27, pp.31-47.

MOTOS, F. DE (1918): *"La edad neolítica en Vélez Blanco", Comisión de investigación de Paleontología y Prehistoria, Memoria 19*, pp. 1-81.

MUÑIZ JAÉN, I., MORALES REYES, L., RAMÍREZ AYAS, M., MARTÍNEZ SÁNCHEZ, R.M. y LIÉBANA MÁRMOL, J.L. (2010): "Excavaciones arqueológicas en el Castillo de Doña Mencía", *ANTIQUITAS* 22, pp. 207-252.

MURILLO REDONDO, J.F. (1990): "Estado de la cuestión sobre el poblamiento durante el Calcolítico y la Edad del Bronce en las Subbéticas Cordobesas", *Anales de Arqueología Cordobesa* 1, pp. 53-80.

NAVARRETE, M.S. (1976): *La Cultura de las Cuevas con cerámica decorada en Andalucía Oriental*, Cuadernos de Prehistoria de la Universidad de Granada, Serie Monográfica (1,2 vols.), Granada.

NAVARRETE, M.S. y CAPEL, J. (1977): "La cueva del Agua de Prado Negro (Iznalloz, Granada)", *Cuaderno de prehistoria de la Universidad de Granada* 2, pp. 19-62.

NAVARRETE, M.S. y CAPEL, J. (1979): "El material no cerámico de la Cueva del Agua de Prado Negro (Iznalloz, Granada)", *Cuadernos de prehistoria de la Universidad de Granada* 4, pp. 111-132.

NAVARRETE ENCISO, M.S., CARRASCO RUS, J., CAPEL MARTÍNEZ, J., GÁMIZ JIMÉNEZ, J. y GONZÁLEZ ROMERO, C.A. (1983): "La Cueva "CV-3" de Cogollos Vega (Granada)", *Cuadernos de Prehistoria de la Universidad de Granada* 8, pp.9-70.

NAVARRETE, M.S., CARRASCO, J., GÁMIZ, J. y JIMENEZ, S. (1985): "La Cueva de los Molinos (Alhama, Granada)", *Cuadernos de Prehistoria de la Universidad de Granada* 10, pp. 31-66.

NAVARRETE, M.S., JIMÉNEZ BROBEIL, S., CARRASCO, J. y GÁMIZ, J. (1987-88): "La Cueva CV-3 de Cogollos Vega (Granada). II. Nuevos materiales", *Cuadernos de Prehistoria de la Universidad de Granada* 12-13, pp. 9-34.

NAVARRETE ENCISO, M.S., CAPEL MARTÍNEZ, J., LINARES GONZÁLEZ, HUERTAS GARCÍA, F., REYES CAMACHO, E. y ÁÑEZ FERNÁNDEZ, J. (1991): *Cerámicas neolíticas de la provincia de Granada*, Monografía Arte y Arqueología. Universidad de Granada. Granada.

NAVARRETE, M.S., CARRASCO, J. y GÁMIZ, J. (1999-2000): "La cueva sepulcral del Cortijo del Canal (Albolote, Granada)", *Revista del Centro de Estudios Históricos de Granada y su Reino* 13-14, pp. 25-98.

NAVARRO, E.J. (1884): *Estudio prehistórico sobre la Cueva del Tesoro*, Biblioteca Andaluza. Málaga.

NAVAS GUERRERO, E., FERNÁNDEZ MARTÍN, S., JARAMILLO JUSTINICO, A. y AFONSO MARRERO, J.A. (2008): "El Neolítico Reciente del Tajo de las Majolicas (Granada)", En M.S. Hernández Pérez J.A. Soler Díaz y J.A. López Padilla (eds.): *IV Congreso del Neolítico Peninsular* II, pp. 281-289.

NAVAS GUERRERO, E., FERNÁNDEZ MARTÍN, S., JARAMILLO JUSTINICO, A. y AFONSO MARRERO, J.A. (2009): "Intervención arqueológica preventiva en el Tajo de las Maholicas de Alfacar, Granada", *Anuario Arqueológico de Andalucía* 2004 (1), pp. 1450-1463.

NIETO, G. (1959): "Colgantes y cabezas de alfiler con decoración acanalada: su distribución en la Península Ibérica", *Archivo de Prehistoria Levantina* VIII, pp.125-145.

NOAIN MAURA, M.J. (1996): "El adorno personal del Neolítico peninsular. Sus contenidos simbólicos y económicos", En M. Molist y J. Bosch (eds.): *I Congrés del Neolític a la Península Ibérica. Formació e implantació de les comunitats agricoles.* (Gavá-Bellaterra 1995), RUBRICATUM 1(1), pp.270-278.

NOAÍN MAURA, M.J. (1999): "Las Cuentas de Collar en Variscita de las Minas Prehistóricas de Gavà (Can Tintorer). Bases para un Estudio Experimental", *II Congrés del Neolític a la Península Ibèrica (Valencia 1999)*, SAGVNTVUM-PLAV EXTRA 2, pp.171-178.

NONAKA, T., BRIL, B. y REIN, R. (2010): "How do stone knappers predict and control the outcome of flaking? Implications for understanding early stone tool technology", *Journal of Human Evolution* 59, pp. 155-16.

OBERMAIER, H. (1934): "Estudios prehistóricos de la provincia de Granada", *Anuario del Cuerpo Facultativo de Archiveros, Bibliotecarios y Arqueólogos* 1. Madrid, pp. 255-273.

ODRIOZOLA, C.P., LINARES CATELA, J.A. y HURTADO, V. (2010a): "Caracterización de la fuente de variscita de Pico Centeno (Encinasola, Huelva) y estudio de procedencia de cuentas de collar del Suroeste", En M.E. Saiz Carrasco (ed.): *VIII Congreso Ibérico de Arqueometría,* Seminario de Arqueología y Etnología Turolense, Teruel.

ODRIOZOLA, C.P., LINARES CATELA, J.A. y HURTADO, V. (2010b): "Perdigoes' green beads provenance analysis", *Apontamentos de Arqueologia e Patrimonio* 6, pp. 47-51.

ODRIOZOLA, C.P., LINARES CATELA, J.A. y HURTADO, V. (2010c): "Variscite Source and Source Analysis: Testing Assumptions at Pico Centeno (Encinasola, Spain)", *Journal of Archaeological Science* 37(12), pp. 3146-3157.

OLARIA DE GUSI, C. (1977): *Las cuevas de Los Botijos y de La Zorrera en Benalmádena*, Excmo. Ayuntamiento de Benalmádena.

OLÀRIA PUYOLES, C. (1987): "Nuevas aportaciones para el conocimiento del Neolítico antiguo de la costa mediterránea española", En A. Fleming (ed.): Abstracts del *World Archaeological Congress 1986. The Neolithic of Europe* (Souyhampton and Londres 1986), pp.9-11.

OLÀRIA PUYOLES, C. (1988): *Cova Fosca. Un asentamiento meso-neolítico de cazadores y pastores en la serranía del Alto Maestrazgo*, Monografies de Prehistòria i Arqueologia Castellonenques 3.

OLÀRIA PUYOLES, C. (1999): "Noves intervencions arqueològiques als jaciments neolítics del Cingle del Mas Nou i Cova Fosca (Ares del Maestre, l'Alt Maestrat)", *Quaderns de Prehistoria i Arqueologia de Castelló* 20, pp. 347-350.

OLÀRIA PUYOLES, C. (2000): "Nuevas dataciones de C-14 para el Neolítico mediterráneo peninsular", *Quaderns de Prehistòria i Arqueologia de Castelló* 21, pp.27-34.

OLÀRIA PUYOLES, C. (2005): "Un enterramiento Meso-Neolítico en el Cingle del Mas Nou (Ares del Maestre, Castellón) del 7000 BP en territorio de arte levantino", En P. Arias, R. Ontañón y C. García Moneo, (eds.): *III Congreso del Neolítico en la Península Ibérica* (Santander, 2003), Monografías del Instituto Internacional de Investigaciones Prehistóricas de Cantabria 1, pp. 615-624.

OLÀRIA PUYOLES, C., GUSI JENER, F., y DÍAZ, M. (1987): "El asentamiento neolítico del Cincle de Mas Nou (Ares del Maestre, Castellón)", *Cuadernos de Prehistoria y Arqueología Castellonenses* 13, pp. 95-170.

OLIVA, M. (2012): "Los adornos, producto de intercambio de ideas, materias y tecnología. Contactos e influencias entre las comunidades prehistóricas en el Noreste peninsular entre el VI-IV milenios ANE", *RUBRICATUM* 5, pp. 257-264.

OMS, F.X., ESTEVE, X., MESTRES, J., MARTÍN, P. y MARTINS, H. (2014) "La neolitización del nordeste de la Península Ibérica: datos radiocarbónicos y culturales de los asentamientos al aire libre del Penedès". *Trabajos de Prehistoria* 71, 42-55.

OROZCO-KÖHLER, T. (2000): *Aprovisionamiento e Intercambio: análisis petrológico del utillaje pulimentado en la Prehistoria Reciente del País Valenciano (España)*, British Archaeological Reports, International series 867.

OROZCO-KÖHLER T. (2004): "Materiales líticos pulimentados", En D. Martín Socas, M.D. Cámalich Massieu y P. González Quintero (eds.): *La Cueva del Toro (Sierra de El Torcal-Antequera-Málaga)*, Junta de Andalucía, pp. 161-174.

OROZCO-KÖHLER T. (2016): "Los brazaletes de esquisto: un elemento de la identidad cardial". En *Del neolitic a l'edat del bronce en el Mediterrani occidental. Estudis en homenatge a Bernart Martí Oliver*, Trabajos varios SIP 117, Valencia, pp. 141-146.

ORTEGA, A.I., JUEZ, L., CARRETERO, J.M., ORTEGA, M.C., ARSUAGA, J.L. y PÉREZ-GONZÁLEZ, A. (2006): "El Neolítico en la secuencia estratigráfica del yacimiento de El Portalón de Cueva Mayor", En M.S. Hernández Pérez J.A. Soler Díaz y J.A. López Padilla (eds.): *IV Congreso del Neolítico Peninsular* II, pp. 221-229.

PAILLER, Y. (2007) : *Des dernières industries à trapèzes à l'affirmation du Néolithique en Bretagne occidentale (5500-3500 av. J.-C.)*, British Archaeological Reports, International Series 1648.

PASCUAL BENEYTO, J., RIBERA, A., BARBERÀ, M., FERRER, C., CARRIÓN, Y., PASCUAL BENITO, J. L., LÓPEZ, L. y HORTELANO AND PÉREZ JORDÀ, G. (2016): "Un nucli de sitges calcolítiques al Mas de Pepelillo (Agullent)", En *Del neolític a l'edat de bronze en el Meditarrani occidental: Estudis en homenatge a Bernat Martí Oliver*. Museu de Prehistòria de València, pp. 287-310

PASCUAL BENITO, J.LL. (1996a): "Los anillos neolíticos de la Península Ibérica", En M. Molist, J. Bosch (eds.): *I Congrés del Neolític a la Península Ibérica. Formació e implantació de les comunitats agricoles,* (Gavá-Bellaterra 1995), RUBRICATUM 1(1), pp. 279-289.

PASCUAL BENITO, J.L. (1996b): "Los adornos del Neolítico I en el País Valenciano", *Recerques del Museu d'Alcoi* V, pp. 17-52.

PASCUAL BENITO, J.L. (1998a): *Utillaje óseo, adornos e ídolos neolíticos valencianos,* Serie de Trabajos Varios del SIP. 95.

PASCUAL BENITO, J.L. (1998b): "Las fuentes de materia prima de los adornos de lignito prehistóricos de la vertiente mediterránea peninsular entre el Ebro y el Segura", 2ª Reunió de Traball sobre aprovisionament de recursos lític a la Prehistòria, RUBRICATUM 2, pp. 153-160.

PASCUAL BENITO, J. LL. (2009): "El utillaje en materia dura animal, los adornos y otros objetos simbólicos de la Cova de les Cendres", En J. Bernabeu y LL. Molina (eds.): *La Cova de les Cendres (Moraira-Teulada, Alicante),* Estudios, pp.*202-225*.

PASCUAL BENITO, J. y RIBERA GOMES, A. (2004): "El Molí Roig. Un jaciment del III mil· lenni a Banyeres de Mariola (l'Alcoià)", *Recerques del Museu d'Alcoi* 13, pp. 129-148.

PELEGRIN, J. (1985): "Réflexions sur le comportement technique", En M. Otte (ed.) *La signification culturelle des industries lithiques*, British Archaeological Reports, International Series 239, pp. 72-91.

PELEGRIN, J. (1986): *Technologie Lithique : une méthode aplliquée à l'étude de deux séries du Périgordien ancien (Roc de Combe, couche 6-La Côte, niveau 3).* Thèse de doctorat. Université de Paris-X-Nanterre.

PELEGRIN, J., KALIN, C. y BODU, P. (1988): "Chaînes opératoires: un outil pour le préhistorien", En J. Tixier (dir.) : *Technologie Préhistorique*, Notes et Monographies Techniques 25, París, pp. 55-62.

PELLICER CATALAN, M. (1963): "Estratigrafía prehistórica de la Cueva de Nerja. Iª Campaña", *Excavaciones Arqueológicas en España* 16, pp. 41-42.

PELLICER CATALÁN, M. (1964a): *El Neolítico y el Bronce de la Cueva de la Carigüela de Piñar (Granada)*, Trabajos de Prehistoria XV, Madrid.

PELLICER CATALÁN, M. (1964b): "Actividades de la Delegación de Zona de la Provincia de Granada durante los años 19571962", *Noticiario Arqueológico Hispánico* VI (1-3), pp. 304350.

PELLICER CATALÁN, M. (1987): "Neolítico meridional hispano: la Cueva de Nerja (España*)", Premières Communautés Paysannes en Mediterranée Occidentale. Montpellier*, pp.639-643.

PELLICER CATALÁN, M. y ACOSTA MARTÍNEZ, P. (1982): "El neolítico antiguo en Andalucía Occidental", En *Le Néolithique Ancien Méditerranéen. Colloque International de Préhistoire (Montpellier 1981)*, Montpellier, p. 49-60.

PELLICER CATALÁN, M. y ACOSTA MARTÍNEZ, P. (1986) "Neolítico y Calcolítico de la Cueva de Nerja", En F. Jordá Pardo (ed.): *La Prehistoria de la Cueva de Nerja (Málaga)*, Trabajos de la Cueva de Nerja 1, Málaga, pp.339-450.

PELLICER CATALÁN, M. y ACOSTA MARTÍNEZ, P. (eds.) (1997): *El Neolítico y Calcolítico de la Cueva de Nerja en el contexto andaluz*, Trabajos de la Cueva de Nerja 6, Málaga.

PELLICER CATALÁN, M. y MORALES MUÑÍZ, A. (eds.) (1995): *La Fauna Holocena de la Cueva de Nerja*, Trabajos sobre la Cueva de Nerja 5, Málaga.

PEÑA-CHOCARRO, L., PÉREZ JORDÀ, G., MORALES MATEOS, J. y VERA RODRÍGUEZ, J.A. (2013): "… y llegaron los agricultores: agricultura y recolección en el occidente del Mediterráneo", *Menga* 4, pp. 15-33.

PÉREZ BOTÍ, G. (2001): "La Cova de la Sarsa (Bocairent, Valencia). La decoración figurada de su cerámica neolítica. Una aproximación cronocultural", *Recerques del Museu d'Alcoi* 10, pp. 43-58.

PÉREZ-LÓPEZ, A. y PÉREZ-VALERA, F. (2003): "El diapirismo como factor esencial de resedimentación de las rocas del Triásico durante el Terciario en las zonas externas de la cordillera Bética.", *Geotemas* 5, pp. 189-193.

PÉREZ RODRÍGUEZ, M. (1998): "La producción de instrumentos de trabajo pulimentados en el territorio de la Banda Atlántica de Cádiz", *Revista Atlántica-Mediterránea de Prehistoria y Arqueología Social* 1, pp. 97-124.

PÉREZ RODRÍGUEZ, M., DOMÍNGUEZ-BELLA, S., MORATA, D. y RAMOS, J. (1998): "La industria lítica pulimentada en la Prehistoria Reciente de la Banda Atlántica de Cádiz. Estudio de áreas fuente y relaciones entre litologías y yacimientos", *Cuaternario y Geomorfología* 12 (3,4), pp. 57-67.

PÉREZ-VALERA, F. (2005): *Estratigrafía y tectónica del Triásico Subibérico en el sector oriental de la Cordillera Bética.* Tesis doctoral. Universidad de Granada.

PEREZ-VALERA, F., LOZANO, J.A., y PEREZ-VALERA, L.A. (2011): "On the origin of the metamorphic exotic blocks located in the "Trías de Antequera" (Spain)", En *Sixième reunion du Permien et du Trías*, Tétouan, Abstract book, pp. 36-37.

PERICOT, L. (1928): "El depósito de brazaletes de pectúnculo de Penya Roja (Cuatretondeta)", *Archivo de Prehistoria Levantina* I, pp. 23-31.

PERICOT GARCÍA, L. (1934): "Prehistoria", en *Historia de España* del Instituto Galach, (I), Barcelona, pp. 120-144.

PERICOT, L. (1935): "Sobre algunos objetos de ornamento del Eneolítico del Este de España", En *Homenaje a Mélida*, Anuario del Cuerpo Facultativo de Archiveros, Bibliotecarios y Arqueólogos (III), Madrid, pp.129-150.

PETIT MENDIZABAL, M.A. (1975) "Objetos de adorno de lignito en el Calcolítico catalan", *XIV Congreso Nacional de Arqueología* (Vitoria, 1973), Zaragoza, pp.325-332.

PÉTREQUIN, P., CASSEN, S., CHEVILLOT, C., ERRERA, M., PAILLER, Y., PÉTREQUIN, A-M., PRICHYSTAL, A. y PRODÉO, F. (2015): «La production des anneaux-disques alpins pedant les VI et V millénaires a.v, J.-C. et Le Mont Viso», En *L'homme et son environnement: des lacs, des montagnes et des rivières*, 40 suppl. À la RAE, pp.259-302.

PÉTREQUIN, P., PÉTREQUIN, A-M., PAILLER, Y., BUTHOD-RUFFIER, D., CASSEN, S., EIBL, F., ERRERA, M. y PRODEO, F. (2017): "Les anneaux-disques réguliers à section triangulare en jade ou en serpentinite",

En P. Pétrequin, E. Gauthier y A-M. Pétrequin (eds.): *JADE objets-signes et interpretations sociales des jades alpins dans l´Europe néolithique.* Presses universitaires de Franch-Comté y Centre de recherche archéologique de la vallée de l'Ain, Dynamiques territoriales 10 (Tomes 3), pp. 611-638.

PÉTREQUIN, P., GAUTHIER, E. y PÉTREQUIN, A-M. (eds.) (2017): Jade. Objets-signes et interprétations sociales des jades alpins dans l'Europe néolithique. Besançon: Presses Universitaires de Franche-Comté.

POSAC MON, C. (1973): "La cueva de Pecho Redondo, en Marbella (Málaga)", En *Crónica del XII Congreso Arqueológico Nacional,* Seminario de Arqueología, pp. 169-174.

POU, J. y SANTACARA, J. (1995): "La reconstrucció del poblat ibéric d´Alorda Park o de les Toixoneres (Calafell, Baix Penedés)", *Tribuna d´Arqueologia* 1993-1994, pp.51-62.

PUGA, E. (1976): *Investigaciones petrológicas en Sierra Nevada Occidental,* Tesis Doctoral, Universidad de Granada. Secretariado de Publicaciones. Granada.

PUIG Y LARRAZ, G. (1896) "Cavernas y simas de España", Madrid.

RAMOS FERNÁNDEZ, J. (2003): "La zona de la Araña: 200.000 años de historia", En *Sociedades recolectora y primeros cazadores,* Ronda, pp.183-191.

RAMOS FERNÁNDEZ, J. (2004): "Los niveles neolíticos del Abrigo 6 del Complejo del Humo la Araña-Málaga", *II y III Simposio sobre la Cueva de Nerja*, pp.52-67.

RAMOS FERNÁNDEZ, J. y AGUILERA LÓPEZ, R. (2006): "Los grabados neolíticos del abrigo 6 del complejo del Humo (La Araña, Málaga)", En J. Martínez García y M. Severo Hernández Pérez (coord.): *Congreso de Arte rupestre esquemático en la Península Ibérica : Comarca de los Vélez* (5-7 de Mayo 2004), pp. 521-528

RAMOS FERNÁNDEZ, J., AGUILERA LÓPEZ, R., CORTÉS SÁNCHEZ, M. y NAVARRETE RODRIGUEZ, I. (2003): "El Neolítico del Abrigo 6 del Complejo del Humo (La Araña, Málaga)", En P. Arias, R. Ontañón y C. García Moneo, (eds.): *III Congreso del Neolítico en la Península Ibérica* (Santander, 2003), Monografías del Instituto Internacional de Investigaciones Prehistóricas de Cantabria 1, pp. 519-526.

RAMOS GILES, F., DOMÍNGUEZ-BELLA, S., CASTAÑEDA, V.M., GUTIÉRREZ LAZARICH MORATA, D., MARTÍNEZ, C.; CÁCERES, I. y FELÍU M. (1997): "Informe arqueológico del dolmen de Alberite (Villamartín). Excavación analítica y balance histórico", *Anuario Arqueológico de Andalucía. Actividades de Urgencia Informes y Memorias,* 1993 (III), pp. 64-79.

RAMOS SÁINZ, M.L. y FUENTES GHISLAÍN, L. (1998): "*Arqueología Experimental: La manufactura de terracotas en época romana",* Brithis Archaeological Report, Internacional Series 738, Oxford.

REIMER, P.J., BARD, E., BAYLISS, A., BECK, J.W., BLACKWELL, P.G., BRONK RAMSEY, C., BUCK, C.E., CHENG, H., EDWARDS, R.L., FRIEDRICH, M., GROOTES, P.M., GUILDERSON, T.P., HAFLIDASON, H., HAJDAS, I., HATTÉ, C., HEATON, T.J., HOGG, A.G., HUGHEN, K.A., KAISER, K.F., KROMER, B., MANNING, S.W., NIU, M., REIMER, R.W., RICHARDS, D.A., SCOTT, E.M., SOUTHON, J.R., TURNEY, C.S.M. y VAN DER PLICHT, J. (2013): "IntCal13 and Marine13 radiocarbon age calibration curves 0-50000 years calBP", *Radiocarbon* 55 (4), pp.1869-1887.

RENFREW, C. (1975): "Trade as action at a distance", En C.C. Lamberg-Karlovsky (ed.): *Ancient civilisation and trade*, University of New Mexico Press, Albuquerque, pp. 3-60.

REY LANASPA, J. (1987): "La población prehistórica del interfluvio Flumen-Alcanadre", *Bolskan: Revista de arqueología del Instituto de Estudios Altoaragoneses* 4, pp. 37-122.

REY LANASPA, J. y RAMÓN FERNÁNDEZ, N. (1992): "un yacimiento del Neolítico Antiguo al aire libre en el llano oscense: El Torrollón (Usón)", En P. Utrilla (Coord.): *Aragón, litoral mediterráneo: intercambios durante la Prehistoria*, Zaragoza, Institución Fernando el Catolico, pp.65-85.

REYNOLDS, P.J. (1999): "The nature of Experiment in Archaeology", En A. F. Hardig (ed.): *Experiment and Design,* Archaeological Studies in honour of John Cole, pp.157-169.

RICE, P. (1991): "Specialization, standardization and diversity: a retrospect", En R. Bishop y F. Lange (eds.): *The Ceramic Legacy of Anna O. Shepard*, University of Colorado Press, Boulder, pp. 257-84.

RIPOLL LÓPEZ, E. (1961): "Excavaciones en Cueva Ambrosio (Vélez Blanco, Almería). Campañas 1958-1960", *Ampurias* 22, pp. 34-48.

RIQUELME, J.A. (1988): "The Paleontoligical and Archaeological site of The Cueva de Las Ventanas (Píñar, province of Granada, Spain)", En Agustí, J., Oms, O., y E. Martín-Suárez (Eds): *The Plio-Pleistocene vertebrate succession of the Guadix-Baza basin (SE Spain)*. Junta de Andalucía.

RIQUELME, J.A. (2002): *Cueva de las Ventanas. Historia y Arqueología,* Granada.

RISCH, R. (1995): *Recursos naturales y sistemas de producción en el Sudeste de la Península Ibérica entre el 3000 y 1000 A.N.E.,* Tesis Doctoral. Universidad Autónoma de Barcelona, Bellaterra.

RISCH, R. (2002): *Recursos naturales, medios de producción y explotación social. Un análisis económico de la industria lítica de Fuente Álamo (Almería), 2250-1400 antes de nuestra era,* Ibérica Arqueológica 3.

RISCH, R. y MARTÍNEZ FERNÁNDEZ, F. (2008): "Dimensiones naturales y sociales de la producción de hachas de piedra en el noreste de la Península Ibérica", *Trabajos de Prehistoria* 65 (1), pp. 47-61.

RODRÍGUEZ RODRÍGUEZ, A. (1999): "Análisis funcional del instrumental lítico tallado del poblado de Cabecicos Negros", En M.D. Cámalich Massieu y D. Martín Socas (coord.): *El territorio almeriense desde los inicios de la producción hasta fines de la antigüedad. Un modelo: La depresión de Vera y cuenca del río Almanzora,* Monografías de Arqueología. Junta de Andalucía, Consejería de Cultura, pp. 225-234.

ROJO GUERRA, M.A., KUNST, M., GARCÍA, I., GARRIDO, R. y MORÁN, G. (2006): "La neolitización de la Meseta norte a la luz del C-14: análisis de 47 dataciones absolutas inéditas de dos yacimientos domésticos del valle de Ambrona, Soria, España", *Archivo de Prehistoria Levantina* 26, pp.39-100.

ROJO GUERRA, M.A., PENA, R., DE LAGRÁN, R.G. y KUNST, M. (2008): "Los recintos del poblado del Neolítico antiguo de La Revilla del Campo (Ambrona, Soria)", En M.S. Hernández Pérez, J.A. Soler Díaz y J.A. López Padilla (eds.): *IV Congreso del Neolítico Peninsular* II, pp. 252-258.

ROJO GUERRA, M., ROYO GUILLÉN, J. I., GARRIDO PENA, R., GARCÍA MARTÍNEZ DE LAGRÁN, I., TEJEDOR RODRÍGUEZ, C., ARCUSA MAGALLÓN, H., GARCÍA GONZÁLAZ, J., SESMA SESMA, J. y BEGUIRISTANIN GÚRPIDE, M. A. (2012): "Los caminos del neolítico: Un proyecto de investigación en el Valle del Ebro", *RUBRICATUM* 5, pp. 43-50.

ROMÁN DÍAZ, M. P. y MAICAS RAMOS, R. (2002): "`Campos de hoyos´ en la desembocadura del río Almanzora (Almería): las palas y la era", *Complutum* 13, pp. 51-76.

ROS, A. (1980): "El poblado prehistórico de El Bancalico de los Moros y El Rincón, Redován, Alicante", *Revista del Instituto de Estudios Alicantinos* 30, pp.7-43.

RUBIO DE MIGUEL, I. (1993): "La función social del adorno personal en el Neolítico de la Península Ibérica", *Cuadernos de Prehistoria de la Universidad Autónoma de Madrid* 20, pp. 27-58.

RUBIO DE MIGUEL, I. (1999-2000): "Las Primeras Sociedades agrícolas en Madrid. Neolítico y Calcolítico Campaniforme", En *La Arqueología madrileña en el final del siglo XX: desde la Prehistoria hasta el año 2000,* Boletín de la Asociación española de amigos de la Arqueología, pp. 39-40.

RUBIO DE MIGUEL, I. (2001): "Aportaciones al conocimiento de la prehistoria madrileña: dataciones por termoluminiscencia de algunos materiales cerámicos neolíticos de la colección Bento depositados en el Museo Arqueológico de Cataluña", *SPAL: Revista de prehistoria y arqueología de la Universidad de Sevilla* 10, pp. 157-166.

RUBIO DE MIGUEL, I. (2009): "Algunas reflexiones sobre la interpretación del adorno personal. El caso del Neolítico andaluz", En R. Cruz-Auñón Briones y E. Ferrer Albelda (eds.): *Estudios de Prehistoria y Arqueología en homenaje a Pilar Acosta Martínez*, pp. 75-88.

RUBIO GOMIS, F. (1987): *Catálogo de materiales y yacimientos de la Cultura del Bronce Valenciano,* L'Ull del Moro *1*.

RUIZ TABOADA, A. y MONTERO, I. (1999): "Ocupaciones neolíticas en Cerro Virtud: Estratigrafía y Dataciones", En *II Congrés del Neolític a la Península Ibèrica.* Universitat de València, *SAGUNTUM-PLAV* EXTRA 2, Valencia, pp. 207-211.

SÁEZ PÉREZ, L. y MARTÍNEZ FERNÁNDEZ, G. (1981): "El yacimiento neolítico al aire libre de La Molaina (Pinos Puente, Granada)", *Cuadernos de Prehistoria de la Universidad de Granada* 6, pp. 17-34.

SALMERÓN JUAN, J. (1989): "Cultura material y pintura rupestre en Los Almadenes (Cieza, Murcia)", *XIX Congreso Nacional de Arqueología* (II), Zaragoza, pp.169-178.

SALMERÓN JUAN, J. (1993): "La cueva-sima de La Serreta. Un hábitat cavernícola de época tardo-romana", *Revista de Arqueología* 143. Madrid.

SALMERÓN JUAN, J. (1994): "Cueva-sima de La Serreta (Cieza)", *V Jornadas de Arqueología Regional,* Murcia, pp. 8-9.

SALMERÓN JUAN, J. (1995a): "Las construcciones tardorromanas de la cueva-sima de La Serreta (Cieza, Murcia) y su contexto", *Antigüedad y Cristianismo* XII, Murcia, pp. 563-578.

SALMERÓN JUAN, J. (1995b): "Cueva-sima de la Serreta (Cieza)", *VI Jornadas de Arqueología Regional,* Murcia, pp. 29.

SALMERÓN JUAN, J. (1996): "Cueva-Sima de la Serreta (Cieza)", *VII Jornadas de Arqueología Regional,* Murcia, pp. 14.

SALMERÓN JUAN, J. (1997): "Cueva-Sima de la Serreta (Cieza)", *VIII Jornadas de Arqueología Regional,* Murcia, pp. 16.

SALMERÓN JUAN, J. (1999): "La cueva-sima de La Serreta (Cieza) santuario de arte rupestre, hábitat neolítico y refugio tardorromano", *Memorias de Arqueología* 8, pp. 140-154.

SALVATIERRA, V. (1982): *El hueso trabajado en Granada (Del Neolítico al Bronce)*, Tesis Doctoral inédita. Universidad de Granada.

SÁNCHEZ, C. (2002): *Estudio tecnológico y tipológico del material lítico de la Cueva de las Ventanas,* Trabajo de fin de master inédito. Universidad de Granada.

SÁNCHEZ-GÓMEZ, M., MARTÍNEZ SÁNCHEZ, C., GARCÍA GARCÍA, F., PELÁEZ, J.A., PÉREZ VALERA, F., MARTÍNEZ ANDREU, M. y PÉREZ VALERA, L. (2011): "Evidence for a 4700-2100 BC palaeoearthquake recorder in a fluvial-archaeological sequence of the Segura River, SE Spain", *Quaternary International* 242, pp. 106-114.

SÁNCHEZ QUIRANTE, L. (1989): "Prospección arqueológica superficial del Rio Bodurria-Gallego. Sierra de Baza", *Anuario Arqueológico de Andalucía. III Sistemáticas*, pp. 57-62.

SÁNCHEZ QUIRANTE, L. (1990): "Prospección arqueológica superficial del sector occidental de la Sierra de Baza: campaña de 1990", *Anuario Arqueológico de Andalucía. II Sistemáticas*, pp. 124-127.

SÁNCHEZ QUIRANTE, L. (1991): "Prospección arqueológica superficial de la Sierra de Baza-Gor. Campaña de 1991", *Anuario Arqueológico de Andalucía. III Sistemáticas*, pp.191-195.

SÁNCHEZ QUIRANTE, L. (1993): "El poblamiento durante la Prehistoria Reciente en la Sierra de Baza", *Investigaciones Arqueologicas en Andalucía. 1985-1992. Proyectos,* Junta de Andalucía, Huelva, pp.329-339.

SÁNCHEZ QUIRANTE, L., MARTÍNEZ PADILLA, C., ROMÁN DÍAZ, M.P., CASSINELLO ROLDÁN, S y PÉREZ CARPENA, A.D. (1996): "Comunidades neolíticas de montaña: Las Sierras de Baza y Los Filabres", En M. Molist, J. Bosch (eds.): *I Congrés del Neolític a la Península Ibérica. Formació e implantació de les comunitats agrícoles.* (Gavá-Bellaterra 1995), RUBRICATUM 1(1), pp.607-611.

SÁNCHEZ SÁNCHEZ, J., FERNÁNDEZ SAURA, A., LÓPEZ DE OCHOA, M., CAPEL, F., y JIMÉNEZ BIZADA, J.M. (1975): "Hallazgos arqueológicos en la sima-cueva de La Serreta (Cieza)", *Comunicaciones sobre el Carst en la provincia de Murcia,* Diputación Provincial de Murcia, (Vol. I), pp.83-87.

SANCHIDRIÁN, J. L. y MÁRQUEZ, A. M. (2005): "Primeros resultados de la secuencia crono-estratigráfica de la Sala de la Torca de la Cueva de Nerja (Málaga, España)", En J. L. Sanchidrián, A. M. Márquez y J. M. Fullola (eds.): *IV Simposio de Prehistoria Cueva de Nerja. La Cuenca Mediterránea durante el Paleolítico Superior, 38000-10000 años. Reunión de la VIII Comisión del Paleolítico Superior U.I.S.P.P.* Fundación Cueva de Nerja, Málaga, pp. 272-282.

SAN NICOLÁS DEL TORO, M. (1980): *Aportaciones al estudio del Arte rupestre en Murcia.* Memoria de licenciatura de la Universidad de Murcia. Inédita.

SAN NICOLÁS DEL TORO, M. (1985): "Las pinturas rupestres esquemáticas del abrigo del Pozo (Calasparra, Murcia)", *Caesaraugusta* 61-62, pp.95-118.

SAN VALERO, J. (1948a): *La Península Hispánica en el mundo neolítico,* Publicaciones del Seminario de Historia Primitiva del Hombre, Madrid.

SAN VALERO, J. (1948b): "El neolítico y la península hispánica", En *Homenaje a Julio Martínez Santa-Olalla* (III), Madrid, pp. 124-144.

SANZ DE GALDEANO, C., LOZANO, J. A y PUGA RODRÍGUEZ, E. (2008): "El 'Trías de Antequera': naturaleza, origen y estructura", *Revista de la Sociedad Geológica de España* 21(3-4), pp. 111-124.

SCHIFFER, M.B. (1972): "Archaeological Context and Systemic Context", *American Antiquity* 37 (2), pp. 156-165.

SCHIFFER, M.B. (1976): *Behavioral Archaeology,* New York, Academic Press.

S.G.E.G. (2006): *"En busca del volcán de Sierra Elvira". Sus grutas, sus cuevas termales, sus galerías...Albolote-Atarfe-Pinos Puente (Granada),* Sociedad Grupo de Espeleólogos Granadinos, Granada Subterránea III, Granada.

SILVA, C. y SOARES, J. (1981): *Pré-História da área de Sines: trabalhos arqueológicos.* Gabinete da Área de Sines. Lisboa.

SIMÓN VALLEJO, M.D. (2003): "Una secuencia con mucha Prehistoria: La Cueva de Nerja", *Mainake* XXV, pp. 249-274.

SIMÓN VALLEJO, M.D., FERNÁNDEZ DOMÍNGUEZ, E., TURBÓN BORREGA, D., CORTÉS SÁNCHEZ, M., LOZANO FRANCISCO, Mª C., VERA PELÁEZ, J.L., RIQUELME CANTAL, J.A. y SANCHIDRIÁN TORTI, J.L. (2005): "Aportaciones al conocimiento de la utilización de la cueva de Nerja como necrópolis durante el neolítico", En P. Arias, R. Ontañón y C. García Moneo, (eds.): *III Congreso del Neolítico en la Península Ibérica* (Santander, 2003), Monografías del Instituto Internacional de Investigaciones Prehistóricas de Cantabria 1, pp. 643-652.

SIRET, E. y SIRET, L. (1890): *Las primeras Edades de los Metales en el SE. de España,* Barcelona.

SIRET, L. (1907): *Villaricos y Herrerías <<Antigüedades Púnicas, Romanas, Visigodas y Árabes>>*, Memorias de la Real Academia de la Historia 14. Madrid.

SOLER DÍAZ, J.A. (ed.) (2007): *La Cova del Montgó (Xàbia, Alicante)*, Catálogo de Fondos del MARQ 7, Alicante.

SOLER GARCÍA, J.M. (1955): "El poblado de la Casa de Lara", *Revista Villena 5.*

SOLER GARCÍA, J.M. (1961): "La Casa de Lara de Villena (Alicante). Poblado de llanura con cerámica cardial", *Saitabi* XI, pp. 193-200.

SOLER GARCÍA, J.M. (1981): "El Eneolítico en Villena", *Serie arqueológica* 7, Departamento de Historia Antigua, Universidad de Valencia, pp. 1-139.

SPAHNI, J.C. (1955): "Grotte de la Campana á Piñar (Grenade, Espagne)", *Bulletin de la Société Préhistorique Française* LII, pp. 248-249.

SPAHNI, J.CH. (1957): "Révision des abris à peintures schématiques de la Sierra Harana (Province de Grenade, Espagne)", *Extrait du Bulletin de la Société Préhistorique Française* LIV (10), pp. 613-618.

SUCH, M. (1920): *Avance al estudio de la caverna "Hoyo de la Mina" en Málaga*, Boletín de la Sociedad Malagueña de Ciencias. Málaga.

TEN CARNE, R. (1979): "Un nuevo tipo de cuenta-colgante en el Neolítico catalán", *Congreso Nacional de Arqueología,* Zaragoza, pp. 135-144.

TERÁN MANRIQUE, J. y MORGADO, A. (2011): "El aprovechamiento prehistórico de sal en la Alta Andalucía. El caso de Fuente Camacho (Loja, Granada)", *Cuadernos de Prehistoria y Arqueología de la Universidad de Granada* 21, pp. 213-242.

TERRADAS, X., PIQUÉ, R., PALOMO, A., BOSCH, A., BUXÓ, R., CHINCHILLA, J., SAÑA, S., TARRÚS, J., BOGDANOVIC, I., y ROSILLO, R. (2014): "Darreres intervencions arqueològiques al poblat neolític de La Draga i a l'estany de Banyoles (Banyoles, Pla de l'Estany)", *Tribuna d'Arqueologia* 2012–2013, pp. 33-47.

TERUEL BERBEL, M.S. (1986): "Objetos de adorno en el Neolítico de Andalucía Oriental. Síntesis tipológica", *Cuaderno de prehistoria de la Universidad de Granada* 11, pp.9-26.

TIXIER, J. (1967): "Procèdes d´analyse et questions de terminologie concernant l´étude des ensambles industriels du Paléolithique récent et de l´Epipaléolithique dans l´Afrique du Nord-Ouest", En W.W. Bishop y J.D. Clark (eds.) : *Background to evolution in Africa*. University of Chicago Press, Chicago, pp. 771-820.

TORREGROSA GIMÉNEZ, P. y JOVER MAESTRE, F.J. (2011): "La historia ocupacional de Benàmer: Un yacimiento prehistórico en el fondo de la cuenca del Río Serpis", En P. Torregrosa Gimenéz, F.J. Jover Maestre y E. López Seguí (2011): *Benàmer (Muro d'Alcoi, Alicante). Mesolíticos y neolíticos en las tierras meridionales valencianas,* Serie de Trabajos Varios del SIP *112,* pp. 85-95.

TORREGROSA GIMÉNEZ, P., JOVER MAESTRE, F.J. y LÓPEZ SEGUÍ, E. (Coord.) (2011): *Benàmer (Muro d'Alcoi, Alicante). Mesolíticos y neolíticos en las tierras meridionales valencianas*, Serie de Trabajos Varios del SIP, 112.

VALDIOSERA, C., GÜNTHER, T., VERA-RODRÍGUEZ, J. C., UREÑA, I., IRIARTE, E., RODRÍGUEZ-VARELA, R., SIMÕES, L.G., MARTÍNEZ-SÁNCHEZ, R.M., SVENSSON, E.M., MALMSTRÖM, H., RODRÍGUEZ, L., BERMÚDEZ DE CASTRO, J.A., CARBONELL, E., ALDAY, A., HERNÁNDEZ VERA, J.A., GÖTHERSTRÖM, A., CARRETERO, J.M., ARSUAGA, J.L., SMITHA, C.I. y JAKOBSSON, M. (2018): "Four millennia of Iberian biomolecular prehistory illustrate the impact of prehistoric migrations at the far end of Eurasia". *Proceedings of the National Academy of Sciences of the United States of America, 115(13),* 3428–3433.

VAQUERIZO GIL, D. (1985): "La Cueva de la Murcielaguina en Priego de Córdoba, posible cueva-santuario ibérica", *Lucentum* IV, pp.115-124.

VAQUERIZO GIL, D. (1986): "Prospección Arqueológica superficial en el área de las Subbéticas Cordobesas", *Anuario arqueológico de Andalucía* 1986, pp. 86-96.

VAQUERIZO GIL, D. (1987): "Aproximación a la Arqueología en la Subbética Cordobesa", *Revista de Arqueología* 11, pp. 10-19.

VAQUERIZO GIL, D., MURILLO REDONDO, J. F. y QUESADA SANZ, F. (1991): "Protohistoria y romanización en la Subbética Cordobesa: avance de los resultados obtenidos en las prospecciones arqueológicas desarrolladas hasta 1990", *ANTIQUITAS* 2, pp. 3-16.

VAYSON DE PRADENNE, A. (1919): *Faucille préhistorique de Solferino, Étude comparative,* L´Anthropologie XXIX, París.

VERA, J.A. (Ed.) (2004): *Geología de España.* IGME.

VERA RODRÍGUEZ, J.C., GAVILÁN CEBALLOS, B., PEÑA CHOCARRO, L., CEPILLO GALVIN, J.J., MARFIL LOPERA, C., MARTÍNEZ FERNANDE M.J., RAFAEL PENCO, J.J. y SÁNCHEZ GIJARO, E. (1999): "Prehistoria", En A. Molina Expósito (Coord.): *Zuheros un recorrido por su pasado. Historia del Municipio hasta la Edad Media,* Ayuntamiento de Zuheros.

VERA, J.C., MOLINA, A., MARTÍNEZ, M.J., SÁNCHEZ, E. y RAFAEL, J.J. (2003): "El yacimiento de las Piedras Viñaeras (Zuheros, Córdoba) y la producción de brazaletes en el Neolítico Andaluz", Preactas *III Congreso del Neolítico en la Península Ibérica,* Universidad de Cantabria, Santander, pp.73-74.

VERA RODRÍGUEZ, J.C. y MARTÍNEZ FERNÁNDEZ, M. (2012): "El contexto de la producción y circulación de cerámicas y elementos de adorno en el Neolítico Antiguo del sur de Córdoba", *RUBRICATUM* 5, pp. 273-280.

VIJANDE, E. (2009): "El poblado de Campo de Hockey (San Fernando, Cádiz): resultados preliminares y líneas de investigación futuras para el conocimiento de las formaciones sociales tribales en la Bahía de Cádiz (tránsito V-IV milenios a.n.e.)", *Revista Atlántica Mediterránea de Prehistoria y Arqueología Social* 11, pp. 265-284.

VILLALBA, M.J, BAÑOLAS, L., ARENAS, J. y ALONSO, M. (1986): *Les mines neolítiques de Can Tintorer (Gavà). Excavacións 1978-1980,* Excavacions arqueològiques a Catalunya 6, Barcelona.

WALKER, M. y CUENCA, A. (1977): "Nuevas fechas de C-14 para el sector de Alicante y Murcia", *Trabajos sobre el Neógeno Cuaternario* 6, pp. 309-317.

WRIGHT, K. y GARRARD, A. (2003): "Social identities and the expansion of stone bead-making in Neolithic Western Asia: new evidence from Jordan", *Antiquity 77* (296), pp. 267-284.

WRIGHT, K.I., CRITCHLEY, P., GARRARD, A., BAIRD, D., BAINS, R. y GROOM, S. (2008): "Stone bead technologies and early craft specialization: insights from two Neolithic sites in eastern Jordan", *Levant* 40(2), pp.131-165.

WYLIE, A. (1985): "The reaction against analogy", *Advances in Arqueological method and Theory* 8, pp. 63-112.

YRAVEDRA SAINZ DE LOS TERREROS, J., MAICAS RAMOS, R., CONSUEGRA RODRÍGUEZ, S. y DÍAZ-DEL-RÍO ESPAÑOL, P. (2006): "Anillos para una mina. Industria ósea y fauna de la mina de sílex neolítica de Casa Montero (Madrid)", En M.S. Hernández Pérez, J.A. Soler Díaz y J.A. López Padilla (eds.): *IV Congreso del Neolítico Peninsular* II, pp. 240-247.

ANEXO I

Preliminary Geochemical Analysis and Provenance of Spanish Marble Sources and Neolithic Bracelets Using Portable X-Ray Fluorescence Spectrometry

Thomas J. Williams

Gault School of Archaeological Research, P.O. Box 2620, San Marcos, TX 78667-2620
tom.williams@txstate.edu

INTRODUCTION

At the request of Francisco Martínez-Sevilla of the Departamento de Prehistoria y Arqueología, Universidad de Granada, the Gault School of Archaeological Research undertook a study to evaluate the potential of using a portable X-ray fluorescence spectrometer (pXRF) for provenance studies of marble and limestone artefacts found in Southern Spain. Of specific interest was the possibility that this technique might be used to differentiate between sources and therefore material provenance analysis.

Analysis using pXRF has become a valuable tool for archaeologists investigating material culture, incorporating chemical-based studies with traditional methods as a means of examining material procurement, mobility patterns, social and group interactions and trade and exchange. Soils, ceramics, metals, rock art, and silicate rocks are the most common materials studied using pXRF and numerous research projects have been conducted into its validity (Čechák *et al.* 2007; Zhu *et al.* 2011; Wilson *et al.* 2008; Musílek *et al.* 2012; Frahm *et al.* 2013; Frahm 2013; Glascock & Ferguson 2012; Koenig *et al.* 2014). The non-destructive nature of pXRF spectrometry means that archaeologists and museum curators are more disposed to this technique over other analytical tools (X-ray Diffraction, Wet Chemistry, INAA, etc.) which typically destroy a portion or the entire sample. Sources of marble (metamorphosed limestone), metamorphic dolomite, and limestone were analysed. Marble occurs when limestone is subjected to heat and pressure and is primarily composed of $CaCO_3$. Other minerals contained within the matrix include diopside, tremolite, and actinolite. Dolomite is a rock formed from the mineral dolomite $CaMg(CO_3)_2$. Limestone has the same structure to dolomite however the major mineral is calcite $CaCO_3$ (Bonewitz 2008).

Sample

A total of 44 specimens were analysed for this study. Of these, 31 were geologic specimens from 5 separate sources. The remaining 13 specimens were Neolithic bracelets from archaeological sites. A further 27 archaeological specimens were excluded from pXRF analysis due their size as the pXRF instrument used requires samples larger than ~1 cm^3.

METHOD

Analyses were conducted using a Bruker Tracer III-SD handheld (pXRF) energy-dispersive X-ray fluorescence spectrometer equipped with a rhodium target X-ray tube and a silicon drift detector with a resolution of ca. 145 eV FWHM for 5.9 keV X-rays at 200,000 cps over an area of 10 mm^2. Data was collected using a suite of Bruker pXRF software (X-ray Ops ver. 1.2.21, and S1PXRF ver. 3.8.30) and processed using Microsoft Excel® running Bruker's empirical calibration software add-on. Monthly quality assurance checks are conducted on the spectrometer to confirm operating parameters and calibration using a Bruker standard alloy sample (40 Duplex 2205CK).

All samples were measured using high energy X-rays in order to target the minor elements suitable for source identification. Readings were taken from both sides of the specimen. Up to five readings were taken per specimen depending on size. In order to encompass the variability present in the geologic sources, the separate readings from each specimen were used for analysis, whilst the readings from the archaeological specimens were averaged for the purposes of source assignation.

High energy readings were measured at 40 keV, 36.20 μA, using a 0.3 mm aluminium/0.02 titanium filter in the X-ray path, and a 60 seconds live-count time. Peak intensities for Kαpeaks of Pb, Th, Rb, U, Sr, Y, Zr, Nb, Mo, Sn, and Sb were calculated as ratios to the compton peak of rhodium and converted to parts-per-millions (ppm) using Bruker's factory calibration for calibration for soils and sedimentary rocks. This calibration was compiled by Dr. Harry Rowe of the Texas Bureau of Economic Geology.

Data analysis was conducted using multivariate analysis to determine if homogenous groups exist within the geochemical database. Prior to analysis, data was transformed using a base-10 logarithm to remove magnitude differences. Principle component analysis, MANOVA discriminant analysis and canonical discriminant analysis were used for the verification and subsequent source assignation of archaeological artefacts.

Data analysis was conducted using Microsoft® Excel (Version 14.0.7106.5003) and JMP® Pro 10.0.0, SAS Institute Inc.

RESULTS AND DISCUSSION

Principle Component Analysis of the geologic data was first conducted using principle component analysis (PCA). This technique was used to explore relationships in the multivariate data. This type of factor analysis derives a set of uncorrelated linear combinations of the original variables whilst retaining the original information. In this respect, large datasets can be reduced to as few as two principle components for analysis. The advantage of PCA is that the data can be processed without bias. The data for the geologic specimens were analysed using PCA and the results show that principle component 1 and 2 explain 47.4% of the sample variance, which is relatively low. Figure 1a shows a plot of artefacts colour coded according to source. A loading plot (Figure 1b) shows which variables are affecting the distribution of the points in the graph by vectors indicating direction and magnitude.

The plot (Figure 1a) shows some distinctions between the geologic sources, including a marked distinction between the metamorphic dolomite (Cortijo Cevico) and the marble sources of Cerro del Moro, Sierra de Caniles, and Sierra Nevada. There is, however, significant overlap between these sources which is demonstrated in Figure 2. This is due to the low result for sample variance.

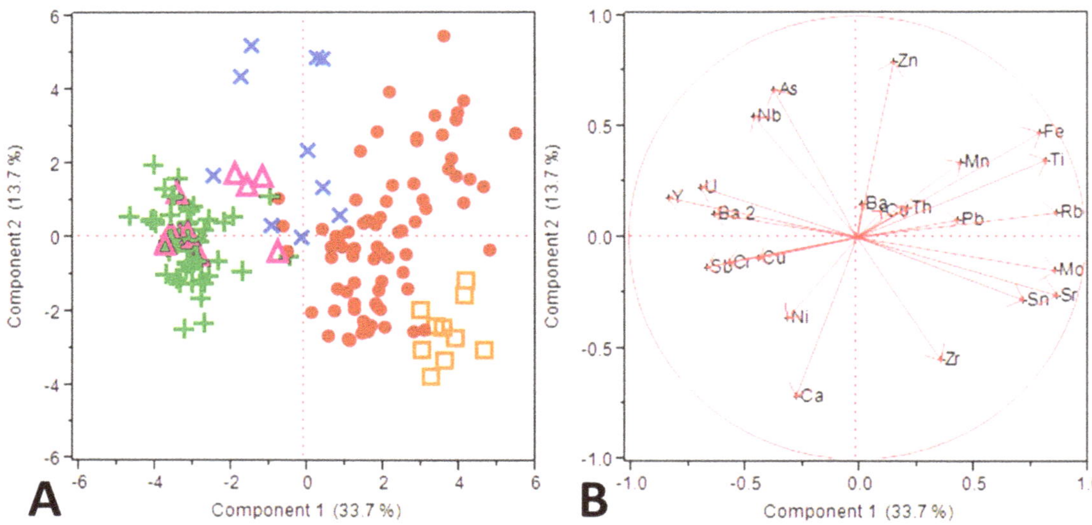

Figure 1. A: PCA analysis of geologic specimens; Cortijo Cevico (red dots); Cerro del Moro (green plusses); Sierra de Caniles (blue crosses); Sierra Nevada (orange squares); Cueva de La Serreta (purple triangles). B: PCA loading plot.

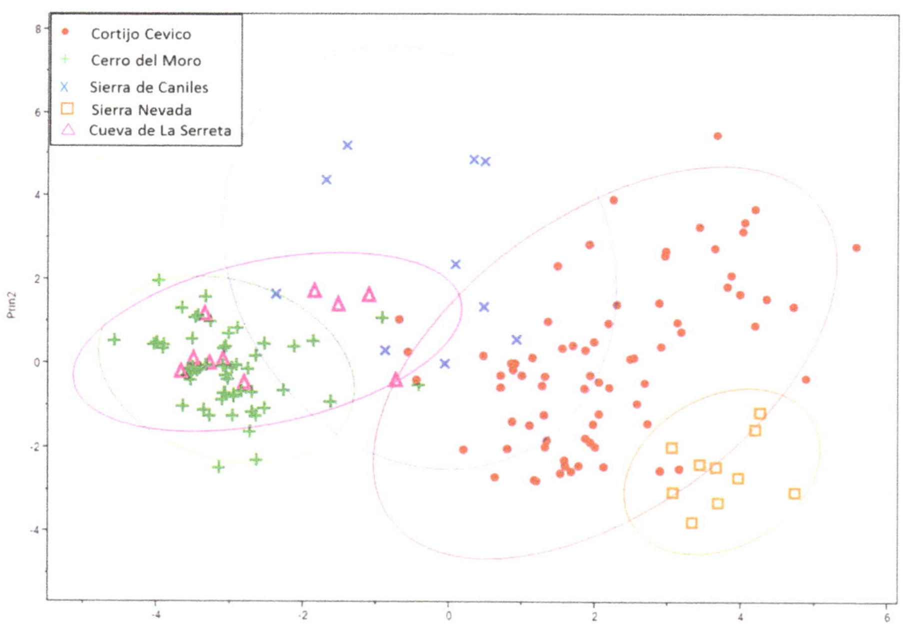

Figure 2. PCA analysis of geologic specimens. 95% confidence ellipses shown

MANOVA Analysis of the Geologic Data

With the significant overlap between the geologic sources using PCA, alternative statistical analysis was conducted. MANOVA analysis is the multivariate analysis of variance (from which the name is derived); simply stated MANOVA looks for the differences in two or more vectors (magnitude and direction) of means. It tests whether mean differences among the sources on a combination of dependent variables are likely to have occurred by chance. This is calculated by the creation of a single dependent measure from a combination of all dependent measures and maximizes the between group differences. Statistical significance can then be calculated using one or a combination of four standard multivariate tests (Pillai's Trace, Wilks'Lambda, Hotelling- Lawley Trace and Roy's Maximum Root).

The results of the MANOVA analysis are presented in Table 1. For this study the Wilks' Lambda will be used. The Wilks' Lambda value is the product of the unexplained variance on each of the discriminant function variables, representing the ratio of error variance to total variance for that variate. This value is statistically significant when it is correspondingly small when compared to the eigenvalue, therefore, the smaller the value the larger the difference between those groups being analysed.

Table 2 shows a significant Wilks' Lambda (0.000459) and the correlation between this value and the Eigenvalue (Table 2) for the first function (69.97) indicates the difference between the groups. This indicates a large difference between the geologic sources. MANOVA results can also be expressed using a canonical centroid plot (Figure 3). This plots the multivariate least-square means on the first two canonical variables formed from the test. This further highlights the differences between the geologic sources.

Test	Value	Approx. F	NumDF	DenDF	Prob>F
Wilks' Lambda	0.000459	34.3422	92	528.93	<.0001
Pillai's Trace	2.975626	17.1763	92	544	<.0001
Hotelling-Lawley	76.82473	109.9035	92	429.47	<.0001
Roy's Max Root	69.96581	413.7109	23	136	<.0001

Table 1. MANOVA analysis results

Eigenvalue	Canonical Correlation
69.9658098	0.99292936
3.33082706	0.87698188
2.50365457	0.84533055
1.02443817	0.71136193

Table 2. MANOVA analysis Eigenvalue & canonical correlation

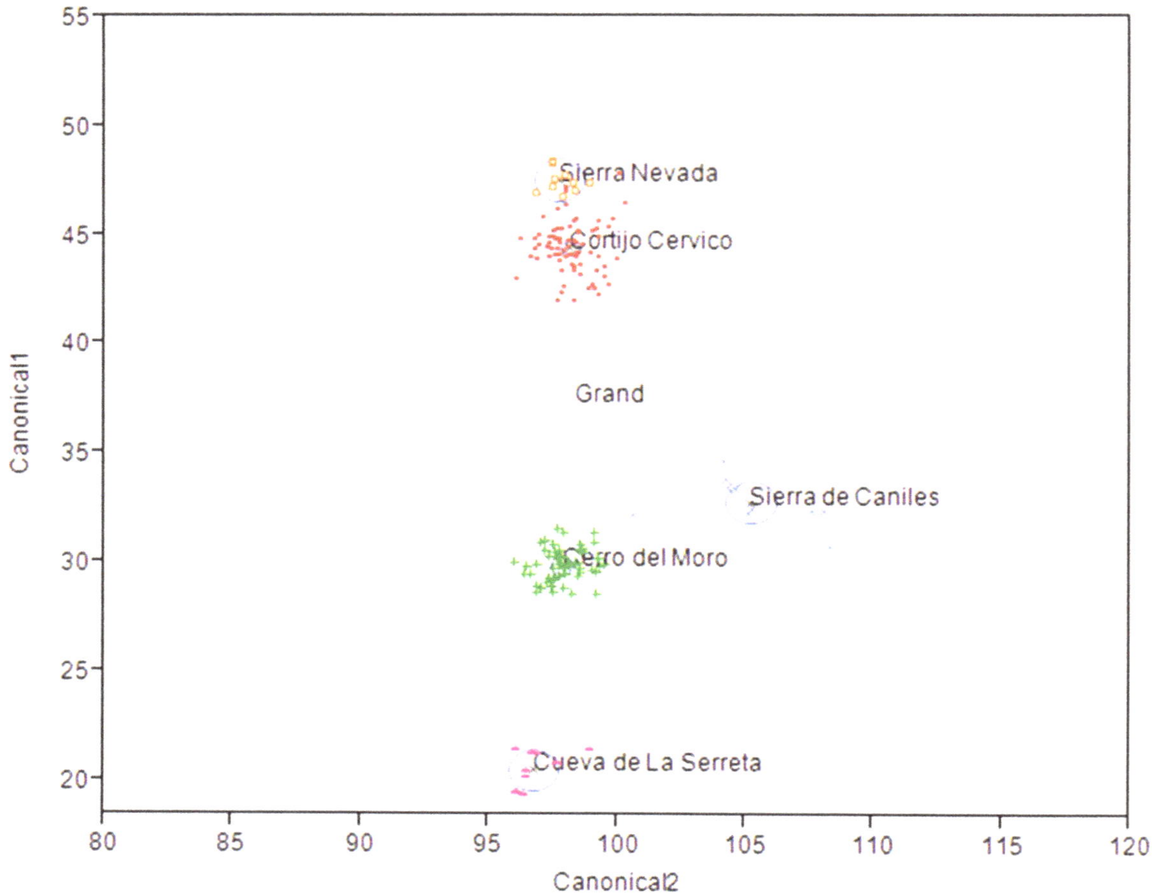

Figure 3. Canonical Centroid Plot for MANOVA analysis

Discriminant Analysis of the Geologic Data

The results of the MANOVA analysis indicate significant differences between the geologic sources. These differences can also be expressed using linear and canonical discriminant analysis. Discriminant analysis involves two different process; discrimination and classification. The first step, discrimination, involves identifying a mathematical transformation of the original values that best reveals the differences between the known groups of observations. The second step, classification, categorizes the observations (or variables) into one of the known groups.

The discriminant function, although based on principles similar to that of PCA, is a different process as it is used to summarize relationships between groups and assumes that all specimens in the dataset belong to the group to which it has been assigned. It also assumes that the pooled variance-covariance matrix is an accurate representation of the total variance and covariance of the data.

Canonical discriminant analysis is used to produce graphical results in order to demonstrate more clearly the clusters relating to each group. The linear, common covariance method is used in both of these analytical steps. The results of the canonical discriminant analysis are presented in figure 4.

The cluster separation of each geologic source using discriminant analysis supports the results of the MANOVA analysis. The second step of discriminant analysis involves the classification of each specimen. Analysis indicates a correct classification of 99.4%.

Archaeological Specimens and Provenance Analysis

The statistically significant differences expressed in the above analyses indicate the strong potential of this method to the provenance analysis of the archaeological materials. Linear and canonical discriminant analysis combines both discrimination and classification and therefore is strongly suited for material source assignation. Table 3 shows the results of the discriminant analysis. For each artefact, the probability of group assignation is calculated and a source is predicted. The result for all artefacts was a >95% confidence probability that it could be assigned to a source. A total of 10 s (76.9%) matched the Cerro del Moro marble source whilst one artefact (7.7%) from Sierra Martilla was identified as marble from the Sierra Nevada source. The remaining two artefacts (15.4%) were categorized as Cueva de La Serreta limestone. In the case of artefact 69 –CdR Coria del Rio this contradicts the original identification of this piece as marble. The results indicate a high degree of success in using pXRF for sourcing artefacts made from marble and limestone during the Neolithic in Spain. There are, however, a number of issues that would require further analysis before any in-depth study of source utilization is conducted. Specifically, the limited number of source samples available for this preliminary analysis affects the confidence of the above assignations to a source.

Figure 5 presents the canonical discriminant analysis plot of all sources and archaeological specimens. This plot highlights the difficulty of source assignation with a limited geologic sample size. Specimens 2, 3, 4, 5, 6, 9, 10, 12 all fall outside of the 95% confidence ellipses of both Cerro del Moro and Cueva de La Serreta. Whilst they are predicted to belong to a source, they do not fit within the 95% confidence of the known geochemical variability of any source. As such, it would be difficult to confidently assign these artefacts. Two possible explanations may explain these results. The first is that the full geochemical variability of each source has not been captured in this preliminary study. Further analysis may expand this variability and encompass those points outside of the ellipse to bring them within the 95% confidence. The second possibility is that there is another source of marble that is similar in composition to Cerro del Moro that has not yet been identified. If this is the case artefact source assignation may change.

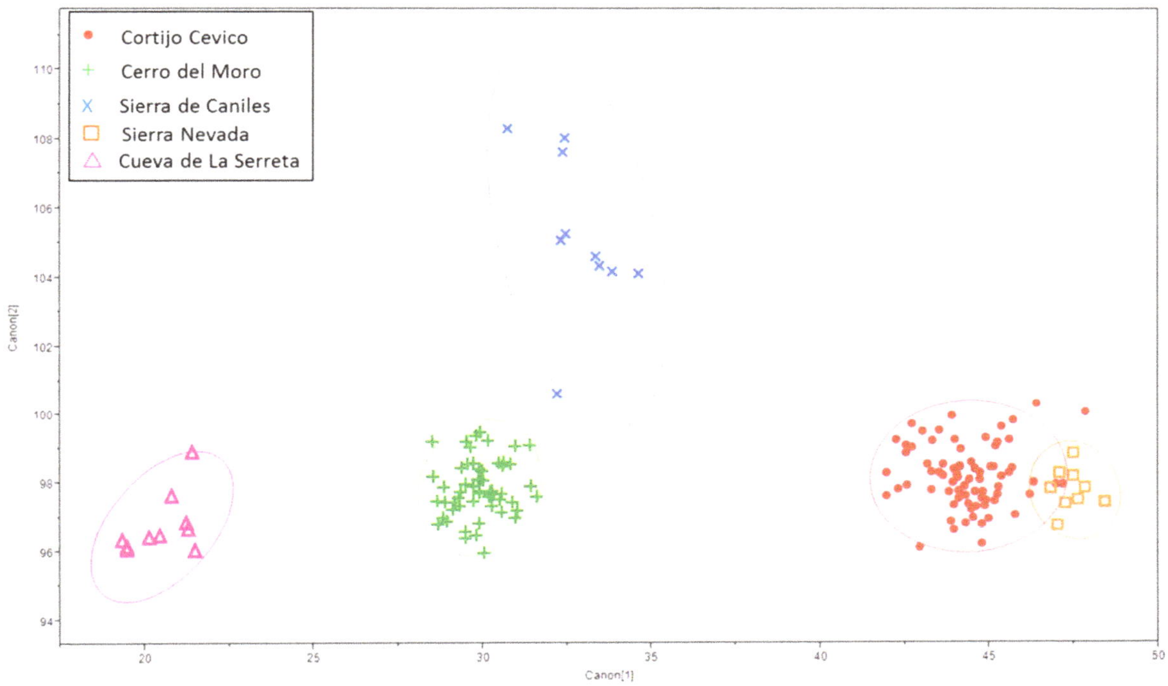

Figure 4. Canonical discriminant analysis plot of the geologic sources. 95% confidence ellipses shown

ID	Site	Material*	Prob [Cerro del Moro]	Prob [Cortijo Cervico]	Prob [Cueva de La Serreta]	Prob [Sierra de Caniles]	Prob [Sierra Nevada]	Pred Source
32 - CdLP	Cueva de La Pastora	Marble	100%	0%	0%	0%	0%	Cerro del Moro
33 - CdLP	Cueva de La Pastora	Marble	100%	0%	0%	0%	0%	Cerro del Moro
34 - CdLP	Cueva de La Pastora	Marble	100%	0%	0%	0%	0%	Cerro del Moro
40 - SLJ-11	Sima LJ-11	Marble	100%	0%	0%	0%	0%	Cerro del Moro
48 - Majo	Majolicas	Marble	96%	0%	4%	0%	0%	Cerro del Moro
51 - Majo	Majolicas	Marble	100%	0%	0%	0%	0%	Cerro del Moro
58 - SM	Sierra Martilla	¿?	0%	0%	0%	0%	100%	Sierra Nevada
61 - 14F	14 Fanegas	Marble	100%	0%	0%	0%	0%	Cerro del Moro
63 - LC	Los Castillejos	Marble	100%	0%	0%	0%	0%	Cerro del Moro
66 - CV	Cerro Virtud	Limestone	0%	0%	100%	0%	0%	Cueva de La Serreta
67 - CdlV	Cueva de las Ventanas	Marble	100%	0%	0%	0%	0%	Cerro del Moro
69 - CdR	Coria del Río	Marble	0%	0%	100%	0%	0%	Cueva de La Serreta
70 - CdLM	Cueva de Los Molinos	Marble	100%	0%	0%	0%	0%	Cerro del Moro
*Original identification								

Table 3. Results of discriminant analysis

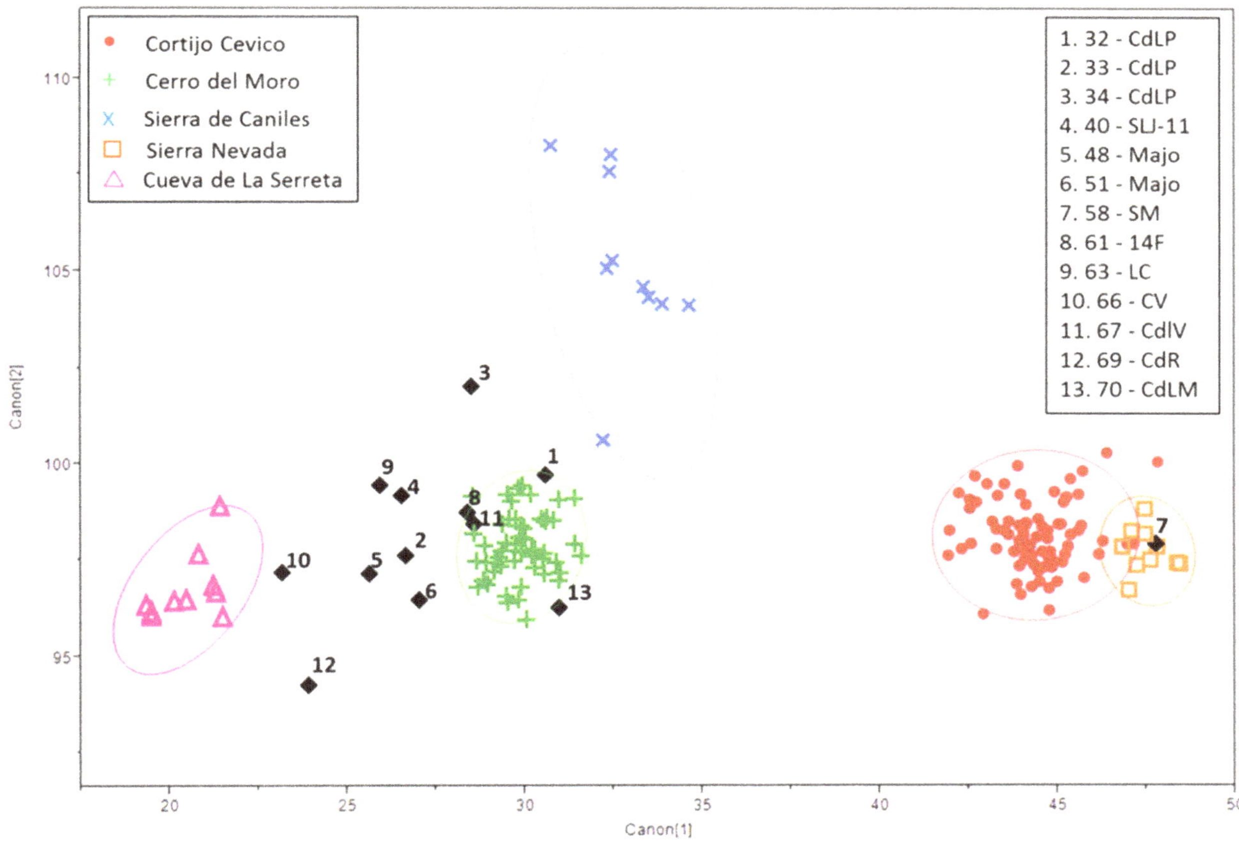

Figure 5. Canonical discriminant analysis plot of geologic sources and archaeological specimens. 95% confidence ellipses shown.

ID	Site	Material	Prob [Cerro del Moro]	Prob [Cortijo Cervico]	Prob [Cueva de La Serreta]	Prob [Sierra de Caniles]	Prob [Sierra Nevada]	Pred Region
32 - CdLP	Cueva de La Pastora	Marble	100%	0%	0%	0%	0%	Cerro del Moro
58 - SM	Sierra Martilla	¿?	0%	0%	0%	0%	100%	Sierra Nevada
61 - 14F	14 Fanegas	Marble	100%	0%	0%	0%	0%	Cerro del Moro
67 - CdlV	Cueva de las Ventanas	Marble	100%	0%	0%	0%	0%	Cerro del Moro
70 - CdLM	Cueva de Los Molinos	Marble	100%	0%	0%	0%	0%	Cerro del Moro

Table 4. Artefacts that are assigned to source with >95% probability and within 95% confidence

CONCLUSION

This preliminary investigation into the possibility of using portable X-Ray Fluorescence spectrometry for marble provenance studies has demonstrated the validity of this technique. Analysis of the geologic sources demonstrates a strong statistical difference between the 5 major sources identified in Spain and by using linear discriminant analysis; it is possible to source artefacts to their original outcrops. Results from the archaeological specimens indicate that three sources were utilized for raw material procurement and the manufacture of Spanish Neolithic bracelets. It is important to recognize the potential of this type of material analysis and its implications for a wide range of research projects including procurement studies, landscape use, and mobility patterns. Wider interpretations of the data, however, should be supported with both temporal and spatial studies. The major recommendation which should be made for any future research using pXRF analysis concerns the necessity for more geologic samples. A larger geologic database should be constructed, to not only enhance the current sources identified, but to also study other possible sources of material both within the region and from sources further afield. This would address the issues encountered in this preliminary study and should increase the ability to assign artefacts to source. By incorporating these points into any future research designs, pXRF analysis can play a major role in the interpretation of material procurement and use during the production of marble bracelets during the Spanish Neolithic.

REFERENCES

BONEWITZ, R.L., (2008): Rocks & Minerals: The Definitive Visual Guide, London: Dorling Kindersley.

ČECHÁKA, T., HLOŽEKB, M., MUSÍLEKA, L. & TROJEKA, T. (2007): "X-ray fluorescence in investigations of archaeological finds", *Nuclear Instruments and Methods in Physics Research Section B: Beam Interactions with Materials and Atoms* 263 (1), pp.54–57.

FRAHM, E., (2013): "Validity of "off-the-shelf"handheld portable XRF for sourcing Near Eastern obsidian chip debris", *Journal of Archaeological Science* 40 (2), pp.1080–1092.

FRAHM, E., DOONAN, R. & KILIKOGLOU, V., (2013): "Handheld Portable X-Ray Fluorescence of Aegean Obsidians", *Archaeometry* 56 (2), pp. 228-260.

GLASCOCK, M.D. & FERGUSON, J.R., (2012): Report on the Analysis of Obsidian Source Samples by Multiple Analytical Methods, University of Missouri Research Reactor, Columbia.

KOENIG, C. W., CASTAÑEDA, A. M., BOYD, C. E., ROWE, M. W., & STEELMAN, K. L. (2014) "Portable X-Ray Fluorescence Spectroscopy of Pictographs: A Case Study From the Lower Pecos Canyonlands, Texas", *Archaeometry* 56, pp.168-186.

MUSÍLEK, L., CECHÁK, T. & TROJEK, T., (2012): "X-ray fluorescence in investigations of cultural relics and archaeological finds". *Applied radiation and isotopes : including data, instrumentation and methods for use in agriculture, industry and medicine* 70 (7), pp.1193–202.

WILSON, C. A., DAVIDSON, D. A. & CRESSER, M.S., (2008): "Multi-element soil analysis: an assessment of its potential as an aid to archaeological interpretation", *Journal of Archaeological Science* 35 (2), pp.412–424.

ZHU, Y., WEINDORF, D.C. & ZHANG, W., (2011): "Characterizing soils using a portable X-ray fluorescence spectrometer: 1. Soil texture", *Geoderma* 167-168, pp.167–177.

ANEXO II
Recuento de brazaletes por yacimientos

Yacimiento	Tipo	Zona	Acabados	Proceso	Anchos	Medios	Estrechos	Mármol	Caliza	Pizarra/Esquisto	B. Decorados	Abr. circular int.	Rep./Reu.	Cerámica cardial	Referencia
Cueva de la Murcielaguina (Priego de Córdoba)	Cueva	Andalucía	21	.	1	17	3	21	.	.	1	.	.	.	
Cueva de los Mármoles (Priego de Córdoba)	Cueva	Andalucía	67	15	5	13	7	23	4	1	6	.	.	.	(Gavilán 1989b)
Torreón del Esparragal (Esparragal)	Asentamiento	Andalucía	2	.	2	.	.	.	2	.	.	.	.	.	
La Mesa (Fuente Tojar)	Asentamiento	Andalucía	23	.	4	1	.	.	22	1	2	.	.	.	(Delgado 1997)
Cueva de los Botijos (Benalmádena)	Cueva	Andalucía	15	.	14	.	1	14	.	1	10	.	3	.	
Las Angosturas (Gor)	Asentamiento	Andalucía	2	4	.	.	2	1	1	.	.	.	.	.	
Cueva de los Tajos (Pinos Puente)	Cueva	Andalucía	1	.	1	.	.	1	.	.	1	.	.	.	
Las Catorce Fanegas (Chauchina)	Asentamiento	Andalucía	1	2	.	.	1	.	1	.	.	.	.	.	
Sima LJ-11 (Salar de Loja)	Cueva	Andalucía	2	.	2	.	.	2	.	.	1	.	.	.	
Cueva de Malarmuerzo (Moclín)	Cueva	Andalucía	1	.	.	.	1	.	.	1	.	.	.	X	
Las Majolicas (Alfacar)	Cueva	Andalucía	10	.	2	2	5	5	2	3	4	.	2	X	
Cueva de la Pastora (Caniles)	Cueva	Andalucía	14	4	2	2	8	3	8	3	.	.	.	.	
Cueva del Castillico (Cobdar)	Cueva	Andalucía	7	.	.	.	7	.	1	1	.	1	2	.	(Navarrete 1976)
Cerro Virtud (Cuevas de Almanzora)	Asentamiento	Andalucía	46	7	.	.	.	.	.	.	.	2	4	.	
Cabecicos Negros (Vera)	Asentamiento	Andalucía	104	28	3	7	94	.	.	.	.	.	.	X	(Cámalich y Martin 1999)
Cueva de la Carigüela (Piñar)	Cueva	Andalucía	41	2	3	22	14	4	1	3	2	.	.	X	(Navarrete 1976)
Cueva del Agua (Prado Negro)	Cueva	Andalucía	70	.	4	3	63	9	60	1	2	.	.	.	
El Peñón de Salobreña (Salobreña)	Asentamiento	Andalucía	1	.	.	1	.	1	.	.	.	.	.	.	
Sima del Carburero (Alhama de Granada)	Cueva	Andalucía	1	.	1	.	.	1	.	.	1	.	.	.	
Sima del Conejo (Alhama de Granada)	Cueva	Andalucía	2	.	2	.	.	2	.	.	.	.	.	X	
Cueva de las Ventanas (Piñar)	Cueva	Andalucía	22	.	1	.	21	1	21	.	.	.	.	X	

Yacimiento	Tipo	Zona	Acabados	Proceso	Anchos	Medios	Estrechos	Mármol	Caliza	Pizarra/Esquisto	B. Decorados	Abr. circular int.	Rep./Reu.	Cerámica cardial	Referencia
Cueva de los Molinos (Alhama de Granada)	Cueva	Andalucía	6	.	3	2	.	1	5	.	4	.	.	.	(Navarrete *et al.* 1985)
Los Castillejos (Montefrío)	Asentamiento	Andalucía	86	7	5	.	8	.	13	4	1	.	3	X	
Cueva de la Pulsera (Antequera)	Cueva	Andalucía	12	.	11	1	.	12	.	.	11	.	1	.	
Cueva de la Calamorro o Toro (Benalmádena)	Cueva	Andalucía	1	.	.	1	.	1	.	.	.	.	.	.	
Hoyo de la Mina (La Cala del Moral)	Cueva	Andalucía	36	.	27	6	1	35	.	1	10	.	1	.	
Cueva de Nerja (Maro)	Cueva	Andalucía	26	.	12	1	13	3	2	1	5	.	1	.	(Pellicer 1997; Aura *et al.* 2013)
Cueva de la Solapilla (Mollina)	Cueva	Andalucía	2	.	2	.	.	2	.	.	.	.	1	X	
Cueva Tapada (Torremolinos)	Cueva	Andalucía	5	.	2	1	2	4	.	1	.	.	.	.	
Cueva Victoria (La Cala del Moral)	Cueva	Andalucía	3	.	3	.	.	2	.	.	3	.	.	.	(Jiménez 1946)
Cueva del Gato (Benaoján)	Cueva	Andalucía	11	.	2	3	6	2	.	.	1	.	4	.	(Mora-Figueroa 1976)
Cueva Hostal Guadalupe (Torremolinos)	Cueva	Andalucía	1	.	1	.	.	1	.	.	.	.	1	.	
Llano Espada (Teba)	Asentamiento	Andalucía	1	1	.	.	1	.	.	.	.	.	.	.	(Morgado y Martinez 2005)
Valle de Abdalajis	Asentamiento	Andalucía	1	1	.	1	.	.	.	.	.	.	.	.	
Cabezo de la Raja Ortega (Garrucha)	Asentamiento	Andalucía	Ind.	Ind.	.	.	.	.	.	.	1	.	2	.	(Siret y Siret 1890; Deramaix, 1992)
Cueva de La Dehesilla (Jerez de la Frontera)	Cueva	Andalucía	10	.	.	8	2	8	1	1	.	.	.	X	(Acosta y Pellicer 1990)
Cerro Almanzora (Cantoria)	Asentamiento	Andalucía	Ind.	2	.	.	.	.	.	.	.	.	.	.	(Martínez *et al.* 2000)
El Charcón (Alozaina)	Asentamiento	Andalucía	Ind.	.	.	.	.	.	.	.	1	.	.	X	(Fernández y Márquez 1999)
Hornos de Segura	Asentamiento	Andalucía	2	.	.	.	2	.	.	.	.	.	.	.	(Maluquer 1974)
El Garcel (Antas)	Asentamiento	Andalucía	Ind.	Ind.	.	.	.	.	.	.	.	.	.	.	(Siret y Siret 1890; Gossé 1941; Deramaix 1992)
Cerro Cuartillas (Mojacar)	Asentamiento	Andalucía	Ind.	Ind.	.	.	.	.	.	.	.	.	.	.	(Siret y Siret 1890, 24)
El Argar y La Gerundia (Antas)	Asentamiento	Andalucía	Ind.	Ind.	.	.	.	.	.	.	.	.	.	.	(Siret y Siret 1890; Deramaix 1992)
Cerro del Cortijo de Gatas (Turre)	Asentamiento	Andalucía	Ind.	Ind.	.	.	.	.	.	.	.	.	.	.	(Goñi *et al.* 2003)
La Molaina (Pinos puente)	Asentamiento	Andalucía	1	2	.	.	.	3	.	.	.	.	.	.	(Sáez y Martínez 1981)

Yacimiento	Tipo	Zona	Acabados	Proceso	Anchos	Medios	Estrechos	Mármol	Caliza	Pizarra/Esquisto	B. Decorados	Abr. circular int.	Rep./Reu.	Cerámica cardial	Referencia
Las Piedras Viñaeras (Zuheros)	Asentamiento	Andalucía	.	80	.	.	.	.	.	.	.	.	.	.	(Vera y Martínez 2012)
El Vínculo (Lobres)	Asentamiento	Andalucía	.	1	.	.	.	.	.	.	.	.	.	.	
Cueva de Los Murciélagos (Zuheros)	Cueva	Andalucía	63	3	.	.	.	53	9	.	3	.	.		(Vera y Martínez 2012)
Cueva Ambrosio (Vélez Blanco)	Cueva	Andalucía	2	.	1	.	1	.	.	.	1	.	.	.	(Jiménez 1962)
Cueva de la Mujer (Alhama de Granada)	Cueva	Andalucía	1	.	.	.	.	.	.	.	.	.	.	.	(Pellicer 1964)
Cueva de las Campanas (Gualchos)	Cueva	Andalucía	1	.	.	.	1	.	.	.	.	.	.	.	(Mengíbar *et al.* 1983)
Cueva de Los Murciélagos (Albuñol)	Cueva	Andalucía	3	.	.	3	.	.	2	.	.	.	.	.	(Góngora 1868; López 1980)
Cortijo Cevico (Ventorros de San José)	Asentamiento	Andalucía	.	442	.	.	.	.	.	.	.	.	.	.	
Cortijo Higuera Alta (Ventorros de San José)	Asentamiento	Andalucía	.	1	.	.	.	.	.	.	.	.	.	.	
El Cabezo de Lebrija (Lebrija)	Asentamiento	Andalucía	1	.	.	.	.	1	.	.	.	.	.	X	(Caro *et al.* 1986)
Los Álamos (Río Corbones)	Asentamiento	Andalucía	1	.	.	.	.	.	1	.	.	.	.	X	(Fernández y Gavilán 1995)
Cueva del Higuerón (La Cala del Moral)	Cueva	Andalucía	4	.	3	1	1	1	.	.	1	.	1	X	(Cacho y López 1979)
Las Palas y la Era (Herrerías)	Asentamiento	Andalucía	19	5	.	.	.	.	.	.	.	.	.	.	(Román y Maicas 2002)
Castillo de Doña Mencía (Doña Mencía)	Asentamiento	Andalucía	9	.	.	.	.	.	1	.	.	.	.	.	(Muñiz *et al.* 2010)
Rambla de Santa Elena (Padul)	Asentamiento	Andalucía	1	.	.	.	.	.	.	.	.	.	.	.	(Carrasco 1998)
Loma Lombriz II (Rio Corbones)	Asentamiento	Andalucía	1	.	.	.	.	.	.	.	.	.	.	.	(Fernández y Gavilán 1995)
Cerro de los Infantes (Pinos Puente)	Asentamiento	Andalucía	1	.	.	.	1	1	.	.	.	.	.	.	
Cueva del Toro (Antequera)	Cueva	Andalucía	19	.	15	2	2	.	.	.	12	.	2	.	(Martín *et al.* 2004)
Cerro de la Higuera (Teba)	Asentamiento	Andalucía	1	.	.	1	.	.	1	.	.	.	.	.	(Espejo *et al.* 2013)
Cueva del Algarrobo (Alozaina, Málaga)	Cueva	Andalucía	3	.	3	.	.	.	.	.	1	.	.	.	(Navarrete 1976)
Simas de la Veredilla (Benaocaz, Cádiz)	Cueva	Andalucía	5	.	4	.	1	5	.	.	4	.	.	.	(Guerrero, 1985)
El Marmotal (Fuente Camacho)	Asentamiento	Andalucía	1	.	1	.	.	1	.	.	1	.	.	.	(Gámiz 1996)
Tajo de Los Pollos (Cogollos Vega)	Asentamiento	Andalucía	1	.	1	.	.	.	.	.	.	.	.	.	

Yacimiento	Tipo	Zona	Acabados	Proceso	Anchos	Medios	Estrechos	Mármol	Caliza	Pizarra/Esquisto	B. Decorados	Abr. circular int.	Rep./Reu.	Cerámica cardial	Referencia
Tajos de la Mora (Cogollos Vega)	Asentamiento	Andalucía	2	.	.	.	2	.	.	2	.	.	.	.	
Los Abriguitos (Montecorto)	Asentamiento	Andalucía	1	.	.	.	.	.	.	.	.	.	.	.	(Com. Pers. P. Aguayo de Hoyos)
Acinipo (Ronda)	Asentamiento	Andalucía	1	.	.	.	.	.	.	.	.	.	.	.	(Com. Pers. P. Aguayo de Hoyos)
Cueva de las Palomas (Teba)	Cueva	Andalucía	Ind.	.	.	.	.	.	.	.	.	.	.	.	(Ferrer y Marques 1975)
Cueva Sepulcral del Cortijo del Canal (Albolote)	Cueva	Andalucía	1	.	.	.	.	.	1	.	.	.	.	.	(Navarrete *et al.* 1999)
Cueva CV-3 (Cogollos Vega)	Cueva	Andalucía	2	.	2	.	.	2	.	.	1	.	.	.	(Navarrete *et al.* 1983)
El Abrigo 6 del complejo del Humo (La Araña)	Cueva	Andalucía	3	.	1	.	2	.	.	.	1	.	1	X	(Ramos 2004)
Cueva del Pecho Redondo (Marbella)	Cueva	Andalucía	3	.	2	1	.	.	.	.	.	.	.	.	(Posac 1973)
Cueva Chica de Santiago (Cazalla de la Sierra)	Cueva	Andalucía	Ind.	.	.	.	.	.	.	.	.	.	.	.	(Acosta 1986)
El yacimiento de Guta, San Joaquín y Venegas III (Castro del Río)	Asentamiento	Andalucía	5	.	.	.	.	.	.	.	.	.	.	.	(Carrilero y Martínez 1985)
Cueva del Nacimiento (Santiago-Pontones)	Cueva	Andalucía	1	.	.	.	1	.	.	.	.	.	.	.	(Asquerino y López 1981)
Freginal (La Torre de les Massanes)	Asentamiento	Levante	2	.	2	.	.	.	2	.	.	.	.	.	
La Muela (Anna)	Asentamiento	Levante	1	.	.	1	.	.	1	.	.	.	.	.	(Pascual 1998; Aparicio y San Valero 1977)
Mas Nou (Ares del Maestre)	Asentamiento	Levante	2	.	.	1	1	.	2	.	.	.	.	.	
Canyaret (Bocairent)	Asentamiento	Levante	1	.	.	1	.	.	1	.	.	.	.	.	
Cova de les Cendres (Teulada)	Cueva	Levante	4	.	.	2	2	.	2	2	.	.	.	X	
El Calvari (Muro)	Asentamiento	Levante	1	.	.	.	1	.	1	.	.	.	1	.	(Pascual 1998)
L´Arpella (Muro)	Asentamiento	Levante	1	.	.	1	.	.	1	.	.	.	1	.	
Cueva Torre del Mal Paso (Castellnovo)	Cueva	Levante	1	.	.	1	.	.	1	.	.	.	.	.	
Mas del Pla (Mas del Pla)	Asentamiento	Levante	2	.	.	1	1	.	2	.	.	.	.	.	
Cova de La Recambra (Real de Gandía)	Cueva	Levante	2	.	1	.	1	1	1	.	1	.	.	.	(Pascual 1998)
Vinalopó 10 (Banyeres)	Asentamiento	Levante	1	.	.	.	1	.	1	.	.	.	.	.	(Pascual 1998)

Yacimiento	Tipo	Zona	Acabados	Proceso	Anchos	Medios	Estrechos	Mármol	Caliza	Pizarra/Esquisto	B. Decorados	Abr. circular int.	Rep./Reu.	Cerámica cardial	Referencia
El Molí Roig (Banyeres de Mariola)	Asentamiento	Levante	2	.	.	2	.	.	2	.	.	.	.	.	
Cova del Brarranc Fondo (Xátiva)	Cueva	Levante	3	.	.	.	3	.	2	1	.	.	.	X	(García Borja *et al.* 2015)
Cova de la Sarsa (Bocairent)	Cueva	Levante	19	.	1	2	13	.	5	11	.	10	8	X	(Pascual 1998)
Cova Fosca(Ares)	Cueva	Levante	12	.	3	2	4	7	.	1	1	.	2	.	(Pascual 1998)
Cova d l´Or (Beniarrés)	Cueva	Levante	29	.	5	6	18	5	10	14	.	10	7	X	
La Berdana (Rojales)	Asentamiento	Levante	2	.	1	.	.	1	.	.	.	.	.	.	(Pascual 1998)
Ereta del Pedregral (Navarres)	Asentamiento	Levante	1	.	.	1	.	.	1	.	.	.	.	.	
Cova Ampla del Montgó (Xábia)	Cueva	Levante	2	.	1	.	1	1	.	1	1	.	.	X	(Soler Díaz 2007; Pascual Benito 1998)
Cueva-Sima de la Serreta (Cieza)	Cueva	Levante	14	93	1	4	7	2	10	2	.	2	2	.	
Benàmer (Muro)	Asentamiento	Levante	2	.	.	1	1	.	1	1	.	.	.	.	(Jover 2011)
Cova de les Bruixes (Rosell)	Cueva	Levante	Ind.	.	.	.	.	.	.	.	.	.	.	.	(Mesado Oliver 2005)
Cova Negra (Montanejos)	Cueva	Levante	1	.	.	.	1	.	1	.	.	.	.	.	(Mesado Oliver 2005)
Abrigos del Pozo (Calasparra)	Cueva	Levante		3	.	.	.	.	3	.	.	.	.	.	(Martínez Sánchez 1994)
Cova del Vidre (Roquetes)	Cueva	Levante	Ind.	.	.	.	.	.	.	.	.	.	.	.	(Oliva Poveda 2012)
La Macolla (Villena)	Asentamiento	Levante	1	.	.	.	.	.	1	.	.	.	.	.	(Soler García 1981)
Casa de Lara (Villena)	Asentamiento	Levante	2	1	.	.	.	.	.	.	.	.	.	X	(Soler García 1981)
Camí de Alfogàs (Bélgida)	Asentamiento	Levante	1	.	.	.	.	.	1	.	.	.	.	.	(Jornet 1929)
Bancalico Moros (Redován)	Asentamiento	Levante	1	.	.	.	.	.	1	.	.	.	.	.	(Ros 1980; Pascual 1998)
Pla dels Dubots (Benifallim)	Asentamiento	Levante	1	.	.	.	.	.	1	.	.	.	.	.	(Pascual 1998)
El Molí (Torre de Massanes)	Asentamiento	Levante	1	.	.	.	.	.	1	.	.	.	.	.	(Pascual 1998)
La Muntanya Assolada (Alzira)	Asentamiento	Levante	2	.	.	.	.	.	.	.	.	.	.	.	(Martí 1981)
Cercat de Gaianes (Gaianes)	Asentamiento	Levante	1	.	.	.	.	.	.	.	.	.	.	.	(Rubio 1987)
Limoneros II-III (Elche)	Asentamiento	Levante	Ind.	.	.	.	.	.	.	.	.	.	.	.	(Barciela *et al.* 2014)

Yacimiento	Tipo	Zona	Acabados	Proceso	Anchos	Medios	Estrechos	Mármol	Caliza	Pizarra/Esquisto	B. Decorados	Abr. circular int.	Rep./Reu.	Cerámica cardial	Referencia
Mas de Pepelillo (Agullent)	Asentamiento	Levante	2	.	.	1	1	.	.	2	.	.	.	.	(Pascual Benyto *et al.* 2016)
Cueva de La Vaquera (Torreiglesias)	Cueva	Resto de la Península	8	.	1	.	7	.	.	.	.	.	.	.	(Estremera 2003)
La Revilla del Campo (Ambrona)	Asentamiento	Resto de la Península	1	.	.	.	.	.	.	.	.	.	.	.	(Rojo Guerra *et al.* 2006)
El Portalón de Cueva Mayor (Atapuerca)	Asentamiento	Resto de la Península	2	.	1	.	1	2	.	.	1	.	.	.	(Ortega *et al.* 2006)
La Lampara (Ambrona)	Asentamiento	Resto de la Península	Ind.	.	.	.	.	.	.	.	.	.	.	.	(Rojo Guerra *et al.* 2012)
Algar do Bom Santo (Portugal)	Cueva	Resto de la Península	Ind.	.	.	.	.	.	.	.	.	.	.	.	(Carvalho 2007)
Valada do Mato (Évora)	Asentamiento	Resto de la Península	1	.	.	.	1	.	.	1	.	.	.	X	(Diniz 2007;2012)
La Valldany (Oliana)	Cueva	Resto de la Península	2	.	1	1	.	.	.	.	.	.	.	X	(Cura *et al*, 1979)
Salema (Portugal)	Asentamiento	Resto de la Península	1	.	1	.	.	.	.	.	.	.	.	.	(Silva y Soares 1981)
La Motilla del Azuer (Daimiel)	Asentamiento	Resto de la Península	1	.	.	.	.	.	.	.	.	.	.	.	(Com. Pers. F. Molina)
Arenero de Valdivia (Useres)	Asentamiento	Resto de la Península	1	.	.	.	1	.	.	1	.	.	.	.	(Antona 1986)
El Torrollón I (Usón)	Asentamiento	Resto de la Península	2	.	.	.	.	.	.	.	.	.	.	.	(Rey 1987)
La Deseada (Rivas-Vaciamadrid)	Asentamiento	Resto de la Península	1	.	.	.	1	.	1	.	.	.	.	.	(Díaz Del Río y Consuegra 1999)
Xarez 4 (Évora)	Asentamiento	Resto de la Península	1	.	.	.	.	.	.	.	.	.	.	.	(Gonçalves 2002)

ANEXO III
Inventario de brazaletes acabados

Nº	Yacimiento	Litología	A.	G.	D. Int.	D. Ext.	Ocre	Nº L.	Rep.	M. cir.	Situación/Ref.
1	C. Murcielaguina	Mármol	7	5,5	50	61	X	.	.	.	M. Priego Córdoba
2	C. Murcielaguina	Mármol	10	5	65	75	X	.	.	.	M. Priego Córdoba
3	C. Murcielaguina	Mármol	11	5	70	80	X	.	.	.	M. Priego Córdoba
4	C. Murcielaguina	Mármol	10	5	62	72	X	.	.	.	M. Priego Córdoba
5	C. Murcielaguina	Mármol	12	5,5	60	71	.	.	.	.	M. Priego Córdoba
6	C. Murcielaguina	Mármol	11	5	71	81	.	.	.	.	M. Priego Córdoba
7	C. Murcielaguina	Mármol	15	5,5	65	76	.	.	.	.	M. Priego Córdoba
8	C. Murcielaguina	Mármol	14	6	70	82	.	.	.	.	M. Priego Córdoba
9	C. Murcielaguina	Mármol	16	6	70	82	X	.	.	.	M. Priego Córdoba
10	C. Murcielaguina	Mármol	15	6	72	84	X	.	.	.	M. Priego Córdoba
11	C. Murcielaguina	Mármol	15	6	76	86	.	.	.	.	M. Priego Córdoba
12	C. Murcielaguina	Mármol	15	6	70	82	.	.	.	.	M. Priego Córdoba
13	C. Murcielaguina	Mármol	19	4	59	67	X	2	.	.	M. Priego Córdoba
14	C. Murcielaguina	Mármol	31	4	74	82	.	.	.	.	M. Priego Córdoba
15	C. Murcielaguina	Mármol	15	5,5	75	86	.	.	.	.	M. Priego Córdoba
16	C. Murcielaguina	Mármol	11	6	60	72	X	.	.	.	M. Priego Córdoba
17	C. Murcielaguina	Mármol	15	4,5	50	59	.	.	.	.	M. Priego Córdoba
18	C. Mármoles	Mármol	9	5	62	72	X	.	.	.	M. Priego Córdoba
19	C. Mármoles	Mármol	9	6	56	68	.	.	.	.	M. Priego Córdoba
20	C. Mármoles	Caliza	4	6	76	88	.	.	.	.	M. Priego Córdoba
21	C. Mármoles	Mármol	9	4,5	52	61	.	.	.	.	M. Priego Córdoba
22	C. Mármoles	Mármol	9	5,5	56	67	.	.	.	.	M. Priego Córdoba
23	C. Mármoles	Mármol	12	12	48	72	.	.	.	.	M. Priego Córdoba
24	C. Mármoles	Mármol	9	5	41	51	.	.	.	.	M. Priego Córdoba
25	C. Mármoles	Caliza	13	8	64	80	.	.	.	.	M. Priego Córdoba
26	C. Mármoles	Mármol	12	7	55	69	.	.	.	.	M. Priego Córdoba
27	C. Mármoles	Mármol	14	6	68	80	.	.	.	.	M. Priego Córdoba

Abreviaturas: M. cir. (Abrasión circular interior); Rep. (Reparación/Reutilización); A. (Altura); G. (Grosor); D. Int. (Diámetro interior); D. Ext. (Diámetro exterior); Nº L. (Número y decoración con línea paralelas) y C. (Cueva). Todas las medidas están expresadas en milímetros (mm).

Nº	Yacimiento	Litología	A.	G.	D. Int.	D. Ext.	Ocre	Nº L.	Rep.	M. cir.	Situación/Ref.
28	C. Mármoles	Mármol	17	5	79	89	.	.	.	.	M. Priego Córdoba
29	C. Mármoles	Mármol	23	4	63	71	.	1	.	.	M. Priego Córdoba
30	C. Mármoles	Mármol	20	6	65	77	.	.	.	.	M. Priego Córdoba
31	C. Mármoles	Mármol	16	6	73	85	.	.	.	.	M. Priego Córdoba
32	C. Mármoles	Pizarra/Esquisto	3	13	54	79	.	.	.	.	M. Priego Córdoba
33	C. Mármoles	Mármol	16	4	54	62	.	.	.	.	M. Priego Córdoba
34	C. Mármoles	Caliza	29	7	84	98	.	.	.	.	M. Priego Córdoba
35	C. Mármoles	Mármol	15	4	44	52	.	.	.	.	M. Priego Córdoba
36	C. Mármoles	Caliza	21	7	64	78	.	.	.	.	M. Priego Córdoba
37	C. Mármoles	Mármol	21	4	73	81	.	.	.	.	M. Priego Córdoba
38	C. Mármoles	Mármol	14	5	84	94	.	.	.	.	M. Priego Córdoba
39	C. Mármoles	Mármol	14	4	80	88	.	.	.	.	M. Priego Córdoba
40	C. Mármoles	Mármol	.	5,5	86	97	.	4	.	.	M. Priego Córdoba
41	C. Mármoles	Mármol	18	5,5	70	81	.	.	.	.	M. Priego Córdoba
42	C. Mármoles	Mármol	.	4	44	52	.	3	.	.	M. Priego Córdoba
43	C. Mármoles	Mármol	.	5	46	56	.	4	.	.	M. Priego Córdoba
44	C. Mármoles	Mármol	31	4	74	82	.	1	.	.	M. Priego Córdoba
45	C. Mármoles	Mármol	14	5	53	63	X	.	.	.	M. Priego Córdoba
46	C. Murcielaguina	Mármol	15	4	55	63	.	.	.	.	M. Priego Córdoba
47	C. Murcielaguina	Mármol	19	6	82	94	.	.	.	.	M. Priego Córdoba
48	C. Murcielaguina	Mármol	12	6	76	88	.	.	.	.	M. Priego Córdoba
49	C. Murcielaguina	Mármol	14	5	66	76	X	.	.	.	M. Priego Córdoba
50	Torreón Esparragal	Caliza	26	9	76	94	.	.	.	.	M. Priego Córdoba
51	Torreón Esparragal	Caliza	24	7	63	77	.	.	.	.	M. Priego Córdoba
52	La Mesa	Caliza	24	8,5	54	71	.	.	.	.	M. Priego Córdoba
53	La Mesa	Caliza	28	8,5	78	95	.	.	.	.	M. Priego Córdoba
54	La Mesa	Caliza	32	8,5	64	81	.	.	.	.	M. Priego Córdoba
55	La Mesa	Caliza	26	8,5	54	71	.	.	.	.	M. Priego Córdoba
56	La Mesa	Caliza	17	9	.	.	.	.	.	.	M. Priego Córdoba
57	C. Botijos	Mármol	29	5	46	56	X	6	X	.	M. Benalmádena
58	C. Botijos	Mármol	51	5	63	73	X	8	X	.	M. Benalmádena

Nº	Yacimiento	Litología	A.	G.	D. Int.	D. Ext.	Ocre	Nº L.	Rep.	M. cir.	Situación/Ref.
59	C. Botijos	Mármol	30	6	76	88	X	6	X	.	M. Benalmádena
60	C. Botijos	Mármol	21	5	71	81	.	.	.	.	M. Benalmádena
61	C. Botijos	Mármol	43	5	80	90	X	9	.	.	M. Benalmádena
62	C. Botijos	Mármol	47	6	69	81	.	9	.	.	M. Benalmádena
63	C. Botijos	Mármol	32	7	81	95	.	2	.	.	M. Benalmádena
64	C. Botijos	Mármol	47	5	70	80	X	9	.	.	M. Benalmádena
65	C. Botijos	Mármol	37	5	77	87	.	.	.	.	M. Benalmádena
66	C. Botijos	Mármol	33	7	72	86	.	.	.	.	M. Benalmádena
67	C-S. Serreta	Pizarra/Esquisto	11	10	73	93	.	.	.	.	M. Cieza
68	C-S. Serreta	Caliza	12	9	70	88	X	.	X	.	M. Cieza
69	C-S. Serreta	Mármol	41	6	84	96	X	.	X	.	M. Cieza
70	C-S. Serreta	Caliza	12	9	70	88	X	.	.	.	M. Cieza
71	C-S. Serreta	Pizarra/Esquisto	7	12	.	.	.	.	.	.	M. Cieza
72	C-S. Serreta	Mármol	.	5	85	95	X	.	.	.	M. Cieza
73	C-S. Serreta	Caliza	7	10	70	90	X	.	.	.	M. Cieza
74	C-S. Serreta	Caliza	10	13	70	90	.	.	.	X	M. Cieza
75	C-S. Serreta	Caliza	7	14	70	98	.	.	.	.	M. Cieza
76	Las Angosturas	Caliza	8	5	70	80	.	.	.	.	Dpto. Antrop. UGR
77	Las Angosturas	Mármol	6	12	80	104	X	.	.	.	Dpto. Antrop. UGR
78	C. Tajos	Mármol	25	5	80	90	X	1	.	.	Dpto. Prehis. UGR
93	Las Catorce Fanegas	Caliza	5	8	54	70	.	.	.	.	Dpto. Prehis. UGR
94	S. LJ-11	Mármol	37	6	70	83	X	8	.	.	Dpto. Prehis. UGR
95	S. LJ-11	Mármol	25	7	70	86	.	.	.	.	Dpto. Prehis. UGR
99	C. Malarmuerzo	Pizarra/Esquisto	6,5	12	76	99	.	.	.	.	Dpto. Prehis. UGR
100	C. Majolicas	Pizarra/Esquisto	4	6,5	68	81	.	.	.	.	Dpto. Prehis. UGR
101	C. Majolicas	Caliza	5	8,5	74	91	.	.	X	.	Dpto. Prehis. UGR
102	C. Majolicas	Caliza	5	5	68	78	.	.	.	.	Dpto. Prehis. UGR
103	C. Majolicas	Pizarra/Esquisto	3,5	8,5	84	101	X	.	.	.	Dpto. Prehis. UGR
104	C. Majolicas	Pizarra/Esquisto	5	5,5	74	85	.	.	.	.	Dpto. Prehis. UGR
105	C. Majolicas	Mármol	19	8	60	76	.	.	.	.	Dpto. Prehis. UGR
106	C. Majolicas	Mármol	38	5	76	86	X	5	.	.	Dpto. Prehis. UGR

Nº	Yacimiento	Litología	A.	G.	D. Int.	D. Ext.	Ocre	Nº L.	Rep.	M. cir.	Situación/Ref.
107	C. Majolicas	Mármol	28	5	80	90	X	4	.	.	Dpto. Prehis. UGR
108	C. Majolicas	Mármol	.	6	84	96	X	5	.	.	Dpto. Prehis. UGR
109	C. Majolicas	Mármol	18	7	60	74	.	3	X	.	Dpto. Prehis. UGR
79	C. Pastora	Caliza	4,5	9	74	92	.	.	.	.	CEAB
80	C. Pastora	Caliza	4,5	7	40	54	.	.	.	.	CEAB
81	C. Pastora	Pizarra/Esquisto	4	7	76	90	.	.	.	.	CEAB
82	C. Pastora	Caliza	.	8	56	72	.	.	.	.	CEAB
83	C. Pastora	Pizarra/Esquisto	3	8	54	70	.	.	.	.	CEAB
84	C. Pastora	Pizarra/Esquisto	.	6	66	78	.	.	.	.	CEAB
85	C. Pastora	Caliza	29	8	74	90	.	.	.	.	CEAB
86	C. Pastora	Caliza	35	8	94	110	.	.	.	.	CEAB
87	C. Pastora	Caliza	6	7	70	84	X	.	.	.	CEAB
88	C. Pastora	Caliza	4,5	6	64	76	.	.	.	.	CEAB
89	C. Pastora	Mármol	9,5	7	64	78	.	.	.	.	CEAB
90	C. Pastora	Caliza	5	11	74	96	.	.	.	.	CEAB
91	C. Pastora	Mármol	14	12	72	96	.	.	.	.	CEAB
92	C. Pastora	Mármol	12	7	72	86	X	.	.	.	CEAB
93	C. Pastora	Caliza	40	8	90	116	.	.	.	.	CEAB
97	C. Pastora	Caliza	9	9	74	91	.	.	.	.	M. Almería
98	C. Pastora	Pizarra/Esquisto	9	9	64	82	.	.	X	X	M. Almería
.	Cerro Virtud	Mármol	.	.	70	.	.	.	.	X	M. Almería
.	Cerro Virtud	Mármol	.	.	60	.	.	.	.	X	M. Almería
.	Cerro Virtud	Mármol	.	.	60	.	.	.	.	x	M. Almería
.	Cerro Virtud	.	.	.	50	.	.	.	.	.	M. Almería
.	Cerro Virtud	.	.	.	80	.	.	.	.	.	M. Almería
.	Cerro Virtud	.	.	.	80	.	.	.	.	.	M. Almería
.	Cerro Virtud	.	.	.	60	.	.	.	.	.	M. Almería
.	Cerro Virtud	.	.	.	60	.	.	.	.	.	M. Almería
.	Cerro Virtud	.	.	.	80	.	.	.	.	.	M. Almería
.	Cerro Virtud	.	.	.	60	.	.	.	.	.	M. Almería
.	Cerro Virtud	.	.	.	70	.	.	.	.	.	M. Almería

Nº	Yacimiento	Litología	A.	G.	D. Int.	D. Ext.	Ocre	Nº L.	Rep.	M. cir.	Situación/Ref.
.	Cerro Virtud	.	.	.	60	.	.	.	.	.	M. Almería
.	Cerro Virtud	.	.	.	70	.	.	.	.	.	M. Almería
.	Cerro Virtud	.	.	.	70	.	.	.	.	.	M. Almería
.	Cerro Virtud	.	.	.	80	.	.	.	.	.	M. Almería
.	Cerro Virtud	.	.	.	70	.	.	.	.	.	M. Almería
.	Cerro Virtud	.	.	.	70	.	.	.	.	.	M. Almería
.	Cerro Virtud	.	.	.	60	.	.	.	.	.	M. Almería
.	Cerro Virtud	.	.	.	70	.	.	.	.	.	M. Almería
.	Cerro Virtud	.	.	.	70	.	.	.	.	.	M. Almería
.	Cerro Virtud	.	.	.	70	.	.	.	.	.	M. Almería
.	Freginall	Caliza	36	7	70	84	.	.	.	.	(Pascual 1998)
.	Freginall	Caliza	36	7	70	84	.	.	.	.	(Pascual 1998)
.	C. Cendres	Caliza	19	19	62	100	.	.	.	.	(Pascual 1998)
.	La Muela	Caliza	11	8	52	68	.	.	.	.	(Pascual 1998)
.	Mas Nou	Caliza	15	20	.	.	.	.	.	.	(Pascual 1998)
.	Mas Nou	Caliza	6	9	.	.	.	.	.	.	(Pascual 1998)
.	Canyaret	Caliza	16	16	56	84	.	.	.	.	(Pascual 1998)
.	C. Cendres	Caliza	14	14	102	130	.	.	.	.	(Pascual 1998)
.	El Calvari	Caliza	9	10	50	70	.	.	X	.	(Pascual 1998)
.	L´Arpella	Caliza	19	12	86	110	.	.	X	.	(Pascual 1998)
246	Mal Paso	Caliza	19	11	60	82	.	.	.	.	M. Valencia
.	Mas del Pla	Caliza	11	23	74	119	.	.	.	.	(Pascual 1998)
.	Mas del Pla	Caliza	7	12	55	78	.	.	.	.	(Pascual 1998)
.	C. Recambra	Caliza	9	11	64	86	.	.	.	.	(Pascual 1998)
.	Vinalopó	Caliza	10	15	66	96	.	.	.	.	(Pascual 1998)
.	Molí Roig	Caliza	15	10	64	102	.	.	.	.	(Pascual 1998)
.	Molí Roig	Caliza	12	13	78	104	.	.	.	.	(Pascual 1998)
.	C. Brarranc Fondo	Pizarra/Esquisto	7	10	76	96	.	.	.	.	(Pascual 1998)
.	C. Brarranc Fondo	Pizarra/Esquisto	8,5	13	62	88	.	.	.	.	(Pascual 1998)
237	C. Sarsa	Caliza	16	16	69	102	.	.	.	.	M. Valencia
241	C. Sarsa	Pizarra/Esquisto	5	9	79	97	X	.	X	X	M. Valencia

Nº	Yacimiento	Litología	A.	G.	D. Int.	D. Ext.	Ocre	Nº L.	Rep.	M. cir.	Situación/Ref.
271	C. Sarsa	Pizarra/Esquisto	6	8	80	96	.	.	X	X	M. Valencia
272	C. Sarsa	Caliza	13	7	78	92	.	.	.	X	M. Valencia
273	C. Sarsa	Pizarra/Esquisto	4	5	72	82	.	.	.	X	M. Valencia
274	C. Sarsa	Caliza	20	12	70	94	.	.	X	.	M. Valencia
275	C. Sarsa	Caliza	5	7	80	94	.	.		X	M. Valencia
276	C. Sarsa	Pizarra/Esquisto	8	10	70	90	.	.	X	X	M. Valencia
277	C. Sarsa	Pizarra/Esquisto	4	6	80	92	.	.	X	X	M. Valencia
278	C. Sarsa	Pizarra/Esquisto	5	7	80	94	.	.	X	X	M. Valencia
.	C. Cendres	Pizarra/Esquisto	3	10	80	100	.	.	.	.	(Pascual 1998)
.	C. Cendres	Pizarra/Esquisto	5	10	72	92	.	.	.	.	(Pascual 1998)
.	C. Fosca(Ares)	Pizarra/Esquisto	7	10	78	98	.	.	.	.	(Pascual 1998)
238	C. de l´Or	Caliza	44	11	72	96	.	.	X	.	M. Valencia
239	C. de l´Or	Mármol	16	10	80	100	.	.	.	.	M. Valencia
240	C. de l´Or	Mármol	39	9	80	98	.	.	.	.	M. Valencia
243	C. de l´Or	Pizarra/Esquisto	9	7	80	94	.	.	X	X	M. Valencia
244	C. de l´Or	Pizarra/Esquisto	4	9	80	98	.	.	.	X	M. Valencia
245	C. de l´Or	Caliza	20	10	50	70	.	.	X	.	M. Valencia
248	C. de l´Or	Mármol	15	7	80	94	.	.	.	.	M. Valencia
249	C. de l´Or	Pizarra/Esquisto	3	8	80	96	.	.	.	.	M. Valencia
250	C. de l´Or	Pizarra/Esquisto	4	8	80	96	.	.	.	X	M. Valencia
251	C. de l´Or	Pizarra/Esquisto	8	8	80	96	.	.	X	.	M. Valencia
252	C. de l´Or	Pizarra/Esquisto	6	9	82	100	.	.	.	X	M. Valencia
253	C. de l´Or	Pizarra/Esquisto	4	8	80	96	.	.	.	.	M. Valencia
254	C. de l´Or	Pizarra/Esquisto	7	8	78	94	.	.	.	.	M. Valencia
255	C. de l´Or	Caliza	30	12	78	102	.	.	.	.	M. Valencia
256	C. de l´Or	Pizarra/Esquisto	4	9	70	80	.	.	.	.	M. Valencia
257	C. de l´Or	Mármol	6	7	70	84	.	.	X	.	M. Valencia
258	C. de l´Or	Pizarra/Esquisto	4	7	72	86	.	.	.	.	M. Valencia
259	C. de l´Or	Caliza	14	10	80	100	.	.	.	.	M. Valencia
260	C. de l´Or	Caliza	5	10	82	102	.	.	.	X	M. Valencia
261	C. de l´Or	Caliza	13	5	84	94	.	.	.	.	M. Valencia

Nº	Yacimiento	Litología	A.	G.	D. Int.	D. Ext.	Ocre	Nº L.	Rep.	M. cir.	Situación/Ref.
262	C. de l´Or	Pizarra/Esquisto	4	6	88	100	.	.	X	.	M. Valencia
263	C. de l´Or	Pizarra/Esquisto	3	9	80	98	.	.	.	X	M. Valencia
264	C. de l´Or	Caliza	5	7	60	74	.	.	.	X	M. Valencia
269	C. de l´Or	Pizarra/Esquisto	8	8	84	100	.	.	.	X	M. Valencia
270	C. de l´Or	Pizarra/Esquisto	9	4	80	88	.	.	.	X	M. Valencia
.	C. Fosca(Ares)	Mármol	10	13	76	100	.	.	.	.	(Pascual 1998)
.	C. Fosca(Ares)	Mármol	9	9	75	93	.	.	.	.	(Pascual 1998)
.	C. Fosca(Ares)	Mármol	11	9	82	100	.	.	.	.	(Pascual 1998)
265	C. de l´Or	Mármol	4	9	84	102	.	.	X	.	M. Valencia
266	C. de l´Or	Caliza	12	5	80	90	X	.	.	.	M. Valencia
.	La Berdana	Mármol	21	5,5	81	92	.	.	.	.	(Pascual 1998)
.	C. Fosca(Ares)	Mármol	21	7	86	100	.	.	.	.	(Pascual 1998)
.	C. Fosca(Ares)	.	11	8	82	98	.	.	.	.	(Pascual 1998)
279	C. Sarsa	Pizarra/Esquisto	5	7	80	94	.	.	.	X	M. Valencia
247	Ereta	Caliza	12	18	72	108	.	.	.	.	(Pascual 1998)
268	C. de L´Or	Caliza	12	5	76	86	.	.	.	.	M. Valencia
280	C. Sarsa	Pizarra/Esquisto	3	7	82	96	.	.	.	.	M. Valencia
281	C. Sarsa	Caliza	6	7	70	84	.	.	.	.	M. Valencia
282	C. Sarsa	Pizarra/Esquisto	6	9	80	98	X	.	.	.	M. Valencia
283	C. Sarsa	Pizarra/Esquisto	6	6	78	92	.	.	X	X	M. Valencia
.	C. Fosca(Ares)	Mármol	10	15	72	102	.	.	X	.	(Pascual 1998)
.	C. Fosca(Ares)	Mármol	26	.	.	.	.	.	X	.	(Pascual 1998)
.	C. Fosca(Ares)	Mármol	25	8	78	94	.	1	.	.	(Pascual 1998)
.	C. Recambra	Mármol	37	5	60	70	.	9	.	.	(Pascual 1998)
267	C. de l´Or	Caliza	30	9	80	98	.	.	.	X	M. Valencia
.	C. Ampla Montgó	Mármol	42	5	69	79	.	7	.	.	(Soler 2007)
110	C. Carigüela	Caliza	4	7	52	56	.	.	.	.	M. Granada
111	C. Carigüela	Pizarra/Esquisto	3,5	7	60	74	.	.	.	.	M. Granada
112	C. Carigüela	Pizarra/Esquisto	.	6,5	64	77	.	.	.	.	M. Granada
113	C. Carigüela	Pizarra/Esquisto	3,5	7	68	82	.	.	.	.	M. Granada
114	C. Carigüela	Mármol	44	5	76	86	.	8	.	.	M. Granada

Nº	Yacimiento	Litología	A.	G.	D. Int.	D. Ext.	Ocre	Nº L.	Rep.	M. cir.	Situación/Ref.
115	C. Carigüela	Mármol	17	5	80	90	.	.	.	.	M. Granada
116	C. Carigüela	Mármol	31	4,5	56	65	.	.	.	.	M. Granada
117	C. Carigüela	Mármol	13	5	80	90	.	.	.	.	M. Granada
118	C. Agua P. N.	Caliza	4,5	9	78	96	.	.	.	.	M. Granada
119	C. Agua P. N.	Mármol	35	6	80	92	.	6	.	.	M. Granada
120	C. Agua P. N.	Mármol	17	6	58	68	.	.	.	.	M. Granada
121	C. Agua P. N.	Mármol	18	5,5	44	56	·	·	·	·	M. Granada
122	C. Agua P. N.	Mármol	18	5,5	72	84	·	·	·	·	M. Granada
123	C. Agua P. N.	Caliza	4	7	67	83	·	·	·	·	M. Granada
124	C. Agua P. N.	Pizarra/Esquisto	5	7	69	83	·	·	·	·	M. Granada
125	C. Agua P. N.	Caliza	4	7	65	80	·	·	·	·	M. Granada
126	C. Agua P. N.	Caliza	5	7	60	75	·	·	·	·	M. Granada
127	C. Agua P. N.	Caliza	4	7,5	65	80	·	·	·	·	M. Granada
128	C. Agua P. N.	Caliza	4	8,5	75	94	·	·	·	·	M. Granada
129	C. Agua P. N.	Caliza	4	8	76	92	·	·	·	·	M. Granada
130	C. Agua P. N.	Caliza	4	8,5	76	93	·	·	·	·	M. Granada
131	C. Agua P. N.	Caliza	4,5	9,5	70	90	·	·	·	·	M. Granada
132	C. Agua P. N.	Caliza	4,5	7	74	91	·	·	·	·	M. Granada
133	C. Agua P. N.	Caliza	5	7	65	80	·	·	·	·	M. Granada
134	C. Agua P. N.	Caliza	4,5	7	64	78	·	·	·	·	M. Granada
135	C. Agua P. N.	Mármol	6	8,5	65	83	·	·	·	·	M. Granada
136	C. Agua P. N.	Mármol	6	7,5	66	81	·	·	·	·	M. Granada
137	C. Agua P. N.	Caliza	4,5	7	72	86	·	·	·	·	M. Granada
138	C. Agua P. N.	Caliza	4	8	72	88	·	·	·	·	M. Granada
139	C. Agua P. N.	Caliza	4	7	70	84	·	·	·	·	M. Granada
140	C. Agua P. N.	Caliza	4,5	6,5	72	85	·	·	·	·	M. Granada
141	C. Agua P. N.	Caliza	4	7	72	86	·	·	·	·	M. Granada

Nº	Yacimiento	Litología	A.	G.	D. Int.	D. Ext.	Ocre	Nº L.	Rep.	M. cir.	Situación/Ref.
142	C. Agua P. N.	Caliza	4	7	64	78	·	·	·	·	M. Granada
143	C. Agua P. N.	Caliza	4	8	70	86	·	·	·	·	M. Granada
144	C. Agua P. N.	Caliza	4	7,5	70	85	·	·	·	·	M. Granada
145	C. Agua P. N.	Caliza	4	7,5	64	79	·	·	·	·	M. Granada
146	C. Agua P. N.	Caliza	4	6	66	78	·	·	·	·	M. Granada
147	C. Agua P. N.	Caliza	4	7,5	70	85	·	·	·	·	M. Granada
148	C. Agua P. N.	Caliza	4	7	70	84	·	·	·	·	M. Granada
149	C. Agua P. N.	Caliza	4	6	84	96	·	·	·	·	M. Granada
150	C. Agua P. N.	Caliza	3,5	7	68	82	·	·	·	·	M. Granada
151	C. Agua P. N.	Caliza	4	7	60	74	·	·	·	·	M. Granada
152	C. Agua P. N.	Caliza	4	7	50	64	·	·	·	·	M. Granada
153	C. Agua P. N.	Caliza	4,5	6,5	60	73	·	·	·	·	M. Granada
154	C. Agua P. N.	Caliza	5	8	68	76	·	·	·	·	M. Granada
155	C. Agua P. N.	Caliza	3,5	7,5	70	85	·	·	·	·	M. Granada
156	C. Agua P. N.	Caliza	4	7	64	78	·	·	·	·	M. Granada
157	C. Agua P. N.	Caliza	5	8	92	108	·	·	·	·	M. Granada
158	C. Agua P. N.	Caliza	4	6,5	64	77	·	·	·	·	M. Granada
159	C. Agua P. N.	Caliza	3,5	8,5	80	97	·	·	·	·	M. Granada
160	C. Agua P. N.	Caliza	4	7,5	64	79	·	·	·	·	M. Granada
161	C. Agua P. N.	Caliza	4,5	8	80	96	·	·	·	·	M. Granada
162	C. Agua P. N.	Caliza	4	7,5	66	81	·	·	·	·	M. Granada
163	C. Agua P. N.	Caliza	4,5	7,5	60	75	·	·	·	·	M. Granada
164	C. Agua P. N.	Caliza	4	5,5	60	71	·	·	·	·	M. Granada
165	C. Agua P. N.	Caliza	4	6,5	66	79	.	.	.	.	M. Granada
166	C. Agua P. N.	Caliza	4	7,5	72	87	.	.	.	.	M. Granada
167	C. Agua P. N.	Caliza	4	7	80	94	.	.	.	.	M. Granada

Nº	Yacimiento	Litología	A.	G.	D. Int.	D. Ext.	Ocre	Nº L.	Rep.	M. cir.	Situación/Ref.
168	C. Agua P. N.	Caliza	4	7	70	84	.	.	.	.	M. Granada
169	C. Agua P. N.	Caliza	5	7,5	68	83	.	.	.	.	M. Granada
170	C. Agua P. N.	Caliza	5	8	68	84	.	.	.	.	M. Granada
171	C. Agua P. N.	Caliza	4	6,5	60	73	.	.	.	.	M. Granada
172	C. Agua P. N.	Caliza	4,5	7	70	84	.	.	.	.	M. Granada
173	C. Agua P. N.	Caliza	4	7	70	84	.	.	.	.	M. Granada
174	C. Agua P. N.	Caliza	4	8	76	92	.	.	.	.	M. Granada
175	C. Agua P. N.	Caliza	4	6	68	80	.	.	.	.	M. Granada
176	C. Agua P. N.	Caliza	4	7	110	124	.	.	.	.	M. Granada
177	C. Agua P. N.	Caliza	4	6,5	56	69	.	.	.	.	M. Granada
178	C. Agua P. N.	Caliza	3,5	6	64	76	.	.	.	.	M. Granada
179	C. Agua P. N.	Caliza	4	7	80	94	.	.	.	.	M. Granada
180	C. Agua P. N.	Caliza	4	7	60	74	.	.	.	.	M. Granada
181	C. Agua P. N.	Caliza	4,5	7	70	84	.	.	.	.	M. Granada
182	C. Agua P. N.	Caliza	4	6,5	64	77	.	.	.	.	M. Granada
183	C. Agua P. N.	Caliza	4	9	66	84	.	.	.	.	M. Granada
184	C. Agua P. N.	Caliza	4	9	70	88	.	.	.	.	M. Granada
185	C. Agua P. N.	Mármol	27	5	68	78	.	2	.	.	M. Granada
186	C. Agua P. N.	Mármol	26	6	78	90	.	.	.	.	M. Granada
187	C. Agua P. N.	Mármol	27	4,5	50	59	.	.	.	.	M. Granada
188	El Peñón Salobreña	Mármol	17	6	68	80	.	.	.	.	M. Granada
189	S. Carburero	Mármol	24	4,5	64	73	X	4	.	.	M. Granada
190	S. Conejo	Mármol	26	9	78	96	.	.	.	.	M. Granada
191	S. Conejo	Mármol	24	9,5	78	88	.	.	.	.	M. Granada
192	C. Las Ventanas	Caliza	4	8,5	82	99	.	.	.	.	M. Granada
193	C. Las Ventanas	Caliza	4	9	74	92	.	.	.	.	M. Granada
194	C. Las Ventanas	Caliza	4,5	9	84	102	.	.	.	.	M. Granada
195	C. Las Ventanas	Caliza	4	9,5	74	93	.	.	.	.	M. Granada
196	C. Las Ventanas	Caliza	4,5	10	70	90	.	.	.	.	M. Granada
197	C. Las Ventanas	Caliza	4	8	70	86	.	.	.	.	M. Granada
198	C. Las Ventanas	Caliza	4	9	80	98	.	.	.	.	M. Granada

Nº	Yacimiento	Litología	A.	G.	D. Int.	D. Ext.	Ocre	Nº L.	Rep.	M. cir.	Situación/Ref.
199	C. Las Ventanas	Caliza	4	9	70	88	.	.	.	.	M. Granada
200	C. Las Ventanas	Caliza	4	7	74	88	.	.	.	.	M. Granada
201	C. Las Ventanas	Caliza	5	9	70	88	.	.	.	.	M. Granada
202	C. Las Ventanas	Caliza	4	7,5	70	85	.	.	.	.	M. Granada
203	C. Las Ventanas	Caliza	4	9	74	92	.	.	.	.	M. Granada
204	C. Las Ventanas	Caliza	4	9	74	92	.	.	.	.	M. Granada
205	C. Las Ventanas	Caliza	4	9	70	88	.	.	.	.	M. Granada
206	C. Las Ventanas	Caliza	3,5	9	68	86	.	.	.	.	M. Granada
207	C. Las Ventanas	Caliza	4	9	68	86	.	.	.	.	M. Granada
208	C. Las Ventanas	Caliza	4	9,5	78	97	.	.	.	.	M. Granada
209	C. Las Ventanas	Caliza	3,5	9	70	88	.	.	.	.	M. Granada
210	C. Las Ventanas	Caliza	4,5	9	70	88	.	.	.	.	M. Granada
211	C. Las Ventanas	Caliza	4,5	9	74	92	.	.	.	.	M. Granada
212	C. Las Ventanas	Caliza	4	9	70	88	.	.	.	.	M. Granada
213	C. Las Ventanas	Mármol	23	6	76	88	.	.	.	.	Dpto. Prehis. UGR
214	C. Las Ventanas	Mármol	52	5,5	70	81	.	8	.	.	Dpto. Prehis. UGR
215	Los Castillejos	Pizarra/Esquisto	3	8	58	74	.	.	.	.	Dpto. Prehis. UGR
216	Los Castillejos	Caliza	9,5	5,5	80	91	.	.	.	.	Dpto. Prehis. UGR
217	Los Castillejos	Pizarra/Esquisto	3	8,5	60	77	.	.	X	.	Dpto. Prehis. UGR
218	Los Castillejos	Pizarra/Esquisto	4,5	8	80	96	.	.	.	.	Dpto. Prehis. UGR
219	Los Castillejos	Caliza	25	8	64	80	.	.	.	.	Dpto. Prehis. UGR
220	Los Castillejos	Pizarra/Esquisto	2	8	46	62	.	.	.	.	Dpto. Prehis. UGR
221	Los Castillejos	Caliza	6,5	7	56	68	.	.	.	.	Dpto. Prehis. UGR
222	Los Castillejos	Caliza	10	13	80	105	.	.	X	.	Dpto. Prehis. UGR
223	Los Castillejos	Caliza	29	11	74	95	.	.	.	.	Dpto. Prehis. UGR
224	Los Castillejos	Caliza	4	7	76	90	.	.	X	.	Dpto. Prehis. UGR
225	Los Castillejos	Caliza	25	7	.	.	.	.	.	.	Dpto. Prehis. UGR
226	Los Castillejos	Caliza	.	.	.	.	.	.	.	.	Dpto. Prehis. UGR
227	Los Castillejos	Caliza	.	.	.	.	.	.	.	.	Dpto. Prehis. UGR
228	Los Castillejos	Caliza	.	.	.	.	.	.	.	.	Dpto. Prehis. UGR
229	Los Castillejos	Caliza	.	.	.	.	.	.	.	.	Dpto. Prehis. UGR

Nº	Yacimiento	Litología	A.	G.	D. Int.	D. Ext.	Ocre	Nº L.	Rep.	M. cir.	Situación/Ref.
230	Los Castillejos	Caliza	23	7,5	80	94	.	.	.	.	Dpto. Prehis. UGR
231	Los Castillejos	Caliza	26	11	50	72	.	.	.	.	Dpto. Prehis. UGR
232	C-S. Serreta	Caliza	8,5	9	60	78	.	.	.	X	M. Cieza
233	C-S. Serreta	Caliza	12	6,5	80	93	X	.	.	.	M. Cieza
234	C-S. Serreta	Caliza	8,5	10	56	76	.	.	.	.	M. Cieza
235	C-S. Serreta	Caliza	9	10	60	80	.	.	.	.	M. Cieza
236	C-S. Serreta	Caliza	.	11	74	96	X	.	.	.	M. Cieza
284	C. Pulsera	Mármol	25	5	65	75	X	2	.	.	M. Málaga
285	C. Calamorra	Mármol	13	5	52	64	.		.	.	M. Málaga
286	C. Hoyo de la Mina	Mármol	46	6,5	70	82	.	6	.	.	M. Málaga
287	C. Nerja	Mármol	32	5	80	90	.	4	.	.	M. Málaga
288	C. de la Solapilla	Mármol	20	4	70	78	.		.	.	M. Málaga
289	C. Tapada	Mármol	23	8	66	83	X		.	.	M. Málaga
290	C. Tapada	Mármol	34	6	86	108	.		.	.	M. Málaga
291	C. Tapada	Mármol	13	6	70	82	.		.	.	M. Málaga
292	C. Tapada	Pizarra/Esquisto	3	9	74	92	.		.	.	M. Málaga
293	C. Tapada	Mármol	10	7	40	54	.		.	.	M. Málaga
294	C. Hoyo de la Mina	Mármol	42	5	74	84	X	3	.	.	M. Málaga
295	C. Pulsera	Mármol	43	5	68	78	.	10	.	.	M. Málaga
296	C. Pulsera	Mármol	14	4	70	78	X	1	.	.	M. Málaga
297	C. Pulsera	Mármol	25	5,5	74	85	X	2	.	.	M. Málaga
298	C. Pulsera	Mármol	33	4	80	88	X	4	.	.	M. Málaga
299	C. Nerja	Caliza	4	7	80	94	.	.	.	.	M. Málaga
300	C. Hoyo de la Mina	Mármol	18	4	65	73	.	1	.	.	M. Málaga
301	C. Hoyo de la Mina	Mármol	26	5	73	81	.	2	.	.	M. Málaga
302	C. Hoyo de la Mina	Mármol	33	6	72	84	X	3	.	.	M. Málaga
303	C. Victoria	Mármol	21	4,5	70	79	.	2	.	.	M. Málaga
304	C. Victoria	Mármol	28	4,5	64	73	.	5	.	.	M. Málaga
305	C. Gato	Mármol		9	82	100	.	.	.	.	M. Málaga
306	C. Gato	Mármol	48	9	90	108	.	.	X	.	M. Málaga
307	C. Hostal Guadalupe	Mármol	40	6	74	96	.	.	X	.	M. Málaga

Nº	Yacimiento	Litología	A.	G.	D. Int.	D. Ext.	Ocre	Nº L.	Rep.	M. cir.	Situación/Ref.
308	C. de la Solapilla	Mármol	20	4	74	82	.	.	.	.	M. Málaga
309	C. Botijos	Mármol	45	5	60	70	.	9	.	.	M. Málaga
310	C. Botijos	Mármol	38	10	80	100	.	.	.	.	M. Málaga
311	C. Botijos	Pizarra/Esquisto	4	7	50	64	.	.	.	.	M. Málaga
312	C. Botijos	Mármol	43	4,5	66	75	X	3	.	.	M. Málaga
313	C. Nerja	Mármol	32	5	70	80	X	3	.	.	M. Málaga
314	C. Hoyo de la Mina	Mármol	33	5	80	90	.	4	.	.	M. Málaga
315	C. Hoyo de la Mina	Mármol	25	6	54	66	.	4	.	.	M. Málaga
316	C. Hoyo de la Mina	Mármol	.	4	86	94	.	3	.	.	M. Málaga
317	C. Hoyo de la Mina	Mármol	34	5	66	76	X	4	.	.	M. Málaga
318	C. Hoyo de la Mina	Mármol	38	5	66	76	X	4	.	.	M. Málaga
319	C. Hoyo de la Mina	Mármol	37	6,5	100	113	.	.	.	.	M. Málaga
320	C. Hoyo de la Mina	Mármol	30	3,5	80	87	.	.	.	.	M. Málaga
321	C. Hoyo de la Mina	Mármol	25	4	60	68	.	.	.	.	M. Málaga
322	C. Hoyo de la Mina	Mármol	22	5	68	78	.	.	.	.	M. Málaga
323	C. Hoyo de la Mina	Mármol	19	5	70	80	.	.	.	.	M. Málaga
324	C. Hoyo de la Mina	Mármol	19	4	70	78	.	.	.	.	M. Málaga
325	C. Hoyo de la Mina	Mármol	29	4	72	80	.	.	.	.	M. Málaga
326	C. Hoyo de la Mina	Mármol	37	5	60	70	.	.	.	.	M. Málaga
327	C. Hoyo de la Mina	Mármol	21	3,5	70	77	.	.	.	.	M. Málaga
328	C. Hoyo de la Mina	Mármol	22	4,5	70	79	.	.	.	.	M. Málaga
329	C. Hoyo de la Mina	Mármol	16	5,5	66	75	.	.	.	.	M. Málaga
330	C. Hoyo de la Mina	Mármol	22	4	80	88	.	.	.	.	M. Málaga
331	C. Hoyo de la Mina	Mármol	18	3	68	74	.	.	.	.	M. Málaga
332	C. Hoyo de la Mina	Mármol	21	5	60	70	.	.	.	.	M. Málaga
333	C. Hoyo de la Mina	Mármol	18	3	60	66	.	.	.	.	M. Málaga
334	C. Hoyo de la Mina	Mármol	22	4	60	68	.	.	.	.	M. Málaga
335	C. Hoyo de la Mina	Mármol	22	3	70	76	.	.	.	.	M. Málaga
336	C. Hoyo de la Mina	Mármol	.	3	90	96	.	.	.	.	M. Málaga
337	C. Hoyo de la Mina	Mármol	20	5	80	90	.	.	.	.	M. Málaga
338	C. Hoyo de la Mina	Mármol	20	5	70	80	.	.	.	.	M. Málaga

Nº	Yacimiento	Litología	A.	G.	D. Int.	D. Ext.	Ocre	Nº L.	Rep.	M. cir.	Situación/Ref.
339	C. Hoyo de la Mina	Mármol	21	3	66	72	.	.	.	.	M. Málaga
340	C. Hoyo de la Mina	Mármol	20	3	66	72	.	.	.	.	M. Málaga
341	C. Hoyo de la Mina	Mármol	24	4	44	52	.	.	.	.	M. Málaga
342	C. Hoyo de la Mina	Mármol	23	4	46	54	.	.	.	.	M. Málaga
345	C. Higuerón	Mármol	18	5	70	80	.	.	.	.	M. Málaga
346	C. Hoyo de la Mina	Mármol	49	7	78	92	.	.	X	.	M. Málaga
349	C. Nerja	Mármol	15	5	70	80	.	.	.	.	M. Málaga
350	C. Hoyo de la Mina	Pizarra/Esquisto	6	5,5	60	71	.	.	.	.	M. Málaga
351	C. Nerja	Caliza	4,5	9	60	78	.	.	X	.	M. Málaga
355	C. Pulsera	Mármol	.	5	70	80	.	7+	.	.	M. Málaga
356	C. Pulsera	Mármol	21	4	70	78	.	2	.	.	M. Málaga
357	C. Pulsera	Mármol	24	4	60	68	.	1	.	.	M. Málaga
358	C. Pulsera	Mármol	31	5	90	100	X	2	X	.	M. Málaga
359	C. Pulsera	Mármol	35	6	64	76	.	4	.	.	M. Málaga
360	C. Pulsera	Mármol	36	4,5	80	89	.	.	.	.	M. Málaga
361	C. Pulsera	Mármol	32	5	74	84	.	2	.	.	M. Málaga
362	C. Nerja	Pizarra/Esquisto	4	7	58	72	.	.	.	.	M. Málaga
363	Cerro de Los Infantes	Mármol	5,5	9	80	98	.	.	.	.	Dpto. Prehis. UGR
364	Casa de Lara	Caliza	6,5	11	70	92	.	.	.	.	M. Villena
365	La Macolla	Caliza	12	7,5	64	79	.	.	.	.	M. Villena
366	Casa de Lara	Caliza	13	11	100	122	.	.	.	.	M. Villena

ANEXO IV
Medidas antropométricas de manos y codos

Sexo	Edad	Rango edad	Diámetro mano (mm)	Diámetro codo (mm)
F	79	Adulto	65	75
F	67	Adulto	65	80
F	56	Adulto	60	70
F	54	Adulto	65	90
F	50	Adulto	65	80
F	50	Adulto	60	70
F	36	Adulto	65	70
F	29	Adulto	60	70
F	27	Adulto	55	65
F	25	Adulto	60	70
F	25	Adulto	60	75
F	24	Adulto	60	75
F	23	Adulto	65	70
F	23	Adulto	60	70
F	21	Adulto	65	85
F	13	Infantil	60	70
F	13	Infantil	60	70
F	12	Infantil	65	75
F	9	Infantil	55	60
F	7	Infantil	55	60
F	5	Infantil	55	55
F	5	Infantil	50	55
F	3	Infantil	50	55
M	65	Adulto	85	90
M	62	Adulto	75	85
M	54	Adulto	75	85
M	52	Adulto	75	85
M	50	Adulto	75	105
M	44	Adulto	65	85
M	43	Adulto	70	85
M	38	Adulto	70	80
M	38	Adulto	75	90
M	36	Adulto	70	75
M	29	Adulto	70	85
M	29	Adulto	70	85
M	27	Adulto	75	100
M	27	Adulto	70	80
M	26	Adulto	70	80
M	26	Adulto	75	90
M	25	Adulto	65	80
M	24	Adulto	70	85
M	23	Adulto	70	75

Sexo	Edad	Rango edad	Diámetro mano (mm)	Diámetro codo (mm)
M	22	Adulto	80	100
M	21	Adulto	75	95
M	15	Adulto	70	80
M	13	Infantil	60	70
M	11	Infantil	65	80
M	10	Infantil	70	75
M	10	Infantil	60	70
M	9	Infantil	65	75
M	9	Infantil	60	75
M	7	Infantil	55	75
M	7	Infantil	55	60
M	6	Infantil	50	55
M	5	Infantil	55	55
M	5	Infantil	50	50
M	3	Infantil	50	55

Yacimiento	Zona	Contexto	Brazaletes asociados	Ref. lab.	Muestra	Edad C^{14} (BP)	Fecha (95% Probabilidad) cal a.C.	Referencia
La Draga	Resto de la Península	Fase II	Si	Beta-422872	Hueso animal	6050±30	5033-4848	(Bogdnovic y Tarrús 2017)
La Draga	Resto de la Península	Fase II	Si	Beta-298438	Hueso animal	6010±40	5000-4796	(Terradas *et al.* 2014)
La Draga	Resto de la Península	Fase II	Si	Beta-422869	Hueso animal	5990±30	4959-4792	(Bogdnovic y Tarrús 2017)
La Draga	Resto de la Península	Fase I	Si	Beta-425198	Hueso animal	5920±30	4881-4717	(Bogdnovic y Tarrús 2017)
La Draga	Resto de la Península	Fase I	Si	Beta-425196	Madera	6320±30	5361-5223	(Bogdnovic y Tarrús 2017)
El Portalón de C. Mayor	Resto de la Península	Nivel 9		Beta-222339	Hueso animal	6100±50	5210-4856	(Ortega *et al.* 2006)
La Lámpara	Resto de la Península	Hoyo 1, Nivel E1(2)		KIA 6790	Homo	6144±46	5217-4962	(Rojo *et al.* 2006)
Algar do Bom Santo	Resto de la Península	Enterramiento		OxA-5511	Homo	4705±65	3635-3367	(Carvalho 2007)
Algar do Bom Santo	Resto de la Península	Enterramiento		OxA-5512	Homo	4630±60	3631-3116	(Carvalho 2007)
Algar do Bom Santo	Resto de la Península	Enterramiento		Beta-120047	Homo	4430±50	3349-2931	(Carvalho 2007)
Algar do Bom Santo	Resto de la Península	Enterramiento		Beta-120048	Homo	4780±50	3655-3378	(Carvalho 2007)
Valada do Mato	Resto de la Península	UE-7	Si	Beta-153914	Carbón	6030±50	5053-4793	(Diniz 2001)
C. del Vidre	Resto de la Península	Hogar		Beta-58934	Carbón	6180±90	5326-4851	(Bosch 1993)
La Valldany	Resto de la Península	Superficial						
Salema	Resto de la Península	Superficial						
Arenero de Valdivia	Resto de la Península	Valdivia W y C			TL (Cerámica)	4327±480		(Rubio 2001)
La Deseada	Resto de la Península	Sin datación						
El Torrollón I	Resto de la Península	Superficial						

www.ingramcontent.com/pod-product-compliance
Ingram Content Group UK Ltd.
Pitfield, Milton Keynes, MK11 3LW, UK
UKHW051057020125
3844UKWH00015B/145

9 781407 316468